Studien zu Staat, Recht und Verwaltung

Herausgegeben von
Prof. Dr. Gabriele Britz
Prof. Dr. Wolfgang Hoffmann-Riem
Prof. Dr. Laura Münkler
Prof. Dr. Jens-Peter Schneider

Band 35

Philipp Brandl-Michel

Maßstäbe demokratischer Legitimation

Eine Betrachtung des rechtswissenschaftlichen Diskurses über Demokratiemaßstäbe im deutschen Verfassungsrecht und dem Primärrecht der Europäischen Union

Nomos

The book processing charge was funded by the Baden-Württemberg Ministry of Science, Research and Arts in the funding programme Open Access Publishing and the University of Freiburg.

Dekan: Prof. Dr. Jan von Hein
Erstgutachter: Prof. Dr. Matthias Jestaedt
Zweitgutachter: Prof. Dr. Dr. h.c. mult. Andreas Voßkuhle
Tag der mündlichen Prüfung: 2. und 3. Februar 2021
Dissertationsort: Freiburg i.Br.
Erscheinungsjahr: 2021

Die Deutsche Nationalbibliothek verzeichnet diese Publikation in der Deutschen Nationalbibliografie; detaillierte bibliografische Daten sind im Internet über http://dnb.d-nb.de abrufbar.

Zugl.: Freiburg, Univ., Diss., 2021

1. Auflage 2021

Publiziert von
Nomos Verlagsgesellschaft mbH & Co. KG
Waldseestraße 3–5 | 76530 Baden-Baden
www.nomos.de

Gesamtherstellung:
Nomos Verlagsgesellschaft mbH & Co. KG
Waldseestraße 3–5 | 76530 Baden-Baden

ISBN (Print): 978-3-8487-8321-2
ISBN (ePDF): 978-3-7489-2711-2

DOI: https://doi.org/10.5771/9783748927112

Onlineversion
Nomos eLibrary

Vorwort

Die vorliegende Untersuchung wurde im Wintersemester 2020/2021 von der Juristischen Fakultät der Albert-Ludwigs-Universität Freiburg i.Br. als Dissertation angenommen.

Zu Beginn der Untersuchung hätte ich mir die thematische und methodische Vielfalt bei der Befassung mit „der Demokratie“ und „der demokratischen Legitimation“ kaum vorstellen können, selbst wenn man die damit zusammenhängenden offensichtlichen Turbulenzen des letzten Jahrzehnts außer Acht lässt. Die Beschäftigung mit den Ansätzen verschiedenster Autoren hat mir stets großen Respekt abgenötigt, wenn ich mich als Zwerg auf den Schultern von Riesen wiederfand.

An dieser Stelle möchte ich mich bei denjenigen bedanken, die mich bei der Erstellung dieses Buches unterstützt haben: bei meinem Doktorvater, Herrn Prof. Dr. Matthias Jestaedt, für die vielen Inspirationen auf sehr unübersichtlichem Terrain, die intensive Unterstützung als Mitarbeiter an seinem Lehrstuhl und während meiner anschließenden berufsbegleitenden Weiterarbeit; Herrn Prof. Dr. Dr. h.c. mult. Andreas Voßkuhle danke ich für die schnelle Zweitkorrektur und sehr hilfreiche Anmerkungen.

Sehr herzlichen Dank möchte ich auch vielen meiner früheren Kollegen aussprechen, die mich durch gute Diskussionen, kritische Korrekturen und vor allem auch ihre Motivation sehr unterstützt haben. Besonders hervorheben möchte ich hier Frau Prof. Dr. Eva Julia Lohse, Herrn Prof. Dr. Philipp Reimer, Herrn Dr. Kyriakos Kotsoglou, Herrn Priv.-Doz. Dr. Jörg Kammerhofer und Herrn Dr. Alban Barrón.

Weiterhin bin ich Herrn Prof. Dr. Jens-Peter Schneider, Frau RiBVerfG Prof. Dr. Gabriele Britz und Herrn Prof. Dr. Wolfgang Hoffmann-Riem für die Aufnahme in die Schriftenreihe „Staat, Recht und Verwaltung“ sehr verbunden. Daneben danke ich dem Konsortium Baden-Württemberg für die großzügige Übernahme der Kosten des Drucks sowie der Open-Access Veröffentlichung.

Schließlich gilt mein Dank meiner Familie, die mir mein Vorhaben erst ermöglicht hat: meinen Eltern für ihre ständige Unterstützung, meiner Frau und meinen Kindern für den Rückhalt und ihre Geduld.

Ansbach im Juni 2021 — Philipp Brandl-Michel

Inhaltsverzeichnis

I. Einführung 15

II. Methoden 25

A. Maßstäbe demokratischer Legitimation in der Methodendiskussion 25

1. Demokratische Legitimation – Verrechtlichung eines politischen Maßstabs 25
   a) Begriffs- und Inhaltsvermengungen 27
   b) Die Kompatibilitätsannahme 30
   c) Hintergrund der methodischen Vielfalt 34
2. Konsequenzen für das Vorgehen 36

B. Entwicklung eines Suchmaßstabs 38

1. Herkunft des Maßstabs 41
   a) Disziplinär-methodische Abgrenzung 42
      (1) Notwendigkeit normativer Maßstäbe 42
      (2) Notwendigkeit positivierter Maßstäbe 44
   b) Rechtsquellenbezogene Abgrenzung 47
2. Gegenstand des Maßstabs 51
   a) Maßstabsreichweite und -horizont 51
   b) Inhaltliche Einschränkung 53
      (1) Arten demokratischer Aspekte 54
      (2) Vorliegen eines Legitimationsmaßstabs 55
      (3) Rechtsvergleichende Methodik 57
      (4) Auswahl inhaltlicher Abgrenzungskriterien 59
3. Notwendigkeit einer Rechtsfolge 61
4. Zusammengefasste Maßstabskriterien 64

C. Gang der Untersuchung 65

III. Gebote demokratischer Legitimation des Grundgesetzes 66

A. Die Dogmatik der demokratischen Legitimation nach dem Grundgesetz 66

1. Monistische Legitimationsverständnisse 68
a) Legitimationssubjekt: Volk als Rechtsbegriff im GG 69
(1) Staatsangehörigkeit als Abgrenzungsmerkmal 69
(2) Rückführung auf die Gesamtheit des Volkes 71
(3) Selbstverwaltung als systematischer Sonderfall 74
(a) Kommunale Selbstverwaltung als grundgesetzlich vorgegebene Parzellierung 74
(b) Funktionale Selbstverwaltung 76
(i) Selbstverwaltung von Grundrechtsträgern 78
(ii) Sonstige verfassungsrechtlich vorgegebene Ausnahmen 79
(iii) Fehlen verfassungsrangiger Ausnahmen 79
(4) Weitere Legitimationsquellen 80
b) Staatliches Handeln mit Außenwirkung als Objekt der Legitimation 81
(1) Staatliches Handeln 82
(2) Ausübung von Staatsgewalt 84
c) Legitimationsmittel: Kanalisierte Mittelung der Legitimation 85
(1) Funktionell-institutionelle Legitimation als Grundlegitimation 85
(2) Personell-organisatorische Legitimation 86
(3) Sachlich-inhaltliche Legitimation 88
2. Pluralistische Legitimationsverständnisse 90
a) Legitimationssubjekt: organisatorische Konsequenz der Menschenwürde 90
b) Legitimationsobjekt: Ausübung von Staatsgewalt 93
c) Berücksichtigung verschiedenster Legitimationsmittel 96
(1) Organisatorische Komponenten 97
(2) Personelle Komponenten 97
(3) Prozedurale Komponenten 98
(4) Sachlich-inhaltliche Komponenten 99
(5) Output-Legitimation 100
(6) Autonome Legitimationsformen 101
d) Charakteristika 102

B. Exkurs: Art. 20 GG als Prinzip oder Regel 104
1. Normstrukturelle Unterschiede zwischen Rechtsprinzip und Rechtsregel 104
a) Differenzierung zwischen Rechtsprinzipien und Rechtsregeln 105
(1) Rechtsprinzipien 105
(2) Rechtsregeln 106
(3) Bedeutung der Differenzierung 107
b) Demokratieprinzip als so verstandenes Rechtsprinzip 107
2. Keine Vorabqualifikation erforderlich 109

C. Legitimationsniveau (Maßstab Art. 20 Abs. 2 GG) 112
1. BVerfG: Bremer Personalvertretung (1959) 114
2. BVerfG: Facharztbeschluss (1972) 115
3. BVerfG: Nordrhein-westfälische Gemeindeparlamente (1978) 116
4. BVerfG: Kalkar I (1978) 117
5. BVerfG: Schleswig-Holsteinische Ämter (1979) 118
6. Ernst-Wolfgang Böckenförde (1974, 1987) 119
7. BVerfG: Neue Heimat (1987) 126
8. BVerfG: Entscheidungen zum Ausländerwahlrecht (1990) 127
a) Kommunales Ausländerwahlrecht Schleswig-Holstein 127
b) Ausländerwahlrecht Hansestadt Hamburg 128
9. Ernst Thomas Emde (1991) 130
10. Horst Dreier (1991) 139
11. Eberhard Schmidt-Aßmann (1991) 142
12. Matthias Jestaedt (1993) 145
13. BVerfG: Maastricht (1993) 160
14. Brun-Otto Bryde (1994) 163
15. BVerfG: Mitbestimmungsgesetz Schleswig-Holstein (1995) 163
16. Winfried Kluth (1997) 167
17. Eberhard Schmidt-Aßmann (1998, 2006) 169
18. Veith Mehde (2000) 174
19. BVerfG: Lippeverband und Emschergenossenschaft (2002) 183
20. Utz Schliesky (2004) 186
21. BVerfG: Notarkassen (2004) 191
22. BVerfG: Brandenburgisches Hochschulgesetz (2004) 192
23. Georg Hermes (2005) 193
24. Axel Tschentscher (2006) 194
25. Stephan Bredt (2006) 200
26. Hans-Heinrich Trute (2006) 205
27. Sebastian Unger (2008) 214

28. BVerfG: Vertrag von Lissabon (2009) 223
a) Entscheidung des Gerichts 223
b) Maßstabsfragen 224
c) Beurteilung 228
29. Claus Dieter Classen (2009) 228
30. Sandra Köller (2009) 231
31. BVerfG: Honeywell (2010) 232
32. Niels Petersen (2010) 234
33. BVerfG: Euro-Rettungsschirm (2011) 239
34. BVerfG: Privatisierter Maßregelvollzug/Vitos Haina (2012) 241
35. BVerfG: Europäischer Stabilitätsmechanismus (2012) 243
36. BVerfG: OMT-Vorlagebeschluss (2012) 246
37. BVerfG: Filmabgabe (2014) 247
38. StGH Bremen: Ausweitung des Wahlrechts auf Ausländer (2014) 251
39. BVerfG: ESM-Vertrag/Fiskalpakt (2014) 254
40. BVerfG: Weinabgabe (2014) 257
41. BVerfG: Frage- und Informationsrechte des Bundestags (I, II) 260
a) Kriegswaffenexportkontrolle (2014) 260
b) Unterstützungseinsätze der Bundespolizei (2015) 263
42. Winfried Kluth (2015) 264
43. BVerfG: Körperschaftsstatus für Religionsgemeinschaften (2015) 266
44. BVerfG: OMT-Urteil (2016) 268
45. BVerfG: Anleihekäufe der EZB (2017) 273
46. BVerfG: Frage- und Informationsrechte des Bundestags (III, IV) 274
a) Auskunftspflicht zum Einsatz von V-Leuten/ Oktoberfestattentat (2017) 274
b) Deutsche Bahn und Finanzmarktaufsicht (2018) 275
47. Weitere Entscheidungen 278

D. Die demokratische Legitimation im deutschen Recht 283
1. Demokratiemaßstäbe des BVerfG 283
a) Demokratieprinzip 283
b) Rechtsdogmatischer Legitimationsmaßstab 284
c) Wahlrechtskern 288
d) Gewaltenteilungsgrundsatz 291
e) Identitätskontrolle 291
f) Haushaltspolitische Gesamtverantwortung 292

2. Entwicklungsphasen in der Rechtsprechung des BVerfG 294
a) Dahinschlummern 294
b) Explizierung eines Rechtsmaßstabs 295
c) Pluralisierung und Marginalisierung 296
3. Verhältnis zum Literaturdiskurs 300
4. Einheitlichkeit des Diskurses 301

IV. Demokratiemaßstäbe für das Unionsrecht 303

A. Anwendungsfälle für Legitimationsmaßstäbe 303
1. Anlassbezogene rechtswissenschaftliche Betrachtung 303
2. Agenturen im Unionsrecht 304
a) Ausgangspunkt 304
b) Historische Entwicklung 307
c) Unterscheidungen 312
d) Aufbau der Agenturen 315
3. Eingriffe in die Verwaltungsautonomie 317
4. Komitologieausschüsse 319
5. Gemeinsamkeiten und Zwischeneinschätzung 323

B. Anforderungen des deutschen Rechts (Art. 23 GG) 325
1. Udo Di Fabio (1993) 326
2. Frauke Brosius-Gersdorf (1999) 328
3. Ondolf Rojahn (2001) 330
4. Manfred Zuleeg (2001) 331
5. Ingolf Pernice (2004) 333
6. Christian Hillgruber (2008) 334
7. Rupert Scholz (2009) 335
8. Rudolf Streinz (2009) 336
9. Claus Dieter Classen (2009, 2010) 337
10. Stephan Hobe (2011) 340
11. Robert Uerpmann-Wittzack (2012) 342
12. BVerfG: Bankenunion (2019) 343
13. Zusammenfassung 345

C. Maßstäbe der Rechtsprechung aus dem Unionsrecht 346
1. EuGH: Meroni/Hohe Behörde (1958) 346
2. EuGH: Romano/INAMI (1981) 351
3. EuG: DIR International Film u.a./Kommission (1998) 353
4. EuGH: Pflugradt/EZB (2004) 354
5. EuGH: Tralli/EZB (2005) 354
6. EuGH: Telekommunikationsregulierung (2009) 355

7. EuGH: Unabhängige Datenschutzkontrollstellen (2010) 359
8. EuGH: Pringle gegen Irland (2012) 362
9. EuGH: Übertragung von Befugnissen auf die EMSA (2014) 365
10. EuGH: Vorabentscheidung OMT (2015) 367
11. EuGH: Haushaltsbefugnisse des Europäischen Parlaments (2018) 368
12. EuGH: Wightman (2018) 369
13. Zusammenfassung: Maßstäbe in der Rechtsprechung 369

D. Literaturkonzeptionen unionaler Demokratiemaßstäbe 370

1. Frühere Vertragslagen 371
   a) Manfred Zuleeg (1993) 371
   b) Winfried Kluth (1995) 372
   c) Martin Shapiro (1997) 374
   d) Giandomenico Majone (1998) 376
   e) Robert Uerpmann (2000) 379
   f) Albert Bleckmann (2001) 380
   g) Gertrude Lübbe-Wolff (2001) 382
   h) Christian Calliess (2005) 385
   i) Andreas Tiedtke (2005) 387
   j) Brun-Otto Bryde (2005) 388
   k) Gernot Sydow (2006) 389
   l) Herwig C.H. Hofmann/ Alexander Türk (2007) 391
   m) Christoph Görisch (2009) 392
2. Post-Lissabon Ära 398
   a) Sebastian Müller-Franken (2009) 398
   b) Stefan Griller/ Andreas Orator (2010) 400
   c) Klaus Ferdinand Gärditz (2010) 402
   d) Jürgen Neyer (2010) 407
   e) Matthias Ruffert (2011) 408
   f) Daniel Couzinet (2011) 416
   g) Peter M. Huber (2012) 419
   h) Thomas Groß (2012) 421
   i) Martin Nettesheim (2015) 423
   j) Marcel Haag (2015) 428
   k) Martin A. Steger (2015) 429
   l) Zwischenergebnis 434

E. Demokratiemaßstäbe im Unionsrecht 435

V. Schlussbetrachtung 437

A. Grundgesetzliche und unionsrechtliche Maßstäbe 437

B. Bedeutung demokratischer Legitimation für den Diskurs 438

VI. Zusammenfassung in Thesen 441

VII. Literaturverzeichnis 451

I. Einführung

Die demokratische Legitimation kehrt immer wieder in die rechtswissenschaftliche Diskussion zurück, auch und gerade bei neueren Auseinandersetzungen mit Fokus auf die Zukunft der Europäischen Union – immer wieder allerdings in veränderter Intensität. Dabei ist selbst nach jahrzehntelanger fachlicher Auseinandersetzung hiermit noch nicht ansatzweise abschließend geklärt, was exakt Gegenstand „der demokratischen Legitimation" sein soll und welche rechtlichen Anforderungen sich hieraus ergeben: Nicht nur in der (rechts-)politischen, sondern auch in der rechtsdogmatischen Diskussion finden sich so Standpunkte, welche die Demokratiewidrigkeit der Europäischen Union „als Ganzes",[1] einzelner Gesetzgebungsakte,[2] beispielsweise in bestimmten Rechtssetzungsverfahren oder von Verwaltungshandeln der EU attestieren. Zugleich finden sich Auffassungen, die der Europäischen Union eine strukturell unproblematisch und unzweifelhaft bestehende Legitimation zuerkennen.[3] Manch ein Autor erkennt das Vorhandensein bzw. die Möglichkeit grundlegender demokratischer Strukturen mit bloß suboptimaler Verwirklichung bei der Union,[4]

---

1 Vgl. zur Auffassung der strukturellen Demokratieunfähigkeit *Schachtschneider*, Demokratiedefizite in der Europäischen Union, in: *Nölling/Schachtschneider/Starbatty* (Hrsg.), Währungsunion und Weltwirtschaft (1999), S. 122, durch den strikten Staatsvolkbezug auch die Verneinung originärer Demokratiefähigkeit bei *Horn*, Demokratie, in: *Depenheuer/Grabenwarter* (Hrsg.), Verfassungstheorie (2010), § 22, S. 749.

2 So wird beispielsweise regelmäßig der Vorwurf des ausbrechenden Rechtsakts erhoben, besonders plakativ dazu *Herzog/Gerken*, Stoppt den Europäischen Gerichtshof, FAZ 08.09.2008, 8 (S. 8); vgl. auch die Einschätzungen zu den „Rettungsschirmen" bei *Murswiek*, Der ESM hat keine demokratische Legitimation, SZ 01.03.2012, 18 (S. 18) und *Wernsmann*, Nicht über dem Recht, FAZ 20.09.2012, 8 (S. 8).

3 Unter der Voraussetzung eines für die EU [damals Europäischen Gemeinschaften] geeigneten Maßstabs *Majone*, Europe's 'Democratic Deficit': The Question of Standards, ELJ 1998, 5 (27).

4 *Zuleeg*, Demokratie in der Europäischen Gemeinschaft, JZ 1993, 1069 (1073); *Bryde*, Demokratisches Europa und Europäische Demokratie, in: *Gaitanides/Kadelbach/Rodríguez Iglesias* (Hrsg.), Europa und seine Verfassung (2005), S. 143; *Huber*, Demokratie in Europa - Zusammenfassung und Ausblick, in: *Bauer/Huber/Sommermann* (Hrsg.), Demokratie in Europa (2005), S. 505; *Grzeszick*, Die Europäisierung des Rechts und die Demokratisierung Europas, in: *Axer/Grzeszick/Kahl/Ma-*

ein anderer hat große Bedenken wegen deren institutionellen Aufbaus, der kaum mit der Demokratie vereinbar und allenfalls unter besonderen Integrationsgesichtspunkten zu rechtfertigen sei.[5] Für den jeweiligen Diskurs stellt dabei der Vorwurf der demokratiewidrigen Organisation und Ausgestaltung keine bloße Ordnungswidrigkeit, sondern eine besonders schwere, häufig auch beschädigende Unterstellung dar, die oftmals in der juristischen und politischen Diskussion als „Totschlagargument“ verwendet wird.

Trotz der Menge an Beiträgen zur demokratischen Legitimation im nationalen Verfassungsrechtsdiskurs und zu den Anforderungen an die Demokratie in der Europäischen Union ist allerdings eine gewisse Müdigkeit eingetreten. Als Bestandteil der verfassungsrechtlichen Prüfung findet sich die demokratische Legitimation zwar immer noch und wieder.[6] Gleichwohl haben die Schärfe und die Frequenz der Diskussion nachgelassen – anders als nach früheren Entscheidungen, die über Jahre Diskursteilnehmer inspirierten und für eine Fülle an Literaturbeiträgen zur Diskussion sorgten. Auch im Zusammenhang mit dem weiteren Integrationsfortschritt wirkt die Frage der demokratischen Legitimation zumindest nicht sonderlich aktuell und die diesbezüglichen Ansätze im Vertrag von Lissabon erwecken nicht den Eindruck, für die weitergehende Beschäftigung von hervorgehobener Bedeutung zu sein.

Trotz offener Punkte scheint der Streit im Wesentlichen beigelegt zu sein. Dabei wird wohl für den Maßstab des Art. 20 Abs. 2 GG zumindest eine gewisse Offenheit für alternative Legitimationsformen anerkannt und im Unionsrecht stellt damit das Modell der doppelten Legitimationsbasis mit den angenommenen Legitimationsketten von den Mitgliedstaaten und dem Europäischen Parlament ein mehrheitlich akzeptiertes dar. Zumindest finden sich immer mehr vermittelnde und integrierende Modelle als noch vor einem oder zwei Jahrzehnten – es ist offenbar ruhiger geworden um die demokratische Legitimation, auch wenn weiterhin eine Vielzahl schwerlich vereinbarer Argumentationsansätze im Raum steht.

Für einen Umgang mit der dennoch bestehenden Vielfalt wäre das (in der rechtswissenschaftlichen Diskussion wohl übliche) Vorgehen insoweit,

---

ger/Reimer (Hrsg.), Das Europäische Verwaltungsrecht in der Konsolidierungsphase (2010), S. 117.

5 *Gärditz*, Europäisches Regulierungsverwaltungsrecht auf Abwegen, AöR 135 (2010), 251 (280).

6 Vgl. hierzu beispielsweise in jüngerer Vergangenheit *BVerfG*, B. v. 13.06.2017, BVerfGE 146, 1 (dazu unten bei III.C.46.a)) und *BVerfG*, Urt. v. 07.11.2017, BVerfGE 147, 50 (dazu unten bei III.C.46.b)).

sich mit den bisher hierzu vertretenen Meinungen auseinander zu setzen und den Versuch zu unternehmen, durch einen eigenen Beitrag einen weiteren Schritt hin zu einer rechtlich bzw. dogmatisch richtigen Lösung dieses Problems zu machen. Hierfür kann es notwendig werden, falsche oder zumindest problematische Schlussfolgerungen herauszuarbeiten und die verschiedenen Positionen auf ihre Vereinbarkeit mit der Rechtsprechung oder der Systematik des Grundgesetzes zu überprüfen. Ein Ziel könnte beispielsweise darin bestehen, herauszufinden, ob „die demokratische Legitimation" tatsächlich monistisch oder pluralistisch verstanden werden muss, ob Art. 20 Abs. 2 GG eine Rechtsregel oder ein Rechtsprinzip darstellt oder ob und inwieweit das Grundgesetz ein Regelmodell demokratischer Legitimation kennt bzw. ob hierzu womöglich auch Formen der funktionalen Selbstverwaltung zählen.

All dies haben allerdings schon viele unternommen, hieraus haben sich teils inhaltlich beeindruckende Beiträge zum Themenkomplex der demokratischen Legitimation ergeben. Einzig: eine abschließende inhaltliche Einigkeit über Art und Reichweite dieses Phänomens dürfte immer noch nicht erreicht sein – die eine „richtige" Lösung wurde (jedenfalls noch) nicht gefunden. Nicht einmal über grundlegende Elemente wie eine möglicherweise monistische oder pluralistische Funktionsweise sind die in der Diskussion Beteiligten einer Meinung – wenn auch die Hochzeit dieser Auseinandersetzung vorüber ist. Ähnliches gilt für die hingegen weiterhin schwelende Frage nach den Grenzen für unabhängige Einrichtungen, die mit der Notwendigkeit demokratischer Legitimation im Zusammenhang steht. Ob überhaupt jemals eine herrschende Literatur- oder Rechtsprechungsauffassung in diesem Bereich erreicht werden kann, wird auch den optimistisch denkenden Rechtswissenschaftler zweifeln lassen.

Das bedeutet gleichwohl nicht, dass eine vertiefte Befassung mit „der demokratischen Legitimation" nicht mehr lohnend sein sollte. Allein das Bestehen dieser unglaublich großen Bandbreite an Auffassungen bietet mehr als genügend Anlass für eine weitergehende wissenschaftliche Auseinandersetzung. Gerade die fachliche Diskussion selbst stellt dabei wegen der enormen Vielfalt und Bandbreite einen eigenen, höchst interessanten Faktor dar, den man als Bestandteil der Gesamtbetrachtung wohl nicht außer Acht lassen darf: Unzweifelhaft sind die hierzu geleisteten Beiträge nicht im leeren Raum entstanden, sondern beziehen sich aufeinander. So erscheint es auch aus wissenschaftlicher Sicht kaum denkbar, dass sich ein Diskursbeitrag nicht mit der Rechtsprechung und verschiedenen Literaturauffassungen auseinandersetzt.

Zunächst erscheint es hilfreich, eine andere Erklärung für die enormen Auffassungsunterschiede zugrunde zu legen. Dabei könnte jedenfalls zunächst der Befund hinterfragt werden: Widersprechen sich die Beiträge zum Diskurs wirklich in dem Maße, wie es zunächst den Anschein hat? Anhaltspunkte für eine solche Fragestellung ergeben sich leicht: In der Diskussion unterscheiden sich viele derartige Beiträge trotz vermeintlicher thematischer Ähnlichkeit nicht nur im Ergebnis, sondern grundlegend bereits in ihrem Ausgangspunkt, dem Erkenntnisinteresse und somit bereits in ihrer Fragestellung. Viele (rechts-)wissenschaftliche Ansätze befassen sich mit allgemeinen Demokratietheorien,[7] andere mit konkreten demokratisch-theoretischen Anforderungen, wie der Freiheit von Wahlen, Herrschaft auf Zeit und unabhängiger Justiz.[8] Wieder andere überprüfen die Demokratisierung anhand empirischer Merkmale und bilden mittels ermittelter Kennzahlen ein Urteil über den Grad und Fortschritt eines demokratischen Systems.[9] Neben Fragen des institutionellen Aufbaus[10] stehen solche nach demokratischer Legitimation des Rechtssetzungsprozesses[11] und der Verwaltung[12] im Fokus vieler Untersuchungen, teils in spezifisch juristischer, teils in politikwissenschaftlicher Hinsicht. Auch die Legitimität gesetzlicher Regelungen als solcher, verstanden als Über-

---

7 *Kelsen*, Allgemeine Staatslehre (1925); *Horn*, Demokratie, in: *Depenheuer/Grabenwarter* (Hrsg.), Verfassungstheorie (2010), § 22.

8 *Kluth*, Die demokratische Legitimation der Europäischen Union (1995); *Bleckmann*, Das europäische Demokratieprinzip, JZ 2001, 53; mit Schwerpunkt auf transnationale Gerechtigkeit *Neyer*, Justice, Not Democracy: Legitimacy in the European Union, Journal of Common Market Studies 48 (2010), 903; mit Bezug auf allgemeingültige Demokratievorgaben auf Basis der Vorstellungen Kants *Schachtschneider*, Demokratiedefizite in der Europäischen Union, in: *Nölling/Schachtschneider/Starbatty* (Hrsg.), Währungsunion und Weltwirtschaft (1999), S. 2.

9 Darstellung verschiedener Skalen zur Messung des Demokratiegrads (Vanhanen-Index und Freedom-House-Skalen) bei *Schmidt*, Demokratietheorien, 5. Aufl. (2010), S. 374.

10 Vgl. die Betrachtung zur Ermöglichung von Legitimationsketten *Brosius-Gersdorf*, Die doppelte Legitimationsbasis der Europäischen Union, EuR 1999, 133.

11 *Streinz*, Die demokratische Legitimation der Rechtssetzung der Europäischen Gemeinschaft, ThürVBL 1997, 73.

12 *Schmidt-Aßmann*, Verwaltungslegitimation als Rechtsbegriff, AöR 116 (1991), 329; *Böckenförde*, Demokratie als Verfassungsprinzip, in: *Isensee/Kirchhof* (Hrsg.), Handbuch des Staatsrechts der Bundesrepublik Deutschland, Bd. II, 3. Aufl. (2004), § 24; *Jestaedt*, Demokratieprinzip und Kondominialverwaltung (1993); *Emde*, Die demokratische Legitimation der funktionalen Selbstverwaltung (1991); *Mehde*, Neues Steuerungsmodell und Demokratieprinzip (2000).

einstimmung mit einer vorliegenden Werteordnung, wird diskutiert und hinterfragt.[13]

Selbst wenn man den Blick auf die rechtswissenschaftlichen Veröffentlichungen beschränkt, kann man eine Vielfalt von Fragestellungen erkennen, seien sie beispielsweise nur rechtsdogmatischer,[14] rechtstheoretischer[15] oder rechtspolitischer[16] Natur. Verschiedentlich finden sich in der Literatur Auffassungen, nach denen die Europäische Union die notwendigen Maßstäbe für Demokratie und/oder demokratische Legitimation nicht erfülle.[17] Vereinzelt finden sich auch Würdigungen, die daraus einen noch akzeptablen Zustand ableiten, aber eine Notwendigkeit der Verbesserung sehen. Andere leiten hieraus Handlungspflichten für die Mitgliedstaaten ab, auf eine Verbesserung hinzuwirken, akzeptieren den momentanen, als defizitär erachteten Zustand als Zwischenzustand.[18] Dazwischen lässt sich hier auch eine spezifische inhaltliche Extremposition entdecken: die Einschätzung, die Europäische Union könne (als solches) nicht demokratisch legitimiert sein oder sei gar strukturell unfähig zur demokratischen Organisation und Handlungsweise.[19] Recht deutlich wird die grundlegende Auffassung des Bundesverfassungsgerichts zur Demokratisierung der Europäischen Union und zur Einhaltung von Demokratiemaßstäben in der Lissabon-Entscheidung, die auf der einen Seite von einem noch nicht genügenden Maß ausgeht, auf der anderen Seite aber einen praktikablen Umgang mit dieser Erkenntnis aufzeigt.[20]

---

13 *Köbler,* Juristisches Wörterbuch, 16. Aufl. (2016), S. 267 "Legitimität"; *Strohmeier,* Die EU zwischen Legitimität und Effizienz, APuZ Beilage 2007, 24 (25 ff.).

14 Vgl. hierzu insbesondere die Vielfalt der Beiträge zur Frage der demokratischen Legitimation der Verwaltung, s.o. Fn. 12.

15 S.o. Fn. 7.

16 Selten in disziplinärer Sicht so explizit benannt wie bei *Henke,* Plädoyer für kürzere Legitimationsketten in der Europäischen Union, EuR 2010, 118; als rechtspolitisch wird man aber auch in vielen Fällen Aufforderungen zur Gesetzes- oder Rechtsprechungsänderung wie bei *Bryde,* Die bundesrepublikanische Volksdemokratie als Irrweg der Demokratietheorie, Staatswissenschaften und Staatspraxis 5 (1994), 305 verstehen können.

17 Von einem ganz erheblichen Demokratiedefizit spricht beispielsweise *Bleckmann,* Das europäische Demokratieprinzip, JZ 2001, 53 (57).

18 Vgl. beispielsweise *Zuleeg,* Demokratie in der Europäischen Gemeinschaft, JZ 1993, 1069 (1073 f.).

19 Vgl. die Nachweise bei Fn. 1.

20 Hier zeigt insbesondere der Umgang mit der Ausgangslage, dass die EU den Anforderungen einer nationalen Demokratie noch nicht entspreche (*BVerfG,* Urt. v. 30.06.2009, BVerfGE 123, 267 (370 ff.)), dies gleichzeitig aber wegen der

Bereits durch diese Vielzahl grundlegend verschiedener Ansätze wird ersichtlich, dass in Bezug auf den Themenbereich „Demokratie“ auch innerhalb der Rechtswissenschaften verschiedenste Einzelfragen gestellt und Einzeldiskussionen geführt werden, ohne dass damit allgemeingültige und miteinander vergleichbare Erkenntnisse erreicht werden könnten. Somit ist deutlich, dass die Verschiedenheit der Diskussionsergebnisse nicht allein durch unterschiedliche, miteinander disziplinär kompatibler Ergebnisse bedingt ist, sondern in noch viel stärkerem Maße durch die Untersuchungsfragen und damit den jeweiligen methodischen und disziplinären Ansatz. Dabei handelt es sich in sehr vielen Fällen überhaupt nicht um unterschiedliche Antworten auf eine einzige gestellte Untersuchungsfrage, sondern um verschiedene Antworten auf verschiedene Fragen – die somit überhaupt nicht oder allenfalls begrenzt miteinander vergleichbar sind.

Für eine andere Umgangsmöglichkeit mit dem enormen Diskursumfang spricht auch, dass die Argumentationen der diskursprägenden Auffassungen in ihrem Argumentationskern – für sich genommen – regelmäßig nachvollziehbar und schlüssig begründet erscheinen, wohlgemerkt unter der Voraussetzung, dass man sich auf den jeweiligen gedanklichen Ausgangspunkt einlässt. Damit drängt es sich geradezu auf, diesen Aspekt in den Fokus der Betrachtung zu nehmen. Hilfreich erscheint es deshalb, die zugrundeliegenden Annahmen zu betrachten, zu explizieren und damit aufzudecken. So ergäbe sich eine Kategorisierung, die jedem Vergleich vorangestellt werden kann. Sind diese Kategorien bekannt, könnte die Diskussion auf die Ebene dieser Grundannahmen fokussiert werden. Gleichwohl sollte dies nicht schlicht zur in den Rechtswissenschaften so oft beobachtbaren Folge führen, dass der Streit in der Sache schlicht auf die Ebene der Grundannahmen verlagert wird. Auch hier werden regelmäßig gute Gründe und Begründungen für die jeweiligen Standpunkte vorgetragen, weshalb damit allein noch keine Erklärung erreicht würde. Vielversprechender wäre es, diese Annahmen auf ihre Methoden und Maßstäbe zu untersuchen mit dem Ziel, eine Segmentierung der Diskussion zu erreichen.

Allerdings wird regelmäßig demjenigen, der die Methoden- und Maßstabsfrage aufwirft, vorgeworfen, nur „über die Hintertür“ seine Position untermauern und Gegenauffassungen delegitimieren zu wollen. Der auf Methode bedachte Rechtswissenschaftler wird damit gern als „Spielverderber“ der Diskussion wahrgenommen. Dieser Vorwurf könnte jedoch nur

---

supranationalen Struktur hinnehmbar wäre (*BVerfG*, Urt. v. 30.06.2009, BVerfGE 123, 267 (395 f.)), die unterschiedlichen Maßstäbe, die das Gericht zugrunde legt.

dann zutreffen, wenn auch wirklich eine entsprechende Disqualifizierung erfolgt. Bei einer methodenbewussten Betrachtung muss allerdings vielmehr das genaue Gegenteil der Fall sein: Unterscheiden sich die Methoden und Maßstäbe, können sich auf den ersten Blick widersprechende Aussagen nämlich überhaupt nicht mehr inkompatibel sein, wenn sich die Aussagegehalte in Wahrheit überhaupt nicht überschneiden.

Diese methodische Grundannahme dürfte damit weichenstellend sein: Ginge man bei der Betrachtung von einem einheitlichen Untersuchungsgegenstand der „demokratischen Legitimation" aus, der mittels verschiedener Disziplinen und Methoden untersucht wird, müssten sich die Einzelerkenntnisse aus verschiedenen Disziplinen ergänzen und zu einem Gesamtbild zusammenfügen lassen. Bei Zugrundelegung dieser Annahme würden sich widersprechende Aussagen verschiedener Methoden bzw. Disziplinen ausschließen, weil sie sämtlich beanspruchen müssten, eine zutreffende Erkenntnis über den einen Untersuchungsgegenstand zu finden. Damit wird jedoch außer Acht gelassen, dass sich dieser als einheitlich verstandene Untersuchungsgegenstand nicht immer gleich darstellt. Vielmehr bestimmt dabei das Erkenntnisverfahren den Erkenntnisgegenstand,[21] der sich somit methodenspezifisch unterschiedlich darstellt. Dem liegt der Gedanke zugrunde, dass man gerade nicht von einem fixen Beobachtungsobjekt ausgehen kann, das nur mittels disziplinär verschiedener Ansatzpunkte jeweils unterschiedlich wahrgenommen wird, aber eigentlich stets identisch wäre. Gerade in der Rechtswissenschaft zeigt sich die methodenbedingte untschiedliche Darstellung häufig dadurch, dass ein dogmatisches Modell mit einer Theorie bis zu einem gewissen Grade übereinstimmen kann, dies aber nicht notwendigerweise der Fall sein muss. Vergleichbares lässt sich über rechtsphilosophische und rechtspolitische Erkenntnisse feststellen oder über das Verhältnis von rechtssoziologischen und rechtsethischen Erkenntnissen. Je nach Herangehensweise können so unterschiedliche Einsichten gewonnen werden, die nicht notwendigerweise aneinander gekoppelt sind. Dies gilt nicht nur durch die dogmatische Festlegung eines bestimmten Modells, sondern gleichermaßen für alle anderen sonstigen Betrachtungen. Ob eine theoretische Erkenntnis durch einen empirischen Befund widerlegt oder durch ihn irritiert werden kann, bestimmt sich nur aus Sicht der jeweils angewandten Disziplin und Methode. Jede „disziplinäre Brille" bedeutet zugleich auch eine nur selektive Wahrnehmung – deshalb ist notwendigerweise zu überprüfen, was tatsächlich noch in

---

21 *Jestaedt*, Perspektiven der Rechtswissenschaftstheorie, in: *Jestaedt/Lepsius* (Hrsg.), Rechtswissenschaftstheorie (2008), S. 193.

den jeweiligen Wahrnehmungsbereich fallen kann. Das bedeutet zugleich, dass Wechselwirkungen nicht notwendig ausgeschlossen sind: häufig gibt es „Einfallstore“ für andere Maßstäbe und Erkenntnisse. Deren Vorliegen muss allerdings für den Einzelfall nachgewiesen werden.

Dies bietet den argumentativen Anknüpfungspunkt, der eine Betrachtung der im Diskurs teilweise völlig unterschiedlichen Ansätze ermöglichen und so gleichzeitig erst die Grundlage für eine Vergleichbarkeit schaffen soll. Die Motivation hierfür ist, aus der Vielzahl vertretener Ansätze herauszufinden, welche Erkenntnisse miteinander kompatibel und wechselseitig relevant sind und bei welchen wegen methodischer Inkompatibilität eine Vergleichbarkeit insoweit nicht vorhanden ist, dass sich Ergebnisse nur vermeintlich widersprechen.

Somit kommt man nicht umhin, die methodischen Vorverständnisse aufzudecken und damit für die verschiedenen Diskursbeiträge die methodisch denkbaren Aussagegehalte zu bestimmen. Dabei darf man an dieser Stelle nicht außer Acht lassen, von welchem Geltungsanspruch die Diskursteilnehmer selbst ausgehen und wie sie ihre Ansätze im Verhältnis zu anderen verorten. Möglicherweise könnte hier jedoch der Ansatzpunkt zu finden sein, die Diskussion abzuschichten: durch kritisches Hinterfragen der zugrundeliegenden Fragestellungen, Grundannahmen und dem methodischen Verständnis könnten eine Strukturierung und Segmentierung der Diskussion und dabei ein besseres Verständnis des Diskurses erreicht werden.

Mit der Betrachtung des Diskursverlaufes eröffnet sich daneben ein weiteres interessantes Beobachtungsfeld: Die verschiedenen Beiträge hierzu können zwar stets für sich allein betrachtet und analysiert werden und sind insoweit selbstständig. Neben dieser Eigenständigkeit kommt bei jeder Veröffentlichung noch ein weiterer Faktor zu, nämlich die relative Bedeutung für den Diskurs als Ganzes. Für sich genommen sollte die Bedeutung eines einzelnen Literatur- oder Rechtsprechungsbeitrags unabhängig vom Zeitpunkt und den Umständen der Veröffentlichung sein und allein von der Überzeugungskraft abhängen (wenn man von gleichbleibenden rechtlichen Voraussetzungen ausgeht). Anderes kann sich aus einer (rechtssoziologisch inspirierten) Betrachtung ergeben, wenn man die jeweilige Bedeutung einzelber Beiträge für den Diskurs als Ganzes betrachtet. Hier kann es einen ganz entscheidenden Unterschied machen, zu welchem Zeitpunkt vor allem im Verhältnis zu anderen Beiträgen eine Diskursteilnahme erfolgt. Dies erschließt sich wohl jedem Rechtswissenschaftler: Unabhängig von der fachlichen und disziplinären Beschäftigung kommt man an einigen Beiträgen schlicht nicht vorbei, während andere eher dazu geeignet sind, bereits entwickelte Ideen etwas eloquenter oder leichter verständlich zu (re-)formulieren.

Daher soll neben der Betrachtung der Methodik der verschiedenen Ansätze der Diskurs selbst und seine Dynamik ein Teil der Betrachtung sein. Dazu gehört zum einen eine Beobachtung des Diskursverlaufs mit seinen schwerpunktmäßig behandelten Themen, im Übrigen aber auch die Art der Rezeption von anderen Diskursbeiträgen. Diesen Teil der Betrachtung kann man schwerlich als rechtsinhaltlichen Bestandteil der Diskussion ansehen. Vielmehr handelt es sich um eine Betrachtung des Diskurses selbst, die insoweit als Diskursanalyse beschrieben werden kann. Naturgemäß können diesbezüglich gewonnene Erkenntnisse keine rechtsdogmatischen Aussagen treffen und auch für die inhaltliche Diskussion unmittelbar nichts beitragen. Damit verbunden soll natürlich die Hoffnung sein, eine Rationalisierung des Diskurses über die demokratische Legitimation im nationalen und im Unionsrecht zu ermöglichen.

Aus diesem Erkenntnisinteresse ergibt sich das Arbeitsprogramm der vorliegenden Unternehmung: Zunächst soll eine Betrachtung der einzelnen Beiträge im Diskurs um die demokratische Legitimation daraufhin erfolgen, von welchen methodischen Grundannahmen sie (explizit oder implizit) ausgehen. Anschließend lässt sich hoffentlich feststellen, ob tatsächlich unauflösliche Widersprüche zwischen den jeweiligen Ansichten bestehen oder ob sich diese nicht dadurch auflösen lassen, dass unter Berücksichtigung anderer Maßstäbe keine eigentliche Überschneidung stattfindet. Daneben soll durch eine Analyse der jeweiligen Rezeptions- und Wechselwirkungen das Verhältnis der Beiträge untereinander betrachtet werden. Das Ziel ist auch hierbei die Explizierung vorhandener oder nur vermeintlicher Widersprüche und die Untersuchung der Auswirkung auf den wissenschaftlichen Diskurs.

Mit der Betrachtung des Diskurses ist eine weitere Absicht verbunden. Wenn man die Diskussionsvielfalt und -dynamik innerhalb des Diskurses um die demokratische Legitimation auf nationaler und Unionsebene betrachtet, lassen sich zum einen gewisse inhaltliche Parallelen erkennen, zum anderen enorme Unterschiede in den rechtlichen Rahmenbedingungen und in den Vorgaben durch die Rechtsprechung. Eine Untersuchung des Diskurses als solchem könnte damit helfen, Einflüsse aus anderen Diskursen aufzuzeigen und über die methodische Einordnung der jeweiligen Diskursbeiträge eine Analyse ermöglichen, ob die tatsächlichen Einflüsse eigentlich geeignet sein könnten, die Argumentation zu beeinflussen.

Um derartige Wechselwirkungen betrachten zu können, soll eine Analyse der (Teil-)Diskurse getrennt nach verschiedenen Maßstabsansätzen erfolgen. Deshalb werden die Maßstäbe demokratischer Legitimation des nationalen Rechts und die Maßstäbe für die Legitimation der Europäischen Union zunächst getrennt voneinander betrachtet. Damit soll schlussendlich eine Beurteilung ermöglicht werden, ob und inwieweit von einem einheitlichen oder von teilweise getrennten rechtswissenschaftlichen Diskursen ausgegangen werden muss und wie sich diese wechselseitig beeinflussen oder sich entkoppelt darstellen. Von einer solchen Analyse könnte idealiter eine größere Klarheit über Art und Reichweite, Inhalt und Strenge über rechtswissenschaftliche und rechtsdogmatische Maßstäbe demokratischer Legitimation erreicht werden.

Mit dieser Fragestellung werden allerdings keine absoluten Antworten erreicht: Ein „richtiger" oder „zutreffender" Maßstab zur Beurteilung demokratischer Legitimation kann so nicht gefunden werden – weil diese Kategorie nach hier vertretenem Verständnis nicht existiert. Finden lässt sich so allenfalls eine Reihe verschiedener, nebeneinanderstehender Erkenntnisse in Abhängigkeit von einer jeweiligen Herangehensweise. Sollte sich damit im Ergebnis herausstellen, dass manche Ansätze im nationalen und im Unionsrecht, im Schrifttum und in der Literatur von tatsächlich verschiedenen Ansätzen ausgehen und daher im Ergebnis nicht zu gleichen Erkenntnissen kommen, gleichwohl aber nicht inkompatibel sind, wäre damit gleichwohl ein Gewinn für den Diskurs erreicht – für die Vielfalt der entwickelten Ansätze im nationalen Verfassungsrecht, möglicherweise aber auch für das Verhältnis der Maßstäbe aus dem Verfassungs- und Unionsrecht.

II. Methoden

A. *Maßstäbe demokratischer Legitimation in der Methodendiskussion*

1. Demokratische Legitimation – Verrechtlichung eines politischen Maßstabs

Eine der besonderen Fragestellungen innerhalb des allgemeinen Themenkomplexes der Demokratie stellt diejenige nach der demokratischen Legitimation dar. Historisch gesehen wurde dabei die Frage nach dieser Legitimation hoheitlichen, also regelmäßig staatlichen Handelns erst sehr spät als spezifisch rechtliche diskutiert. Die Frage, wie die Ausübung von Staatsgewalt zu rechtfertigen sein kann, war schon seit jeher als politische Frage und vor allem als Machtfrage angesehen und behandelt worden. Erst mit Entstehen der modernen Verfassungen und dem Zusammentreffen verfassungsrechtlich vorgegebener Demokratie mit einer gleichermaßen enthaltenen (Verfassungs-)Gerichtsbarkeit folgte aus der politischen Idee eine eigenständige und wirkungsvolle rechtliche Komponente, die als Grundlage für eine eigenständige Betrachtung dienen konnte.

Während sich aus dem Demokratieprinzip des Art. 20 Abs. 1 GG schon zu Anfangszeiten der Bundesrepublik verschiedene Aspekte und teils konkrete Rechtsfolgen vor allem in Bezug auf die Wahlrechtsgrundsätze ableiten ließen, wurde die Frage nach der durch Art. 20 Abs. 2 GG erforderlichen demokratischen Legitimation spätestens[22] mit den Entscheidungen des BVerfG im Oktober 1990[23] zu einer sehr bedeutsamen rechtlichen (und damit auch rechtswissenschaftlichen) Frage. Betrachtet man allein die bis Ende der 1980er Jahre zu diesem Themenfeld erfolgten Veröffentlichungen und die daraufhin publizierten Stellungnahmen,[24] dürften die-

---

22 Bereits einige Entscheidungen vorher befassten sich mit der Thematik (vgl. dazu Kap. III.D.2.a)), auch in der Literatur ergaben sich entsprechende Diskussionsansätze, vgl. beispielsweise bei *Böckenförde,* Verfassungsfragen der Richterwahl (1974).

23 *BVerfG,* Urt. v. 31.10.1990, BVerfGE 83, 60 (vgl. dazu Kap. III.C.8.b)) und *BVerfG,* Urt. v. 31.10.1990, BVerfGE 83, 37 (vgl. dazu Kap. III.C.8.a)).

24 Vgl. hier vor allem die Veröffentlichungen von *Böckenförde,* Verfassungsfragen der Richterwahl (1974) und der Vorauflagen von *Herzog,* in: *Maunz/Dürig/Herzog,* Grundgesetz, 57. Ergänzungslieferung (2010), Art. 20 GG und *Böckenförde,*

se Entscheidungen vielleicht als letzter Startimpuls, zumindest aber als Katalysator für das Aufflammen der Diskussion über die demokratische Legitimation als (Verfassungs-)Rechtsfrage anzusehen sein. Der zunächst sehr streng anmutende Maßstab der ersten Judikate wurde mit späteren Entscheidungen zur Arbeitnehmermitbestimmung und zur funktionalen Selbstverwaltung[25] relativiert (bzw. konkretisiert), bis sich jedenfalls in den 2010er Jahren eine wohl gefestigte Rechtsprechung zu innerstaatlichen Legitimationsanforderungen herauskristallisierte.[26] Neben derartigen Fragen kam der demokratischen Legitimation als rechtlicher Frage eine große Bedeutung bei der Rechtsprechung über die Zulässigkeit und Grenzen der weiteren Europäischen Integration zu,[27] die auch Fragen der Zulässigkeit bestimmter Erscheinungsformen der Europäischen Verwaltung aufwirft.[28]

Spätestens diese Rechtsprechung liefert die Rechtfertigung, derartige – dem Kern nach politischen – Fragen unter spezifisch rechtlichem und rechtswissenschaftlichem Blickwinkel und als hierdurch wesentlich geprägt zu betrachten. Erkennbar führte dies auch dazu, dass Maßstäbe und Ideen, die nicht unmittelbar auf der positivrechtlichen Fundierung in Art. 20 Abs. 2 GG beruhen, dennoch als bedeutsam auch für die *Rechts*wissenschaft angesehen werden, weil (und soweit) hierdurch die Grundlagen für das positivierte Demokratieprinzip geschaffen bzw. abgeleitet wurden.[29] Erst recht gilt dies für weitergehende Ansätze wie der Neuen

---

Demokratie als Verfassungsprinzip, in: *Isensee/Kirchhof* (Hrsg.), Handbuch des Staatsrechts der Bundesrepublik Deutschland, Bd. I, 1. Aufl. (1987), § 22.

25 *BVerfG*, B. v. 24.05.1995, BVerfGE 93, 37 (vgl. dazu Kap. III.C.15) und *BVerfG*, B. v. 05.12.2002, BVerfGE 107, 59 (vgl. dazu Kap. III.C.19).

26 Vgl. zuletzt *BVerfG*, B. v. 06.05.2014, BVerfGE 136, 194 (vgl. dazu Kap. III.C.40) und *BVerfG*, Urt. v. 02.06.2015, BVerfGE 139, 194 (vgl. dazu Kap. III.C.41.b)).

27 Vgl. insoweit *BVerfG*, Urt. v. 12.10.1993, BVerfGE 89, 155 (vgl. dazu Kap. III.C.13), *BVerfG*, Urt. v. 30.06.2009, BVerfGE 123, 267 (vgl. dazu Kap. III.C.28), *BVerfG*, B. v. 06.06.2010, BVerfGE 126, 286 (vgl. dazu Kap. III.C.31), *BVerfG*, Urt. v. 07.09.2011, BVerfGE 129, 124 (vgl. dazu Kap. III.C.33), *BVerfG*, Urt. v. 12.09.2012, BVerfGE 132, 195 (vgl. dazu Kap. III.C.35) und *BVerfG*, Urt. v. 18.03.2014, BVerfGE 135, 317 (vgl. dazu Kap. III.C.39).

28 Hier sollen insbesondere die Fragen nach der Zulässigkeit externalisierter Unionseinrichtungen wie der Unionsagenturen im Fokus der Untersuchung stehen.

29 Gleichwohl ist zu beachten, dass eine solche Untersuchung „faktischer Legitimationszusammenhänge“ (bei denen es sich um politikwissenschaftliche Erkenntnisse über Steuerungszusammenhänge zur wirkungsvollen Verantwortungsdelegationen handeln dürfe) nur insoweit als rechtlich relevant anzusehen sein können, wie diese auch im positiven Recht eine Rolle spielen; andernfalls könnten

Verwaltungsrechtswissenschaft[30], wenn diese Legitimationszusammenhänge als Rechtsmaßstäbe durch steuerungswissenschaftliche Überlegungen und Erkenntnisse zu belegen versuchen und somit (im weitesten Sinne) politikwissenschaftliche Überlegungen auch von sich aus (d.h. ohne Transformierung in rechtliche Maßstäbe) als maßgeblich und damit bedeutsam für die rechtswissenschaftliche Diskussion erachten.

a) Begriffs- und Inhaltsvermengungen

Bereits die Begrifflichkeiten bei Formulierung einer Fragestellung spielen in den verschiedenen Betrachtungen eine wichtige und weichenstellende Rolle. Begriffe wie Demokratie, Legitimation, demokratische Legitimation, Legalität und Legitimität werden zwar häufig in einem Atemzug genannt und werden gar als bedeutungsähnlich oder zumindest miteinander zusammenhängend angesehen. Dabei zeigen die oben genannten disziplinär vielfältigen Folgerungsmöglichkeiten, welche Schwierigkeiten sich in der daran anschließenden Diskussion ergeben. Auch für die eben angerissene, spezifisch rechtswissenschaftliche Diskussion der demokratischen Legitimation des Staates bzw. der Union und deren jeweiligen Verwaltungshandelns zeigt sich ein breiter Spielraum der vorgetragenen Argumente aus allen Disziplinen, alle genannten Begriffe finden sich mit unterschiedlichen Geltungs- und Bedeutungsansprüchen in der Diskussion wieder.

Deshalb erscheint es angezeigt, zunächst diese Begrifflichkeiten möglichst genau auseinanderzuhalten und sich bei ihrer jeweiligen Verwendung der konkreten Bedeutungsgehalte bewusst zu bleiben. Schon mit dem (umgangssprachlichen) Grundbegriff „Demokratie" ergeben sich Definitionsschwierigkeiten. Wörtlich übersetzt aus dem Griechischen handelt es sich um die Herrschaft des Volkes. Damit ist jedoch ein Bedeutungs-

---

sie allein über teleologische Erwägungen bei der Betrachtung des Demokratieprinzips aktiviert und zugrunde gelegt werden.

30 Vgl. einführend zum Ansatz der Neuen Verwaltungsrechtswissenschaft *Voßkuhle,* Methode und Pragmatik im Öffentlichen Recht, in: *Bauer/Schmidt* (Hrsg.), Umwelt, Wirtschaft und Recht (2002), *Voßkuhle,* Neue Verwaltungsrechtswissenschaft, in: *Hoffmann-Riem/Schmidt-Aßmann/Voßkuhle* (Hrsg.), Grundlagen des Verwaltungsrechts, Bd. I, 2. Aufl. (2012), § 1 (vgl. dazu Kap. II.A.1.c)), speziell zur Frage nach demokratischer Legitimation *Trute,* Die demokratische Legitimation der Verwaltung, in: *Hoffmann-Riem/Schmidt-Aßmann/Voßkuhle* (Hrsg.), Grundlagen des Verwaltungsrechts, Bd. I, 2. Aufl. (2012), § 6 (vgl. dazu Kap. III.C.26).

spektrum angesprochen, das weit von einer konkreten einheitlichen Verwendung entfernt ist. Dem Begriff der Demokratie werden unterschiedliche Verwendungsweisen zugeschrieben als komplexe Systembezeichnung, als Legitimation politischer Systeme, als Ordnungsprinzip und als Verhaltensprinzip.[31] Zugleich werden verschiedene Prinzipien genannt, die der Demokratiebegriff beinhalte, nämlich die der Gleichheit, des Mehrheitsprinzips, des Relativismus und der Allgemeingültigkeit der Gesetze.[32] Zugleich wird von der Volkssouveränität als Uridee der Demokratie gesprochen.[33] Auffällig für den Begriff der Demokratie ist somit dessen Weite, aber auch eine gewisse inhaltliche Beliebigkeit,[34] die mit einem inflationären Begriffsgebrauch einhergeht.[35]

Überwiegend einheitlich wird der Begriff der Legalität als formelle Übereinstimmung mit den bestehenden Gesetzen verstanden.[36] Ganz anders stellt es sich jedoch mit der Legitimation und Legitimität dar. Unter Legitimität wird häufig die dem jeweiligen System immanente Rechtfertigung staatlicher Herrschaft angesprochen.[37] Von demokratischer Legitimität wird dann gesprochen, wenn sich diese staatliche Herrschaft vom Volk ableitet und nicht auf andere, beispielsweise göttliche Herrschaftsberechtigungen zurückgeführt wird.[38] Häufiger wird jedoch diese Definition und Unterscheidung für die Begriffe Legitimation und in ihrer spezifischen Form der demokratischen Legitimation verwendet.[39] Hier bietet es sich

---

31 Unterscheidung durch *Lenk*, Probleme der Demokratie, in: *Lieber* (Hrsg.), Politische Theorien von der Antike bis zur Gegenwart, 2. Aufl. (1993), S. 938.

32 *Lenk*, Probleme der Demokratie, in: *Lieber* (Hrsg.), Politische Theorien von der Antike bis zur Gegenwart, 2. Aufl. (1993), S. 939.

33 *Lenk*, Probleme der Demokratie, in: *Lieber* (Hrsg.), Politische Theorien von der Antike bis zur Gegenwart, 2. Aufl. (1993), S. 936.

34 Mit Schwerpunkt auf die Vielfalt der Begriffsverwendung *Lenk*, Probleme der Demokratie, in: *Lieber* (Hrsg.), Politische Theorien von der Antike bis zur Gegenwart, 2. Aufl. (1993), S. 933; dagegen mit Betonung der Assoziationsvielfalt mit dem Demokratiebegriff *Horn*, Demokratie, in: *Depenheuer/Grabenwarter* (Hrsg.), Verfassungstheorie (2010), § 22, S. 745.

35 *Lenk*, Probleme der Demokratie, in: *Lieber* (Hrsg.), Politische Theorien von der Antike bis zur Gegenwart, 2. Aufl. (1993), S. 933, *Köbler*, Juristisches Wörterbuch, 16. Aufl. (2016), S. 266 "Legalität".

36 *Schöbener/Knauf*, Allgemeine Staatslehre, 4. Aufl. (2019), § 4 Rdnr. 4.

37 *Köbler*, Juristisches Wörterbuch, 16. Aufl. (2016), S. 267 "Legitimität".

38 *Lenk*, Probleme der Demokratie, in: *Lieber* (Hrsg.), Politische Theorien von der Antike bis zur Gegenwart, 2. Aufl. (1993), S. 937.

39 *Zippelius*, Allgemeine Staatslehre, 17. Aufl. (2017), S. 104; *Böckenförde*, Demokratie als Verfassungsprinzip, in: *Isensee/Kirchhof* (Hrsg.), Handbuch des Staatsrechts der Bundesrepublik Deutschland, Bd. II, 3. Aufl. (2004), § 24, Rdnr. 3.

also an, möglichst nahe am Wortsinn und der Wortform zu unterscheiden zwischen einer prozessualen Komponente, der Legitimation,[40] und der Zustandsbeschreibung der Legitimität. Die prozessual verstandene Legitimation meint somit gewöhnlich die Art der Einhaltung formaler und prozeduraler Aspekte; sie verlangt nach Einhaltung vorgeschriebener Formen und Verfahren.[41] Die Legitimität hingegen beschreibt die Frage nach der inneren materialen Berechtigung.[42] Abhängig von einer konkreten Rechtsordnung kann die Legitimität gegeben sein, sobald die Elemente formeller Legalität vorhanden sind, oder es können darüber hinaus gehende Vorgaben wie die Achtung der Menschenwürde zur Wahrung der Legitimität existieren.[43]

Selbst innerhalb der Begriffsbereiche der (demokratischen) Legitimation gibt es noch erhebliche begriffliche Unterschiede und Missverständnisse: So wird vertreten, Fragen der Legitimation bezögen sich auf außer- oder vorrechtliche Faktoren und könnten daher nicht in rechtsdogmatischen Kategorien erfasst werden.[44] An anderer Stelle wird die demokratische Legitimation hingegen als durch Art. 20 Abs. 2 GG vorgegeben und gerade als dogmatische Kategorie verstanden.[45] Speziell wegen dieser Unterschie-

---

40 Legitimation wie auch Legitimierung, verstanden als Rechtfertigung eines Zustands, *Köbler,* Juristisches Wörterbuch, 16. Aufl. (2016), S. 267 "Legitimation" und "Legitimierung".

41 *Jestaedt,* Democratic Legitimization of the Administrative Power, in: *Pünder/Waldhoff* (Hrsg.), Debates in German Public Law (2014), S. 182 f.; diese Unterscheidung wird häufig jedoch nicht getroffen, vereinzelt werden die Begriffe Legitimität und Legitimation als weitgehend inhaltliche deckungsgleich angesehen, vgl. *Schöbener/Knauf,* Allgemeine Staatslehre, 4. Aufl. (2019), § 4 Rdnr. 7.

42 *Jestaedt,* Democratic Legitimization of the Administrative Power, in: *Pünder/Waldhoff* (Hrsg.), Debates in German Public Law (2014), S. 182 f.

43 Mit Betonung des außerrechtlichen Maßstabs der Legitimität *Schöbener/Knauf,* Allgemeine Staatslehre, 4. Aufl. (2019), § 4 Rdnr. 5; *Zippelius,* Allgemeine Staatslehre, 17. Aufl. (2017), 116 f.; das setzt allerdings voraus, dass Derartiges nicht Element der formell verstandenen Legalität ist. Ist – wie nach dem GG – die Einhaltung aller Grundrechte Rechtmäßigkeits- und somit auch Legalitätsvoraussetzung, kann es hingegen erst dann einen Unterschied geben, wenn zur Legitimität weitergehende Aspekte, wie beispielsweise die Frage nach der Akzeptanz gerechnet werden.

44 *Starck,* Grundrechtliche und demokratische Freiheitsidee, in: *Isensee/Kirchhof* (Hrsg.), Handbuch des Staatsrechts der Bundesrepublik Deutschland, Bd. III, 3. Aufl. (2005), § 33, Rdnr. 1 mit Verweis auf *Zippelius,* Allgemeine Staatslehre, 17. Aufl. (2017), 130 ff., der den außerdogmatischen Status jedoch auf den Revolutionsfall beschränkt.

45 Vgl. nur die grundlegenden Beiträge von *Böckenförde,* Demokratie als Verfassungsprinzip, in: *Isensee/Kirchhof* (Hrsg.), Handbuch des Staatsrechts der Bundes-

de soll zunächst eine Betrachtung der verschiedenen möglichen methodischen Ansätze erfolgen.

b) Die Kompatibilitätsannahme

Stellt man die verschiedenen vertretenen Auffassungen zu Art und Notwendigkeit von demokratischer Legitimation von Hoheitsgewalt nebeneinander – selbst unter Berücksichtigung der eben genannten unterschiedlichen begrifflichen Anknüpfungen –, erscheint selbst für eine rechtswissenschaftliche Streitfrage überraschend, wie fundamental die verschiedenen Auffassungen zu Art und Maß notwendiger demokratischer Legitimation auseinandergehen können. Vor allem legt die enorme Bandbreite an vertretenen unterschiedlichen Positionen eigentlich die Hypothese nahe, dass zumindest einige der Auffassungen so weit von der tatsächlichen Sach- und Rechtslage entfernt liegen müssten, dass man zumindest deren Vertretern völlige Unkenntnis und Verkennung der Sachlage vorwerfen und von einer Nichtvertretbarkeit dieser Auffassungen ausgehen müsste.

Betrachtet man den Ton, der gelegentlich in der Diskussion gewählt wird, scheinen auch nicht wenige von einem solchen Befund überzeugt zu sein.[46] Dem soll jedoch eine rechtsethisch eher ungewöhnliche Hypothese entgegengestellt werden: Werden derartige Ideen und Theorien (zumal oftmals von bekannten und wissenschaftlich respektierten Akteuren) argumentativ begründet und auch noch in der rechtswissenschaftlichen Öffentlichkeit nachhaltig diskutiert, sollten zumindest grundsätzlich die Plausibilität oder zumindest die Vertretbarkeit derartiger Diskussionsansätze anzunehmen sein.

Daneben erscheint es m.E. erst einmal ungewöhnlich, dass wesentliche Bestandteile der deutschen und europäischen Rechtsordnung für ungenü-

---

republik Deutschland, Bd. II, 3. Aufl. (2004), § 24; *Schmidt-Aßmann*, Verwaltungslegitimation als Rechtsbegriff, AöR 116 (1991), 329.

46 Natürlich gehört zur rechtswissenschaftlichen Diskussion auch eine (harte) Auseinandersetzung, die aber als wissenschaftliche Diskussion sachlich zu führen ist; gelegentlich finden sich dann aber auch pointiertere Standpunkte (vgl. nur die nachdrücklich formulierte Ablehnung des Legitimationskettenmodells durch *Bryde*, Die bundesrepublikanische Volksdemokratie als Irrweg der Demokratietheorie, Staatswissenschaften und Staatspraxis 5 (1994), 305) bis hin zu „Generalabrechnungen", beispielsweise bei *Heun*, Eine verfassungswidrige Verfassungsgerichtsentscheidung – der Vorlagebeschluss des BVerfG vom 14.1.2014, JZ 2014, 331.

gend an einem (dann „richtigen“) Maßstab demokratischer Legitimation zu erachten sein sollten, wenn es sich um bereits lange praktizierte Gestaltungsmechanismen handelt, die offensichtlich überwiegend – und damit nicht zuletzt implizit durch die Rechtsprechung – für zulässig erachtet wurden.[47] Dies soll keineswegs als (gar rechtliche) Vermutung für die Rechtmäßigkeit einer Konstruktion verstanden werden, schließlich ist häufig eine ständige Übung der größte Feind einer eigentlich notwendigen Einhaltung von rechtlichen Maßstäben. Wohl aber sollte Derartiges als Anlass für Zweifel und ein notwendiges Hinterfragen gesehen werden, ob und inwieweit (jeweils) derartige fundamental ablehnende Positionen uneingeschränkt haltbar sein können.

Von diesen Hypothesen ausgehend dürfte es allerdings völlig ausgeschlossen sein, dass es sich bei den in der Gesamtheit vorliegenden Standpunkten sämtlich um wissenschaftliche Auffassungen desselben Diskurses handeln kann, die inhaltlich teils so fundamental widersprüchliche und kaum nebeneinander bestandsfähige Ergebnisse hervorbringen. Deshalb soll bewusst von der Grundannahme ausgegangen werden, dass es sich nämlich auch dann um eine überzeugende (und damit wissenschaftlich besonders bedeutende) Argumentation handeln kann, wenn „inkompatible“ Ergebnisse im Verhältnis zu anderen für zutreffend erachteten Auffassungen erreicht werden. Ansatzpunkt für eine derartige Überlegung ist dabei die Annahme, dass die zunächst vermutete Unvereinbarkeit zweier Auffassungen nicht notwendig zum gegenseitigen Ausschluss führen muss. Dies ist mit dem Befund verbunden, dass scheinbar stets über das gleiche Thema gesprochen und geschrieben wird, sich aber die Diskussionsbeiträge schon im methodischen Zugriff so weit unterscheiden, dass nicht die Ergebnisse, sondern die Untersuchungen selbst untereinander bzw. miteinander unvereinbar sind. Gleichwohl bedeutet diese Unvereinbarkeit nicht, dass die entsprechenden Diskurse nicht nebeneinander geführt werden könnten, doch schließt dies eine Vergleichbarkeit der Diskussionsergebnisse aus.

Gerade die Rechtswissenschaft*en* (im weitesten Sinne) bieten dermaßen vielfältige Ansatzpunkte für verschiedenste Betrachtungsmethoden, dass ei-

47 Damit soll allerdings noch über die „nicht selten interessierte[n] – Stimmen im Schrifttum, in der Politik oder in den Medien“ hinausgegangen werden, die „einer Maßnahme Unbedenklichkeit attestieren“, vgl: *BVerfG*, Urt. v. 21.06.2016, BVerfGE 142, 123 (Rdnr. 150) (juris); unzweifelhaft kann es nicht auf derartige Ansichten maßgeblich zur Beurteilung von Rechtmäßigkeitsfragen ankommen; wohl aber sollten in der Wissenschaft weit vertretene Ansichten nicht pauschal unbeachtet bleiben und zumindest Anlass zu kritischer Auseinandersetzung sein.

gentlich alle geisteswissenschaftlichen Arbeits- und Untersuchungsmethoden für rechtswissenschaftliche Betrachtungen verschiedenster Art fruchtbar gemacht werden können. Dies mag immer wieder in Vergessenheit geraten, weil überwiegend die Rechtswissenschaften auf die Spezialdisziplin der Rechtsdogmatik reduziert werden.[48] Im Falle dieser Gleichsetzung und damit disziplinären Einschränkung stellen sich methodische Fragen in weitaus geringerem Maße, weil die Methoden der Auslegung und der Arbeit mit positivem Recht und Rechtsdogmatik sehr viel bekannter sind und auch sehr viel näher beieinanderliegen.

Hingegen ermöglichen andere (rechtswissenschaftliche) Disziplinen die Zugrundelegung eines umfassenden Methodenspektrums, welches weit über (bloß) rechtsdogmatische Ansätze hinausgeht.[49] Die – nicht nur in der juristischen Ausbildung – häufig vernachlässigten Grundlagenfächer wie Rechtsgeschichte, Rechtspolitik, Rechtssoziologie oder Rechtstheorie beschränken sich nicht auf rechtsdogmatische Betrachtungen, sondern haben alle einen deutlich weiteren Blickwinkel. Die besondere Schwierigkeit liegt darin, dass trotz Beschäftigung mit eigentlich unterschiedlichen Disziplinen deren jeweilige Begrifflichkeiten nicht immer im gleichen Maße auseinandergehalten werden. So kommt naturgemäß einem Begriff ein völlig anderer Inhalt zu, wenn er als rechtsdogmatisch verstanden wird, als wenn der vermeintlich gleiche Begriff in einem (rechts-)politikwissenschaftlichen – und damit für die Verfassungstheorie durchaus bedeutsamen – Zusammenhang verwendet wird. Dabei wird durch Konzepte wie das des „Verbundbegriffs" die Gleichsetzungs- und Verwechslungsgefahr

48 *Jestaedt*, Wissenschaftliches Recht, in: *Jabloner/Kucsko-Stadlmayer/Muzak/Perthold-Stoitzner/Stöger* (Hrsg.), Vom praktischen Wert der Methode (2011), S. 170 f.; die dogmatische Ausrichtung zeigt sich auch sehr deutlich beim „juristischen" Studium, das sich – neben den hierfür verhältnismäßig unbedeutenden Grundlagenfächern – fast ausschließlich auf rechtsdogmatische Inhalte bezieht, vgl. auch *Jestaedt*, "Öffentliches Recht" als wissenschaftliche Disziplin, in: *Engel/Schön* (Hrsg.), Das Proprium der Rechtswissenschaft (2007), S. 247, *Waldhoff*, Kritik und Lob der Dogmatik, in: *Kirchhof/Magen/Schneider* (Hrsg.), Was weiß Dogmatik? (2012), S. 30 f.; mit Schlussfolgerungen für den interdisziplinären Diskurs *Lepsius*, Braucht das Verfassungsrecht eine Theorie des Staates?, EuGRZ 2004, 370 (381); mit Hinweis auf die besondere Rationalisierungsfunktion der Juristischen Methode und insbesondere der Rechtsdogmatik *Krebs*, Die juristische Methode im Verwaltungsrecht, in: *Schmidt-Aßmann/Hoffmann-Riem* (Hrsg.), Methoden der Verwaltungsrechtswissenschaft (2004), S. 217.

49 *Jestaedt*, Perspektiven der Rechtswissenschaftstheorie, in: *Jestaedt/Lepsius* (Hrsg.), Rechtswissenschaftstheorie (2008), S. 195 f.

noch deutlich erhöht.[50] Hierzu dürfte erst recht beitragen, dass selbst in der Rechtsprechung eine methodisch stringente Beschränkung auf eine rechtsdogmatische Vorgehensweise nicht immer erfolgt[51] und damit für deren Betrachtung der Methodenvielfalt – oder negativ gewendet: dem Methodensynkretismus – Vorschub geleistet wird.

In dieser methodischen Vielfalt könnte damit gerade der Grund für die enorme Diskussionsbandbreite im Bereich der „demokratischen Legitimation" liegen, der über fast alle (bloß) rechtsdogmatischen Streitfragen hinausgeht: Angenommen, es handelte sich um verschiedene Diskurse, die allerdings in einem gemeinsamen Begriffsrahmen diskutiert werden, müsste eine methodische Segmentierung der gesamten Diskussion zu einer Aufteilung dergestalt führen, dass kleinere Sub-Diskurse entstehen, die entweder deutlich geringere Differenzen jeweils innerhalb aufweisen oder durch Aufdeckung der zugrundeliegenden Annahmen besser gegenübergestellt oder verglichen werden können.

Sollte dem so sein und sollte eine methodenspezifische Betrachtung so weitgehend diskutierter Themenkomplexe dazu führen, dass sich der Fokus von einem einzelnen Themenkomplex demokratischer Legitimation auf verschiedene stärker segmentierte fachliche Ansätze verlagern würde, wäre viel gewonnen: Vor allem ließe sich viel besser ein (logisches) Verhältnis zwischen den verschiedenen Auffassungen bestimmen. Beispielsweise muss die Erkenntnis, dass eine bestimmte Organisationsstruktur zu einer demokratisch legitimierten Einzelentscheidung durch einen bestimmten Sachwalter führt, nicht notwendig eine Aussage darüber treffen, ob und inwieweit der Gesetzgeber bei Beschluss dieser Organisationsstruktur wissenschaftliche Erkenntnisse zu Steuerungsfaktoren und -zusammenhängen beachtet und auch sinnvoll umgesetzt hat. Andererseits macht die Antwort auf die eine Frage die andere wissenschaftlich keinesfalls obsolet oder uninteressant. Vielmehr ist eine methodisch saubere Trennung in der Lage, eine nüchterne Aussage zu treffen, welche Aspekte für welchen disziplinären Ansatz relevant sind und welche innerhalb einer Disziplin einen jeweiligen „blinden Fleck" betreffen.

---

50 Deutlich mit der disziplinspezifischen Betrachtungsweise bei *Jestaedt,* Selbstverwaltung als Verbundbegriff, Die Verwaltung 35 (2002), 293 (298 ff.).

51 Vgl. hier nur *BVerfG,* Urt. v. 30.06.2009, BVerfGE 123, 267; vgl. dazu die Würdigung als „Kompendium neuer Allgemeiner Staatsrechtslehre" bei *Isensee,* Integrationswille und Integrationsresistenz des Grundgesetzes, ZRP 2010, 33 (34); *Jestaedt,* Warum in die Ferne schweifen, wenn der Maßstab liegt so nah?, Der Staat 48 (2009), 497 (510).

Eine solche methodenbewusste Betrachtung ermöglicht erst die wirkliche Sinnhaftigkeit einer wissenschaftlichen Aussage. Nur wenn der Anspruch auf den eigenen Aussagegehalt auch offen diskutiert wird, lohnt es sich, verschiedene Positionen gegenüberzustellen. Vor allem könnte durch eine solche explizite Benennung der methodischen Reichweite sehr viel Emotion aus der Debatte genommen werden, die – auch wissenschaftspolitisch – von großer Bedeutung für die Ergebnisse der rechtswissenschaftlichen Debatte sind. Damit ist hier die Vermutung verbunden, dass die gleichzeitige Plausibilität weit mehrerer und auch sich vermeintlich widersprechender Ansichten angenommen werden kann, ohne dass wissenschaftlich nachvollziehbar belegte Erkenntnisse inhaltlich abgetan und deshalb als irrelevant angesehen werden müssten.

c) Hintergrund der methodischen Vielfalt

Die Gründe für die so große Vielfalt unterschiedlicher methodischer Ansätze im Themenfeld der demokratischen Legitimation der Verwaltung hängen stark mit der Methodendiskussion im Rahmen der Neuen Verwaltungsrechtswissenschaft zusammen. Dabei unterscheidet sich deren Ansatzpunkt wesentlich von sonstigen rechtlichen Fragestellungen, weil sich hier die Methodenfrage nicht nur innerhalb der Rechtswissenschaften im engeren Sinne als Teil der Rechtsmethodik stellt[52], sondern als Teil der disziplinspezifischen Methode und somit über die Fachgrenzen der Rechtswissenschaften hinausgehend.

Innerhalb der Rechtswissenschaften ist die Thematisierung der Methodik insbesondere in den Bereichen des Verwaltungsrechts und der Wissenschaft vom Verwaltungsrecht seit den 1990er Jahren prominenter geworden[53] und hat zu bedeutenden Auswirkungen auf die Betrachtung der Maßstäbe der Verwaltungslegitimation geführt, insbesondere zu einem deutlich verstärkten Grundlagenbezug.[54] Traditionell war dabei die deut-

52 Auch innerhalb der einzelnen Fachdogmatiken des Öffentlichen Rechts, des Zivilrechts und des Strafrechts kann unterschieden werden, vgl. *Voßkuhle,* Methode und Pragmatik im Öffentlichen Recht, in: *Bauer/Schmidt* (Hrsg.), Umwelt, Wirtschaft und Recht (2002), Rdnr. 1.

53 Hierzu beispielsweise *Böckenförde,* Demokratie als Verfassungsprinzip, in: *Isensee/Kirchhof* (Hrsg.), Handbuch des Staatsrechts der Bundesrepublik Deutschland, Bd. II, 3. Aufl. (2004), § 24, Rdnr. 69 ff.

54 *Gärditz,* Die "Neue Verwaltungsrechtswissenschaft" - Alter Wein in neuen Schläuchen?, Die Verwaltung Beiheft 12 (2017), 105 (106).

sche Verwaltungsrechtswissenschaft primär rechtsstaatsorientiert und auf den gerichtlichen Rechtsschutz gerichtet, was auch durch den klassischen Ansatz der juristischen Methode begründet ist.[55] Insbesondere die Neue Verwaltungsrechtswissenschaft nimmt dabei verstärkt die demokratische Komponente in den Fokus, weil hier besonders die Gestaltungskomponenten innerhalb der Rechtsordnung betont werden.[56] Gewisse Funktionsähnlichkeiten werden dabei auch bei der Betrachtung des Verhältnisses der Verfassungstheorie zum Verfassungsrecht erkennbar.[57]

Dass daneben in engem zeitlichem Zusammenhang auch auf rechtsinhaltlicher Ebene mit der Entwicklung der Dogmatik der Legitimation der Verwaltung (beginnend mit den Entscheidungen des Bundesverfassungsgerichts zum Ausländerwahlrecht[58] bis zur Funktionalen Selbstverwaltung[59]) eine verstärkte Diskussion in engerem Sinne rechtswissenschaftlicher (also rechtsdogmatischer und rechtsmethodischer) Hinsicht zusammenfiel, dürfte speziell für die Rechtsfrage demokratischer Legitimation der Verwaltung die Bedeutung der Methodendiskussion noch verstärkt haben.

Diese methodisch erweiterte Betrachtung führt zur Berücksichtigung weiterer Disziplinen und Aspekte auch in den Rechtswissenschaften.[60] So werden weitergehend als in früheren Betrachtungsweisen auch steue-

---

55 Zur Juristischen Methode, deren Arbeitsweise sich auf *Otto Mayer* zurückführt und der ihrerseitigen Abgrenzung von der früheren Staatswissenschaftlichen Arbeitsweise vgl. *Stolleis*, Entwicklungsstufen der Verwaltungsrechtswissenschaft, in: *Hoffmann-Riem/Schmidt-Aßmann/Voßkuhle* (Hrsg.), Grundlagen des Verwaltungsrechts, Bd. I, 2. Aufl. (2012), § 2, Rdnr. 47; *Ehlers/Pünder* (Hrsg.), Allgemeines Verwaltungsrecht, 15. Aufl. (2015), Rdnr. 97.

56 *Fehling*, Die "neue Verwaltungsrechtswissenschaft" - Problem oder Lösung, Die Verwaltung Beiheft 12 (2017), 65 (70).

57 *Jestaedt*, Die Verfassung hinter der Verfassung (2009), S. 19 ff.; *Jestaedt*, Verfassungstheorie als Disziplin, in: *Depenheuer/Grabenwarter* (Hrsg.), Verfassungstheorie (2010), § 1, Rdnr. 28 ff.; *Gärditz*, Die "Neue Verwaltungsrechtswissenschaft" - Alter Wein in neuen Schläuchen?, Die Verwaltung Beiheft 12 (2017), 105 (142).

58 *BVerfG*, Urt. v. 31.10.1990, BVerfGE 83, 37 und *BVerfG*, Urt. v. 31.10.1990, BVerfGE 83, 60, siehe dazu III.C.8.

59 Vgl. hier insbesondere die Entscheidung *BVerfG*, B. v. 05.12.2002, BVerfGE 107, 59, siehe dazu III.C.19.

60 Insbesondere geschieht dies durch die Arbeit mit Verbundbegriffen mit erforderlichen Schnittstellen als Anknüpfungspunkte für verschiedene Wissenschaftsdisziplinen, *Voßkuhle*, Neue Verwaltungsrechtswissenschaft, in: *Hoffmann-Riem/Schmidt-Aßmann/Voßkuhle* (Hrsg.), Grundlagen des Verwaltungsrechts, Bd. I, 2. Aufl. (2012), § 1, Rdnr. 40; vgl. hierzu auch grundlegend *Schuppert*, Verwaltungswissenschaft (2000), S. 46 ff.

rungswissenschaftliche Wirkzusammenhänge untersucht und damit eine Ergänzung der Herangehensweise der Juristischen Methode bewirkt, daneben wird eine Verschiebung der Perspektive von einer gerichtszentrierten Kontrollperspektive hin zu einer stärker betonten Herstellungsperspektive erkennbar.[61] Zugleich fand in besonderem Maße die Kontroverse um demokratische Wirkfaktoren und eine mögliche Output- und Outcome-Legitimation Einzug in die Diskussion.[62]

Die Neue Verwaltungsrechtswissenschaft betont damit insgesamt die Wechselwirkungen zwischen Recht und Wirklichkeit und fordert gleichzeitig eine stärkere kritische Methodenreflexion, legt sich aber nicht selbst auf eine Methode fest.[63] Dabei ist festzustellen, dass innerhalb dieses breiten Themen- und Methodenspektrums auch eine große innere Pluralität erkennbar ist.[64]

2. Konsequenzen für das Vorgehen

Aus dieser Pluralität verschiedener Ansätze resultiert eine verstärkte Notwendigkeit, sich bei der Untersuchung der Grenzen der jeweiligen Methode bewusst zu werden. Zwar ist nicht ausgeschlossen, dass eine Nutzung fremdwissenschaftlicher Erkenntnisse neben rechtspolitischen Reformanstößen auch für die Rechtsanwendung relevant sein können, gleichzeitig wird auch darauf hingewiesen, dass dogmatische Schlüsselbegriffe selbst

61 *Gärditz,* Die "Neue Verwaltungsrechtswissenschaft" - Alter Wein in neuen Schläuchen?, Die Verwaltung Beiheft 12 (2017), 105 (107; 109); *Hoffmann-Riem,* Eigenständigkeit der Verwaltung, in: *Hoffmann-Riem/Schmidt-Aßmann/Voßkuhle* (Hrsg.), Grundlagen des Verwaltungsrechts, Bd. I, 2. Aufl. (2012), § 10, Rdnr. 11.

62 Vgl. zur Berücksichtigung der reaen Folgen einer Maßnahme als Konsequenz einer steuerungs- und damit wirkungsorientierten Betrachtungsweise des Rechts *Voßkuhle,* Neue Verwaltungsrechtswissenschaft, in: *Hoffmann-Riem/Schmidt-Aßmann/Voßkuhle* (Hrsg.), Grundlagen des Verwaltungsrechts, Bd. I, 2. Aufl. (2012), § 1, Rdnr. 32 ff.

63 *Fehling,* Die "neue Verwaltungsrechtswissenschaft" - Problem oder Lösung, Die Verwaltung Beiheft 12 (2017), 65 (73).

64 Vgl. *Fehling,* Die "neue Verwaltungsrechtswissenschaft" - Problem oder Lösung, Die Verwaltung Beiheft 12 (2017), 65 (91, 100); *Gärditz,* Die "Neue Verwaltungsrechtswissenschaft" - Alter Wein in neuen Schläuchen?, Die Verwaltung Beiheft 12 (2017), 105 (124).

nicht normativ überhöht werden dürfen[65] und Erkenntnisse aus Nachbarwissenschaften im Rechtssystem selbst und eigenen Bedingungen verarbeitet werden müssen.[66] Gefahren bestehen dabei oftmals durch eine Hyperabstraktion, indem durch zu weite Verallgemeinerung der wissenschaftliche Diskurs weiter von den Dogmatiken des Fachrechts entfernt wird, aber auch darin, dass durch selektive interdisziplinäre Baustein-Rezeption verschiedene spezifische Deutungen des Rechts durchgesetzt werden sollen.[67]

In der Konsequenz ergeben sich für die nachfolgende Untersuchung mehrere Voraussetzungen: zunächst ist erforderlich, die unterschiedlichen Themenfelder im Zusammenhang mit dem Demokratie- und Legitimationsbegriff genügend auseinanderzuhalten und deren Vermischung auszuschließen. Daneben ergibt sich die Notwendigkeit einer hinreichenden dogmatischen Analyse der jeweiligen Rechtsmaßstäbe mit genauer Betrachtung von Herkunft und rechtlicher Relevanz eines jeweiligen Maßstabs. Schließlich wird auch zu berücksichtigen sein, inwieweit die spezifischen Bedingungen des nationalen Verfassungsrechts bzw. der europäischen Integration berücksichtigt werden.

Diese Überlegungen machen eine Überprüfung der verschiedenen Ansichten zum Komplex demokratischer Legitimation auf ihre methodischen Ansatzpunkte und Grundannahmen erforderlich. Hierfür bietet es sich an, eine Strukturierung der Wirkungskategorien und damit auch eine Gegenstandsbeschränkung vorzunehmen. Zur Herstellung der Vergleichbarkeit ist es dabei auch geeignet, einen methodischen Ansatzpunkt zu wählen und die verschiedenen Standpunkte daraufhin zu überprüfen, inwieweit sie diesen methodischen Annahmen entsprechen. Zu diesem Zweck soll im Folgenden ein spezifischer Suchmaßstab entwickelt werden, an dem sich die verschiedenen entwickelten Maßstäbe demokratischer Legitimation messen und einordnen lassen. Zwar ist damit – ganz bewusst – die

---

65 Vgl. aber hierzu mit dem Hinweis auf die Sorge vor methodischen Entgrenzungen *Fehling*, Die "neue Verwaltungsrechtswissenschaft" - Problem oder Lösung, Die Verwaltung Beiheft 12 (2017), 65 (72, 74).

66 Mit Hinweis auf die besondere Notwendigkeit der Einhaltung disziplinärer Qualitätsstandards bei der Berücksichtigung fremdwissenschaftlicher Erkenntnisse *Oebbecke*, Verwaltungsrechtswissenschaft und Verwaltungswissenschaft, in: *Schulze-Fielitz* (Hrsg.), Staatsrechtslehre als Wissenschaft (2007), S. 221; *Fehling*, Die "neue Verwaltungsrechtswissenschaft" - Problem oder Lösung, Die Verwaltung Beiheft 12 (2017), 65 (77); ähnlich *Gärditz*, Die "Neue Verwaltungsrechtswissenschaft" - Alter Wein in neuen Schläuchen?, Die Verwaltung Beiheft 12 (2017), 105 (136).

67 *Gärditz*, Die "Neue Verwaltungsrechtswissenschaft" - Alter Wein in neuen Schläuchen?, Die Verwaltung Beiheft 12 (2017), 105 (127, 140 f.).

Einschränkung auf einen ganz speziellen Maßstabstyp verbunden. Dieser soll jedoch nicht ausschließlich behandelt und berücksichtigt werden, stattdessen soll er als Folie dienen, um Art und Anspruch von hiervon differierenden Maßstabsarten genau herausarbeiten zu können.

Damit soll es nicht primär darum gehen, innerhalb der rechtsdogmatischen Diskussion bestimmte Standpunkte zu favorisieren, sondern eine Eingrenzung auf die Argumente vorzunehmen, die zur Klärung dieses einen, so eingegrenzten Diskurses methodisch zulässigen Standpunkte und Herleitungen herauszufiltern, um damit die schlussendlich erforderliche Würdigung zu entschlacken und zu vereinfachen. Die damit zusammenhängende Verweisung hiermit inkompatibler Maßstäbe an andere Disziplinen der Rechtswissenschaften soll damit auch eine Plausibilisierung der jeweiligen Maßstabsunabhängigkeit bewirken und von der vermuteten wissenschaftlichen Werthaltigkeit aller Ansätze ausgehen. Idealerweise kann damit durch die Unterscheidung verschiedener Betrachtungsansätze im Themenfeld demokratischer Legitimation von den im Suchmaßstab angedachten Maßstabsgrundsätzen eine Stärkung der nicht-dogmatischen Komponenten der Rechtswissenschaften erfolgen und anhand der anerkannten Bedeutung konkreter nicht-dogmatischer Modelle die jeweilige Disziplin in ihrer eigenen Anerkennung gestärkt werden.

Mittels dieses Ansatzes soll nicht nur eine bessere Systematisierung und Zuordnung innerhalb der Diskussion um das deutsche Demokratieprinzip erreicht werden, sondern auch der – vornehmlich in den deutschen Rechtswissenschaften – vertretenen Auffassungen zu Maßstäben der Demokratie und der demokratischen Legitimation für das Recht der Europäischen Union. Der Vergleich von Rechtsmaßstäben demokratischer Legitimation des Grundgesetzes und des Primärrechts der Europäischen Union kann erst dann durchgeführt werden, wenn auch die methodischen Ansätze als miteinander vergleichbar anerkannt werden, bietet aber dann die Möglichkeit zu einem sehr viel detaillierteren Vergleich.

B. Entwicklung eines Suchmaßstabs

Für eine Vergleichung verschiedener Verfassungsordnungen hinsichtlich dogmatischer und gleichzeitig verfassungstheoretischer Probleme wird in der Literatur vorgeschlagen, dass zwecks einer integrierenden Betrachtung beider Aspekte eine legitimationstheoretische Betrachtung vorzunehmen sei, der eine „Scharnierfunktion“ zukäme.[68] Gerade für die Frage nach der demokratischen Legitimation der Verwaltung sollte sich eigentlich ein solcher Maßstab besonders anbieten. Allerdings verstärkt gerade ein solches methodenübergreifendes Vorgehen die Gefahr der Vermengung methodisch inkompatibler Anknüpfungspunkte, weshalb hier eine strikte Beschränkung auf methodisch vergleichbare und damit „sortenreine“ Ansätze vorgenommen werden soll. Insbesondere in rechtsinhaltlicher Hinsicht bleibt dies erforderlich, da nur so die wirkliche (positivrechtliche) Rechtslage bestimmt und erst im Anschluss mit anderen Rechtsordnungen verglichen werden kann.

Deshalb soll hier zunächst eine sehr spezifische Begrenzung und Benennung des Untersuchungsgegenstandes vorgenommen werden, um eine Vergleichbarkeit unterschiedlicher Maßstäbe zu gewährleisten und um die wesentlichen Unterschiede zu anderen Ansätzen explizit aufzudecken. Insoweit soll vor der Betrachtung und Würdigung dieser verschiedenen Auffassungen ein Raster festgelegt werden, nach denen die vorgeschlagenen und vertretenen Beurteilungsmaßstäbe differenziert und klassifiziert werden können. Damit soll also ein „Suchmaßstab“ (bzw. „Metamaßstab“) entwickelt werden, anhand dessen später die unterschiedlichen Legitimationsmaßstäbe erst kategorisiert und anschließend gewürdigt werden können. Mittels dieses Maßstabs, der sehr konkret auf ein bestimmtes rechtsdogmatisches geprägtes Legitimationsprinzip zugeschnitten ist, soll keine inhaltliche Bevorzugung dieses so bestimmten Maßstabs bewirkt werden, sondern eine Folie zur besseren Abgrenzung methodisch unterschiedlicher Ansätze geschaffen und zugrunde gelegt werden. Dem liegt die Annahme zugrunde, dass mit derartigen Kategorisierungen und Verortungen keine Wertigkeit bestimmt, sondern eine – möglichst wertneutrale – Beschreibung einzelner Maßstäbe durch Abgrenzung von anderen Vorstellungen erreicht werden kann. Mittels der zu bestimmenden Kriterien für einen Suchmaßstab soll eine Sortierung verschiedener Thesen und Argumentationsmuster zum Demokratieprinzip nach disziplinärer Vergleichbarkeit ermöglicht und damit die nachfolgende Argumentation zur (Un-)Vereinbarkeit verschiedener Anforderungen erleichtert werden. Gerade in methodischer Hinsicht ist dies entscheidend, weil mit der Wahl einer Methode bzw. einer Disziplin schon eine Vorentscheidung über den Horizont

68 *Möllers*, Gewaltengliederung (2005), S. 12.

und die Aussagekraft der jeweiligen disziplinären Erkenntnisse getroffen wird.[69]

Diese Entscheidung für einen solchen Suchmaßstab kann, wenn und soweit damit eine ausschließende Selektion bestimmter Erkenntnisse verbunden ist, aus rechtswissenschaftlicher Sicht (i.e.S. als rechtsdogmatisch) dabei insoweit unzweifelhaft nur eine willkürliche sein, als für dessen Bestimmung seinerseits keine positiv-rechtlichen Maßstäbe herangezogen werden können.[70] Vielmehr müssen sachliche Argumente für eine solche Differenzierung gefunden werden, mit denen eine disziplinbezogene Plausibilität derartiger Zuordnungen und Ausschlüsse erreicht werden kann. Folglich kann die Entscheidung für einen Suchmaßstab auch nicht mit dem Anspruch einer allgemeingültigen Definition erfolgen, sondern nur ein Mittel zum (konkreten) Untersuchungszweck darstellen: Es bleibt nur durch Offenlegung und möglichst genaue Fixierung des Maßstabs das Ziel eines Rationalitätsgewinns, um die unterschiedlichen Grundannahmen verschiedener Ansätze aufzudecken und insoweit aufzuzeigen, wo und inwieweit sich inhaltliche Maßstäbe entsprechen oder widersprechen oder – in Anlehnung an mathematische Begrifflichkeiten – windschief[71] sind und damit nicht einmal gemeinsame Ansatzpunkte haben. Letzteres droht immer dann der Fall zu sein, wenn sich anderer Methoden bedient wird, was zu Folge haben kann, dass die jeweiligen Antworten deshalb nicht miteinander kompatibel sein könnten. Zugleich sollte zwischen der objektiven Vergleichbarkeit verschiedener Ansätze und den unterschiedlichen Geltungsansprüchen unterschieden werden. Letztere Kategorie lässt sich dabei als subjektive Komponente ansehen, weil sie auf die jeweilige Intention und Zielrichtung abstellt. Die Methodendiskussion zeigt, dass beide Komponenten keinesfalls notwendig miteinander übereinstimmen, weshalb sich eine weitere Unterscheidung anbietet. Eine Gegenüberstellung zweier objektiv und subjektiv windschiefer Auffassungen erscheint danach weder sinnvoll noch zielführend. Von besonderer Bedeutung dürfte damit ein Vergleich derjenigen verschiedenen Maßstäbe sein, die nach dieser

---

69 *Jestaedt*, Verfassungstheorie als Disziplin, in: *Depenheuer/Grabenwarter* (Hrsg.), Verfassungstheorie (2010), § 1, S. 4; ausführlich siehe oben bei Kap. II.A.1.c).

70 Damit wird das Problem der fehlenden Methodenverpflichtung angesprochen, das auch *Adrian*, Grundzüge einer allgemeinen Wissenschaftstheorie auch für Juristen (2014), S. 111 thematisiert und deshalb eine explizite Methodenwahl fordert.

71 In der Geometrie sind zwei verschiedene Geraden im dreidimensionalen Raum dann windschief, wenn sie weder parallel sind, noch sich irgendwo schneiden – sie haben also keinerlei Berührungspunkte.

Annahme als objektiv windschief anzusehen sind, dieses sich aber nicht in den jeweiligen Intentionen widerspiegelt, weil beide Auffassungen einen ähnlichen Bedeutungs-, Geltungs- oder Erklärungsanspruch haben.

Anschließend ist beabsichtigt, die verschiedenen in den Rechtswissenschaften zum Grundgesetz und zum Recht der Europäischen Union vertretenen Auffassungen und Standpunkte daraufhin zu untersuchen, ob sie dem hier entwickelten Suchmaßstab entsprechen oder ob und inwieweit sie hiervon abweichen und deshalb als Teil eines anderen Diskurses angesehen werden sollten.

1. Herkunft des Maßstabs

Dass mit den verschiedenen Begriffen „Demokratie", „Legitimation", „Legitimität" und „Legalität" miteinander verbundene, aber dennoch unterschiedliche Themenfelder angesprochen werden, wurde bereits oben aufgezeigt.[72] Deshalb ist für jede Betrachtung und Würdigung von Fragen nach demokratischer Legitimation schon wegen deren ideengeschichtlichen Herkunft die Quelle des Maßstabs von richtungsweisender Bedeutung. Für eine Inhaltsbestimmung eines jeden der Begriffe ist es deshalb notwendig, die jeweiligen Rahmenbedingungen und Kontexte zu ermitteln, zu würdigen und vor allem, festzulegen, aus welcher Disziplin und mittels welcher Methode man sich dem Gegenstand nähert.

Dass die demokratische Legitimation als positivrechtlicher Maßstab spätestens seit den Entscheidungen des Bundesverfassungsgerichts zum Ausländerwahlrecht eine enorme praktische Bedeutung für das Rechtssystem gewonnen hat, steht wohl außer Frage. Damit wird auch im politischen Geschäft „die Frage der demokratischen Legitimation" nicht mehr allein als politische Frage, sondern ganz spezifisch auch als Rechtsfrage diskutiert – als solche allerdings auch für parteipolitische Zwecke eingesetzt.[73] Zur Abgrenzung der verschiedenen Legitimationsmaßstäbe sollen daher

72 Siehe oben bei Kap. II.A.1.a).

73 Erkennbar an der Prozessgeschichte vieler verschiedener Verfahren, die den Rechtsmaßstab demokratischer Legitimation zugrunde legten und häufig vom politischen Gegner initiiert worden waren; vgl. dazu die Entscheidungen zu Ausländerwahlrechten: *BVerfG*, Urt. v. 31.10.1990, BVerfGE 83, 37, *BVerfG*, Urt. v. 31.10.1990, BVerfGE 83, 60, *Staatsgerichtshof der Freien Hansestadt Bremen*, E. v. 08.07.1991, StGHE BR 5, 36 = NVwZ-RR 1992, 149-152 und *Staatsgerichtshof der Freien Hansestadt Bremen*, Urt. v. 31.01.2014, NVwZ-RR, 497 = NordÖR 2014, 262-271.

zunächst Kategorisierungen methodischer Art und sodann eine rechtstechnische Verortung dieser Maßstäbe vorgenommen werden.

a) Disziplinär-methodische Abgrenzung

Zunächst ist hierbei erforderlich, eine Abgrenzung in methodischer Hinsicht vorzunehmen, nachdem gerade im Bereich der „Demokratieforschung" grundlegend verschiedene Möglichkeiten für Forschungsansätze bestehen wie empirische oder rein normative Betrachtungen. Diese sind sämtlich und grundsätzlich geeignet, einen (unspezifischen) wissenschaftlichen Erkenntnisgewinn für den Gegenstand der „Demokratie" zu bewirken. Damit soll allerdings nicht impliziert werden, es könne überhaupt einen einheitlichen Untersuchungsgegenstand namens „Demokratie" geben; vielmehr kann es sich immer nur um eine „disziplinspezifische Wirklichkeitsrekonstruktion" handeln, weil das Erkenntnisinteresse und die Erkenntnismethoden überhaupt erst bestimmen, was für Arten von Feststellungen und Annahmen später erreicht werden können.[74] Deshalb ist zunächst die disziplinär-methodische Vorgehensweise der Arbeitstechnik festzulegen, mittels derer die gewünschten Erkenntnisse über den weiten Bereich der Demokratie erreicht werden sollen. Aus dem gewünschten Erkenntnisziel, dem beabsichtigten Vergleich verschiedener Rechtsordnungen und ihrer rechtsinhaltlichen Festlegungen hinsichtlich rechtsinhaltlicher Demokratiemaßstäbe lassen sich hier schon die entsprechenden methodischen Konsequenzen ableiten.

(1) Notwendigkeit normativer Maßstäbe

Dabei sollen für den hier angenommenen Suchmaßstab nur die *Rechts*maßstäbe demokratischer Legitimation den Gegenstand der Betrachtung darstellen. Mit einer derartigen Zielsetzung ist zunächst eine Berücksichtigung normativer Maßstäbe verbunden. Für eine solche normative Betrachtungsweise sind dabei die nicht-normativen und jedenfalls damit

74 *Jestaedt*, Verfassungstheorie als Disziplin, in: *Depenheuer/Grabenwarter* (Hrsg.), Verfassungstheorie (2010), § 1, S. 4 f.; von verschiedenen Blickwinkeln auf einen einheitlichen Betrachtungsgegenstand mit der einprägsamen Formulierung „different views of the cathedral" geht *Craig*, Integration, Democracy, and Legitimacy, in: *Craig/de Búrca* (Hrsg.), The evolution of EU law, 2. Aufl. (2011), S. 29 aus.

die empirischen Maßstäbe aus der rechtlichen Diskussion auszuscheiden, wenn und soweit diese nicht unmittelbar selbst als maßstabssetzend herangezogen werden können, sondern allenfalls indirekt durch Bezugnahme auf derartige Würdigungen. Insoweit muss bei Betrachtungen von Rechtsmaßstäben zwischen den (normativ) ableitbaren Folgerungen und empirischen Theorien unterschieden werden, deren Funktion als deskriptiv, explanatorisch und prognostisch anzusehen ist.[75]

Um derartige – hier nicht relevante – Maßstäbe dürfte es sich unzweifelhaft bei vielen rein-wissenschaftlichen Demokratie- und Legitimationsbetrachtungen anderer, vor allem nichtjuristischer Wissenschaftsdisziplinen (beispielsweise der Politikwissenschaft) und den hierdurch gewonnenen Maßstäben handeln, beispielsweise bei vergleichenden Demokratieskalen, die einen Grad der Demokratisierung von Staaten und Organisationen feststellen wollen.[76] Auch, wenn aufgrund derartiger Maßstäbe Werturteile über verschiedene demokratische Systeme begründet werden können, sind diese nicht notwendig mit Änderungs- und Steuerungsansprüchen in Bezug auf die staatliche Organisation und Ausgestaltung der Demokratie verknüpft. Häufig werden derartige Betrachtungen jedoch mit einem solchen Anspruch verknüpft und aus ihren deskriptiven Maßstäben normative abgeleitet. Denkbar sind dabei auch normative Maßstäbe, die nicht zugleich als Teil des positiven Rechts angesehen werden können.[77]

Anders als bei empirischen geht es bei normativen Untersuchungen jedoch nicht darum, Gesetzlichkeiten zu erkennen und zu ermitteln, sondern vorgegebene – und damit insoweit unhinterfragbare – Normen anzuwenden und hieraus entsprechende analytische Schlüsse zu ziehen und abzuleiten.

---

75 *Lauth/Sareiter*, Wissenschaftliche Erkenntnis, 2. Aufl. (2005), S. 14 f.

76 Vgl. zu empirischen Skalen zur Beurteilung des Demokratiegrades (Freedom House-Skalen usw.) bei *Schmidt*, Demokratietheorien, 5. Aufl. (2010), S. 370 ff.; vgl. allgemein zu empirischen Wissenschaftsansätzen *Lauth/Sareiter*, Wissenschaftliche Erkenntnis, 2. Aufl. (2005), S. 13 ff.

77 Nach hier vertretener Auffassung dürften die grundlegenden Ansätze der „Neuen Verwaltungsrechtswissenschaft“ solche auch-normativen Maßstäbe darstellen, bei denen es sich jedoch nicht gleichzeitig um notwendigerweise positivierte Maßstäbe handelt, vgl. dazu Kap. II.A.1.c).

(2) Notwendigkeit positivierter Maßstäbe

Allein die Normativität eines Maßstabs führt noch nicht dazu, dass ein solcher auch für eine rechtswissenschaftliche Betrachtung im engeren Sinne (Rechtsdogmatik) und damit der Bestimmung des Rechtsinhalts geeignet ist und herangezogen werden kann. Dies folgt zum einen gleichermaßen aus dem Verfassungs- und Unionsrecht, weil beide Rechtsordnungen – wie in modernen Verfassungen allgemein üblich – nur (verfassungsmäßig) gesetztes Recht als verbindlich und damit als Teil der Rechtsordnung anerkennen und die Zugrundelegung anderer normativer Maßstäbe nur nach Maßgabe der eigenen (und damit willentlichen) Inbezugnahme ermöglichen.

Zum anderen ergibt sich dieses Erfordernis auch aus methodischen Erwägungen: Nur die Verfassungstheorie, nicht aber auch die Verfassungsdogmatik ist in der Lage, Maßstäbe außerhalb der Reichweite des positiven Rechts zu verarbeiten.[78] Mittels der Dogmatik kann die Wirklichkeit nur hiernach gesehen, erfasst und verarbeitet werden. Erst das Verlassen der Dogmatik erlaubt eine Aufdeckung für das positive Recht nicht-maßstabsrelevanter Einfluss- und Steuerungsfaktoren. Geht es nur um verfassungsdogmatische Inhalte, besteht schon disziplinär bedingt die unbestreitbare Notwendigkeit eines Positivierungsnachweises.[79] Die Notwendigkeit der Bezugnahme einzig von Maßstäben des positiven Rechts erschwert dabei unzweifelhaft die praktische Handhabbarkeit derartiger Beschäftigungen, weil die so gewonnenen Erkenntnisse nicht von sich aus transponibel sind, sondern einzig als Auslegungsergebnis für eine konkrete Norm herangezogen werden können.[80]

Dabei sind für die hier vorgenommene Untersuchung unzweifelhaft für jede spezifisch rechtswissenschaftliche (und damit insbesondere jede rechtsdogmatische) Betrachtung alle normativ-positivierten Maßstäbe relevant, anhand derer eine demokratische Legitimation gemessen und danach beurteilt wird – aber auch schon, wenn das positive Recht eine *gewisse*, also bestimmbare Legitimation als rechtlich notwendig vorsieht. Im Gegensatz zu naturrechtlichen Verständnissen umfasst dabei der rechtspositivistische

---

78 Vgl. Kap. II.A.1.c).

79 *Jestaedt*, Verfassungstheorie als Disziplin, in: *Depenheuer/Grabenwarter* (Hrsg.), Verfassungstheorie (2010), § 1, Rdnr. 58 f.

80 Vgl. *Jestaedt*, Verfassungstheorie als Disziplin, in: *Depenheuer/Grabenwarter* (Hrsg.), Verfassungstheorie (2010), § 1, Rdnr. 24.

Ansatz einzig alles Recht, das als solches vom zuständigen Normgeber gesetzt ist.[81]

Dabei stellt die vom Bundesverfassungsgericht aus Art. 20 Abs. 2 GG entwickelte Dogmatik zur demokratischen Legitimation ein geeignetes Beispiel für einen solchen normativ-positivierten Maßstab dar, weil dieser unmittelbar aus der positiven Norm des Grundgesetzes ein normativer Maßstab aus dem Demokratiebegriff abgeleitet wird.[82] Dabei ist es möglich, dass sich der Inhalt des positiven Rechts dem Rechtsanwender unmittelbar aus dem Normtext erschließt. Genauso kann sich die Bestimmung des Norminhalts auch erst durch Anwendung der anerkannten Auslegungsmethoden ergeben.[83] Im Falle der rechtsdogmatisch anerkannten demokratischen Legitimation lässt sich dies gut veranschaulichen. Aus dem unmittelbaren Wortlaut von Art. 20 Abs. 2 GG

> *„Alle Staatsgewalt geht vom Volke aus. Sie wird vom Volke in Wahlen und Abstimmungen und durch besondere Organe der Gesetzgebung, der vollziehenden Gewalt und der Rechtsprechung ausgeübt.“*

erschließt sich dem Leser gerade nicht unmittelbar das hierin vorgefundene beziehungsweise hieraus abgeleitete Legitimationskettenmodell. Vielmehr ergibt sich vor allem und erst mit Hilfe der systematischen und teleologischen Auslegung, dass hiermit ein in der politischen Wissenschaft entwickeltes und bekanntes Modell als ein gleichlautendes des positiven Rechts anerkannt werden sollte.

Bei dieser Bestimmung des Inhalts des positiven Rechts durch Auslegung ergibt sich allerdings die Schwierigkeit der genauen Abgrenzung, was schon Teil des positiven Rechts (geworden) ist und was nur von außen an dieses herangetragen wird. Ein normativer Anspruch kann sich jedoch nicht nur aus positivem Recht ergeben, sondern auch aus verschiedenen fremddisziplinären Betrachtungen, die ihre eigenen Maßstäbe für die Beurteilung eines Rechtsphänomens haben. Insbesondere in der politischen Theorie sind hier teils sehr konkrete Anforderungen an eine „wirksame

---

81 Allgemein zur Abgrenzung zwischen positivem und Naturrecht: *Röhl/Röhl*, Allgemeine Rechtslehre, 3. Aufl. (2008), S. 291 f.

82 Dass dabei diese Auslegung von Art. 20 Abs. 2 GG nicht unbestritten ist, zeigt manche grundlegende Kritik am Legitimationsmodell des BVerfG, vgl. beispielhaft *Bryde*, Die bundesrepublikanische Volksdemokratie als Irrweg der Demokratietheorie, Staatswissenschaften und Staatspraxis 5 (1994), 305.

83 *Zippelius*, Juristische Methodenlehre, 11. Aufl. (2012), S. 35; zur Problematik fehlender methodischer Präzision und Konsequenz vgl. *Müller/Christensen*, Juristische Methodik, 11. Aufl. (2013), S. 50 ff.

demokratische Legitimation" formuliert worden, die damit insoweit einen eigenen normativen Anspruch haben.[84] Aus verschiedensten sozialen und ethischen Normen können sich dabei Anforderungen ergeben, die aus rechtlicher Sicht erst dann von Bedeutung sind oder werden, wenn das Recht in spezifischer Form auf sie Bezug nimmt. Für die Frage, ob es sich deshalb um einen normativen Maßstab handelt, der Teil des positiven Rechts geworden ist, muss deshalb der Positivierungsnachweis geführt werden. Nur wenn sich dieser auch tatsächlich führen lässt, kann ein solcher Maßstab unabhängig von seiner Herkunft als normativ-positivierter angesehen werden.

Das Ziel der Suche nach einem *Rechts*maßstab demokratischer Legitimation bedingt notwendigerweise eine Zugrundelegung normativ-positivierter Maßstäbe bzw. Überprüfung fremder Ansätze daraufhin, ob und inwieweit diese disziplinäre Beschränkung eingehalten wird. Gerade auf dem thematisch weitreichenden Feld der Demokratie ist es allerdings kaum möglich, sich von disziplinär fremden Erkenntnissen und Überlegungen völlig zu lösen, weshalb nahezu alle normativen Ansätze relevant werden können und deshalb jeweils der Positivierungsnachweis von entscheidender Bedeutung ist.

Dadurch resultiert die wesentliche Einschränkung der vorliegenden Untersuchung: Die Ausrichtung des Suchmaßstabs soll auf Maßstäbe des positiven Rechts erfolgen, somit durch eine Rechtsordnung verfasste und konstitutionalisierte Maßstäbe für die Beurteilung demokratischer Legitimation. Nicht hingegen sollen die Maßstäbe für die Legitimation und die Legitimität *einer Verfassung als solche* untersucht werden.[85] Eine Einschränkung muss wegen der beabsichtigten Betrachtung verschiedener Rechtsordnungen nur dahingehend erfolgen, dass nicht hierfür doch ausnahmsweise positivrechtliche Maßstäbe für die Legitimität einer Rechtsordnung (in ihrer Gesamtheit) existieren, wie dies im Verhältnis von einer zur

---

84 Vgl. zu nicht-rechtlichen Maßstäben, die sich aus „normativen Ordnungen" ergeben: *Schmidt-Aßmann*, Das allgemeine Verwaltungsrecht als Ordnungsidee, 2. Aufl. (2006), § 2, Rdnrn. 22, 24; hierauf Bezug nehmend *Jestaedt*, Maßstäbe des Verwaltungshandelns, in: *Ehlers/Pünder* (Hrsg.), Allgemeines Verwaltungsrecht, 15. Aufl. (2015), § 11, Rdnr. 3.

85 Dabei sind Fragen der Legitimation und Legitimität des Staates als vorkonstitutionelle Fragen von den konstitutionalisierten Maßstäben demokratischer oder grundrechtlicher Legitimation zu unterscheiden, vgl. *Isensee*, Legitimation des Grundgesetzes, in: *Isensee/Kirchhof* (Hrsg.), Handbuch des Staatsrechts der Bundesrepublik Deutschland, Bd. XII, 3. Aufl. (2014), § 254, Rdnr. 12 f.

anderen Rechtsordnung denkbar ist.[86] Auch dies zeigt allerdings, dass bei alleiniger Betrachtung konstitutionalisierter Rechtsmaßstäbe diese immer nur innerhalb des jeweiligen Rechtssystems zugrunde gelegt werden können. Damit soll es im Ergebnis nicht um rechts- oder politiktheoretische, sondern allein um rechtsdogmatische Maßstäbe (im engeren Sinne)[87] gehen, die anhand des geltenden Verfassungsrechts zu beurteilen sind.[88] Das bedeutet lediglich eine Beschränkung des Untersuchungsgegenstandes und soll nicht mit einer Delegitimierung derartiger weitergehender Maßstäbe verwechselt werden.[89]

b) Rechtsquellenbezogene Abgrenzung

Handelt es sich um einen normativ-positivierten Maßstab, ist im nächsten Schritt eine Unterscheidung nach der rechtlichen Quelle bedeutsam. Gerade im Mehrebenensystem existieren verschiedene Maßstäbe unterschiedlicher Herkunft, die als Maßstäbe für die Beurteilung „der Demokratie" zugrunde gelegt werden und grundsätzlich sogar gleichzeitig und neben-

---

86 So sieht das Grundgesetz in seinem Art. 23 Anforderungen an die Rechtsordnung der Europäischen Union in ihrer Gesamtheit vor, bei denen es sich somit um positivrechtliche Maßstäbe zur Beurteilung eines anderen Verfassungssystems handelt.

87 *Jestaedt,* Wissenschaftliches Recht, in: *Jabloner/Kucsko-Stadlmayer/Muzak/Perthold-Stoitzner/Stöger* (Hrsg.), Vom praktischen Wert der Methode (2011), S. 172 f.; *Jestaedt,* Verfassungstheorie als Disziplin, in: *Depenheuer/Grabenwarter* (Hrsg.), Verfassungstheorie (2010), § 1, Rdnr. 53 ff.

88 Damit wird eine gänzlich andere Zielsetzung als bei *Isensee,* Legitimation des Grundgesetzes, in: *Isensee/Kirchhof* (Hrsg.), Handbuch des Staatsrechts der Bundesrepublik Deutschland, Bd. XII, 3. Aufl. (2014), § 254, Rdnr. 22 ff. verfolgt und verfassungsrechtliche Fragen der überpositiv verstandenen Legitimation des Staates außer Acht gelassen; gleichzeitig bedeutet dies, dass ein Ansatz wie bei *Achenbach,* Demokratische Gesetzgebung in der Europäischen Union (2014), S. 452 ff. eine andere und von dem hier vorgeschlagenen Ansatz zu unterscheidende Zielrichtung verfolgt, nachdem dort nach tatsächlichen Legitimationsleistungen (demokratische Leistungsfähigkeit) gefragt wird.

89 Insoweit dürfte sich eine weitergehende Betrachtung derartig nichtpositiver Maßstäbe auch nach den Maßstäben der Reinen Rechtslehre nicht verbieten (vgl. *Isensee,* Legitimation des Grundgesetzes, in: *Isensee/Kirchhof* (Hrsg.), Handbuch des Staatsrechts der Bundesrepublik Deutschland, Bd. XII, 3. Aufl. (2014), § 254, Rdnr. 23); jedenfall spricht hiernach nichts dagegen, die Anforderungen an die Legitimation oder Legitimität einer Verfassung nicht als Rechtsnormerkenntnis, sondern als rechtssoziologische Erkenntnis zu verstehen, vgl. insoweit *Kelsen,* Reine Rechtslehre, 1. Aufl. (1934), S. 9 f.

einander anwendbar sein können. Anforderungen aus demokratischen Vorstellungen und Vorgaben können sich dabei grundsätzlich aus dem Unionsrecht selbst ergeben,[90] aber auch aus nationalem Recht[91] oder dem Völkerrecht.[92]

Dabei können sich die Rechtsfolgen eines Verstoßes gegen normative Vorgaben einer dieser Rechtsordnungen grundsätzlich zunächst nur aus dieser selbst ergeben.[93] Die Reichweite möglicher Rechtsfolgen ist außerdem dann am größten und die Reaktionsmöglichkeiten auf Verstöße gegen bestimmte rechtliche Anforderungen sind auch dann am vielfältigsten, wenn die Maßstabssetzung und die rechtliche Würdigung eines Sachverhalts anhand eines Maßstabs innerhalb der gleichen Rechtsordnung erfolgen.[94] Da sich aus dem Völkerrecht allenfalls rudimentäre Anforderungen an eine demokratische Staatsorganisation ergeben,[95] sollen dessen Anforderungen weitgehend außen vor gelassen werden und die nachfolgende Betrachtung auf grundgesetzliche und Maßstäbe und solche des Primärrechts der Europäischen Union reduziert werden.

Innerhalb der jeweiligen Rechtsordnung muss im Folgenden noch nach der Binnenverortung eines Legitimationsmaßstabs unterschieden werden:

---

90 Hierfür kommen insbesondere die Art. 2 und Art. 9 ff. EUV in Betracht, aber auch durch die Rechtsprechung der EuGH begründete Anforderungen.

91 Vgl. beispielsweise in der Rechtsprechung die Prüfung der Anforderungen des Grundgesetzes an die (Zustimmungsgesetze zu) Änderungsverträge(n) durch das Bundesverfassungsgericht in *BVerfG*, Urt. v. 12.10.1993, BVerfGE 89, 155 und *BVerfG*, Urt. v. 30.06.2009, BVerfGE 123, 267.

92 Vgl. die diesbezügliche Betrachtung bei *Tiedtke*, Demokratie in der Europäischen Union (2005), S. 56 ff.

93 Als Ausnahmefall kann auch innerhalb einer Rechtsordnung die Würdigung einer Rechtsfrage durch eine andere Rechtsordnung autonom für relevant erklärt werden; der Geltungsgrund ist dann allerdings nicht der in Bezug genommene Maßstab, sondern nur die eigene Verweisung; Beispiele für derartige Verknüpfungen finden sich im Unionsrecht in Art. 4 Abs. 2 EUV (nationale Identität) oder im Grundgesetz in Art. 23 Abs. 1 oder in Art. 25 GG; auch die Rechtsfolge kann sich dann ausschließlich aus dieser Rechtsordnung ergeben, wobei auch eine Verweisung auf eine Rechtfolge aus der jeweils anderen Rechtsordnung theoretisch grundsätzlich denkbar ist.

94 So ist beispielsweise die Feststellung der Rechtswidrigkeit einer Norm mit Aufgabe an den Gesetzgeber, innerhalb eines bestimmten Zeitraums rechtmäßige Zustände zu schaffen, fast ausschließlich innerhalb der gleichen Rechtsordnung denkbar (vgl. zu den denkbaren Rechtsfolgen allgemein II.B.3).

95 Eine ansatzweise hierauf bezogene Vorgabe findet sich dabei allein in Art. 25 Internationaler Pakt über bürgerliche und politische Rechte (IPbpR) vom 19.12.1966 (BGBl. 1973, S. 1534), vgl. dazu *Tiedtke*, Demokratie in der Europäischen Union (2005), S. 59 f.

Schon wegen der Normenhierarchie macht es einen bedeutenden Unterschied, ob ein Rechtsmaßstab demokratischer Legitimation mit höchstem Rang innerhalb der Stufenbaus verortet ist oder nur von niederem Rang implementiert wird. Denn im letzten Fall könnte der Maßstab nämlich deshalb für viele Sachverhalte nicht mehr anwendbar sein, wenn er jeweils nur gleich- oder sogar nachrangig wäre und damit eventuell überhaupt nicht mehr zur Anwendung käme.

Mit einer solchen Anforderung an eine höchstrangige Verortung wird vor allem der Selbstand des Demokratieprinzips innerhalb der jeweiligen Verfassung bzw. Rechtsordnung angesprochen.[96] Dabei ist zu beachten, welche Elemente der Rechtsordnung bei der Auslegung des Demokratieprinzips heranzuziehen sind. Nicht notwendigerweise muss es sich in einer einzelnen Norm konkretisiert wiederfinden, wohl aber ist es hierfür erforderlich, dass sich die jeweiligen Konkretisierungen bzw. zur Auslegung herangezogenen Normen innerhalb der gleichen Rechtsschicht wiederfinden und deshalb in ihrer Gesamtheit als Teil dieser rechtlichen Schicht angesehen werden können: So schadet es deshalb auch nicht, wenn das Demokratieprinzip des Grundgesetzes in Art. 20 Abs. 2 GG verortet wird, bei dessen Würdigung aber beispielsweise die Regelungen des Art. 65 S. 2 GG und des Art. 79 Abs. 3 GG beachtet werden müssen. Erst wenn zur Bestimmung seines Inhalts auf Bestimmungen anderer Normgeber oder Normebenen zurückgegriffen werden müsste, könnte man insoweit nicht mehr von einem selbständigen grundgesetzlichen Demokratieprinzip ausgehen.[97]

Ausgehend von dem Anspruch der umfassenden Steuerung und Beeinflussung staatlichen Handelns[98] durch einen solchen Legitimationsmaßstab erscheint eine Verortung mit möglichst hohem Rang und weitreichendem Anwendungsbereich als vertretbare Anforderung für einen effek-

---

96 Zwischen den verschiedenen Ebenen des Selbstands unterscheidet *Jestaedt*, Selbstand und Offenheit der Verfassung gegenüber nationalem, supranationalen und internationalem Recht, in: *Isensee/Kirchhof* (Hrsg.), Handbuch des Staatsrechts der Bundesrepublik Deutschland, Bd. XII, 3. Aufl. (2014), § 264, Rdnr. 8 ff.

97 Vgl. insoweit zum materialen Selbstandskonzept *Jestaedt*, Selbstand und Offenheit der Verfassung gegenüber nationalem, supranationalen und internationalem Recht, in: *Isensee/Kirchhof* (Hrsg.), Handbuch des Staatsrechts der Bundesrepublik Deutschland, Bd. XII, 3. Aufl. (2014), § 264, Rdnr. 17.

98 Dass sich dieser Anspruch nicht aus einem Rechtsmaßstab ergeben kann, liegt auf der Hand, wenn nach einem Beurteilungsmaßstab für eine rechtsvergleichende Betrachtung gesucht wird; vielmehr ergibt sich diese Anforderung aus Zweckmäßigkeitsgründen der Untersuchung und einem materiellen Demokratieverständnis, das eine ausnahmslose Demokratisierung voraussetzt.

tiven Rechtsmaßstab im Sinne des hier zu entwickelnden Suchmaßstabs. Dieser sollte nämlich dem Grunde nach geeignet sein, zur Überprüfung von sekundärem und weiterem nachrangigen[99] Recht herangezogen werden zu können. Auch können durch einen Rechtsmaßstab Änderungen des primären Rechts aufgrund des auf dieser Stufe vorgesehenen Änderungsverfahrens gemessen werden.[100] Die Anforderung einer höchstrangigen Verortung kann auch ohne explizite textliche Verortung erfüllt sein, wenn aus der jeweils untersuchten Rechtsordnung durch das zuständige Organ ein derartiger Maßstab abgeleitet wird, also der EuGH oder das BVerfG einen derartigen Maßstab im Primärrecht oder dem Grundgesetz verorten.

Dabei ergibt sich die Anforderung der Höchstrangigkeit keineswegs aus einer Art Naturgesetzlichkeit des Demokratieprinzips. Verlangt man jedoch eine möglichst weitreichende Steuerungswirkung innerhalb der gesamten Verfassungs- und Rechtssystems, erscheint dies insofern gerechtfertigt, als nur ein vergleichbar vorrangiges Demokratieprinzip die geforderten faktischen Auswirkungen auf das Rechtssystem haben kann. Deshalb soll dies als bewusste Entscheidung für einen Suchmaßstab im Sinne dieser Untersuchung verstanden werden.

---

99 Die Bezeichnung soll hier allgemein eine Nachrangigkeit vom primären Recht ausdrücken, entspricht aber damit auch der Unterscheidung im Unionsrecht zwischen Primär- und weiterem Recht (sekundärem und tertiären); im deutschen Recht wird man hier die Unterscheidung zwischen Verfassungsrecht und Unterverfassungsrecht heranziehen können.

100 Im deutschen Recht besteht mit Art. 79 Abs. 3 GG ein solcher Maßstab; im Falle der Änderung der Primärverträge im Unionsrecht (außerhalb des vereinfachten Vertragsänderungsverfahrens) haben die Mitgliedstaaten als Herren der Verträge sehr viel weitergehende Vertragsänderungsmöglichkeiten, weil sie sich nicht notwendigerweise nach einem unionsrechtlichen Änderungsverfahren richten müssen; vielmehr besteht neben dem in Art. 48 Abs. 2 bis 5 EUV kodifizierten ordentlichen Vertragsänderungsverfahren schon aus völkerrechtlicher Sicht die Möglichkeit der Vertragsänderung außerhalb des Unionsrechts; vgl. auch zur Rechtsverdrängungsmacht durch den im Grundgesetz enthaltenen Vorrang des Art. 79 Abs. 3 GG *Jestaedt,* Selbstand und Offenheit der Verfassung gegenüber nationalem, supranationalen und internationalem Recht, in: *Isensee/Kirchhof* (Hrsg.), Handbuch des Staatsrechts der Bundesrepublik Deutschland, Bd. XII, 3. Aufl. (2014), § 264, Rdnr. 19.

2. Gegenstand des Maßstabs

a) Maßstabsreichweite und -horizont

Neben dem ideengeschichtlichen Ausgangspunkt verschiedener Maßstäbe lassen sich diese nach ihrer inhaltlichen Zielrichtung unterscheiden. Normative Legitimationsmaßstäbe finden sich nämlich in Bezug auf verschiedene Untersuchungsgegenstände, die unabhängig voneinander von großem (rechts-)wissenschaftlichen Interesse sein können.

Auf die Frage der Verwaltungslegitimation bezogen, wie sie in der Rechtsprechung des Bundesverfassungsgerichts entwickelt wurde, ergeben sich verschiedene Anknüpfungspunkte für eine Betrachtung legitimatorischer Aspekte, die über eine sehr spezielle und spezialisierte Dogmatik aufgenommen wurden. Vor allem wird bei der Betrachtung durch das Bundesverfassungsgericht dabei mittlerweile überwiegend auf das konkrete Handeln des Amtswalters Bezug genommen, dessen persönliche Legitimation zur Entscheidung für den Staat untersucht wird. Hier steht die konkrete nach außen wirksame Entscheidung der staatlichen Organe bzw. Entscheidungsträger im Mittelpunkt der Betrachtung: Das untersuchte Legitimationsobjekt ist das staatliche Handeln und damit die Ausübung von Staatsgewalt.[101]

Daneben existieren auch in der rechtswissenschaftlichen Diskussion Anknüpfungspunkte für verschiedene andere Betrachtungsweisen, die unter der Überschrift „demokratische Legitimation der Europäischen Union" diskutiert werden und bei denen es sich im weiteren Sinne auch noch um Aspekte demokratischer Legitimation handelt. Hier finden sich verschiedenste Betrachtungen, die aus Völkerrecht oder nationalem Recht (Mindest-)Anforderungen an das Gesamtkonstrukt der Union oder spezieller Einheiten formulieren[102] oder an bestimmte Aspekte der Funktionsweise

101 *Böckenförde,* Demokratie als Verfassungsprinzip, in: *Isensee/Kirchhof* (Hrsg.), Handbuch des Staatsrechts der Bundesrepublik Deutschland, Bd. II, 3. Aufl. (2004), § 24, Rdnr. 12; *Schmidt-Aßmann,* Verwaltungslegitimation als Rechtsbegriff, AöR 116 (1991), 329 (338 f.).

102 *Bleckmann,* Das europäische Demokratieprinzip, JZ 2001, 53; hinsichtlich der grundgesetzlichen Anforderungen an eine demokratische Funktionsweise der Europäischen Union erfolgt eine Beurteilung der Vereinbarkeit der Gesamtkonstruktion bei *BVerfG,* Urt. v. 12.10.1993, BVerfGE 89, 155 und *BVerfG,* Urt. v. 30.06.2009, BVerfGE 123, 267; in diese Richtung auch *Brosius-Gersdorf,* Die doppelte Legitimationsbasis der Europäischen Union, EuR 1999, 133.

von Union oder ihrer Organe.[103] Bei der Betrachtung der verschiedenen Demokratiemaßstäbe im Bereich des Unionsrechts kann deshalb für eine erste Einteilung danach unterschieden werden, an welchen Betrachtungsgegenstand diese Maßstäbe anknüpfen: ob sie Anforderungen an die Europäische Union als solche formulieren oder ganz konkret an bestimmtes Handeln bestimmter Organe und Stellen im Einzelfall.

Erstere allgemeine Anforderungen liegen regelmäßig dann vor, wenn die Legitimation „der Union" oder „der Gesetzgebung" betrachtet wird. Gerade auch Betrachtungen eines notwendigen Grades an Demokratie können als solche allgemeinen Maßstäbe verstanden werden. Daneben betrifft dies auch den Bereich der demokratischen Legitimation der Europäischen Rechtsetzung, der – insbesondere in Hinblick auf das Zusammenwirken von Mitgliedstaaten im Rat und dem Europäischen Parlament – große Beachtung findet. Steht hingegen im Mittelpunkt die Prüfung im Einzelfall, ob hinsichtlich einer konkreten Maßnahme eine aus rechtlicher Sicht erforderliche Legitimation hergestellt wurde, liegt ein Maßstab vor, der regelmäßig als Teil der Verwaltungslegitimation (und damit als dogmatischer Maßstab) angesehen wird. Ein solcher Maßstab hat dann nicht (nur) die Legitimation der (abstrakt-generellen) Rechtsetzung zum Gegenstand, sondern auch die demokratische Legitimation des Ergebnisses im Einzelfall.

Nur letztere Maßstäbe sollen nachfolgend im Mittelpunkt der Untersuchung stehen. Über die Hintertür kommt es dabei aber auch zur Betrachtung der zuvor genannten demokratischen Legitimation der Rechtsetzung: So kann ein Verwaltungslegitimationsmaßstab durch Berücksichtigung der sachlich-inhaltlichen Legitimationskomponente sehr wohl diese Aspekte beinhalten und damit zum Gegenstand seiner Prüfung machen. Für diese Untersuchung soll es dabei allein auf solche Maßstäbe ankommen, welche die positiv-rechtliche Legitimation einer konkreten Ausgangsentscheidung betreffen und hierfür innerhalb einer Rechtsordnung festlegen, welche Anforderungen sich für die inhaltliche Rechtfertigung im konkreten Einzelfall ergeben.

---

103 Vgl. hinsichtlich der Gesetzgebung *Streinz*, Die demokratische Legitimation der Rechtssetzung der Europäischen Gemeinschaft, ThürVBL 1997, 73; hinsichtlich der Rechtsprechung *Tschentscher*, Demokratische Legitimation der dritten Gewalt (2006).

b) Inhaltliche Einschränkung

Inhaltlich ergeben sich Abgrenzungsschwierigkeiten durch die besondere Nähe von Demokratie- und Rechtsstaatsprinzip. Wird nämlich das Demokratieprinzip in seiner Dogmatik genau wie Elemente des Rechtsstaatsprinzips ausgelegt, fällt eine Abgrenzung der jeweiligen spezifischen Gehalte schwer, weil sie sich in ihren Wirkungen nicht mehr unterscheiden.[104]

Ganz allgemein lassen sich Unterschiede ideengeschichtlich aber am Anknüpfungspunkt erkennen: Während das Rechtsstaatsprinzip auf formelle (beispielsweise grundrechtlich geschützte Verfahrensaspekte) und materielle Vorgaben (Vorgaben zur materiellen Rechtslage können sich aus Grundrechten und allen sonstigen Vorschriften ergeben) eingeht, liegt der Schwerpunkt des demokratischen Prinzips auf den inhaltlichen Aspekten nur hinsichtlich ihrer Rückführbarkeit (auf das Volk). Demokratie beschreibt damit weniger einen Zustand als ein Verfahren. Deshalb beschränken sich die materiellen Vorgaben auf Regelungen, die formelle Vorgaben treffen (insoweit besteht die materielle Vorgabe darin, dass nicht nur formell eine Entscheidung demokratiekonform zustande gekommen sein muss, sondern durch diese Entscheidung auch demokratiekonforme Weiterentwicklungen möglich sein müssen).

Da es weder aus übergeordnetem Recht noch aus der Natur der Sache vorgegebene konkrete rechtsinhaltliche Vorgaben für ein Gebot demokratischer Legitimation gibt, führt die grundsätzliche Offenheit[105] des Demokratieprinzips dazu, dass verschiedene Rechtsordnungen teilweise stark differierende konkrete Vorstellungen von einer Ausgestaltung demokratischer Ideen als Rechtsmaßstab haben. Ein Suchmaßstab muss sich daher auf die allgemeiner gesehene Verknüpfung von Volk und Staatsgewalt zurückziehen und rechtlich aufgegebene Anknüpfungspunkte und Vermittlungsfunktionen betrachten. Schwierigkeiten ergeben auch für den Begriff des Verwaltungsrechts, der selbst vielschichtig und damit Gegenstand verschiedener Betrachtungsweisen ist. Zum einen beschreibt dieser Begriff ein Rechtsgebiet, beschäftigt sich also mit spezifisch rechtsdogmatischen Fra-

---

104 Vgl. zur Nähe beider Prinzipien *Starck*, Grundrechtliche und demokratische Freiheitsidee, in: *Isensee/Kirchhof* (Hrsg.), Handbuch des Staatsrechts der Bundesrepublik Deutschland, Bd. III, 3. Aufl. (2005), § 33, Rdnr. 2 f.

105 Mit der Offenheit des Demokratieprinzips sei hier keine inhaltliche Beliebigkeit gemeint, sondern eine (verfassungs-)gesetzgeberische Gestaltungsfreiheit, vgl. *Jestaedt*, Demokratieprinzip und Kondominialverwaltung (1993), S. 146.

gestellungen. Zum anderen wird mit dem Verwaltungsrecht mittlerweile auch eine eigene Disziplin der Wissenschaft angesprochen.[106]

(1) Arten demokratischer Aspekte

Um die wohl schwierigste Einordnung dürfte es sich damit bei der inhaltlichen Abgrenzung des Maßstabs handeln. Was nämlich als spezifisch *demokratischer* Maßstab angesehen werden kann, ergibt sich erst aus einem zugrundeliegenden Demokratieverständnis und damit gerade nicht mehr aus einem kategorialen Unterschied. Das Problem dabei ist, dass der Begriff der Demokratie einen Allerweltsbegriff darstellt[107] und in verschiedensten Kontexten und in völlig unterschiedlichen inhaltlichen Ausrichtungen bemüht wird.[108] Insbesondere, wenn es um die Kombination demokratischer Vorstellungen mit der Vollziehung des Gesetzes geht, sind verschiedene Lösungsansätze denkbar, die auch eine eigene Demokratisierung der Verwaltung beinhalten könnten.[109]

Auch für die sich anschließenden Fragen zur Delegation von Entscheidungsbefugnissen kann nicht einmal ansatzweise davon ausgegangen werden, dass sachnotwendig bestimmte Verantwortungszusammenhänge abzuleiten seien, weil jede Bestimmung eines tatsächlichen Volkswillens (mangels tatsächlicher Existenz eines solchen) ohnehin völlig ausgeschlossen ist. Damit kann zwar die Vermittlung eines vom Verfassungsgeber fiktiv angenommenen und an diese Stelle gesetzten Willens nachvollziehbar sein, dies bedarf allerdings vereinfachender Annahmen zu Existenz und Weitervermittlung des Volkswillens.[110]

---

106 *Möllers,* Methoden, in: *Hoffmann-Riem/Schmidt-Aßmann/Voßkuhle* (Hrsg.), Grundlagen des Verwaltungsrechts, Bd. I, 2. Aufl. (2012), § 3, Rdnr. 1.

107 *Bumke/Voßkuhle,* Casebook Verfassungsrecht, 6. Aufl. (2013), Rdnr. 1296.

108 Vom „missbrauchtesten" aller politischen Begriffe spricht *Kelsen,* Vom Wesen und Wert der Demokratie, 1. Aufl. (1920), S. 3.

109 Die demokratische Wahl nur der obersten Exekutivorgane stelle dabei keineswegs die einzige theoretische Möglichkeit dar, vgl. *Kelsen,* Vom Wesen und Wert der Demokratie, 2. Aufl. (1929), S. 71 ff. mit Überlegungen zur denkbaren Demokratisierung durch Kollegialsysteme, die allerdings auch eine Gefahr für die gesetzgeberisch hergestellte Demokratie und Rechtsstaatlichkeit darstellen könnte.

110 Vgl. zur Hinterfragung der häufig als sachnotwendig angesehenen Delegationsprinzipien *Kelsen,* Vom Wesen und Wert der Demokratie, 2. Aufl. (1929), S. 38 ff.

Eine abschließende Klärung des Begriffes der Demokratie soll auch hier nicht beabsichtigt werden: zum einen wegen der begrifflichen und definitorischen Schwierigkeiten, zum anderen aber auch wegen der mangelnden Auswirkungen für die konkret zu untersuchenden Maßstäbe. Dass man nämlich zumindest innerhalb Europas Demokratie allgemein mit Parlamentarismus und dem Mehrheitsprinzip verbindet und dass sich die Vorstellungen zumindest regional recht weit angenähert haben, steht außer Zweifel.

Deshalb sollen hier unter den allgemein vertretenen Demokratiemaßstäben insoweit auch nur ganz spezifische Maßstabsaspekte berücksichtigt werden, die nämlich nicht ausschließlich allgemeine Demokratievorstellungen zum Gegenstand haben, sondern bereits konkrete Konsequenzen für Verantwortungszusammenhänge beinhalten. Danach richtet sich, ob beispielsweise formale Zusammenhänge als spezifisch demokratisch angesehen werden sollen oder ob und inwieweit auch substantielle Demokratieanforderungen wie beispielsweise Mitwirkungs- oder Transparenzelemente enthalten sein können. Nicht immer ist allerdings eine explizite Benennung als Legitimationsmaßstab erforderlich; vielmehr ist es leicht vorstellbar, dass sich derartige Demokratie- oder Legitimationsmaßstäbe in eher technisch anmutenden, nicht auf den ersten Blick demokratischen Vorgaben finden.

(2) Vorliegen eines Legitimationsmaßstabs

Besonders anschaulich lässt sich diese Abgrenzungsfrage an der Zulässigkeit einer Delegation von Entscheidungsbefugnissen mit Einräumung eines Ermessens und der Beurteilung von notwendigen Verantwortungsbeziehungen erkennen. Nach deutschem Verständnis (geprägt durch die Rechtsprechung des Bundesverfassungsgerichts) wird die Zulässigkeit der Delegation anhand des Maßstabs des Art. 20 Abs. 2 Satz 1 und 2 GG mit der Bezeichnung als notwendig herzustellende demokratische Legitimation als relevantem Prüfungsmaßstab herangezogen. Hier handelt es sich um die zentrale Demokratievorschrift des Grundgesetzes; die Diskussion über die praktischen Auswirkungen und Anforderungen ist jedoch eine stark rechtsdogmatisch geprägte, weil detaillierte Einzelanforderungen aus der Vorschrift abgeleitet wurden.[111] Wegen dieser dogmatischen Prägung

111 Vgl. zur Dogmatik des Art. 20 Abs. 2 GG Kapitel III.A.

wird man das Prinzip auch zugleich als Teil des Rechtsstaatsprinzips ansehen müssen.[112]

Vergleichbare Diskussionen zur Zulässigkeit der Delegation von Entscheidungsbefugnissen werden im Unionsrecht regelmäßig anhand der sogenannten *Meroni*-Rechtsprechung als Fragen des notwendig einzuhaltenden institutionellen Gleichgewichts diskutiert,[113] aber auch – vor allem in der deutschen Rechtswissenschaft – als Element der demokratischen Verwaltungslegitimation angesehen und damit am Maßstab der Art. 9 bis 12 EUV gemessen und beurteilt[114].[115]

Als Kontrast dazu werden im österreichischen Recht derartige Fragen nicht anhand des ähnlich formulierten Demokratieprinzips (vgl. Art. 1 B-VG: „Österreich ist eine demokratische Republik. Ihr Recht geht vom Volk aus.") diskutiert, sondern anhand der speziell für Delegationsfragen maßgeblichen Vorschrift des Art. 20 Abs. 2 B-VG beurteilt.[116] Inhaltlich

---

112 Vgl. zur Nähe zwischen rechtsstaatlichen und demokratischen Legitimationsgründen *Starck*, Grundrechtliche und demokratische Freiheitsidee, in: *Isensee/Kirchhof* (Hrsg.), Handbuch des Staatsrechts der Bundesrepublik Deutschland, Bd. III, 3. Aufl. (2005), § 33, Rdnr. 2 ff.

113 *EuGH*, Urt. v. 13.06.1958, Slg. 1958, 16; *EuGH*, Urt. v. 13.06.1958, Slg. 1958, 57 (vgl. dazu Kapitel IV.C.1).

114 *Griller/Orator*, Everything under control? The "way forward" for European agencies in the footsteps of the Meroni doctrine, ELJ 35 (2010), 3 (vgl. dazu Kapitel IV.D.2.b)); allerdings werden derartige Anforderungen auch dem EUV zugeschrieben, vor allem in der deutschsprachigen Kommentarliteratur (vgl. dazu Kapitel IV.B).

115 Dabei soll hier weniger die Frage im Mittelpunkt stehen, ob wie bei *Kelsen*, Vom Wesen und Wert der Demokratie, 2. Aufl. (1929), S. 81 die Gewaltenteilung als spezifisch demokratisches Prinzip angesehen werden könne, sondern einzig die funktionale Auswirkung der so judizierten Gewaltenteilungs- bzw. Gleichgewichtsdiskussion.

116 Art. 20 Abs. 2 österreichisches Bundes-Verfassungsgesetz (B-VG) in der zuletzt durch Änderungsgesetz vom 8. Juni 2016 (BGBl. I Nr. 41/2016) geänderten Fassung lautet: „(2) Durch Gesetz können Organe 1. zur sachverständigen Prüfung, 2. zur Kontrolle der Gesetzmäßigkeit der Verwaltung, 3. mit Schieds-, Vermittlungs- und Interessenvertretungsaufgaben, 4. zur Sicherung des Wettbewerbs und zur Durchführung der Wirtschaftsaufsicht, 5. zur Aufsicht und Regulierung elektronischer Medien und zur Förderung der Medien, 6. zur Durchführung einzelner Angelegenheiten des Dienst- und Disziplinarrechts, 7. zur Durchführung und Leitung von Wahlen, oder, 8. soweit dies nach Maßgabe des Rechts der Europäischen Union geboten ist, von der Bindung an Weisungen der ihnen vorgesetzten Organe freigestellt werden. Durch Landesverfassungsgesetz können weitere Kategorien weisungsfreier Organe geschaffen werden. Durch Gesetz ist ein der Aufgabe des weisungsfreien Organs angemessenes Aufsichtsrecht der obersten Organe vorzusehen, zumindest das Recht, sich über alle

nähern sich damit die Maßstäbe zum deutschen Recht sehr stark an, technisch gesehen handelt es sich hier aber um eine rechtsstaatliche Vorgabe wie andere Zulässigkeitsfragen auch und kann daher noch eher als Teil des Rechtsstaatsprinzips angesehen werden. Dadurch zeigt sich, dass eine allzu (rechts-)technische Abgrenzung zur Abgrenzung zwischen Elementen des Rechtsstaats- und des Demokratieprinzips unzweckmäßig ist, weil vergleichbare inhaltliche Regelungen ansonsten an unterschiedlicher Stelle und kaum vergleichend diskutiert werden könnten.

(3) Rechtsvergleichende Methodik

Als sinnvoller erweist sich hier eine funktionale Abgrenzung, wie sie als gebotene Methode für die Rechtsvergleichung angenommen wird.[117] Dem zugrunde liegt das Bewusstsein, dass unterschiedliche Fragen rechtlicher Art in verschiedenen Rechtsordnungen verschieden verortet und diskutiert werden. Deshalb wird eine funktionale Betrachtung dahingehend vorgenommen, welche Zwecke mit bestimmten Rechtsregelungen verfolgt werden und wie die gleichen praktischen Fragen in ihrer Gesamtheit in anderen Rechtsordnungen gelöst werden.[118] Damit soll die Problematik umgangen werden, dass durch bereits grundlegend verschiedene Regelungsansätze Einzelaspekte gerade nicht mehr vergleichbar sein können.[119]

Gegenstände der Geschäftsführung der weisungsfreien Organe zu unterrichten, und – soweit es sich nicht um Organe gemäß den Z 2, 5 und 8 handelt – das Recht, weisungsfreie Organe aus wichtigem Grund abzuberufen."; dazu *Grabenwarter,* Die demokratische Legitimation weisungsfreier Kollegialbehörden in der staatlichen Verwaltung, in: *Haller/Kopetzki/Novak/Paulson/Raschauer/Ress/Wiederin* (Hrsg.), Staat und Recht (1997), S. 272 ff.

117 Vgl. zur funktionalen Rechtsvergleichung *Kischel,* Rechtsvergleichung (2015), S. 93 f.; dass die Rechtsvergleichung jedoch noch nicht ansatzweise so weit ist, dass ein gesicherter Methodenkanon bestehen würde, beschreiben *Zweigert/Kötz,* Einführung in die Rechtsvergleichung, 3. Aufl. (1996), S. 32.

118 Dabei nimmt die funktionale Rechtsvergleichung verschiedene Komponenten als eine Synthese auf: eine deskriptive, weil hierdurch die Andersartigkeit der verschiedenen Rechtsordnungen berücksichtigt werden kann, und eine Anwendungskomponente, weil auch Auswirkungen auf die eigene Rechtsordnung als bedeutsam wahrgenommen werden können, *Möllers,* Gewaltengliederung (2005), S. 7 f.

119 Das Lehrbeispiel für diese Problematik stellen privatrechtliche Regelungen dar, die durch die verschiedenen großen Rechtssysteme völlig unterschiedlich ausgestaltet sind, für viele tatsächlich gleiche Sachverhalte aber zu ähnlichen Lösungen kommen (beispielhaft: Formvorschriften in Kaufverträgen vs. Schutz der

Zwar werden gegen den funktionalen Ansatz der Rechtsvergleichung gewichtige Gründe angeführt, die hinsichtlich der Aspekte des kulturellen Kontexts und der notwendigen Neutralität des Rechtsvergleichers[120] gerade im verfassungsrechtlichen Bereich und wegen des Demokratiebezugs hochemotionalen Rahmens besonders aktuell würden.

Gerade, weil im deutschen Verfassungsrecht mit Art. 20 Abs. 1 und Abs. 2 GG und sonstigen Inbezugnahmen die Bedeutung des Demokratieprinzips sehr groß ist und die Reichweite der Auswirkungen von grundlegend politischen Zielsetzungen bis hin zu einer detailreichen Dogmatik zur Verwaltungslegitimation eine große inhaltliche Vielschichtigkeit erreicht wird, ist die Bestimmung eines Funktionsbereichs der zu vergleichenden Rechtslagen nicht einfach möglich. Zudem wird der funktionale Ansatz dafür kritisiert, dass die notwendigen Kontexte einer Rechtsordnung nicht ausreichend gewürdigt würden und damit eine zu starke Betonung der positiven Gesetzeslage im Verhältnis zur tatsächlichen Anwendung in der Wirklichkeit erfolge.[121] Nicht außer Acht lassen darf man dabei auch, dass die hier vorgestellten Ansätze zur Rechtsvergleichung der Privatrechtsvergleichung[122] entstammen und anders als dort im verfassungs- und staatsorganisationsrechtlichen Bereich nicht nur (oftmals vergleichbare) Interessenlagen der Beteiligten zu berücksichtigen sind, sondern schlicht politische Wertungsfragen, deren Lösungen sich – je nach Rechtstradition und historischen Erfahrungen – sehr viel stärker unterscheiden können, weil es in deutlich geringerem Maße auf die Interessen privater Beteiligter ankommt.

Beteiligten vor übereilten Entscheidungen), vgl. dazu *Zweigert/Kötz*, Einführung in die Rechtsvergleichung, 3. Aufl. (1996), S. 33, *Kischel*, Rechtsvergleichung (2015), S. 94.

120 Dabei werde dem funktionalen Ansatz vorgeworfen, nicht tief genug in die kulturellen Gegebenheiten einzusteigen und durch die Prägungen der eigenen Rechtsordnung den in den erforderlichen Länderbericht einzustellenden Inhalt zu sehr präge, *Kischel*, Rechtsvergleichung (2015), S. 98 f.

121 *Kischel*, Rechtsvergleichung (2015), S. 100 f.; vergleichbare Vorwürfe kommen auch aus Richtung der Neuen Verwaltungswissenschaft gegenüber der Juristischen Methode und deren Bedeutung für die deutsche Rechtswissenschaft, vgl. *Voßkuhle*, Neue Verwaltungsrechtswissenschaft, in: *Hoffmann-Riem/Schmidt-Aßmann/Voßkuhle* (Hrsg.), Grundlagen des Verwaltungsrechts, Bd. I, 2. Aufl. (2012), § 1, Rdnr. 9.

122 Vgl. zu den Betrachtungen einzig des Privatrechts bei *Zweigert/Kötz*, Einführung in die Rechtsvergleichung, 3. Aufl. (1996), S. 36 ff. mit dem Verweis auf das eher „unpolitische“ Privatrecht (S. 39) und *Kischel*, Rechtsvergleichung (2015), S. 92 ff.

Deshalb ist es erforderlich, bei einem Vergleich der deutschen Rechtslage und der des Unionsrechts genau zu überprüfen, welche inhaltlichen Anforderungen an die Delegation von Entscheidungsbefugnissen in ihrer Gesamtheit gestellt, und auch, wie streng die (zunächst) aufgestellten Maßstäbe ausgelegt und angewendet werden. So legt die neuere Rechtsprechung des Bundesverfassungsgerichts zum Gebot demokratischer Legitimation der Verwaltung spätestens seit der Entscheidung zu den Wasserverbänden[123] nahe, dass die materiellen Anforderungen – bei insoweit unveränderter Gesetzeslage – an die Rückbindung aller hoheitlicher Entscheidungen an das Staatsvolk in seiner Gesamtheit mittlerweile als deutlich gelockert angesehen werden müssen.

Darüber hinaus bietet es sich an, nicht nur das Verständnis der Rechtsprechung zugrunde zu legen, das naturgemäß nur bei der Entscheidung über Streitfälle entwickelt werden kann, sondern auch das grundlegende Verständnis dieser Anforderungen durch die sonst (primär) zur Normanwendung berufenen Akteure wie Gesetzgeber[124] und Verwaltung. Zwar kann letzteres keine verbindliche Einschätzung von (grund-)gesetzlichen Vorgaben bedeuten, wohl aber konkretisiert sich das grundgesetzlich vorgegebene Demokratieprinzip erst im gesamten Verwaltungsaufbau, weshalb zumindest die Handhabung des verfassungsrechtlichen „Normalfalls“ nicht unberücksichtigt bleiben sollte.

(4) Auswahl inhaltlicher Abgrenzungskriterien

Unabhängig von Art und Ort der rechtlichen Einbindung derartiger Anforderungen in eine Rechtsordnung sollten alle Maßstäbe als möglicher Gegenstand angesehen werden, welche die Herstellung von politisch-inhaltlicher Verantwortlichkeit als inhaltlicher Rechtfertigung staatlicher Entscheidungen und hierfür erforderliche Mindestanforderungen zum Gegenstand haben und damit auch als Rechtfertigung für die verfassungstheoretische Ausnahme (und den verfassungsrechtlichen Normalfall) dienen, dass nicht das Volk, sondern ein Organ des Staates in dessen Namen

123 *BVerfG*, B. v. 05.12.2002, BVerfGE 107, 59 (vgl. dazu Kapitel III.C.19).

124 Nach hier zugrunde gelegtem Verständnis ist auch der Gesetzgeber insoweit Teil der Normanwendung, als er selbst durch das Grundgesetz gebunden ist und soweit er in gewisser Weise an der Normkonkretisierung beteiligt ist.

und für dieses handelt.[125] Daneben sollen aber auch derartige Maßstäbe, die ohne explizite Nennung eines (demokratischen) Grundes rechtliche Grenzen für zulässige Delegationen an bestimmte Entscheidungsträger vorsehen, im Fokus der Betrachtung stehen. Damit sind vor allem Fragen nach der Zulässigkeit von Delegation (politischer) Entscheidungskompetenz und inhaltlich-materieller Verantwortlichkeit innerhalb des Staatsaufbaus für Entscheidungen umfasst.

Gemessen hieran erscheint es sinnvoll, die eben genannten Regelungen der drei verschiedenen Rechtsordnungen als Legitimationsmaßstäbe im Sinne der hier durchzuführenden Untersuchung zu definieren: Zur Dogmatik des Art. 20 Abs. 2 GG gehört damit jedenfalls die Frage für das Verständnis der deutschen (Verfassungs-) Rechtswissenschaft nach einem ausreichenden Legitimationsniveau, das sich wiederum durch Kombination bestimmter personeller und materieller „Verantwortungselemente" zusammensetzt. Damit stellt sich die Frage der Einhaltung des Maßstabs besonders bei der Zulässigkeit der Delegation von Entscheidungsbefugnissen.[126] Ähnliche Anforderungen ergeben sich aus Art. 20 Abs. 2 Satz 3 B-VG, der über den Maßstab der „angemessenen Aufsichtsrechte" eine vergleichbare Prüfung im Einzelfall ermöglicht und insofern die Grenzen für eine zulässige Delegation von Entscheidungsbefugnissen an andere Stellen vorsieht. Auch für den Prüfungsmaßstab des Unionsrechts zum „institutionellen Gleichgewicht" empfiehlt sich eine Zuordnung zu den Legitimationsmaßstäben. Wenn sich auch nicht alle Aspekte der im deutschen Recht zur Legitimation diskutierten Fragestellungen zu diesem Themenkomplex rechnen lassen,[127] spricht gerade das Verständnis des EuGH, der Fragen

---

125 Vgl. zu der nur fiktiv möglichen Annahme des einheitlichen Volkswillens *Kelsen*, Vom Wesen und Wert der Demokratie, 2. Aufl. (1929), S. 23 ff., zu der notwendigen Delegation bei arbeitsteiligem Handeln aber *Kelsen*, Vom Wesen und Wert der Demokratie, 2. Aufl. (1929), S. 29 f.

126 Vgl. zur Delegation auf Arbeitnehmer *BVerfG*, B. v. 24.05.1995, BVerfGE 93, 37 (vgl. dazu Kapitel III.C.15), auf Gebietsbetroffene *BVerfG*, B. v. 05.12.2002, BVerfGE 107, 59 (vgl. dazu Kapitel III.C.19) oder auf private Wirtschaftsteilnehmer *BVerfG*, Urt. v. 18.01.2012, BVerfGE 130, 76 (vgl. dazu Kapitel III.C.34) oder *BVerfG*, Urt. v. 28.01.2014, BVerfGE 135, 155 (vgl. dazu Kapitel III.C.37).

127 Durch die Prüfung des institutionellen Gleichgewichts finden jedenfalls diejenigen Konstellationen keinen Anknüpfungspunkt, in denen eine Delegation von Entscheidungsbefugnissen innerhalb eines Organs stattfindet: Delegiert die Kommission somit eine Entscheidung an eine weisungsfrei gestellte Einrichtung, die jedoch nur von der Kommission und nicht von anderen Organen eingerichtet ist, könnten sich Verantwortlichkeitsfragen stellen, die nicht über den Maßstab des „institutionellen Gleichgewichts" erfasst werden könnten.

der zulässigen Reichweise der Übertragung von Entscheidungsbefugnissen auf Dritte und die politische Verantwortung für die hierauf basierenden Entscheidungen diskutiert, für eine solche Einordnung.

3. Notwendigkeit einer Rechtsfolge

Neben der Quelle eines (Rechts-)Maßstabes ist die sich jeweils an ihn anschließende Rechtsfolge von entscheidender Relevanz, weil grundsätzlich nicht jede Feststellung einer Rechtswidrigkeit auch automatisch zu einer Rechtsunwirksamkeit führen muss.[128] Charakteristisch für einen Maßstab des positiven Rechts ist dabei vor allem die Existenz einer Rechtsfolge, die von der Rechtsordnung an diesen Maßstab beziehungsweise seine Nichteinhaltung geknüpft wird. Am deutlichsten ist ein solcher Rechtsmaßstab dann zu erkennen, wenn die Verknüpfung von Maßstab und Rechtsfolge auch textlich unmittelbar zusammenhängen.[129] Dabei kann die Folge einer Nichtbeachtung des Maßstabs sich direkt aus der Norm selbst ergeben[130] oder im Zusammenspiel mit weiteren Rechtsnormen – wie bestimmten Regelungen des (Verfassungs-)Prozessrechts – abgeleitet werden.[131]

---

128 Vgl. zu den verschiedenen Möglichkeiten unter besonderer Herausstellung des „Fehlerkalküls" *Adolf Julius Merkls* bei *Jestaedt*, Selbstand und Offenheit der Verfassung gegenüber nationalem, supranationalen und internationalem Recht, in: *Isensee/Kirchhof* (Hrsg.), Handbuch des Staatsrechts der Bundesrepublik Deutschland, Bd. XII, 3. Aufl. (2014), § 264, Rdnr. 42.

129 Die Deutlichkeit ist dabei keineswegs rechtstechnisch für die Rechtsfolge mitbestimmend, kann aber im außerrechtlichen Bereich bedeutsame Auswirkungen haben – gerade in politischen Diskussionen helfen klar und unmissverständlich formulierte Regelungen den Akteuren beim Verständnis von Art und Reichweite der jeweiligen Norm.

130 Sehr deutlich wird dies beispielsweise in Art. 20 Abs. 1 Sätze 2 und 3 österreichisches Bundes-Verfassungsgesetz (B-VG) in der zuletzt durch Änderungsgesetz vom 8. Juni 2016 (BGBl. I Nr. 41/2016) geänderten Fassung: „Sie [die Organe] sind den ihnen vorgesetzten Organen für ihre amtliche Tätigkeit verantwortlich und, soweit in Gesetzen gemäß Abs. 2 nicht anderes bestimmt ist, an deren Weisungen gebunden. Das nachgeordnete Organ kann die Befolgung einer Weisung ablehnen, wenn die Weisung entweder von einem unzuständigen Organ erteilt wurde oder die Befolgung gegen strafgesetzliche Vorschriften verstoßen würde."

131 Die Rechtsfolge für den Verstoß gegen Vorgaben des Grundgesetzes ist nur in den wenigsten Fällen direkt im Grundgesetz vorgesehen: Neben den im Grundgesetz enthaltenen expliziten Rechten von Organen ist beispielsweise im

Im Zusammenhang mit der Entwicklung der Dogmatik demokratischer Legitimation durch das Bundesverfassungsgericht ist diese Verknüpfung des Demokratiemaßstabs mit vorgegebenen Rechtsfolgen in der Entscheidungsformel des Gerichts in den bisherigen Entscheidungen über einen Verstoß gegen den jeweiligen rechtlichen Maßstab anschaulich zu erkennen. Besonders deutlich wird dies bei Feststellung der Unvereinbarkeit einer gesetzlichen Regelung mit den Vorgaben des Demokratieprinzips und der sich daran anschließenden Rechtsfolge der Nichtigkeit dieser entsprechenden Vorschrift.[132] Daneben kann sich die Rechtsfolge auch aus der Aufhebung einer gerichtlichen Entscheidung bei Verstoß gegen einen bestimmten rechtlichen Maßstab ergeben, die in den meisten Fällen eine Rückverweisung an ein Gericht zur Konsequenz hat.[133]

Daneben besteht die häufiger im Verfassungsrecht zu beobachtende Möglichkeit, dass sich an einen Verfassungsverstoß einer Vorschrift zunächst nur die Feststellung der Unvereinbarkeit knüpft, die mit einer gesetzlichen Nachbesserungsfrist innerhalb eines bestimmten Zeitraums verbunden wird, weil dem Gesetzgeber eine eigenständige und selbstverantwortete Entscheidung über die Problembewältigung aufgegeben wer-

---

Zusammenhang mit den Staatsorganisationsprinzipien in Art. 20 Abs. 4 GG mit dem Widerstandsrecht eine Rechtfolge durch das vorliegende Widerstandsrecht enthalten; für die meisten Fälle sind deshalb die Vorgaben des BVerfGG entscheidend, vor allem § 31 Abs. 2 Sätze 1 und 2 BVerfGG, welche die möglichen Rechtsfolgen der Nichtigkeit oder der Feststellung der Unvereinbarkeit mit dem Grundgesetz vorsehen.

132 Vgl. insoweit beispielhaft folgende Tenorierungen: „§ 13a Absatz 4 der Gemeindeordnung für das Land Nordrhein-Westfalen in der Fassung der Bekanntmachung vom 19. Dezember 1974 (Gesetz- und Verordnungsbl. 1975, S. 91) verletzt die Grundrechte der Beschwerdeführer aus Artikel 3 Grundgesetz und ist mit Artikel 20 Absatz 1 und Absatz 2 Grundgesetz unvereinbar und daher nichtig." (*BVerfG*, B. v. 15.02.1978, BVerfGE 47, 253 (254)); „Das schleswig-holsteinische Gesetz zur Änderung des Gemeinde- und Kreiswahlgesetzes vom 21. Februar 1989 (Gesetz- und Verordnungsbl. Seite 12) ist mit Artikel 28 Absatz 1 Satz 2 des Grundgesetzes unvereinbar und nichtig." (*BVerfG*, Urt. v. 31.10.1990, BVerfGE 83, 37 (37)); „§ 6 Absatz 2, § 21 Absatz 1 Satz 2 und § 22 Satz 2 des Gesetzes über die Wahl zu den Bezirksversammlungen [...] sind mit Artikel 28 Absatz 1 Satz 1 des Grundgesetzes in Verbindung mit Artikel 20 Absatz 2 des Grundgesetzes unvereinbar und nichtig. Artikel 1 Nummer 1 Buchstabe b) des Gesetzes zur Einführung des Wahlrechts für Ausländer zu den Bezirksversammlungen ist damit gegenstandslos." (*BVerfG*, Urt. v. 31.10.1990, BVerfGE 83, 60 (60 f.)).

133 Vgl. zuletzt zur Aufhebung einer individuellen Entscheidung samt Zurückverweisung aufgrund einer (vermeintlichen) ultra vires-Konstellation *BVerfG*, B. v. 15.12.2015, BVerfGE 140, 317.

den soll.[134] Bei einem Organstreitverfahren hingegen kommt es regelmäßig im Erfolgsfalle nur zu einem Ausspruch, der sich auf die Feststellung der Rechtswidrigkeit einer bestimmten Handlung beschränkt, weil eine gesetz- und rechtmäßige Antwort der betroffenen Verfassungsorgane vorausgesetzt wird.[135] Vergleichbare Folgen können sich anknüpfen, wenn sich ein Beschwerdeführer mit seiner Verfassungsbeschwerde gegen eine Entscheidung der Exekutive richtet.[136]

Theoretisch auch denkbar ist eine nach Adressaten differenzierte Rechtsfolge. Zwar kennen weder das Grundgesetz noch das BVerfGG eine diesbezügliche Vorschrift, die sich ausschließlich (im Sinne einer gesetzgeberischen Optimierungsverpflichtung) an den Gesetzgeber richten würde und keine weitergehenden Rechtswirkungen entfalten würde. Jedoch ist eine entsprechende Wirkung prozessual denkbar, wenn ein objektiver Verfassungsverstoß wegen einer notwendigen Verletzung in eigenen subjektiven Rechten nicht gerügt werden kann.[137] Rechtstheoretisch ist also keinesfalls ausgeschlossen, dass eine bestimmte Verwaltungsorganisationskonstruktion sich zwar gemessen an einem Rechtsmaßstab demokratischer Legitimation als rechtswidrig erweist, dieses aber gleichzeitig nicht auf die Rechtmäßigkeit der Entscheidung (des konkret zu legitimierenden Staatshandelns) durchschlägt. Dies wird einzig durch die Fehlerfolgenregelung

---

134 Vgl. die Vorgabe einer maximalen Anwendungsfrist mit Festlegung der späteren Unanwendbarkeit bei *BVerfG*, Urt. v. 20.12.2007, BVerfGE 119, 331.

135 Vgl. im Umfang des Erfolgs der Klagen nur die Entscheidungsformeln bei *BVerfG*, Urt. v. 21.10.2014, BVerfGE 137, 185 und *BVerfG*, Urt. v. 02.06.2015, BVerfGE 139, 194.

136 Hier kommt auch eine Kombination der Nichtigerklärung einer Norm zusammen mit der Feststellung der Rechtswidrigkeit einer behördlichen Einzelfallentscheidung in Betracht, ohne dass vom Gericht explizit die korrekte Behebungsmöglichkeit vorgegeben wird, vgl. *BVerfG*, B. v. 10.11.2015, BVerfGE 140, 229; aus der Entscheidung lässt sich konkret jedoch ableiten, wie in einem nachfolgenden weiteren behördlichen Verfahren der entsprechende Rechtsverstoß ausgeschlossen werden kann; insoweit besteht in der Sache eine gewisse Ähnlichkeit zum gerichtlichen Ausspruch nach § 113 Abs. 5 Satz 2 VwGO, der die Verbescheidung unter Beachtung der Rechtsauffassung des Gerichts vorsieht; vgl. zu den Handlungspflichten der Verfassungsorgane kürzlich auch *BVerfG*, Urt. v. 21.06.2016, BVerfGE 142, 123 (Rdnr. 166 f.), das eine Vergleichbarkeit mit der grundrechtlichen Schutzpflichtendimension nahelegt.

137 Hier wird auf prozessualem Weg in der praktischen Rechtswirkung die gleiche Rechtsfolge erreicht, jedoch wird hierdurch nicht der Anwendungsbereich der entsprechenden Vorschrift beschränkt.

im positiven Recht bestimmt und kann sich rechtsgebietsspezifisch unterschiedlich darstellen.[138]

Soweit aus nationalen Staatsstruktur- und Integrationsvorschriften für die weitere europäische Integration, aber auch für völkerrechtliche Verträge gefolgert wird, dass eine Hinwirkungspflicht (beispielsweise zu stärkerer Berücksichtigung demokratischer Prinzipien) durch die an der Verhandlung beteiligten Mitgliedstaaten bestehe, wird deshalb zu unterscheiden sein: Eine rechtliche Auswirkung auf das materielle Verhandlungsergebnis wird insoweit nicht angenommen werden können, als nicht die Unvereinbarkeit (des Zustimmungsgesetzes) mit dem Grundgesetz festgestellt wird und insoweit gesetzgeberische Nachbesserungspflichten explizit vorgegeben werden.[139] Eine sonstige rechtliche Auswirkung wäre allenfalls durch eine Organverpflichtung zur Hinwirkung auf einen bestimmten (Rechts-)Zustand möglich.[140]

4. Zusammengefasste Maßstabskriterien

Fasst man diese genannten Kriterien zusammen, ergibt sich für die weitere Untersuchung ein sehr spezifischer Suchmaßstab, der unzweifelhaft viele vertretenen Maßstabsansätze aussondern bzw. für eine sehr genaue Abgrenzung zu ihnen sorgen kann: Im Fokus dieses Maßstabs stehen dabei normativ-positivierte Rechtsmaßstäbe des Unionsrechts und des deutschen Verfassungsrechts für das Verwaltungshandeln, die sich im weitesten Sinne mit der Verortung politischer Entscheidungsverantwortlichkeit und den damit zusammenhängenden Mindestanforderungen vor allem an die Verwaltungsorganisation beschäftigen. Aus der Kategorisierung als Rechtsmaßstab soll sich dabei auch eine rechtlich-verbindliche Konsequenz her-

---

138 Nach dem Ansatz der deutschen Rechtsordnung bietet dabei die Dogmatik zu Art. 2 Abs. 1 GG einen umfassenden Anhaltspunkt für die umfassende Berücksichtigung objektiver Rechtmäßigkeitsanforderungen bei Vorliegen eines grundrechtlichen Bezugs; denkbar wäre hier jedoch auch eine Abstufung nach der Zielrichtung bestimmter objektivrechtlicher Anforderungen.

139 So beispielsweise die vom Gericht vorgenommene Tenorierung bei *BVerfG*, Urt. v. 12.09.2012, BVerfGE 132, 195, die bestimmte innerstaatliche Organverpflichtungen vorsah, bevor der Vertrag (aus deutscher Sicht) in Kraft treten durfte.

140 So jedenfalls die Annahme der Antragstellerseite im Verfahren *BVerfG*, B. v. 14.01.2014, BVerfGE 134, 366 wegen der einzig möglichen Überprüfbarkeit der Mitwirkung der deutschen Vertreter an einem unionalen Einzelrechtsakt jedenfalls im Rahmen der Verfassungsbeschwerde.

leiten lassen, damit er geeignet ist, rechtliche Folgen durch Nichtbeachtung auszulösen. Erst im Anschluss daran wird man nämlich auf tatsächlicher Ebene von einer ernstzunehmenden (nicht nur politischen) Hürde[141] für die Staats- und Verwaltungsorganisation für Pluralisierungs- und Verselbständigungstendenzen in der Verwaltungsorganisation durch einen solchen Maßstab sprechen können. Wenn ein Maßstab im jeweiligen Recht diesen Voraussetzungen genügt, soll dieser im Folgenden als „harter" und damit wirksamer Rechtsmaßstab demokratischer Legitimation angesehen werden.

C. *Gang der Untersuchung*

Ausgehend von den hier entwickelten technisch-dogmatischen Maßstabskriterien soll eine Betrachtung der verschiedenen, die Diskussion um die demokratische Legitimation der Verwaltung prägenden Ansichten vor allem auf ihren methodisch denkbaren Bedeutungsgehalt hin unternommen werden. Diese Form der Diskursanalyse soll vor allem dazu dienen, die jeweiligen disziplinären Teildiskussionen zu schärfen und dadurch zu erleichtern, dass eine bessere Zuordnung zu den verschiedenen Disziplinansätzen erfolgen kann.

Zunächst soll dabei eine Betrachtung der Diskussion um die grundgesetzliche demokratische Legitimation (der Verwaltung) erfolgen, wie sie sich aus Literatur und der Rechtsprechung darstellt. Im Anschluss soll eine vergleichbare Betrachtung des rechtswissenschaftlichen Diskurses um Art und Reichweite der Legitimationsanforderungen nach dem Recht der Europäischen Union vorgenommen werden. Damit soll die Grundlage für eine Beurteilung anhand der oben skizzierten Maßstabskriterien geschaffen werden, die eine Antwort auf die Frage nach der Existenz vergleichbarer Demokratiemaßstäbe geben kann.

---

141 Vgl. den Begriff bei *Jestaedt*, Democratic Legitimization of the Administrative Power, in: *Pünder/Waldhoff* (Hrsg.), Debates in German Public Law (2014), S. 187.

III. Gebote demokratischer Legitimation des Grundgesetzes

A. Die Dogmatik der demokratischen Legitimation nach dem Grundgesetz

Die genauen Voraussetzungen, die sich rechtsdogmatisch aus Art. 20 Abs. 2 GG ergeben, sind in Rechtsprechung und Literatur höchst umstritten. Für jedes einzelne Tatbestandsmerkmal finden sich verschiedenste Auffassungen, die zur Folge haben, dass sich in der Gesamtheit völlig unterschiedliche Verständnisse der Bedeutung dieser grundgesetzlichen Vorgabe in ihrer Gesamtheit ergeben. Auch wenn – wie oben dargestellt – diese Auffassungen möglicherweise teils durch unterschiedliche zugrundeliegende methodische Ansätze bedingt sein könnten, erscheint es für einen Überblick zweckmäßig, den Ausgangspunkt für die unterschiedlichen Meinungen und damit das dogmatische Grundmodell in seiner Gesamtheit darzustellen, damit nachfolgend die Unterschiede in den Grundansätzen entsprechend punktgenau verortet werden können. Deshalb sollen die zuvor angestellten methodischen Bedenken hinsichtlich der Vergleichbarkeit zunächst zurückgestellt werden, um damit noch einen Überblick des Meinungsstandes zum Bereich der demokratischen Legitimation der Verwaltung skizzieren zu können.

Üblicherweise werden die Grundüberzeugungen zum Feld der demokratischen Legitimation in zwei Meinungsgruppen eingeteilt: Dabei stellt das „monistische", auch als „klassisch" bezeichnete Legitimationsmodell[142] regelmäßig den argumentatorischen Ausgangsfall dar, die später entwickelten Ansichten wurden häufig argumentativ in Abgrenzung hiervon entwickelt und gewöhnlich als „pluralistische" Legitimationsverständnisse bezeichnet. Diese Kategorisierung und Typisierung muss jedoch als sehr grob und ungenau angesehen werden, weil es sich hier nur um argumentative Grundmuster handelt, also gedankliche „Extrempositio-

---

142 Beide Bezeichnungen sollen hier wertfrei und ausschließlich zur definitorischen Abgrenzung von später entwickelten Legitimationsmodellen dienen, wie dies beispielsweise bei *Unger*, Das Verfassungsprinzip der Demokratie (2008), S. 53 ff. erfolgt, und keine inhaltliche Wertung vornehmen, wie beispielsweise in der Gleichsetzung von „klassischen" und „überkommenen" Modell bei *Trute*, Die demokratische Legitimation der Verwaltung, in: *Hoffmann-Riem/Schmidt-Aßmann/Voßkuhle* (Hrsg.), Grundlagen des Verwaltungsrechts, Bd. I, 2. Aufl. (2012), § 6, Rdnr. 54.

nen". Die tatsächlich vertretenen Ansichten liegen in ihren Einzelaspekten teils dazwischen, auch finden sich Kombinationen verschiedenster Teilaspekte.[143] Dennoch wird häufig eine grundlegende Typisierung danach durchgeführt, ob die Legitimation auf das feststehende Subjekt „Volk" zurückgeführt wird (monistische Auffassungen) oder dieser Begriff als offen und individualbezogen, möglicherweise ausgestaltungsbedürftig angesehen wird und damit nicht das „Volk", sondern die dahinter stehenden Einzelpersonen Anfangspunkt der Legitimation darstellen (pluralistische Auffassungen). Wenn sich auch die nach diesen groben Merkmalen unterschiedenen Ansichten im Einzelnen stark unterscheiden, so ist dennoch häufig zu erkennen, dass – bei allen Differenzen in Detailfragen – vor allem das grundlegende Normverständnis innerhalb dieser jeweiligen Meinungsgruppen ähnlich ist.[144]

Etwas überraschend wirkt hingegen bei allen inhaltlichen Differenzen auch über Qualität und Verbindlichkeit der Norm[145], dass hinsichtlich der dogmatischen Grundstruktur (unausgesprochen) wohl weitestgehend Einigkeit[146] besteht, dass die aus der Politikwissenschaft bekannte Strukturierung übernommen wird: nach dem Legitimationssubjekt, von dem die Legitimation ausgeht, dem Legitimationsobjekt als Endpunkt der Legitimation, den Legitimationsmitteln als Methoden zur Verknüpfung zwischen beiden und dem Legitimationsniveau, das über das ausreichende Vorliegen der „Vermittlungsleistung" der zur Verfügung stehenden Legitimationsmittel entscheidet. Gleichwohl darf diese dogmatische Strukturie-

143 *Jestaedt,* Democratic Legitimization of the Administrative Power, in: *Pünder/Waldhoff* (Hrsg.), Debates in German Public Law (2014), S. 190.

144 Gleichwohl ergeben sich auch innerhalb der typisierten Meinungsgruppen in einzelnen, aber entscheidenden Faktoren derartige Differenzen, dass dieses gemeinsame Grundverständnis wohl eher nicht vorliegt. Vgl. zu den bedeutenden Unterschieden bei den „Monisten" die Verständnisse vom Legitimationsniveau bei *Böckenförde*, *Schmidt-Aßmann* und *Jestaedt*, siehe unten III.C.6, III.C.11 und III.C.12.

145 Siehe zur Frage der Rechtsnormqualität die Unterscheidung zwischen Rechtsregeln und Rechtsprinzipien unten bei III.B.1.

146 Diese dogmatische Strukturierung wird in den meisten Fällen nämlich gerade nicht angegriffen, sondern als Grundlage genutzt, hinsichtlich der so strukturierten dogmatischen Einzelfaktoren Kritik an der jeweils anderen Auffassung zu üben, vgl. hierzu *Trute,* Die demokratische Legitimation der Verwaltung, in: *Hoffmann-Riem/Schmidt-Aßmann/Voßkuhle* (Hrsg.), Grundlagen des Verwaltungsrechts, Bd. I, 2. Aufl. (2012), § 6, Rdnr. 15 und passim. Gänzlich auf diese Struktur zu verzichten scheint hingegen *Bryde,* Die bundesrepublikanische Volksdemokratie als Irrweg der Demokratietheorie, Staatswissenschaften und Staatspraxis 5 (1994), 305 (317 ff.).

rung nicht überbewertet werden, weil mit ihr keinerlei inhaltliche Festlegung hinsichtlich der einzelnen Voraussetzungen verbunden ist[147] und aus sachlichen Gründen eine derartige Aufteilung schlicht naheliegt: Ein Gebot demokratischer Legitimation fragt nach der Rechtfertigung der Ausübung von Staatsgewalt. Somit soll der Grundidee nach ein Verantwortungszusammenhang zwischen dem Volk als Gruppe der Herrschaftsunterworfenen und der Ausübung von Staatsgewalt hergestellt werden. Dann bietet es sich an, die jeweiligen Endpunkte festzulegen („wer legitimiert?“, „was wird legitimiert?“) und die Verknüpfung zu untersuchen („wie wird legitimiert?“). Ob und inwieweit diese Verknüpfung auch erfolgt, stellt sich im Anschluss als notwendige Frage, wenn die Voraussetzungen eines Rechtssatzes geprüft werden („reicht diese Verknüpfung aus?“). Nachdem die unterschiedlichen Maßstabselemente erst durch ihr Zusammenwirken für das Legitimationsniveau rechtlich gewürdigt werden können, soll eine Untersuchung der speziell hierfür verschiedenen Auffassungen zur Bestimmung dieses Niveaus erst im Anschluss erfolgen.

1. Monistische Legitimationsverständnisse

Das monistische Legitimationsverständnis[148] wird regelmäßig auf die Entscheidungen des Bundesverfassungsgerichts zum Ausländerwahlrecht[149] und auf verschiedene Entwürfe in der Literatur zurückgeführt, von denen

---

147 Allerdings bedeutet die Einigkeit über die Strukturierung nach Legitimationssubjekt, Legitimationsobjekt, Legitimationsmittel und Legitimationsniveau auch die (insoweit geteilte) Anerkennung, dass Art. 20 Abs. 2 GG sich nicht als rechtlich unverbindlicher Programmsatz darstellt, der neben der (erfolgten) Ausgestaltung der übrigen Grundgesetzbestimmungen keine Rechtsfolgen hätte. Dazu, dass auch dieser Ansatz denklogisch nicht ausgeschlossen ist, siehe II.B.2.b)(1).

148 Zunächst schien der Begriff des „monistischen“ Legitimationsmodells eher ablehnend konnotiert zu sein, vgl. dazu *Jestaedt,* Selbstverwaltung als Verbundbegriff, Die Verwaltung 35 (2002), 293 (313), Fn. 98; inzwischen scheint der Begriff weitgehend als wertfrei und rein deskriptiv verwendet zu werden, vgl. mit der Charakterisierung als holistisch-monistisches Modell: *Unger,* Das Verfassungsprinzip der Demokratie (2008), S. 56.

149 *BVerfG,* Urt. v. 31.10.1990, BVerfGE 83, 37 (kommunales Ausländerwahlrecht Schleswig-Holstein) und *BVerfG,* Urt. v. 31.10.1990, BVerfGE 83, 60 (Ausländerwahlrecht Hansestadt Hamburg).

insbesondere die Arbeiten von *Böckenförde*[150], *Emde*[151], *Schmidt-Aßmann*[152] und *Jestaedt*[153] als besonders richtungweisend angesehen werden.[154]

a) Legitimationssubjekt: Volk als Rechtsbegriff im GG

Auch wenn sich verschiedene Ansätze aus Rechtsprechung und Literatur, die als „monistisch" bezeichnet werden, in wesentlichen Punkten unterscheiden – insbesondere lassen sich bei den Vertretern grundlegend unterschiedliche Verständnisse hinsichtlich des Legitimationsniveaus ausmachen – ist ihnen gemein, dass das „Volk" das Subjekt der Legitimation darstellt und dass der Begriff des Grundgesetzes (alle Staatsgewalt geht *vom Volke* aus) technisch auszulegen und zu verstehen ist.

(1) Staatsangehörigkeit als Abgrenzungsmerkmal

Der in Art. 20 Abs. 2 GG genannte Begriff des „Volkes" wird in der Präambel, in Art. 1 Abs. 2 und 146 GG mit dem Bezug auf das „Deutsche Volk" aufgegriffen. Hieraus wird auf eine notwendige Verknüpfung beider Elemente, dem Begriff des Volkes und dem Begriff der Deutschen, geschlossen.[155] Letzterer ist in Art. 116 Abs. 1 GG legaldefiniert, so dass das Volk des Art. 20 Abs. 2 GG als verfasste Gesamtheit aller Staatsangehörigen verstanden wird. Damit ist die Verknüpfung von Staatsvolk und grundgesetzlicher Demokratie hergestellt: Die Demokratie des Grundgesetzes könne nicht mit einem beliebigen Staatsvolk verknüpft werden, sondern

---

150 *Böckenförde*, Verfassungsfragen der Richterwahl (1974); *Böckenförde*, Demokratie als Verfassungsprinzip, in: *Isensee/Kirchhof* (Hrsg.), Handbuch des Staatsrechts der Bundesrepublik Deutschland, Bd. I, 1. Aufl. (1987), § 22.

151 *Emde*, Die demokratische Legitimation der funktionalen Selbstverwaltung (1991).

152 *Schmidt-Aßmann*, Verwaltungslegitimation als Rechtsbegriff, AöR 116 (1991), 329.

153 *Jestaedt*, Demokratieprinzip und Kondominialverwaltung (1993).

154 Vgl. stellvertretend *Unger*, Das Verfassungsprinzip der Demokratie (2008), S. 56.

155 *BVerfG*, Urt. v. 31.10.1990, BVerfGE 83, 37 (51); *Schmidt-Aßmann*, Verwaltungslegitimation als Rechtsbegriff, AöR 116 (1991), 329 (351); *Böckenförde*, Demokratie als Verfassungsprinzip, in: *Isensee/Kirchhof* (Hrsg.), Handbuch des Staatsrechts der Bundesrepublik Deutschland, Bd. II, 3. Aufl. (2004), § 24, Rdnr. 26 ff.

beziehe sich zwingend auf das deutsche Staatsvolk.[156] Hierdurch wird klargestellt, dass eine Legitimation nicht eine Rechtfertigung der Ausübung von Staatsgewalt gleichermaßen und gegenüber jedermann erfordere, der überhaupt der Staatsgewalt unterworfen ist,[157] was zugleich eine „Betroffenenpartizipation" als Folge von Art. 20 Abs. 2 GG ausschließe.[158]

Dies verschließe nicht endgültig und dauerhaft die Möglichkeit, auch Ausländer in die Legitimationsbasis mit einzubeziehen, müsse aber – zur Wahrung der Anforderungen des Art. 20 Abs. 2 GG – entweder über einen besonderen verfassungsrechtlichen Rechtfertigungstitel erfolgen[159] oder darüber, diesen die Staatsangehörigkeit zu verleihen und sie somit zu legitimationsstiftenden Staatsbürgern als Teil des Staatsvolks zu machen.[160] Im Grundsatz bleibt es damit bei der Verknüpfung der Legitimationsbasis mit der Staatsangehörigkeit. Ein Bedeutungswandel des Volksbegriffes mit der Folge, dass dieser Konnex nicht mehr fortgelten würde, könne auch nicht erkannt werden.[161]

---

156 *BVerfG*, Urt. v. 31.10.1990, BVerfGE 83, 37 (51); *Robbers*, in: *Kahl/Waldhoff/Walter*, Bonner Kommentar zum Grundgesetz, 198. Ergänzungslieferung (aktualisiert 137. EL, Dezember 2008), Art. 20 GG, Rdnr. 594.

157 *Böckenförde*, Demokratie als Verfassungsprinzip, in: *Isensee/Kirchhof* (Hrsg.), Handbuch des Staatsrechts der Bundesrepublik Deutschland, Bd. II, 3. Aufl. (2004), § 24, Rdnr. 42; das BVerfG spricht hier vom Junktim zwischen der Eigenschaft als Deutscher und der Zugehörigkeit als Deutscher zu dem Staatsvolk als dem Inhaber der Staatsgewalt, *BVerfG*, Urt. v. 31.10.1990, BVerfGE 83, 37 (52).

158 *Böckenförde*, Demokratie als Verfassungsprinzip, in: *Isensee/Kirchhof* (Hrsg.), Handbuch des Staatsrechts der Bundesrepublik Deutschland, Bd. II, 3. Aufl. (2004), § 24, Rdnr. 27.

159 Für die Ebene der Kommunalvertretung existiert eine solche Ausnahme – verfassungsrechtlich vorgegeben – in Art. 28 Abs. 1 S. 3 GG. Diese wurde durch Art. 8b Abs. 1 S. 1 EGV (Vertrag von Maastricht) gemeinschafts-/ unionsrechtlich vorgegeben (entspricht dem heutigen Art. 22 Abs. 1 AEUV).

160 Die Modifikation der Regelungen über die Staatsangehörigkeit stellt insoweit die einzige Möglichkeit der Reaktion dar, sie ist nach Art. 73 Abs. 1 Nr. 2 GG dem Bundesgesetzgeber überlassen, gleichzeitig jedoch auch nicht unbegrenzt möglich, sondern nur bei einer rechtmäßigen und dauerhaften Niederlassung, die zu einer vergleichbaren Unterwerfung unter die Staatsgewalt führen, vgl. *BVerfG*, Urt. v. 31.10.1990, BVerfGE 83, 37 (51); explizit zu den Grenzen der Erweiterung durch Staatsangehörigkeitsverleihung *Schmidt-Aßmann*, Verwaltungslegitimation als Rechtsbegriff, AöR 116 (1991), 329 (351).

161 *BVerfG*, Urt. v. 31.10.1990, BVerfGE 83, 37 (52), vgl. auch *Robbers*, in: *Kahl/Waldhoff/Walter*, Bonner Kommentar zum Grundgesetz, 198. Ergänzungslieferung (aktualisiert 137. EL, Dezember 2008), Art. 20 GG, Rdnr. 598 ff.; außen vor gelassen bleibt hier die Fragestellung, ob die Annahme eines Verfassungswan-

Da die Legitimation der Ausübung von Staatsgewalt gemäß Art. 20 Abs. 2 S. 2 GG durch Wahlen und Abstimmungen vermittelt werde, ergäben sich hier jedoch durch das Wahlrecht Unterschiede zum gesamten Volksbegriff. Hier sei das Aktivvolk nicht mit dem gesamten Volksbegriff identisch. Dies bleibt jedoch in Hinblick auf die Legitimation unproblematisch, weil die – überhaupt nur in engstem Rahmen zulässigen[162] – Unterschiede zwischen beiden durch die Zurechnung des Aktivvolks als Staatsorgan zum verfassungskonstituierten Volk als Souverän behoben würden.[163]

(2) Rückführung auf die Gesamtheit des Volkes

Mit dem Bezug der Staatsgewalt auf das Volk wird nicht die Rückführbarkeit der Entscheidungen auf den einzelnen Betroffenen, sondern auf die zur Einheit verbundene Gruppe von Menschen gemeint.[164] Aus dem Bezug der Legitimation auf das Staatsvolk ergeben sich somit Begrenzungen in beide Richtungen: Zum einen muss der Begriff des Volkes eng verstanden werden und kann nicht beliebig weit mit dem Ziel der Einbeziehung weiterer Personen ausgelegt werden. Im Gegensatz zu den grundrechtlichen Freiheitsgewährleistungen, die gleichermaßen nicht nur Deutschen, sondern auch Nicht-Deutschen zu Gute kommen, führt danach jede Einbeziehung weiterer Personen zu einer quantitativen und auch qualitativen Verringerung der Teilhabe an der Ausübung der Staatsgewalt.[165]

---

dels überhaupt möglich und zulässig wäre, vgl. dazu *Jestaedt,* Demokratieprinzip und Kondominialverwaltung (1993), S. 222.

162 *Klein,* in: *Maunz/Dürig/Herzog,* Grundgesetz, 86. Ergänzungslieferung (2019), Art. 38, Rdnr. 91.

163 Dazu ausführlich *Jestaedt,* Demokratieprinzip und Kondominialverwaltung (1993), S. 205 ff.; insoweit von einer (zulässigen) Konkretisierung des Volksbegriffs im demokratischen Sinn spricht *Böckenförde,* Demokratie als Verfassungsprinzip, in: *Isensee/Kirchhof* (Hrsg.), Handbuch des Staatsrechts der Bundesrepublik Deutschland, Bd. II, 3. Aufl. (2004), § 24, Rdnr. 27.

164 *BVerfG,* Urt. v. 31.10.1990, BVerfGE 83, 37 (51); *Böckenförde,* Demokratie als Verfassungsprinzip, in: *Isensee/Kirchhof* (Hrsg.), Handbuch des Staatsrechts der Bundesrepublik Deutschland, Bd. II, 3. Aufl. (2004), § 24, Rdnr. 27; *Schmidt-Aßmann,* Verwaltungslegitimation als Rechtsbegriff, AöR 116 (1991), 329 (348); *Schmidt-Aßmann,* Das allgemeine Verwaltungsrecht als Ordnungsidee, 2. Aufl. (2006), S. 88.

165 *Schmidt-Aßmann,* Verwaltungslegitimation als Rechtsbegriff, AöR 116 (1991), 329 (351).

Zum anderen darf dieser Annahme zufolge mit dem Volk nicht als weniger als das gesamte Staatsvolk angesehen werden. Es handele sich hier nämlich nicht um einen offenen Begriff, der dynamisch verstanden werden und situativ ausgefüllt werden könnte.[166] Das Volk müsse stets in seiner Gesamtheit der Ausgangspunkt aller Ausübung von Staatsgewalt sein. Diese Voraussetzung des Bezugs auf die Gesamtheit stelle damit immer den Bezug auf die unbestimmte Allgemeinheit dar, die sich durch das Ziel des Gemeinwohls und die Allzuständigkeit charakterisiere.[167] Die Allgemeinheit bestimme sich eben gerade nicht aus gruppenspezifischen Kriterien oder Sonderinteressen, sondern solle durch die demokratische Distanz zu diesen Interessen eine unbestimmte Gesamtheit sein.[168]

Dies wird relevant, wenn Entscheidungen nicht auf das gesamte Volk zurückgeführt werden sollen, sondern lediglich auf einen Teil des Volkes, der sich hier aus verschiedensten Kriterien zusammensetzen könnte. Besonders deutlich wird dies bei der Unterscheidung nach der Betroffenheit. Mag die Gleichsetzung von Betroffenen und Entscheidenden dem allgemeinen Sprachgebrauch nach zwar grundlegenden demokratischen Ideen entsprechen,[169] so kann demzufolge die spezifisch positivierte (grundgesetzliche) demokratische Legitimation hier nicht durch diese Betroffenen, sondern nur durch das Gesamtvolk vermittelt werden.[170] Wenn Einzelne oder selbst große Gruppen sich zusammenschließen, blieben sie daher im Sinne der demokratischen Legitimation weiterhin Einzelne, die sich vom Gesamtvolk nicht nur quantitativ, sondern kategorial unterscheiden. Sie

---

166 *Böckenförde,* Demokratie als Verfassungsprinzip, in: *Isensee/Kirchhof* (Hrsg.), Handbuch des Staatsrechts der Bundesrepublik Deutschland, Bd. II, 3. Aufl. (2004), § 24, Rdnr. 27.

167 *Schmidt-Aßmann,* Verwaltungslegitimation als Rechtsbegriff, AöR 116 (1991), 329 (349), vgl. zu dieser Verknüpfung auch *Isensee,* Gemeinwohl im Verfassungsstaat, in: *Isensee/Kirchhof* (Hrsg.), Handbuch des Staatsrechts der Bundesrepublik Deutschland, Bd. IV, 3. Aufl. (2006), § 71, Rdnr. 20 ff.

168 *Jestaedt,* Demokratieprinzip und Kondominialverwaltung (1993), S. 216 ff.; *Schmidt-Aßmann,* Das allgemeine Verwaltungsrecht als Ordnungsidee, 2. Aufl. (2006), S. 88.

169 Dazu im Überblick *Schmidt,* Demokratietheorien, 5. Aufl. (2010), S. 20; *Trute,* Die demokratische Legitimation der Verwaltung, in: *Hoffmann-Riem/Schmidt-Aßmann/Voßkuhle* (Hrsg.), Grundlagen des Verwaltungsrechts, Bd. I, 2. Aufl. (2012), § 6, Rdnr. 19.

170 Besonders deutlich mit Bezug auf häufig vorgefundene Demokratieverständnisse und die insoweit klare Regelung im Grundgesetz: *Böckenförde,* Demokratie als Verfassungsprinzip, in: *Isensee/Kirchhof* (Hrsg.), Handbuch des Staatsrechts der Bundesrepublik Deutschland, Bd. II, 3. Aufl. (2004), § 24, Rdnr. 27; *Schmidt-Aßmann,* Verwaltungslegitimation als Rechtsbegriff, AöR 116 (1991), 329 (349).

könnten somit keine Legitimationsgrundlage in ihrer konkreten Zusammensetzung – von sich und nicht vom Gesamtvolk ausgehend – darstellen.[171]

Dennoch gingen die Normen des Grundgesetzes nicht von einem gänzlich unteilbaren Volksbegriff aus, vielmehr sei eine gewisse Unterteilung grundsätzlich sogar vorgesehen – jedoch nur in territorialer Hinsicht. Der Bundesstaat, der in Art. 20 Abs. 1 GG genannt ist, setze bereits voraus, dass nicht alle Staatsgewalt vom Bundesstaat ausgehen könne, sondern dass auch die Länder eigenständige Befugnisse haben müssten. Durch die Homogenitätsvorgabe des Art. 28 Abs. 1 S. 1 GG werde klargestellt, dass auch die Länder strukturgleich organisiert und aufbaut sein müssten. Auch für die Länder gelte also der durch das Grundgesetz positivierte Grundsatz demokratischer Legitimation, weshalb es auch den Ländern verwehrt sei, für die eigenen Wahlen das Legitimationssubjekt durch Wahlrechtsänderungen zu modifizieren.[172] Dadurch wird ein weiterer Zusammenhang zwischen der Ausübung von Staatsgewalt und dem Volk hergestellt, das dem Land zugerechnet wird.

Bei den Legitimationssubjekten der Länder handle es sich um Volksteile, weil sie zusammen genommen das Gesamtvolk darstellten. Insofern stellten zwar die Volksteile nur um eine Teilmenge und nicht mehr die Gesamtheit dar; diese seien jedoch durch das Grundgesetz vorgegeben, weshalb hier eine notwendigerweise zulässige Modifikation vorliege. Diese stelle jedoch keinen Wesensunterschied dar, weil es sich im Verhältnis von Volksteilen zum Gesamtvolk nur um einen quantitativen Unterschied handle. Die Volksteile stellten ihrerseits wieder unbestimmte Allgemeinheiten dar, weil durch das Grundgesetz die Aufteilung des Gesamtvolkes in Volksteile unter Beibehaltung ihres Status als unbestimmte Allgemeinheiten vorgesehen sei. Deshalb stellten die Landesvölker nur in territorialer Hinsicht veränderte Allgemeinheiten dar, die dem der Bundesebene struktur- und wesensgleich seien.[173]

---

171 *Böckenförde,* Demokratie als Verfassungsprinzip, in: *Isensee/Kirchhof* (Hrsg.), Handbuch des Staatsrechts der Bundesrepublik Deutschland, Bd. II, 3. Aufl. (2004), § 24, Rdnr. 27; *Schmidt-Aßmann,* Verwaltungslegitimation als Rechtsbegriff, AöR 116 (1991), 329 (349).

172 Vgl. zuletzt *Staatsgerichtshof der Freien Hansestadt Bremen,* Urt. v. 31.01.2014, NVwZ-RR, 497 (Rdnr. 46) = NordÖR 2014, 262-271 mit Verweis auf *Staatsgerichtshof der Freien Hansestadt Bremen,* E. v. 08.07.1991, StGHE BR 5, 36 = NVwZ-RR 1992, 149-152; *BVerfG,* Urt. v. 31.10.1990, BVerfGE 83, 37 (55); *BVerfG,* Urt. v. 31.10.1990, BVerfGE 83, 60 (71).

173 *Jestaedt,* Demokratieprinzip und Kondominialverwaltung (1993), S. 211.

(3) Selbstverwaltung als systematischer Sonderfall

Anders als bei der Verwaltung unmittelbar durch den Bund oder die Länder ist in diesem Modell die Rückführbarkeit der Legitimation im Rahmen der Selbstverwaltung konstruiert. Diese stellt im juristischen Sinne eine eigenverantwortliche Verwaltungstätigkeit durch juristische Personen des öffentlichen Rechts dar.[174] Es handelt sich insoweit um eine „institutionell verselbständigte und materiell eigenverantwortliche Wahrnehmung von Staatsgewalt durch die davon virtualiter besonders Betroffenen“[175]. Je nach Rechtsträger kann man zwischen den Formen der kommunalen Selbstverwaltung (bei Gebietskörperschaften) und der funktionalen Selbstverwaltung unterscheiden, was hinsichtlich des grundgesetzlichen Legitimationserfordernisses zu deutlichen Unterschieden führt.[176]

(a) Kommunale Selbstverwaltung als grundgesetzlich vorgegebene Parzellierung

Der insoweit aus legitimationsdogmatischer Sicht „einfachste“ Fall der Selbstverwaltung findet sich in der kommunalen Gliederung nach Gebietskörperschaften auf Bezirks-, Kreis- und Gemeindeebene. Anders als bei den – allzuständigen – Ländern mit eigener Gesetzgebungskompetenz haben die Kommunen keine Legislativ-, sondern nur Exekutivbefugnisse. Somit ist auch die Volks(teil)vertretung kein Legislativorgan, es handelt sich um eine Exekutivvertretung. Im System der demokratischen Legitimation der Verwaltung tritt erstmals eine Bruchstelle in der personell-organisatorischen Komponente hinzu, weil keine Rückbindung an das Parlament erfolgt. Die gewählten kommunalen Vertreter sind gerade nicht durch Einbindung in die Hierarchie legitimiert, sondern durch unmittelbaren Wahlakt, insofern ist die Legitimationskette unterbrochen. Dies hat zur Folge, dass bei Angelegenheiten des eigenen Wirkungskreises sich die de-

---

174 *Hendler*, Das Prinzip Selbstverwaltung, in: *Isensee/Kirchhof* (Hrsg.), Handbuch des Staatsrechts der Bundesrepublik Deutschland, Bd. VI, 3. Aufl. (2009), § 143, Rdnr. 13.

175 *Jestaedt*, Selbstverwaltung als Verbundbegriff, Die Verwaltung 35 (2002), 293 (303).

176 Mit Verweis darauf, dass das Grundgesetz eine pauschale Charakterisierung von „Selbstverwaltung“ nicht kennt und nur Einzelformen der Selbstverwaltung zum Gegenstand hat: *Jestaedt*, Demokratische Legitimation - quo vadis?, JuS 2004, 649 (652).

mokratische Legitimation in personell-organisatorischer Hinsicht nicht auf das (Teil-)Volk zurückführen lässt.[177]

Dieser Fall wird jedoch direkt durch Art. 28 Abs. 1 S. 2 GG aufgegriffen, der mit Verfassungsrang diese Abweichung vom Regelmodell vorschreibt. Während sich die demokratische Legitimation auf Länderebene durch die Strukturgleichheit gleichermaßen wie auf Bundesebene ableitet (bzw. wegen Art. 28 Abs. 1 S. 1 GG ableiten muss), tritt neben die hierarchische Legitimationskette noch ein weiterer Legitimationsstrang. Die Wahlen zur Volksvertretung auf Kreis- und Gemeindeebene (Art. 28 Abs. 1 S. 2 und 3 GG) schaffen für die Selbstverwaltung somit eine zusätzliche anerkannte Legitimationsquelle, hier treffen sachlich-inhaltliche Legitimation durch die (bundes- und landes-)gesetzlichen Vorgaben und besondere personelle Legitimation der Kommunalverwaltung zusammen. Daraus erschließt sich, dass das Legitimationssubjekt in dieser Hinsicht daneben das jeweilige „Gebietsvolk" ist. Dies stellt jedoch insofern gar keinen Sonderfall dar, als es sich hier genau wie bei den Ländern um eine (bloß) regionale Aufteilung des Gesamtvolks (bzw. des Teilvolkes auf Länderebene) in kleinzellige Teilvölker handelt. Diese Aufteilung verändert auch auf kommunaler Ebene nicht das Wesen der grundgesetzlichen demokratischen Legitimation, weil bei regionaler Auffächerung des Staatsvolkes eine feste Zuordnung zu jeweils nur einem Legitimationssubjekt auf jeder Ebene sichergestellt ist und insoweit „regionale Allgemeinheiten" definiert werden. Dies ist jedoch insoweit legitimationstheoretisch unschädlich, als die Gemeinden und Kreise auch als nicht präexistente Gebilde vom Grundgesetz anerkannt sind und sie sich durch Gebietszugehörigkeit bestimmen. Insbesondere die „virtuelle Allzuständigkeit"[178] der Gemeinden zeigt die Einhaltung der Homogenitätsvoraussetzungen des Grundgesetzes. Somit stellt die kommunale Selbstverwaltung als solche keine qualitative Unterscheidung vom Allgemeinheitserfordernis dar.

Als einzige Abweichung hiervon ist die Ergänzung des legitimationsstiftenden Volksteils auf Gemeindeebene um Unionsbürger nach Art. 28 Abs. 1 S. 3 GG zu nennen, die aber insoweit wiederum eine eigene Aus-

177 Weniger bedeutsam ist an dieser Stelle der Unterschied im Fall der Wahrnehmung von Aufgaben des übertragenen Wirkungskreises: Hier sind die fachlichen Weisungsbefugnisse von staatlicher Seite vorhanden, weshalb die sachlich-inhaltliche Legitimationskomponente sehr viel bedeutsamer ist und der „Bruch" in personell-organisatorischer Hinsicht ohnehin viel weniger bedeutend ist, vgl. *Mehde*, Neues Steuerungsmodell und Demokratieprinzip (2000), S. 258.

178 *Jestaedt*, Demokratieprinzip und Kondominialverwaltung (1993).

nahme mit Verfassungsrang darstellt.[179] Die Einbeziehung weiterer wahlberechtigter Unionsbürger auf kommunaler Ebene stellt auch in der tatsächlichen (quantitativen) Auswirkung nur eine geringfügige Änderung des Grundsatzes dar. Deshalb wird man durch Aufnahme dieser Ausnahme im Einzelfall auch nicht von einem Systembruch ausgehen können, der das gesamte Modell in Frage stellen würde.

(b) Funktionale Selbstverwaltung

Die funktionale Selbstverwaltung stellt nur einen zusammenfassender Gruppenbegriff ohne weitere Differenzierung dar.[180] Von funktionaler Selbstverwaltung wird gesprochen, wenn einem verselbstständigten Rechtsträger, der keine Gebietskörperschaft darstellt, staatliche bzw. hoheitliche Entscheidungsbefugnisse in Bezug auf eigene Angelegenheiten zugewiesen werden.[181] Hinter dieser Organisationsform steht die Idee, dass in vielen abgegrenzten Themen- bzw. Aufgabenbereichen regelmäßig nur eine begrenzte Zahl Betroffener vorhanden ist und diese ihre Angelegenheiten besser selbst erledigen kann, als es die Allgemeinheit mit ihrem nur bedingten Interesse an der jeweiligen Sachfrage könnte, sofern es sich nur oder überwiegend um Angelegenheiten der Betroffenen handelt. Zu den Trägern funktionaler Selbstverwaltung gehören beispielsweise Hochschulen und Rundfunkanstalten, aber auch berufsständische Einrichtungen wie die Kammern. Diese sind teilweise nach einzelnen Be-

179 Hier ist durch die Vorgabe des Art. 28 Abs. 1 S. 3 GG auf Kreis- und Gemeindeebene eine Ausnahme von der Grundregel des Art. 20 Abs. 2 GG enthalten. Diese Modifikation ist wegen Art. 22 Abs. 1 S. 1 AEUV für Unionsbürger notwendig. Somit stellt Art. 28 Abs. 1 S. 3 GG eine Rechtsänderung dar; ohne diese Ausnahme stellte nämlich das Ausländerwahlrecht auf Kommunalebene einen Verstoß gegen den Grundsatz der demokratischen Legitimation aus Art. 20 Abs. 2 GG dar, vgl. *BVerfG*, Urt. v. 31.10.1990, BVerfGE 83, 37; *BVerfG*, Urt. v. 31.10.1990, BVerfGE 83, 60.

180 Zu den Problemen der Gruppierung unter einem einheitlichen Begriff „Selbstverwaltung", der Verschiedenartigkeit der Erscheinungsformen im positiven Recht und den Problemen der praktischen Auswirkung dieses gemeinsamen Topos *Jestaedt*, Selbstverwaltung als Verbundbegriff, Die Verwaltung 35 (2002), 293 (305); vgl. auch *Emde*, Die demokratische Legitimation der funktionalen Selbstverwaltung (1991), S. 5.

181 *Trute*, Die demokratische Legitimation der Verwaltung, in: *Hoffmann-Riem/Schmidt-Aßmann/Voßkuhle* (Hrsg.), Grundlagen des Verwaltungsrechts, Bd. I, 2. Aufl. (2012), § 6, Rdnr. 82.

rufen unterteilt wie die Ärzte- und Rechtsanwaltskammern, im Falle der Industrie- und Handwerkskammern oder der Landwirtschaftskammern auch übergreifend organisiert. Hinzu kommen noch verschiedene Formen der Realkörperschaften, zu denen die Wasser- und Bodenverbände zählen. Auch die Sozialversicherungsträger werden zu dieser Gruppe gerechnet.[182]

Im monistischen Legitimationsmodell stellen derartige Erscheinungsformen funktionaler Selbstverwaltung insoweit einen Problem- bzw. Sonderfall dar, weil die Eigenorganisation des Selbstverwaltungsträgers regelmäßig dazu führt, dass der Ausgangspunkt der Legitimation nicht das Volk als Subjekt demokratischer Legitimation des Grundgesetzes ist, sondern das jeweilige „Verbandsvolk".[183] Im Unterschied zum „staatsorganisationsrechtlichen Normalfall", der Ministerialverwaltung, lassen sich Entscheidungen hoheitlicher Art nicht vergleichbar auf das Staatsvolk als Legitimationsspender zurückführen. Zwar sind auch die Träger der funktionalen Selbstverwaltung an die Gesetze und sonstigen Vorschriften gebunden; jedoch ist die Legitimationskette in personell-organisatorischer Hinsicht unterbrochen, weil die handelnden Organe ihre Legitimation nicht aus hierarchischen Berufungs- und Ernennungsgrundsätzen ableiten, sondern direkt von den Mitgliedern der Selbstverwaltungskörperschaft gewählt werden. Insoweit ist das Subjekt der Legitimation nicht das (Gesamt-)Volk, sondern ein nicht definiertes „Funktionsvolk", von dem keine Legitimation unmittelbar i.S.d. Art. 20 Abs. 2 GG ausgeht. Im Unterschied zur kommunalen Selbstverwaltung, bei der auch das Legitimationssubjekt nicht mit dem gesamten Staatsvolk identisch ist, ist hier ein qualitativer Unterschied zwischen Verbandsvolk und Staatsvolk erkennbar. Während Gesamtvolk und Teilvolk wesensgleich sind, also beide eine grundgesetzlich vorgegebene unbestimmte Allgemeinheit darstellen, fehlt es hier gerade am Merkmal der Unbestimmtheit und auch der notwendig singulären Zuordnung zu einer einzigen Funktionseinheit.

Zwar kann grundsätzlich ein Defizit an personell-organisatorischer Legitimation durch eine stärkere sachlich-inhaltliche ausgeglichen werden; wenn also der Anteil der Fremdprogrammierung der Entscheidungen deutlich größer wäre als im Regelfall des Grundgesetzes und der perso-

---

182 *Böckenförde,* Demokratie als Verfassungsprinzip, in: *Isensee/Kirchhof* (Hrsg.), Handbuch des Staatsrechts der Bundesrepublik Deutschland, Bd. II, 3. Aufl. (2004), § 24, Rdnr. 33.

183 Das Verbandsvolk stellt keinen Rechtsbegriff dar, vielmehr muss im Einzelfall – abhängig vom spezifischen Rechtsträger – überprüft werden, auf welche Beteiligten die Entscheidungen zurückgeführt werden.

nelle Legitimationsanteil allenfalls als gering anzusehen ist, könnte ohne Modifikationen des Modells von einer vorhandenen grundgesetzlichen demokratischen Legitimation gesprochen werden. Gerade dies ist bei der funktionalen Selbstverwaltung aber nicht der Fall, soll doch den Betroffenen hier gerade die Möglichkeit gegeben werden, nicht nur selbst zu entscheiden, sondern auch für sie Relevantes zu entscheiden, was einem deutlich reduzierten Entscheidungsspielraum gerade widerspricht. Hinzu kommt, dass die verschiedenen Legitimationsmethoden grundsätzlich als niemals vollständig substituierbar angesehen werden.[184] Fehlt es einem der Legitimationsstränge völlig an der Rückbindung, weil das Subjekt nicht das im Art. 20 Abs. 2 GG einzig genannte Volk ist, entfällt ohnehin die kompensatorische Rechtfertigung einer geringeren Rückbindung durch stärkere sonstige Bindungen. Für die Bereiche der funktionalen Selbstverwaltung fehlt es damit an einer an Art. 20 Abs. 2 GG gemessenen generellen Vereinbarkeit, somit muss im Einzelnen überprüft werden, ob, woraus und inwieweit sich eine rechtliche Zulässigkeit durch eine Abweichungs- oder Rechtfertigungsmöglichkeit ergibt.

(i) Selbstverwaltung von Grundrechtsträgern

Den insoweit einfachsten Fall stellen die Träger funktionaler Selbstverwaltung dar, denen durch das Grundgesetz ihre Unabhängigkeit garantiert ist. Erfolgt diese Gewährleistung durch ein Grundrecht, ergibt sich ohne weiteres auch ein subjektives Recht auf Unabhängigkeit. Diese Gewährleistung setzt begriffsnotwendig voraus, dass gewisse Entscheidungen nicht auf das Staatsvolk zurückführbar sein können. In der verfassungsrangigen Garantie liegt damit auch die notwendige verfassungsrechtliche Grundlage für eine Abweichung. Derartige Gewährleistungen finden sich für die rundfunkrechtliche (Art. 5 Abs. 1 GG) und die akademische Selbstverwaltung (Art. 5 Abs. 3 GG).[185]

---

184 *Böckenförde*, Demokratie als Verfassungsprinzip, in: *Isensee/Kirchhof* (Hrsg.), Handbuch des Staatsrechts der Bundesrepublik Deutschland, Bd. II, 3. Aufl. (2004), § 24, Rdnr. 23; *Schmidt-Aßmann*, Verwaltungslegitimation als Rechtsbegriff, AöR 116 (1991), 329 (367 f.).

185 Zwar ist in Art. 140 GG i.V.m. Art. 137 Abs. 3 und 5 WRV auch die Selbstverwaltung der Kirchen angesprochen, bei diesen fehlt es jedoch an der Eingliederung an den Staat, weshalb es sich hier nicht um staatliche Selbstverwaltung handelt; *Hendler*, Das Prinzip Selbstverwaltung, in: *Isensee/Kirchhof* (Hrsg.),

(ii) Sonstige verfassungsrechtlich vorgegebene Ausnahmen

Für einzelne Träger funktionaler Selbstverwaltung lassen sich Vorgaben im Grundgesetz finden, die als Abmilderung des Legitimationsniveaus und die dann trotz defizitärer personeller Legitimation als demokratisch legitimiert im Sinne von Art. 20 Abs. 2 GG angesehen werden können oder auch müssen. So ergibt sich aus Art. 114 Abs. 2 S. 1 GG die Notwendigkeit der Unabhängigkeit und somit der unterbrochene Legitimationszusammenhang beim Bundesrechnungshof. Art. 87 Abs. 3 S. 1 GG sieht eine vergleichbare Legitimationsniveauänderung für die bundesunmittelbaren Selbstverwaltungskörperschaften, Art. 88 GG für die Bundesbank vor.[186] In diesen Fällen ist jeweils explizit für den jeweiligen Selbstverwaltungsträger die Unabhängigkeit von fachlichen Weisungsrechten durch das Grundgesetz selber vorgesehen, gleichzeitig aber auch deren rechtliche Zulässigkeit festgelegt.

(iii) Fehlen verfassungsrangiger Ausnahmen

Die dritte Gruppe stellt hiernach diejenige der Selbstverwaltungsträger dar, die nicht explizit im Grundgesetz genannt sind, aber in Bezug auf Legitimationsaspekte diesen vergleichbar organisiert sind. Das Grundgesetz sieht zwar in den Art. 86, 87 Abs. 3 und 130 GG Abweichungen vom Regelmodell der Unterstellung unter ein Ministerium vor und setzt damit die Zulässigkeit der rechtlichen Verselbständigung dieser Einrichtungen voraus. Hierauf aufbauend wurde überlegt, inwieweit derartige Rechtsgedanken verallgemeinert werden können.[187] Insbesondere am Heranziehen von Spezialvorschriften als Rechtfertigung für ein modifiziertes Legitimationsniveau wird jedoch Kritik geübt, weil der Wortlaut der her-

---

Handbuch des Staatsrechts der Bundesrepublik Deutschland, Bd. VI, 3. Aufl. (2009), § 143, Rdnr. 51.

186 Die von *Jestaedt*, Demokratieprinzip und Kondominialverwaltung (1993), S. 489 genannten weiteren Ausnahmen hinsichtlich der Deutschen Bundesbahn und der Deutschen Bundespost (Art. 87 Abs. 1 S. 1 GG) sind hingegen durch das Gesetz zur Änderung des Grundgesetzes vom 20.12.1993, BGBl. I S. 2089 und das Gesetz zur Änderung des Grundgesetzes vom 30.08.1994, BGBl. I S. 2245 obsolet geworden.

187 *Trute*, Die demokratische Legitimation der Verwaltung, in: *Hoffmann-Riem/Schmidt-Aßmann/Voßkuhle* (Hrsg.), Grundlagen des Verwaltungsrechts, Bd. I, 2. Aufl. (2012), § 6, Rdnr. 83.

angezogenen Vorschriften oftmals eine derartige Konsequenz nur erahnen lässt.[188] Die klare Beschränkung auf einzelne Einrichtungen und die nur punktuelle Regelung sprechen aber dagegen, hier eine pauschale Rechtfertigung für eine Abweichung auch in nicht verfassungsrechtlich angesprochenen Fällen zu sehen.[189] Im Grundgesetz findet sich keine generelle Anerkennung einer gelockerten Legitimation bei der funktionalen Selbstverwaltung, vielmehr muss für jeden Einzelfall nach einer individuellen Ausnahmevorschrift gefragt werden.[190] Nach dieser Auffassung ist eine solche (umfassende) verfassungsrangige Ausnahme nicht vorhanden, was einzelne Erscheinungsformen funktionaler Selbstverwaltung in den Konflikt mit den Voraussetzungen des Art. 20 Abs. 2 GG bringt.[191] Für die monistischen Legitimationsmodelle stellen somit die nicht im Grundgesetz vorgefundenen Formen der funktionalen Selbstverwaltung ein erhebliches Problem dar, soweit eine Legitimationsbedürftigkeit besteht. Falls allerdings nur eigene Angelegenheiten geregelt werden, wird regelmäßig keine Staatsgewalt i.S.d. Art. 20 Abs. 2 GG ausgeübt, weshalb sich hier auch nach monistischem Verständnis keine Legitimationsbedenken ergeben.[192]

(4) Weitere Legitimationsquellen

Aus einer monistischen Sicht sind mit dem Volk und den Teilvölkern die Legitimationssubjekte abschließend beschrieben. Somit sind überpositive Legitimationsquellen, wie sie beispielsweise für den im Grundgesetz verankerten Gottesbezug oder den Bezug auf die allgemeinen Menschenrechte gefordert werden,[193] nicht als Ausgangspunkte der im Grundgesetz positivierten demokratischen Legitimation anzusehen.

---

188 Mit deutlicher Kritik an der Heranziehung von Art. 87 Abs. 3 S. 1 GG als Ausnahmevorschrift, die ein gelockertes Legitimationsniveau ermöglichen soll: *Mehde*, Neues Steuerungsmodell und Demokratieprinzip (2000), S. 547.

189 *Jestaedt*, Demokratieprinzip und Kondominialverwaltung (1993), S. 476 ff.

190 *Jestaedt*, Demokratische Legitimation - quo vadis?, JuS 2004, 649 (652).

191 Mit der Konsequenz, dass es in diesem Fall einer expliziten verfassungsrechtlichen Ausnahmevorschrift bedürfe: *Köller*, Funktionale Selbstverwaltung und ihre demokratische Legitimation (2009), S. 321 ff.

192 *Böckenförde*, Demokratie als Verfassungsprinzip, in: *Isensee/Kirchhof* (Hrsg.), Handbuch des Staatsrechts der Bundesrepublik Deutschland, Bd. II, 3. Aufl. (2004), § 24, Rdnr. 33.

193 *Robbers*, in: *Kahl/Waldhoff/Walter*, Bonner Kommentar zum Grundgesetz, 198. Ergänzungslieferung (aktualisiert 137. EL, Dezember 2008), Art. 20 GG, Rdnr. 496 f.

b) Staatliches Handeln mit Außenwirkung als Objekt der Legitimation

Das Merkmal der Staatsgewalt, die vom Volke ausgeübt wird, markiert den Gegenstand der grundgesetzlichen demokratischen Legitimation. Hierdurch wird überhaupt erst die Legitimationspflicht ausgelöst und dadurch der Anwendungsbereich demokratischer Legitimation eröffnet.[194] Der Begriff der Staatsgewalt ist nicht positiv definiert, weist jedoch Ähnlichkeiten zu anderen Formulierungen des Grundgesetzes auf, insbesondere zur „staatlichen Gewalt" in Art. 1 Abs. 1 S. 2 GG und der „öffentlichen Gewalt" in Art. 19 Abs. 4 GG. Diese Begriffe haben auf den ersten Blick zwar ein großes gemeinsames Anwendungsfeld, bereits aus den unterschiedlichen Zielsetzungen wird jedoch ersichtlich, dass die – ohnehin nicht identischen – Begriffe für sich untersucht und ausgelegt werden müssen.[195] Die demokratische Legitimation des Art. 20 Abs. 2 GG kommt dann zum Tragen, wenn Staatsgewalt ausgeübt wird. Diese umfasst mehr als das bloße hoheitliche Tätigwerden des Staates, nämlich auch die nicht-hoheitliche sonstige Aufgabenwahrnehmung.[196] Dabei sind zwei Aspekte zu beachten: So ist die *staatliche* Qualität einer Handlung ein wesentlicher Aspekt, der zunächst erfüllt sein muss. Die *Ausübung* der Staatsgewalt stellt dabei die andere notwendige Komponente dar.[197]

---

194 *Jestaedt,* Demokratieprinzip und Kondominialverwaltung (1993), S. 238; *Böckenförde,* Demokratie als Verfassungsprinzip, in: *Isensee/Kirchhof* (Hrsg.), Handbuch des Staatsrechts der Bundesrepublik Deutschland, Bd. II, 3. Aufl. (2004), § 24, Rdnr. 12; *Schmidt-Aßmann,* Verwaltungslegitimation als Rechtsbegriff, AöR 116 (1991), 329 (338 ff.) *Trute,* Die demokratische Legitimation der Verwaltung, in: *Hoffmann-Riem/Schmidt-Aßmann/Voßkuhle* (Hrsg.), Grundlagen des Verwaltungsrechts, Bd. I, 2. Aufl. (2012), § 6, Rdnr. 6.

195 *Schmidt-Aßmann,* Verwaltungslegitimation als Rechtsbegriff, AöR 116 (1991), 329 (338) bezieht sich dabei auf die unterschiedlichen Zielsetzungen des jeweiligen Bezugs auf die Begriffe.

196 *Böckenförde,* Demokratie als Verfassungsprinzip, in: *Isensee/Kirchhof* (Hrsg.), Handbuch des Staatsrechts der Bundesrepublik Deutschland, Bd. II, 3. Aufl. (2004), § 24, Rdnr. 12.

197 Dazu ausführlich: *Jestaedt,* Demokratieprinzip und Kondominialverwaltung (1993), S. 225, dort wird nach Staatsgewalt im *materiellen Sinne*, die das „staatliche" Moment der Herrschaftsentfaltung beschreibt (Hervorhebung im Original), und dem Begriff im *formellen Sinne*, der überprüft, ob die Staats*gewalt* ausgeübt wird und dabei auf die Handlungsweise abstellt, unterschieden.

(1) Staatliches Handeln

Der Bereich des staatlichen Handelns umfasst zunächst die vom Staat tatsächlich wahrgenommenen Aufgaben.[198] Regelmäßig gehört dazu jedes Handeln, dass dem Staat zugerechnet werden kann. Dieses wiederum ist begrenzt durch die Kompetenzordnung, weshalb der Staat grundsätzlich nur das tun darf, was zu seiner Aufgabe gehört; der Staat darf nur in Wahrnehmung seiner Staatsaufgaben tätig werden.[199] Deshalb lässt sich in Hinblick auf die demokratische Legitimation als staatliches Handeln das verstehen, was als Wahrnehmung einer Staatsaufgabe erfolgt.[200] Die Unterscheidung nach der Rechtsform, in der das staatliche Handeln vorgenommen wird, ist jedoch nicht entscheidend für die Auslösung des Legitimationserfordernisses. Wegen des Erfordernisses der umfassenden Legitimation („*Alle* Staatsgewalt") ist es unerheblich, welche Rechtsform der Staat zur Erfüllung seiner Aufgabe nutzt.[201]

Unter systematischen Gesichtspunkten kann man bei den Begriffen „Staatsgewalt" und „staatlicher Gewalt" von einem „Entsprechungszusammenhang"[202] ausgehen, wenn die Staatsgewalt (neben dem Volke selbst) von denjenigen Organen ausgeübt wird (vgl. Art. 20 Abs. 2 S. 2 GG), die durch ihrerseits Art. 1 Abs. 3 GG an die Grundrechte gebunden sind. Somit ist der Anknüpfungspunkt der Grundrechtsverpflichtung identisch mit dem der demokratischen Legitimation. Trotz des regelmäßigen Zusammenfallens der Bindungen ergeben sich jedoch – wenn auch nur in Nuancen – Unterschiede zwischen den Reichweiten der Grundrechtsbindung (Art. 1 Abs. 3 GG) und der demokratischen Legitimation (Art. 20 Abs. 2 S. 1 GG): Die Tatbestandsmerkmale zur Aktivierung der grund-

---

198 *Böckenförde*, Demokratie als Verfassungsprinzip, in: *Isensee/Kirchhof* (Hrsg.), Handbuch des Staatsrechts der Bundesrepublik Deutschland, Bd. II, 3. Aufl. (2004), § 24, S. 12; ausführlich mit Positivierungsnachweis des Bezugs der Staatsgewalt i.S.d. Art. 20 GG auf die Staatsaufgabenlehre *Jestaedt*, Demokratieprinzip und Kondominialverwaltung (1993), S. 247.

199 *Jestaedt*, Demokratieprinzip und Kondominialverwaltung (1993), S. 248.

200 Vgl. umfassend zum Bezug der demokratischen Legitimation auf die Staatsaufgabenlehre insb. *Jestaedt*, Demokratieprinzip und Kondominialverwaltung (1993), S. 226 m.w.N.

201 *Grzeszick*, in: *Maunz/Dürig/Herzog*, Grundgesetz, 86. Ergänzungslieferung (2019), Art. 20, Rdnr. 96; *Böckenförde*, Demokratie als Verfassungsprinzip, in: *Isensee/Kirchhof* (Hrsg.), Handbuch des Staatsrechts der Bundesrepublik Deutschland, Bd. II, 3. Aufl. (2004), § 24, Rdnr. 12.

202 Dazu ausführlich die systematische Analyse der Normen bei *Jestaedt*, Demokratieprinzip und Kondominialverwaltung (1993), S. 235.

rechtlichen und demokratischen Anforderungen des Grundgesetzes sind zunächst kongruent,[203] die Rechtsfolgen setzen aber nicht im gleichen Maße ein bzw. sind gleichgerichtet. So stellt die Grundrechtsbindung eine inhaltliche Wertentscheidung dar, die stets von allen Gewalten beachtet werden muss. Diese gilt aber nur für den grundrechtlich geschützten Bereich: Handelt es sich bei einer staatlichen Maßnahme nicht um eine Freiheitsverkürzung, stellt die Grundrechtsbindung abgesehen von Ausnahmefällen keine weitergehende Einschränkung für staatliches Handeln dar.

Hingegen entfaltet die demokratische Legitimation erst dann Wirkungen, wenn in formeller Hinsicht eine *Entscheidung* getroffen wird. Hier ist das Merkmal der „Gewalt“ entscheidend. Nicht ausreichend ist insofern eine vorgelagerte beratende oder technische „Vorleistung“, sondern erst der rechtliche Schritt mit Außenwirkung. Wenn es sich jedoch um staatliches Handeln mit Entscheidungsqualität handelt, ist die Bindung durch den Grundsatz demokratischer Legitimation weitergehend: Verfassungsmäßige Voraussetzungen hierdurch kommen nicht erst im Falle einer Freiheitsverkürzung zum Tragen, sondern bereits durch die Entscheidung bedingt. Somit ist die „Garantieleistung“ der Grundrechte weniger breit, aber sehr viel tiefer gehend. Umgekehrt erfasst die demokratische Legitimation in der Breite fast alles, erschöpft sich aber in (formellen) Vorgaben zur demokratischen Rückbindung.[204] In den meisten Fällen liegt zwar die Bindung der staatlichen Gewalt an die Grundrechte und an den Grundsatz der demokratischen Legitimation gleichermaßen vor. In den Randbereichen ergeben sich jedoch Unterschiede, weshalb man bei beiden von zwei sich (nur) weitgehend überlappenden Kreisen sprechen kann. Für die nach grundgesetzlichen Maßstäben determinierte Rechtmäßigkeit der Handlung eines Organs ist daher stets die jeweilige Relevanz der grundrechtlichen und demokratischen Anforderungen autonom zu bestimmen. Der Wortlaut der Vorschrift widerspricht dabei zugleich sehr deutlich jedem Bagatell- oder *de-minimis*-Vorbehalt, weil sich schon aus dem Wortlaut klar ergibt, dass die Staatsgewalt in ihrer Gesamtheit auf das Volk zurückgeführt werden muss.[205]

---

203 *Jestaedt*, Demokratieprinzip und Kondominialverwaltung (1993), S. 238.

204 *Kluth*, Die demokratische Legitimation der Europäischen Union (1995), S. 30.

205 Wenn auch verschiedentlich vertreten wird, untergeordnete und völlig unwichtige Aspekte staatlichen Handelns dürften nicht zur Legitimationspflicht führen, widerspricht das nicht der Praxistauglichkeit. Die bloße Auslösung des grundsätzlichen Legitimationserfordernisses sagt an dieser Stelle noch nichts

(2) Ausübung von Staatsgewalt

Art. 20 Abs. 2 GG bezieht die Legitimation auf die *Ausübung* von Staatsgewalt. Um Staats*gewalt* und ihre *Ausübung* handelt es sich noch nicht, wenn es sich um den „Innenbereich" des Staates handelt. Erst wenn eine Wirkung nach außen hinzutritt, kann man auch von Staats*gewalt* sprechen.[206] Zugleich bedarf es eines Außenbezuges, der über eine bloße – beispielsweise behördeninterne – Innenwirkung hinausgeht.[207] Somit kann zunächst nur das staatliche Handeln erfasst sein, das auch Entscheidungscharakter aufweist.[208] Dies stellt zugleich eine noch weitergehende Voraussetzung als alle (bloß) außenwirksamen Handlungen dar, weil durch behörden- oder staatsinterne Strukturen die tatsächliche Entscheidung und ihre Bekannt- oder Weitergabe auseinanderfallen können. Legitimationspflichtig sind daher regelmäßig beide Vorgänge, die Entscheidung selbst und das Nach-Außen-Treten. Nur für den Fall, dass eine Handlung keinerlei Entscheidungscharakter hat, könnte demnach überhaupt die Legitimationspflicht entfallen.[209] Auch Entscheidungen bzw. Handlungen mit Außenbezug, die durch Private vorgenommen werden, können unter Umständen dem Tatbestandsmerkmal des staatlichen Handelns mit Entscheidungscharakter zugerechnet werden. Ansatzpunkte dafür können sich aus der Privatisierungsentscheidung selbst ergeben, bei der es sich ohnehin unmittelbar um eine staatliche Entscheidung handelt, oder aus der von Privaten vorge-

---

über das erforderliche Maß demokratischer Legitimation aus; vgl. *Mehde,* Neues Steuerungsmodell und Demokratieprinzip (2000), S. 175 ff.

206 *Jestaedt,* Demokratieprinzip und Kondominialverwaltung (1993), S. 255 f.

207 *Jestaedt,* Demokratieprinzip und Kondominialverwaltung (1993), S. 257.

208 *BVerfG,* B. v. 15.02.1978, BVerfGE 47, 253 (272); *BVerfG,* Urt. v. 31.10.1990, BVerfGE 83, 60 (73); *BVerfG,* B. v. 24.05.1995, BVerfGE 93, 37 (68); *Böckenförde,* Demokratie als Verfassungsprinzip, in: *Isensee/Kirchhof* (Hrsg.), Handbuch des Staatsrechts der Bundesrepublik Deutschland, Bd. II, 3. Aufl. (2004), § 24, Rdnr. 12; *Schmidt-Aßmann,* Verwaltungslegitimation als Rechtsbegriff, AöR 116 (1991), 329 (342).

209 Denkbar wäre das allenfalls bei vollständiger Weisungsgebundenheit ohne auch nur die geringste Einflussmöglichkeit des nach außen handelnden Organs, beispielsweise einer bloßen Weitergabe einer fremden Entscheidung. Regelmäßig wird man hier jedoch auch von einer Legitimationspflicht ausgehen, die aber ein geringeres Maß an Legitimation voraussetzt, vgl. *Robbers,* in: *Kahl/Waldhoff/Walter,* Bonner Kommentar zum Grundgesetz, 198. Ergänzungslieferung (aktualisiert 137. EL, Dezember 2008), Art. 20 GG, Rdnr. 574.

nommenen Handlung, wenn hierbei im Auftrag hoheitliche Maßnahmen getroffen werden.[210]

Im Vergleich zum grundrechtlichen Eingriffsbegriff geht damit die Ausübung von Staatsgewalt i.S.v. Art. 20 Abs. 2 GG weiter. Durch die Anknüpfung an die jeweilige Entscheidung wird mehr erfasst als die bloße juristische Verantwortlichkeit; auch inhaltlich wird mehr als die Zweckmäßigkeit überprüft, weil im Rahmen derer Bestimmung auch noch nach der Legitimation des handelnden Organteils gefragt wird, selbst wenn dieser nicht *de jure* verantwortlich ist.

c) Legitimationsmittel: Kanalisierte Mittelung der Legitimation

Nach dem monistischen Legitimationsmodell wird demokratische Legitimation durch die Kombination nur der funktionell-institutionellen, personell-organisatorischen und sachlich-inhaltlichen Legitimation als abschließender Auflistung hergestellt.

(1) Funktionell-institutionelle Legitimation als Grundlegitimation

Als unselbständige Form der Vermittlung von Legitimation wird die funktionell-institutionelle Legitimation angesehen, die die Stellung der Exekutive in der Gewaltengliederung und deren Entscheidungskompetenzen vorsieht und damit im Grundsatz anerkennt.[211] Sie berücksichtigt, dass es keinen umfassenden Parlamentsvorbehalt gibt und daher unmittelbar durch die Verfassung die Existenz der gesetzgebenden, vollziehenden und rechtsprechenden Gewalt zunächst gleichermaßen legitimiert ist.[212]

Insoweit ist die Komponente der funktionell-institutionellen Legitimation zwar zwingende Voraussetzung für jede weitere Form der Legitimation. Als anerkannte grundlegende Selbstverständlichkeit entfaltet sie jedoch keine eigene Wirkung im Sinne einer eigenständigen Legitimati-

210 *BVerfG*, Urt. v. 18.01.2012, BVerfGE 130, 76 (682).

211 *Schmidt-Aßmann*, Verwaltungslegitimation als Rechtsbegriff, AöR 116 (1991), 329 (363).

212 *BVerfG*, B. v. 08.08.1978, BVerfGE 49, 89 (125); dem steht nicht entgegen, dass die gesetzgebende Gewalt unmittelbar durch Wahlen legitimiert ist und die anderen Gewalten dies nur mittelbar sind. Der Grad der Unmittelbarkeit ist kein Indikator für das Legitimationsniveau, das gerade aus funktionell-institutionellen Gründen diese Ableitungen berücksichtigt.

onsleistung. Vielmehr muss die funktionell-institutionelle Form der Legitimation stets als Bestandteil der personell-organisatorischen und sachlich-inhaltlichen Legitimationsvermittlung angesehen werden und taugt daher nicht als eigenständige oder gar gleichwertige Legitimationsform.[213]

(2) Personell-organisatorische Legitimation

Grundlage des Legitimationserfordernisses der personell-organisatorischen Legitimation ist das Auseinanderfallen von handelnden Staatsorganen in der Exekutive und dem Parlament, das unmittelbar vom Volk demokratisch legitimiert ist. Mangels direkten Rückbezugs der Staatsgewalt ausübenden Stelle auf das Volk muss eine Vermittlungsleistung erbracht werden; die Legitimation der Volksvertretung, die durch persönliche Wahl hergestellt wird, muss also weitervermittelt werden. Diese Vermittlungsleistung kann durch Berufung und Ernennung einer Person durch eine legitimierte Stelle geschehen, die dieser einen konkreten Aufgabenbereich zur Ausführung zuweist. Insoweit ist die Volksvertretung also zur Weiterdelegation grundsätzlich befugt.[214] Durch die Wahl des Regierungschefs und Ernennung der Minister wird die Verbindung zwischen Parlament und dem einzelnen Minister hergestellt, der somit persönlich legitimiert ist. Seinerseits kann er die Legitimation an untergeordnete Stellen im Ministerialapparat wieder weiter vermitteln. Dadurch wird in personell-organisatorischer Hinsicht ein Verantwortungszusammenhang hergestellt, der als Legitimationskette bezeichnet wird, die sich aus einer „elektoralen und hierarchischen" Verantwortlichkeit zusammensetzt.[215] Die Vermittlungsleistung der Legitimationskette hängt zusätzlich von der Möglichkeit der Abberufung ab: Wie beim Parlament[216] selbst ist eine dauerhafte,

---

213 *Böckenförde*, Demokratie als Verfassungsprinzip, in: *Isensee/Kirchhof* (Hrsg.), Handbuch des Staatsrechts der Bundesrepublik Deutschland, Bd. II, 3. Aufl. (2004), § 24, Rdnr. 15.

214 *Böckenförde*, Demokratie als Verfassungsprinzip, in: *Isensee/Kirchhof* (Hrsg.), Handbuch des Staatsrechts der Bundesrepublik Deutschland, Bd. II, 3. Aufl. (2004), § 24, Rdnr. 16 sieht an dieser Stelle die mittelbare und unmittelbare Berufung auf das Volk als gleichwertig i.S.d. demokratischen Legitimation an, wenn der auch einer unmittelbaren Berufungsmöglichkeit eine höhere Dignität zuspricht.

215 Begriff bei *Petersen*, Demokratie und Grundgesetz, JöR 58 (2010), 137 (160).

216 Die zeitliche Beschränkung der maximalen Dauer der Legislaturperiode ergibt sich direkt aus dem Demokratieprinzip des Art. 20 Abs. 1 GG, vgl. *Pieroth*, Das Demokratieprinzip des Grundgesetzes, JuS 2010, 473 (479).

unbedingte und damit nicht rückholbare Delegation der Entscheidungskompetenz nicht mit dem Erfordernis der demokratischen Legitimation vereinbar. Somit muss entweder eine Ernennung für einen begrenzten Zeitraum erfolgen oder die spätere Möglichkeit der Rückholung bzw. Abberufung[217] gegeben sein.

Das Kettenmodell basiert dabei auf der vollständigen Lückenlosigkeit der Legitimationskette. Nur wenn eine Person auch zur Ausübung von Staatsgewalt legitimiert ist, kann sie auch geeignet sein, Legitimation weiter zu vermitteln. Ein Bruch in der Kette schneidet alle nachgeordneten Organteile von der demokratischen Legitimation ab.[218] Diese Art der Weitervermittlung von Legitimation ist unmittelbar nachvollziehbar, solange das Modell in einer hierarchischen Verwaltung angewandt wird. Sobald es aber Abweichungen vom Ernennungs- und Zuweisungsprinzip gibt, scheint die personell-organisatorische Legitimation problematisch zu sein. Unterbrechungen bzw. Lücken in der Legitimationskette können unter anderem dann entstehen, wenn nicht eine einzelne Person entscheidet, sondern ein Gremium. Dies kann insbesondere bei Kollegialorganen – wie beispielsweise Beiräten – der Fall sein, wenn nicht alle Organmitglieder ihrerseits unmittelbar ernannt und legitimiert sind.[219] Sobald nämlich auch nur ein nicht persönlich durch eine legitimierte Stelle ernanntes Mitglied mitentscheidet, ist das Modell der lückenlosen Legitimationskette – sowohl für das entscheidende Gremium als auch für die durch dieses Gremium legitimierten Stellen – zumindest nicht unmodifiziert anwendbar. Derartige Fragestellungen können sich regelmäßig stellen, wenn externe – somit nichtstaatliche – Stellen Entsendungsrechte wahrnehmen dürfen. An dieser Stelle kann eine Mehrheitsentscheidung die Verantwortlichkeitskette unterbrechen, erst recht, wenn nicht persönlich legitimierte Gremienmitglieder beteiligt sind. Beheben lässt sich diese Problematik durch ein qualifiziertes Mehrheitserfordernis: So dürfen nicht-legitimierte

---

217 Wegen der beamtenrechtlichen Grundsätze ist in der staatlichen Hierarchie zwar nur unter erschwerten Voraussetzungen eine Entfernung aus dem Dienst möglich; anders liegt der Fall jedoch bei der Möglichkeit der aus Legitimationsgründen erforderlichen Umsetzbarkeit auf einen anderen Dienstposten.

218 *Böckenförde,* Demokratie als Verfassungsprinzip, in: *Isensee/Kirchhof* (Hrsg.), Handbuch des Staatsrechts der Bundesrepublik Deutschland, Bd. II, 3. Aufl. (2004), § 24, Rdnr. 16.

219 Dabei bezieht sich dann ihre defizitäre Legitimation nicht auf die formale Berechtigung zur Mitentscheidung, diese leitet sich aus anderen Kriterien, wie bspw. einer einschlägigen Satzung ab. Gemeint ist hier die Legitimation, in demokratischer Hinsicht bei der Ausübung von Staatsgewalt mitwirken zu dürfen.

Personen zwar mitwirken, die Entscheidungskriterien müssen jedoch so ausgestaltet sein, dass die Entscheidung auf die personell legitimierten Personen zurückgeführt werden kann.[220] Im Ergebnis bedeutet dies, dass eine Mitwirkung so lange zulässig sein kann, wie sie noch nicht zu einer Mitentscheidung wird.[221]

Im Bereich der technischen Normsetzung ergeben sich weitergehende Legitimationsprobleme, wenn nicht-staatliche Einrichtungen und Gremien über Standards entscheiden und auf diese im staatlichen Recht Bezug genommen wird, soweit man durch diese Bezugnahme von einer Ausübung von Staatsgewalt ausgehen muss.[222] Dort wurden die Entscheidungsträger überhaupt nicht ernannt bzw. der Staat hat auf die konkrete Gremienzusammensetzung keinen Einfluss genommen.[223] Eine ähnliche Problematik ergibt sich auch bei anderen parlamentsexternen Fachgremien.[224] Diese derartig verringerte oder fehlende persönliche Legitimation der handelnden Personen wird deshalb abschließend auf Ebene des Legitimationsniveaus gewürdigt.

(3) Sachlich-inhaltliche Legitimation

Die Anforderung der demokratischen Legitimation des Art. 20 Abs. 2 GG erschöpft sich regelmäßig nicht in der Ernennung einer legitimierten Person, der eine Handlungs- bzw. Entscheidungskompetenz zugewiesen wird.

---

220 Es ergibt sich ein doppeltes Mehrheitserfordernis: die Mehrheit der mitentscheidenden Mitglieder muss personell demokratisch legitimiert sein und die Entscheidung selbst muss mehrheitlich auf die so legitimierten Mitglieder zurückgeführt werden können, *Böckenförde*, Demokratie als Verfassungsprinzip, in: *Isensee/Kirchhof* (Hrsg.), Handbuch des Staatsrechts der Bundesrepublik Deutschland, Bd. II, 3. Aufl. (2004), § 24, Rdnr. 19; *BVerfG*, B. v. 24.05.1995, BVerfGE 93, 37 (72).

221 *Böckenförde*, Demokratie als Verfassungsprinzip, in: *Isensee/Kirchhof* (Hrsg.), Handbuch des Staatsrechts der Bundesrepublik Deutschland, Bd. II, 3. Aufl. (2004), § 24, Rdnr. 20.

222 Denkbar ist dieser Fall bei staatlichen Anforderungen an die Konformität mit bestimmten technischen Standards, wie Zertifizierungen o.Ä.

223 *Schulze-Fielitz*, Einheitsbildung durch Gesetz oder Pluralisierung durch Vollzug, in: *Trute/Groß/Röhl/Möllers* (Hrsg.), Allgemeines Verwaltungsrecht - zur Tragfähigkeit eines Konzepts (2008), S. 157.

224 Aus der aktuellen Diskussion sind hier beispielsweise Gremien im Bereich der Sozialgesetzgebung, der Bioethik oder der Klimapolitik zu nennen, vgl. *Petersen*, Demokratie und Grundgesetz, JöR 58 (2010), 137 (138).

Derartiges gibt es nach dem Grundgesetz nur an einer Stelle: der unmittelbaren demokratischen Legitimation des Parlaments. Dass der jeweilige Amtswalter keineswegs völlig frei in seiner Amtsausübung ist, bewirken die ihn bindenden normativen Vorgaben, sowie in Rückbindung an die jeweils höherrangige Stelle Einzelweisungen und nachträgliche Kontrollen. Die Kompetenzausübung einer jeden legitimierten Person kann nur im Rahmen dieser gesetzlichen Vorgaben erfolgen.

Die wichtigste und zentralste Steuerungsmöglichkeit geht dabei vom parlamentarischen Gesetz aus. Durch dieses werden die materiellen Vorgaben für die Verwaltung erstellt und somit auch die Legitimation weitervermittelt.[225] Neben oder unter dem parlamentarischen Gesetz finden sich noch weitere sachlich-inhaltliche Vorgaben, in den verschiedensten abstrakt-generellen, aber auch konkret-individuellen Normen. Der Amtswalter ist also an alle normativen Vorgaben umfassend gebunden und kann nur den ihm normativ eröffneten Spielraum selbst nutzen. Weitere inhaltliche Vorgaben können sich auch aus der Weisungsgebundenheit der Amtswalter ergeben. Wenn sie in die Behördenhierarchie eingegliedert sind, müssen sie auch Einzelweisungen beachten und auch entsprechend umsetzen. Die durch das Rechtsstaatsprinzip erforderliche Rechtsaufsicht hat in demokratischer Hinsicht dabei keine besondere Legitimationsfunktion. Hingegen wird die spezifisch demokratische Legitimation in sachlich-inhaltlicher Hinsicht durch die Tätigkeit einer Fachaufsicht gestärkt,[226] die sich durch die Möglichkeit einer inhaltlichen Programmierung einer Entscheidung äußert und so den Zugriff von höherer Hierarchieebene auf bestimmte Entscheidungsaspekte ermöglicht. An dieser Stelle geht es also um eine bereits konkretisierte Vorgabe, die in sachlich-inhaltlicher Sicht die Entscheidung vorzeichnet. Die „Eigenleistung" des Amtswalters liegt dann in der Ausfüllung der Entscheidung im Übrigen. Diese benötigt dann die personelle Legitimation des Amtswalters.

Zu diesen weiteren Legitimationselementen zählen die parlamentarische Kontrolle von Regierung und Verwaltung, die Haushaltszuweisung und die exekutive Normsetzung sowie exekutive Einzelakte. Diese Arten von Steuerungsmitteln bewirken dann über die Gesetzes- und Weisungs-

225 *Schulze-Fielitz*, Einheitsbildung durch Gesetz oder Pluralisierung durch Vollzug, in: *Trute/Groß/Röhl/Möllers* (Hrsg.), Allgemeines Verwaltungsrecht - zur Tragfähigkeit eines Konzepts (2008), S. 138 spricht an dieser Stelle von einer einheitsschaffenden Kraft, die selbst die Legitimation des eigenen Vorrangs unterstützt.

226 *Hoffmann-Riem*, Eigenständigkeit der Verwaltung, in: *Hoffmann-Riem/Schmidt-Aßmann/Voßkuhle* (Hrsg.), Grundlagen des Verwaltungsrechts, Bd. I, 2. Aufl. (2012), § 10, Rdnr. 23.

bindung die Wahrung dieser Vorgaben.[227] Die inhaltliche Bindung des Amtswalters wird durch nachträgliche Kontrolle verstärkt. Diese Kontrolle kann innerhalb einer Hierarchie durch Berichtspflichten durchgesetzt werden. Das Parlament hat die Möglichkeit der Wahrnehmung seiner Informationsrechte, die Zugriffsmöglichkeit entsteht durch die parlamentarische Verantwortlichkeit der Regierung. So kann das Parlament Mittel wie Zitier- und Interpellationsrechte bis hin zu nachträglichen Untersuchungsrechten ausüben und politischen Einfluss – in der Theorie – bis zum Misstrauensvotum gegen den Bundeskanzler ausüben. Dabei ist für das monistische Legitimationsverständnis charakterisierend, dass in der Beschreibung die Einflussmöglichkeiten sehr grob formal strukturiert sind und keinesfalls sämtliche Einflussfaktoren hinterfragt werden. Nach diesem Verständnis können allerdings tatsächliche Einflüsse auf der Ebene der Rechtsanwendung aufgedeckt werden: es ist dann beispielsweise Sache der Gerichte, die über die Vereinbarkeit einer Regelung mit den grundgesetzlichen Vorgaben demokratischer Legitimation entscheiden, zu prüfen, inwieweit sich die tatsächlichen Einflüsse derart verdichten, dass ihnen als Faktor sachlich-inhaltlicher Legitimation rechtliche Bedeutung zukommt.

2. Pluralistische Legitimationsverständnisse

a) Legitimationssubjekt: organisatorische Konsequenz der Menschenwürde

Das monistische Modell musste insbesondere in Hinblick auf die Frage nach dem Verständnis des Legitimationssubjekts Kritik einstecken. In politischer Hinsicht war der Staatsvolkbezug ohnehin nicht unumstritten,[228] insbesondere nach den Entscheidungen des Bundesverfassungsgerichts zum Ausländerwahlrecht[229] verstärkte sich auch die in der rechtswis-

---

227 *Emde,* Die demokratische Legitimation der funktionalen Selbstverwaltung (1991), S. 46.

228 Es wurden verschiedene Anläufe unternommen, insbesondere den vom Bundesverfassungsgericht und vom Staatsgerichtshof Bremen entschiedenen Fällen lagen auch entsprechende Gesetzesänderungen in den Ländern Schleswig-Holstein, Hamburg und Bremen zugrunde.

229 *BVerfG,* Urt. v. 31.10.1990, BVerfGE 83, 37; *BVerfG,* Urt. v. 31.10.1990, BVerfGE 83, 60.

senschaftlichen Diskussion geäußerte Kritik am Modell des Bundesverfassungsgerichts.[230]

Ansatzpunkt der rechtlichen Kritik ist der Begriff des „Volkes", der in der monistischen Ansicht als notwendig verknüpft mit dem deutschen Staatsvolk angesehen wird. Nach der pluralistischen Ansicht ist die Bezugnahme des Art. 20 Abs. 2 GG auf den Volksbegriff als Abkehr von früheren Autoritäten zu verstehen. Aus den grundgesetzlichen Freiheitsrechten zusammen mit diesem Paradigmenwechsel ergebe sich ein Demokratieverständnis des Grundgesetzes, das die individuelle Selbstbestimmung der Menschen zur Grundlage habe. Insoweit wird ein Konnex zwischen Herrschaftsunterworfenheit und Selbst- bzw. Mitbestimmung gefolgert.[231] Erst damit würden der Pluralismus und die dahinterstehenden Interessengegensätze genügend gewürdigt, die Demokratie wird zur organisatorischen Konsequenz der Menschenwürde.[232] Aus dem inhaltlich weiter gehenden Begriff der „Betroffenen", der notwendigerweise eine größere Gruppe umfasst als nur die Staatsangehörigen, ergibt sich nach dieser Ansicht nicht, dass es sich hier um ein festes, vorausgesetztes Legitimationssubjekt handle, sondern um eine Pluralität von Legitimationssubjekten.[233] Diese verschiedenen Subjekte müssten auf der Grundlage strikter demokratischer Gleichheit stets neu und situativ bedingt definiert werden, damit eine wirksame demokratische Legitimation von ihnen ausgehen könne; ausgehend von der Betroffenheit könne so der Gesetzgeber von der strikten formalen Gleichheit absehen, ohne dass dies in demokratischer Hinsicht gleichheitswidrig wäre.[234]

---

230 Besonders deutlich bei *Bryde*, Die bundesrepublikanische Volksdemokratie als Irrweg der Demokratietheorie, Staatswissenschaften und Staatspraxis 5 (1994), 305; vgl. auch *Groß*, Grundlinien einer pluralistischen Interpretation des Demokratieprinzips, in: Redaktion Kritische Justiz (Hrsg.), Demokratie und Grundgesetz (2000), S. 97 ff.

231 *Trute*, Die demokratische Legitimation der Verwaltung, in: *Hoffmann-Riem/Schmidt-Aßmann/Voßkuhle* (Hrsg.), Grundlagen des Verwaltungsrechts, Bd. I, 2. Aufl. (2012), § 6, Rdnr. 19.

232 *Häberle*, Die Menschenwürde als Grundlage der staatlichen Gemeinschaft, in: *Isensee/Kirchhof* (Hrsg.), Handbuch des Staatsrechts der Bundesrepublik Deutschland, Bd. II, 3. Aufl. (2004), § 22, Rdnr. 67.

233 *Trute*, Die demokratische Legitimation der Verwaltung, in: *Hoffmann-Riem/Schmidt-Aßmann/Voßkuhle* (Hrsg.), Grundlagen des Verwaltungsrechts, Bd. I, 2. Aufl. (2012), § 6, Rdnr. 23 f.

234 *Trute*, Die demokratische Legitimation der Verwaltung, in: *Hoffmann-Riem/Schmidt-Aßmann/Voßkuhle* (Hrsg.), Grundlagen des Verwaltungsrechts, Bd. I, 2. Aufl. (2012), § 6, Rdnr. 25.

Dass sich aus dieser Auffassung große praktische Auswirkungen und Unterschiede zum monistischen Modell ergeben, zeigt sich am unterschiedlichen Bezugspunkt des Volksbegriffs im Sinne des Art. 116 GG und der Menschenwürde, die gegenüber jedermann Wirkung entfaltet. So soll auch das Recht auf demokratische Mitbestimmung nicht bloß den Staatsangehörigen zukommen, sondern auch denjenigen gegenüber, die zwar nicht zur Gruppe der Staatsangehörigen gehören, der Staatsgewalt jedoch dennoch unterworfen sind. Als relevantes Ab- bzw. Eingrenzungskriterium wird hier die dauerhafte Unterworfenheit unter die Staatsgewalt angesehen. Diese lasse sich durch die dauerhafte Residenz hinreichend genau bestimmen, bedeute aber zugleich noch keine verfassungsrechtliche Entscheidung über die Frage, wer zum Aktivvolk gehöre; die Zuordnung müsse sich dann „im Lichte des Demokratieprinzips" rechtfertigen lassen.[235] Die Basis für die demokratische Legitimation könne dabei nach Ermessen des Gesetzgebers verändert werden. Deshalb ist dieser Annahme zufolge eine Vergrößerung des Legitimationssubjekts denkbar, indem neben den Staatsangehörigen auch Ausländer zum Aktivvolk gezählt werden können. Genauso gut ist aber auch eine Verkleinerung des Legitimationssubjekts möglich: Indem auf das Erfordernis der unbestimmten Allgemeinheit verzichtet wird, wird eine Definition von legitimationsstiftenden Subjekten nicht nur nach regionalen Kriterien ermöglicht, sondern insbesondere nach funktionalen. Somit stellt sich die Frage nach der Zulässigkeit der Erscheinungsformen funktionaler Selbstverwaltung in sehr viel geringerem Maße. Es bedarf insoweit nur einer gesetzlichen Grundlage, die Mitwirkungsberechtigung und Kompetenzen regelt, damit von einer Erfüllung der grundgesetzlichen Anforderungen an demokratische Legitimation ausgegangen werden kann. Auch nach diesem Legitimationsverständnis ist es erforderlich, die Betroffenheit rechtlich zu bestimmen, weil es sich auch bei dieser Kategorie um einen normativen Begriff handelt. Jedoch ist es schwerlich möglich, eine solche bloße Selbstbetroffenheit einer Gruppe festzustellen, weil dies zugleich einen völligen Ausschluss der Drittbetroffenheit bedeutet. Mag auch eine nur begrenzte Personengruppe vom personellen Anwendungsbereich einer Regelung erfasst sein, so bedeutet dies nicht zwingend, dass es sich um eine Angelegenheit nur dieser Gruppe handelt. Die Frage der Betroffenheit und dem Interesse ist regelmäßig

---

235 *Trute*, Die demokratische Legitimation der Verwaltung, in: *Hoffmann-Riem/ Schmidt-Aßmann/Voßkuhle* (Hrsg.), Grundlagen des Verwaltungsrechts, Bd. I, 2. Aufl. (2012), § 6, Rdnr. 22.

nicht nach sachlichen Kriterien allein festzustellen, sondern beinhaltet immer ein Wertungskriterium.[236]

Im Ergebnis führt der Ansatz der pluralistischen Legitimationstheorien zu einem Wesensunterschied in Bezug auf das Staatsvolk als unbestimmte Allgemeinheit, weil nun – unter Beachtung bestimmter Gleichheitsgrenzen – jede Abgrenzung nach funktionalen Kriterien denkbar ist. Dieser Kritik wird zu begegnen versucht, indem der Rückgriff auf die unbestimmte Allgemeinheit „vermieden" wird,[237] und die Differenzierungen nach funktionalen Kriterien als Konsequenz der Selbstbestimmung in eigenen Angelegenheiten statt als Abweichung von der demokratischen Allgemeinheit angesehen werden.[238]

b) Legitimationsobjekt: Ausübung von Staatsgewalt

Auch hinsichtlich des Objekts der Legitimation ergeben sich beim pluralistischen Legitimationsverständnis in Abgrenzung vom monistischen Pendant erhebliche Unterschiede. Die Legitimationspflicht wird als deutlich weiter als bei dem monistischen Verständnis verstanden: Nicht nur staatliche Letztentscheidungen mit Außenwirkung sollen hiernach die Legitimationsverpflichtung auslösen, sondern ein als umfassend verstandenes Staatshandeln.[239] Hintergrund ist die Vorstellung, dass sich Entscheidungsprozesse in der Wirklichkeit sehr viel komplexer darstellen, als dass man

---

236 Wenn von der Wechselbezüglichkeit von Menschenwürde und Demokratie gesprochen wird, die zur Folge habe, dass jeder in eigenen Angelegenheiten legitimationsstiftend sein soll, so stellt sich die besondere Problematik, dass nicht von *der* Betroffenheit im Rechtsinne gesprochen werden kann, weil sich nicht unmittelbar ergibt, ob beispielsweise bereits ein bloßes Sachinteresse oder womöglich nur ein (grund-)rechtlich geschütztes Interesse ausreichen kann; stattdessen muss die jeweilige rechtliche Regelung – sofern vorhanden – eine Antwort auf die dafür relevante und nicht allgemein gültige Betroffenheit Bezug geben, *Jestaedt,* Selbstverwaltung als Verbundbegriff, Die Verwaltung 35 (2002), 293 (310).

237 *Trute,* Die demokratische Legitimation der Verwaltung, in: *Hoffmann-Riem/Schmidt-Aßmann/Voßkuhle* (Hrsg.), Grundlagen des Verwaltungsrechts, Bd. I, 2. Aufl. (2012), § 6, Rdnr. 24.

238 *Trute,* Die demokratische Legitimation der Verwaltung, in: *Hoffmann-Riem/Schmidt-Aßmann/Voßkuhle* (Hrsg.), Grundlagen des Verwaltungsrechts, Bd. I, 2. Aufl. (2012), § 6, Rdnr. 25.

239 *Trute,* Die demokratische Legitimation der Verwaltung, in: *Hoffmann-Riem/Schmidt-Aßmann/Voßkuhle* (Hrsg.), Grundlagen des Verwaltungsrechts, Bd. I, 2. Aufl. (2012), § 6, Rdnr. 27.

lediglich das Ergebnis auf seine demokratische Rückführbarkeit untersuchen dürfte. Die Aussage des Bundesverfassungsgerichts, auch derartige Entscheidungen mit in die Legitimationsverpflichtung einzubeziehen, die behördenintern die Voraussetzung für die Aufgabenwahrnehmung schaffen,[240] wird als Anlass dafür genommen, den Begriff der Ausübung von Staatsgewalt deutlich weiter zu verstehen.[241] Diese Anerkennung der Realität müsse sich auch in der rechtlichen Wertung der Legitimationspflichten widerspiegeln, damit keine gleichheitsfremden Einflüsse ausgeübt werden könnten. Unmittelbar wird beispielsweise durch behördeninterne Sammlung und Bereitstellung von Informationen und Argumentationen noch keine Entscheidung getroffen, weil Derartiges erst die Grundlage einer Entscheidung liefern kann. Faktisch besteht hier jedoch unzweifelhaft großes Einflusspotential, weil durch die bloße Selektion der Informationsquellen Entscheidungen nachhaltig beeinflusst werden können.[242] Gerade bei der immer weiter wachsenden Notwendigkeit der Einbeziehung externen Sachverstands im Vorfeld von Entscheidungen spielt die Auswahlentscheidung der Quelle eine wichtige, wenn nicht gar entscheidende Rolle. Es wird also mittelbar auf die Entscheidung und damit die Ausübung von Staatsgewalt Einfluss genommen. Aus diesem Grund wird gefordert, das Legitimationsobjekt noch weiter als bereits beim Einbezug von unmittelbar vorgelagerten Entscheidungen zu erweitern.[243]

Auch hinsichtlich der Formen staatlicher Kooperation mit Privaten gehen die pluralistischen Legitimationstheorien regelmäßig weiter. So wird beim Zusammenwirken nicht nur der von staatlicher Seite eingebrachte Teil der Legitimationsverpflichtung zugerechnet, sondern eine Pflicht zur Verantwortung der gesamten Entscheidung gesehen.[244] Aus diesem sehr weit gehenden Verständnis der Legitimationsverpflichtung ergeben sich

---

240 *BVerfG*, B. v. 24.05.1995, BVerfGE 93, 37 (68).

241 *Mehde*, Neues Steuerungsmodell und Demokratieprinzip (2000), S. 173.

242 *Hoffmann-Riem*, Eigenständigkeit der Verwaltung, in: *Hoffmann-Riem/Schmidt-Aßmann/Voßkuhle* (Hrsg.), Grundlagen des Verwaltungsrechts, Bd. I, 2. Aufl. (2012), § 10, Rdnr. 131 ff.

243 *Trute*, Die demokratische Legitimation der Verwaltung, in: *Hoffmann-Riem/Schmidt-Aßmann/Voßkuhle* (Hrsg.), Grundlagen des Verwaltungsrechts, Bd. I, 2. Aufl. (2012), § 6, Rdnr. 27; *Volkmann*, in: *Friauf/Höfling*, Berliner Kommentar zum Grundgesetz, Lfg. 6/2019, Abschnitt C Art. 20 GG (4. Teil) (Stand: II/01), Rdnr. 45.

244 *Mehde*, Neues Steuerungsmodell und Demokratieprinzip (2000), S. 170 f.; *Trute*, Die demokratische Legitimation der Verwaltung, in: *Hoffmann-Riem/Schmidt-Aßmann/Voßkuhle* (Hrsg.), Grundlagen des Verwaltungsrechts, Bd. I, 2. Aufl. (2012), § 6, Rdnr. 28.

jedoch Abgrenzungsprobleme: Fraglich ist, ob man auf das Kriterium der rechtlichen Außenwirkung bei der Ausübung von Staatsgewalt verzichten kann und alle faktischen Einflüsse mit einbeziehen muss oder überhaupt kann.[245] Zum einen würde dies eine Grenzziehung nahezu unmöglich machen. Es wäre kaum möglich, eine Abgrenzung vorzunehmen, welcher Teil, der einer Entscheidung vorgelagert ist, noch in den Bereich der Legitimationspflicht mit einzubeziehen ist. Das würde dann in der Konsequenz jedoch erfordern, alle vorherigen Einflussfaktoren auf eine staatliche Entscheidung mit Außenwirkung mit einzubeziehen. Man hätte es also mit einer Überprüfung aller Faktoren für das Zustandekommen einer staatlichen Entscheidung auf Legitimationsaspekte zu tun. Die Bestimmung dieser Faktoren käme einer Art Kausalitätsüberprüfung gleich, von der allerdings aus anderen Disziplinen als bekannt und gesichert gelten darf, dass sie nur unter normativen Einschränkungen erfolgen kann[246].[247]

---

245 Deutlich wird der Umfang des dann zu Berücksichtigenden bei *Hoffmann-Riem*, Eigenständigkeit der Verwaltung, in: *Hoffmann-Riem/Schmidt-Aßmann/Voßkuhle* (Hrsg.), Grundlagen des Verwaltungsrechts, Bd. I, 2. Aufl. (2012), § 10, Rdnr. 25, der mit der inneradministrativen Infrastruktur auch Aspekte wie Art der räumlichen Unterbringung und selbst die Architektur von Büroräumen als einflussreich für eine Verwaltungsentscheidung ansieht.

246 Sehr deutlich wird dies bei der Prüfung der Zurechenbarkeit im Strafrecht: dort ist völlig unumstritten, dass nicht alle Kausalfaktoren für die Strafbarkeitsüberprüfung herangezogen werden können, sondern nur solche, die vom Recht als relevant angesehen werden. Gerade eine solche normative Unterscheidung bzw. Wertung der Entscheidungsfaktoren soll hier jedoch aufgegeben werden, wenn die Ausübung von Staatsgewalt wirklich als umfassend bezeichnet wird, vgl. *Trute*, Die demokratische Legitimation der Verwaltung, in: *Hoffmann-Riem/Schmidt-Aßmann/Voßkuhle* (Hrsg.), Grundlagen des Verwaltungsrechts, Bd. I, 2. Aufl. (2012), § 6, Rdnr. 27.

247 Womöglich ist ein derartiges erweitertes Verständnis des legitimationsbedürftigen Staatshandelns für die Möglichkeit der Berücksichtigung derartiger Problembereiche nicht zwingend erforderlich. Die Anknüpfung an den Entscheidungscharakter von Staatshandeln verhindert nicht, vorgelagerte Aspekte mit einzubeziehen. An der Stelle der einzelnen staatlichen Entscheidung lässt sich viel besser festmachen, was die handelnde Einheit für Informationen als Entscheidungsgrundlage zu Grunde legen darf und welche Voraussetzungen an deren Beschaffung geknüpft werden, und wie deren inhaltliche Neutralität gewährleistet werden kann.

c) Berücksichtigung verschiedenster Legitimationsmittel

Von ganz entscheidender Bedeutung ist im pluralistischen Legitimationsverständnis die Abkehr von der Beschränkung der Legitimationsmittel auf personell-organisatorische und sachlich-inhaltliche Komponenten. Die mit verschiedenen Schwerpunkten vorgebrachte Kritik am monistischen Modell der demokratischen Legitimation basiert im Wesentlichen auf dem Vorwurf der übermäßigen Vereinfachung der Legitimationsvermittlung. So basiere das Konzept auf lediglich formalen Ableitungszusammenhängen, welche die Realität nicht angemessen erfassen könnten. In personeller Legitimationshinsicht setzt die Kritik vor allem an der parlamentarischen Verantwortlichkeit der Regierung und dem Ministerialprinzip zur Legitimationsvermittlung an die gesamte Verwaltungsorganisation an.[248] Vor allem würden wichtige Steuerungskomponenten des Parlaments nicht erfasst, weshalb das Modell zu unterkomplex sei.[249] Vor dem Hintergrund, dass nicht alle konkreten Verwaltungsentscheidungen bereits vom Gesetzgeber vorgezeichnet sein können, weil beispielsweise offene Zielsetzungen im Umweltrecht eine solche Entscheidung überhaupt nicht treffen würden,[250] sei es erforderlich, das konkretisierende Verfahren sehr viel genauer zu betrachten und die Einzelaspekte, wer mit welcher Verantwortlichkeit am Zustandekommen der Entscheidung beteiligt ist, zu würdigen sind.[251] Methodisch soll dieses Problem durch die Berücksichtigung gesicherter

---

248 *Trute*, Die demokratische Legitimation der Verwaltung, in: *Hoffmann-Riem/Schmidt-Aßmann/Voßkuhle* (Hrsg.), Grundlagen des Verwaltungsrechts, Bd. I, 2. Aufl. (2012), § 6, Rdnr. 35 bezeichnet diese zentrale Vermittlungsstelle als Nadelöhr der klassischen Konzeption.

249 Mit Schwerpunkt auf Hierarchie und Weisung als zentrale Bestandteile der sachlich-inhaltlichen Legitimationsvermittlung *Trute*, Die demokratische Legitimation der Verwaltung, in: *Hoffmann-Riem/Schmidt-Aßmann/Voßkuhle* (Hrsg.), Grundlagen des Verwaltungsrechts, Bd. I, 2. Aufl. (2012), § 6, Rdnr. 38.

250 Dass es sich beim monistischen Modell durch die hierarchische Verwaltungsorganisation nur um eine Konkretisierung oder Aktualisierung des gesetzgeberischen Willens handeln soll, erscheint allerdings als möglicherweise unzutreffende Unterstellung. Die Aufteilung in sachlich-inhaltliche (also gesetzesgebundene) und personell-organisatorische (also inhaltlich nicht gebundene) Aspekte zeigt nämlich gerade das von *Trute*, Die demokratische Legitimation der Verwaltung, in: *Hoffmann-Riem/Schmidt-Aßmann/Voßkuhle* (Hrsg.), Grundlagen des Verwaltungsrechts, Bd. I, 2. Aufl. (2012), § 6, Rdnr. 33 geforderte Zusammentreffen von gesetzlicher Fremd- und exekutivischer Eigensteuerung.

251 *Trute*, Die demokratische Legitimation der Verwaltung, in: *Hoffmann-Riem/Schmidt-Aßmann/Voßkuhle* (Hrsg.), Grundlagen des Verwaltungsrechts, Bd. I, 2. Aufl. (2012), § 6, Rdnr. 32.

verwaltungswissenschaftlicher Erkenntnisse zur Ermöglichung von Steuerungswirkungen im Verwaltungsapparat gelöst werden. Hierbei werden insbesondere die Komponenten von Organisation und Verfahren als eigenständige Legitimationskomponenten gewürdigt und als (verfassungs-)zulässige Methode zur Vermittlung von Legitimation angesehen.[252]

(1) Organisatorische Komponenten

Eine zentrale Rolle kommt im pluralistischen Legitimationsmodell der Organisation der Verwaltung als eigenständiger Legitimationsfaktor zu. Damit soll der Tatsache Rechnung getragen werden, dass die Ausgestaltung der Verwaltungsorganisation von hoher Relevanz für jede spätere Einzelentscheidung ist. So führen Aufgabenzuweisungen, Zuständigkeitsregelungen, Beteiligungsmechanismen, Verantwortungsregelungen und Verfahren zur Generierung und Weitergabe von Informationen zwar keineswegs inhaltlich zu einer konkreten Entscheidung, aber sie schaffen bei passender Ausgestaltung die Grundlage für die Herstellung von Einfluss- und Kontrollbeziehungen, die eine deutlich bessere Rückbindung an das Parlament ermöglichen.[253]

(2) Personelle Komponenten

Als eigenständige Legitimationskomponente wird die personelle Legitimation angesehen. Diese wird jedoch anders als im monistischen Modell nicht als Überprüfung des Vorliegens einer Legitimationskette durch Nachweis eines Ernennungszusammenhangs gesehen, sondern hierfür werden die fortlaufenden Rückbindungswirkungen in funktioneller Hinsicht betrachtet.[254] Die personelle Legitimation erfordere dabei die Sicherstellung einer Gemeinwohlorientierung, diese könne aber nicht durch

---

252 *Trute,* Die demokratische Legitimation der Verwaltung, in: *Hoffmann-Riem/Schmidt-Aßmann/Voßkuhle* (Hrsg.), Grundlagen des Verwaltungsrechts, Bd. I, 2. Aufl. (2012), § 6, Rdnr. 42.

253 *Trute,* Die demokratische Legitimation der Verwaltung, in: *Hoffmann-Riem/Schmidt-Aßmann/Voßkuhle* (Hrsg.), Grundlagen des Verwaltungsrechts, Bd. I, 2. Aufl. (2012), § 6, Rdnr. 44.

254 *Trute,* Die demokratische Legitimation der Verwaltung, in: *Hoffmann-Riem/Schmidt-Aßmann/Voßkuhle* (Hrsg.), Grundlagen des Verwaltungsrechts, Bd. I, 2. Aufl. (2012), § 6, Rdnr. 45 f.

eine (einmalige) Ernennung sichergestellt werden. Stattdessen müsse fortlaufend gewährleistet sein, dass die wahrgenommenen Aufgaben neutral und unabhängig ausgeübt, die Handlungsorientierungen professionalisiert und die Interessenbindungen ausbalanciert würden; die Einzelbetrachtung von organisatorischen und personellen Legitimationskomponenten bedeute dabei einen Rationalitätsgewinne gegenüber dem monistischen Modell, weil die angemessene institutionelle Struktur so besser betrachtet würde.[255]

(3) Prozedurale Komponenten

Daneben soll der Verfahrenskomponente eine entscheidende Bedeutung zukommen, weil auch ein Grundkonsens dahin bestehe, dass das Verfahren von zentraler Bedeutung für die Richtigkeit der Anwendung des materiellen Rechts ist.[256] Dadurch, dass ein „nur aufbereitungsbedürftiges materielles Entscheidungsprogramm" regelmäßig nicht vorliege, sondern die sachlich-inhaltlichen Vorgaben erst noch in unterschiedliche Informationsbeschaffungs- und Entscheidungsschritte zerlegt und für eine Entscheidung vorbereitet werden müssten, erfordere es eine Institutionalisierung dieser Vorgänge und deren legimatorische Würdigung.[257] Dies führt zu einer Aufdeckung und Benennung unterschiedlicher behördeninterner Einflüsse, wie sie sich insbesondere aus internen Beratungs- und Vorlagepflichten (durch Rücksprache- und Gegenlesepflichten) ergeben, aber auch aus behördeninternen Berichtspflichten. Die besondere Berücksichtigung der prozeduralen Legitimationsaspekte einer legitimationsbedürftigen Entscheidung führt jedenfalls dazu, dass mehr als beim monistischen Modell die Eigenrationalität einer Behörde überprüft wird, weil die Entscheidungen über die konkrete Organisationsausgestaltung nach klassischer Vorstellung bei fehlender Außenwirkung womöglich nicht legitimationsbedürftig wären.

---

255 *Trute*, Die demokratische Legitimation der Verwaltung, in: *Hoffmann-Riem/Schmidt-Aßmann/Voßkuhle* (Hrsg.), Grundlagen des Verwaltungsrechts, Bd. I, 2. Aufl. (2012), § 6, Rdnr. 46.

256 *Schulze-Fielitz*, Einheitsbildung durch Gesetz oder Pluralisierung durch Vollzug, in: *Trute/Groß/Röhl/Möllers* (Hrsg.), Allgemeines Verwaltungsrecht - zur Tragfähigkeit eines Konzepts (2008), S. 48.

257 *Trute*, Die demokratische Legitimation der Verwaltung, in: *Hoffmann-Riem/Schmidt-Aßmann/Voßkuhle* (Hrsg.), Grundlagen des Verwaltungsrechts, Bd. I, 2. Aufl. (2012), § 6, Rdnr. 48.

(4) Sachlich-inhaltliche Komponenten

In sachlich-inhaltlicher Hinsicht wird die Steuerungswirkung eines parlamentarischen Gesetzes allein als sehr viel weniger bedeutsam eingeschätzt. Zwar komme dem Gesetz eine „Schlüsselstellung" zu, darüber hinaus müssten sehr mehr noch besondere Kontrollmöglichkeiten berücksichtigt werden.[258] Dabei würdigt das pluralistische Legitimationsmodell insbesondere den Einfluss des Haushaltsrechts sehr viel stärker. Dieses ermögliche auf faktischer Ebene erst staatliches Handeln und stellt durch vorgegebene Notwendigkeiten materieller Art eine Verengung des Entscheidungsraums dar. Dadurch beinhalte es Kontroll- und Steuerungsmöglichkeiten.[259] Durch haushalterische Vorgaben wird die Verwaltung eingeschränkt, was im Ergebnis einer materiellen Programmierung nahekomme. Jedoch kann die Zuweisung von Finanzmitteln nur zu einer Verengung des Entscheidungsraums führen, nicht zu einer spezifischen inhaltlichen Vorgabe. Geht es also bei der sachlich-inhaltlichen Legitimation darum, welche Entscheidungsaspekte fremddeterminiert sind, führt eine Limitierung auf eine Knappheitsentscheidung nicht dazu, dass diese Entscheidung engeren Bindungen unterliegen würde.[260]

---

258 *Trute*, Die demokratische Legitimation der Verwaltung, in: *Hoffmann-Riem/Schmidt-Aßmann/Voßkuhle* (Hrsg.), Grundlagen des Verwaltungsrechts, Bd. I, 2. Aufl. (2012), § 6, Rdnr. 50.

259 *Mehde*, Neues Steuerungsmodell und Demokratieprinzip (2000), S. 231; *Hoffmann-Riem*, Eigenständigkeit der Verwaltung, in: *Hoffmann-Riem/Schmidt-Aßmann/Voßkuhle* (Hrsg.), Grundlagen des Verwaltungsrechts, Bd. I, 2. Aufl. (2012), § 10, Rdnr. 26; *Trute*, Die demokratische Legitimation der Verwaltung, in: *Hoffmann-Riem/Schmidt-Aßmann/Voßkuhle* (Hrsg.), Grundlagen des Verwaltungsrechts, Bd. I, 2. Aufl. (2012), § 6, S. 315; ausführlich begründet und kritisch dagegen *Jestaedt*, Demokratieprinzip und Kondominialverwaltung (1993), S. 338.

260 Ohnehin besteht die Aufgabe der Verwaltung regelmäßig in der Problembewältigung unter Nutzung administrativ verfügbarer Ressourcen und Nutzung von verschiedenen Handlungsmöglichkeiten, die nicht unbegrenzt sind, *Hoffmann-Riem*, Eigenständigkeit der Verwaltung, in: *Hoffmann-Riem/Schmidt-Aßmann/Voßkuhle* (Hrsg.), Grundlagen des Verwaltungsrechts, Bd. I, 2. Aufl. (2012), § 10, Rdnr. 11; insofern sorgt das Haushaltsgesetz durch die vorgegebene Knappheitsentscheidung für keinen qualitativen Mehrwert in der Programmierung der Verwaltungstätigkeit.

(5) Output-Legitimation

Neben diese Legitimationsfaktoren, die zukunftsgerichtet, also eine Entscheidung ermöglichend ausgerichtet sind (input-basierte Legitimationsfaktoren), wird eine Berücksichtigung von output-Legitimation ergänzend herangezogen. Diese hat das Ergebnis eines Entscheidungsprozesses zum Gegenstand und ist noch seinerseits von der outcome-Betrachtung abzugrenzen. Diese Begrifflichkeiten sind zurückzuführen auf Erkenntnisse der Wirkungsforschung und unterscheiden als Konsequenzen von Entscheidungen „output" (Produkt selbst), „impact" (Mikrofolgen) und „outcome" (Makrofolgen).[261] Die Betrachtung des output stellt daher die natürliche Folgekategorie der input-Betrachtung dar.[262] Das pluralistische Legitimationsverständnis versucht nun, aus diesen Wirkungsfaktoren und dem Zusammenhang zwischen den input-Faktoren und dem output einen eigenen Legitimationsfaktor zu schaffen, weil die Zielerreichung selbst Legitimation stiften könne.[263] Dahinter steht der Gedanke, dass sich die Zielerreichung aus der Erfüllung (verfassungs-) rechtlicher Vorgaben ableiten lassen und diese somit einen geeigneten Indikator für die Funktionsfähigkeit darstellen könne.

An der Stelle der output-Legitimation zeigen sich die wohl deutlichsten Unterschiede innerhalb der verschiedenen pluralistischen Legitimationsmodelle. Während *Trute* davon ausgeht, dass eine zulässige output-Legitimation nur nach sachlich-formalen Kriterien, nämlich dem Grad der Aufgabenerreichung, bestimmt werden kann und eine Bezugnahme auf faktische Elemente wie Bewährung, Akzeptanz oder Ergebnisse politischen Handelns legimatorisch nicht relevant sei,[264] sieht beispielsweise *Mehde* gerade die Akzeptanz als entscheidenden Legitimationscharakter bei Betrachtung des outputs an.[265] Dabei erkennt er diesen Faktor auch nur

261 *Voßkuhle*, Neue Verwaltungsrechtswissenschaft, in: *Hoffmann-Riem/Schmidt-Aßmann/Voßkuhle* (Hrsg.), Grundlagen des Verwaltungsrechts, Bd. I, 2. Aufl. (2012), § 1, Rdnr. 32.

262 *Franzius*, Modalitäten und Wirkungsfaktoren der Steuerung durch Recht, in: *Hoffmann-Riem/Schmidt-Aßmann/Voßkuhle* (Hrsg.), Grundlagen des Verwaltungsrechts, Bd. I, 2. Aufl. (2012), § 4, Rdnr. 70 f.

263 *Trute*, Die demokratische Legitimation der Verwaltung, in: *Hoffmann-Riem/Schmidt-Aßmann/Voßkuhle* (Hrsg.), Grundlagen des Verwaltungsrechts, Bd. I, 2. Aufl. (2012), § 6, Rdnr. 53.

264 *Trute*, Die demokratische Legitimation der Verwaltung, in: *Hoffmann-Riem/Schmidt-Aßmann/Voßkuhle* (Hrsg.), Grundlagen des Verwaltungsrechts, Bd. I, 2. Aufl. (2012), § 6, Rdnr. 53.

265 *Mehde*, Neues Steuerungsmodell und Demokratieprinzip (2000), S. 516 ff.

als nachrangig an, weil Akzeptanz durch Zufriedenheit mit Entscheidungen nur innerhalb der rechtlich vorgegebenen Mittel betrachtet werden dürfte und schwerlich bei einer gesamten Gruppe vorliegen könne.[266] Der Gedanke der Verwurzelung von Selbstverwaltung und Autonomie im demokratischen Prinzip lege aber die Bedeutung des Akzeptanzfaktors nahe[267].[268]

(6) Autonome Legitimationsformen

Die Ankerkennung autonomer Legitimationsformen durch die pluralistischen Legitimationsvorstellungen erfolgt zwar auf einer Ebene mit den zuvor genannten Methoden zur Vermittlung von Legitimation,[269] steht aber gleichermaßen den beim Legitimationssubjekt genannten Fragestellungen nahe: Anders als im monistischen Modell soll die Mitwirkung Betroffener in eigenen Angelegenheiten nicht etwa als rechtfertigungsbedürftiges Defizit der Vermittlung demokratischer Legitimation von der Allgemeinheit zum legitimationsbedürftigen Handeln des Staates gesehen werden, weil diese Verbindung durch Sonderinteressen beeinträchtigt und konsequenterweise geschwächt wird. Stattdessen soll hier eine Stärkung des demokratischen Prinzips vorliegen, weil Ausgangspunkt der Demokratie die indivi-

266 *Mehde*, Neues Steuerungsmodell und Demokratieprinzip (2000), S. 521 f.

267 *Mehde*, Neues Steuerungsmodell und Demokratieprinzip (2000), S. 522.

268 Dass diese Argumentation möglicherweise irreführend ist, mag ein Gegenbeispiel zeigen, das von einem nicht-demokratischen System ausgeht. So ist durchaus in einer Diktatur nicht undenkbar, dass das oberste Ziel der Verwaltung in einem hohen Maß an Zustimmung der Herrschaftsunterworfenen gesehen wird, beispielsweise um sozialen Frieden zu erreichen. Anschaulicher – weil häufiger vorkommend – wird dies noch bei der Betrachtung des Handelns von privaten Unternehmen. Diese stellen regelmäßig die Kundenzufriedenheit in den Mittelpunkt ihrer Tätigkeit und erreichen regelmäßig eine hohe Akzeptanz bei denjenigen, die von deren Entscheidungen abhängig sind. Durch wirtschaftlichen Druck kann schnell eine Situation erreicht werden, in der die wirtschaftliche Abhängigkeit einer Unterwerfung unter fremde Herrschaft gleichkommt. Trotz einer denkbaren Akzeptanz einer solchen Entscheidung wäre diese völlig unverdächtig, demokratisch zustande gekommen zu sein.

269 *Trute*, Die demokratische Legitimation der Verwaltung, in: *Hoffmann-Riem/Schmidt-Aßmann/Voßkuhle* (Hrsg.), Grundlagen des Verwaltungsrechts, Bd. I, 2. Aufl. (2012), § 6, Rdnr. 54 f.

duelle Selbstbestimmung sei[270] und sich diese erst wirklich aktualisiere, wenn neben der teilweisen Rückführbarkeit auf die Allgemeinheit auch eine Rückführung auf besonders Betroffene deren besonderen Interessenlagen an einer stärkeren Mitwirkung Rechnung getragen werde. Dabei müsse jedoch stets beachtet werden, dass derartige alternativen Legitimationsmechanismen nicht allein genügen könnten, sondern allenfalls ergänzend zur Stärkung der Legitimation herangezogen werden dürften.[271]

d) Charakteristika

Beide Modelle unterscheiden sich in ihren Reinformen schon in den bisher betrachteten Komponenten Legitimationssubjekt, -objekt und -methoden sehr deutlich. Die praktisch bedeutsamsten Unterschiede zwischen den Grundmodellen der Legitimationskonzeptionen liegen dabei in dem Verständnis des Legitimationssubjekts und den verschiedenen Möglichkeiten der Vermittlung von Legitimation begründet. Gleichwohl wirken sich diese Unterschiede noch nicht wesentlich auf die praktische Anwendung aus. Hinsichtlich der Legitimationsmethoden werden – mit Ausnahme der Berücksichtigung von Formen der output-Legitimation – beide Konzeptionen in rechtlich zu würdigenden Einzelfällen schon in der dogmatischen Würdigung häufig zu vergleichbaren Ergebnissen führen, weil personelle, organisatorische, sachliche und inhaltliche, aber auch verfahrensbezogene Aspekte in beiden Modellen verarbeitet werden, gleich welche theoretische Begründung für deren Bedeutung konstruiert wird. Ebenso allgemein anerkannt ist beispielsweise die entscheidende Bedeutung des Verfahrens auf das materielle Ergebnis eines Prozesses.[272]

In der theoretischen Konzeption erscheinen diese Unterschiede sehr bedeutsam, weil detaillierter vorgezeichnet. Gerade in Bezug auf die Herausstellung der verschiedenen Legitimationsfaktoren ergeben sich wenige ergebnisrelevante Unterscheidungen. Unstreitig ist jedenfalls zwischen den

---

270 *Trute,* Die demokratische Legitimation der Verwaltung, in: *Hoffmann-Riem/Schmidt-Aßmann/Voßkuhle* (Hrsg.), Grundlagen des Verwaltungsrechts, Bd. I, 2. Aufl. (2012), § 6, Rdnr. 24.

271 *Mehde,* Neues Steuerungsmodell und Demokratieprinzip (2000), S. 554.

272 *Trute,* Die demokratische Legitimation der Verwaltung, in: *Hoffmann-Riem/Schmidt-Aßmann/Voßkuhle* (Hrsg.), Grundlagen des Verwaltungsrechts, Bd. I, 2. Aufl. (2012), § 6, Rdnr. 47; *Schulze-Fielitz,* Einheitsbildung durch Gesetz oder Pluralisierung durch Vollzug, in: *Trute/Groß/Röhl/Möllers* (Hrsg.), Allgemeines Verwaltungsrecht - zur Tragfähigkeit eines Konzepts (2008).

Grundkonzeptionen, dass nicht alle Formen der *tatsächlichen* Weitervermittlung von Legitimation innerhalb der vollziehenden Gewalt durch die abstrakte Beschreibung der Komponenten der sachlich-inhaltlichen und personell-organisatorischen Legitimation erfasst und aufgeschlüsselt werden können, sondern dass eine rechtliche Würdigung vorgenommen werden muss. Die entscheidenden Differenzierungen sind aber auch im jeweiligen Anspruch zu sehen, welche und vor allem auch wie viele Legitimationseinflüsse rechtlich überhaupt verarbeitet werden können. Von rechtspraktisch sehr viel größerer Bedeutung sind die Definitionen des Legitimationssubjekts und die unterschiedlichen Annahmen zum Individualbezug der Demokratie, weil diese von hoher Ergebnisrelevanz sind. Dabei werden beispielsweise einzelne Formen der funktionalen Selbstverwaltung noch im Ergebnis gleich beurteilt, weil nach monistischen Auffassungen eine gerechtfertigte Ausnahme vom Regelfall vorliegt und pluralistische Annahmen ein wirkungsvolles Ausgehen von Legitimation durch das Funktionsvolk zugrunde legen. Sobald allerdings im Einzelfall eine Rechtfertigung im monistischen Modell ausgeschlossen ist, kommen die unterschiedlichen Modelle in ihrer Anwendung zu fundamental unterschiedlichen Ergebnissen. Besonders deutlich wird dies bei der Frage der Zulässigkeit der Legitimation von Entscheidungen auch durch Ausländer, weshalb insbesondere bei der Frage des Ausländerwahlrechts immer noch bedeutende Streitpunkte bestehen.[273]

Im Ergebnis entscheidend sind für die Unterschiede zwischen den verschiedenen theoretischen Konzeptionen in der Anwendung auf den jeweiligen Einzelfall nicht die einzelnen bisher diskutierten Strukturelemente, sondern einzig ihr rechtliches Zusammenwirken im Legitimationsniveau, weil erst durch die Frage nach der Einhaltung eines rechtlich aufgegebenen Maßstabs das Ergebnis der rechtlichen Betrachtung bestimmt wird. Wegen der fundamentalen Bedeutung dieses rechtlichen Maßstabs sollen die verschiedenen Konzeptionen und Annahmen nachfolgend gesondert dargestellt und diskutiert werden.

273 Vgl. aus jüngerer Zeit *Staatsgerichtshof der Freien Hansestadt Bremen* 31.01.2014 – St 1/13 (juris).

B. Exkurs: Art. 20 GG als Prinzip oder Regel

1. Normstrukturelle Unterschiede zwischen Rechtsprinzip und Rechtsregel

Bevor auf die verschiedenen Ansichten zur Bestimmung eines Legitimationsniveaus eingegangen wird, erscheint es zweckmäßig, eine grundlegende Unterscheidung zu betrachten: Viele und insbesondere jüngere Auffassungen gehen bei der Interpretation von Art. 20 Abs. 2 GG nicht von einer Rechtsregel, sondern von einem Rechtsprinzip aus. Die sogenannte Normstruktur geht damit der Frage nach dem konkreten Inhalt des Legitimationsprinzips voraus, weil die Einordnung als Prinzip unabhängig vom konkreten Norminhalt zu einer völlig anderen Bedeutung führte. Folgte man der Auffassung, bei Art. 20 Abs. 2 GG handele es sich um ein Rechtsprinzip, welches sich von einer klassischen Rechtsregel unterscheide, würde unabhängig vom genauen Inhalt dieses Legitimationsmaßstabs allein ein Zielzustand beschrieben, ohne dass dessen Nichterreichung zur Rechtswidrigkeit eines bestimmten Sachverhalts führen würde. Stattdessen wird diesem Rechtsprinzip regelmäßig ein Optimierungscharakter zugeschrieben; aus diesem ergeben sich jedoch naturgemäß keine fixen Maßstäbe. Dafür, dass eine solche Unterscheidung zwischen Regel- und Prinzipienebene zwingend vorab erforderlich wäre, müssten notwendigerweise drei Bedingungen erfüllt sein. Zunächst müsste festgestellt werden, dass sich die Theorie verschiedener Normstrukturen als zutreffend erweist und es derartig kategorial verschiedene Rechtsnormen gebe.[274] Zudem müsste diese Unterscheidung auch dazu führen, dass sich normative Unterschiede ergeben, wenn es sich bei einer Verfassungsnorm (konkret: Art. 20 Abs. 2 GG[275]) um ein Rechtsprinzip und nicht um eine Rechtsregel handelte. Schließlich müsste dann für diese Vorschrift überprüft werden, ob es sich tatsächlich um eine Vorschrift mit anderer Rechtsnatur – also um ein Prinzip handelt. Wenn hingegen eine dieser drei (Vor-) Fragen nicht zu bejahen ist, führte dies dazu, dass die Vorschrift des Art. 20 Abs. 2 GG wie

274 Bereits hier zeigen sich Formulierungsprobleme: Trennt man die Frage der Aufteilung von Regeln und Prinzipien von der normativen Verankerung, stellt sich die Frage, wie disziplinunspezifisch eine „Existenz“ der Trennung nachgewiesen werden kann. Vielmehr scheint gerade diese Frage von dem jeweiligen Betrachtungspunkt abzuhängen (Rechtssoziologie, Rechtsdogmatik usw.).

275 In der Annahme von *Unger* stellt hingegen nur Art. 20 Abs. 1 GG ein solches Rechtsprinzip dar, vgl. III.C.27.

jede andere Vorschrift auch mittels der bekannten Auslegungssmethoden auszulegen ist.

a) Differenzierung zwischen Rechtsprinzipien und Rechtsregeln

Die Unterscheidung zwischen Rechtsregeln und Rechtsprinzipien wird für die grundgesetzliche Rechtsordnung üblicherweise auf die „Theorie der Grundrechte" *Robert Alexys*[276] zurückgeführt.[277] Dieser unterscheidet die Artikel des Grundgesetzes in die beiden vorgenannten Kategorien, weil gerade die allgemein gehaltenen grundrechtlichen Vorschriften nicht vergleichbar einer gewöhnlichen Rechtsnorm seien. Die eher technisch anmutenden Normen des Grundgesetzes, beispielsweise zum Ablauf des Gesetzgebungsprozesses oder im Bereich der Finanzverfassung könnten nach dieser Auffassung hingegen unproblematisch als „herkömmliche" Rechtsregeln verstanden werden.

(1) Rechtsprinzipien

Am Beispiel der sehr weit gefassten Grundrechte könne man erkennen, dass selbst die vorbehaltlos garantierten Grundrechte nicht ohne jede Schranke gelten könnten, insbesondere wenn es um kollidierende Rechte gleichen Ranges (also beispielsweise Grundrechte Dritter) gehe. Derartige Normen (als Überbegriff für Rechtsregeln und Prinzipien)[278], die bereits denklogisch keinesfalls immer gleichermaßen durchsetzbar seien, könnten daher nur eine andere Rolle, nämlich die der Prinzipien einnehmen. Im Unterschied zu den Regeln stellten hiernach Prinzipien Normen dar, die ein möglichst hohes Maß an Realisierung eines vorgegebenen Ziels im Rahmen der technischen und rechtlichen Möglichkeiten vorschrieben.[279] Als Beispiel für ein Rechtsprinzip im Sinne dieser Unterscheidung wird regelmäßig die Kunstfreiheit des Art. 5 Abs. 3 S. 1 GG angeführt.[280] Der

276 *Alexy*, Theorie der Grundrechte (1986).

277 Dieser knüpft wiederum an die Diskussion im anglo-amerikanischen Rechtskreis an, siehe hier *Dworkin*, Taking rights seriously (1978) bzw. in der Übersetzung *Dworkin*, Bürgerrechte ernstgenommen (1984).

278 *Alexy*, Theorie der Grundrechte (1986), S. 72 f.

279 *Alexy*, Theorie der Grundrechte (1986), S. 75.

280 *Alexy*, Theorie der Grundrechte (1986), S. 107; *Unger*, Das Verfassungsprinzip der Demokratie (2008), S. 93.

Formulierung nach handelt es sich um eine unbeschränkte Grundrechtsgewährleistung, zugleich sei es jedem verständlich, dass diese Unbeschränktheit nicht zur grenzenlosen Verwirklichung einer unbegrenzten Freiheit führen könne. Vielmehr trage dieses Rechtsprinzip eine immanente bedingte Vorrangrelation in sich, die im Falle inhaltlich sich widersprechender Normen dazu führe, dass Konflikte auflösbar blieben. Als „weiche Rechtsnormen“[281] stellten sie zwar Zielbestimmungen dar, die regelmäßig der weiteren Verdichtung bedürften, ihnen käme jedoch insofern rechtliche (im Sinne einer verbindlichen) Wirkung zu, als dass ihre Nichtverwirklichung nicht im Belieben des Rechtsanwenders stünde, sondern stets in besonderem Maße rechtfertigungsbedürftig wäre.[282]

Wenn auch nach der Prinzipientheorie derartige Bestimmungen nicht in letzter Konsequenz absolut sein können, weil sie sich in Abhängigkeit weiterer Umstände selbst zurücknehmen, so bleibt von Bedeutung, dass diese Relativierung einer ansonsten nicht bedingt formulierten Norm nur dann eintritt, wenn ein Kollisionsfall auftritt. Steht dem Rechtsprinzip im konkreten Einzelfall nämlich kein gleichwertiges Prinzip entgegen, behält es seine (uneingeschränkte) Wirkung und wird gerade nicht relativiert. In diesem Fall ausbleibender Kollision mit einer gleichwertigen Norm unterscheidet sich das Rechtsprinzip in der Anwendung nicht von einer Rechtsregel.

(2) Rechtsregeln

Demgegenüber entsprächen die Rechtsregeln den klassischen Vorstellungen von verbindlichen Vorschriften, bei denen durch die Technik der Subsumtion ein verbindliches Ergebnis erreicht werden könne. Sie stellen Normen dar, die entweder erfüllt oder auch nicht erfüllt werden können; die Rahmenbedingungen für technische und rechtliche Möglichkeiten werden nach diesem Verständnis durch die Norm selbst gesetzt.[283] Insofern seien diese Regeln unnachgiebig. Ein Konflikt zwischen Rechtsregeln könne nicht wie bei Rechtsprinzipien dergestalt aufgelöst werden, dass eine Optimierung im Sinne einer praktischen Konkordanz angestrebt würde. Die einzige Möglichkeit der Konfliktbewältigung sei hier die Anwendung von Vorrangregeln, wie sie die grundgesetzliche Rechtsordnung

281 *Unger*, Das Verfassungsprinzip der Demokratie (2008), S. 95.
282 *Unger*, Das Verfassungsprinzip der Demokratie (2008), S. 95.
283 *Alexy*, Theorie der Grundrechte (1986), S. 76.

explizit[284] oder ungeschrieben[285] vorsieht. Insofern stellten sie unnachgiebige Rechtsnormen dar, die auch regelmäßig aus sich heraus verständlich seien.[286]

(3) Bedeutung der Differenzierung

Ausgehend von dieser Aufteilung wird deutlich, dass sich Rechtsprinzipien und Rechtsregeln so verstanden nicht nur graduell, sondern qualitativ unterscheiden. Somit besteht in der Annahme zwischen beiden ein qualitativer Unterschied, der dazu führt, dass eine Norm auch nur einer Kategorie zugeordnet werden kann. Deshalb wird auch regelmäßig von einem Wesensunterschied der verschiedenen Normkategorien ausgegangen.[287] Dabei bleibt zu berücksichtigen, dass auch die als „weiche" Rechtsnormen verstandenen Rechtsprinzipien nicht abdingbar und voll durchsetzbar sind, wenn kein gleichwertiges gleichrangiges und gegenläufiges Recht entgegensteht. Zugleich geht auch der Prinzipiencharakter nicht so weit, dass ein bestimmtes Rechtsprinzip stets zurücktreten würde. Vielmehr müsse stets beachtet werden, dass ein Zurücktreten eines Rechtsprinzips nur im Einzelfall erfolgen könne und auch nur dann zu rechtfertigen sei. Somit könne es keine schematische Auflösung für konfligierende Rechtsprinzipien geben, für jede einzelne Kollision sei konkret die optimale Verwirklichung der Prinzipien zu erreichen.[288]

b) Demokratieprinzip als so verstandenes Rechtsprinzip

Zwar wurden mit den Rechtsprinzipien ursprünglich nur die Grundrechte klassifiziert, weil sie zunächst anhand der Bürgerrechte[289] bzw. der Grundrechte[290] herausgearbeitet wurden. Nach gleichem Muster ließen sich je-

---

284 Das GG sieht in seinem Art. 31 eine solche Vorrangregelung für das Verhältnis von Bundes- und Landesrecht vor.

285 Als ungeschriebene Vorrangregeln sind anerkannt „lex posterior derogat legi priori", „lex specialis derogat legi generali", vgl. allgemein *Zippelius*, Juristische Methodenlehre, 11. Aufl. (2012), S. 30 ff.

286 *Unger*, Das Verfassungsprinzip der Demokratie (2008), S. 94.

287 *Alexy*, Theorie der Grundrechte (1986), S. 76 f.

288 *Unger*, Das Verfassungsprinzip der Demokratie (2008), S. 96 f.

289 *Dworkin*, Taking rights seriously (1978).

290 *Alexy*, Theorie der Grundrechte (1986).

doch auch objektive Verfassungsbestimmungen wie das Demokratieprinzip[291] nach diesem Verständnis als Rechtsprinzip einordnen.[292] Hierfür spreche nach häufig vertretenem Verständnis vor allem die tatsächliche Handhabung des Demokratiebegriffs durch Rechtsprechung und Rechtswissenschaft.[293] Erkennt man die Notwendigkeit eines Legitimationsniveaus an, das seinerseits wegen der teilweisen Substituierbarkeit einzelner Legitimationsfaktoren nicht absolut, sondern das Ergebnis eines Abwägungsprozesses sei, müsste man dabei voraussetzen, dass – ähnlich einer Verhältnismäßigkeitsüberlegung – kein festes Maß bestehen und es nur um eine Optimierung gehen könne.[294] Dies zeige auch die Argumentation des Bundesverfassungsgerichts, wenn in der Entscheidung zu den Wasser- und Bodenverbänden[295] von einer Entwicklungsoffenheit gesprochen werde.[296] Das Demokratieprinzip werde dort als „entwicklungsoffen und dynamisch" dargestellt, was nicht durch eine Rechtsregel erreicht werden könne. Auch und insbesondere die Vorgehensweise, mit der das Gericht eine Abwägung an der Schnittstelle zwischen zulässiger Selbstverwaltung und der Grenze zur unzulässigen Fremdverwaltung durchführe, lege den Schluss nahe, das Bundesverfassungsgericht habe sich bereits der „Prinzipialisierung" des Demokratieprinzips angeschlossen.[297] Vielmehr entbinde

---

291 Üblicherweise wird allgemein vom „Demokratieprinzip" des Grundgesetzes gesprochen, nicht aber näher definiert, wo dieses verortet wird. Insbesondere stellt sich hier die wichtige Abgrenzungsfrage, ob das hier angeführte „Demokratieprinzip" das des Art. 20 Abs. 1 GG oder des Art. 20 Abs. 2 GG sein soll. Genauso könnte es sich aber auch um eine vermeintliche dem Grundgesetz zugrundeliegende Vorstellung handeln oder um ein Demokratieprinzip im Sinne der Ewigkeitsklausel (in Art. 79 Abs. 3 GG in Bezug genommen). Missverständlich erscheint dann auch die pauschale Feststellung, das „Demokratieprinzip" sei unantastbar und nicht abwägungsfähig, vgl. *BVerfG*, Urt. v. 30.06.2009, BVerfGE 123, 267 (343). Für die Zwecke der Darstellung einer denkbaren Prinzipieneigenschaft ist jedoch eine Festlegung hier (noch) nicht erforderlich.

292 *Unger*, Das Verfassungsprinzip der Demokratie (2008), S. 100.

293 Die Problematik dabei ist der (eventuelle Zirkel-)Schluss, mit dem die Vereinbarkeit einer Rechtsprechung mit den grundgesetzlichen Vorgaben überprüft werden soll, hierfür aber diese Rechtsprechung gerade als Begründung herangezogen wird.

294 *Trute*, Die demokratische Legitimation der Verwaltung, in: *Hoffmann-Riem/Schmidt-Aßmann/Voßkuhle* (Hrsg.), Grundlagen des Verwaltungsrechts, Bd. I, 2. Aufl. (2012), § 6, Rdnr. 16.

295 *BVerfG*, B. v. 05.12.2002, BVerfGE 107, 59.

296 *Trute*, Die demokratische Legitimation der Verwaltung, in: *Hoffmann-Riem/Schmidt-Aßmann/Voßkuhle* (Hrsg.), Grundlagen des Verwaltungsrechts, Bd. I, 2. Aufl. (2012), § 6, Rdnr. 16.

297 *Unger*, Das Verfassungsprinzip der Demokratie (2008), S. 114 f.

das Demokratieprinzip nach diesen Maßstäben eine Gestaltungsaufgabe, deren Ziel sich nicht darin erschöpfe, vorgegebene Anforderungen zu erfüllen, sondern das Ziel der Demokratisierung weiter zu verstärken.[298]

Insofern scheint der bedeutendste Grund für die Einordnung des Demokratieprinzips als Rechtsprinzip die materielle Nähe eines demokratischen Gedankens (wenngleich nicht im rechtsdogmatischen Sinne) zu einer inhaltsoffenen Zielvorschrift zu sein. Dies wird besonders deutlich, wenn der Prinzipiencharakter damit begründet wird, dass eine Einordnung als Rechtsregel eine Stabilisierung der Verhältnisse bedeute, dies aber einer Entwicklungsoffenheit und Entwicklungsbedürftigkeit der Demokratie widerspräche.[299] An dieser Stelle wird deutlich, was für fundamentale Auswirkungen eine Klassifizierung als Rechtsprinzip hätte: Handelte es sich um ein (bloßes) Optimierungsgebot, entfielen konkrete inhaltliche Begrenzungen zugunsten allgemeiner Rechtfertigungsgründe. Dass die Prinzipialisierung das „dogmatische Fundament liefert, um Veränderungen der Verfassungswirklichkeit innerhalb des grundgesetzlichen Legitimationsgefüges ohne dessen textliche Änderung verarbeiten zu können“[300], trifft unzweifelhaft zu. Gleichwohl sagt diese Beschreibung bloß einer rechtlichen bzw. rechtsdogmatischen Konsequenz nichts darüber aus, ob derartiges auch vom Grundgesetz so vorgesehen ist. Allein die Forderung nach einer Möglichkeit, die „Verfassungswirklichkeit“ berücksichtigen zu können, macht den Nachweis einer solchen grundgesetzlichen Ermächtigung nicht entbehrlich.

2. Keine Vorabqualifikation erforderlich

Wenn diese Frage nach der Rechtsstruktur des Demokratieprinzips des Grundgesetzes tatsächlich die Weichen derartig stellen und Art und Reichweite des Demokratieprinzips so bestimmen könnte, müsste diese Rechtsnormstruktur in der Tat vorab geklärt werden.[301]

---

298 *Trute*, Die demokratische Legitimation der Verwaltung, in: *Hoffmann-Riem/ Schmidt-Aßmann/Voßkuhle* (Hrsg.), Grundlagen des Verwaltungsrechts, Bd. I, 2. Aufl. (2012), § 6, Rdnr. 2.

299 *Unger*, Das Verfassungsprinzip der Demokratie (2008), S. 105 f.

300 *Unger*, Das Verfassungsprinzip der Demokratie (2008), S. 122.

301 Dass die kategoriale Trennung insoweit aber nicht bestehe und der Gegensatz zwischen Rechtsregel und Rechtsprinzip insoweit überzeichnet sei, vertreten *Röhl/Röhl*, Allgemeine Rechtslehre, 3. Aufl. (2008), S. 288 f.

Vor allem aber bereits gegen die hierfür erforderliche Annahme der existierenden unterschiedlichen Normstrukturen werden erhebliche Argumente ins Feld geführt. So stellt vor allem die Wechselbezüglichkeit zwischen tatsächlichen Einflüssen und rechtlichen Konsequenzen bei der Abwägung nach der Prinzipientheorie ein ernsthaftes Problem dar, weil diese das Risiko der Beliebigkeit birgt und die Normativität der rechtlichen Vorgaben in den Hintergrund drängt.[302] Liest man in die so verstandenen Rechtsprinzipien bereits durch die Rechtsnaturqualifikation einen immanenten Wirklichkeitsvorbehalt hinein, droht die Gefahr der Konturlosigkeit: Faktische Zwänge könnten nämlich bereits zu einer Änderung der rechtlichen Anforderungen führen, wo möglicherweise umgekehrt geprüft werden sollte, ob die Rechtsnorm eine Änderung der Anforderung oder eine Maßstabslockerung unter bestimmten Voraussetzungen vorsieht. Mag auch diese Annahme der Vorgehensweise des Rechtsanwenders in tatsächlicher Hinsicht unzweifelhaft nahekommen, so bleibt doch zu fragen, ob es mit den grundgesetzlichen Anforderungen vereinbar ist, bei den wichtigsten Grundrechtsbestimmungen[303] die stärkste Relativierung durch Wirklichkeitseinflüsse und somit Variierbarkeit zu rechtfertigen. Im Ergebnis würde dies nämlich gerade bei unbeschränkt garantierten Grundrechten eine größere inhaltliche Beliebigkeit bedeuten als bei solchen, die unter einem Gesetzesvorbehalt stehen, weil in dieser Hinsicht das betreffende Grundrecht durch die technisch vorgesehene Einschränkbarkeit einer Rechtsregel sehr viel näherkommt.

Auch wird gegen die Prinzipientheorie im Allgemeinen vorgebracht, sie erfülle ihren eigenen normativen Anspruch nicht. Soweit sie nämlich beansprucht, nicht nur deskriptiv und vergangenheitsgerichtet Entscheidungen im Falle eines Normkonfliktes zu erklären, sondern auch für zukünftige Konstellationen durch die Qualifikation einer Norm als Regel oder Prinzip eine Entscheidungsgrundlage liefern will, bedeutet dies, dass

---

302 Treffend zusammengefasst bei *Unger*, Das Verfassungsprinzip der Demokratie (2008), S. 125 f.: „Der Begriff des Rechts würde auf Faktizität reduziert, Normativität spielte nur eine untergeordnete Rolle"; mit Hinweis auf die Gefahr der Verwechslung von Grundrechtsauslegung und Kompetenzauslegung, *Jestaedt*, Verfassungsrecht und einfaches Recht - Verfassungsgerichtsbarkeit und Fachgerichtsbarkeit, DVBl. 2001, 1309 (1318).

303 Keinesfalls soll hiermit eine reihende Wertung der Bedeutung der Grundrechte des Grundgesetzes vorgenommen werden; vielmehr sieht das Grundgesetz selbst verschiedene Möglichkeiten der Einschränkbarkeit vor, wenn einige Grundrechte einen Gesetzesvorbehalt haben, andere unbeschränkt formuliert sind.

der Unterscheidung ein rechtsdogmatischer Eigenwert zukomme. Dies würde bedeuten, dass zuerst untersucht werden müsste, ob es sich bei den streitentscheidenden Normen und Regeln oder Prinzipien handelt, und sich das Ergebnis des Normkonfliktes aus dieser Qualifikation ergebe. Hintergrund der Kritik an dieser Annahme ist, dass aus einer Rechtsnorm für sich nicht zu erkennen ist, ob es sich bei ihr um ein Prinzip oder eine Regel handelt. Dieses kann erst und nur am konkreten Fall beantwortet werden, wenn eine konkrete Normkollision vorliegt und beobachtet wird, wie sich die Norm in diesem Fall verhält. Indem die Beobachtung des Kollisionsverhaltens zweier Normen als Grundlage für die Klassifizierung genommen wird, fehle es weiterhin an zukunftsgerichteten Aussagen über noch nicht entschiedene Fälle.[304] Dies würde bedeuten, dass erst das Ergebnis des Normkonfliktes die Natur der relevanten Normen aufdecken könnte. Gleichzeitig wäre der normative Eigenwert der Unterscheidung zwischen Prinzipien und Regeln ausgeschlossen, vielmehr könnte es sich bereits wegen des Erkenntnisgewinnungsprozesses ausschließlich um eine deskriptive Kategorie handeln.

Hiergegen wendet *Unger* ein, dieser Vorwurf berühre zwar eine Schwachstelle der Prinzipientheorie, führe jedoch nicht zu ihrer normativen Bedeutungslosigkeit.[305] Die Theorie lege durch die Unterscheidung nach der Normstruktur die Grundlage für ein präskriptives Modell, in dem die grundgesetzlichen Vorschriften nach herkömmlichen Kriterien unter Berücksichtigung von Inhalt, Systematik und Entstehungsgeschichte ausgelegt werden müssten. Aus der Auslegung ergebe sich für jede Verfassungsbestimmung gesondert, ob sie Prinzipiencharakter habe oder nicht.[306]Erst nach diesem Auslegungsschritt könne die Frage beantwortet werden, wie sich die konkrete Norm im konkreten Konfliktfall praktisch auswirken wird und welcher Normstrukturcharakter einer Norm zukommt.[307]

In der Tat kann diesem Vorgehen in der Tat nicht mehr der Vorwurf gemacht werden, bloß rückwirkend-analytisch zu funktionieren, weil mit der durch Auslegung erreichten Klassifizierung eine rechtsdogmatische Kategorie gewonnen ist, welche die praktische Anwendung und Handhab-

304 *Jestaedt,* Grundrechtsentfaltung im Gesetz (1999), S. 218 ff.
305 *Unger,* Das Verfassungsprinzip der Demokratie (2008), S. 139.
306 *Unger,* Das Verfassungsprinzip der Demokratie (2008), S. 147.
307 *Unger,* Das Verfassungsprinzip der Demokratie (2008), S. 148.

barkeit grundgesetzlicher Vorschriften erhöht.[308] Insofern ergeben sich unzweifelhaft Rationalitätsgewinne. Bei der Rechtsanwendung kann somit auf einen dogmatischen Speicher zugegriffen werden, der erlaubt, im Regelfall den Auslegungsprozess nicht durchexerzieren zu müssen. Zugleich kann aber die (Zwischen-)Feststellung, bei streitentscheidenden Normen handle es sich um Prinzipien oder Regeln, keine eigenen Rechtswirkungen entfalten. Für jeden zu entscheidenden Fall muss nachweisbar sein, dass sich das Kollisionsverhalten einer Norm allein aus deren Auslegung ergibt. Folglich bedeutet dies, dass die Regel-/Prinzipien-Qualifikation keinerlei normativen Eigenwert hat: Ergibt sich nämlich der Normcharakter nur aus der Auslegung der Norm und hängt das Ergebnis eines konkreten Normkonflikts streng akzessorisch von dieser Qualifikation ab, so ergibt sich die Abhängigkeit in gleichem Maße unmittelbar kraft Auslegung. Zugleich lässt sich so auch eine Rechtsregel als ein Rechtsprinzip verstehen, wenn sich dieses Prinzip einzig aus anderen Verfassungsvorschriften bestimmt.

Träfe es tatsächlich zu, dass der Prinzipiencharakter einer Norm vorab (durch Auslegung) ermittelt werden muss, bedeutete dies aus rechtsdogmatischer Sicht eine (überflüssige) Prüfungsverdopplung. In dem Moment, in dem der Prinzipiencharakter einer Norm nur (gewöhnliches) Auslegungsergebnis des Inhalts einer Norm ist, fehlt es (in normativer Hinsicht – und damit für die anwendungsorientierte Rechtsdogmatik) am vorausgesetzten Wesensunterschied zwischen Norminhalt und Normstruktur. Ergibt sich letztere erst aus der Auslegung einer Rechtsnorm, kann diese Struktur nicht mehr eine andere Art der Auslegung bedingen. Es verbleibt ein möglicher Rationalitäts- und Erkenntnisgewinn durch diese (zusätzliche) rechtstheoretische Kategorie. Keinesfalls jedoch kann dieses Auslegungsergebnis normativen Selbststand haben.

C. Legitimationsniveau (Maßstab Art. 20 Abs. 2 GG)

Demokratische Legitimation der Staatsgewalt (des Legitimationsobjekts) im Sinne des Art. 20 Abs. 2 GG wird ausgehend vom Legitimationssub-

308 Vgl. allgemein zu Vorzügen dogmatischer Rechtseinteilungen *Jestaedt*, Wissenschaftliches Recht, in: *Jabloner/Kucsko-Stadlmayer/Muzak/Perthold-Stoitzner/Stöger* (Hrsg.), Vom praktischen Wert der Methode (2011), S. 178 ff.; *Waldhoff*, Kritik und Lob der Dogmatik, in: *Kirchhof/Magen/Schneider* (Hrsg.), Was weiß Dogmatik? (2012), S. 30 ff.

jekt mittels spezieller und spezifischer Legitimationsmethoden vermittelt. Während es noch überwiegender Auffassung entspricht, dass durch Zusammenwirken der grundgesetzlich anerkannten Legitimationsmethoden „ein bestimmtes Legitimationsniveau“ erreicht werden müsse, welches sehr häufig als „effektive Vermittlung demokratischer Legitimation“ bezeichnet wird, verdecken diese Ähnlichkeiten der Terminologie und der Annahmen der Notwendigkeit einer „effektiven“ demokratischen Legitimation die Tatsache, dass sich hinter den Begriffen und insbesondere dem Verständnis des „Legitimationsniveaus“ grundlegend unterschiedliche Annahmen verbergen. Im Folgenden sollen sowohl die prägenden Gerichtsentscheidungen als auch die für den Rechtsbegriff des Legitimationsniveaus besonders prägenden Ansätze und Annahmen aus der rechtswissenschaftlichen Literatur dargestellt werden. Dies soll im Wesentlichen nach der Reihenfolge der (Erst-)Veröffentlichung geordnet erfolgen, um so eine Entwicklung im Diskurs aufzeigen zu können. Bezüglich der Beiträge in der Literatur soll bei mehreren Auflagen stets die jeweils aktuellste Konzeption zugrunde gelegt werden. Für die behandelten gerichtlichen Entscheidungen soll dabei nach Möglichkeit nicht nur auf den konkreten, rechtsdogmatischen Maßstab Bezug genommen werden, sondern es sollen auch die Gesamtumstände des Falls berücksichtigt werden, um anschließend eine geeignete Kontextualisierung zu ermöglichen.[309]

Das Legitimationsniveau stellt dabei das entscheidende Element dar, das die übrigen Tatbestandsmerkmale verknüpft und aus ihnen einen Rechtsmaßstab macht. Aus der Verknüpfung ergibt sich die Abhängigkeit von den Einzelelementen, weshalb auch eine isolierte Betrachtung einzelner Maßstäbe schwerlich möglich ist. Deshalb wird es für die Darstellung der unterschiedlichen Auffassungen notwendig sein, auch auf die jeweiligen Grundannahmen für die übrigen, bereits oben diskutierten dogmatischen Elemente einzugehen.

309 Damit sollen die grundsätzlichen Überlegungen von *Lepsius*, Was kann die deutsche Staatsrechtslehre von der amerikanischen Rechtswissenschaft lernen?, in: *Schulze-Fielitz* (Hrsg.), Staatsrechtslehre als Wissenschaft (2007), S. 335 ff. zur Beschäftigung mit und Kontextualisierung von Entscheidungen zu Nutze gemacht werden.

1. BVerfG: Bremer Personalvertretung (1959)

Noch nicht unter der Überschrift „demokratische Legitimation“ beschäftigte sich das Bundesverfassungsgericht in seinem Urteil zur Bremer Personalvertretung von 1959[310] mit der Zulässigkeit der Einrichtung einer Einigungsstelle, die in personellen und sozialen Angelegenheiten der Beamten zur verbindlichen Letztentscheidung befugt war. Die dortigen Einigungsstellen waren mit drei Vertretern des Dienstherrn sowie drei weiteren Vertretern der Personalvertretungen und dem Präsidenten der Bürgerschaft (bzw. dem durch ihn entsandten Vertreter) als Vorsitzenden besetzt. Als maßgeblich sah das Bundesverfassungsgericht hier Art. 28 Abs. 1 Satz 1 GG an, aus dem sich auch die selbstständige politische Entscheidungsgewalt der Regierung, ihre Funktionsfähigkeit zur Erfüllung der verfassungsmäßigen Aufgaben und Sachverantwortung gegenüber Volk und Parlament als zwingende Gebote der demokratischen rechtsstaatlichen Verfassung ergäben.[311] Hieraus könne nicht eine grundsätzliche Unzulässigkeit eines „ministerialfreien Raums“ geschlossen werden; es gebe aber Regulierungsaufgaben, die wegen ihrer politischen Tragweite nicht auf von Regierung und Parlament unabhängige Stellen übertragen werden dürften. Die Regierung könne ihre Verantwortung nur tragen, wenn nicht Stellen, die unkontrolliert und niemandem verantwortlich seien, Einfluss auf die Staatsverwaltung gewinnen würden.[312] Während Entscheidungen im sozialen Bereich offen für Mitbestimmung der Personalvertretungen sein könnten, stellten Entscheidungen über Personalangelegenheiten der Beamten zentrale Elemente der Regierungsverantwortung dar.[313]

Wenn auch diese Überlegungen noch allgemein gehalten aus dem Begriff des „demokratischen Rechtsstaats“ aus Art. 28 Abs. 1 Satz 1 GG hergeleitet werden, ist bereits der Sache eine Ähnlichkeit hinsichtlich der Terminologie und dem Argumentationsmuster zu den Entscheidungen über die demokratische Legitimation im Sinne des Art. 20 Abs. 2 Satz 1 GG aus späteren Entscheidungen erkennbar: Zwar wird hier noch kein Rückgriff auf das Modell der Legitimationsketten genommen, der Argumentation nach sind jedoch die letztverbindlichen Entscheidungen der Einigungsstelle des-

310 *BVerfG,* Urt. v. 27.04.1959, BVerfGE 9, 268.

311 *BVerfG,* Urt. v. 27.04.1959, BVerfGE 9, 268 (281).

312 *BVerfG,* Urt. v. 27.04.1959, BVerfGE 9, 268 (282).

313 *BVerfG,* Urt. v. 27.04.1959, BVerfGE 9, 268 (283); insoweit werden schon hier Maßstäbe ähnlich den materiell vom Gericht im Urteil zum Mitbestimmungsgesetz Schleswig-Holstein verwendeten angelegt, *BVerfG,* B. v. 24.05.1995, BVerfGE 93, 37, vgl. dazu unten III.C.15.

halb nicht zulässig, weil diese weder der Regierung noch dem Parlament verantwortlich seien und damit keine hinreichende personell-organisatorische Legitimation vorhanden, bzw. eine genügende Kompensation durch andere Legitimationskomponenten als Rechtfertigung nicht gegeben sei.

2. BVerfG: Facharztbeschluss (1972)

In seinem Facharztbeschluss von 1972[314] setzte sich das Bundesverfassungsgericht mit der Frage der Zulässigkeit der Verleihung von Satzungsgewalt an Berufsverbände des öffentlichen Rechts auseinander. Dabei hielt das Gericht die Delegationsmöglichkeiten des Art. 80 Abs. 1 GG für dann nicht anwendbar, wenn die Normsetzungsbefugnis an einen bestimmten Kreis von Bürgern abgegeben wird, damit innerhalb eines von vornherein durch Wesen und Aufgabenstellung begrenzten Bereichs eigene Angelegenheiten selbst geregelt werden könnten.[315] Aus den Prinzipien des Rechtsstaats und der Demokratie folge, dass sich der Gesetzgeber seiner Rechtsetzungsbefugnis nicht völlig entäußern und seinen Einfluss auf den Inhalt der zu erlassenen Normen nicht gänzlich preisgeben dürfe; insoweit treffe den staatlichen Gesetzgeber eine gesteigerte Verantwortung.[316] Schon wegen des Regelungsvorbehalts in Art. 12 Abs. 1 Satz 2 GG dürfe sich der Gesetzgeber nicht der Entscheidungspflicht für Angelegenheiten derartiger Tragweite entziehen (hier: Einschränkungen der Berufsfreiheit bei Ärzten).[317] Die Zulässigkeit der Regelungen durch die Satzung müsse sich demnach nach einer in der verfassungsgerichtlichen Rechtsprechung entwickelten, am Grundsatz der Verhältnismäßigkeit ausgerichte-

---

314 *BVerfG*, B. v. 09.05.1972, BVerfGE 33, 125.

315 *BVerfG*, B. v. 09.05.1972, BVerfGE 33, 125 (157 f.).

316 *BVerfG*, B. v. 09.05.1972, BVerfGE 33, 125 (158); *Kluth* erkennt in dieser Passage eine wesentliche Aussage zur demokratischen Legitimation von Trägern funktionaler Selbstverwaltung und zählt damit diese Entscheidung zu denjenigen, die in der Praxis kaum gesehen bzw. ihre grundlegenden Wertungen kaum beachtet würden, *Kluth*, Der gemeinsame Bundesausschuss (G-BA) nach § 91 SGB V aus der Perspektive des Verfassungsrechts: Aufgaben, Funktionen und Legitimation (2015), S. 20 Fn. 22.

317 *BVerfG*, B. v. 09.05.1972, BVerfGE 33, 125 (159); das Gericht spricht hier von einer gesteigerten Verantwortung des staatlichen Gesetzgebers, den Bereich staatlicher Gewaltausübung, insbesondere den grundrechtsnahen Bereich, selbst zu regeln: Allein dem Gesetzgeber sei aufgegeben zu entscheiden, wann Gemeinschaftsinteressen so wichtig sind, dass Freiheitsrechte einzelner zurücktreten müssen.

ten Stufentheorie richten, innerhalb dieses gesetzten Rahmens könne die Satzungsautonomie weiter bestehen.[318] Nach diesen Maßstäben müssten zumindest die „statusbildenden" Normen durch den Gesetzgeber selbst durch ein formelles Gesetz getroffen werden.[319]

Für das Verfassungsgericht waren hier die Fragen nach der Reichweite der Satzungsautonomie für Regelungen in eigenen Angelegenheiten der Mitglieder nicht entscheidungserheblich, weil bereits die Einzelmaßnahmen als unverhältnismäßig angesehen wurden und bereits deshalb die Urteilsverfassungsbeschwerden Erfolg hatten. Nichtsdestotrotz klingt auch in diesem Beschluss an, dass eine genügende Legitimation – zumindest bei für Einzelne derartig bedeutsamen Regelungen – nur von einer gesetzlichen Regelung ausgehen könnte, nicht aber durch eine delegierte Rechtsetzung durch eine Körperschaft, die nicht über eine eigene personell-organisatorische Legitimation verfügt.

3. BVerfG: Nordrhein-westfälische Gemeindeparlamente (1978)

Explizit mit den Maßstäben der Abs. 1 und 2 von Art. 20 GG beschäftigt sich das Bundesverfassungsgericht im Februar 1978 zu den in der nordrhein-westfälischen Gemeindeordnung eingefügten Stadtbezirken.[320] In den verfahrensgegenständlichen §§ 13 ff. GO-NRW war vorgesehen, dass kreisfreie Städte in jeweils drei bis zehn Stadtbezirke aufgeteilt werden sollen, für die jeweils eine eigene Bezirksvertretung gewählt werden sollte. In einer solchen Bezirksvertretung konnte allerdings nur eine Partei oder Wählerliste vertreten sein, wenn gleichzeitig diese Liste auch bei der Wahl des Rates (der gesamten Stadt) mindestens einen Sitz und 5 % der gültigen Stimmen erhalten hat. Die Vertretungen waren dabei mit Entscheidungsbefugnissen, Anhörungsrechten, sowie Vorschlags- und Anregungsrechten ausgestattet.

Den Prüfungsmaßstab leitet das Bundesverfassungsgericht hier aus Art. 20 Abs. 1 und Abs. 2, sowie aus Art. 28 Abs. 1 und Art. 38 Abs. 1 GG ab; das demokratische Prinzip gebiete, dass auch die Gemeinden demokratisch organisiert sein müssten. Die Befugnisse der Gemeindeparlamente beträfen vor allem Fragen der Daseinsvorsorge, auf deren Erfüllung die Bürger des Bezirks in ihrer Gesamtheit angewiesen sind. Dadurch, dass

318 *BVerfG*, B. v. 09.05.1972, BVerfGE 33, 125 (160).
319 *BVerfG*, B. v. 09.05.1972, BVerfGE 33, 125 (163).
320 *BVerfG*, B. v. 15.02.1978, BVerfGE 47, 253.

die Bezirksparlamente sich der Formen des öffentlichen Rechts bedienten, nähmen sie Hoheitsbefugnisse war, die zuvor im Zuständigkeitsbereich des Rates gelegen hatten.[321] Für diese Ausübung von Staatsgewalt bedürfe es auch in personeller Hinsicht einer genügenden Legitimation. Diese könne entweder durch mittelbare Rückführung auf die Wahl durch das Volk geschaffen werden oder alternativ auch durch unmittelbare Volkswahl. Der neu geschaffene „mittlere Weg durch ein besonderes Wahlverfahren" stelle hingegen eine unzulässige Vermischung derartiger Legitimationskomponenten dar.[322] Auch die Grundmandats- und Sperrklausel führten dazu, dass die Wahl der Bezirksvertretungen nicht mehr unmittelbar sei.[323]

Auch wenn begrifflich noch nicht vom Legitimationsniveau die Rede ist, so ergibt sich doch aus der Argumentation bezüglich der Defizite bei der personell-organisatorischen Legitimationskomponente, dass es ein bestimmtes oder bestimmbares Niveau an Legitimation gibt, das auf verschiedene Arten erreicht werden kann (hier jedoch nur durch die Modi der Wahl) und somit auch als Rechtsmaßstab im engeren Sinne geeignet ist.

4. BVerfG: Kalkar I (1978)

In seinem Beschluss Kalkar I[324] beschäftigte sich das Bundesverfassungsgericht auf Vorlage des OVG Münster mit der Vereinbarkeit des § 7 AtomG mit dem GG, insbesondere der Frage der Möglichkeit einer Delegation der Entscheidung über einen Atomreaktor der Bauart „schneller Brüter" an die Exekutive. Der Schwerpunkt der Prüfung lag hier in Fragen des Vorbehalts des Gesetzes und grundrechtlicher Fragestellungen. Hinsichtlich des Demokratieprinzips des Grundgesetzes stellte das Gericht fest, dass die grundlegende staatliche Aufgabenverteilung durch Art. 20 Abs. 2 GG durch den Verfassungsgeber vorgegeben sei. Insbesondere sei der Exekutive ein bedeutender Anteil der Entscheidungen zugewiesen; vor allem dürfe aus dem Demokratieprinzip nicht ein allumfassender Parlamentsvorbehalt geschlossen werden, weil dies einer fälschlichen Ableitung eines Gewaltenmonismus entspräche.[325] Zwar ergeben sich aus dieser Ar-

321 *BVerfG*, B. v. 15.02.1978, BVerfGE 47, 253 (273).
322 *BVerfG*, B. v. 15.02.1978, BVerfGE 47, 253 (275).
323 *BVerfG*, B. v. 15.02.1978, BVerfGE 47, 253 (280).
324 *BVerfG*, B. v. 08.08.1978, BVerfGE 49, 89.
325 *BVerfG*, B. v. 08.08.1978, BVerfGE 49, 89 (125).

gumentation keine Schlussfolgerungen hinsichtlich eines erforderlichen Maßes an demokratischer Legitimation. Jedoch bezieht sich der Beschluss unmissverständlich auf eine konkrete Funktionsweise der demokratischen Legitimation und legt dieser die Ebene der funktionell-institutionellen Legitimation zu Grunde.

5. BVerfG: Schleswig-Holsteinische Ämter (1979)

Zum Verhältnis zwischen unmittelbarer demokratischer Legitimation durch direkte Volkswahl und mittelbarer demokratischer Legitimation durch Ernennung von Entscheidungsträgern in der Exekutive äußert sich das Bundesverfassungsgericht in seinem Urteil von 1979 zu den schleswig-holsteinischen Ämtern.[326] Zwar war hier der Prüfungsmaßstab nicht Art. 20 Abs. 2 GG, sondern Art. 2 Abs. 1 und 2 der Landessatzung für Schleswig-Holstein, strukturell entspricht diese Bestimmung aber den Gedanken des Art. 20 Abs. 2 GG. Dabei sieht das Bundesverfassungsgericht die Legitimation bei Vorliegen einer ununterbrochenen Legitimationskette vom direkt gewählten Landtag derjenigen einer Direktwahl der kommunalen Vertretung als gleichwertig an.[327]

Bemerkenswert sind hier die abschließenden Äußerungen des Verfassungsgerichts hinsichtlich der Vereinbarkeit der schleswig-holsteinischen Amtsordnung mit „allgemeinen demokratischen Grundsätzen".[328] Bezugnehmend auf sein Urteil zu den nordrhein-westfälischen Gemeindeparlamenten[329] spricht das Gericht von allgemeinen Prinzipien, die beinhalten, dass sich die Legitimation aus der Rückführbarkeit auf das Volk als Träger der Staatsgewalt ergebe.[330] Offen bleibt hierbei, ob das Gericht demokratische Standards, die in jedem Fall Inhalt eines demokratischen Prinzips sind, anspricht oder ob lediglich das im Wortlaut sehr ähnliche und deshalb möglicherweise strukturgleiche Demokratieprinzip angesprochen wird, dass in Art. 20 Abs. 2 Satz 1 GG enthalten ist.

---

326 *BVerfG*, Urt. v. 24.07.1979, BVerfGE 52, 95.
327 *BVerfG*, Urt. v. 24.07.1979, BVerfGE 52, 95 (121).
328 *BVerfG*, Urt. v. 24.07.1979, BVerfGE 52, 95 (130).
329 *BVerfG*, B. v. 15.02.1978, BVerfGE 47, 253 (275).
330 *BVerfG*, Urt. v. 24.07.1979, BVerfGE 52, 95 (130).

6. Ernst-Wolfgang Böckenförde (1974, 1987)

Erstmals in seiner Untersuchung über „Verfassungsfragen der Richterwahl“[331] entwickelte *Ernst-Wolfgang Böckenförde* 1974 sein rechtsdogmatisches Modell demokratischer Legitimation, welches später noch ausgebaut wurde[332] und für das Bundesverfassungsgericht die dogmatische Grundlage für die späteren Entscheidungen zum Ausländerwahlrecht[333] und zu den Bezirksvertretungen[334] darstellte.

Bei der Bestimmung der Staatsform proklamiere hiernach das Grundgesetz durch Art. 20 Abs. 2 Satz 1 GG ausdrücklich das Prinzip der Volkssouveränität zum verbindlichen Leitgedanken für die Konstituierung der Staatsgewalt in der Bundesrepublik.[335] Zusammen mit Art. 20 Abs. 2 Satz 2 GG würden ein Organisationssystem, das Art und Grenzen von Innehabung und Ausübung von Staatsgewalt bestimmt und damit die Strukturmerkmale der (positiven) Demokratie geschaffen.[336] Dabei erfolge zunächst mit der grundgesetzlichen Festlegung auf das Volk als Inhaber der Herrschaftsgewalt eine abgrenzende Festlegung,[337] die durch die Notwen-

---

331 *Böckenförde,* Verfassungsfragen der Richterwahl (1974), S. 71.

332 Vgl. insbesondere *Böckenförde,* Demokratie als Verfassungsprinzip, in: *Isensee/Kirchhof* (Hrsg.), Handbuch des Staatsrechts der Bundesrepublik Deutschland, Bd. I, 1. Aufl. (1987), § 22 (nachfolgend gewürdigt und zitiert nach der aktuellen Auflage von 2004) und *Böckenförde,* Demokratie als Verfassungsprinzip, in: Redaktion Kritische Justiz (Hrsg.), Demokratie und Grundgesetz (2000).

333 *BVerfG,* Urt. v. 31.10.1990, BVerfGE 83, 37.

334 *BVerfG,* Urt. v. 31.10.1990, BVerfGE 83, 60.

335 *Böckenförde,* Demokratie als Verfassungsprinzip, in: *Isensee/Kirchhof* (Hrsg.), Handbuch des Staatsrechts der Bundesrepublik Deutschland, Bd. II, 3. Aufl. (2004), § 24, Rdnr. 2; damit werde zwar auch an die historischen Überlegungen zum Prinzip der Volkssouveränität angeknüpft, die Reichweite hinsichtlich der durch das Grundgesetz aufgenommenen Postulate lasse sich allerdings allein aus der Untersuchung der näheren Ausgestaltung und Begrenzung durch das Grundgesetz entnehmen, *Böckenförde,* Demokratie als Verfassungsprinzip, in: *Isensee/Kirchhof* (Hrsg.), Handbuch des Staatsrechts der Bundesrepublik Deutschland, Bd. II, 3. Aufl. (2004), § 24, Rdnr. 4.

336 *Böckenförde,* Demokratie als Verfassungsprinzip, in: *Isensee/Kirchhof* (Hrsg.), Handbuch des Staatsrechts der Bundesrepublik Deutschland, Bd. II, 3. Aufl. (2004), § 24, Rdnr. 9.

337 Diese Abgrenzung erfolge zunächst historisch zu früheren Verständnissen der Herrschaft bestimmter Personen oder Personengruppen, umfasse aber auch die Herrschaft bestimmter Ideologien oder Ideen, soweit sie sich das Volk als Inhaber der Staatsgewalt nicht zu eigen mache, *Böckenförde,* Demokratie als Verfassungsprinzip, in: *Isensee/Kirchhof* (Hrsg.), Handbuch des Staatsrechts der Bundesrepublik Deutschland, Bd. II, 3. Aufl. (2004), § 24, Rdnr. 10.

digkeit effektiver demokratischer Legitimation der Ausübung der Staatsgewalt ergänzt werde. Gegenstand der Legitimation müsse dabei alles amtliche Handeln der staatlichen Organe bzw. der Funktionsträger sein, dem Entscheidungscharakter zukomme.[338] Hierbei stellten die Legitimationsmittel der personell-organisatorischen und sachlich-inhaltlichen Legitimation[339] „verzahnte" Komponenten dar, die in ihrer Kombination die von Art. 20 Abs. 2 GG geforderte Effektivität demokratischer Legitimation erreichen müssten; beide Faktoren könnten sich untereinander in einem gewissen Umfang substituieren, nicht aber vollständig ersetzen.[340] Dabei bestehe die Notwendigkeit eines strukturellen Rahmens für staatlich-amtliches Handeln, der eine Rückbeziehung nicht nur virtuell, sondern real und effektiv ermöglichen müsse.

Für die Exekutive ergebe sich aus dem Modell der Ministerialverwaltung, wie es sich aus der parlamentarischen Wahl des Bundeskanzlers (Art. 63 GG), der Berufung der Bundesminister (Art. 64 GG) und der Ernennung der Beamten durch den zuständigen Minister zeige, was durch die sachlich-inhaltliche Komponenten des Rechtsstaatsprinzips (Art. 20 Abs. 3 GG), die parlamentarische Verantwortlichkeit von Regierung und Ministern (Art. 65 GG) und das ministerielle Leitungs- und Weisungsrecht ergänzt werde. Der so geprägte Typ der Ministerialverwaltung stelle den „normativ unterfangenen" Normalfall der Exekutive und damit den entscheidenden Prüfungsmaßstab nach dem Grundgesetz dar. Dies führe dazu, dass bei von diesem Regeltypus abweichenden Fällen entweder ein

338 Anders als bei dem rechtsstaatlichen Aspekt der Wahrung der Freiheit der Bürger werde hier die dauerhafte Rückbindung der staatlichen Gewalt auf das Volk sichergestellt, das sich nicht durch eine einmalige Einrichtung erschöpfen dürfe, *Böckenförde,* Demokratie als Verfassungsprinzip, in: *Isensee/Kirchhof* (Hrsg.), Handbuch des Staatsrechts der Bundesrepublik Deutschland, Bd. II, 3. Aufl. (2004), § 24, Rdnr. 11 f.

339 Daneben sei die eigenständige Bedeutung der funktionellen und Institutionellen Legitimation zu würdigen, die durch das Verfassungssystem und die Verteilung der Staatsgewalt auf unterschiedliche Gewalten mit eigenen Funktionsbereichen vorgegeben sei, *Böckenförde,* Demokratie als Verfassungsprinzip, in: *Isensee/Kirchhof* (Hrsg.), Handbuch des Staatsrechts der Bundesrepublik Deutschland, Bd. II, 3. Aufl. (2004), § 24, Rdnr. 15; innerhalb der Betrachtung einer Gewalt spielt diese Komponente demokratischer Legitimation daher keine eigenständige Rolle mehr.

340 Mit Verweis auf eine dabei bestehende gesetzgeberische Gestaltungsfreiheit *Böckenförde,* Demokratie als Verfassungsprinzip, in: *Isensee/Kirchhof* (Hrsg.), Handbuch des Staatsrechts der Bundesrepublik Deutschland, Bd. II, 3. Aufl. (2004), § 24, Rdnr. 23, jedoch ohne die aus Art. 20 Abs. 2 GG resultierenden Grenzen der Gestaltung genau zu umgrenzen.

verfassungsrechtlicher Rückhalt in Form einer Sonderregelung erforderlich sei oder andere besondere gesetzlich umschriebenen Aufgaben eine Abweichung von diesem Legitimationsniveau rechtfertigen müssten.[341]

Der Begriff des Volkes sei dabei durch das Demokratiekonzept des Art. 20 Abs. 2 GG als Personengesamtheit von Staatsangehörigen zu verstehen und dürfe nicht als offener und damit ausfüllbarer Begriff angesehen werden.[342] Zudem könne hieraus abgeleitet werden, dass der Volksbegriff nicht nur eine Gruppe von Individuen umfasse, sondern sich allein aus der spezifischen grundgesetzlichen Konkretisierung als Personengesamtheit ergeben könne.[343] Damit sei auch eine situativ bedingte Zusammenstellung einer Betroffenengemeinschaft als Ausgangspunkt für das Legitimationssubjekt ausgeschlossen, weshalb gesellschaftlichen Gruppen und Verbänden als solchen keine spezifisch demokratische Legitimation zukommen könne.[344] Aus diesem Grund sei aber die kommunale Form der Selbstver-

---

341 *Böckenförde,* Demokratie als Verfassungsprinzip, in: *Isensee/Kirchhof* (Hrsg.), Handbuch des Staatsrechts der Bundesrepublik Deutschland, Bd. II, 3. Aufl. (2004), § 24, Rdnr. 24.

342 Dies ergebe sich aus einer Auslegung des Volksbegriffs nach Entstehungsgeschichte, systematischem Zusammenhang und (sonstiger) Verwendung des Begriffs im Grundgesetz, *Böckenförde,* Demokratie als Verfassungsprinzip, in: *Isensee/Kirchhof* (Hrsg.), Handbuch des Staatsrechts der Bundesrepublik Deutschland, Bd. II, 3. Aufl. (2004), § 24, Rdnr. 27.

343 Aus diesem Grund ergebe sich auch der abschließende Charakter des Volksbegriffs, der eine Erweiterung, beispielsweise hin zur Schaffung eines Wahlrechts für Ausländer strikt ausschließe, *Böckenförde,* Demokratie als Verfassungsprinzip, in: *Isensee/Kirchhof* (Hrsg.), Handbuch des Staatsrechts der Bundesrepublik Deutschland, Bd. II, 3. Aufl. (2004), § 24, Rdnr. 28; die Beschränkung des Legitimationssubjekts auf das Staatsvolk sei auch nicht deshalb inkonsequent, weil Wesensmerkmal der auch durch Art. 20 GG konkretisierten Demokratie auch die politische Gleichbehandlung sei, weil das Grundgesetz den Konnex zwischen Staatsangehörigkeit und Demokratie hergestellt habe und sich gerade nicht für eine Mitwirkung aller Betroffenen entschieden habe, *Böckenförde,* Demokratie als Verfassungsprinzip, in: *Isensee/Kirchhof* (Hrsg.), Handbuch des Staatsrechts der Bundesrepublik Deutschland, Bd. II, 3. Aufl. (2004), § 24, Rdnr. 46 f.

344 Gleichwohl könne nach der Systematik des Grundgesetzes hier trotz fehlender *demokratischer* Rückbindung die Verwirklichung grundrechtlicher Freiheit eine Kompensation bewirken, *Böckenförde,* Demokratie als Verfassungsprinzip, in: *Isensee/Kirchhof* (Hrsg.), Handbuch des Staatsrechts der Bundesrepublik Deutschland, Bd. II, 3. Aufl. (2004), § 24, Rdnr. 29; entsprechendes gelte dann auch im Anschluss für die funktionale Form der Selbstverwaltung, *Böckenförde,* Demokratie als Verfassungsprinzip, in: *Isensee/Kirchhof* (Hrsg.), Handbuch des Staatsrechts der Bundesrepublik Deutschland, Bd. II, 3. Aufl. (2004), § 24, Rdnr. 33 f.

waltung unproblematisch als verfassungskonform und modellkompatibel anzusehen, weil mit der nur räumlichen Aufteilung des Staatsvolks in Länder und Kommunen jeweils eigene unbestimmte Allgemeinheiten geschaffen würden, die eine derartige Personengesamtheit als taugliches Legitimationssubjekt ergebe.[345] Diese Unterscheidung zwischen kommunaler und funktionaler Selbstverwaltung bedeute nicht die verfassungsrechtliche Unzulässigkeit wegen Verstoßes gegen das Demokratieprinzip, sondern erfordere eine abweichende (grund-)gesetzgeberische Vorgabe, wie sie beispielsweise mit Art. 87 Abs. 2 GG geschaffen worden sei. Aus dieser Systematik ergebe sich allerdings, dass keine Aufgabenübertragung erfolgen dürfe, die in relevanter Weise die Allgemeinheit betreffe oder sonst von politischer Tragweite sei.[346] Die demokratische Mitwirkungsfreiheit innerhalb der unbestimmten Allgemeinheit bewirke eine kollektiv-autonome Freiheit des Volkes insgesamt. Aus der demokratischen Freiheit resultiere dann die Verfügbarkeit der gesamten politischen und rechtlichen Ordnung. Beschränkungen hiervon seien zwar durch das Grundgesetz vorgegeben, indem die grundgesetzlichen Vorgaben nur erschwert geändert werden könnten und die Grenzen des Art. 79 Abs. 3 GG völlig unverfügbar seien. Jedoch stelle dies der Konzeption des Art. 20 Abs. 2 GG nach (vergleichbar der kombinierten demokratischen und rechtsstaatlichen Komponente des Art. 21 Abs. 2 GG) keine Beschränkung des Demokratieprinzips von vornherein dar, sondern bedeute ein gleichwertiges sonstiges verfassungs-

---

345 Vor allem in Abgrenzung zur funktionalen Selbstverwaltung zeige sich hier, dass nicht nach sachlichen Kriterien unterschieden würde (persönlichen, funktions- oder interessenbestimmten Merkmalen), sondern einzig nach regionaler Zuordnung zu verschiedenen Gebietskörperschaften; es werde zwar keine Legitimation vom Staatsvolk selbst bewirkt, sondern von einem Legitimationssubjekt, das nach gleichen Kriterien gebildet worden sei; gleichwohl werde damit kein Staatsvolk im Kleinen geschaffen, sondern allein eine analoge Bildung vorgeschrieben, die unterschiedliche Bedeutung ergebe sich nämlich im Anschluss aus der Verortung der kommunalen Selbstverwaltung in der zweiten Gewalt, *Böckenförde,* Demokratie als Verfassungsprinzip, in: *Isensee/Kirchhof* (Hrsg.), Handbuch des Staatsrechts der Bundesrepublik Deutschland, Bd. II, 3. Aufl. (2004), § 24, Rdnr. 31.

346 Damit verblieben vor allem die Bereiche der Ermöglichung gemeinsamer organisierter Grundrechtswahrnehmung und der verfassungsrechtlich anerkannten Sozialverwaltung, *Böckenförde,* Demokratie als Verfassungsprinzip, in: *Isensee/Kirchhof* (Hrsg.), Handbuch des Staatsrechts der Bundesrepublik Deutschland, Bd. II, 3. Aufl. (2004), § 24, Rdnr. 34.

rechtliches Formprinzip.[347] Daneben enthalte Art. 20 Abs. 2 GG eine vom rechtsstaatlichen Gleichheitsprinzip abweichende allgemeine Gewährleistung politischer Gleichheit und garantiere durch einzelne explizit vorgegebene Grundgesetzvorschriften die gleiche Teilnahme an politischen Prozessen.[348] Zu dieser spezifisch demokratischen Gleichheit komme noch eine substantielle Gleichheit in Form einer „vor-rechtlichen" Gemeinsamkeit, die eine relative Homogenität des Volkes bewirke und damit überhaupt erst die Grundlage für Kompromisse und loyale Hinnahme von Mehrheitsentscheidungen ermögliche. Als Bewusstseinsphänomen sei dies von naturalen Annahmen abzugrenzen und könne sich in gemeinsamer Religion, Sprache oder Kultur zeigen.[349] Weiterhin sei eine „staatsrechtliche Betrachtung" für die Behandlung der rechtlichen Prinzipien und Merkmale grundlegend und zentral, durch die Staats- und Regierungsform gekennzeichnet seien, zu denen auch die Funktionsbedingungen und damit allgemein die notwendigen vorverfassungsrechtlichen Voraussetzungen zu zählen seien.[350] Als wesentlich stellten sich hier die soziokulturellen Voraussetzungen dar, die für eine gelingende Demokratie erforderlich seien.[351] Betrachte man hiervon ausgehend das Zusammenwirken von

347 *Böckenförde,* Demokratie als Verfassungsprinzip, in: *Isensee/Kirchhof* (Hrsg.), Handbuch des Staatsrechts der Bundesrepublik Deutschland, Bd. II, 3. Aufl. (2004), § 24, Rdnr. 38.

348 Hierzu gehörten aktives und passives Wahlrecht (Art. 38 Abs. 1 GG), der gleiche Zugang zu öffentlichen Ämtern (Art. 33 Abs. 2 GG), demokratische Freiheitsrechte (Art. 5 Abs. 1 GG, Art. 8 Abs. 1 GG, Art. 9 GG), sowie die Gleichheit der politischen Parteien zur Wahrung ihres Rechts auf Chancengleichheit (Art. 3 Abs. 1 GG in Verbindung mit Art. 38 Abs. 1 GG und Art. 21 GG), *Böckenförde,* Demokratie als Verfassungsprinzip, in: *Isensee/Kirchhof* (Hrsg.), Handbuch des Staatsrechts der Bundesrepublik Deutschland, Bd. II, 3. Aufl. (2004), § 24, Rdnr. 41.

349 Mit dem Hinweis auf eine politisch wichtige Identität als verbindendem Kern für den Volksbegriff *Böckenförde,* Demokratie als Verfassungsprinzip, in: *Isensee/Kirchhof* (Hrsg.), Handbuch des Staatsrechts der Bundesrepublik Deutschland, Bd. II, 3. Aufl. (2004), § 24, Rdnr. 47 f.

350 *Böckenförde,* Demokratie als Verfassungsprinzip, in: *Isensee/Kirchhof* (Hrsg.), Handbuch des Staatsrechts der Bundesrepublik Deutschland, Bd. II, 3. Aufl. (2004), § 24, Rdnr. 58.

351 Zu diesen gehörten zunächst die gesellschaftlichen Voraussetzungen, die eine Emanzipationsstruktur der Gesellschaft erfordere, die Abwesenheit theokratischer Religionsformen und eine relative Homogenität innerhalb der Gesellschaft; daneben müssten geistig-bildungsmäßige Voraussetzungen wie ein entwickeltes Schulsystem und eine hinreichende Information und Kommunikation innerhalb der Gesellschaft sichergestellt sein, *Böckenförde,* Demokratie als Verfassungsprinzip, in: *Isensee/Kirchhof* (Hrsg.), Handbuch des Staatsrechts der

Demokratie und Rechtsstaat, zeigten sich zunächst völlig unterschiedliche Zielrichtungen beider Strukturprinzipien. Während Demokratie nach Träger und Inhaber frage und damit ein organisatorisch-formales Formprinzip darstelle, bedeute das Rechtsstaatsprinzip durch die Inhalts- und Verfahrenszentrierung ein material-verfahrensmäßiges Formprinzip, das sogar unabhängig vom Demokratieprinzip verwirklicht werden könnte.[352] Verschränkt seien jedoch beide Prinzipien an verschiedenen Stellen, wie an der Bindung der Gewaltengliederung an das demokratische Prinzip und an der Begrenzung der Demokratie durch rechtsstaatliche Gewährleistungen gezeigt werden könne.

Unter der Überschrift „Demokratische Willensbildung und Repräsentation" befasst sich *Böckenförde* anschließend mit den Elementen realisierbarer demokratischer Organisation und Legitimation. Zur Anerkennung notwendigerweise selbsthandelnder Organe in der Demokratie gehöre eine Legitimationskette, um die Handlung des Organs dem Volk auch zurechnen zu können.[353] Daneben sei die Unabhängigkeit der Leitungsorgane von Partikularbindungen imperativer Mandate notwendig, um ihren repräsentativen Charakter zu wahren.[354] Schließlich müsse die dauerhafte Aktualisierung des Legitimationszusammenhangs sichergestellt sein und die Bindung an Grundregeln und Strukturen bewirkt werden, die jedoch

---

Bundesrepublik Deutschland, Bd. II, 3. Aufl. (2004), § 24, Rdnr. 60 ff.; als weitere Notwendigkeit ergebe sich das Vorhandensein politisch-struktureller Voraussetzungen, zu denen die Beurteilbarkeit politischer Entscheidungsfragen, die nur begrenzte Interdependenz politischer Entscheidungen und die Steuerbarkeit gesellschaftlicher Teilsysteme gehörten, *Böckenförde,* Demokratie als Verfassungsprinzip, in: *Isensee/Kirchhof* (Hrsg.), Handbuch des Staatsrechts der Bundesrepublik Deutschland, Bd. II, 3. Aufl. (2004), § 24, Rdnr. 69 ff.; schließlich müssten auch noch ethische Voraussetzungen vorliegen, damit die Akzeptanz von demokratischen Mehrheitsentscheidungen auch hergestellt werden könnte, *Böckenförde,* Demokratie als Verfassungsprinzip, in: *Isensee/Kirchhof* (Hrsg.), Handbuch des Staatsrechts der Bundesrepublik Deutschland, Bd. II, 3. Aufl. (2004), § 24, Rdnr. 74 ff.

352 *Böckenförde,* Demokratie als Verfassungsprinzip, in: *Isensee/Kirchhof* (Hrsg.), Handbuch des Staatsrechts der Bundesrepublik Deutschland, Bd. II, 3. Aufl. (2004), § 24, Rdnr. 83 f.

353 *Böckenförde,* Demokratische Willensbildung und Repräsentation, in: *Isensee/Kirchhof* (Hrsg.), Handbuch des Staatsrechts der Bundesrepublik Deutschland, Bd. III, 3. Aufl. (2005), § 34, Rdnr. 16 f.

354 Insbesondere in Hinblick auf Parteibindungen *Böckenförde,* Demokratische Willensbildung und Repräsentation, in: *Isensee/Kirchhof* (Hrsg.), Handbuch des Staatsrechts der Bundesrepublik Deutschland, Bd. III, 3. Aufl. (2005), § 34, Rdnr. 18.

jederzeit geändert werden könnten, um die Begrenzung durch den und Bindung der Leitungsorgane an den Willen des Volkes dauerhaft zu gewährleisten.[355] Gefährdungen für die Wirksamkeit demokratischer Rückbindung ergäben sich stets dann, wenn durch steigende Informationsbereitstellung die Handelnden überfordert würden und von Informationen sachverständiger Dritter abhängig würden, die regelmäßig auch eigenen Interessen folgten.[356] Zugleich käme mit der Vorauswahl von Informationen den Medien eine große und damit die Unabhängigkeit strukturell gefährdende Machtposition zu.[357] Nur, wenn diese Gefährdungen umschifft werden könnten, sei auch faktisch eine Akzeptanz des Legitimationssystems durch die Bürger gewährleistet. Deshalb liege die Verantwortung für eine wirksame demokratische Repräsentation bei den verantwortlichen Repräsentanten.[358] Alternativlos sei die Repräsentation und die Notwendigkeit ständig aktualisierter Legitimation jedoch insoweit, als der Rückgriff auf identitär-unmittelbare Demokratieformen nicht zu einer stärkeren Rückbindung führen könne.[359]

In seinen Darstellungen zur grundgesetzlichen Demokratie und zur allgemeinen demokratischen Willensvermittlung zeigt sich *Böckenfördes* doppelter Anknüpfungspunkt: Aus staats- und verfassungstheoretischen Erwägungen, in die er explizit historische, politische und soziologische Überlegungen mit einbezieht, entwickelt er sein Modell, dessen positive Verankerung im Grundgesetz er (erst) im zweiten Schritt darlegt und damit auch wesentlich vom normativ-dogmatischen Demokratieprinzip

355 Diese Konsequenz sei jedoch bei der Schaffung des Grundgesetzes nicht vollständig konsequent gezogen worden, weil das letzte Element der Volksabstimmung über eine Verfassungsänderung anders als in einigen Landesverfassungen nicht vorgesehen sei, vgl. *Böckenförde*, Demokratische Willensbildung und Repräsentation, in: *Isensee/Kirchhof* (Hrsg.), Handbuch des Staatsrechts der Bundesrepublik Deutschland, Bd. III, 3. Aufl. (2005), § 34, Rdnr. 19 ff.

356 Insbesondere bei Unterstützung von Entscheidungen durch Lobbyisten, vgl. *Böckenförde*, Demokratische Willensbildung und Repräsentation, in: *Isensee/Kirchhof* (Hrsg.), Handbuch des Staatsrechts der Bundesrepublik Deutschland, Bd. III, 3. Aufl. (2005), § 34, Rdnr. 37 f.

357 *Böckenförde*, Demokratische Willensbildung und Repräsentation, in: *Isensee/Kirchhof* (Hrsg.), Handbuch des Staatsrechts der Bundesrepublik Deutschland, Bd. III, 3. Aufl. (2005), § 34, Rdnr. 39 ff.

358 *Böckenförde*, Demokratische Willensbildung und Repräsentation, in: *Isensee/Kirchhof* (Hrsg.), Handbuch des Staatsrechts der Bundesrepublik Deutschland, Bd. III, 3. Aufl. (2005), § 34, Rdnr. 45 ff.

359 *Böckenförde*, Demokratische Willensbildung und Repräsentation, in: *Isensee/Kirchhof* (Hrsg.), Handbuch des Staatsrechts der Bundesrepublik Deutschland, Bd. III, 3. Aufl. (2005), § 34, Rdnr. 53; 3 ff.

ausgeht. Diese Verschränkung beider Ansätze zwingt dazu, für eine rein (positiv-)rechtliche Betrachtung die Elemente herauszustellen, die seinem rechtlichen Maßstab zugehörig sind: Hieraus ergibt sich ein aus Art. 20 Abs. 2 GG und den Organisationsvorschriften des Grundgesetzes bestimmbares Legitimationssystem, das von der Notwendigkeit der Verknüpfung des Legitimationssubjekts mit dem Volk als unbestimmte Allgemeinheit ausgeht und einem Legitimationsniveau, das durch das hierarchisch geprägte Modell der Verwaltungsorganisation geprägt ist und Ausnahmen im Falle eines genügenden Rechtfertigungstitels zulässt. An dieser Stelle stellt sich jedoch die Frage, inwieweit sich die rechtstheoretische und rechtsinhaltliche Betrachtung bei *Böckenförde* trennen lassen: Gerade für den zentralen Ansatzpunkt einer notwendigen „unbestimmten Allgemeinheit" für ein demokratietaugliches Legitimationssubjekt scheint die Begründung eher vollständig durch verfassungstheoretische Überlegungen zu erfolgen, als dass die Argumentation als Positivierungsnachweis für die Aufnahme durch Art. 20 Abs. 2 GG angesehen werden könnte.

7. BVerfG: Neue Heimat (1987)

Erneut nur von untergeordneter Bedeutung wurde das Demokratieprinzip durch das Bundesverfassungsgericht in seinem Beschluss von 1987 zum Untersuchungsausschuss „Neue Heimat"[360] angesprochen. Entscheidungserheblich waren hier lediglich die Erforderlichkeit demokratischer Legitimation und das Vorhandensein der Legitimation selbst für den Untersuchungsausschuss. Erstere wurde ohne nähere Erläuterung daraus gefolgert, dass parlamentarische Untersuchungsausschüsse öffentliche Gewalt ausübten;[361] Hintergrund waren spezifisch hoheitliche Befugnisse des Untersuchungsausschusses, insbesondere die der StPO angelehnten Ermittlungsbefugnisse. Nach Ansicht des Gerichts leite sich die demokratische Legitimation zur „Wahrung des Demokratieprinzips (Art. 20 Abs. 2 GG)"[362] daraus her, dass die Ausschussmitglieder als gewählte Parlamentarier unmittelbar demokratisch legitimiert seien. Insofern wäre auch die Ausschussbesetzung nicht als Frage der Legitimation, sondern nur als eine solche der personellen Zuständigkeit anzusehen.[363] Im Rahmen eines *obiter dictum* weist

360 *BVerfG*, B. v. 01.10.1987, BVerfGE 77, 1.
361 *BVerfG*, B. v. 01.10.1987, BVerfGE 77, 1 (40).
362 *BVerfG*, B. v. 01.10.1987, BVerfGE 77, 1 (41).
363 *BVerfG*, B. v. 01.10.1987, BVerfGE 77, 1 (41).

das Gericht allerdings auch darauf hin, dass diese Legitimation nicht automatisch auch bei separaten juristischen Personen des öffentlichen Rechts entsprechend hergestellt sei, hier müsse explizit für die demokratische Legitimation eines mit eigenen Befugnissen ausgestatteten Organs eine Bestimmung durch die Volksvertretung im Ganzen erfolgen.[364]

8. BVerfG: Entscheidungen zum Ausländerwahlrecht (1990)

a) Kommunales Ausländerwahlrecht Schleswig-Holstein

In seinem Urteil vom 31.10.1990 zog das Bundesverfassungsgericht erstmals Art. 20 Abs. 2 GG als entscheidungsrelevanten Verfassungsmaßstab heran und erklärte das Schleswig-Holsteinische Wahlgesetz für Gemeinden und Kreise insoweit für unvereinbar mit dem GG und nichtig, als Ausländern unter bestimmten Voraussetzungen ein Wahlrecht auf kommunaler Ebene eingeräumt wurde.[365] Das Bundesverfassungsgericht stellte dabei den strengen Bezug von Art. 20 Abs. 2 Satz 1 GG und damit auch Art. 28 Abs. 1 Satz 2 auf das deutsche Staatsvolk fest und erteilte der Legitimation durch eine Gruppe von jeweils Betroffenen eine Absage. Dieser Konnex zwischen dem deutschen Volk und Legitimationsbegründung wird vom Gericht auch als prägend angesehen, somit als zwingend erforderliches Element des Homogenitätsgebots. Denn Kommunen könnten nicht als beliebige körperschaftliche Verfasstheit angesehen werden, sondern seien elementarer Bestandteil des bundesstaatlichen und demokratischen Staatsaufbaus.[366]

Möglichkeiten zur gesetzgeberischen Beeinflussung sieht der Senat (einzig) in denkbaren Änderungen im Staatsangehörigkeitsrecht, um über diesen Weg eine erweiterte dauerhafte Zugehörigkeit zum Staatsangehörigenverband zu schaffen, und in der (damals bereits absehbaren) Erweiterung durch das Gemeinschaftsrecht, sofern es durch eine entsprechende Verfassungsänderung flankiert werde.

Ohne explizit die neue besondere Erkenntnis zu betonen geht das Gericht in der Entscheidung erstmals wegen der Verfassungssatzes „Alle Staatsgewalt geht vom Volke aus“ (Art. 20 Abs. 2 Satz 1 GG) davon aus, dass sich gerade nicht „die Entscheidungen zur Staatsgewalt von den je-

364 *BVerfG*, B. v. 01.10.1987, BVerfGE 77, 1 (41).
365 *BVerfG*, Urt. v. 31.10.1990, BVerfGE 83, 37.
366 *BVerfG*, Urt. v. 31.10.1990, BVerfGE 83, 37 (51).

weils Betroffenen her zu legitimieren haben", sondern das Subjekt der Staatsgewalt das Volk als zur Einheit verbundene Gruppe von Menschen haben müsse.[367] In der Argumentation des Bundesverfassungsgerichts wird damit deutlich, für wie detailliert die grundgesetzlichen Vorgaben der Demokratie auch für den Aufbau und die Funktionsweise der Länder erachtet werden. Der Sache nach wird dabei der zu Grunde liegende Art. 20 Abs. 2 Satz 1 GG wie jeder andere Verfassungssatz auch ausgelegt und als Maßstab für eine (schlichte) Feststellung herangezogen, ob nämlich eine bestimmte staatliche Konstruktion für legitimiert und damit rechtmäßig oder für nicht legitimiert und rechtswidrig erachtet wird. Zumindest die Tatbestandsvoraussetzung „Volk" wird hier klar als subsumtionsfähig angesehen.

Der Argumentationsschwerpunkt in der Entscheidung des Gerichts (zumindest gemessen am Umfang der hierzu ausgeführten Entscheidungsgründe) liegt eindeutig bei der Auslegung des Volksbegriffes des Art. 20 Abs. 2 Satz 1 GG und bei der Reichweite des Homogenitätsgebots aus Art. 28 Abs. 1 Satz. 2 GG. Insofern erscheint schon bemerkenswert, wie kurz und einfach das dogmatische, dahinterstehende Verständnis von Art. 20 Abs. 2 Satz 1 GG eingeführt wird.

b) Ausländerwahlrecht Hansestadt Hamburg

Im Unterschied zum am gleichen Tage entschiedenen Parallelverfahren (Ausländerwahlrecht Schleswig-Holstein) handelte es sich im Urteil zum Ausländerwahlrecht für Bezirksversammlungen der Hansestadt Hamburg[368] im Stadtstaat nicht um Kommunen im Sinne des Art. 28 Abs. 1 Satz 2 GG. Im fraglichen Gesetz war vorgesehen, dass die Bezirksversammlungen den Bezirksämtern zur Seite stehen und weitreichende Weisungsmöglichkeiten im Rahmen der Vorgaben des Senats haben sollten. Somit lag in diesem Verfahren der Schwerpunkt auf der Frage, ob diese Bezirksversammlungen Staatsgewalt ausübten, auch wenn das Vorhandensein der Letztentscheidungsbefugnis offen blieb. Relevant ist hier damit die Verschränkung von Entscheidungsbefugnissen. Auch bei weisungsgebundenem Handeln entfalle die legitimationserfolgende Ausübung von Staatsgewalt gerade nicht. Allenfalls dürfe hier der Entscheidungsgehalt als eingeschränkt angesehen werden, was im Rahmen der Erforderlichkeit

---

367 *BVerfG*, Urt. v. 31.10.1990, BVerfGE 83, 37 (50 f.).
368 *BVerfG*, Urt. v. 31.10.1990, BVerfGE 83, 60.

eines bestimmten Legitimationsniveaus wiederum berücksichtigt werden könne. Somit erkennt das Bundesverfassungsgericht bei der Tätigkeit der Bezirksversammlungen eine Ausübung legitimationsbedürftiger Staatsgewalt, die über Art. 28 Abs. 1 Satz 1 hierfür als zwingend erforderlich angesehen wird.

Ausführlicher als in der Parallelentscheidung zum kommunalen Ausländerwahlrecht Schleswig-Holstein geht der Zweite Senat auf den nach Art. 20 Abs. 2 GG erforderlichen Zurechnungszusammenhang ein und dabei erstmalig deutlich von der verfassungsrechtlichen Notwendigkeit aus, dass jede Ausübung von Staatsgewalt hinreichend demokratisch legitimiert sein müsse und hierfür eine kanalisierte Vermittlung von Legitimation erfolge.[369] Damit findet sich erstmals eine genaue Ausformulierung des dogmatischen Modells demokratischer Legitimation in der Rechtsprechung des Bundesverfassungsgerichts. Auch das Merkmal „Staatsgewalt" (bzw. in der Formulierung „Legitimationsobjekt") stellt hierbei für das Gericht offensichtlich einen subsumtionsfähigen Tatbestand dar. Die Entscheidung des Gerichts ist für den aus Art. 20 Abs. 2 GG abgeleiteten Rechtsmaßstab der „demokratischen Legitimation" von herausgehobener Bedeutung, weil sie die Einhaltung eines bestimmten Legitimationsniveaus als Referenz fordert.[370] Die konkrete Formulierung des gerichtlichen Prüfungsmaßstabs liefert zwar verschiedene Möglichkeiten der Interpretation;[371] die Herleitung und die Ausbuchstabierung hingegen sprechen für das zugrundeliegende Verständnis von substituierbaren Legitimationsfaktoren, deren Zusammenwirken jedenfalls im „herkömmlichen Hierarchiemodell" hinreichend sind.

Die beiden Entscheidungen des Zweiten Senats zum Ausländerwahlrecht müssen dabei als zusammenhängend angesehen werden, weil erst in der Zusammenschau beider Urteile vom gleichen Tage das gesamte

---

369 *BVerfG*, Urt. v. 31.10.1990, BVerfGE 83, 60 (71 f.) unter expliziter Bezugnahme auf *Böckenförde*, Demokratie als Verfassungsprinzip, in: *Isensee/Kirchhof* (Hrsg.), Handbuch des Staatsrechts der Bundesrepublik Deutschland, Bd. I, 1. Aufl. (1987), § 22, Rdnr. 14.

370 *BVerfG*, Urt. v. 31.10.1990, BVerfGE 83, 60 (72): „aus verfassungsrechtlicher Sicht entscheidend ist nicht die Form der demokratischen Legitimation staatlichen Handelns, sondern deren Effektivität; notwendig ist ein bestimmtes Legitimationsniveau".

371 So wird von einigen Autoren gerade die Heranziehung des Begriffs der „Effektivität" als Einbruchsmöglichkeit für empirische Elemente angesehen, vgl. *Trute*, Die demokratische Legitimation der Verwaltung, in: *Hoffmann-Riem/Schmidt-Aßmann/Voßkuhle* (Hrsg.), Grundlagen des Verwaltungsrechts, Bd. I, 2. Aufl. (2012), § 6, Rdnr. 56.

Modell demokratischer Legitimation der Staatsgewalt deutlich wird. Während die grundlegende Funktionsweise des Art. 20 Abs. 2 GG in der Entscheidung zum Ausländerwahlrecht Hamburg dargestellt wird, beschränkt sich das in der Entscheidungssammlung zuerst abgedruckte Urteil zur Schleswig-Holsteinischen Regelung auf die Ergänzungen des Modells hinsichtlich des Volksbegriffs.

9. Ernst Thomas Emde (1991)

In seiner 1991 veröffentlichten Dissertation untersucht *Ernst Thomas Emde* richtungsweisend „die demokratische Legitimation der funktionalen Selbstverwaltung".[372] Am Beispiel der Kammern, der Sozialversicherungsträger und der (damaligen) Bundesanstalt für Arbeit entwickelt er ausgehend vom Regelmodell demokratischer Legitimation die Besonderheiten, die bei der funktionalen Selbstverwaltung auftreten.

Da im Ausgangspunkt die nach Art. 20 Abs. 2 Satz 1 GG herzustellende demokratische Legitimation nicht vergleichbar wie im Fall der hierarchischen Ministerialverwaltung erreicht werde, müssten sich Abweichungen von diesem Modell ergeben. Hier diskutiert *Emde*, ob ein reduzierter Legitimationsbegriff zugrunde gelegt werden oder ob Ansätze der Verzichtstheorie zielführend sein könnten, was er aus methodischen Gründen für unmöglich hält.[373] Am ehesten entspreche die Funktionsweise der funktionalen Selbstverwaltung jedoch den Argumentationsmustern autonomer demokratischer Legitimation, weil dies der tatsächlichen Motivationslage am ehesten entspreche und im Ergebnis diese Verwaltungsform ohnehin allgemein als zulässig angesehen werde.[374] Möglich werde die Rechtfertigung für die Einrichtung nicht voll personell legitimierter funktiona-

---

372 *Emde*, Die demokratische Legitimation der funktionalen Selbstverwaltung (1991).

373 *Emde*, Die demokratische Legitimation der funktionalen Selbstverwaltung (1991), S. 306 ff.

374 *Emde*, Die demokratische Legitimation der funktionalen Selbstverwaltung (1991), S. 315 f.; insbesondere erkennt er in der Rechtsprechung des Bundesverfassungsgerichts verschiedentliche Hinweise auf eine gebotene Kongruenz zwischen Herrschaftsunterworfenheit und Herrschaftsrechtfertigung, den er auch auf andere Sachverhalte wie die Legitimation übertragen will, *Emde*, Die demokratische Legitimation der funktionalen Selbstverwaltung (1991), S. 320; im Ergebnis sieht er diese Argumentation durch *BVerfG*, B. v. 09.05.1972, BVerfGE 33, 125 (159) und *BVerfG*, B. v. 14.07.1987, BVerfGE 76, 171 (184 f.) bestätigt.

ler Selbstverwaltungsträger jedoch durch Kompensation durch materielle Komponenten und den „vorläufigen“ bzw. prinzipgeprägten Gehalt des Art. 20 Abs. 2 GG.[375] Der Normalfall erschließe sich aus dem Regeltypus der Ministerialverwaltung, deren Verwirklichung sich durch das Zusammenspiel verschiedener grundgesetzlicher Regelungen ergebe.[376] Für die Ausnahmen von diesem Modell, das für die Formen der nicht-kommunalen Selbstverwaltung nicht zur Einhaltung eines erforderlichen Legitimationsniveaus führt, diskutiert *Emde* Kompensationsmöglichkeiten durch die Partizipation Betroffener.[377] Ebenso wie die Legitimation hierdurch sieht er eine geeignete Rechtfertigung durch einen Verzicht oder ein generell herabgesenktes Legitimationsniveau, weshalb eine Rechtfertigung im Einzelfall erfolgen müsse; das Art. 20 Abs. 2 GG zugrunde liegende Konzept stelle sich jedoch unzweifelhaft als das Modell staatlicher Verwaltung unter ministerieller Leistung in Kombination mit Leitungs- und Organisationshoheit des Ministers und umfassender Sachentscheidungsbefugnis und der parlamentarischen Kontrolle dar, dessen Abweichungen rechtfertigungsbedürftig seien.[378]

In einer detaillierten Überprüfung der gesetzgeberischen Motive kommt *Emde* zu dem Schluss, dass von einer gesamtheitlichen Vorstellung eines Wesens „der Selbstverwaltung“ nicht ausgegangen werden könne. Insbe-

375 *Emde,* Die demokratische Legitimation der funktionalen Selbstverwaltung (1991), S. 335 f.

376 Dieses Zusammenwirken sieht er durch Art. 20 Abs. 2 und 3, Art. 33 Abs. 4 und 5, Art. 63-67 und Art. 86 GG begründet, die zusammen genommen die Tradition einer seit dem Absolutismus bestehenden hierarchisch aufgebaute Staatsverwaltung unter ministerieller Leitung in den Dienst der Demokratie gestellt habe, vgl. *Emde,* Die demokratische Legitimation der funktionalen Selbstverwaltung (1991), S. 351 f.

377 Diese Beteiligung Betroffener sieht er insbesondere als rechtlich greifbar an, wenn eine hinreichend geeignete Abgrenzung vorgenommen wird; als „Scharnier und Bindeglied“ zwischen Staat und Bürger stellten diese Ansätze insbesondere eine immanente Fortentwicklung der grundgesetzlichen Verwaltungsordnung dar, *Emde,* Die demokratische Legitimation der funktionalen Selbstverwaltung (1991), S. 356 f.

378 *Emde,* Die demokratische Legitimation der funktionalen Selbstverwaltung (1991), S. 362 ff.; dabei diskutiert er mit Art. 5 Abs. 1 Satz 2, Abs. 3, Art. 28 und Art. 140 GG in Verbindung mit Art. 137 WRV verschiedene Sonderfälle, sieht diese allerdings als so punktuell an, dass nur für diesen konkreten Einzelfall eine geeignete Rechtfertigung vorliegen könne: deren positivrechtliche Ausnahmestellung spreche dafür, Ausnahmen von Standardmodell demokratischer Legitimation als der hierarchischen Ministerialverwaltung nur zuzulassen, wenn besondere grundgesetzliche Rechtfertigungen bestünden.

sondere habe im Parlamentarischen Rat sehr viel eher die Überlegung im Mittelpunkt gestanden, ob die Organisationsfragen gleich vollständig zu klären seien oder ob dies dem (einfachen) Bundesgesetzgeber überlassen werden könne; lediglich die Verfassungsmäßigkeit des bisherigen Sozialversicherungssystems sei mit Art. 87 Abs. 2 GG spezifisch festgestellt worden.[379] Insgesamt ergebe sich aus der Entstehungsgeschichte der Art. 86, 87 und 130 Abs. 3 GG, dass – ohne weitere Fokussierung auf Fragen der Legitimation – nur im Mittelpunkt gestanden habe, ob diese bewährten Konstruktionen weiterhin als zulässig angesehen werden dürften.[380]

Durch das Zusammentreffen des grundgesetzlichen Regelmodells der hierarchischen Ministerialverwaltung und der punktuellen Gestattung abweichender Selbstverwaltungskonstruktionen ergebe sich, dass letztere auch im Hinblick auf ihre demokratische Legitimation zulässig sein müssten, gleichwohl die hier vorgesehene Palette der Verwaltungstypen nicht ins freie Belieben des Gesetzgebers gestellt werden könne. Prägend seien allerdings auch aus verfassungsrechtlicher Sicht für die Selbstverwaltung die gesetzliche Errichtung sowie die Unterwerfung unter die Staatsaufsicht.[381] In dieser Staatsaufsicht erkennt *Emde* ein Mindestmaß an Zurechnungszusammenhang zwischen Staatsvolk und Selbstverwaltungsorganen. Der Fachaufsicht hingegen könne eine derartige Leistung nicht zugeschrieben werden; zusammen mit dem Wesentlichkeitsvorbehalt werde durch die Staatsaufsicht ein weiterer Damm gegen die Gefahr der Auflösung der Legitimationsordnung geschaffen.[382] Dies stellt er allerdings unter den

379 Hier weist *Emde* darauf hin, dass mit dem Bestand der Sozialversicherungsorganisation von 1949 auch eine „ausbreitende Verbandsherrschaft sowie die mit ihr einhergehende Mediatisierung und Marginalisierung der Mitglieder“ einherging, *Emde*, Die demokratische Legitimation der funktionalen Selbstverwaltung (1991), S. 371; hieraus ergebe sich, dass die Selbstverwaltung an sich für den Parlamentarischen Rat kein wesentliches Problem habe darstellen können.

380 *Emde*, Die demokratische Legitimation der funktionalen Selbstverwaltung (1991), S. 372 f.

381 *Emde*, Die demokratische Legitimation der funktionalen Selbstverwaltung (1991), S. 376 ff.

382 *Emde*, Die demokratische Legitimation der funktionalen Selbstverwaltung (1991), S. 378; hier wird allerdings weder erläutert, wie sich der Wesentlichkeitsvorbehalt in legitimatorischer Hinsicht auswirken kann, noch die Frage, weshalb die Rechtsaufsicht allein für den Aspekt der Legitimation entscheidend sein soll: geht es der Rechtsaufsicht nur um die Einhaltung eines zwingenden rechtlichen Rahmens, werden die mit der Fachaufsicht angesprochenen und für die Rückführbarkeit von Entscheidungen auf einen Volkswillen entscheidenden Fragen ausgelassen, wie ein Entscheidungsspielraum ausgefüllt werden soll bzw. wer hierüber zu entscheiden hat.

Vorbehalt, dass nicht alle Aufgaben des Staates an Selbstverwaltungsträger abgegeben werden dürften. Die Selbstverwaltung könne nur die Stelle des Juniorpartners in der staatlichen Verwaltung im Verhältnis zur Ministerialverwaltung einnehmen.[383] Als Kategorien für die Zulässigkeit der Selbstverwaltung vor dem Hintergrund demokratischer Legitimation erkennt *Emde* dabei die Bedeutung der Aufgabe in Hinblick auf den politischen Führungsanspruch der Regierung und die Abgrenzbarkeit der Betroffenen von einer unbestimmten Allgemeinheit. Aus diesem Grunde der „strukturnotwendigen Begrenzung der Selbstverwaltung" eigneten sich hierfür besonders Träger, die an Berufsrollen oder Berufspflichten bzw. -rechte anknüpften, also Universitäten, Sozialversicherungsträger und die Kammerverwaltung.[384]

Dadurch, dass die Selbstverwaltung nicht den verfassungsrechtlichen Normalfall bedeute und als Ausnahme vom Grundmodell demokratischer Verwaltung angesehen werde, ergebe sich die notwendige Schlussfolgerung, dass bei Auslegungsfragen die Interpretation in Richtung des Regelmodells erfolgen müsste. Der Grund hierfür ergebe sich eben aus der Ausnahmestellung, deren Reichweite der Freistellung stets restriktiv und gesondert für jeden Einzelfall verstanden werden müsste.[385] Dabei müsse berücksichtigt werden, dass der demokratischen Legitimation immanent sei, dass die Formen ihrer Verwirklichung dispositiv und ausgestaltbar seien.[386] Die autonome Legitimation, die als Grundlage für die Selbstver-

383 Dabei verweist *Emde* darauf, dass das Gericht in *BVerfG*, Urt. v. 27.04.1959, BVerfGE 9, 268 (282) eine Unterscheidung nach politischer Tragweite vorgenommen hätte, diese allerdings nicht näher definiert habe; im Ergebnis würden allerdings die gleichen Annahmen und Faktoren zugrunde gelegt, die auch für die Entwicklung des Wesentlichkeitstheorems bemüht würden, vgl. *Emde*, Die demokratische Legitimation der funktionalen Selbstverwaltung (1991), S. 379 f.

384 Gleichwohl wird die besondere Schwierigkeit der Abgrenzung der Betroffenheit hervorgehoben, weil diese nicht naturwissenschaftlich ausgeschlossen werden könne; vielmehr müsse *Emde* zufolge die Überlegung hierfür herangezogen werden, ob bei Entscheidungen finanzielle und sonstige Einwirkungen auf die Allgemeinheit in den Prozess der Entscheidungsfindung eingestellt würden oder ob diese lediglich als diffuse Ausstrahlungen auf die Allgemeinheit angesehen werden müssten, *Emde*, Die demokratische Legitimation der funktionalen Selbstverwaltung (1991), S. 380 f.

385 *Emde*, Die demokratische Legitimation der funktionalen Selbstverwaltung (1991), S. 382 f.

386 *Emde*, Die demokratische Legitimation der funktionalen Selbstverwaltung (1991), S. 385; dies ergibt sich *Emde* zufolge daraus, dass die Demokratie auch nur einer Selbstverwaltung aller Bürger darstelle und diese zum Grund habe, dass der Staat um des Menschen willen und nicht um der Staates Willen existie-

waltungsträger vorhanden sei, stelle auch eine demokratische dar, weil sie eine vom Staatvolk bestimmte Substitution darstelle, die sich im von ihm gesetzten und in seiner Disposition stehenden Rahmen halte.[387] Mit der Anerkennung der legitimationsstiftenden Leistung von Trägern der funktionalen Selbstverwaltung als Form einer autonomen Legitimation wendet sich *Emde* gegen die Theorien, die in dieser Komponente keine demokratische Funktion und somit außerhalb der staatlichen (Bundes- oder Landes-)Ebene und der Selbstverwaltung in ihrer kommunalen Form keine weitere geeignete Legitimationsbasis sehen.[388] Dies begründet er zum einen mit verfassungstheoretisch-historischen Gründen: Die Abgrenzung habe gerade zum zentralistischen Ansatz *Carl Schmitts* gedient, der einen „sinnentstellten und inhaltsleeren" Demokratiebegriff zugrunde gelegt habe, von dem es sich abzugrenzen gelte, weil hiernach selbst eine totalitäre Herrschaftsform erfasst sei, wenn sie nur politische Einheit stiften könnte.[389] Der Begriff der Demokratie habe sich weiterentwickelt und könne auch Herrschaftsformen durch Selbstverwaltungen zulassen, soweit die Herrschaft des Volkes nicht hierdurch generell in Frage gestellt würde. Vielmehr könne eine Ausgestaltung demokratischer Vorstellungen vorgenommen werden, wenn die Distanzierung von der Idee besonders Berechtigter hinreichend vorgenommen werde.[390] Historisch spreche gegen

---

re; aus diesem anthropologischen Weltbild ergebe sich ein Zielzustand, der auf verschiedene Weisen erreicht werden könne.

387 *Emde,* Die demokratische Legitimation der funktionalen Selbstverwaltung (1991), S. 388 f.

388 Damit wendet sich *Emde* insbesondere gegen den Ansatz seines Lehrers *Böckenförde,* Demokratie als Verfassungsprinzip, in: *Isensee/Kirchhof* (Hrsg.), Handbuch des Staatsrechts der Bundesrepublik Deutschland, Bd. I, 1. Aufl. (1987), § 22, der von der Notwendigkeit einer „unbestimmten Allgemeinheit" für den Ausgangspunkt spezifisch demokratischer Legitimation ausgeht, vgl. *Emde,* Die demokratische Legitimation der funktionalen Selbstverwaltung (1991), S. 390 ff.

389 *Emde,* Die demokratische Legitimation der funktionalen Selbstverwaltung (1991), S. 393 ff.; ähnlich sieht *Emde* im Folgenden auch die Grundverständnisse der liberal-demokratischen Staatstheoretiker, allen voran *Hans Kelsen*: ihnen sei es vor allem um den Schutz der Demokratie vor einer „Aushöhlung von der Peripherie her" gegangen, nur deshalb seien der Demokratiebegriff so zentralistisch verstanden worden und die hierarchische Ministerialverwaltung als ausschließliches Modell befürwortet worden.

390 Hierfür nennt *Emde* die Idee der Distanzierung vom ständischen Privilegienstaat: Die Demokratie habe die Gleichheit als Grund und verhindere damit die privilegienförmige Aufteilung von Herrschaftsbefugnissen, *Emde,* Die demokratische Legitimation der funktionalen Selbstverwaltung (1991), S. 397 f.

die Ablehnung autonomer Legitimation vor allem, dass demokratische Elemente sich im monarchischen Staat in Abgrenzung von der monarchischen Exekutive entwickelt hätten und es deshalb eine Verkehrung dieses Gedankens darstellen würde, die historischen Wurzeln der Demokratie gerade gegen ihre moderneren Ausprägungen zu stellen.[391]

Auch dogmatisch sieht *Emde* die autonome Legitimation als geeignet an, spezifisch demokratische Legitimation zu begründen. Die radikal zentralistischen Ansätze seien dabei bereits wegen der in Art. 28 Abs. 1 Satz 2 GG aufgenommenen Sonderfälle ausgeschlossen. Die weiterhin bei *Böckenförde* postulierte unbestimmte Allgemeinheit ergebe sich zudem nicht aus den grundgesetzlichen Vorgaben, könne lediglich verfassungstheoretisch – nicht aber verfassungsdogmatisch – plausibel gemacht werden und sei damit verfassungspolitischer Natur.[392] Dies ergebe sich daraus, dass Art. 20 Abs. 2 GG überhaupt keinen uneingeschränkten Grundsatz als „Monopol“ enthalte, sondern durch verfassungsrechtlich vorgegebene Formen der Selbstverwaltung eingeschränkt werde. Zudem ergäben sich diverse Folgeprobleme bei der Beschränkung auf die legitimationsstiftende Fähigkeit einer unbestimmten Allgemeinheit. Würde man funktionale Selbstverwaltungsformen (wegen ihrer im Grundgesetz vorgesehenen Zulässigkeit) nur wegen einer verfassungsrechtlich vorgegebenen Lockerung der Legitimation als zulässig ansehen, käme dies einem „systematischen Offenbarungseid“ gleich, weil dann der Grundgedanke der allgemein erforderlichen demokratischen Legitimation aufgegeben würde.[393] Deshalb müssten die Vorgaben des Grundgesetzes dahingehend ausgelegt werden, dass der Mitwirkung Betroffener in Selbstverwaltungsträgern ein eigener demokratischer Wert zugesprochen werde.

Von der grundsätzlichen Zulässigkeit autonomer Legitimationsformen ausgehend entwickelt *Emde* Anforderungen für die Geeignetheit im Einzelfall. Aus dem auf Staatsebene wegen Art. 20 Abs. 2 Satz. 1, Art. 38 Abs. 1

391 *Emde,* Die demokratische Legitimation der funktionalen Selbstverwaltung (1991), S. 399 ff.

392 *Emde,* Die demokratische Legitimation der funktionalen Selbstverwaltung (1991), S. 402 f.

393 *Emde,* Die demokratische Legitimation der funktionalen Selbstverwaltung (1991), S. 404 f.; notwendige Grundlage für diese These ist aber die Vermutung bzw. Postulation einer notwendigerweise konsistenten Systematik; gerade das positive Recht kann jedoch dadurch, dass allgemeingültige Grundsätze und Ausnahmen im Einzelfall vorgesehen sind, – auch und vor allem im Wege des Kompromisses – Kombinationen schaffen, die sich gerade nicht systematisieren lassen.

Satz 1 und Art. 28 Abs. 1 Satz 1 GG strikt vorgesehenen demokratischen Gleichheitsgebot bzw. Differenzierungsverbot, das durch die Konkretisierungen der politischen Grundrechte in Art. 4, 5, 8 und 9 GG bestätigt werde, ergebe sich die generelle Anforderung an eine Legitimationseignung: Nur wenn auch auf Ebene der Selbstverwaltung diese grundlegende Gleichheit beachtet würde, könne auch autonom(e) Legitimation erzeugt werden – es sei denn, das positive Verfassungsrecht sehe eine besondere Ausnahme hierfür vor.[394] Ausnahmen hierfür würden für den Bereich der „objektbezogenen" Selbstverwaltungseinrichtungen anerkannt, welche nicht an einer Eigenschaft einer Person anknüpfen, sondern an einem Gegenstand bzw. regelmäßig am Eigentum. So lägen verschiedentlichen Realkörperschaften Differenzierungen nach Eigentumsbeteiligungen zugrunde, was zulässig sei, solange – beispielsweise durch das Abstellen auf Beteiligungsverhältnisse – ein sachlicher Grund vorliege und damit keine Abstufungen einer personalen Herrschaft vorgenommen würden.[395]

Im Rahmen einer historischen Betrachtung nimmt *Emde* daran anschließend eine Beurteilung vor, welche Bedeutung gleichheitswidrige Binnenstrukturen für die Tradition und darauf aufbauend für die noch aktuelle Dogmatik haben. Hier zeigt er zunächst die verhältnismäßig undemokratischen Entwicklungslinien (vor allem der kommunalen Selbstverwaltung) aus der Zeit der Konstitutionalisierung auf, denen es mehr um Privilegierung als um strikte Gleichbehandlung gegangen sei, um dann die maßstabsetzende Gewalt des Verfassunggebers herauszustellen, der sich in Ausübung seiner souveränen Dispositionsfreiheit für das Konzept eines egalitären Legitimationsmodells habe entscheiden können und dies auch getan

394 Dabei sei es unschädlich, dass anders als bei der kommunalen Selbstverwaltung in Art. 28 Abs. 1 Satz 2 GG im Falle der funktionalen Selbstverwaltung nicht eine spezielle Verfassungsvorschrift die Geltung strikter Gleichheit vorsieht: Neben systematischen Gründen spräche hiergegen die nicht vergleichbare Entstehungsgeschichte der Art. 28 GG für Legitimationsfragen und Art. 86 f. GG für Organisationsfragen, *Emde*, Die demokratische Legitimation der funktionalen Selbstverwaltung (1991), S. 407 f.

395 Insoweit läge eine Differenzierung nach Rechten und Pflichten nach einem staatlich festgelegten Schlüssel vor, *Emde*, Die demokratische Legitimation der funktionalen Selbstverwaltung (1991), S. 409 f.; dies bedeute jedoch keine notwendige, sondern eine lediglich zulässige Differenzierung, die auch nur dann tragfähig sei, wenn ihr Ziel die Abbildung dieser unterschiedlichen Ausgangsverhältnisse sei; gleichwohl müsse auch personalen Pflichten (bei Industrie- und Handelskammern) die verhaltensreglementierende Komponente im Vordergrund stehen und hier Differenzierungen nach Beteiligung ausschließen.

habe.[396] Im Ergebnis kommt er damit zur Notwendigkeit egalitärer demokratischer Legitimationsteilhabe, von der Abweichungen allein aufgrund einer besonderen grundgesetzlichen Rechtfertigung zulässig sein könnten. Dabei sei allerdings stets erforderlich, dass innerhalb des Kreises der Selbstverwaltungsmitglieder alle gleichermaßen beteiligt würden und auch im Verhältnis zu externen, nicht an der Selbstverwaltung beteiligten Personen keine unzulässige Unterscheidung vorgenommen würde. Hierfür sei erforderlich, dass mit der strengen Abgrenzung nach der Betroffenheit als Entscheidungsadressat eine geeignete Rechtfertigung vorhanden sei.[397] Innerhalb der Verwaltung in Form der Selbstverwaltung müsse beachtet werden, dass sich alle Entscheidungen auf die eine autonome Legitimation stiftenden Mitglieder zurückführen ließen und diese auch alle grundsätzlichen Fragen als „Grundsatzkompetenz" selbst klären können müssten – nicht festgelegt seien die Einrichtungen der Selbstverwaltung hingegen bei der grundsätzlichen Frage, ob eine Vertretung in staatsanaloger Weise indirekt erfolgen solle oder ob auch direktdemokratische Elemente auf der Ebene des Verwaltungsträgers umgesetzt werden sollten.[398]

Mit seinem Beitrag zu den Strukturen demokratischer Legitimation und der Zulässigkeit von Formen der funktionalen Selbstverwaltung liefert *Emde* wohl einen der am tiefsten gehenden Beiträge zur Einordnung funktionaler Legitimation in das Legitimationsgefüge des Grundgesetzes. Insbesondere die Überlegungen zur Zulässigkeit und Reichweite autonomer Legitimation im Falle der Selbstverwaltungseinrichtungen gehen schon wegen ihres Umfangs und der historischen Einordnung[399] in ihrer Argumentationstiefe weit darüber hinaus, was mit späteren Beiträgen gelegentlich in unspezifischer Weise als aus der Begründung des Demokratieprin-

396 *Emde,* Die demokratische Legitimation der funktionalen Selbstverwaltung (1991), S. 412.

397 *Emde,* Die demokratische Legitimation der funktionalen Selbstverwaltung (1991), S. 421.

398 Insofern müsste den Mitgliedern notwendigerweise offenstehen, alle wesentlichen Personal- und Sachfragen selbst klären zu können und auch die entsprechenden Organwalter abwählen können – nur so könnte eine erneute Verselbständigung innerhalb des Selbstverwaltungsträgers verhindert werden, *Emde,* Die demokratische Legitimation der funktionalen Selbstverwaltung (1991), S. 423 ff.

399 Vgl. hier die historische Einordnung bei *Emde,* Die demokratische Legitimation der funktionalen Selbstverwaltung (1991), S. 363 ff. und die weit gehenden Überlegungen zum egalitären Demokratiekonzept und seinen Auswirkungen auf das Prinzip demokratischer Legitimation, *Emde,* Die demokratische Legitimation der funktionalen Selbstverwaltung (1991), S. 382 ff.

zips mit der Menschenwürde als notwendig postuliert wurde.[400] Dabei werden auch deutlich die (grund-)gesetzlichen Vorgaben herausgestellt, die überhaupt erst den Unterschied zwischen der Zulässigkeit der Selbstverwaltung zu Zeiten der Weimarer Republik und unter dem Grundgesetz ausmachen. Trotz dieses grundgesetzbezogenen Ansatzes ist diese Vorgehensweise jedoch nicht als allein rechtstechnisch bzw. rechtsdogmatisch anzusehen. Bei der Herausarbeitung von Notwendigkeiten für die Selbstverwaltung arbeitet *Emde* oftmals stärker mit Begriffen wie „Demokratie" und damit verbundenen allgemeinen Prinzipien als mit dem in Art. 20 Abs. 1 und Abs. 2 GG positivierten Begriff der Demokratie. Besonders deutlich tritt dies in seinem Ansatz zur Herleitung der Zulässigkeit autonomer Legitimationsformen unter dem Grundgesetz zu Tage: Wenn das Grundgesetz aus demokratischen Gründen wegen Art. 20 Abs. 2 GG eine umfassende Rückführbarkeit von Entscheidungen auf das Staatsvolk verlange und in Art. 86 f. GG von diesem Erfordernis absehe, müsse eine Kompensation dieser personellen Legitimationskomponente erfolgen.[401] Hier erkennt man die erkenntnisleitende Überlegung, dass hinter diesem grundgesetzlichen Erfordernis ein allgemeiner, auch hier gültiger Grundsatz stehen müsse, der für die umfassende Geltung des demokratischen Prinzips sorge. Diese Erkenntnis stellt zugleich den Ausgangspunkt für *Emde* bei der Herleitung der rechtlichen Voraussetzungen für die Binnenstuktur der Selbstverwaltungsträger dar. Derartige Überlegungen legen jedoch eher eine verfassungstheoretische Vorgehensweise nahe, die von einem systematisch konsequent durchgezogenen Ansatz ausgeht. Bei rein dogmatisch-technischer Betrachtung könnte man nämlich auch zu dem Schluss kommen, dass in Einzelfällen (Art. 86 f. GG) schlicht eine Abweichung von der grundsätzlich umfassenden Rückführbarkeit anzunehmen sein könnte. Bedeutende Auswirkungen dieser unterschiedlichen Annahmen ergeben sich nämlich dann, wenn die hier entwickelten Ansätze nicht nur auf die verfassungsrechtlich vorgesehenen Ausnahmefälle angewandt werden, sondern auf weitere, nicht durch das Grundgesetz vorgesehenen Fälle der Ausübung von Staatsgewalt durch Träger funktionaler Selbstverwaltung ausgedehnt werden – wie es ein Jahrzehnt später für die Wasserverbände durch das Bundesverfassungsgericht entschieden wurde.

---

400 So beispielsweise später bei *Trute,* Die demokratische Legitimation der Verwaltung, in: *Hoffmann-Riem/Schmidt-Aßmann/Voßkuhle* (Hrsg.), Grundlagen des Verwaltungsrechts, Bd. I, 2. Aufl. (2012), § 6, Rdnr. 19.

401 Vgl. dazu oben und bei *Emde,* Die demokratische Legitimation der funktionalen Selbstverwaltung (1991), S. 384 ff.

Zugleich handelt es sich bei dem von *Emde* entwickelten Maßstab eindeutig um einen aus positivrechtlichen Vorgaben abgeleiteten rechtsdogmatischen Maßstab, der als Maßstabsnorm für die Prüfung insbesondere mit Unabhängigkeit ausgestatteter Staatseinrichtungen auf die (rechtstechnische) Vereinbarkeit mit dem grundgesetzlichen Demokratieprinzip geeignet ist. Durch den Modellcharakter der Überlegungen der Möglichkeit einer Substitution (allgemeiner) demokratischer Legitimation im Sinne des Art. 20 Abs. 2 GG durch eine autonome Legitimation durch die Selbstverwaltungsmitglieder in grundgesetzlich vorgesehen Bereichen zeigt er zugleich einen Maßstab auf, an welchem Änderungen des Grundgesetzes zur Schaffung neuer Selbstverwaltungsbereiche gemessen werden können.

10. Horst Dreier (1991)

Eher am Rande beschäftigt sich *Horst Dreier* in seiner 1991 veröffentlichten Habilitationsschrift[402] mit Aspekten legitimatorischer Zusammenhänge bei hierarchisch eingegliederten und bei verselbständigten Verwaltungseinheiten. Zunächst steht für ihn die Herrschaft der Gesetze im demokratischen Staat im Mittelpunkt, erst danach sei die Frage zu diskutieren, inwieweit Unbestimmtheit und Regelungsschwächen des Gesetzes durch erhöhte parlamentarische Kontrolle kompensiert werden könnten.[403] Ausgehend von einem durch das Grundgesetz in Art. 20 Abs. 2 Satz 2 GG differenzierten Gewaltenteilungssystem verfolge seine Konzeption eine „Verhinderung totaler Machtkonzentration durch Zuordnung und Ausbalancierung“ von Kompetenzen.[404] In diesem System stelle jedoch die Verwaltung einen zentralen Machtfaktor dar, der sie auf eine Bedeutungsstufe

402 *Dreier*, Hierarchische Verwaltung im demokratischen Staat (1991).

403 Grundsätzlich müsse auch beim Gesetzesvollzug immer die selbst-programmierende Komponente beachtet werden, weil ein formal-technischer Subsumtionsvorgang ohne derartige Elemente ausgeschlossen sei; dieser Akt der Konkretisierung schließe immer eine Eigenständigkeit mit ein, *Dreier*, Hierarchische Verwaltung im demokratischen Staat (1991), S. 166 f.; problematisch werde diese Aufgabenverteilung allerdings, wenn die parlamentarische Verantwortlichkeit auf die Verwaltung übergewälzt werde, *Dreier*, Hierarchische Verwaltung im demokratischen Staat (1991), S. 171 f.

404 *Dreier*, Hierarchische Verwaltung im demokratischen Staat (1991), S. 176 f.; daraus folge, dass sich die Eigenständigkeit der Verwaltung keinesfalls als allgemeines, abstraktes Dogma darstelle und somit der Volkssouveränität vorgelagert sei, sondern Teil einer gewaltenkonstituierenden Ordnung sei.

mit den Gesetzen hebe.[405] Erst das Zusammenwirken zwischen der gesetzgeberischen Programmierung mit der punktgenau dirigierten Verwaltung könne die konkrete Rechtsverwirklichung bewirken.[406] Die starke Position der Verwaltung und insbesondere verselbständigten Verwaltungseinheiten müsse sich hiervon ausgehend in den demokratischen Kontroll- und Legitimationszusammenhang des Grundgesetzes einordnen lassen, weil speziell unter demokratischen Gesichtspunkten mit der Gewichtsverlagerung Steuerungsprobleme aufträten.[407] Neben den spezifischen verwaltungsorganisatorischen Fragen sei für die verfassungsmäßige Zulässigkeit vor allem die Frage hinreichender demokratischer Kontrolle und Legitimation entscheidend.[408]

Diese könne sich in Abhängigkeit vom jeweiligen Verselbständigungstyp ergeben und durch grundgesetzliche grundrechtliche (etwa durch Art. 5 Abs. 1 Satz 2 [Rundfunkanstalten] und Art. 5 Abs. 3 Satz 1 GG [Hochschulen]) oder organisatorische Freistellungen ergeben (wie durch Art. 28 Abs. 1 Satz 2 GG oder Art. 87 Abs. 1 Satz 1 GG). Für viele übrige Verwaltungsträger wie Sozialversicherungsträger oder selbständige Bundesoberbehörden ergebe sich folglich keine verfassungskräftige Sicherung, weshalb der Gesetzgeber an ihrer Beseitigung nicht gehindert wäre.[409] Damit stelle sich die Frage, ob das Demokratieprinzip als Legitimationsgrund für körperschaftliche Selbstverwaltungsformen herangezogen werden könne. Auch wenn hiermit Partikularinteressen der demokratischen Gesamtheit entgegengesetzt würden, könne der demokratische Gehalt solcher Formen nicht ausgeschlossen werden, es müsse lediglich eine geeignete Verteilung zwischen zentralem Demokratiesystem und den Einzelsystemen gewährleistet sein.[410] Demgegenüber sei zu hinterfragen, was für

---

405 So kämen der Verwaltung umfangreiche Einwirkungsmöglichkeiten zu, die von der Vorsteuerung der Gesetze durch Mitgestaltung im Gesetzgebungsprozess bis hin zur Verhinderung gesetzlicher Ziele durch Konterkarieren gesetzgeberischer Absichten reichten, *Dreier*, Hierarchische Verwaltung im demokratischen Staat (1991), S. 195 ff.

406 *Dreier*, Hierarchische Verwaltung im demokratischen Staat (1991), S. 202.

407 Vgl. *Dreier*, Hierarchische Verwaltung im demokratischen Staat (1991), S. 218.

408 *Dreier*, Hierarchische Verwaltung im demokratischen Staat (1991), S. 221 f.

409 *Dreier*, Hierarchische Verwaltung im demokratischen Staat (1991), S. 274.

410 Unter Bezugnahme auf *Böckenförde*, Demokratie als Verfassungsprinzip, in: *Isensee/Kirchhof* (Hrsg.), Handbuch des Staatsrechts der Bundesrepublik Deutschland, Bd. I, 1. Aufl. (1987), § 22, Rdnr. 31 ff. lehnt *Dreier*, Hierarchische Verwaltung im demokratischen Staat (1991), S. 275 ff. die strenge Fixierung auf die unbestimmte Allgemeinheit als demokratische Gesamtheit mit der Begründung ab, dass die Ableitung der Staatsgewalt aus dem Volkswillen nicht optimiert

Gefahrenmomente sich durch die Verselbständigung von Verwaltungseinheiten für die Verwaltungsorganisation ergäben. Insbesondere müssten vor dem Hintergrund des hierarchischen Bauprinzips der Exekutive alle Ausnahmen vom Regelfall strikter Weisungsgebundenheit als begründungsbedürftige Schwächungen des demokratischen zentralstaatlichen Willens erscheinen. Allerdings fehle es an allgemeinen Grenzen für die Verselbständigung, weil es an trennscharfen Kriterien für eine derartige Beurteilung mangele.[411] Insoweit ergebe sich aus dem institutionellen Gesetzesvorbehalt eine Vorgabe, die den Gesetzgeber zu einer genauen Präzisierung von Status, Aufgabenkreis, Pflichtenkanon und Handlungsspielraum zwinge.[412] Auch könne eine gewisse Kompensation durch rechtsaufsichtliche Kontrolle erreicht werden, die allerdings nur eine Rahmenkontrolle darstellen könne. Bei Vorliegen stichhaltiger oder gar verfassungsfundierter Gründe sei aber sogar eine weitere Kontrollausdünnung denkbar, um die effiziente Nutzbarmachung der Verselbständigung auch zu gewährleisten.[413] In der Verfassungswirklichkeit zeigten sich daneben auch verschiedentliche demokratische Schwachstellen, wenn durch Abbau staatlicher Heteronomie für verselbständigte Verwaltungseinheiten eine Verringerung demokratischer Rückbindung erreicht würde, wo die Aufgabenwahrnehmung öffentlicher Aufgaben durch den Staat verfassungsrechtlich geboten sei.[414] Auch sei aus dieser Sicht die Tendenz zur Aufgabenauslagerung an halbstaatliche oder gänzlich private Rechtsträger bedenklich, weil dort oftmals die Verantwortungs- und Legitimationszusammenhänge im Dunkeln blieben.[415]

In der Betrachtung von *Dreier* zeigt sich in besonderem Maße die methodische Problematik der Diskussion über ein erforderliches Maß demokratischer Legitimation. In seiner Argumentation greift er die wesentlichen diskutierten Probleme auf und thematisiert sie als bedeutsame

---

werden müsse und damit ergänzungsfähig und offen für alternative zusätzliche Einflüsse sei.

411 *Dreier*, Hierarchische Verwaltung im demokratischen Staat (1991), S. 283 f.

412 *Dreier*, Hierarchische Verwaltung im demokratischen Staat (1991), S. 286 f.

413 *Dreier*, Hierarchische Verwaltung im demokratischen Staat (1991), S. 289 f.

414 Insbesondere könne dies bei mitgliedschaftlich verfassten Verwaltungseinheiten der Fall sein, *Dreier*, Hierarchische Verwaltung im demokratischen Staat (1991), S. 293.

415 Mit Hinweis insbesondere auf die damit verbundene oftmals fehlende staatliche Aufsicht als konzeptionellem Mangel, der auch nicht ansatzweise durch Wahrnehmung eventueller Ingerenzrechte ausgeglichen werden könne, *Dreier*, Hierarchische Verwaltung im demokratischen Staat (1991), S. 293 f.

Probleme demokratischer Legitimation. Allerdings bewältigt er dies ohne Bemühung eines normativen Maßstabs, an dem er ein rechtlich erforderliches Maß festmachen könnte. Dies verwundert insofern nicht, als die Veröffentlichung erst kurze Zeit nach den prägenden Urteilen des Bundesverfassungsgerichts vom 31. Oktober 1990[416] erfolgte und offensichtlich erst mit diesen der Siegeszug des Modells von *Böckenförde*, die so entwickelten Maßstäbe an Art. 20 Abs. 2 Satz 1 und 2 GG anzuknüpfen, begann.[417] Ohne eine solche wird es allerdings nicht deutlich, inwieweit es sich beim Ansatz *Dreiers* wirklich um eine Analyse des positiven Rechts handeln kann. In der Argumentation unterscheidet sich seine Vorgehensweise allerdings nicht wesentlich von späteren Arbeiten, die diese Anknüpfung vornehmen. Von großer Bedeutung für die spätere normativ angeknüpfte Argumentation sind allerdings die Betrachtungen zur Funktions- und Wirkungsweise der hierarchischen Staatsverwaltung, die wesentliche Aspekte der oftmals als Regelungstypen angesehenen demokratischen Verwaltungsstrukturen unter dem GG angesehen werden.

11. Eberhard Schmidt-Aßmann (1991)

Nach den Urteilen des Bundesverfassungsgerichts vom 31. Oktober 1990 diskutiert *Eberhard Schmidt-Aßmann* im Jahr 1991 explizit den *Rechts*begriff der Verwaltungslegitimation[418]. Diesem komme dabei eine vergleichbare Bedeutung wie der Rechtsgebundenheit öffentlicher Verwaltung zu, weil die Verfassungsstrukturentscheidung für Rechtsbindung und Legitimation die wesentlichen Richtpunkte darstellten.[419] Für beide Grundpfeiler lasse sich dabei eine dreifache Wirkstufe herleiten: Der höchste Konkretisie-

---

416 *BVerfG*, Urt. v. 31.10.1990, BVerfGE 83, 37 (vgl. dazu Kapitel III.C.8.a)) und *BVerfG*, Urt. v. 31.10.1990, BVerfGE 83, 60 (vgl. dazu Kapitel III.C.8.b)).

417 Zwar wurde auch der Beitrag von *Böckenförde*, Demokratie als Verfassungsprinzip, in: *Isensee/Kirchhof* (Hrsg.), Handbuch des Staatsrechts der Bundesrepublik Deutschland, Bd. I, 1. Aufl. (1987), § 22 mehrfach zitiert, nicht allerdings dessen normativer Anknüpfungspunkt in Bezug genommen.

418 Dabei sei Art. 20 Abs. 2 GG der Anknüpfungspunkt, der „aus der Tiefe der historischen Erfahrungen und Breite der multidisziplinären Ansätze" die in dem Schlüsselthema staatstheoretische Argumentationen vereine, *Schmidt-Aßmann*, Verwaltungslegitimation als Rechtsbegriff, AöR 116 (1991), 329 (330).

419 *Schmidt-Aßmann*, Verwaltungslegitimation als Rechtsbegriff, AöR 116 (1991), 329 (331 f.), mit besonderer Betonung des normativen Charakters der grundlegenden Verfassungsentscheidungen *Schmidt-Aßmann*, Verwaltungslegitimation als Rechtsbegriff, AöR 116 (1991), 329 (334).

rungsgrad werde in konkreten Dogmen erreicht, zu denen die verfassungsrechtlichen Einzelausprägungen zu zählen seien.[420] Daneben stünden die allgemeineren grundgesetzlichen Prinzipien und die noch vorgelagerten Ideen. Letztere entfalteten keine rechtsnormative Wirkung mehr, sondern würden durch ihren Prinzipiencharakter mediatisiert.[421] Konkret verlange Art. 20 Abs. 2 GG einen effektiven Einfluss auf die Ausübung von Staatsgewalt. Hier gelte es, sensible und vielgestaltige Einflussfaktoren nicht notwendig nur nach juristischen Bewegungsgesetzen zu verstehen. Deshalb könne es ein festes Legitimationsniveau weder für alle drei Gewalten noch innerhalb der Verwaltung geben. Die Legitimationsanforderungen seien abhängig vom Entsprechungsverhältnis zwischen Entscheidungsgehalt und -intensität auf der einen und Legitimationsanforderungen auf der anderen Seite.[422] Ein genaues Verhältnis, inwieweit Aspekte der personell-organisatorischen und sachlich-inhaltlichen Legitimation wechselseitig substituierbar sind, könne sich einheitlich nicht feststellen lassen.[423] Von besonderer Bedeutung sei das „Störungsverbot“ des Art. 20 Abs. 2 GG, das keine Unterbrechungen der Hauptlinien der Ableitungszusammenhänge vom Volk zulasse.[424]

Methodisch unterscheidet *Schmidt-Aßmann* bei der Betrachtung dabei genau zwischen der rechtsnormativen Frage nach der Rechtfertigung administrativer Herrschaft und der soziologischen Frage nach deren Akzeptanz.[425] Auf der dogmatischen Ebene stellt er einen einerseits strengen Maßstab (hinsichtlich des Legitimationsobjekts und der engen Begrenzung des Staatsvolksbegriffs, der sich auf das Volk als verfasste Gesamtheit und

420 Für das Demokratieprinzip würden diesbezüglich Art. 38 Abs. 1 GG, für die rechtsstaatlichen Gewährleistungen Art. 19 Abs. 4, 92, 97, 101 und 103 GG als Einzelausprägungen („Dogmen“) herangezogen, *Schmidt-Aßmann*, Verwaltungslegitimation als Rechtsbegriff, AöR 116 (1991), 329 (334 f.).

421 *Schmidt-Aßmann*, Verwaltungslegitimation als Rechtsbegriff, AöR 116 (1991), 329 (335).

422 *Schmidt-Aßmann*, Verwaltungslegitimation als Rechtsbegriff, AöR 116 (1991), 329 (366).

423 *Schmidt-Aßmann*, Verwaltungslegitimation als Rechtsbegriff, AöR 116 (1991), 329 (368).

424 *Schmidt-Aßmann*, Verwaltungslegitimation als Rechtsbegriff, AöR 116 (1991), 329 (369).

425 Insoweit ließe die normative Herangehensweise einen unmittelbaren Rückgriff auf den ideellen Gehalt staatstheoretischer Grundlagen nicht zu, sondern erfordere eine Betrachtung ausschließlich der konkreten grundgesetzlichen Verfassungsordnung, *Schmidt-Aßmann*, Verwaltungslegitimation als Rechtsbegriff, AöR 116 (1991), 329 (331).

unbestimmte Allgemeinheit bezieht[426]) dar, auf der anderen Seite fehlt es dem dargestellten Maßstab an einer genauen Bestimmbarkeit des Legitimationsniveaus.[427] Dieser Ansatz der kaum möglichen Konkretisierung des Art. 20 Abs. 2 GG lässt vermuten, dass es sich nach seiner Vorstellung bei der demokratischen Legitimation nach Art. 20 Abs. 2 GG gerade nicht um ein praktisch anwendbares, rechtsdogmatisches Modell handelt, das als Prüfungsmaßstab für eine rechtlich erforderliche Legitimation herangezogen werden könnte – von Einzelfällen abgesehen, nach denen ausnahmsweise eine alternative Konstruktion wegen Störung der „Hauptlinien des Art. 20 Abs. 2 GG“ vorliegen könnte. Insoweit mag es sogar verwundern, dass trotz der geringen Konturierung in Bezug auf den Maßstab in diesem Modell verhältnismäßig detaillierte Vorgaben zu Legitimationssubjekt und Legitimationsvermittlungsmethoden enthalten sind.[428] Ausgehend von der methodischen Erkenntnis, dass sich Gesetzesanwendung nicht in Subsumtion erschöpfe und sich daher mit einer bloßen Vollzugsdoktrin nicht angemessen erfassen lassen könne, sei vor allem die spezifische administrative Leistungsfähigkeit zu berücksichtigen.[429] Hier zeigt sich bereits die sehr starke Orientierung an empirischen (steuerungswissenschaftlichen) Erkenntnissen, anhand derer das Vorliegen einer hinreichenden Legitimation gemessen werden soll. Im Ergebnis kommt dieser Maßstab hinsichtlich der Fragen nach Legitimationssubjekt und -objekt zum gleichen Ergebnis wie die vorangegangene Rechtsprechung des Bundesverfassungsgerichts, bezüglich des Legitimationsniveaus ergeben sich damit sehr deut-

---

426 *Schmidt-Aßmann*, Verwaltungslegitimation als Rechtsbegriff, AöR 116 (1991), 329 (348 ff.).

427 *Schmidt-Aßmann*, Verwaltungslegitimation als Rechtsbegriff, AöR 116 (1991), 329 (367 f.).

428 So erfolgt eine verhältnismäßig strenge Festlegung auf das Volk als notwendig verfasste Gesamtheit und unbestimmte Allgemeinheit, das sich auch – anders als in vielen übrigen Modellen – ausschließlich aus Staatsangehörigen zusammensetzen könne, weil der Volksbegriff des Art. 20 Abs. 2 Satz 1 GG in Übereinstimmung mit den Vorgaben des Art. 116 GG ausgelegt werden müsse, *Schmidt-Aßmann*, Verwaltungslegitimation als Rechtsbegriff, AöR 116 (1991), 329 (348 ff.); auch für die Legitimationsmodi sei wegen des Rückgriffs auf Wahlen und Abstimmungen von einer Beschränkung auf sachlich-inhaltliche und personelle neben der institutionell-funktionellen Legitimation abzustellen, *Schmidt-Aßmann*, Verwaltungslegitimation als Rechtsbegriff, AöR 116 (1991), 329 (357 ff.).

429 Als stillschweigend mitgeschriebene Voraussetzung der Verfassung: *Schmidt-Aßmann*, Verwaltungslegitimation als Rechtsbegriff, AöR 116 (1991), 329 (364).

liche Unterschiede zu den insoweit noch ähnlichen monistischen Legitimationsansätzen.

12. Matthias Jestaedt (1993)

In seiner Untersuchung „Demokratieprinzip und Kondominialverwaltung“ entwickelt *Matthias Jestaedt* aus grundgesetzlichen Vorgaben der Staatsorganisation ein grundgesetzlich vorgefundenes Regelmodell demokratischer Legitimation. Ausgangspunkt dieser Überlegung ist die Wechselbezüglichkeit von Staatsorganisation und Demokratieprinzip; erstere konkretisiere die Struktur, werde allerdings auch ihrerseits durch die Demokratie geprägt.[430] In diesem Zusammenhang komme dem Parlament die Rolle des zentralen, weil einzig notwendigen Legitimationsvermittlungsorgans zu, obwohl zwar demokratische Legitimation nicht von ihm ausgehe, aber die Legitimation vollständig durch das Parlament vermittelt werde: Demokratische Legitimation könne nach dem Grundgesetz nur in parlamentarischer Vermittlung erfolgen, wobei der Primat des Parlaments nicht mit einem mit dem Grundgesetz unvereinbaren Gewaltenmonismus verwechselt werden dürfe.[431] Das Parlament stelle das einzige und somit unverzichtbare Bindeglied zwischen Volk als Legitimationssubjekt und der Ausübung von Staatsgewalt dar.[432] Die direkten Einflussmöglichkeiten des Parlaments auf die Administrativgewalt beschränkten sich auf die gesetzesförmigen und budgetrechtlichen Einwirkungsmöglichkeiten, im Übrigen

---

430 Dies gelte vor allem für die „Wirkungsstruktur“ des Art. 20 Abs. 2 GG: in Abgrenzung zur „Tatbestandsstruktur“, die mit Legitimationssubjekt, -objekt und den Legitimationsmethoden die tatbestandlichen Vorgaben betreffen, gehe es hier um das Legitimationsniveau, das zwar in Art. 20 Abs. 2 GG vorgesehen sei, sich aber nicht unmittelbar aus dieser Norm ergebe, sondern erst aus der Zusammenschau mit übrigen Bestimmungen des Grundgesetzes, in denen bereits die Wirkung des Art. 20 Abs. 2 GG vorgezeichnet sei, *Jestaedt,* Demokratieprinzip und Kondominialverwaltung (1993), S. 306.

431 Dabei sei zunächst die Begriffsvariabilität zu berücksichtigen, die dem Demokratiebegriff inne wohne; zugrunde gelegt werde hier ausschließlich die Demokratie als Rechtsbegriff, der ausschließlich mit Mitteln juristischer Hermeneutik herzuleiten sei, *Jestaedt,* Demokratieprinzip und Kondominialverwaltung (1993), S. 139.

432 *Jestaedt,* Demokratieprinzip und Kondominialverwaltung (1993), S. 311; insoweit stelle die grundgesetzliche Ordnung eine legitimationszentralistische und legitimationshierarchische dar, *Jestaedt,* Demokratieprinzip und Kondominialverwaltung (1993), S. 307.

sei das Verhältnis von Parlament und Verwaltung ein mittelbares, welches durch die Regierung als Bindeglied vermittelt werde.[433] Auch das Verhältnis von Parlament zu Regierung sei nur aus Einzelregelungen im Grundgesetz zu erschließen, aus der Abhängigkeit der Regierung vom Willen und Vertrauen des Parlaments und der „Staatsleitungsteilhabe" des Parlaments ergäben sich einseitige und begrenzte Kontrollmöglichkeiten.[434]

Die „Klammerfunktion" des Ministerialprinzips ergebe sich aus der flächendeckenden Regierungszuständigkeit im Bereich der Exekutive und der umfassenden Leitungsbefugnis des Ressortministers: das Grundgesetz gehe davon aus, dass jede Tätigkeit der Exekutive zum Gegenstand parlamentarischer Kontrolle und Diskussion gemacht werden könne.[435] Aus dem Ressortprinzip folge dann die Ministerzuständigkeit, weil wiederum eine Verantwortlichkeit des Ministers nur im Rahmen einer existierenden Einwirkungsmöglichkeit bestehen könne.[436] Diese Leitungskompetenz werde normativ von Art. 65 Satz 2 GG unterfangen, umfassende Kompetenzen und Befugnisse bei Organisation, Personal und sachlich-inhaltlicher Aufgabenerledigung würden dadurch impliziert. Das Ministerialprinzip und die Ministerialorganisation seien damit verfassungsrechtlich institutionell gewährleistet.[437] Aus dem umfassenden Leitungsbegriff des Art. 65 Satz 2 GG ergebe sich, dass neben bloß organisierenden Befugnis-

---

433 Eine unmittelbare Steuerungsmöglichkeit für das Parlament ergebe sich nur aus wenigen direkten gesetzesförmigen und budgetrechtlichen Einwirkungsmöglichkeiten; soweit es hingegen um die Ausführung der Gesetze gehe, sei das Parlament auf die Regierung und vor allem deren Umsetzungsspielräume angewiesen, die sich notwendigerweise bei der Gesetzesanwendung ergäben, *Jestaedt,* Demokratieprinzip und Kondominialverwaltung (1993), S. 312.

434 Diese Verzahnung ergebe sich aus der parlamentsabhängigkeit der Regierung bei Bildung und Abberufung der Regierung, durch die Koppelung von Legislaturperioden und Regierungsämtern und durch laufende parlamentarische Kontrolle durch Anfragen, Untersuchungsausschüsse, Zitationsrechte und weitere, *Jestaedt,* Demokratieprinzip und Kondominialverwaltung (1993), S. 313 f.

435 Dies könne daraus erschlossen werden, dass die gesamte Exekutivtätigkeit, soweit sie nicht besonderen Verwaltungsträgern zugewiesen würde, in irgendeiner Form bei der Regierung oder regierungsnachgeordneten Stellen ressortierte und daraus die umfassende Verantwortung der Regierung für das Verwaltungshandeln konstruiert würde, *Jestaedt,* Demokratieprinzip und Kondominialverwaltung (1993), S. 315 ff.

436 *Jestaedt,* Demokratieprinzip und Kondominialverwaltung (1993), S. 320.

437 Die verfassungsrechtliche Gewährleistung beziehe sich zwar nicht auf die weitere Behördenhierarchie, jedoch sei der Typus der Minister-abhängigen Verwaltung festgelegt, *Jestaedt,* Demokratieprinzip und Kondominialverwaltung (1993), S. 322.

sen des Ministers die Möglichkeit der Erteilung von Einzelweisungen vorausgesetzt werde.[438] Daraus folge organisationsstrukturell die Notwendigkeit eines hierarchischen Verwaltungsaufbaus, der so durch das Grundgesetz vorgegeben sei.[439] Der Einwand, hier würde ein vordemokratisches bürokratisches Modell vorausgesetzt, schade insoweit nicht, als Elemente wie eine verantwortliche Regierung, die Ministerialverwaltung und der Beamtenstatus zwar vordemokratischen Ursprungs seien, diese Elemente aber die Wirksamkeitsvoraussetzung für das vom Grundgesetz ausgestaltete parlamentarische Regierungssystem bedeuteten.[440]

Aus diesen inhaltlichen Vorgaben für administrative Strukturen unter dem Grundgesetz entwickelt *Jestaedt* das Legitimationsmodell der Verwaltung in der grundgesetzlichen Ordnung.[441] Dabei ergibt sich die personelle Legitimation aus allen status- und funktionsbestimmenden Entscheidungen des selbst personell legitimierten Ressortministers, sowie dessen organisationsbezogenen Entscheidungen, die für den Zuweisungsbereich von Kompetenzen gleichermaßen bedeutsam seien.[442] In Hinblick auf die materielle Legitimation wird dagegen unterschieden, welche parlamentarischen Möglichkeiten der Einwirkung auf die Regierung bestehen und welche parlamentarischen Durchgriffsrechte direkt auf die Verwaltung

---

438 Die (Einzel-)Weisung sei hier das einzige Werkzeug, mittels dessen auch bei komplexen und unüberschaubaren Aufgabenfeldern durch arbeitsteilige Organisationsformen die ministerielle Verantwortlichkeit sichergestellt sei, *Jestaedt*, Demokratieprinzip und Kondominialverwaltung (1993), S. 323.

439 *Jestaedt*, Demokratieprinzip und Kondominialverwaltung (1993), S. 324.

440 Die Ausprägungen und Schlüsse, die aus der Existenz des Systems gezogen würden, seien dabei unterschiedlich im System der konstitutionellen Monarchie und im parlamentarischen System, weshalb auch das Ministerialprinzip anders ausgeprägt (selbst notwendiger) Teil der parlamentarischen Demokratie sein könne, *Jestaedt*, Demokratieprinzip und Kondominialverwaltung (1993), S. 326 ff.

441 Im Ansatz wird dabei von der grundsätzlichen grundgesetzlichen Kompatibilität des Regelmodells der Ministerialverwaltung das hiervon zu differenzierende Legitimationsprinzip näher bestimmt und dessen Einzelheiten näher herausgearbeitet; *Jestaedt*, Demokratieprinzip und Kondominialverwaltung (1993), S. 330 spricht insoweit von der „Übersetzung“ des Organisationsmodells in das demokratische Legitimationsmodell.

442 Soweit insbesondere die Ernennung von Beamten nicht durch den Bundesminister erfolgt, sondern durch den Bundespräsidenten, berühre dies nicht die materiell verstandene Personalhoheit des Ressortministers; vielmehr zeige gerade dessen notwendige Mitzeichnung, dass die Vornahme nach Art. 60 Abs. 1 GG sich auf ein auf Rechtmäßigkeitskontrolle reduziertes, formelles Ernennungsrecht beschränke, das den legitimatorischen Aspekt der Entscheidung nicht berühre, *Jestaedt*, Demokratieprinzip und Kondominialverwaltung (1993), S. 331.

vorgesehen sind. Zur Gruppe der letzteren zählten das Gesetz und das Budgetrecht. Das Gesetz stelle damit das allgemeine Einwirkungsrecht des Parlaments auf die Verwaltung dar und sei damit das zentrale parlamentarische Instrument, mit dem es im modernen Finanz-, Steuer-, Sozial- und Leistungsstaat Steuerung übernehmen könne. Deshalb resultiere im Einzelfall materielle Legitimation, soweit die Gesetzesbindung im Umfang und in der Dichte reiche.[443] Diese Reichweite bestimme sich wiederum aus anderen verfassungsrechtlichen Vorgaben, die sich aus Art. 20 Abs. 3 GG und sonstigen Gesetzesvorbehalten ergäben – deshalb sei auch der (einfache) Gesetzgeber selbst gebunden und könne keinen Totalvorbehalt bewirken.[444] Vom Gesetz (im materiellen Sinne) zu unterscheiden sei das Haushaltsgesetz als Ausprägung des parlamentarischen Budgetrechts, welchem auch gegenüber der Administrative Kontroll- und Steuerungscharakter zukomme. Diesem komme jedoch nur allenfalls stark eingeschränkte Legitimationsleistung zu: Bereits von seiner Natur her könne es nur einen äußeren Rahmen setzen, aber inhaltlich keine Entscheidungen treffen. Zudem ließen sich diese Steuerungsmittel vom Parlament überhaupt nicht frei einsetzen, weil diverse Bindungen (allen voran die erforderliche Finanzierung notwendiger Staatsaufgaben) des Parlaments dazu führten, dass das Haushaltsgesetz nicht zu einer frei verfügbar gewünschten Entscheidungsprogrammierung genutzt werden könnte.[445]

Neben der materiellen Steuerungswirkung durch das Gesetz erachtet *Jestaedt* die Lenkungs- und Kontrollbefugnisse als typprägend für das Zusammenwirken der Legitimationsformen für die Bestimmung des Regel-

---

443 In genau dieser Reichweite sei dann auch die gesetzesvollziehende Verwaltung von der Pflicht zur Erbringung einer eigenen Legitimationsleistung enthoben, weil sie genau diese Bestandteile einer Entscheidung nicht mehr beeinflussen könne; vgl. *Jestaedt,* Demokratieprinzip und Kondominialverwaltung (1993), S. 335 f.

444 Die hiermit verbundenen Begrenzungen des Gesetzgebers durch die Verfassung stellten eine Verwirklichung funktioneller und institutioneller Legitimation dar: Die Pflichten aus Art. 20 Abs. 3 GG, Gesetze zu beachten und anzuwenden, sowie parlamentsgesetzesfreie Räume und Gesetzgebungspflichten, die beispielsweise aus dem Wesentlichkeitsgrundsatz resultierenden, seien von Verfassung wegen bestimmten grundgesetzlichen Akteuren zugewiesen, weshalb auch die Quelle des Legitimationsbeitrags notwendig von diesen stammen müsse; *Jestaedt,* Demokratieprinzip und Kondominialverwaltung (1993), S. 336 f.

445 Insofern könne nur von einer finanz- und wirtschaftspolitischen Globalsteuerung gesprochen werden, die in Bezug auf die Legitimationsleistung für einzelne Entscheidungen und Einzelhandlungen der Verwaltung nur als marginal anzusehen seien, *Jestaedt,* Demokratieprinzip und Kondominialverwaltung (1993), S. 338 f.

modells notwendiger Legitimation: Auf abstrakter Ebene gehörten hierzu die Rechtsverordnungen und Verwaltungsvorschriften, mit denen eine Verlagerung von Entscheidungsverantwortlichkeit für einzelne Entscheidungskompetenzen von der im Einzelfall zuständigen Stelle auf die Spitze der Verwaltungseinheit (regelmäßig den Minister) bewirkt werde.[446] Konkrete – materielle Legitimation schaffende – Einwirkungsmittel seien in der umfassenden Sachentscheidungsbefugnis und dem Einzelweisungsrecht zu sehen. Dadurch, dass sie eine umfassende Reservekompetenz beinhalteten, vermittelten diese Befugnisse eine materiell-demokratische Verantwortlichkeit auch dort, wo von ihrer Möglichkeit kein Gebrauch gemacht werde.[447] Aus dieser Reichweite ergebe sich auch eine Gewichtung der Legitimationskomponenten: Die relativ starke sachlich-inhaltliche demokratische Legitimation resultiere aus parlamentarisch und regierungsvermittelten Vorgaben und müsse nur in den hiervon ausgesparten übrigen Entscheidungsbereichen von der relativ schwachen personellen demokratischen Legitimation ergänzt werden.[448]

Von diesem Regelmodell könne darauf geschlossen werden, dass vom Grundgesetz dieses Legitimationsniveau auch verlangt werde. Insbesondere könne es nicht zur Disposition des einfachen Gesetzgebers stehen, von diesem Niveau abzuweichen.[449] Das Grundgesetz habe sich mit dem in

---

446 In dieser Hinsicht seien auch die ansonsten wegen ihrer unterschiedlichen Ermächtigung voneinander zu entscheidenden Rechtsnormformen in legitimatorischer Hinsicht als gleichartig anzusehen, weil unabhängig von der Begründung dieser Rechtsetzung eine stärkere Fremdprogrammierung auf höherer hierarchischer Ebene einhergehe, *Jestaedt,* Demokratieprinzip und Kondominialverwaltung (1993), S. 340 f.

447 Vergleichbares gelte auch für die besonderen Steuerungsmittel, wie dem Selbsteintritt, der Kassation, der Beanstandung, der Genehmigung und den sogenannten Insichprozess; diese stärkten in der konkreten Ausgestaltung die materielle Legitimation, seien jedoch von Verfassung wegen nicht zwingend erforderlich – anders als das Weisungsrecht, dem im Legitimationsgefüge des Art. 65 GG zentrale Bedeutung zukomme, weil im Gegensatz zur nur abstrakten Steuerung durch Gesetze, Verordnungen und Verwaltungsvorschriften hierdurch ermöglicht werde, konkrete Einzelfallentscheidungen unmittelbar zu legitimieren, *Jestaedt,* Demokratieprinzip und Kondominialverwaltung (1993), S. 343 ff.

448 *Jestaedt,* Demokratieprinzip und Kondominialverwaltung (1993), S. 347.

449 Frühere Ansätze der sogenannten Verzichtstheorie werden in diesem Zusammenhang abgelehnt, weil schon deren Grundannahmen – die fiktive Identität von Parlament und Volk, Übertragbarkeit der Struktur des Verzichts auf das Grundgesetz und Vereinbarkeit mit grundgesetzlich zwingenden Organisationsvorgaben – nicht vorlägen, *Jestaedt,* Demokratieprinzip und Kondominialverwaltung (1993), S. 350 ff.

Art. 20 Abs. 2 GG aufgenommenen Grundsatz für einen Totalvorbehalt entschieden, der ausschließe, dass nicht wesentliche oder nicht politische Bereiche keiner spezifisch demokratischen Legitimation bedürften und deshalb (vom Gesetzgeber) pauschal und ohne spezifizierten Auftrag an andere zur Entscheidung befugte Entscheidungsträger verwiesen werden dürften.[450] Eine entsprechende parlamentarische Entäußerung könne auch nicht mit der Begründung als zulässig angesehen werden, dass Art. 20 Abs. 2 GG nur ein prinzipieller Charakter und keine Vollgültigkeit zugeschrieben würde, weil es sich bei Volkssouveränität und Demokratie um „Vollprinzipien“ handle, die nicht durch niederrangige Vorschriften eingeschränkt werden könnten: Würde nämlich eine Modifikation durch ein derartiges Prinzipienverständnis ermöglicht, wäre der Rahmen einer zulässigen Ausgestaltung überschritten und eine unzulässige Einschränkung erreicht.[451]

Dass die Annahme eines legitimationsbegründenden Regelmodells aufgrund der grundgesetzlichen Vorgaben über die hierarchische Ministerialverwaltung nicht zu einer verfassungsrechtlich vorgegebenen Notwendigkeit führt, hänge mit der legitimatorischen Rezipierung zusammen. Die Herleitung des erforderlichen Legitimationsniveaus ergebe sich abgeleitet aus diesen Organisationsvorschriften, Art. 20 Abs. 2 GG gewährleiste jedoch nur dieses Niveau, nicht die Funktion oder Stellung einzelner Staatsorgane.[452] Dies bedeute, dass aus legitimatorischer Sicht selbst eine

---

450 Gleichwohl sei dieser demokratische Totalvorbehalt nicht mit einem Parlamentsvorbehalt gleichzusetzen, es sei deshalb von einem *legitimatorischen*, nicht aber von einem *kompetenziellen* Vorbehalt auszugehen; die Disposition des Parlaments über die Delegation von Entscheidungsbefugnissen auf Dritte sei daher an eine grundgesetzliche Ermächtigung im Einzelfall gebunden und stehe nicht selbst zur Disposition, *Jestaedt*, Demokratieprinzip und Kondominialverwaltung (1993), S. 357 f.

451 Eine unzulässige Einschränkung des Demokratieprinzips wäre jedenfalls dann erreicht, wenn der absolute Grundsatz der Volkssouveränität des Art. 20 Abs. 2 Satz 1 GG deshalb verletzt wäre, weil eine nicht mehr geschlossene Lücke zwischen dem Volk als Legitimationssubjekt und der Staatsgewalt bewirkt wäre, *Jestaedt*, Demokratieprinzip und Kondominialverwaltung (1993), S. 363 f.; gleichwohl wird hier auch eingeräumt, dass der Unterschied zwischen Ausgestaltung und Einschränkung nicht als kategorischer, sondern gradueller angesehen werden müsse, deshalb allerdings eine Änderung der Argumentationslast bewirke, dass eine unzulässige Einschränkung gerade nicht vorliege.

452 Die einzige organisatorische Vorgabe an die konkrete Ausgestaltung durch das grundgesetzliche Legitimationsprinzip ergebe sich aus der notwendigen Mittlerrolle des Parlaments, das insofern nicht verzichtbar sei, *Jestaedt*, Demokratieprinzip und Kondominialverwaltung (1993), S. 365 f.

Freiheit von ministeriellen Weisungen so lange unschädlich sei, wie die parlamentarische Verantwortlichkeit sichergestellt bliebe. Ob jedoch diese Verantwortlichkeit unmittelbar durch das Parlament oder mittelbar durch ein Ministerium hergestellt werde, sei nach Art. 20 Abs. 2 GG unerheblich. Für Selbstverwaltungseinrichtungen – hier: die untersuchten Formen der *Kondominialverwaltung*[453] – ergebe sich hieraus, dass zunächst im Einzelfall die Frage gestellt werden müsse, ob es sich um legitimationsbedürftige Ausübung von Staatsgewalt handle, was einen Außenbezug voraussetze. Sollte dies der Fall sein, verbiete zwar der Grundsatz demokratischer Legitimation nicht, dass auch persönlich nicht legitimierte Mitglieder an Abstimmungen mitwirkten, es sei jedoch erforderlich, dass die Entscheidungen sich stets auf die legitimierten Mitglieder zurückführen ließen.[454]

Hinsichtlich der erforderlichen Herstellung von Legitimation in personell-organisatorischer Hinsicht seien verschiedene Ebenen zu unterscheiden: Zum einen weise das Verfahren der Auswahl und Ernennung bei Formen der Weisungsfreiheit regelmäßig Besonderheiten dahin auf, dass eine Beteiligung in unterschiedlichster Form an der Entscheidung ermöglicht wäre. Daneben sei die Frage zu stellen, wie die Einbindung in die Organisation erfolge, wenn nicht in die Verwaltung integrierte, nicht verbeamtete Personen berufen würden (vor allem ehrenamtlich tätige

---

453 Die Untersuchung durch *Jestaedt* fokussiert sich hierbei auf den Spezialfall der Kondominialverwaltung als Träger von Verwaltungseinrichtungen, deren Mitglieder in den Leitungsgremien (teilweise) (einzel-)weisungsfrei gestellt würden, *Jestaedt*, Demokratieprinzip und Kondominialverwaltung (1993), S. 115; soweit nicht schon spezifisch auf die grundgesetzlichen Vorgaben für „die Selbstverwaltung“ eingegangen wird (*Jestaedt*, Demokratieprinzip und Kondominialverwaltung (1993), S. 490 ff.) bleiben die Erkenntnisse jedoch insoweit vergleichbar, als die Ausprägungen des grundgesetzlichen Demokratieprinzips beschrieben werden und nicht die konkrete Anwendung auf die Kondominialverwaltung in den Mittelpunkt gerückt wird.

454 Anders als in den dort herausgearbeiteten Positionen müsse beachtet werden, dass im Falle einer Abstimmung jede einzelne Stimme geeignet sei, (mit-)kausal für eine Entscheidung zu sein; deshalb müsse sichergestellt sein, dass eine Entscheidung auch in jedem Einzelfall durch eine Mehrheit getroffen werde, die personell legitimiert sei; deshalb ergebe sich wohl die Notwendigkeit der von *Böckenförde* angedachten doppelten Mehrheit im legitimatorischen Sinne: Diese Mehrheit müsse sowohl in abstrakt-virtuellem Sinne, als auch im konkreten Einzelfall vorliegen – ein bloßes Veto-Recht für eine legitimierte Mehrheit reiche nicht aus; gleichwohl gebe es verschiedene Ausgestaltungsmöglichkeiten, für die sich der Gesetzgeber vor dem Hintergrund des Art. 20 Abs. 2 GG entscheiden dürfte, vgl. *Jestaedt*, Demokratieprinzip und Kondominialverwaltung (1993), S. 377 f.

Personen).[455] Bedeutsam sei allerdings bei der Auswahl derjenigen Personen, die zur Mitwirkung in kondominialen Entscheidungsgremien berufen würden, dass die strikt formale demokratische Gleichheit beachtet würde, weil ansonsten eine Privilegierung Einzelner erfolgte, die zu einer nicht gerechtfertigten Vorteilsstellung führen würde. Deshalb müsse diese mitwirkungsbezogene Bevorteilung Einzelner gerechtfertigt werden, was nur durch gleichwertige Verfassungsgüter erfolgen könne. Für den Verfassungsgrundsatz der Demokratie kämen hier lediglich Verfassungsprinzipien wie beispielsweise die Funktionsfähigkeit der Regierung oder des Parlaments in Betracht, weil diese geeignet seien, eine Abweichung von formaler demokratischer Gleichheit zu rechtfertigen. Nicht hingegen kämen hier sachliche Differenzierungsprinzipien in Frage, die ihrerseits nicht im Grundgesetz vorgesehen seien. Hierzu gehörten auch Sachnähe, gesellschaftliche Wirkmächtigkeit, Betroffenheit oder ähnliche Kriterien, die oft für eine Rechtfertigung herangezogen würden.[456]

In sachlich-inhaltlicher Hinsicht stelle sich bei von der Ministerialverwaltung freigestellten Verwaltungseinheiten vor allem die Frage der Kompensation des fehlenden ministerialen Weisungsrechts. Dieses bedeute in legitimatorischer Hinsicht den zentralen Unterschied, weil im Ansatzpunkt eine zeitnahe Steuerung auch nicht mehr theoretisch möglich sei.[457] Auch sei eine Rechtfertigung durch eine justizanaloge Steuerung – durch Unabhängigkeit der Entscheidenden – nicht geeignet, legitimatorisch einen Ausgleich herzustellen. Dabei verbiete es bereits die funktionale

---

455 *Jestaedt*, Demokratieprinzip und Kondominialverwaltung (1993), S. 390 ff.; von den ehrenamtlich tätigen Personen könnte im Gegensatz zu Beamten keine entsprechende Amtsloyalität erwartet werden, auch fehlten die dienst- und disziplinarrechtlichen Möglichkeiten der Einbindung; anders als bei verbeamteten Personen sei jedoch regelmäßig die jederzeitige Abberufbarkeit gegeben und die Ämter würden ohnehin nur auf einen begrenzten Zeitraum vergeben; hierdurch ergebe sich eine in legitimatorischer Sicht schwächere, aber keine fehlende Einbindung: Die berufenen Personen blieben persönlich legitimiert, es müsse jedoch durch andere Komponenten eine gewisse Kompensation erfolgen.

456 *Jestaedt*, Demokratieprinzip und Kondominialverwaltung (1993), S. 401 ff.

457 Dieses Problem stelle sich sogar dann, wenn ein Gremium nur aus seinerseits persönlich legitimierten Mitgliedern besteht, denn eine Weisung eines einzelnen Stimmberechtigten in einem kollegialen Gremium sei nicht geeignet, ein entsprechendes Ergebnis im Gesamtgremium zu bewirken, *Jestaedt*, Demokratieprinzip und Kondominialverwaltung (1993), S. 406; anders könne sich der Fall nur dann darstellen, wenn ein umfassendes ministerielles (auch reformatorisches) Selbsteintrittsrecht gegeben sei, das jederzeit eine vergleichbar umfassende Zugriffs- und Steuerungsbefugnis ermögliche, *Jestaedt*, Demokratieprinzip und Kondominialverwaltung (1993), S. 413 f.

Anlage der Gewalten im Grundgesetz, die Administrative hier gleichermaßen wie die nur gesetzesnachvollziehende Judikative zu behandeln und die mangelnde Weisung hierdurch zu kompensieren.[458] In der Zusammenschau stelle sich die Kondominialverwaltung auf tatbestandlicher Ebene als demokratisch defizitär dar, weil die personell-organisatorische Legitimationskomponente wegen der nicht vorhandenen Eingliederung in die Dienststrukturen hinter dem Regelmodell zurückbleibe und in sachlich-inhaltlicher Hinsicht mit dem Weisungsrecht eine zentrale Steuerungskomponente fehle, die im als Vergleich heranzuziehenden Regelmodell eine wesentliche Stütze darstelle.[459]

Deshalb müssten die verfassungsrechtlichen Bestimmungen zu Formen der Kondominialverwaltung überprüft werden, ob und inwieweit sie in der Verfassung Modifikationen enthalten, die jeweils ein geändertes Funktionsmodell demokratischer Legitimation im Sinne des Art. 20 Abs. 2 Satz 1 GG vorsähen. Ausgangspunkt ist hierbei die Annahme, dass im Falle einer verfassungsgesetzlichen Ausnahme vom Regelmodell keine defizitäre demokratische Legitimation vorläge, sondern deren Voraussetzungen als vollständig erfüllt angesehen werden müssten.[460] Dabei komme als Ansatzpunkt für eine verallgemeinerbare Sonderbestimmung vor allem Art. 87 Abs. 1 GG in Betracht, wogegen jedoch erhebliche dogmatische und methodische Gründe sprächen: Vor allem, wenn man Art. 87 GG kompetenzüberschießenden Gehalt zumäße, seien zum einen der singuläre Charakter zu berücksichtigen und zum anderen der nicht erkennbare Ausgestaltungsgehalt hinsichtlich Fragen demokratischer Legitimation, was eine generell überschießende Auslegung (hin zu einer allgemeinen Zulässigkeit) verbiete.[461] Auch Art. 87 Abs. 3 GG sei nicht geeignet, eine generelle Verfas-

---

458 *Jestaedt*, Demokratieprinzip und Kondominialverwaltung (1993), S. 420 f.

459 Zusammenfassend – abstufend nach der jeweiligen Ausprägung im positiven Recht – *Jestaedt*, Demokratieprinzip und Kondominialverwaltung (1993), S. 422 f.: Gleichwohl sei zu beachten, dass eine Einhaltung dieses Regelmodells den Grundgedanken der Kondominialverwaltung widerspräche, die ihrerseits regelmäßig zum Ziel habe, eine Aktivierung (anderweiten) gesellschaftlichen Potentials zu bewirken.

460 Dabei werden die mit unterschiedlichen Graden an Unabhängigkeit ausgestatteten Institutionen Bundesrechnungshof (Art. 114 Abs. 2 GG), Bundesbank (Art. 88 GG), Bundespersonalausschuss (Art. 33 Abs. 5 GG), sowie die Unabhängigkeitsvorgaben des Art. 87 GG betrachtet und auf ihre jeweilige Modifikationsreichweite untersucht, *Jestaedt*, Demokratieprinzip und Kondominialverwaltung (1993), S. 425 ff.

461 *Jestaedt*, Demokratieprinzip und Kondominialverwaltung (1993), S. 450 ff.

sungszulässigkeit von selbständigen Einrichtungen zu bewirken.[462] Insbesondere führe die Zuerkennung der Rechtsfähigkeit keinesfalls notwendig zur Weisungsfreiheit, weil beide Kategorien wesensverschieden seien.[463] Einzig Art. 87 Abs. 3 Satz 1 Alt. 2 GG enthalte einen legitimationsrelevanten Ausgestaltungsgehalt, weil mit dem Verzicht auf die in früheren Entscheidungen enthaltenen Terminologie „Selbstverwaltungsträger" keinesfalls die Vorstellung von gesetzlich errichteten Selbstverwaltungsträgern aufgegeben, sondern mit den „Körperschaften des Öffentlichen Rechts" nur eine terminologische Vereinheitlichung gefunden werden sollte.[464] Gleichwohl ergebe sich der Ausgestaltungsgehalt nur partiell aus dieser Vorschrift mit der Folge, dass der Typus des Selbstverwaltungsträgers als zulässig angesehen werde; aus der bloßen Zulässigkeit ließen sich jedoch keine gewandelten Begriffsinhalte zu jenen der organschaftlichen Selbstverwaltung ableiten.[465]

Für die in ähnliche Richtung gehenden Überlegungen zur Zulässigkeit der Selbstverwaltung nach dem Grundgesetz unterzieht *Jestaedt* die Konstruktion einer autonomen Legitimation der Selbstverwaltungsträger einer kritischen Würdigung. Ein allgemeines grundgesetzlich vorgegebenes Verfassungsprinzip des Inhalts einer notwendigen – und genügenden – „Willensbildung von unten nach oben" existiere gerade nicht, weil so der notwendige Zusammenhang mit der Volkssouveränität gelöst würde.[466] Auch

---

462 Dabei ergebe schon die historische Genese, dass mit dem Attribut „selbständig" nur eine teilweise, keineswegs jedoch vollständige Freistellung von ministeriellen Weisungen verbunden sei, so habe die Diskussion im Parlamentarischen Rat deutlich gemacht, dass nicht von einer generellen Weisungsfreiheit auszugehen sei; auch werde durch das Ausbleiben einer klaren Stellungnahme zur Frage, ob die Verwaltungseinheiten vollständig weisungsfrei bleiben dürften, klar, dass es beim legitimatorischen Regelmodell bleiben müsse, welches Weisungsrechte zwingend erfordere, *Jestaedt*, Demokratieprinzip und Kondominialverwaltung (1993), S. 474 ff.

463 Die Rechtsfähigkeit bedeute nur eine Kategorie äußerer externer Zurechnung, wohingegen die Weisungsfreiheit die interne Willensbildung betreffe; beide Kategorien bedingten sich nicht wechselseitig und seien ohne die jeweils andere auch alleine denkbar, *Jestaedt*, Demokratieprinzip und Kondominialverwaltung (1993), S. 482 f.

464 Der allgemein gefasste Begriff der Körperschaft habe nur verdeutlichen sollen, dass nicht nur (damit für zulässig erachtete) Selbstverwaltungsträger, sondern auch weitergehende Formen erfasst seien sollen, *Jestaedt*, Demokratieprinzip und Kondominialverwaltung (1993), S. 485 f.

465 *Jestaedt*, Demokratieprinzip und Kondominialverwaltung (1993), S. 488.

466 Auch die verschiedentlich postulierte Notwendigkeit einer demokratischen Infrastruktur eines Verwaltungsträgers ergebe sich nicht notwendigerweise aus

einer Begründung autonomer Legitimation damit, dass das Grundgesetz offen für weitere Formen der Demokratie (bzw. weitere demokratische Subjekte) sei, dass Art. 28 Abs. 1 Satz 2 GG auf Träger funktionaler Selbstverwaltung entsprechend angewendet werden könnte oder dass sich die Zulassung weiterer Subjekte aus einem dem Grundgesetz zugrunde liegenden traditionellen Verfassungsverständnis ergebe, tritt er entgegen. Aus den grundgesetzlichen Demokratievorschriften ergebe sich, dass der Verfassunggeber explizit von der Notwendigkeit einer Ausnahmebestimmung ausgegangen sei und gerade nicht von einer generellen Zustimmung zu derartigen Konstruktionen ausgegangen werden könne.[467] Auch dürfe die „Betroffenheit" nicht als Begründung für eine Legitimationskompensation herangezogen werden, weil diese den grundgesetzlichen Annahmen und Ansätzen der Demokratie nicht vereinbar sei. Weder ergäben sich derartige Anhaltspunkte aus dem Grundgesetz, noch sei die Betroffenheit mit dem demokratisch-formalen Gleichheitsgrundsatz vereinbar.[468] Auch der Ansatz *Emdes*,[469] den Gehalt von Art. 20 Abs. 2 GG lediglich als verfassungsrechtlichen Mindeststandard anzusehen, entspreche nicht den grundgesetzlichen Vorgaben: Art. 20 GG sei gerade nicht nur auf den durch Art. 79 Abs. 3 GG grundlegend geschützten Gehalt zu reduzieren, sondern aus sich heraus zu verstehen. Hieraus ergebe sich auch der grundgesetzliche Exklusivitätsanspruch des in Art. 20 Abs. 2 GG konkre-

---

Art. 20 Abs. 2 GG, weil eine vollständige Übertragung der Grundsätze dieses Prinzips auf nichtstaatliche Träger so nicht möglich und Anhaltspunkte für eine notwendige Übertragung bloß einzelner Ideen nicht erkennbar sei, *Jestaedt*, Demokratieprinzip und Kondominialverwaltung (1993), S. 498 f.

467 Dies zeigten auch die verfassungsrechtlichen Ausnahmebestimmungen wie Art. 87 Abs. 2 und 3 oder Art. 88 GG: Diese träfen eben gerade keine Aussage über ihren demokratischen Legitimationsgehalt; vielmehr ergebe sich aus diesen Bestimmungen, dass für die hier genannten Fälle von einer verfassungsrechtlichen Zulässigkeit ausgegangen werden müsse, was einzig eine partielle Modifikation bzw. Zurücknahme der Anforderungen des Prinzips aus Art. 20 GG erreicht werde, *Jestaedt*, Demokratieprinzip und Kondominialverwaltung (1993), S. 502 f.

468 Dies zeige sich zum einen durch mangelnde positivrechtliche Belege (bzw. Belegbarkeit) und durch die Begründung allein durch Überlegungen staatstheoretischer und staatsphilosophischer Art, was allein schon einem Methodensynkretismus gleichkomme; überdies seien diese Schlüsse selbst innerhalb der theoretisch-philosophischen Argumentation keineswegs zwingend oder wenigstens unumstritten, *Jestaedt*, Demokratieprinzip und Kondominialverwaltung (1993), S. 505 f.

469 *Emde*, Die demokratische Legitimation der funktionalen Selbstverwaltung (1991), S. 328 u. passim, vgl. dazu oben III.C.7.

tisierten Verfassungsprinzips.[470] Um eine induktive Entfaltung der Selbstverwaltung als Verfassungsprinzip nachweisen zu können, müsste eine tiefergehende Untersuchung der im Grundgesetz vorgefundenen Formen der Selbstverwaltung erfolgen, die nicht nur auf den Begriff, sondern den dahinterstehenden Gehalt des (jeweiligen) Selbstverwaltungsbegriffs rekurrierte. Insbesondere kämen nur die im Grundgesetz vorgesehen Formen der kommunalen (Art. 28 Abs. 2 GG), akademischen (Art. 5 Abs. 3 Satz 1 GG), sozialen (Art. 87 Abs. 2 GG) und der (sonstigen) funktionalen Selbstverwaltung (Art. 87 Abs. 3 Satz 1 Alt. 2 GG) in Betracht.[471] Man müsse deshalb von einer Kontextualität des Selbstverwaltungsbegriffes (selbst nach dem Grundgesetz) ausgehen, allenfalls ein normativ-unselbständiges, summatives[472] verfassungsrechtliches Verständnis der Selbstverwaltung des Grundgesetzes könne angenommen werden.

Die im Grundgesetz vorgesehene Form der kommunalen Selbstverwaltung unterscheide sich deshalb von den übrigen Entscheidungsformen, weil durch Art. 28 Abs. 2 GG in das grundgesetzliche Demokratiemodell integriert und damit „staatsinkorporiert" sei.[473] Völlig wesensverschieden

---

470 Vor allem sei der in Art. 20 Abs. 2 GG zugrunde gelegte Ansatz zu berücksichtigen, die Staatsgewalt müsse auf das „Volk" zurückgeführt werden; dies verhindere eine Ersetzung durch andere, wesensverschiedene Elements, die auch der vorgegebenen teilweise zulässigen Austauschbarkeit von Legitimationskomponenten widerspräche, vgl. *Jestaedt,* Demokratieprinzip und Kondominialverwaltung (1993), S. 509 ff.

471 Hieraus könne sich aber schon deshalb kein einheitliches Gesamtbild ergeben, weil die hier genannten Formen heterogen in Hinblick auf Regelungsmaterie, Regelungsthema, Regelungsintention, Regelungskontext und Regelungsgenese seien und sich hinsichtlich ihres Garantiegehalts wesentlich voneinander unterschieden, *Jestaedt,* Demokratieprinzip und Kondominialverwaltung (1993), S. 518 ff.; zudem sei selbst bei nicht-dogmatischer Betrachtung festzustellen, dass schon bei historischer Betrachtungsweise nicht von „der" Selbstverwaltung ausgegangen werden könne, sondern es immer schon verschiedenste Formen der und Motivationen für die Selbstverwaltung gegeben hätte, *Jestaedt,* Demokratieprinzip und Kondominialverwaltung (1993), S. 521.

472 Hierfür sei entscheidend, dass dem allgemeinen Begriff der Selbstverwaltung keinerlei Verfassungswert zugeschrieben werden könne und dogmatisch stets nur die Untersuchung jeweils einer konkreten Form der Selbstverwaltung weiterführen könne, *Jestaedt,* Demokratieprinzip und Kondominialverwaltung (1993), S. 522 f.

473 *Jestaedt,* Demokratieprinzip und Kondominialverwaltung (1993), S. 524 ff.; hieraus ergeben sich maßgebliche Erkenntnisse über das grundgesetzliche Demokratieprinzip, das nämlich von einem einheitlichen Volksbegriff in Art. 20 Abs. 2 und Art. 28 Abs. 2 GG ausgehe, der nur regional unterteilt sei, nicht allerdings dessen Wesen verändere.

zeige sich dabei die eher der funktionalen Variante zuzuordnende grundrechtsverwirklichende (akademische) Selbstverwaltung, die eine Herausnahme des jeweiligen Bereichs von der Notwendigkeit demokratischer Legitimation bedeute.[474] Hier liege gerade der Unterschied zu sonstigen Formen funktionaler Selbstverwaltung, weil abweichend vom Normalfall keine legitimatorische Rechtfertigung erforderlich sei. Hinsichtlich der weiteren Formen der funktionalen Selbstverwaltung könne sich schon wegen der tatsächlichen Vielfältigkeit schwerlich eine allgemeine Aussage treffen lassen. Am ehesten sei eine Auslegung von Art. 87 Abs. 3 GG insoweit ertragreich, weil sich nahezu alle Träger von Selbstverwaltungseinrichtungen unter den Begriff der Körperschaft des Öffentlichen Rechts subsumieren ließen. Gleichwohl seien rechtliche Freistellungen von Aufsicht und Kontrolle nicht zwingend erforderlich, weshalb nicht auch die legitimatorische Unbedenklichkeit vorgegeben sei.[475]

Die Grenzen der zulässigen Selbstverwaltung nach dem Grundgesetz müssten sich demnach aus zwei unabhängigen Kategorien ergeben, aus legitimatorischen und sonstigen verfassungsrechtlichen Grenzen, zu denen kompetenzielle, grundrechtliche, funktionell-rechtliche (durch funktionale Gewaltenteilung bedingte) und systematische (bezüglich des Ausnahmecharakters der Selbstverwaltung) Gründe gehörten. Wesentlich für die Zulässigkeit seien zum einen die Abgrenzbarkeit von Verantwortungsbereichen für die Ermöglichung einer Verwaltung eigener Angelegenheiten in eigener Verantwortung, zum anderen die notwendige Korrespondenz zwischen Herrschaftsfunktion und Herrschaftssubjekt, darüber hinaus sei die gesetzgeberische Pflicht zur Garantie und Einrichtung einer Rechtsaufsicht erforderlich. Würden diese Anforderungen gewahrt, komme die Einrichtung von Selbstverwaltungseinheiten im Ergebnis auch keinem Absehen vom Legitimationserfordernis gleich – vielmehr sei durch Be-

---

474 Die akademische Selbstverwaltung ergebe sich zwar nicht verfassungsunmittelbar aus Art. 5 Abs. 3 GG, sondern sei notwendige Folge und somit ein bloßes „Annex-Grundrecht" und demnach streng akzessorisch zur Wissenschaftsfreiheit, *Jestaedt*, Demokratieprinzip und Kondominialverwaltung (1993), S. 532 f.; diese führe im Ergebnis dazu, dass durch die grundrechtliche Gewährleistung ein staats- und demokratiefreier Raum statuiert und garantiert würde, *Jestaedt*, Demokratieprinzip und Kondominialverwaltung (1993), S. 536 f.

475 Weil hier eine entsprechende Auslegung des Wortlauts nicht weiterführe, müsste der historischen Auslegung ein starkes Gewicht zukommen: hieraus ergebe sich zumindest ein inhaltlich-gegenständlich begrenzter Titel für den Gesetzgeber zur ebenso beschränkten Disposition über die administrativen Regelanforderungen demokratischer Legitimation, *Jestaedt*, Demokratieprinzip und Kondominialverwaltung (1993), S. 541 ff.

achtung die Integration in das staatliche Gefüge sichergestellt.[476] Zusammengenommen ergebe sich damit eine grundgesetzliche Zulässigkeit der einfachgesetzlichen Schaffung von Selbstverwaltungsträgern, nicht jedoch eine grundgesetzliche Gewährleistung der funktionellen Selbstverwaltung. Anders als die kommunale und akademische Form sei diese nicht durch das Grundgesetz garantiert, sondern nur ermöglicht.[477] Eine verfassungsrechtliche Absenkung eines notwendigen Legitimationsniveaus sei damit jedoch gerade nicht verbunden, erst recht keine überschießende bzw. typprägende Modifikation des Legitimationserfordernisses.[478] Auch eine generelle Zulässigkeit zur Schaffung weisungsfreier Räume könne im Grundgesetz nicht vorgefunden werden, insbesondere seien grundrechtliche Abwehrgarantien, aber auch Sachzwänge oder die Notwendigkeit der Einbeziehung von Sachverstand und Effektivität nicht geeignet, von den Anforderungen des Demokratieprinzips im Einzelnen abzusehen.[479] Gerade letztere seien nicht von eigenem verfassungsrechtlichen (Primär-)Wert, sondern könnten sich allenfalls aus einem jeweiligen Sachziel ableiten lassen. Im Ergebnis kommt *Jestaedt* deshalb zu dem Schluss, dass mit

---

476 Dazu komme noch als wichtiger legitimatorischer Aspekt, dass mit der gesetzgeberischen Einrichtung eine gesetzgeberische Revokationsmöglichkeit bestehe, die zu einer institutionellen Legitimationskomponente gehöre, vgl. *Jestaedt*, Demokratieprinzip und Kondominialverwaltung (1993), S. 547 f.; gleichwohl bedeute die Entscheidung des Verfassunggebers damit nicht eine Anerkennung einer autonomen Form der Legitimation als demokratisch, sondern die Art. 87 Abs. 2 und Abs. 3 Satz 1 Alt. 2 GG ermächtigten den Gesetzgeber zu Abweichungen; möge auch die Ersetzung einer legitimatorischen Komponente durch eine solche andere nachvollziehbar motivleitend gewesen, bedeute die Rechtfertigung einer vom Regelmodell der Legitimation abweichenden Regelung keinesfalls deren grundsätzliche Anerkennung für das grundgesetzliche System, *Jestaedt*, Demokratieprinzip und Kondominialverwaltung (1993), S. 548 ff.

477 *Jestaedt*, Demokratieprinzip und Kondominialverwaltung (1993), S. 552 f.

478 Deshalb könnten die hier betrachteten Besonderheiten der Legitimation von Einrichtungen funktionaler Selbstverwaltung auch nicht auf andere Bereiche wie die Kondominialverwaltung übertragen werden, es bleibe bei der Regelanforderung des Art. 20 Abs. 2 GG und der damit verbundenen Notwendigkeit, Abweichungen durch einen konkreten (verfassungsrangigen) Titel zu rechtfertigen, *Jestaedt*, Demokratieprinzip und Kondominialverwaltung (1993), S. 557 f.

479 Im Rahmen der „Übertragbarkeit" von in gewissem Grade vorgefundenen Modifikationen des Demokratieprinzips – beispielsweise durch Selbstverwaltungseinrichtungen im Umfang ihrer Zulässigkeit – auf andere Formen, hier: die Kondominialverwaltung, könnten keine verfassungs*rechtlichen* Gründe für eine derartige Unabhängigkeit sprechen, die über bloße Postulierungen hinausgingen, *Jestaedt*, Demokratieprinzip und Kondominialverwaltung (1993), 563-579, 587-594.

Ausnahme der besonders im Grundgesetz vorgesehenen Formen der Kondominialverwaltung (nämlich: Bundesbahn und Bundespost gem. Art. 87 Abs. 1 Satz 1 GG) keine genügende verfassungsrechtliche Rechtfertigung allgemeiner Natur für sonstige Formen vorliege.

Der bei *Jestaedt* gewählte Ansatz zeigt sich als konsequent normativ-positivrechtlich, weil sämtliche Erkenntnisse über das grundgesetzliche Demokratieprinzip aus den jeweils einschlägigen konkreten Grundgesetzbestimmungen und nicht aus allgemeinen und insbesondere überpositiven Verfassungsgrundsätzen abgeleitet werden. Dies hat zur Folge, dass – an diesem Maßstab gemessen – kein Grad der Demokratie festgestellt werden kann, sondern nur eine binäre Feststellung erreicht werden kann: „verfassungswidrig" oder „verfassungskonform".[480] Sein methodischer Ansatz unterscheidet sich dabei weniger im Anspruch als in der Durchführung von anderen Autoren (und im Ergebnis auch von dem später vom Bundesverfassungsgericht in der Entscheidung zu den Wasserverbänden zugrundgelegten Ansatz): Eine Verallgemeinerung von vorgefundenen Rechtsgedanken – Selbstverwaltung als wesensprägender Teil des Demokratieprinzips – könne nur dann angenommen werden, wenn sich diese im Einzelfall im Wege der Auslegung für die jeweilige Verwaltungsform ergebe. Nicht jedoch könne aus einer Zusammenschau grundrechtlicher Bestimmungen, allgemeiner staatstheoretischer Vorstellungen und punktuellen Lockerungen des Grundgesetzes eine allgemeine Absenkung des erforderlichen Legitimationsniveaus abgeleitet werden oder dem Demokratieprinzip des Art. 20 Abs. 2 GG eine Substituierbarkeit von demokratischer durch autonome Legitimation unterstellt werden, weil sich diese weder generell noch im Einzelfall aus dem Grundgesetz ergebe. Somit wird der bloßen Kategorisierung als Kondominial- und auch Selbstverwaltung kein eigenständiger verfassungsrechtlicher Wert zugeschrieben, vielmehr können sich die Grenzen der zulässigen Gestaltung hiernach immer nur aus der Auslegung der jeweils einschlägigen rechtlichen Grundlagen ergeben. Die Strenge der Unterscheidung unterstreicht dabei den methodischen Anspruch. Damit kommt dieser Ansatz zu einem rigiden dogmatischen Verfassungsprinzip demokratischer Legitimation, das einen rechtsdogmatischen Maßstab zum Gegenstand hat, der – anders als viele andere – auch eine „ernstzuneh-

480 Bedeutsam ist insoweit auch, dass die Feststellung „verfassungskonform" nur bedeutet, dass die gewählte Konstruktion im Einklang mit den notwendigen Verfassungsvoraussetzungen steht – nicht jedoch ist damit verbunden, dass eine bestimmte Regelung auch „verfassungsgeboten" sei, *Jestaedt*, Demokratieprinzip und Kondominialverwaltung (1993), S. 148.

mende Hürde für Pluralisierungs- und Verselbständigungstendenzen der Verwaltung“[481] darstellt und somit nicht nur einen bloßen (idealistischen) Programmsatz.

Anders als bei anderen methodischen Ansätzen kann diese Vorgehensweise keine über die Verfassungsmäßigkeit hinausgehenden Erkenntnisse bereitstellen, also insbesondere auch keine Ziel- oder Optimierungsvorgaben machen. Hingegen zeigt sich innerhalb des Bereichs der Rechtsdogmatik, dass weitaus konsequenter als sonst eine genaue Bestimmung des Legitimationsniveaus unternommen wird. Dabei wird auch deutlich, dass mit dem Rückgriff auf ein „Regelmodell“ als Argumentationshilfe gerade keine Vorrangstellung des Hierarchiemodells beabsichtigt wird, sondern hierdurch das nach Art. 20 Abs. 2 GG erforderliche Legitimationsniveau exakt vermessen wird.

13. BVerfG: Maastricht (1993)

Im Urteil vom 12. Oktober 1993[482] zur Vereinbarkeit des Zustimmungsgesetzes zum Vertrag von Maastricht[483] und des Gesetzes zur Änderung des Grundgesetzes vom 21. Dezember 1992[484] wies das Bundesverfassungsgericht die (Verfassungs-)Beschwerde wegen Verletzung des „demokratischen Prinzips“ durch den EU-Vertrag und die entsprechenden Zustimmungsgesetze zurück. In der Urteilsbegründung beschäftigt sich der Zweite Senat intensiv mit der Frage der „demokratischen Legitimation“, lässt aber die genaue Reichweite des Maßstabs und dessen Herkunft offen. Da es sich bei dem Verfahren um Verfassungsbeschwerden handelte, kam das Gericht überhaupt nur bis zur Frage der Legitimation, indem es die Möglichkeit der Verletzung des Rechts aus Art. 38 Abs. 1 GG ansah. Diese liege darin, dass sich die Verbürgung auch auf den „grundlegenden demokratischen Gehalt dieses Rechts“ erstrecke,[485] welcher das subjektive Recht schaffe, „dadurch an der Legitimation der Staatsgewalt durch das

---

481 Begriff bei *Jestaedt*, Democratic Legitimization of the Administrative Power, in: *Pünder/Waldhoff* (Hrsg.), Debates in German Public Law (2014), S. 187.

482 *BVerfG*, Urt. v. 12.10.1993, BVerfGE 89, 155.

483 Gesetz vom 28. Dezember 1992 zum Vertrag vom 7. Februar 1992 über die Europäische Union (BGBl. II S. 1251).

484 Gesetz zur Änderung des Grundgesetzes vom 21. Dezember 1992 (BGBl. I S. 2086).

485 *BVerfG*, Urt. v. 12.10.1993, BVerfGE 89, 155 (171).

Volk auf Bundesebene mitzuwirken und auf ihre Ausübung Einfluss zu nehmen".[486]

Im Rahmen der Begründetheitsprüfung geht das Gericht zunächst davon aus, dass die Rückführbarkeit der Wahrnehmung staatlicher Aufgaben und die Ausübung staatlicher Befugnisse Teil des Demokratieprinzips sei, dessen Gehalt nach Art. 79 Abs. 3 GG nicht antastbar sei.[487] In diesem Zusammenhang geht das Gericht auch von einer Herstellbarkeit dieses Zurechnungszusammenhangs auf verschiedene Weisen aus, bei der stets ein bestimmtes Legitimationsniveau erreicht werden müsse, hinsichtlich dessen das Gericht explizit auf sein Urteil zum Ausländerwahlrecht Hamburg verweist – also auf das dort herausgearbeitete dogmatische Modell. Nachfolgend bezieht sich das Gericht darauf, dass diese Legitimation in einer Staatengemeinschaft nicht gleichermaßen hergestellt werden könne. Dass dies jedoch keine Verletzung des Demokratieprinzips darstelle, ergebe sich aber bereits aus der Integrationsoffenheit des Grundgesetzes.[488] Die Existenz der Staatengemeinschaft und die Befugnisse zu einer Mehrheitsentscheidung bedeuten nach Ansicht des Gerichts die Grundlage für die demokratische Legitimation, deren Voraussetzung jedoch sei, dass eine vom Volk ausgehende Legitimation und Einflussnahme auch innerhalb eines Staatenverbundes gesichert ist.[489] Mit der Vertiefung der Union, wie sie sich auch in der Schaffung der Unionsbürgerschaft zeige, werde zwischen den Staatsangehörigen der Mitgliedstaaten ein auf Dauer angelegtes rechtliches Band geschaffen, das einen verbindlichen rechtlichen Zusammenhang begründe, jedoch noch dicht die einem Staat vergleichbare Dichte bedeute.[490] Zur Wirksamkeit von Demokratie bedürfte diese einiger tatsächlicher und vorrechtlicher Voraussetzungen, die beispielsweise in der freien Auseinandersetzung zwischen sich begegnenden sozialen Kräften, Interessen und Ideen liegen können oder in einer sich hieraus ergebenden öffentlichen Meinung zur Beeinflussung des politischen Willens.[491] Hier bezieht sich das Gericht auf materielle demokratische Voraussetzungen für das Funktionieren einer Demokratie, wie es sie zuvor im KPD-Urteil[492] und im Brokdorf-Beschluss[493] entwickelt hat. Auch wenn diese Voraus-

486 *BVerfG*, Urt. v. 12.10.1993, BVerfGE 89, 155 (182).
487 *BVerfG*, Urt. v. 12.10.1993, BVerfGE 89, 155 (182).
488 *BVerfG*, Urt. v. 12.10.1993, BVerfGE 89, 155 (183).
489 *BVerfG*, Urt. v. 12.10.1993, BVerfGE 89, 155 (184).
490 *BVerfG*, Urt. v. 12.10.1993, BVerfGE 89, 155 (184).
491 *BVerfG*, Urt. v. 12.10.1993, BVerfGE 89, 155 (185).
492 *BVerfG*, Urt. v. 17.08.1956, BVerfGE 5, 85 (135).
493 *BVerfG*, B. v. 14.05.1985, BVerfGE 69, 315 (344 ff.).

setzungen auf politischer Ebene noch nicht erfüllt seien, so stärke das Europäische Parlament als Vertretung der Unionsbürger bereits die Europäische Demokratie, insofern komme ihm schon eine stützende Funktion zu.[494] Eine Begrenzung der Kompetenzen der Union wird jedoch dadurch erschlossen, dass Legitimation zuvörderst auf nationaler Ebene vermittelt werden muss, dieses aber nur der Fall sein kann, wenn die nationalen Parlamente auch noch hinreichend weitreichende Entscheidungsbefugnisse haben. Hier bezieht sich das Gericht auf die Notwendigkeit der Entfaltung politischer Willensbildung in einer geistigen, sozialen und politischen Grundhomogenität und bezieht sich dabei auf Ideen *Hermann Hellers*.[495]

Spätestens an dieser Stelle wird deutlich, dass das Gericht nicht mit dem Demokratiebegriff des Art. 20 Abs. 2 Satz 1 GG arbeitet. Stellenweise befasst sich das Gericht zwar mit einem solchen positivrechtlichen Demokratiegebot, wenn es bei der Prüfung der Zulässigkeit der Unabhängigkeit einer Zentralbank explizit die Frage der Vereinbarkeit mit konkreten verfassungsrechtlichen Vorgaben zur Demokratie aufwirft.[496] Insbesondere im abschließenden Teil des Urteils bezieht sich der Senat jedoch auf einen Demokratiebegriff, der nicht als (positivrechtlicher) Maßstab demokratischer Legitimation und Anforderung des Verfassungsrechts verstanden wird. Vielmehr deuten die hier verwendeten Begrifflichkeiten „Stärkung des demokratischen Prinzips“ bzw. die notwendige Verbindung von „Demokratie“ und „Effizienz“[497] darauf hin, dass er sich auf verfassungstheoretische bzw. allgemeine politikwissenschaftliche Maßstäbe oder ein Optimierungsgebot bezieht. Dass die hier diskutierten Aspekte auch für eine (Verfassungs-)Auslegung in teleologischer Hinsicht von Bedeutung sein können, bedeutet nicht, dass der Maßstab des Gerichts damit als rechtsdogmatischer Ansatz angesehen werden müsste. Bereits dadurch, dass nicht die Anforderungen eines konkreten demokratischen Maßstabs des Verfassungsrechts zugrunde gelegt werden, sondern Anforderungen „an eine Demokratie“, ergibt sich, dass hier zumindest nicht vom positivrechtlichen Demokratiegebot des Grundgesetzes ausgegangen wird. Das Nebeneinander von verschiedenen Maßstäben für „Demokratie“ und „demokratische Legitimation“ bewirkt damit die Unklarheit, welcher konkre-

494 *BVerfG*, Urt. v. 12.10.1993, BVerfGE 89, 155 (185 f.).

495 *BVerfG*, Urt. v. 12.10.1993, BVerfGE 89, 155 (186) mit Verweis auf *Heller*, Politische Demokratie und soziale Homogenität, Politische Wissenschaft 1928, 35 (427).

496 *BVerfG*, Urt. v. 12.10.1993, BVerfGE 89, 155 (208).

497 Sämtlich bei *BVerfG*, Urt. v. 12.10.1993, BVerfGE 89, 155 (213).

te Maßstab an welcher Stelle angesprochen wird. Wird nämlich angenommen, das Demokratieprinzip hindere die Bundesrepublik Deutschland nicht an der Mitgliedschaft in einer – supranational organisierten – zwischenstaatlichen Gemeinschaft,[498] bleibt offen, auf welches theoretische oder dogmatische Demokratiekonzept sich das Gericht an dieser Stelle bezieht.

14. Brun-Otto Bryde (1994)

In seiner Fundamentalkritik an dem von ihm als „Volksdemokratie" abgetanen Modell demokratischer Legitimation des Bundesverfassungsgerichts kritisierte *Brun-Otto Bryde* 1994 den Bezug von Art. 20 Abs. 2 GG exklusiv auf das deutsche Volk. Seines Erachtens sei der Demokratiebegriff des Grundgesetzes als geprägt durch die Grundpfeiler Föderalismus und Selbstverwaltung zu verstehen, weshalb sich bei der Frage nach einem notwendigen Legitimationsniveau nicht die Notwendigkeit einer Rechtfertigung ergäbe, weil die Selbstverwaltung gleichermaßen wie die Ministerialverwaltung als vom Grundgesetz zulässig angesehen würden.[499] Das Grundgesetz sei demnach offen für sehr unterschiedliche Legitimationszusammenhänge zwischen dem pluralistisch verstandenen Volk und der Ausübung von Staatsgewalt.[500]

15. BVerfG: Mitbestimmungsgesetz Schleswig-Holstein (1995)

Im Verfahren der abstrakten Normenkontrolle zum Schleswig-Holsteinischen Mitbestimmungsgesetz ging es im Beschluss vom 24. Mai 1995[501] um die Vereinbarkeit neu eingefügter Bestimmungen im Mitbestimmungsgesetz Schleswig-Holsteins mit verfassungsrechtlichen Vorgaben.[502]

---

498 *BVerfG*, Urt. v. 12.10.1993, BVerfGE 89, 155 (184).

499 *Bryde*, Die bundesrepublikanische Volksdemokratie als Irrweg der Demokratietheorie, Staatswissenschaften und Staatspraxis 5 (1994), 305 (317).

500 *Bryde*, Die bundesrepublikanische Volksdemokratie als Irrweg der Demokratietheorie, Staatswissenschaften und Staatspraxis 5 (1994), 305 (320); ähnlich *Bryde*, Das Demokratieprinzip des GG als Optimierungsaufgabe, in: Redaktion Kritische Justiz (Hrsg.), Demokratie und Grundgesetz (2000), S. 60 f.

501 *BVerfG*, B. v. 24.05.1995, BVerfGE 93, 37.

502 Gesetz über die Mitbestimmung der Personalräte vom 11. Dezember 1990 (GVOBl Schl.-H. S. 577).

Im Wesentlichen wurde durch das Gesetz die Möglichkeit der Mitbestimmung durch Personalräte erweitert: So sahen §§ 52, 53 MitbestimmungsG die Möglichkeit der Einberufung einer Einigungsstelle vor, die im Falle der Nichteinigung im Rahmen des Stufenverfahrens angerufen werden sollte, deren Entscheidungen nur in bestimmten Grenzen aufhebbar waren. Hinzu kam ein in § 2 Abs. 4 MitbestimmungsG besonders deutlich werdendes allgemeinpolitisches Mandat, das Dienststellen und Personalräte auf die Berücksichtigung des gesellschaftlichen, wirtschaftlichen und ökologischen Umfelds verpflichtete. Ebenso wurde den Personalräten in § 56 Abs. 1 MitbestimmungsG ein Initiativrecht in allen personellen, sozialen, organisatorischen und sonstigen innerdienstlichen Angelegenheiten für bestimmte Maßnahmen zugestanden.

Das Bundesverfassungsgericht erklärte wesentliche Teile dieser Neugestaltung für unvereinbar mit Art. 28 Abs. 1 Satz 1 GG i.V.m. Art. 20 Abs. 2 GG, im Übrigen gab es eine notwendige Auslegung der weiteren Bestimmungen dahingehend vor, dass Personalangelegenheiten nur im engeren Sinne mitbestimmungsfähig seien und die Befugnisse des Personalrats durch das allgemeinpolitische Mandat nicht erweitert werden dürften. Bei der Herleitung des Prüfungsmaßstabs knüpft das Gericht an seine vorherigen Entscheidungen zur Bremer Personalvertretung[503] und zum Hamburger Ausländerwahlrecht[504] an.[505] Dabei versteht es aber das Merkmal der Ausübung von Staatsgewalt weiter als zuvor, weil nicht nur alles amtliche Handeln mit Entscheidungscharakter als legitimationsbedürftige Staatsgewalt angesehen,[506] sondern auch das eingeschlossen wird, was nur behördenintern die Voraussetzungen für die Wahrnehmung der Amtsaufgaben schafft.[507] Dabei ergeben sich für das Gericht dann Abwägungsfragen, wenn die Legitimation von Entscheidungen dadurch eingeschränkt wird, dass (im Grundsatz legitime) Personalbeteiligungsrechte im Spiel sind. Die Mitwirkung auf Personalvertretungsebene komme nämlich keiner demokratischen Legitimation gleich, weil diese voraussetze, dass alle der Staatsgewalt unterworfenen Personen den gleichen Einfluss haben müssten. Das verhindere hingegen die Aufnahme besonderer und gleichheitswidriger Mitentscheidungsbefugnisse.[508]

---

503 *BVerfG*, Urt. v. 27.04.1959, BVerfGE 9, 268.
504 *BVerfG*, Urt. v. 31.10.1990, BVerfGE 83, 60.
505 *BVerfG*, B. v. 24.05.1995, BVerfGE 93, 37 (66 f.).
506 So noch *BVerfG*, Urt. v. 31.10.1990, BVerfGE 83, 60 (73).
507 *BVerfG*, B. v. 24.05.1995, BVerfGE 93, 37 (68).
508 *BVerfG*, B. v. 24.05.1995, BVerfGE 93, 37 (69).

Gelöst wird diese Problematik durch eine Abwägung von besonderen Mitwirkungsinteressen und der Erforderlichkeit demokratischer Legitimation. Das Gericht geht davon aus, dass die Mitbestimmung sich im Grundsatz nur auf innerdienstliche Maßnahmen erstrecken und nur so weit gehen dürfe, wie dies durch die spezifischen im Beschäftigungsverhältnis angelegten Interessen gerechtfertigt werden könnte.[509] Gleichzeitig verlange das Demokratieprinzip bei Entscheidungen von Bedeutung für den Amtsauftrag zumindest ein Letztentscheidungsrecht des parlamentarisch verantwortlichen Verwaltungsträgers.[510] Innerhalb des Bereichs, der das spezifische Beschäftigteninteresse, aber gleichzeitig auch das Allgemeininteresse betreffe, müsse eine Abwägung vorgenommen werden. Diese vollzieht das Gericht über eine Fallgruppenunterscheidung in drei zu unterscheidenden Konstellationen: Angelegenheiten, die nur unerheblich die Amtsaufgaben gegenüber dem Bürger berühren, Maßnahmen, die den Beschäftigungsbereich betreffen, den Amtsauftrag aber nicht nur unerheblich berühren, und Maßnahmen, die zwar Beschäftigteninteressen betreffen, schwerpunktmäßig aber die Erledigung von Amtsaufgaben.[511] Trotz dieser Unterscheidung geht das Gericht aber durch seine „je desto"-Argumentation[512] von einem eher graduellen Austauschverhältnis aus, das die Stärke der Sonderinteressen als Rechtfertigungsgrund für das Abweichen vom gewöhnlichen Legitimationsniveau berücksichtigt. Bedeutsam an dieser Stelle ist, dass das Gericht eine gesetzgeberische Einschätzungsprärogative anerkennt, soweit es um die Feststellung geht, wie erheblich die Beschäftigten- und Allgemeininteressen in concreto verletzt sind.[513]

Der vom Gericht zugrunde gelegte Maßstab muss hier eindeutig als rechtsdogmatischer Maßstab abgesehen werden, anhand dessen das Gericht nicht nur die Vorschriften des MitbestimmungsG gemessen, sondern teilweise auch für verfassungswidrig erachtet hat. Anders als in den vorangegangenen Urteilen hat das Gericht dabei erstmals eine abgestufte Legitimationsnotwendigkeit erkannt,[514] die in der Vorgehensweise zu einer Abwägung führte. Die dem Fall zugrundeliegende Sachverhaltskonstellation unterschied sich jedoch dadurch von den vorherigen Fällen, dass hier mit

---

509 Hier als „Schutzzweckgrenze" bezeichnet, *BVerfG*, B. v. 24.05.1995, BVerfGE 93, 37 (70).

510 So bezeichnete „Verantwortungsgrenze", *BVerfG*, B. v. 24.05.1995, BVerfGE 93, 37 (70).

511 *BVerfG*, B. v. 24.05.1995, BVerfGE 93, 37 (71).

512 *BVerfG*, B. v. 24.05.1995, BVerfGE 93, 37 (70).

513 *BVerfG*, B. v. 24.05.1995, BVerfGE 93, 37 (73 f.).

514 *BVerfG*, B. v. 24.05.1995, BVerfGE 93, 37 (72 ff.).

dem Grundsatz der Erforderlichkeit demokratischer Legitimation[515] und den geschützten Rechtspositionen der Beschäftigten[516] zwei gegenläufige, nicht gleichermaßen zu verwirklichende Zielsetzungen in Konflikt standen. Eine Rechtfertigung des insoweit abgesenkten Maßes demokratischer Legitimation sah das Gericht wegen des Schutzes der Mitbestimmungsinteressen der Beschäftigten in solchen Fällen an, in denen eine Außenwirkung nicht oder nur unerheblich auftritt.[517] Ein stärkerer Bezug zur „Wahrnehmung von Amtsaufgaben gegenüber dem Bürger" könnte eine Mitbestimmung nur noch dann rechtfertigen, wenn die Entscheidungen genügend durch das Gesetz vorstrukturiert seien und ein Letztentscheidungsrecht bei einer demokratisch legitimierten Stelle verbleibe.[518] Wenn dagegen die Mitbestimmungsinteressen nur am Rande berührt seien und der Amtsauftrag schwerpunktmäßig betroffen werde, dürfe die Mitbestimmung allenfalls noch empfehlenden Charakter haben.[519]

Ob das Gericht mit dieser Vorgehensweise die Rechtsauffassung zugrunde gelegt hat, das erforderliche Maß demokratischer Legitimation hänge von der Grundrechtsbetroffenheit ab,[520] erscheint hiernach zweifelhaft. Zum einen stellte das Gericht die Grundrechte überhaupt nicht in den Vordergrund der Argumentation, zum anderen geht die hier angewandte Vorgehensweise gerade nicht von gleichlaufenden Zielen (Grundrechtsbetroffenheit und Legitimationserfordernis) aus, sondern setzt die hier gegenläufigen Ziele zueinander ins Verhältnis und versucht sie – ähnlich der Vorgehensweise zur „Herstellung praktischer Konkordanz" – jeweils maximal zur Geltung zu bringen.

---

515 Vom Gericht als „Verantwortungsgrenze" bezeichnet, *BVerfG,* B. v. 24.05.1995, BVerfGE 93, 37 (70).

516 Hier als „Schutzzweckgrenze" bezeichnet, *BVerfG,* B. v. 24.05.1995, BVerfGE 93, 37 (70). Zwar geht das Gericht hier nicht so weit, von grundrechtlich geschützten Positionen auszugehen, weil es sich nicht festlegt, ob die Grundrechte oder das Sozialstaatsprinzip dazu verpflichten, „in gewissem Umfang Beteiligungsrechte eines gewählten Repräsentationsorgans der Beschäftigten zu schaffen", *BVerfG,* B. v. 24.05.1995, BVerfGE 93, 37 (69); im Ergebnis erfolgt die Prüfung jedoch vergleichbar einer Abwägung mit kollidierenden Grundrechten.

517 *BVerfG,* B. v. 24.05.1995, BVerfGE 93, 37 (71 f.).

518 *BVerfG,* B. v. 24.05.1995, BVerfGE 93, 37 (72).

519 *BVerfG,* B. v. 24.05.1995, BVerfGE 93, 37 (72 f.).

520 So aber *BVerfG,* Urt. v. 18.01.2012, BVerfGE 130, 76 (124) (siehe unten bei III.C.34): „Das Legitimationsniveau muss umso höher sein, je intensiver die in Betracht kommenden Entscheidungen die Grundrechte berühren (vgl. BVerfGE, 93, 37 [73])."

16. Winfried Kluth (1997)

In seiner Untersuchung der Funktionalen Selbstverwaltung befasst sich *Winfried Kluth* 1997 mit unterschiedlichen Ausprägungen dieser Verwaltungsform und beleuchtet in diesem Zusammenhang auch die einzelnen Steuerungsfaktoren. Im Rahmen der Betrachtung der grundgesetzlichen Anforderungen an die Ausgestaltung funktionaler Selbstverwaltungsformen spricht er mit den Aufsichtsanforderungen die besonders hervorgehobene Komponente sachlich-inhaltlicher Legitimation an.[521] Hinsichtlich der erforderlichen demokratischen Legitimation des Trägers funktionaler Selbstverwaltung sei dabei das erforderliche Legitimationsmaß zunächst von der Stellung im Verfassungsgefüge abhängig[522] und danach von der materialen Bedeutung der ausgeführten Aufgabe, wie sich exemplarisch aus der Lehre vom Parlamentsvorbehalt ergebe. Die Intensität der Beeinträchtigung durch staatliches Handeln – also auch die Intensität von Grundrechtseingriffen – determiniere damit den Maßstab der Legitimation.[523] Im Übrigen sei der Verwaltungsaufbau des Grundgesetzes nicht allein durch die Vorstellung des Ministerialmodells geprägt, sondern gleichermaßen auch durch das Prinzip der Selbstverwaltung;[524] Beide

521 Dabei differenziert er zwischen verschiedenen Formen der Aufsicht und geht bei der funktionalen Selbstverwaltung von einer organisationsrechtlichen Aufsicht im engeren Sinne aus, die im Außenverhältnis zwischen verschiedenen Verwaltungsträgern wirksam wird; sodann unterscheidet er zwischen bloßen rechtsstaatlich bedeutsamen Kontrollrechten und einer geteilten Sachverantwortung durch die beaufsichtigende Behörde, zu der er alle Formen der Weisungsbefugnisse und Fachaufsicht zählt. Erst diese Leitungsmacht schaffe in Abgrenzung zur bloßen Rechtskontrolle einen spezifisch demokratischen Legitimationsbeitrag, *Kluth*, Funktionale Selbstverwaltung (1997), S. 270 ff.

522 Insoweit weist *Kluth* darauf hin, dass es sich bei der funktionell-institutionellen Legitimation nicht um eine den sonstigen Legitimationsfaktoren vergleichbare Form handelt, sondern dass diese nur die Anforderungen an demokratische Legitimation konkretisieren könne, *Kluth*, Funktionale Selbstverwaltung (1997), S. 357.

523 *Kluth*, Funktionale Selbstverwaltung (1997), S. 360.

524 Dies ergebe sich bereits aus der durch Art. 28 Abs. 1 Satz 2 GG hervorgehobenen Stellung der kommunalen Selbstverwaltung: Wenn diese Selbstverwaltungsform derartig bedeutsam im grundlegenden Verfassungsaufbau sei („legitimatorisches Gegenstromprinzip"), könnten die hierarchischen Verwaltungsstrukturen nicht als einzig maßgeblicher Legitimationstypus angesehen werden, *Kluth*, Funktionale Selbstverwaltung (1997), S. 361 f.

seien also als Regelerscheinungsformen anzusehen.[525] Aus der Zulässigkeit bestimmter Formen der Selbstverwaltung wie selbständiger Bundesanstalten könne eine grundsätzliche Zulässigkeit von nach Art. 20 Abs. 2 GG konkretisierungsbedürftigen Erscheinungsformen funktionaler Selbstverwaltung abgeleitet werden.[526] Aus der begrenzten organisatorischen Wahlfreiheit des Bundes aus Art. 86 GG sei dann zu folgern, dass aus dem Grundgesetz kein spezifisches Mindestmaß als Legitimationsniveau hergeleitet werden könne. Weil für den verfassungsrechtlich vorgegebenen und damit notwendig zulässigen Bereich der dort genannten Selbstverwaltungsformen gerade kein bestimmtes Zusammentreffen von personell-organisatorischer und sachlich-inhaltlicher Legitimation vorgegeben sei, müsse diese Entscheidung des Verfassungsgebers dazu führen, dass dem Gesetzgeber ein weiter Spielraum der Kompensation von Legitimationsmitteln zustehe.[527] Die Legitimationskomponenten seien in Grenzen auch ersetzbar, so könne auch eine inhaltlich voll determinierte Entscheidung ohne personelle Legitimation auskommen. Auf der anderen Seite sei die personelle Legitimation dort unverzichtbar, wo Entscheidungsfreiräume begründet würden. Zudem stünden diese Anforderungen notwendig unter dem allgemeinen Vorbehalt, dass wegen besonderer Grundrechtserheblichkeit höhere Anforderungen an die Legitimation bestünden.[528]

Für Träger funktioneller Selbstverwaltung geht *Kluth* damit stets von einer hinreichenden demokratischen Legitimation aus, weil die personelle Legitimation kollektiv und direkt parlamentarisch begründet sei und damit sogar eine formal höherwertige Legitimation bewirke.[529] Hierdurch legt er einen normativen Maßstab zugrunde, aus dem sich die demokratische Legitimation ergebe, welche eine notwendig einzuhaltende Verfassungsvorgabe bedeute. Dass von einem hohen Legitimationsniveau ausgegangen werden könne und deshalb für die funktionale Selbstverwaltung auch nicht von einem Legitimationsdefizit zu sprechen sei,[530] ist damit

---

525 Die Normalität der Verfassung leite sich insoweit nicht durch ein Regel-Ausnahme-Verhältnis, sondern aus dem Sowohl-als-auch ab, *Kluth*, Funktionale Selbstverwaltung (1997), S. 363.

526 *Kluth*, Funktionale Selbstverwaltung (1997), S. 365.

527 Gleichwohl bestehe auch bei Austauschbarkeit ein Bedeutungsvorrang der personellen Legitimation, vgl. *Kluth*, Funktionale Selbstverwaltung (1997), S. 366.

528 *Kluth*, Funktionale Selbstverwaltung (1997), S. 367.

529 Aus diesen Erwägungen folge auch kein bedenkliches Legitimationsdefizit, sondern gar ein besonders hohes Legitimationsniveau, *Kluth*, Funktionale Selbstverwaltung (1997), S. 382.

530 *Kluth*, Funktionale Selbstverwaltung (1997), S. 542 f.

eher nicht im Sinne eines graduellen Maßstabs, sondern wohl als Beschreibung der Eindeutigkeit des Ergebnisses zu verstehen.

17. Eberhard Schmidt-Aßmann (1998, 2006)

In seiner Darstellung „Das allgemeine Verwaltungsrecht als Ordnungsidee" verfolgt *Eberhard Schmidt-Aßmann* den Ansatz, über eine rein dogmatische Betrachtung hinaus „eine Analyse der Verwaltung in rechtlicher und tatsächlicher Hinsicht" vorzunehmen. Dabei liege der Fokus auf der Analyse und Reflexion, mit denen auch eine Aufdeckung der Abhängigkeiten, Verknüpfungen und gegenseitigen Abhängigkeiten erfolgen solle.[531] Ausgangspunkt sei hier der Charakter des allgemeinen Verwaltungsrechts als *Ordnungsidee*, die zur Vergewisserung über die Entwicklungslinien und Adäquanz der Zuordnungen durch die einzelnen Rechtsinstitute dienen solle.[532] Aus dieser gebotenen Berücksichtigung äußerer Einflüsse und Wirkweisen stelle sich der Begriff des Legitimationsniveaus als nicht subsumtionsfähig dar, weshalb nicht von den Kategorien „rechtmäßig" und „rechtswidrig" gesprochen werden könne. Allenfalls könne man ein „hinreichendes" Legitimationsniveau vorfinden.[533] Bei der Überprüfung der Wirksamkeit von Legitimationsvermittlung aus juristischer Perspektive müssten zunächst die einschlägigen Kriterien herausgearbeitet werden, die sich aus dem rechtsnormativen Zusammenhang ergäben. Erst im Anschluss müssten dann die Wirksamkeitsindikatoren entwickelt werden und die Erkenntnisse der Organisationswissenschaften und der Institutionenökonomik herangezogen werden.[534]

Hiervon ausgehend müssten getrennt voneinander die reale und die ideelle Rückführbarkeit von Entscheidungen auf das Legitimationssubjekt

---

531 Zusammenfassend *Schmidt-Aßmann*, Das allgemeine Verwaltungsrecht als Ordnungsidee, 2. Aufl. (2006), S. VII f.

532 *Schmidt-Aßmann*, Das allgemeine Verwaltungsrecht als Ordnungsidee, 2. Aufl. (2006), § 1, Rdnr. 1.

533 *Schmidt-Aßmann*, Das allgemeine Verwaltungsrecht als Ordnungsidee, 2. Aufl. (2006), § 1, Rdnr. 49.

534 Hier sei der entscheidende Unterschied zur Vorgehensweise insbesondere des Bundesverfassungsgerichts zu sehen, weil es nicht auf vermeintlich wenig begründete Feststellungen über die Einhaltung der notwendigen Voraussetzungen ankomme, sondern auf wissenschaftlich fundierte und gesicherte Erkenntnisse, *Schmidt-Aßmann*, Das allgemeine Verwaltungsrecht als Ordnungsidee, 2. Aufl. (2006), § 1, Rdnr. 49.

unterschieden werden.[535] Die durch Art. 20 Abs. 2 GG erforderliche Legitimation müsse sicherstellen, dass eine Rückführbarkeit auf das Volk als verfasste Personengesamtheit ermöglicht werde.[536] Eine „realitätsbewusste Legitimationslehre“ dürfe deshalb nicht alleine auf die vom BVerfG als zentral angesehene Hierarchievorstellung abstellen, sondern müsse die „unübersehbaren Schwächen“ von Hierarchien (vor allem bei Erlangung und Verarbeitung von steuerungsnotwendigen Informationen) wahrnehmen und Formen kooperativer Entscheidungsfindung mit einbeziehen.[537]

Als grundlegende Legitimationsstrukturen nach dem Grundgesetz müssten zum einen die hierarchische Ministerialverwaltung, zum anderen aber auch die in Art. 28 Abs. 1 Satz 2 GG vorgesehene kommunale Selbstverwaltung anerkannt werden.[538] Schon aus diesen verschiedenartigen Ansätzen ergebe sich, dass das Grundgesetz nicht von einem „Schematismus der Legitimationsvorstellungen“ ausgehe.[539] Zugleich reichten diese Formen der Legitimation nicht aus, um das gesamte notwendige Spektrum der Verwaltung darzustellen. Deshalb müsse das mitgliedschaftlich-partizipatorische Element als notwendige Form neben die Legitimation des Art. 20 Abs. 2 GG treten.[540] Wie auch in Art. 28 Abs. 1 Satz 2 GG die Rückführung von Legitimationszügen auf zwei verschiedene Legitimationssubjekte

535 Dabei müssten sich strukturelle Rückführbarkeit und die Rückführung im Einzelfall ergänzen und unabhängig voneinander beurteilt werden, *Schmidt-Aßmann*, Das allgemeine Verwaltungsrecht als Ordnungsidee, 2. Aufl. (2006), § 2, Rdnr. 79 f.

536 Insoweit nimmt *Schmidt-Aßmann*, Das allgemeine Verwaltungsrecht als Ordnungsidee, 2. Aufl. (2006), § 2, Rdnr. 81 den Begriff der „unbestimmten Allgemeinheit“ auf, der bereits vom *BVerfG*, Urt. v. 31.10.1990, BVerfGE 83, 37 (55) verwendet und verschiedentlich aufgegriffen wurde; hier sei vor allem auf einen Ausschluss von gruppenspezifischen Kriterien und Interessen zu achten.

537 *Schmidt-Aßmann*, Das allgemeine Verwaltungsrecht als Ordnungsidee, 2. Aufl. (2006), § 2, Rdnr. 82 unter Verweis auf *Trute*, Die demokratische Legitimation der Verwaltung, in: *Hoffmann-Riem/Schmidt-Aßmann/Voßkuhle* (Hrsg.), Grundlagen des Verwaltungsrechts, Bd. I, 2. Aufl. (2012), § 6, Rdnr. 47 f.

538 Gerade letztere Form begründe einen eigenen, von der staatlichen Verwaltung abgesetzten Stil kommunalen Verwaltens *Schmidt-Aßmann*, Das allgemeine Verwaltungsrecht als Ordnungsidee, 2. Aufl. (2006), § 2, Rdnr. 89.

539 *Schmidt-Aßmann*, Das allgemeine Verwaltungsrecht als Ordnungsidee, 2. Aufl. (2006), § 2, Rdnr. 90.

540 *Schmidt-Aßmann*, Das allgemeine Verwaltungsrecht als Ordnungsidee, 2. Aufl. (2006), § 2, Rdnr. 90; diese Schlussfolgerung lässt vermuten, dass allein faktische Notwendigkeiten für die Erforderlichkeit einer danebentretenden Legitimation sprechen; zugleich impliziert ein „danebentreten“, dass diese Form nicht mit dem herkömmlichen Verständnis und auch nicht mit der aus Art. 20 Abs. 2 GG entwickelten oder entwickelbaren Legitimation vereinbar ist.

möglich sei (Staatsvolk und Kommunalvolk), so müsse auch im Bereich der funktionalen Selbstverwaltung anerkannt werden, dass die Rückführung auf zwei verschiedene Legitimationssubjekte, nämlich Staatsvolk und autonome Legitimationsbasis, möglich sei.[541] Für die verfassungsrechtliche Zulässigkeit seien daher die institutionelle Legitimation, das erreichbare Legitimationsniveau und die überwirkende Legitimationsverantwortung des Staates zu berücksichtigen. Bei allen drei Elementen handle es sich dabei um Rezeptionsbegriffe, die es erforderten, organisationstypisches Verhalten und organisationswissenschaftliche Erkenntnisse in die Beurteilung mit einzubeziehen. Dies führe zu methodischen Schwierigkeiten, weil das Ergebnis nicht einfach durch Subsumtion erreicht werden könne, sondern eine Analyse und Bewertung stattfinden müsse.[542] Dabei treffe es nicht zu, dass es ein durch Art. 20 Abs. 2 GG vorgegebenes Legitimationsmaximum gebe und jede Abweichung davon rechtfertigungsbedürftig wäre; auch das gestufte Legitimationsmodell des Bundesverfassungsgerichts in seiner Entscheidung für das Personalvertretungsrecht[543] zeige, dass es darum gehe, nicht-demokratische Sondereinflüsse zu benennen und genau zu würdigen; erst damit könnten legitimierende Entscheidungsstrukturen geschaffen werden.[544] Ausgehend hiervon müssten auch alternative Legitimationsansätze bei der Überprüfung des Legitimationsniveaus mitberücksichtigt werden. So handele es sich bei der Kategorie der „Akzeptanz" nicht um einen dogmatischen Begriff der Legitimationslehre,[545] allerdings sei nicht ausgeschlossen, dass durch gesetzgeberische Entscheidung Akzep-

541 Diese Ergänzung werde insoweit gestützt durch *BVerfG,* B. v. 05.12.2002, BVerfGE 107, 59 (92); nachfolgend daran müsse für die rechtliche Würdigung unterschieden werden, ob der Schwerpunkt auf grundrechtlich gebotener Differenzierung bei der Mitwirkung liege oder ob hier ein breiter gefasstes institutionelles Interesse erfasst werden solle, *Schmidt-Aßmann,* Das allgemeine Verwaltungsrecht als Ordnungsidee, 2. Aufl. (2006), § 2, Rdnr. 92 f.

542 Dies wird zugleich als „notwendiger normativer Ansatz" bezeichnet: *Schmidt-Aßmann,* Das allgemeine Verwaltungsrecht als Ordnungsidee, 2. Aufl. (2006), § 2, Rdnr. 94.

543 *BVerfG,* B. v. 24.05.1995, BVerfGE 93, 37.

544 Deshalb müsse zwischen zulässigen Maßnahmen zur Verbesserung der Akzeptanz und zulässigen Legitimationskomponenten unterschieden werden: Nicht jede akzeptanzförderliche Maßnahme sei auch geboten, weshalb der normative Gehalt des Legitimationskonzepts berücksichtigt werden müsse, *Schmidt-Aßmann,* Das allgemeine Verwaltungsrecht als Ordnungsidee, 2. Aufl. (2006), § 2, Rdnr. 99.

545 Diesbezüglich unterscheide sich die Dogmatik vom häufig synonymen Verständnis von Akzeptanz und Legitimation, *Schmidt-Aßmann,* Das allgemeine Verwaltungsrecht als Ordnungsidee, 2. Aufl. (2006), § 2, Rdnr. 103.

tanz zu einem Abwägungsfaktor bei weiten Gemeinwohlklauseln gemacht werde und damit rechtlich verarbeitet werden könne.[546] Daneben könne die Berücksichtigung der Kategorie der Betroffenheit nicht unmittelbar zur Legitimationsleistung beitragen, weil jede Betroffenengemeinschaft wesensverschieden zum Volksbegriff des Art. 20 Abs. 2 GG sein müsse. Gleichwohl ergäben sich aus der Berücksichtigung Entwicklungsanstöße und insbesondere im Unionsrecht sei eine deutliche Stärkung des Partizipationsgedankens zu erkennen.[547]

Besondere Beachtung müsse innerhalb der grundgesetzlichen Funktionenordnung und deshalb insbesondere auch für das Legitimationsverständnis die Eigenständigkeit der Verwaltung berücksichtigt werden, weil jeder Rechtsanwendung immer ein rechtsschöpferischer Vorgang innewohne.[548] Gleichwohl ergäben sich erhebliche Bindungen durch unterschiedliche Dichtegrade in den gesetzlichen Vorgaben und rahmen-, verfahrens-, und organisationssteuernden Normen, weshalb maßgeblich bei der Beurteilung der Vorgaben zwischen Vollzugsverwaltung, planender Verwaltung, Gewährleistungsverwaltung, der Wirtschaftstätigkeit und verfahrensrechtlichen Gestaltungsfreiheiten unterschieden werden müsse. Der Grund dafür liege in der Vielschichtigkeit administrativer Tätigkeit, die nicht mit einem einheitlichen Verständnis einer ministerial geprägten Verwaltung zu erfassen sei.[549] Als problematisch erweise sich auch bei der bloß wissenschaftlichen Betrachtung die Justizzentriertheit des derzeitigen Konzepts. Diese führe dazu, dass die dogmatische Perspektive sich auf die

---

546 Unter Bezugnahme auf die Berücksichtigung bei kommunalen Gebietsreformen, *Schmidt-Aßmann,* Das allgemeine Verwaltungsrecht als Ordnungsidee, 2. Aufl. (2006), § 2, Rdnr. 105.

547 Mit Hinweis auf die danebenstehende und mit der Berücksichtigung der Betroffenheit verbundene Förderung eines demokratisch gewünschten Verwaltungsstils *Schmidt-Aßmann,* Das allgemeine Verwaltungsrecht als Ordnungsidee, 2. Aufl. (2006), § 2, Rdnr. 106 ff.

548 Diese eigene Rechtsschöpfung sei aber so vom Grundgesetz auch vorgesehen und vorgegeben, *Schmidt-Aßmann,* Das allgemeine Verwaltungsrecht als Ordnungsidee, 2. Aufl. (2006), § 4, Rdnr. 38 ff.

549 *Schmidt-Aßmann,* Das allgemeine Verwaltungsrecht als Ordnungsidee, 2. Aufl. (2006), § 4, Rdnr. 41 f.; hieraus ergebe sich auch die wissenschaftliche Notwendigkeit einer systematisch entwickelten Rechtsanwendungslehre, um das wirkliche Ausmaß der Eigenständigkeit im Einzelfall auch würdigen zu können; auch der Kategorie des Ermessens als besonderer Kompetenz der Verwaltung in Handlungs- und Abwägungshinsicht komme hier erhebliche Bedeutung zu, weil diese regelmäßig in fachgesetzlichen Steuerungszusammenhängen die Schlüsselposition einnähmen, *Schmidt-Aßmann,* Das allgemeine Verwaltungsrecht als Ordnungsidee, 2. Aufl. (2006), § 4, Rdnr. 47 f.

Aspekte beschränke, die auch im konkreten Zuschnitt des gerichtlichen Verfahrens verarbeitet werden könnten.[550] Wegen des Fokus auf den Individualrechtsschutz könnten die weiteren Aspekte in einem so gestalteten Verfahren weder untersucht, noch weiterentwickelt werden.[551] Dabei seien Modifikationen des Ansatzes gerichtlicher Kontrolle durch Dogmatik möglich, um gerichtliche Klärungsmöglichkeiten zu erweitern und damit den Fokus auf den Individualrechtsschutz abzumildern.[552] Statt einer juristischen Betrachtung der Abweichungen von der Vollzugsverwaltung müssten tatsächliche Untersuchungen über den Grad der Steuerung für die Frage nach der Einhaltung eines notwendigen (effektiven) Legitimationsniveaus zu Grunde gelegt werden.[553]

Die Darstellung *Schmidt-Aßmanns* hat hier vor allem ein Gesamtbild der Verwaltung im Fokus, das sich erst aus umfassender Berücksichtigung verschiedenster wissenschaftlicher Disziplinen ergibt. Somit greift er die in seinem früheren grundlegenden Diskursbeitrag von 1991[554] bereits angedeuteten disziplinären Vielfältigkeiten auf und entwickelt diese fort. Aus der Berücksichtigung steuerungswissenschaftlicher und allgemein soziologischer Aspekte ergibt sich ein höchst komplexes Bild der Verwaltung, was auch zur Berücksichtigung beim rechtsdogmatischen Verständnis führt: Das hier entwickelte Modell soll zugleich ein integratives und dogmatisches sein, welches in der Lage ist, die verschiedenen disziplinären Teilaspekte zu verarbeiten und zu einem Gesamtmodell zusammenzufassen. Die spezifische Leistungsfähigkeit der demokratischen Legitimation sieht er damit weniger als Rechtsmaßstab für den Einzelfall; vielmehr stellt die demokratische Legitimation für ihn einen konstanten Bezugspunkt für die Untersuchung der Rechtmäßigkeitsbedingungen für die Organisation

550 Dabei sei die Konsequenz, dass sich für „den Juristen" beim Urteil über die Effektivität eines Rechtsinstituts die Realität nicht als solche darstelle, sondern ausschließlich als deren (rechtliche) Interpretation; damit würden auch Fragen der Effektivität zu Rechtsfragen, die nicht zur Abbildung der Realität geeignet wären, *Schmidt-Aßmann,* Das allgemeine Verwaltungsrecht als Ordnungsidee, 2. Aufl. (2006), § 4, Rdnr. 85.

551 *Schmidt-Aßmann,* Das allgemeine Verwaltungsrecht als Ordnungsidee, 2. Aufl. (2006), § 4, Rdnr. 73.

552 Mit Betonung der Rolle der Gerichtsbarkeit als Stifter von Kompetenzschutz, *Schmidt-Aßmann,* Das allgemeine Verwaltungsrecht als Ordnungsidee, 2. Aufl. (2006), § 4, Rdnr. 77 und 83.

553 *Schmidt-Aßmann,* Das allgemeine Verwaltungsrecht als Ordnungsidee, 2. Aufl. (2006), § 5, Rdnr. 14.

554 *Schmidt-Aßmann,* Verwaltungslegitimation als Rechtsbegriff, AöR 116 (1991), 329, vgl. dazu oben Kap. III.C.11.

von Verwaltungseinheiten und für die Untersuchung der Bedingungen des organisationstypischen Handelns.[555] Dass es sich nicht um ein rein dogmatisches Modell basierend auf dem positiven Recht handelt, zeigt sich besonders deutlich im Anschluss aus der Fortentwicklung des Modells der allgemeinen verfassungs- und verwaltungsrechtlichen Vorgaben auf die Europäische Union. Hier betrachtet *Schmidt-Aßmann* die Legitimationsstränge[556] und misst sie an „den Geboten des demokratischen Prinzips".[557] Insofern mag es sich bei dem Konzept um einen quasi-dogmatischen Ansatz handeln, der jedoch nicht die geltende Rechtslage wiedergibt, sondern aus verschiedensten wissenschaftlichen Erkenntnissen eine „Ordnungsidee" ableitet, die notwendig auch auf vorgegebener Dogmatik aufbaut und diese weiterentwickelt.

18. Veith Mehde (2000)

In seiner Untersuchung zum Neuen Steuerungsmodell[558] und dessen Verhältnis zum Demokratieprinzip unterscheidet *Veith Mehde* explizit einen sozialwissenschaftlichen Legitimationsbegriff, der sich aus Anerkennung und Akzeptanz von Herrschaft herleite, vom rechtsdogmatischen Begriff demokratischer Legitimation.[559] Ausgehend von der bisherigen Auffassung in Rechtsprechung und Literatur stellt er fest, das Legitimationsniveau und damit der erforderliche Maßstab für demokratische Legitimation könnten sich nur aus einer Auslegung des Begriffs des „Ausgehens" von Staatsgewalt aus Art. 20 Abs. 2 GG ergeben; mangels genauerer Anhalts-

---

555 *Schmidt-Aßmann,* Das allgemeine Verwaltungsrecht als Ordnungsidee, 2. Aufl. (2006), § 5, Rdnr. 25.

556 Insoweit verweist er im Ansatz auf die doppelte Legitimationsgrundlage der Europäischen Union, die sich aus der Rückbindung an die Mitgliedstaaten und das Unionsvolk als Legitimationssubjekte stützt, *Schmidt-Aßmann,* Das allgemeine Verwaltungsrecht als Ordnungsidee, 2. Aufl. (2006), § 7, Rdnr. 37 ff.

557 Diese habe „Durchschaubarkeit und Verantwortungsklarheit" zum Gegenstand, aber auch „bürgerschaftliches Engagement und demokratische Kontrollierbarkeit", *Schmidt-Aßmann,* Das allgemeine Verwaltungsrecht als Ordnungsidee, 2. Aufl. (2006), § 7, Rdnr. 43.

558 Gegenstand der dortigen Untersuchungen ist das Konzept der Reform der Verwaltung, das speziell für deutsche Kommunen von der Kommunalen Gemeinschaftsstelle (KGSt) entwickelt wurde und Reformansätze des „New Public Managements" aufgreift, *Mehde,* Neues Steuerungsmodell und Demokratieprinzip (2000), S. 81 ff.

559 *Mehde,* Neues Steuerungsmodell und Demokratieprinzip (2000), S. 157.

punkte in dieser Norm sei eine Betrachtung der Konkretisierung der jeweiligen Anforderungen „im Kontext mit den übrigen Organisationsgrundsätzen des Grundgesetzes“ für die Maßstabsbestimmung erforderlich.[560] In Ermangelung einer weitergehenden Konkretisierung des Aufbaus und der Steuerung der Verwaltung durch das Grundgesetz müsse sich der Maßstab für ein hinreichendes Niveau aus dem Vergleich zur Ministerialverwaltung als Regeltypus ergeben; somit folge aus herrschender Lehre und der Rechtsprechung die Notwendigkeit einer verfassungsrechtlichen Ausnahmevorschrift für den Fall, dass eine Kombination der Legitimationskomponenten aus personell-organisatorischer und sachlich-inhaltlicher Legitimation hinter derjenigen des Ministerialmodell zurückbleibe.[561] Für die kommunale Selbstverwaltung sieht er Ausnahmen für die Abweichungen in einem eigenen Legitimationsmaßstab aus Art. 28 Abs. 1 S. 2 GG, der insbesondere für den eigenen Wirkungskreis Modifikationen vorsehe und rechtfertige.[562] Für alternative Legitimationssubjekte, die sich aus einem Kreis Betroffener zusammensetzen könnten, sieht er in der herrschenden Meinung keine Grundlage oder Vereinbarkeit mit Art. 20 Abs. 2 GG.[563]

Am Beispiel des Neuen Steuerungsmodells diskutiert er die Vereinbarkeit von dessen grundlegenden Ideen mit den rechtsdogmatischen Maßstäben der von ihm vorgefundenen herrschenden Meinung. Wesentlicher Kern dieses Ansatzes sei wie auch bei sonstigen Überlegungen im Rahmen des „New Public Management“ die Verlagerung von Verantwortung auf die sachnah arbeitenden Verwaltungseinheiten zur Stärkung der Vollzugskompetenz bei gleichzeitiger strenger Trennung von (politischer) strategischer Steuerung.[564] Hinsichtlich der Budgetierung als wesentlichem

560 Maßgeblich für das Verständnis sei danach ein Ausgehen von der in Art. 20 Abs. 2 Satz 2 GG vorgesehenen Funktionengliederung, *Mehde*, Neues Steuerungsmodell und Demokratieprinzip (2000), S. 199.

561 Dabei ergebe sich aus der nur in geringem Maße vorhandenen Vorstrukturierung durch grundgesetzliche Vorgaben, dass aus dem Ressortprinzip des Art. 65 S. 2 GG derartige Schlossfolgerungen gezogen werden müssten, *Mehde*, Neues Steuerungsmodell und Demokratieprinzip (2000), S. 201.

562 *Mehde*, Neues Steuerungsmodell und Demokratieprinzip (2000), S. 231.

563 Somit könne sich nach dieser Auffassung keine wie auch immer geartete zulässige Beteiligung von Einzelnen oder Gruppen von Bürgern als zulässige Entscheidungstätigkeit darstellen, die aus Sicht demokratischer Legitimation zulässig sein könnte, *Mehde*, Neues Steuerungsmodell und Demokratieprinzip (2000), S. 273.

564 Vgl. zusammenfassend *Mehde*, Neues Steuerungsmodell und Demokratieprinzip (2000), S. 584.

Bestandteil des Neuen Steuerungsmodells[565] sei allenfalls eine geringfügige Abweichung vom normativ hergeleiteten Legitimationsniveau zu erkennen, das dem Normalfall der Ministerialverwaltung entspreche.[566] In der Gesamtschau ergebe sich jedoch – gemessen am Verständnis der herrschenden Meinung – beim Neuen Steuerungsmodell wegen des Verlusts von Feinsteuerungsmöglichkeiten im vertikalen Verwaltungsaufbau eine deutliche Unterschreitung des erforderlichen Legitimationsniveaus,[567] das nach herkömmlichen Verständnis auch nicht über bekannte dogmatische Konstruktionen verfassungsrechtlich gerechtfertigt werden könne.[568] Alternative, in der Literatur vorgeschlagene Rechtfertigungskonzepte (beispielsweise Akzeptanz, Bürgernähe und Effizienz) fänden unabhängig von ihrer soziologischen Bedeutung normativ insoweit keine Verankerung in der Verfassung, als nicht auch eine Abweichung vom Legitimationsniveau dogmatisch gerechtfertigt werden könne.[569] Dabei sei die verwaltungswissenschaftliche Bedeutung dieser Legitimationsfaktoren anzuerkennen, diese müssten aber explizit von der Frage der verfassungsrechtlichen Relevanz getrennt behandelt werden.[570] Wegen der sehr viel geringeren Kontrollintensität und der sehr viel geringeren Einflussnahme der Verwaltungsspitze im Neuen Steuerungsmodell[571] sei festzustellen, dass – ausgehend von der

565 In der Konzeption des Neuen Steuerungsmodells erfolgt eine sehr viel geringere Feinsteuerung durch ausdifferenzierte Haushaltstitel zugunsten einer größeren Entscheidungsfreiheit der Verwaltung durch budgetmäßige Freigabe zumindest bestimmter Titel; mittlerweile sind zumindest derartige Ideen stärker verbreitet, wie sich in der budgetmäßigen Schaffung einer weitreichenden wechselseitigen Deckungsfähigkeit von Einzeltiteln zeigt; vgl. beispielhaft Ziffer 1.1 Durchführungsbestimmungen zum Haushaltsgesetz Bayern 2015/2016 (DBestHG 2015/2016).

566 *Mehde,* Neues Steuerungsmodell und Demokratieprinzip (2000), S. 342.

567 Zusammenfassend *Mehde,* Neues Steuerungsmodell und Demokratieprinzip (2000), S. 350; mit gleichem Ergebnis bei Untersuchung der Kommunalverwaltung *Mehde,* Neues Steuerungsmodell und Demokratieprinzip (2000), S. 368.

568 Vgl. *Mehde,* Neues Steuerungsmodell und Demokratieprinzip (2000), S. 378.

569 Unter Betonung der Strenge des bisherigen Verständnisses *Mehde,* Neues Steuerungsmodell und Demokratieprinzip (2000), S. 389.

570 Insofern verhindere die formalistische Struktur der Ableitungszusammenhänge des grundgesetzlichen Demokratieprinzips eine Berücksichtigung dieser Erkenntnisse, *Mehde,* Neues Steuerungsmodell und Demokratieprinzip (2000), S. 394.

571 Generell erfolge die Einflussnahme im Neuen Steuerungsmodell sehr viel später und retrospektiver als bei der Annahme von Einzelweisungsbefugnissen im klassischen Modell, vgl. zusammenfassend *Mehde,* Neues Steuerungsmodell und Demokratieprinzip (2000), S. 588.

bisherigen Dogmatik – die Ansätze des Neuen Steuerungsmodells nicht mit dem Demokratiekonzept des Grundgesetzes vereinbar wären.[572]

Hiervon ausgehend ist *Mehdes* Ziel, ein (hypothetisches) Modell demokratischer Verwaltung zu entwickeln, das zum einen Ansätze wie die des Neuen Steuerungsmodells als zulässig bewerte, gleichzeitig aber noch vereinbar mit den Vorgaben des Grundgesetzes sei.[573] Aus diesem Grund sei eine Überprüfung der Voraussetzungen für die Annahme zu unternehmen, das hierarchische Ministerialmodell stelle für die Legitimation den Normalfall dar.[574] Ansatzpunkt sei die Frage, ob sich die Existenz dieses grundlegenden Modells ausschließlich normativ aus der Verfassung herleiten lasse oder ob es als auf zumindest teilweise empirischen Annahmen begründet und damit nicht notwendig als rechtlicher Norminhalt zu verstehen sei. Daraus resultiere, dass sich normativ nicht aus der in Art. 65 Satz 2 GG normierten Ministerialverantwortlichkeit notwendig die hierarchisch-bürokratische Binnenstruktur der Verwaltung verbunden mit entsprechender Einzelweisungsbefugnis des Ministers ergebe; eine derartige Feststellung könne nur empirisch getroffen werden, weshalb dem legitimatorisch zentralen Maßstab der Ministerialverwaltung zumindest auch empirische Grundannahmen zu Grunde lägen.[575] In der Konsequenz könne daher die Wirksamkeit bestimmter Steuerungseinflüsse empirisch widerlegt werden. Dies habe zur Folge, dass eine Abweichung vom Ministerialmodell gerade nicht bereits aus sich heraus zu einem rechtfertigungsbedürftigen Defizit an Legitimation führe.[576] Mit Erkenntnissen der Verwaltungswissenschaf-

---

572 *Mehde,* Neues Steuerungsmodell und Demokratieprinzip (2000), S. 395 f.

573 Dabei betont *Mehde,* dass es nicht um eine Revidierung der Dogmatik mit dem Ziel ginge, ein unerwünschtes Ergebnis zu korrigieren, sondern lediglich um einen Anlass, die bisher entwickelten Positionen kritisch zu hinterfragen, *Mehde,* Neues Steuerungsmodell und Demokratieprinzip (2000), S. 396 f.

574 Hier bezweifelt *Mehde* die Ableitbarkeit der angenommenen Weisungsbefugnis des Ministers aus Art. 65 Satz 2 GG, erkennt allerdings – anders als bei den übrigen Begründungsansätzen – die Argumentation von *Jestaedt,* Demokratieprinzip und Kondominialverwaltung (1993), S. 287 als eine normative Ableitung und damit rechtsdogmatisch zulässige an, *Mehde,* Neues Steuerungsmodell und Demokratieprinzip (2000), S. 413 ff.

575 Dabei sei nicht anzuzweifeln, dass Art. 65 S. 2 GG die Ministerialverantwortlichkeit vorsehe, wohl aber, dass sich zwingend aus dieser Verantwortlichkeit des Ministers auch die Notwendigkeit der hierarchischen Binnenstruktur in Verbindung mit Einzelweisungsrechten des Ministers ergebe; empirisch sei dieser Nachweis insofern möglich, als praktisch aus diesem Prinzip ein solches Weisungsrecht auch abgeleitet wird; vgl. *Mehde,* Neues Steuerungsmodell und Demokratieprinzip (2000), S. 427.

576 *Mehde,* Neues Steuerungsmodell und Demokratieprinzip (2000), S. 444.

ten sei damit die Grundannahme, die hierarchisch-bürokratische Verwaltungsstruktur sei zur demokratischen Steuerung in der Lage, zumindest in Teilen für widerlegt zu erachten.[577] Durch die vorgeschlagenen Korrekturen an den Annahmen des Legitimationsmodells stelle sich der Maßstab weniger streng dar.[578]

Deshalb sei es auch grundsätzlich möglich, verschiedenen Ansätzen (wie beispielsweise des Neuen Steuerungsmodells) einen legitimatorischen Wert im Sinne grundgesetzlich notwendiger demokratischer Legitimation zuzumessen; der (vermeintliche) Numerus Clausus der Legitimationsvermittlungsmethoden entspreche insoweit nicht den Normanforderungen.[579] So könne auch der Akzeptanz von Entscheidungen ein legitimatorischer Wert zugemessen werden, solange diese hinreichend klar feststellbar sei und keine widerstreitenden Allgemeininteressen betroffen wären; deshalb müsse von einer Ergänzung des traditionellen Entscheidungssystems ausgegangen werden.[580] Auch die gerichtliche Rechtmäßigkeitskontrolle von Verwaltungsentscheidungen stelle daneben einen zu beachtenden Legitimationsfaktor dar. Diesbezüglich müsse man vom Begriff der Bindung der Verwaltung Abstand nehmen, wie er von der klassischen Legitimationsansicht beschrieben werde, und den Fokus auf die – institutionell gesehen – Befolgung von Gesetzen eines Verwaltungsakteurs (Behörde)

---

577 Hier ergebe sich, dass das herkömmliche hierarchisch-bürokratische Modell der Verwaltung nicht wirksam auf externe Einflüsse reagieren könnte und auch nicht zur Verarbeitung externer Umwelteinflüsse in der Lage wäre, *Mehde,* Neues Steuerungsmodell und Demokratieprinzip (2000), S. 470; auch die Annahme, der Verfassungsgeber hätte sich für ein bestimmtes Vorverständnis im Sinne einer klassischen Ministerialverwaltung *Max Webers* entschieden, könne nicht dazu führen, dieses Modell als zwingend anzusehen, weil es sich um eine nicht notwendige und damit nicht beabsichtigte Ähnlichkeit seines Modells mit den Vorstellungen des Grundgesetzes gehandelt hätte, *Mehde,* Neues Steuerungsmodell und Demokratieprinzip (2000), S. 470.

578 *Mehde,* Neues Steuerungsmodell und Demokratieprinzip (2000), S. 486 f.

579 So habe selbst das *BVerfG,* Urt. v. 31.10.1990, BVerfGE 83, 60 (67) entschieden, dass es nicht auf eine Methode der Legitimationsvermittlung allein, sondern einzig auf das Zusammenwirken ankommen könne; also dürften diese zulässigen Methoden nicht als abschließend angesehen werden, *Mehde,* Neues Steuerungsmodell und Demokratieprinzip (2000), S. 514 f.

580 Die Akzeptanz einer Entscheidung stelle dabei das Bindeglied zwischen der nicht (legitimatorisch) greifbaren Qualität einer Entscheidung und den Betroffenen als Teil des Legitimationssubjekts dar, *Mehde,* Neues Steuerungsmodell und Demokratieprinzip (2000), S. 516 ff.; zulässig sei demnach nur, Spielräume innerhalb des durch Beachtung der sonstigen Vorschriften (auch zur demokratischen Legitimation so auszufüllen, dass die Akzeptanz berücksichtigt wird.

auf Vorgabe eines anderen, speziell legitimierten Akteurs (Gericht) legen. Eine legitimatorische Leistung sei jedoch nur dann anzunehmen, wenn das gerichtliche Verfahren auch in Anspruch genommen werde.[581] Auch Anreizsysteme oder Mittel zur alternativen Kontrolle von Verwaltungsentscheidungen könnten zur Intensivierung der Gesetzesbindung führen und damit die Legitimation zumindest stärken.[582]

Schließlich würden diese Ansätze zur Erweiterung der Möglichkeiten zusätzlicher Legitimationsvermittlungsmethoden auch durch den rechtsprinzipiellen Charakter von Art. 20 Abs. 2 Satz 1 GG getragen.[583] Diese Norm stelle ein Prinzip dar, wie es auch überwiegend von der Rechtsprechung angewandt werde.[584] Nur als solches könne auch die enorme Differenz zwischen der Verfassungshöhe und einer Einzelentscheidung überbrückt werden, die ohnehin auch nur durch Beschreibung administrativer Ordnungsstrukturen – und damit abstrakt – vorgenommen werden könne.[585] Auch erkläre diese Annahme, warum regelmäßig vertreten werde, es fehle bestimmten funktionalen Selbstverwaltungseinheiten an grundgesetzlich erforderlicher demokratischer Legitimation, dennoch vor dem Verdikt der Verfassungswidrigkeit zurückgeschreckt werde.[586] Verstünde man Art. 20 Abs. 2 Satz 1 GG als Rechtsregel, müsste dies zur Verfassungs-

---

581 Hier sei einzuräumen, dass wegen der Notwendigkeit subjektiver Rechtsverletzungen für eine Klage und dem erforderlichen Aufwand für einen Kläger eine Entscheidungsmacht entstehe, die ohne Inanspruchnahme dieses gerichtlichen Verfahrens schwer zu erklären sei; jedoch bleibe jedem die Möglichkeit der Auslösung eines entsprechenden Verfahrens offen, *Mehde*, Neues Steuerungsmodell und Demokratieprinzip (2000), S. 525.

582 Hier kämen verschiedene durch den Gesetzgeber vorgesehene Anreizsysteme in Betracht, die eine gewünschte Einzelfallentscheidung wahrscheinlicher machten, *Mehde*, Neues Steuerungsmodell und Demokratieprinzip (2000), S. 528 ff.

583 Insbesondere sei die Gegenansicht von *Jestaedt*, Demokratieprinzip und Kondominialverwaltung (1993) insoweit abzulehnen, weil der Ansatz nicht zuträfe, eine Rechtsregel könnte durch ein Rechtsprinzip nicht aufgehoben werden, weil dies nicht den Annahmen der Prinzipientheorie (*Alexy*, Theorie der Grundrechte (1986), S. 89) entspreche, *Mehde*, Neues Steuerungsmodell und Demokratieprinzip (2000), S. 540 f.

584 Dies könne aus der Vorgehensweise bei *BVerfG*, B. v. 24.05.1995, BVerfGE 93, 37 (70) geschlossen werden, dessen Weg von *Mehde*, Neues Steuerungsmodell und Demokratieprinzip (2000), S. 544 als Musterbeispiel der Herstellung praktischer Konkordanz angesehen wird.

585 *Mehde*, Neues Steuerungsmodell und Demokratieprinzip (2000), S. 543.

586 Vgl. *Mehde*, Neues Steuerungsmodell und Demokratieprinzip (2000), S. 546 f. unter Bezugnahme auf *Böckenförde*, Demokratie als Verfassungsprinzip, in: *Isensee/Kirchhof* (Hrsg.), Handbuch des Staatsrechts der Bundesrepublik Deutschland, Bd. I, 1. Aufl. (1987), § 22, Rdnr. 34.

widrigkeit von Teilen der Selbstverwaltung führen. Dadurch, dass diese vom Grundgesetz aber als verfassungszulässig vorausgesetzt worden sei, müsse aber von der Verfassungsmäßigkeit ausgegangen werden, die sich auf Grundlage des Grundgesetzes nur dann ergebe, wenn man den Prinzipiencharakter von Art. 20 Abs. 2 Satz 1 GG anerkenne.[587]

Für einen Gegenentwurf müsse auf Grundlage empirischer Erkenntnisse der empirische Wissensstand zu Steuerungs- und Einflussmöglichkeiten beachtet werden. Ausgehend von Art. 65 S. 2 GG müsse man – wie im herkömmlichen Modell – von einer ministeriellen Verantwortlichkeit und damit auch von notwendig vorhandenen Einflussnahmemöglichkeiten ausgehen. Diese dürften sich jedoch nicht auf das Einzelweisungsrecht beschränken, weil dies überhaupt nicht zur Herstellung von Verantwortlichkeit geeignet sei.[588] Mangels Kenntnis sämtlicher tatsächlicher Vorgänge innerhalb des Geschäftsbereichs könne es in der überwiegenden Anzahl von Fällen nicht um Verantwortlichkeit des Ministers gehen, sondern nur um eine politische Einstandsverpflichtung. Um die Einwirkungsmöglichkeiten möglichst realistisch abbilden zu können, müsse auch die Informationsverarbeitungskapazität berücksichtigt werden, weshalb es bei der Verwaltungsorganisation primäres Ziel sein müsse, diese Informationsflüsse zu steuern und zu optimieren.[589] Die Realität könnte nicht angemessen wiedergegeben werden, wenn auf irgendeine Art von einem Regelmodell ausgegangen würde. Deshalb dürfe auch nicht das zu erreichende Legitimationsniveau aufgrund vom Erreichen eines dem Regelmodells vergleichbaren Niveaus abhängig gemacht werden.[590] Ein hinreichendes Legitimationsniveau erfordere damit, dass der Zusammenhang zwischen Minister bis zum Sachbearbeiter organisatorisch ermöglicht und nicht zu einer bloßen Fiktion werde.[591] Nur Aspekte, die auch in tatsächlicher Hin-

587 *Mehde*, Neues Steuerungsmodell und Demokratieprinzip (2000), S. 547 ff.

588 Dabei stelle sich in tatsächlicher Hinsicht der Unterschied sehr viel unbedeutender dar, als der Ansatz vermuten ließe, weil aufgrund praktischer Notwendigkeiten und begrenzter Kapazitäten das Modell der Einzelweisung ohnehin an seine Grenzen stoße, *Mehde*, Neues Steuerungsmodell und Demokratieprinzip (2000), S. 555 ff.

589 *Mehde*, Neues Steuerungsmodell und Demokratieprinzip (2000), S. 564 f.

590 Gleichwohl müsse das Erreichen dieses Regelniveaues ein starkes Indiz für eine hinreichende demokratische Legitimation angesehen werden, *Mehde*, Neues Steuerungsmodell und Demokratieprinzip (2000), S. 567 ff.

591 *Mehde*, Neues Steuerungsmodell und Demokratieprinzip (2000), S. 569 f.

sicht geeignet seien, die Rückkopplung des Staatshandelns an den Willen des Volkes zu bewirken, dürften hierfür herangezogen werden.[592]

Das Neue Steuerungsmodell sei nach dem so zu verstehenden Maßstab als demokratiekonform anzusehen. Insbesondere ändere sich durch die Konzeption nichts daran, dass die zentrale Vermittlungsschnittstelle das Parlament darstelle und hierdurch eine Rückführung auf den Willen des Volkes erfolge. Auch der zweite zentrale Ansatzpunkt, die Bindung an das Gesetz, bleibe vollkommen unberührt.[593] Ein zentraler Unterschied zum klassischen Modell ergebe sich jedoch bei der Beurteilung der legitimatorischen Wirkung der parlamentarischen Budgetierung. Diese stelle dabei nicht etwa eine rechtfertigungsbedürftige Abweichung vom legitimatorischen Normalfall dar, sondern verstärke vielmehr die sachlich-inhaltliche Legitimationskomponente, weil sie im Gegensatz zur Steuerung über ausdifferenzierte Titelansätze tatsächlich geeignet sei, vom Parlament erwünschte Ziele zu erreichen.[594] Etwaigen Problemen auf der Ebene der Umsetzung (und damit dem erst im Laufe der Zeit zu erbringenden Nachweis der tatsächlichen empirischen Geeignetheit zur Steuerung) könne mit dem bereits bekannten Instrumentarium begegnet werden, wenn durch gesetzgeberische Überwachungs- und sich daran anschließende Korrekturpflichten eine Berücksichtigung der Erkenntnisse erfolge und der Gesetzgeber damit seiner Gewährleistung nachkomme.[595] Die Abweichungen dieses Modells hinsichtlich der (deskriptiven) Einschätzung der ministeriellen Verantwortlichkeit machten dieses nicht inkompatibel mit der klassischen Ansicht: Diese müsse ohnehin stets mit dem Einfluss des Ministers auf die nachgeordnete Verwaltung korrelieren. Jedoch sei hier die organi-

---

592 Im Umkehrschluss dürften materielle Vorgaben wie „Effizienz" nicht für eine Konstruktion spezifisch *demokratischer* Legitimation herangezogen werden, *Mehde*, Neues Steuerungsmodell und Demokratieprinzip (2000), S. 573.

593 Insofern unterschieden sich die Grundannahmen dieses Modells von der klassischen Auffassung nicht, *Mehde*, Neues Steuerungsmodell und Demokratieprinzip (2000), S. 574.

594 Dabei sei die explizite Steuerung durch einen Kontrakt sehr viel besser zur Zielerreichung geeignet als die Annahme, durch genaue Zuweisung finanzieller Mittel (und damit einer Obergrenze) ein gewünschtes Ergebnis zu erreichen, *Mehde*, Neues Steuerungsmodell und Demokratieprinzip (2000), S. 575; hiermit wendet sich *Mehde*, Neues Steuerungsmodell und Demokratieprinzip (2000), S. 221 f. insbesondere gegen die Auffassung von *Jestaedt*, Demokratieprinzip und Kondominialverwaltung (1993), S. 339, der die „Steuerungs- wie Legitimationswirkungen des parlamentarischen Budgetrechts [...] in Bezug auf die Verwaltung und das Verwaltungshandeln als marginal" ansieht.

595 *Mehde*, Neues Steuerungsmodell und Demokratieprinzip (2000), S. 577.

sationelle Herstellung eines „Informationsniveaus" von überragender Bedeutung, weil die Steuerbarkeit aus empirischer Sicht ohnehin nur bei genügendem Informationsfluss unter Beachtung beschränkter (zeitlicher) Mittel gegeben sein könne.[596] Damit seien (im theoretischen Ansatz, nicht aber in der empirischen Wirklichkeit) eventuell reduzierte herkömmliche Steuerungskomponenten nach dem bisherigen Legitimationsmodell durch verbesserte Steuerungsmittel des Neuen Steuerungsmodells mehr als ausgeglichen, weshalb auch hier die erforderliche Ministerialverantwortlichkeit gegeben sei. Als förderlich zur Herstellung des notwendigen Legitimationsniveaus müsse an dieser Stelle auch (soweit im o.g. Rahmen messbar) die Akzeptanz herangezogen werden.[597]

In seiner Argumentation bezieht sich *Mehde* an entscheidenden Stellen auf empirische Argumente, mittels derer er die Wirksamkeit von Steuerung im staatlichen Bereich beurteilt. Dies darf jedoch nicht darüber hinwegtäuschen, dass es sich bei seiner Argumentation insgesamt um eine streng dogmatische handelt. Dabei arbeitet er sehr detailliert heraus, an welcher Stelle der Dogmatik überhaupt Erkenntnisse empirischer Art berücksichtigt werden dürften. Hier zeigt sich ein wesentlicher Unterschied zu vielen anderen Untersuchungsansätzen[598], die – insoweit ähnlich – von einer stärker notwendigen Berücksichtigung empirischer Wirkzusammenhänge ausgehen: Während häufig pluralistische Legitimationsverständnisse von der Notwendigkeit der empirisch wirksamen Rückbindung der Ausübung von Staatsgewalt auf den Willen des Volkes ausgegangen wird, verortet *Mehde* das Einfallstor für eine empirische Wirkuntersuchungen auf anderer Ebene: Trotz des von ihm angenommenen rechtsprinzipiellen Charakters des Art. 20 Abs. 2 Satz 1 GG geht er von einer normativen Bestimmung des erforderlichen Legitimationsniveaus aus, welches sich aus dem Regelmodell des Art. 65 S. 2 GG ergebe. Hier erst erfolgt in seinem Ansatz der wesentliche Unterschied zum klassischen Legitimationsverständnis, weil er empirisch die Wirkzusammenhänge dieses herkömmlichen Verständnisses berücksichtigt, das von einer hierarchischen und

596 *Mehde*, Neues Steuerungsmodell und Demokratieprinzip (2000), S. 578.

597 Die Ministerialsverwaltung habe mit der Betonung der organisationellen Komponenten lediglich einen anderen Schwerpunkt, *Mehde*, Neues Steuerungsmodell und Demokratieprinzip (2000), S. 580; insofern könne von einem funktionalen Äquivalent ausgegangen werden, *Mehde*, Neues Steuerungsmodell und Demokratieprinzip (2000), S. 583.

598 Beispielsweise bei *Trute*, Die demokratische Legitimation der Verwaltung, in: *Hoffmann-Riem/Schmidt-Aßmann/Voßkuhle* (Hrsg.), Grundlagen des Verwaltungsrechts, Bd. I, 2. Aufl. (2012), § 6, (vgl. dazu Kapitel III.C.19).

einzelweisungsbetonten Organisation ausgeht, und eine Gleichwertigkeit annimmt, wo er empirisch eine stärkere Rückbindung durch alternative Formen ausmacht. Im Ergebnis ist *Mehdes* Vorstellung sehr viel näher am klassischen Modell, als seine Grundannahmen (und damit vor allem das rechtsprinzipielle Verständnis von Art. 20 Abs. 2 Satz 1 GG) vermuten ließen. Seine Argumentation zur Vereinbarkeit der Ansätze und darin enthaltenen Kontrollmethoden zur Herstellung eines hinreichenden Legitimationsniveaus entspricht weitgehend dem Ansatz des klassischen Modells bzw. der früheren Rechtsprechung des BVerfG. Schließlich liegt danach immer dann eine hinreichende demokratische Legitimation i.S.d. Art. 20 Abs. 2 GG vor, wenn (bei unveränderter personeller Legitimation) entweder ein Regelfall hierarchischer Ministerialverwaltung vorliegt oder die Abweichung sachlich gerechtfertigt ist. Ob dabei eine Abweichung von der Vorstellung der weitreichenden Einzelweisungsmöglichkeit zugunsten eines Wirkbündels von Budgetierung und Kontrakten bei dementsprechender parlamentarischer und damit gesetzgeberischer Einschätzung gleicher (empirisch nachvollziehbarer) Steuerungsleistung nach dem klassischen Modell per se unzulässig wäre, erscheint zumindest nicht gesichert. Deshalb zeigt sich gerade hier die Nähe und der ähnliche dogmatische Charakter beider Vorstellungen.

19. BVerfG: Lippeverband und Emschergenossenschaft (2002)

Im Beschluss vom 5. Dezember 2002[599] war das Bundesverfassungsgericht erstmals entscheidungserheblich mit der Frage der Vereinbarkeit der funktionalen Selbstverwaltung mit dem Demokratieprinzip des Grundgesetzes befasst. Auf Vorlage des Bundesverwaltungsgerichts[600] war für den Zweiten Senat zu prüfen, ob die beiden Wasserverbände mit ihren Verbands- bzw. Genossenschaftsorganen bezogen auf den Maßstab des Art. 20 Abs. 2 GG hinreichend legitimiert seien. Die jeweiligen Kollegialorgane setzten sich dabei aus Mitgliedern des Landes Nordrhein-Westfalen, betroffenen Unternehmen und sonstigen Trägern der öffentlichen Wasserversorgung, Städten, Gemeinden und Kreisen zusammen, aber auch Bergwerkseigentümern und gewerblich tätigen Grundstückseigentümern. Während sich die Kläger im Ausgangsverfahren noch ausschließlich gegen die Mitwirkungsrechte der Arbeitnehmer bei der Beschlussfassung wendeten, sah

599 *BVerfG*, B. v. 05.12.2002, BVerfGE 107, 59.
600 *BVerwG*, B. v. 17.12.1997, NJW 1999, 870.

das BVerwG in seinem Vorlagebeschluss bereits in der Zusammensetzung des Verbands bzw. der Genossenschaft einen Verstoß gegen Art. 20 Abs. 2 GG, weil sich der Aufgabenbereich beider Verbände nicht nur auf die Erfüllung einzelner wasserwirtschaftlicher Aufgaben beschränkte, sondern Aufgaben des Gemeinwohls beinhaltete.[601]

Das Bundesverfassungsgericht sah in seiner Entscheidung die konkrete Ausgestaltung der Organisation beider Realkörperschaften als vereinbar mit dem „in Art. 20 Abs. 2 und Art. 28 Abs. 1 GG verankerte[n] demokratischen Prinzip"[602] an. Aufgrund seines Prinzipiencharakters sei Art. 20 Abs. 2 GG entwicklungsoffen, insbesondere sei das Demokratiegebot außerhalb der unmittelbaren Staatsverwaltung und der in ihrem sachlich-gegenständlichen Aufgabenbereich nicht beschränkten gemeindlichen Selbstverwaltung offen für andere abweichende Formen der Organisation und Ausübung von Staatsgewalt.[603] Die funktionale Selbstverwaltung ergänze und verstärke insofern das demokratische Prinzip und könne sogar als Ausprägung dieses Prinzips verstanden werden. Es erlaube sogar die Schaffung besonderer Organisationsformen der Selbstverwaltung.[604] Aus der daraus resultierenden gesetzgeberischen Gestaltungsfreiheit ergebe sich auch die Zulässigkeit für ein entscheidungserhebliches Handeln gegenüber dritten Nichtmitgliedern in begrenztem Rahmen; insofern könne im Bereich der funktionalen Selbstverwaltung vom Erfordernis einer lückenlosen personellen Legitimationskette vom Volk zum Entscheidungsbefugten abgesehen werden.[605]

Hinsichtlich des angewandten Prüfungsmaßstabs bezieht sich der Zweite Senat explizit auf den zuvor vom Gericht entwickelten rechtsdogmatischen Maßstab demokratischer Legitimation. So beruft es sich hinsichtlich der Notwendigkeit der Rückführung auf das Staatsvolk auf die Gesamtheit der Bürger, insbesondere auf die Entscheidungen zu den nordrhein-westfälischen Gemeindeparlamenten, der Neuen Heimat, zum Ausländerwahlrecht Schleswig-Holstein und der Hansestadt Hamburg und dem schleswig-holsteinischen Mitbestimmungsgesetz.[606] Dabei wird genau aufgeschlüsselt, welcher Maßstabsbestandteil in welcher Entscheidung entwickelt bzw. ergänzt wurde. Auch werden insbesondere die Entscheidun-

601 *BVerwG*, B. v. 17.12.1997, NJW 1999, 870 (Rdnr. 53).
602 *BVerfG*, B. v. 05.12.2002, BVerfGE 107, 59 (87).
603 *BVerfG*, B. v. 05.12.2002, BVerfGE 107, 59 (91).
604 *BVerfG*, B. v. 05.12.2002, BVerfGE 107, 59 (92).
605 *BVerfG*, B. v. 05.12.2002, BVerfGE 107, 59 (94).
606 *BVerfG*, B. v. 05.12.2002, BVerfGE 107, 59 (87).

gen Ausländerwahlrecht Hamburg und Mitbestimmungsgesetz Schleswig-Holstein für das notwendige Maß demokratischer Legitimation staatlichen Handelns herangezogen. Der so ermittelte Maßstab für die unmittelbare Staatsverwaltung wird im Folgenden um die föderale Komponente erweitert: Art. 28 Abs. 1 Satz GG wolle nicht die „mitgliedschaftlich-partizipatorische“ Komponente zusätzlich stärken, sondern die Einheitlichkeit der demokratischen Legitimation durch das Volk im Staatsaufbau sicherstellen.[607] Für die Frage nach der Zulässigkeit von deutlicheren Abweichungen der Legitimationsvermittlung im Zusammenhang mit der funktionalen Selbstverwaltung beruft sich das Gericht auf das Urteil zum Erftverband von 1959, in dem die grundsätzliche Zulässigkeit der Selbstverwaltung als selbstverständlich vorausgesetzt wurde.[608] Im Übrigen verweist es auf Entscheidungen wie den Facharztbeschluss[609] für die Grenzen hinsichtlich möglicher Befugnisse.[610]

Zur Entwicklung des konkreten Maßstabs zieht das Gericht den Prinzipiencharakter des Art. 20 Abs. 2 GG heran, wegen dessen man von einer Entwicklungsoffenheit des Demokratieprinzips ausgehen müsse; aus dieser wird gefolgert, dass in Bereichen außerhalb der unmittelbaren Staatsverwaltung größere Abweichungen möglich sein müssten.[611] Dass Art. 20 Abs. 2 GG zugleich eine Staatszielbestimmung und ein Verfassungsprinzip enthalte und ihm deshalb der Prinzipiencharakter zu eigen sei,[612] wird dabei vorausgesetzt und nicht explizit begründet. In diesem Zusammenhang findet sich auch die Schlussfolgerung, die funktionale Selbstverwaltung ergänze und verstärke insofern das demokratische Prinzip. Sie könne sogar aus Ausprägung dieses Prinzips verstanden werden, soweit sie der Verwirklichung des übergeordneten Ziels der freien Selbstbestimmung aller diene.[613]

Für sich genommen könnte hier der Eindruck entstehen, dass der hier angeführte Maßstab nicht mehr dem rechtsdogmatischen Maßstab des Art. 20 Abs. 2 GG entspreche, sondern eher einem (dahinterstehenden) theoretischen Konzept demokratischer Legitimation entnommen ist. Die Argumentation ähnelt grundsätzlichen verfassungstheoretischen Überlegungen, wie sie das Gericht zuvor bereits im Maastricht-Urteil an-

607 *BVerfG*, B. v. 05.12.2002, BVerfGE 107, 59 (88).
608 *BVerfG*, Urt. v. 29.07.1959, BVerfGE 10, 89 (102 f.).
609 *BVerfG*, B. v. 09.05.1972, BVerfGE 33, 125.
610 *BVerfG*, B. v. 05.12.2002, BVerfGE 107, 59 (91).
611 *BVerfG*, B. v. 05.12.2002, BVerfGE 107, 59 (91).
612 *BVerfG*, B. v. 05.12.2002, BVerfGE 107, 59 (91).
613 *BVerfG*, B. v. 05.12.2002, BVerfGE 107, 59 (92).

gestellt hat.[614] Dies gilt insbesondere vor dem Hintergrund, dass das Bundesverwaltungsgericht in der Vorlageentscheidung das erforderliche Maß demokratischer Legitimation sehr viel „norm-näher" und „dogmatischer" begründet hat.[615] Gleichwohl bleibt bei aller geäußerten Kritik an der Entscheidung und insbesondere ihrer Begründung[616] festzuhalten, dass das Gericht alle durchgeführten Überlegungen als Auslegung von Art. 20 Abs. 2 GG angestellt hat, um so einen rechts*dogmatischen* Maßstab zu finden, an dem die konkreten Einrichtungen funktionaler Selbstverwaltung zu messen sind.[617] Somit handelt es sich beim zugrunde gelegten Maßstab trotz einbezogener verfassungs*theoretischer* Überlegungen um einen klar dogmatischen Rechtsmaßstab. Inhaltlich dürfte es sich aber eher um ein Potpourri aus der bisherigen, heterogenen Rechtsprechung und neuen Elementen handeln.

20. Utz Schliesky (2004)

Mit seiner Betrachtung von „Souveränität und Legitimität von Herrschaftsgewalt" betrachtet *Utz Schliesky* zunächst Staaten und Europäische Union als Gesamtphänomene vor dem Hintergrund, dass hergebrachte staatstheoretische Konzeptionen der Realisierung von Herrschaftsgewalt nicht mehr geeignet seien, derartige Systeme unter Beachtung der fortschreitenden Supranationalisierung zu beschreiben. Dies hänge auch damit zusammen,

---

614 Vgl. oben *BVerfG*, Urt. v. 12.10.1993, BVerfGE 89, 155 (213); vgl. auch oben III.C.13.

615 Im Urteil *BVerwG*, B. v. 17.12.1997, NJW 1999, 870 (Rdnr. 62 ff.) bezieht sich das Gericht technisch-dogmatisch auf die positiv-rechtlich festgestellten Maßstäbe aus Art. 20 Abs. 2 GG und legt den Fokus nicht auf dahinterstehende theoretische Konzepte.

616 Deutlich bei *Jestaedt*, Demokratische Legitimation - quo vadis?, JuS 2004, 649 (652 f.), der die „unspezifische Inbezugsetzung" von Demokratie und Menschenwürde und damit die „Abstraktionshöhe" der Entscheidung kritisiert; vgl. mit der Kritik an der fehlenden Positionierung des Gerichts zur Stellung zwischen Ausnahme oder zulässigem Regelfall auch *Unruh*, Anmerkung zu BVerfG [Lippeverband, Emschergenossenschaft], JZ 2003, 1061 (1062).

617 Selbst wenn vieles aus methodischer Sichtweise dagegenspricht, die Entscheidung durch einen behaupteten Prinzipiencharakter und die daraus resultierende Verknüpfung von Demokratie und Selbstverwaltung zu begründen, so wird jedoch an anderer Stelle (dort begründet) gerade der Prinzipiencharakter vertreten. Wie schon das Gericht zur Vorlagefrage des BVerwG angemerkt hat, bedeutet dies eine nicht „keinesfalls unhaltbar[e]" Rechtsauffassung, siehe *BVerfG*, B. v. 05.12.2002, BVerfGE 107, 59 (86).

dass der Fokus der (wissenschaftlichen) Betrachtung stärker auf Einzelaspekte des positiven Rechts gelegt werde und dabei die politische und philosophische Betrachtung der Staatsidee immer weiter in den Hintergrund trete.[618] Die Kategorien wie Legitimität und Legitimation stellten zentrale Kategorien der Politikwissenschaft, der Soziologie und der Rechtswissenschaft dar und bedeuteten in allen Disziplinen die Frage nach der Rechtfertigung von Herrschaftsgewalt. Insofern sei ihnen auch gemein, dass die Legitimität das Endprodukt eines erfolgreich verlaufenen Legitimations*verfahrens* sei.[619] Anders als in der vor-bundesrepublikanischen Vergangenheit sei die aktuelle Legitimationskonzeption durch Art. 20 Abs. 2 GG und die dort in Bezug genommene Volkssouveränität geprägt.[620] Die Gleichsetzung von verfassungsmäßiger Legalität mit demokratischer Legitimität bedeute eine Verengung auf die Betrachtung spezifisch demokratischer Legitimation und Legitimität, die sich aus dem input-orientierten und formalen Legitimationsmodell ergebe.[621] Das konkrete Verständnis des Bundesverfassungsgerichts vom Demokratieprinzip und seinen Auswirkungen sei dabei geprägt vom Verständnis der Demokratie als Staatsform (in Abgrenzung zu einer grundsätzlich auch denkbaren Regierungs- oder Herrschaftsform). Nur mit dem Verständnis der Demokratie als *Staats*form und der damit verbundenen *Staats*souveränität ergebe sich der Schluss des durch Art. 79 Abs. 3 GG unantastbaren Demokratieprinzips in seiner zwingenden Rückführung auf das *Staats*volk.[622]

---

618 *Schliesky*, Souveränität und Legitimität von Herrschaftsgewalt (2004), S. 46 ff.; insbesondere verwundere es, wie stark das Missverhältnis von starker verfassungs*rechtlicher* Prägung einer Staatsidee zu einer schwachen allgemeinen, über die Rechtswissenschaft im engeren Sinne hinausgehenden Staatszwecklehre ausgeprägt sei, *Schliesky*, Souveränität und Legitimität von Herrschaftsgewalt (2004), S. 55.

619 Vgl. *Schliesky*, Souveränität und Legitimität von Herrschaftsgewalt (2004), S. 151 ff.; daneben mit dem Hinweis auf den Begriff der Legalität, der anders als die inhaltlich zu bestimmende Legitimität nur aus der Verfassungs- und Rechtmäßigkeit abgeleitet werde, *Schliesky*, Souveränität und Legitimität von Herrschaftsgewalt (2004), S. 166 ff.

620 Bezogen auf das Verständnis des Bundesverfassungsgerichts *Schliesky*, Souveränität und Legitimität von Herrschaftsgewalt (2004), S. 233.

621 *Schliesky*, Souveränität und Legitimität von Herrschaftsgewalt (2004), S. 234 f.

622 Bei dieser Koppelung müsse zwangsläufig von einer homogenen Einheit des Volkes ausgegangen werden, um auf vor-rechtlicher Ebene eine genügende Grundlage zu schaffen; diese Gesamtkonzeption stelle sich damit als bloß kontingent, keinesfalls aber als zwingend dar, *Schliesky*, Souveränität und Legitimität von Herrschaftsgewalt (2004), S. 236 ff.

Inhaltlich sei das Legitimationskonzept des Bundesverfassungsgerichts wegen seiner strengen Festlegung auf die vom Staatsvolk abgeleitete Legitimationskette zu kritisieren, weil damit nur eine formale Komponente umfasst werde und der tatsächliche Inhalt der Herrschaftsgewalt keine Rolle mehr spiele. Die Reduzierung auf das formale Modell, das mangels inhaltlicher Vorgaben von einem materiell inhaltsleeren Demokratiebegriff ausgehe, könne jedoch eine unzulässige Verkürzung des Legitimitätsbegriffs bedeuten.[623] Einzig das Legitimationsniveau sei in der Konzeption des Legitimationskettenmodells geeignet, eine Flexibilisierung zu bewirken, weil es offen auch für alternative Konstruktionen sei. Dadurch, dass es dabei flexibel und nicht exakt bestimmbar sei, ermögliche es vermeintlich eine Offenheit der Legitimationskonstruktion; der Begriff sei zwangsläufig als offener zu verstehen und die Legitimationsstrategien seien aus dem weiteren Verfassungskontext zu entnehmen.[624] Somit sei von einer Offenheit auszugehen, die auch die Berücksichtigung weiterer Legitimationsfaktoren erlaube, um eine hinreichende Effektivität zu erreichen.[625] Mittels dieser Annahme der Substituierbarkeit werde auch der sonst so stark in den Mittelpunkt gestellte personelle Legitimationsaspekt abgeschwächt, was alternative Legitimationsmodi und Legitimationsmechanismen nicht mehr ausschließe. Demzufolge müsste es eigentlich auf Ebene des Legitimationsniveaus darum gehen, einen „Rang bzw. Grad der Rechtfertigung von ausgeübter Staatsgewalt" zu bestimmen.[626] Erst recht zeige sich bei der Übertragung der Legitimationsmaßstäbe auf die verschiedenen Herrschaftsgewalten durch die Europäische Union, dass sich zwangsläufig ein Legitimationsdefizit ergebe, insbesondere bei der Annahme des Staatsvolkes als Ausgangspunkt der Legitimation.[627] Damit fehle es auf Ebene der supranationalen Gewalt am Vorliegen der erforderlichen vorrechtlichen

---

623 Herrschaftsgewalt dürfe in einer demokratischen Herrschaftsordnung keinen Selbstzweck darstellen, sondern müsse an bestimmten (inhaltlichen) Zwecken ausgerichtet sein; dabei sei das input-orientierte Legitimationsmodell nicht geeignet, die erforderlichen output-Komponenten mit berücksichtigen zu können, *Schliesky*, Souveränität und Legitimität von Herrschaftsgewalt (2004), S. 280 f.

624 *Schliesky*, Souveränität und Legitimität von Herrschaftsgewalt (2004), S. 308.

625 Ohne Hinweis darauf, nach welchen Kriterien die Effektivität „hinreichend" ist *Schliesky*, Souveränität und Legitimität von Herrschaftsgewalt (2004), S. 309.

626 *Schliesky*, Souveränität und Legitimität von Herrschaftsgewalt (2004), S. 309.

627 Regelmäßig fehle es an einer notwendigen Rückbeziehung auf das Staatsvolk, oftmals sei nicht einmal die genügende Mitwirkung der deutschen Staatsorgane sicher gestellt, *Schliesky*, Souveränität und Legitimität von Herrschaftsgewalt (2004), S. 392 ff.

Voraussetzungen.[628] Aber auch schon bei der innerstaatlichen Anwendung des Maßstabes zeige sich, dass wegen der (notwendigerweise) zunehmenden Komplexität der Verantwortungszusammenhänge der als eindimensional anzusehende Legitimationskettenzusammenhang nicht mehr geeignet sei, die Verfassungsrealitäten angemessen zu erfassen.[629]

Zur Behebung dieser Defizite sei eine Neuausrichtung der vorhandenen Begriffe und Konzeptionen erforderlich und auch unter Einhaltung der zwingenden Voraussetzungen des Art. 79 Abs. 3 GG möglich. Aus dem Grundgesetz selbst ergäben sich Ansatzpunkte, dass durch das Grundgesetz nicht die „überkommene souveräne Nationalstaatlichkeit" festgeschrieben sei, sondern eine dynamische Veränderung des konkreten Inhalts von Staatlichkeit erlaubt werde.[630] Das Konzept sei zu einer gemeinsamen Souveränität fortzuentwickeln, das eine partnerschaftliche Ausübung von (pluraler) Herrschaftsgewalt zum Inhalt habe.[631] Weil das monistische Legitimationskettenmodell nur im Nationalstaat funktionieren könne, bedürfte es der Anpassung, die durch das Verständnis von Demokratie als Herrschaftsform wieder erreicht werden könnte.[632] Dabei seien neben den formellen input-Elementen notwendigerweise auch output-Elemente zu berücksichtigen, weil es auch inhaltlich-substantielle Vorgaben durch das Demokratieprinzip gebe.[633] Beide Ableitungsstränge müssten kumulativ vorliegen, das Fehlen einer Legitimationskomponente

628 Diese könnten sich jedoch ohnehin erst innerhalb einer Verfassungsordnung herausbilden, weshalb es sich bei den Fragen notwendiger Homogenität überhaupt nicht um normative Legitimationskriterien handeln könne, *Schliesky*, Souveränität und Legitimität von Herrschaftsgewalt (2004), S. 408 ff.

629 Zusammenfassend *Schliesky*, Souveränität und Legitimität von Herrschaftsgewalt (2004), S. 437 ff.

630 Anhaltspunkte ergäben sich vor allem durch Satz 1 der Präambel, Art. 23 Abs. 1 Satz 1, Art. 24, 25, 26, 59 und 88 Satz 2 GG, *Schliesky*, Souveränität und Legitimität von Herrschaftsgewalt (2004), S. 447 ff.

631 *Schliesky*, Souveränität und Legitimität von Herrschaftsgewalt (2004), S. 507 ff., zur verfassungs- und unionsrechtlichen Zulässigkeit einer derartigen Konzeption *Schliesky*, Souveränität und Legitimität von Herrschaftsgewalt (2004), S. 517 ff.

632 Hierbei müsse es sich wegen des Rückbezugs auf die unterschiedlichen Legitimationssubjekte notwendigerweise um ein plurales Konzept handeln, *Schliesky*, Souveränität und Legitimität von Herrschaftsgewalt (2004), S. 588 ff.

633 Bereits auf Ebene der Grundstrukturen seien mit Art. 1 Abs. 1 und Abs. 3, sowie mit Art. 20 Abs. 4 GG demokratiebezogene, aber zugleich materielle Vorgaben im Grundgesetz enthalten, entsprechendes gelte für die Vorgaben in den Unionsverträgen durch Art. 2, 6, 7 EUV (Vertrag von Maastricht, mittlerweile integriert in Art. 6 und 7 EUV in der Fassung des Vertrags von Lissabon).

müsse demnach zur fehlenden demokratischen Legitimität führen.[634] Bei diesem Demokratieprinzip, das durch Art. 79 Abs. 3 GG fixiert werde, handle es sich keinesfalls um einen bloßen Programmsatz, sondern um eine (wenn auch abstrakte und vage) Rechtsnorm.[635] Maßstab für das so konzipierte Demokratieprinzip müsse ein Legitimationsniveau sein, das sich aus input- und output-Komponenten zusammensetze, und damit die Verantwortlichkeit gegenüber den Legitimationssubjekten („responsiveness") und der Einhaltung der Herrschaftszwecke, -ziele und -aufgaben sicherstellen müsse.[636] Anders als beim klassischen Modell sei hier eine Ergänzung bzw. ein teilweises Austauschen durch andere, ergänzende Legitimationsfaktoren nicht ausgeschlossen, weshalb sich dieses Demokratieprinzip auch entwicklungsoffen darstelle.[637]

Mit der Rückführung der Demokratie auf allgemeine Souveränitäts- und Legitimitätskonstruktionen beabsichtigt *Schliesky*, eine Verbindung zwischen allgemeinen staats- und verfassungstheoretischen Überlegungen und dem positiven Verfassungsrecht vorzunehmen. Seine vorgeschlagene Konzeption ermöglicht eine umfassende Berücksichtigung von Legitimationsaspekten auf nationalstaatlicher und europäischer Ebene, beschreibt damit jedoch keinen Maßstab des positiven Rechts auf beiden Ebenen, sondern allenfalls auf Ebene des Grundgesetzes. Wo eine entsprechende Verankerung im Unionsrecht erfolgen soll, bleibt offen, was sehr stark darauf hindeutet, dass es sich beim vorgeschlagenen Maßstab nur um einen theoretischen handeln kann.

---

634 Insbesondere durch dieses doppelte Erfordernis werde sichergestellt, dass keine bloß formale, aber damit demokratische Auswechslung sämtlicher Verfassungsgrundsätze wie bei den osteuropäischen Volksdemokratien und bei der inhaltlichen Auswechslung der Weimarer Verfassung durch die nationalsozialistische Herrschaft erfolgen könne, vgl. *Schliesky*, Souveränität und Legitimität von Herrschaftsgewalt (2004), S. 604 f.

635 *Schliesky*, Souveränität und Legitimität von Herrschaftsgewalt (2004), S. 611.

636 Vgl. *Schliesky*, Souveränität und Legitimität von Herrschaftsgewalt (2004), S. 716 ff.

637 So könnte bei zunehmender Komplexität von Entscheidungsstrukturen auch der Legitimationsbeitrag der Transparenz eine größere Rolle gewinnen, *Schliesky*, Souveränität und Legitimität von Herrschaftsgewalt (2004), S. 723.

21. BVerfG: Notarkassen (2004)

Anlässlich einzelner Regelungen der Bundesnotarordnung prüfte der Erste Senat im Beschluss vom 13. Juli 2004 die Einhaltung der verfassungsrechtlichen Anforderungen des Demokratie- und Rechtsstaatsprinzips an die Delegation von Normsetzung an Träger funktionaler Selbstverwaltung.[638] Hier geht das Gericht zunächst von einem grundsätzlich verfassungsrechtlich anerkannten Bereich funktionaler Selbstverwaltung aus,[639] zu dem es auch aus historischen Gründen die hier zu prüfende Bayerische Notarkammer rechnet. Dabei beruft sich der Senat auf seine eigene Rechtsprechung aus dem Facharztbeschluss und geht davon aus, „die Prinzipien der Selbstverwaltung und der Autonomie wurzeln im demokratischen Prinzip und entsprechen dem freiheitlichen Charakter der Verfassung; sie ermöglichen gesellschaftlichen Gruppen, in eigener Verantwortung die Ordnung der sie berührenden Angelegenheiten mit zu gestalten".[640] Mit dem Zweiten Senat[641] sieht er die Einrichtung der funktionalen Selbstverwaltung als Ausprägung des Demokratieprinzips des Art. 20 Abs. 2 GG mit dem Ziel der Verwirklichung der freien Selbstbestimmung an; diese dürfe jedoch nicht dazu führen, dass sich der Gesetzgeber seiner Regelungsverantwortung entäußere.[642] Insbesondere unter Berücksichtigung des Sachbereichs und des Regelungsgegenstandes müsse der Gesetzgeber die erforderliche Entscheidung vornehmen, wie die Interessenabwägung zwischen Einzel- und Allgemeininteressen vorzunehmen sei.[643] Insoweit müsse er institutionelle Vorkehrungen zur Wahrung der Interessen der von der Selbstverwaltung erfassten Personen treffen und Organisation und Verfahren entsprechend ausgestalten. Dies wiederum erfordere eine ausreichende Bestimmung von Aufgaben und Handlungsbereichen in ihren Grundstrukturen und Verfahrensvorgaben zur Sicherstellung einer ausreichenden Partizipation Betroffener.[644] Dabei müsse die Dichte der gesetzgeberischen Organisati-

---

638 *BVerfG*, B. v. 13.07.2004, BVerfGE 111, 191 (215 ff.).

639 *BVerfG*, B. v. 13.07.2004, BVerfGE 111, 191 (215).

640 *BVerfG*, B. v. 13.07.2004, BVerfGE 111, 191 (215 f.) unter Berufung auf *BVerfG*, B. v. 09.05.1972, BVerfGE 33, 125 (156).

641 Insoweit erfolgt der Verweis auf *BVerfG*, B. v. 05.12.2002, BVerfGE 107, 59 (92).

642 *BVerfG*, B. v. 13.07.2004, BVerfGE 111, 191 (216 f.).

643 *BVerfG*, B. v. 13.07.2004, BVerfGE 111, 191 (217).

644 *BVerfG*, B. v. 13.07.2004, BVerfGE 111, 191 (217 f.).

onsvorgaben mit der Intensität des möglichen Grundrechtseingriffs durch Satzungsrecht korrespondieren.[645]

Dieses Urteil steht insofern „neben“ der bisherigen Rechtsprechung des Zweiten Senats, als es nicht an die bestehende Dogmatik zur demokratischen Legitimation anknüpft.[646] Die der Entscheidung zugrundeliegenden Annahmen ähneln aber insbesondere bezüglich der Austauschbarkeit von legitimationsstiftenden Komponenten dessen Grundvorstellungen. Dass auch der Erste Senat allerdings von einem Maßstab ausgeht, der als „harter Rechtsmaßstab“ bezeichnet werden kann, ergibt sich bereits aus der Anwendung: Wegen der Annahme unzulänglicher organisatorischer Vorgaben[647] stellt das Gericht die Verfassungswidrigkeit von gesetzlichen Einrichtungsregelungen (hier: § 39 VONot und § 113 Abschnitt I BNotO) fest.

22. BVerfG: Brandenburgisches Hochschulgesetz (2004)

Im Beschluss vom 26. Oktober 2004 zur Verfassungsmäßigkeit des Brandenburgischen Hochschulgesetzes[648] hatte abermals der Erste Senat die Vereinbarkeit gesetzlicher Neuregelungen mit der Wissenschaftsfreiheit des Art. 5 Abs. 3 Satz 1 GG zu prüfen. Zur Frage der Zulässigkeit der Ausübung einer gesetzgeberischen Gestaltung führte dieser aus, dass es dem Gesetzgeber zwar erlaubt sei, neue Modelle und Steuerungstechniken zu entwickeln und zu erproben, aber dass diesem eine Überwachungspflicht und eventuell sogar eine Pflicht zur Reform obliege. Hinsichtlich der Eignung neuer Organisationsformen stünden ihm dabei eine Einschätzungsprärogative und ein Prognosespielraum zu.[649]

---

645 *BVerfG*, B. v. 13.07.2004, BVerfGE 111, 191 (218); hier geht der Senat von einem möglichen Austauschverhältnis zwischen organisatorischen und verfahrensrechtlichen Vorgaben auf der einen Seite und materiell-rechtlichen Regelungen im Gesetz auf der anderen Seite aus. Erst durch die gesetzliche Bestimmung beider Komponenten könne die erforderliche Staatsaufsicht ermöglichen.

646 Mit Ausnahme der Entscheidung *BVerfG*, B. v. 05.12.2002, BVerfGE 107, 59 wird die Rechtsprechung des Zweiten Senats auch nicht zitiert; auch diese Bezugnahme erfolgt aber nicht auf den Maßstabsteil, sondern einzig auf die allgemeinen Überlegungen des Zweiten Senats zur Zulässigkeit funktionaler Selbstverwaltung.

647 *BVerfG*, B. v. 13.07.2004, BVerfGE 111, 191 (218 ff.).

648 *BVerfG*, B. v. 26.10.2004, BVerfGE 111, 333.

649 *BVerfG*, B. v. 26.10.2004, BVerfGE 111, 333 (355 f.); hierin erkennt *Trute* eine gesetzgeberische Pflicht, Effizienz sichernde Managementfunktionen und Erkenntnisse in die Ausgestaltung von Trägern (funktionaler) Selbstverwaltung

Vorliegend kam es allerdings nicht mehr auf weitergehende Anforderungen des Demokratieprinzips an, weil der Senat gegen die spezifische Ausgestaltung der Neuordnung des Hochschulbereichs nichts zu erinnern hatte.

23. Georg Hermes (2005)

Als unzweifelhaft legitimationsbedürftig sieht *Georg Hermes* unabhängige Behörden an, hingegen erkennt er große Differenzen hinsichtlich der Reichweite dieses Legitimationserfordernisses. Wegen der hohen Bedeutung der Informationssammlung für Entscheidungsvorbereitung und Entscheidungsfindung dürfe auch die rein vorbereitende und damit noch nicht selbst außenwirksame Tätigkeit von unabhängigen Einrichtungen nicht vom Legitimationserfordernis ausgenommen werden.[650] Die Notwendigkeit der Legitimation stelle dabei keine spezifisch deutsche Besonderheit dar, wie sich aus der strengen *Meroni*-Rechtsprechung ergebe.[651] Möglichkeiten zur Entwicklungsoffenheit des Demokratieprinzips zeigten sich dabei in der Rechtsprechung des BVerfG zu den Wasserverbänden, deren vollzogene Öffnung als sehr weitgehend anzusehen sei; zugleich müsse aber weiterhin der Vorrang parlamentarisch-inputorientierter Legitimationsmethoden berücksichtigt werden.[652] Als zusätzliches output-Legitimationselement könne ergänzend jedoch die Herstellung von Transparenz herangezogen werden, weil diese eine potentielle Politisierbarkeit von Verwaltungsentscheidungen bewirke und deshalb die Verantwortung stärken

---

zu übernehmen, vgl. *Trute,* Die demokratische Legitimation der Verwaltung, in: *Hoffmann-Riem/Schmidt-Aßmann/Voßkuhle* (Hrsg.), Grundlagen des Verwaltungsrechts, Bd. I, 2. Aufl. (2012), § 6, Rdnr. 87.

650 Mit Verweis auf Literaturstimmen, die das Legitimationserfordernis vom Grad der Außenwirksamkeit des Handelns abhängig machen, *Hermes,* Legitimationsprobleme unabhängiger Behörden, in: *Bauer/Huber/Sommermann* (Hrsg.), Demokratie in Europa (2005), S. 474.

651 Mit weitergehender Begründung der Legitimationspflicht aus sachlichen Notwendigkeiten und der Vereinbarkeit dieses Ansatzes mit dem überwiegenden Literaturverständnis *Hermes,* Legitimationsprobleme unabhängiger Behörden, in: *Bauer/Huber/Sommermann* (Hrsg.), Demokratie in Europa (2005), S. 467 ff.

652 Vgl. *Hermes,* Legitimationsprobleme unabhängiger Behörden, in: *Bauer/Huber/Sommermann* (Hrsg.), Demokratie in Europa (2005), S. 478 f. mit Verweis auf *BVerfG,* B. v. 05.12.2002, BVerfGE 107, 59 (91 f.).

könne.[653] Als Lösung für das Spannungsverhältnis zwischen Unabhängigkeit von Behörden und dem Erfordernis demokratischer Legitimation sei deshalb auf die Einschätzung der Volksvertretung im demokratischen Verfahren abzustellen, die alleine für die Entscheidung kompetent sei, ob es sich hier um eine noch vertretbare Delegation politischer Entscheidungsbefugnisse handle.[654] Somit müssten die Grenzen der Unabhängigkeit einzelner Einrichtungen durch Gesetz bestimmt werden (dürfen).[655]

Damit geht *Hermes* von einem Legitimationsmodell aus, das stark inputbetont ist, weil die übrigen output-Elemente nur als unterstützende Faktoren anerkannt werden. Zugleich sieht er den notwendigen Input bereits dann als erfüllt an, wenn eine einmalige parlamentarische Entscheidung hierüber getroffen wurde. Im Ergebnis kommt diese Argumentation der Verzichtstheorie gleich, denn für ihrem Wesensgehalt nach politisch eher unbedeutendere Sachverhalte wäre dabei auch eine Delegation zulässig, sofern die Volksvertretung sich dieser entledigen wollte.

24. Axel Tschentscher (2006)

Die Besonderheiten des Modells demokratischer Legitimation der Dritten Gewalt diskutiert *Axel Tschentscher* in seiner Dissertation von 2005 in der Gegenüberstellung zur bisher sehr viel genauer herausgearbeiteten Legitimationsfaktoren in Legislative und Exekutive. Bereits im Ausgangspunkt unterscheidet er streng zwischen einem rechtsnormativen Demokratiekonzept und „unspezifischeren Demokratieverständnissen, die nichtjuristische Disziplinen von der Demokratie entwickelt haben“.[656] Diese

---

653 *Hermes,* Legitimationsprobleme unabhängiger Behörden, in: *Bauer/Huber/Sommermann* (Hrsg.), Demokratie in Europa (2005), S. 480.

654 Dabei bedürfe es demokratischer Verfahren, die Grenze der Überschreitung dezentralisierter Demokratie zu ziehen, vgl. *Hermes,* Legitimationsprobleme unabhängiger Behörden, in: *Bauer/Huber/Sommermann* (Hrsg.), Demokratie in Europa (2005), S. 481.

655 Mit vergleichender Bezugnahme auf die *Meroni*-Rechtsprechung als gemeinschaftlicher Wesentlichkeitsrechtsprechung *Hermes,* Legitimationsprobleme unabhängiger Behörden, in: *Bauer/Huber/Sommermann* (Hrsg.), Demokratie in Europa (2005), S. 482.

656 *Tschentscher,* Demokratische Legitimation der dritten Gewalt (2006), S. 9 f.; demnach sei die Demokratie aus Sicht der Jurisprudenz durch ihre rechtlichen Rahmenbedingungen begrenzt und könne nur rechtsrelevante Demokratieelemente wie Wahlen und Gesetzesbindung, Repräsentation, Bestellung und Weisung berücksichtigen.

Beschränkung müsse schon deshalb betrachtet werden, weil verschiedene Bestandteile der Demokratiediskussion von vornherein durch das Grundgesetz nicht aufgenommen worden seien,[657] die ansonsten oft in demokratiebezogenen Argumenten angeführt werden. Aus dem organisatorisch-formalen Modell demokratischer Legitimation des Grundgesetzes, wie es vom Bundesverfassungsgericht entwickelt worden sei, sei noch keine Ableitung für die Judikative vorgenommen worden, weshalb eine Deduktion vorgenommen werden müsse. Das Modell habe sich dabei in verschiedenen Phasen entwickelt, weshalb zunächst von einer Konsolidierung des grundgesetzlichen Demokratiemodells,[658] im Anschluss von einer Akzentuierung des organisatorisch-formalen Modells[659] und einer Relativierung dieses Modells[660] auszugehen sei. Letztere sei vor allem beim Konzept des Legitimationsniveaus zu erkennen, das gegenüber den anderen Bestandteilen des Demokratieprinzips „bisher weitgehend funktionslos" geblieben sei.[661] In der weiteren Entwicklung dieses Modells habe sich eine Primärstellung der organisatorisch-personellen Komponente herausgestellt und mit dem Ausschluss der ausländischen Wohnbevölkerung vor der Wahlteilnahme die bedeutendste Auswirkung verursacht.[662] Dass diese teils strengen Voraussetzungen des Legitimationsmodells verhältnismäßig einfach seien, stelle zum einen eine praktische Stärke des Legitimationsket-

657 Aspekte wie die strikte Mandatsbindung, die jederzeitige Abberufbarkeit von Amtsträgern oder die jährliche Wahl seien verschiedentlich in der Demokratietheorie diskutiert, aber ganz offensichtlich durch das Grundgesetz nicht aufgenommen bzw. durch dieses sogar abgelehnt worden, *Tschentscher,* Demokratische Legitimation der dritten Gewalt (2006), S. 11 ff.

658 *Tschentscher,* Demokratische Legitimation der dritten Gewalt (2006), S. 30 ff.

659 Vor allem durch die Entscheidungen von der Bremer Personalvertretung bis zum Urteil zum Mitbestimmungsgesetz Schleswig-Holstein, *Tschentscher,* Demokratische Legitimation der dritten Gewalt (2006), S. 35 ff.

660 Diese sei in den Urteilen und Beschlüssen Kalkar, Brokdorf, Rastede, Hamburger Ausländerwahlrecht, Maastricht und zu den Wasserverbänden vorgenommen worden, *Tschentscher,* Demokratische Legitimation der dritten Gewalt (2006), S. 44 ff.

661 *Tschentscher,* Demokratische Legitimation der dritten Gewalt (2006), S. 50.

662 Im Ergebnis *Tschentscher,* Demokratische Legitimation der dritten Gewalt (2006), S. 73; gleichzeitig sei an dieser Stelle allein die praktische Auswirkung des Legitimationskonzepts zu sehen, weil am erforderlichen Legitimationssubjekt in der Rechtsprechung zum Ausländerwahlrecht schon Gesetze gescheitert sind, in Bezug auf das Legitimationsniveau aber eine starke Zurückhaltung zu erkennen sei, wenn es darum gehe, Konsequenzen folgen zu lassen, *Tschentscher,* Demokratische Legitimation der dritten Gewalt (2006), S. 62 f.

tenmodells dar,[663] weil auch Sonderkonstruktionen gerechtfertigt werden könnten, die bei strikter Anwendung als unzulässig angesehen werden müssten. Gleichwohl stelle die Notwendigkeit vieler Ausnahmen von der Grundkonstellation eine theoretisch-dogmatische Schwäche des Modells dar, weil bei zunehmender Zahl von Ausnahmen die Grundannahmen des Modells fraglicher erschienen. Insbesondere die Verantwortlichkeiten bei Ernennungen würden dann schwer zu rekonstruieren sein, wenn zur Ernennung eine Entscheidung getroffen werden müsse, die verschiedenen Stellen hinsichtlich der Verantwortlichkeit zugerechnet werden müsste.[664] Als problematisch stelle sich nach diesem Modell vor allem die Selbstverwaltung dar – auch hinsichtlich der kommunalen Form, weil es sich zwar um eine verfassungsgegebene Ausnahme handle, die als unzweifelhaft zulässig anzusehen sei, gleichwohl aber mangels Kompatibilität hinsichtlich des Legitimationssubjekts des theoretisch-dogmatischen Modells als Ausnahme angesehen werden müsse.[665] Erst recht sei in diesem Modell die Sonderrolle der funktionalen Selbstverwaltung und die verfassungsrechtliche Anerkennung[666] als zulässig sehr kritisch anzusehen, weil für die Ausnahmestellung bisher keine Lösung für die theoretische Begründung innerhalb des Modells geboten werde.[667] Im Ergebnis führten diese Ausnahmen dazu, dass in den jeweiligen Bereichen das Demokratieprinzip des Grundgesetzes sogar nur noch als unverbindliche Zielvorstellung gelte, nicht aber mehr „kriteriell verwirklicht" werde.[668] Diese Schwachstellen des organisatorisch-formalen Modells könnten durch ein von ihm vorgeschlagenes Kontrollmodell demokratischer Legitimation als

663 Besonders hervorzuheben sie die praktische Handhabbarkeit des Maßstabs, weil verhältnismäßig leicht zu ermitteln sei, ob eine personelle Legitimation einer Person auch gegeben ist, *Tschentscher*, Demokratische Legitimation der dritten Gewalt (2006), S. 75 f.

664 Diesbezüglich sei unproblematisch, wenn durch formale Ernennungszuständigkeiten (wie beispielsweise bei der Ministerernennung durch den Bundespräsidenten) legitimatorisch neutrale Verfahrenshandlungen vorgenommen würden; anders hingegen seien Verfahren der Mitwirkung und Mitentscheidung oder gar gemeinsamer Entscheidung mehrerer Organe zu sehen, *Tschentscher*, Demokratische Legitimation der dritten Gewalt (2006), S. 76 ff.

665 *Tschentscher*, Demokratische Legitimation der dritten Gewalt (2006), S. 93 ff.

666 Insbesondere durch die Sonderkonstruktion durch *BVerfG*, B. v. 05.12.2002, BVerfGE 107, 59.

667 Insoweit spricht *Tschentscher*, Demokratische Legitimation der dritten Gewalt (2006), S. 100 davon, dass die „kritische Unerfasstheit" funktionaler Selbstverwaltung zwar als Problem erkannt ist, im Rahmen des organisatorisch-formalen Modell jedoch keine Lösung gefunden worden sei.

668 *Tschentscher*, Demokratische Legitimation der dritten Gewalt (2006), S. 112.

alternatives Verständnis behoben werden. Dieses sei zunächst mit einem Wechsel des Blickwinkels von den Akteuren im Demokratiemodell auf die legitimationsbedürftigen einzelnen Hoheitshandlungen verbunden.[669] Zunächst müsse sich das Demokratiemodell hier von den vorpositiven Homogenitätsvorstellungen lösen, weshalb von einem offenen Verständnis auszugehen sei, das nur im Rahmen der grundgesetzlichen Positivierung als zwingend vorausgesetzt werden dürfte.[670] Das Demokratieprinzip des Art. 20 GG dränge grundsätzlich auf eine Optimierung der Betroffenenbeteiligung und bestimme das Maß an notwendiger diskursiver Inhaltskontrolle.[671] Bei zunehmender Entfernung einer Entscheidung von der unmittelbaren parlamentarischen Legitimation (beispielsweise bei einer Ermessensentscheidung durch die Verwaltung) komme dieser dabei neben der Weisung der verstärkten Inhaltskontrolle durch subsidiär eingreifende Rechtsschutzmöglichkeiten eine eigene legitimatorische Leistung zu.[672] Für das Zusammenwirken dieser Legitimationsaspekte sei damit nicht mehr die persönliche Legitimation des Amtswalters entscheidend, vielmehr könne von einer Substituierbarkeit ausgegangen werden, dass die personelle Legitimation nur als eine von mehreren Möglichkeiten anzusehen sei.[673] Die Unterschiede dieser Modelle zeigten sich insbesondere bei

---

669 Im Ausgangspunkt unterstellt *Tschentscher*, Demokratische Legitimation der dritten Gewalt (2006), S. 113 f. dem Demokratiemodell der Rechtsprechung, ihren Anspruch auf Legitimation von Staatshandeln überhaupt nicht einzulösen, weil eigentlich faktisch nur der Amtswalter im Mittelpunkt stehe. Dieser Schluss scheint insoweit befremdlich, als die Personenfixierung des Legitimationsmodells nur eine eigene Würdigung darstellt, zugleich aber nur äußerst knapp begründet wird; im Wesentlichen geht die Kritik davon aus, dass nicht die Verleihung eines Amtes selbst und damit die „Personalauswahl", sondern erst die Sachentscheidung selbst (also die Zuständigkeitsregelung) in Verbindung mit fortdauernder Weisungsgebundenheit entlang der Kette von Berufungsakten die Legitimation bewirken könne, *Tschentscher*, Demokratische Legitimation der dritten Gewalt (2006), S. 132.

670 Aus diesem Grund dürften auch die Legitimationsketten nicht als erforderlich angesehen werden, weil sie lediglich an historische Weihe- und Verleihungsakte anschließen könnten, *Tschentscher*, Demokratische Legitimation der dritten Gewalt (2006), S. 118.

671 *Tschentscher*, Demokratische Legitimation der dritten Gewalt (2006), S. 129.

672 Vgl. *Tschentscher*, Demokratische Legitimation der dritten Gewalt (2006), S. 135.

673 Zugleich sei aber auch die personelle Legitimationskomponente damit auch ersetzbar, *Tschentscher*, Demokratische Legitimation der dritten Gewalt (2006), S. 143.

der Übertragung der Legitimationsmaßstäbe auf die Judikative.[674] Das organisatorisch-formale Modell demokratischer Legitimation stoße an seine Grenzen, weil bedingt durch die richterliche Unabhängigkeit und deren hohen Stellenwert die legitimierende Komponente in personell-organisatorischer Hinsicht entfalle, weil mit der Ernennung jede weitere Form der Einflussnahme ausgeschlossen ist.[675]

Das Kontrollmodell gehe davon aus, dass nicht in allen Bereichen staatlichen Handelns eine Rückführung der Hoheitsausübung auf das Volk erfolgen müsse.[676] Auch wenn in sachlich-inhaltlicher Hinsicht eine Begrenzung der richterlichen Handlungsweise enthalten sei, könne man hier nicht von einer vollständigen Determination richterlicher Entscheidungen sprechen, wie sich in Phänomenen wie der Rechtsfortbildung oder der Kreation von Richterrecht zeige, durch die viele Rechtsgebiete maßgeblich geprägt seien.[677] Die legitimatorische Wirksamkeit ergebe sich im Kontrollmodell aus einer besonders starken sachlich-inhaltlichen Legitimation, die in ihrer Wirkung erst durch das Zusammenspiel von Gesetzesbindung,

---

674 Nach *Tschentscher*, Demokratische Legitimation der dritten Gewalt (2006), S. 145 ff. würde die Frage demokratischer Legitimation der Dritten Gewalt im herkömmlichen Modell nicht genügend diskutiert: Gehe man nämlich von der notwendigen Legitimation aller Staatsgewalt aus, dürfe man die Judikative nicht ausnehmen; der bloße Verweis auf Art. 97 GG zeige, dass es sich um ein inkonsequentes Modell handle, weil die eigene Theorie nicht durchgehalten werde; diese Annahme unterstreicht deutlich *Tschentschers* Anspruch, nicht nur das rechtsdogmatische Modell ausgehend vom positiven Verfassungsrecht zu erfassen und wiederzugeben, sondern diese Dogmatik systematisch einheitlich durch ein theoretisches System beschreiben zu wollen; damit kommt für ihn die Möglichkeit nicht in Betracht, dass es sich bei der grundgesetzlichen Legitimationssystematik um ein nicht völlig widerspruchsfreies theoriegeeignetes System handeln könnte, das sich aus Sachzwängen, Sachrationalitäten und politischen Kompromissen geformt haben kann.

675 Hier könne es sogar zu einem expliziten Zielkonflikt mit dem Demokratieprinzip kommen, weil unter Umständen eine richterliche Entscheidung wegen der rechtlichen Bindungen gerade dem Volkswillen widerstehen müsse, vgl. *Tschentscher*, Demokratische Legitimation der dritten Gewalt (2006), S. 168 f.

676 Diesbezüglich verweist *Tschentscher*, Demokratische Legitimation der dritten Gewalt (2006), S. 189 auf den Ansatz von *Emde*, Die demokratische Legitimation der funktionalen Selbstverwaltung (1991), S. 386 ff. (vgl. dazu oben bei III.C.7) hinsichtlich der Möglichkeit der Schaffung demokratischer Legitimation durch Anknüpfung auf ein anderes Legitimationssubjekt als das Staatsvolk in seiner Allgemeinheit.

677 *Tschentscher*, Demokratische Legitimation der dritten Gewalt (2006), S. 190 ff.

Eignungserfordernissen und Unabhängigkeit erreicht werden könne.[678] Praktische Auswirkungen bei unterschiedlichen zugrunde gelegten Legitimationsmodellen könnten im Anschluss daran nur dann entstehen, wenn die Zulässigkeit alternativer Formen der Ernennung (beispielsweise durch unmittelbare Volkswahl statt durch Richterwahlausschüsse) beurteilt werden solle.[679]

In seiner Untersuchung wählt *Tschentscher* explizit einen normativ-analytischen Maßstab des positiven Verfassungsrechts, der die Demokratiedogmatik unter dem Grundgesetz herausarbeiten will.[680] Dass es sich dabei aber nicht allein um einen normativ-positivrechtlichen Ansatz handeln kann, zeigt sich in seiner expliziten Unterscheidung zwischen den Verdikten „verfassungskonform“ und „demokratisch legitimiert“, die seiner Auffassung nach nicht notwendig miteinander korrelieren.[681] Das zuvor von ihm als verhältnismäßig wirkungslos (bzw. wenig konturiert) dargestellte Legitimationsniveau nimmt er später als Kategorie heran, um die verschiedenen Möglichkeiten der Richterbestellungen in den Ländern zu vergleichen. Dabei unterscheidet er zwischen einem stärkeren und einem schwächeren erreichten Legitimationsniveau als Folge der formalen Betrachtungsweise im organisatorisch-formalen Demokratiemodell.[682] Für

---

678 Ausführlich *Tschentscher,* Demokratische Legitimation der dritten Gewalt (2006), S. 197 ff., zusammenfassend *Tschentscher,* Demokratische Legitimation der dritten Gewalt (2006), S. 232 f.

679 Im Ergebnis: *Tschentscher,* Demokratische Legitimation der dritten Gewalt (2006), S. 262 f.; danach müssten sehr viel mehr Methoden (wie sie auch in anderen demokratischen Ländern zur Richterauswahl angenommen würde) als zulässig erachtet werden; bei der Unterscheidung zeige sich auch die weitere Schwäche des formalen Modells, weil bei der Richterauswahl insbesondere für Bundesgerichte durch das Demokratieprinzip systematische Schwachstellen wie politische Paketgeschäfte und Vorabsprachen nicht einmal erfasst würden und damit auch als legitimationsirrelevant angesehen würden, *Tschentscher,* Demokratische Legitimation der dritten Gewalt (2006), S. 335 f.

680 Zu der methodischen Vorgehensweise selbst: *Tschentscher,* Demokratische Legitimation der dritten Gewalt (2006), S. 14 f.

681 Sehr deutlich bei der Bewertung der demokratischen Legitimation der Bundesrichter, indem die Ernennung als verfassungskonform, aber nicht demokratisch legitimiert angesehen wird, *Tschentscher,* Demokratische Legitimation der dritten Gewalt (2006), S. 335 f.

682 Mit Verweis auf die nach diesen Maßstäben (denen er sehr kritisch begegnet) ermittelte „demokratische Spitzengruppe“ mit den Regelungen, die dem Ministerialmodell folgen, aus Bayern, Niedersachsen, Nordrhein-Westfalen, Sachsen und dem Saarland, *Tschentscher,* Demokratische Legitimation der dritten Gewalt (2006), S. 369.

das von ihm vorgeschlagene Kontrollmodell sieht er ein höheres Legitimationsniveau dann als erreicht an, wenn die Exekutivmacht durch eine verstärkte Beteiligung der Richterschaft relativiert würde.[683] Ausgehend von den in den Ländern sehr unterschiedlich vorgefundenen Modellen diskutiert *Tschentscher* die unterschiedliche Bedeutung und Leistung der Legitimation, zieht als Maßstab für die rechtliche Bewertung der verfassungsrechtlichen Zulässigkeit dieser Konstruktionen ausschließlich Art. 98 Abs. 4 GG heran.[684] Damit zeigt sich, dass sich *Tschentscher* bei der Untersuchung des „organisatorisch-formalen Demokratiemodells" und der Entwicklung seines Vorschlags eines Kontrollmodells von einem nicht positivierten Maßstab leiten lässt. Der normative Anspruch bleibt deshalb unklar: Zwar entwickelt *Tschentscher* ein Modell, nach dem die bisherigen Modelle als demokratiekonform angesehen werden können, aber zuvor schon bei der Bewertung des von ihm vorgefundenen Modells scheint er von einer Unvereinbarkeit mit den Vorgaben des Demokratieprinzips auszugehen, obgleich dies seiner Meinung nach verfassungsgemäß sein könne. Das so verstandene Demokratieprinzip stellt schon durch diese Annahme des graduellen Legitimationsniveaus keinen Maßstab dar, anhand dessen die verfassungsrechtliche Zulässigkeit oder Unzulänglichkeit beurteilt werden könnte. Damit dürfte es schwerpunktmäßig eher weniger auf einen dogmatischen Rechtsmaßstab ausgerichtet sein, sondern stellt eher einen rechtswissenschaftlich geprägten analytischen Maßstab dar.

25. Stephan Bredt (2006)

Von einem theoretischen Blickwinkel ausgehend untersucht *Stephan Bredt* die demokratische Legitimation unabhängiger Institutionen wie Zentralbanken, Wettbewerbsbehörden und Regulierungsagenturen. Dabei seien bei der Frage der Legitimation einer sozialen Ordnung oder von Institutio-

683 Danach ergebe sich für die Regelungen in Niedersachsen, dem Saarland und Sachsen-Anhalt ein höheres Legitimationsniveau, *Tschentscher,* Demokratische Legitimation der dritten Gewalt (2006), S. 370.

684 Ein Beschränkungsverbot nach Art. 98 Abs. 4 GG bestehe insoweit nicht und die Grenzen des Demokratieprinzips wären bisher in noch keinem Bundesland überschritten, *Tschentscher,* Demokratische Legitimation der dritten Gewalt (2006), S. 376; anders jedoch die Bewertung nach dem formalen Demokratiemodell, nach dem in sechs Bundesländern die Vorgaben dem Demokratieprinzip nicht genügten, vgl. *Tschentscher,* Demokratische Legitimation der dritten Gewalt (2006), S. 378 f.

nen normative und positive Legitimationselemente zu unterscheiden.[685] Die Unabhängigkeit sei hiernach in verschiedene Stufen zu unterteilen: Auf der ersten Stufe sei hierbei die justizielle bzw. richterliche Unabhängigkeit zu sehen, auf der zweiten Stufen die Unabhängigkeit zur Einbringung von Sachverstand und Expertise zur Gewährleistung sachrichtiger Lösungen und auf der dritten Stufe die gestalterische Unabhängigkeit, zu der beispielsweise auch die EU-Kommission zu zählen sei.[686] Nach dem klassischen rechtswissenschaftlichen Verständnis sei dabei demokratische Legitimation ein sehr formell geprägtes Konstrukt, welches stark personenbezogen sei.[687] Folglich sei dieses Modell auch auf eine hierarchische Organisation angewiesen und könne nur justizielle Funktionen in Hinblick auf ihre Unabhängigkeit als vereinbar mit dem Erfordernis demokratischer Legitimation ansehen.[688] Aus Sicht einer neuzeitlichen vertragstheoretischen Demokratietheorie sei der Ausgangspunkt jedoch die Sicherung individueller Freiheit und demokratisch-politischer Gleichheit im politischen Entscheidungsprozess, woraus sich das Mehrheitsprinzip als demokratisch legitimes Entscheidungsverfahren ergebe.[689] Bei einem funktionalen Legitimationsansatz müsse dagegen berücksichtigt werden, dass materielle Legitimation nicht allein durch ein formell legitimiertes Verfahren erreicht werden könne, sondern es auch einer Analyse des Ergebnisses als Qualitätskriterium des Prozesses zur Beurteilung bedürfe; wenn man aus dem Gesellschaftsvertrag inhaltliche demokratietheoretische Maßstäbe ableite, dürfe keine Beschränkung auf die formellen Aspekte der Legitimation erfolgen.[690] Dabei ergebe sich aus politikwissenschaftlichen und ökonomischen Theorien, dass politische Entscheidungsprozesse nicht allein

685 Das normative Element meine dabei eine als „rechtmaßig“ wahrgenommene Ordnung und ihre Institutionen, das positive Element betreffe die hohe Durchsetzungsfähigkeit, weil den Entscheidungen aufgrund der hohen Akzeptanz der Institutionen gefolgt werde, *Bredt,* Die demokratische Legitimation unabhängiger Institutionen (2006), S. 39 f.

686 *Bredt,* Die demokratische Legitimation unabhängiger Institutionen (2006), S. 45 f.

687 Vgl. *Bredt,* Die demokratische Legitimation unabhängiger Institutionen (2006), S. 48 ff.

688 *Bredt,* Die demokratische Legitimation unabhängiger Institutionen (2006), S. 85 f.; dieses Ergebnis vergleicht er im Anschluss mit den Verständnissen der französischen, britischen und US-amerikanischen Rechtslage (Kapitel 3-5).

689 *Bredt,* Die demokratische Legitimation unabhängiger Institutionen (2006), S. 174 f.

690 Zusammenfassend: *Bredt,* Die demokratische Legitimation unabhängiger Institutionen (2006), S. 202 f.

nach Funktionen, sondern in Abhängigkeit vom jeweiligen Politikfeld abliefen. Das funktionale (in den Rechtswissenschaften entwickelte) Legitimationsmodell könne derartige Erkenntnisse jedoch überhaupt nicht verarbeiten.[691] Im Ausgangspunkt seien das funktionale Demokratiemodell und die Ansätze der ökonomischen Demokratietheorien einander insofern ähnlich, als sie durch die Untersuchung des subjektiven Rechts und dem Individualnutzen beide auf den Blickpunkt eines Einzelnen fokussiert seien.[692] Im Unterschied zum rechtswissenschaftlichen Ansatz sei jedoch der ökonomischen Theorie zufolge für den Einzelnen der Nutzen (materiell) vorhanden, wenn bestimmte Politikbereiche von der üblichen Mehrheitsentscheidung abwichen.[693] Dies gelte jedoch nicht in Entscheidungsprozessen, die über die Herstellung öffentlicher Güter befänden, weil hier keine Wohlfahrtsgewinne mehr erreicht werden könnten. Der spezifische Vorteil der ökonomischen Betrachtungsweise liege darin, dass anders als bei deliberativen Theorien prognosefähige Aussagen über den Ausgang politischer Entscheidungen und deren materiellen Nutzen getroffen werden könnten. Dabei widerlegten empirische Befunde der ökonomischen Theorie die Annahme der rechtswissenschaftlichen Ansätze, die bei einem formell geregelten Verfahren von einer Ergebnisoffenheit ausgingen, weil in einigen Politikfeldern strukturelle Schwachstellen der Mehrheitsentscheidungen zutage träten, welche der „Zielindifferenz" der Staatsorganisation widersprächen. Insofern sei dieser Ansatz überzeugender als die rechtswissenschaftliche Einteilung in input- und output-Legitimation, weil es auch hiernach um die Rechtfertigung von Institutionen und Verfahren gehe und nicht um ein konkretes Ergebnis als Ausgang des Prozesses.[694] Grenzen dieses Ansatzes seien in methodischer und inhaltlicher Sicht dort zu sehen, wo es an empirisch gesicherten Erkenntnissen über die Funktionszusammenhänge fehle und systematische Fehler

691 Dies resultiere daraus, dass in Abhängigkeit vom jeweiligen Politikfeld sich die Wahrscheinlichkeit sehr stark unterscheide, was für Ergebnisse erreicht würden; so führe beispielsweise die bloße Anwendung formeller Prinzipien regelmäßig zu einer höheren Staatsverschuldung, *Bredt*, Die demokratische Legitimation unabhängiger Institutionen (2006), S. 203.

692 *Bredt*, Die demokratische Legitimation unabhängiger Institutionen (2006), S. 205.

693 Unter Bezugnahme auf die Theorie *Buchanans* sei ein Absehen insbesondere zur Vermeidung der Hochsteuer-, Verschuldungs- und Inflationsfalle hilfreich, *Bredt*, Die demokratische Legitimation unabhängiger Institutionen (2006), S. 246.

694 *Bredt*, Die demokratische Legitimation unabhängiger Institutionen (2006), S. 277 ff.

nicht sicher vorhergesagt werden könnten.[695] Für die Europäische Union komme eine Rechtfertigung der Unabhängigkeit von Institutionen wie der Kommission, der Europäischen Zentralbank, des Europäischen Gerichtshofs und der europäischen Agenturen durch politikfeldbezogene ökonomische Ansätze bereits deshalb besonders in Betracht, da hier nach dem rechtswissenschaftlichen Demokratieverständnis das tatsächliche Maß der Unabhängigkeit nicht erklärt werden könne.[696] Unter Beachtung des Integrationsgedankens und der gleichwertigen Interessenberücksichtigung ergebe sich jedoch die Legitimation dieser Unabhängigkeit, da durch die Union (und ihre eher unabhängigen Institutionen) die Berücksichtigung ansonsten durchsetzungsschwacher Bereiche (im Sinne der Transaktionskostentheorie) besser sichergestellt sein könnten als bei Entscheidungsverfahren durch Mehrheitsentscheidungen.[697] Deshalb empfehle sich auch aus Sicht größtmöglicher Legitimation bei Aufgabenfeldern, denen es an einer gleichwertigen Interessenberücksichtigung fehle, die Wahrnehmung in unabhängiger Weise durch Institutionen der Union. Diese passten sich besser in das Organisationsprinzip ein als ein hierarchisches Staatsverständnis.

Mit seinem politikfeldbezogenen und ökonomischen Ansatz zeigt *Bredt* die Leistungsfähigkeit unabhängiger Institutionen für Entscheidungsprozesse in politischer Hinsicht auf. Von der Gesellschaftsvertragstheorie ausgehend sieht er nach der Analyse rechtswissenschaftlicher, ökonomischer und politikwissenschaftlicher Argumentation die Möglichkeit der Rechtfertigung unabhängiger Institution und deren Bewertung als demokratisch legitim an; hingegen stelle die in der Rechtswissenschaft bisher vorherrschende Betrachtungsweise, die eine Zulässigkeit generell nur bei Gerichten und Rechnungshöfen sähe und ansonsten nur eine ausnahmsweise

---

695 *Bredt,* Die demokratische Legitimation unabhängiger Institutionen (2006), S. 317 ff.; zwar sei auch in der Rechtsprechung des BVerfG für Steuer- und Abgabebelastung und Beschränkung der Staatsverschuldung für den fiskalischen Bereich eine solche Wirkweise anerkannt, allerdings fehle es an verallgemeinerbaren Erkenntnissen für andere Bereiche, *Bredt,* Die demokratische Legitimation unabhängiger Institutionen (2006), S. 325; auch für die Politikbereiche der Europäischen Union fehle es an notwendigen Erkenntnissen über Entscheidungszusammenhäng zur Würdigung der Legitimation unabhängiger Institutionen, *Bredt,* Die demokratische Legitimation unabhängiger Institutionen (2006), S. 376 f.

696 Zusammenfassend *Bredt,* Die demokratische Legitimation unabhängiger Institutionen (2006), S. 421.

697 *Bredt,* Die demokratische Legitimation unabhängiger Institutionen (2006), S. 356 f.

gegebene Rechtfertigung, eine theoretisch nicht konsistente und praktisch kaum durchhaltbare Argumentation dar.[698] Unzweifelhaft kann dieses Modell besser als viele andere erklären, weshalb die Unabhängigkeit bestimmter Institutionen auch aus demokratie*theoretischer* Sicht zielführend ist und im Ergebnis – trotz unterbrochener Legitimationsketten – unter theoretisch-demokratischen Annahmen als sinnvoller angesehen werden mag. Wenn *Bredt* an dieser Stelle die Schwäche der rechtlichen und rechtswissenschaftlichen Argumentation belegen möchte, erreicht er dieses nur aus anderer disziplinärer Sicht, nämlich unter Zugrundelegung politik- oder wirtschaftswissenschaftlicher Maßstäbe. Dass diese auch in der *rechtswissenschaftlichen* Diskussion aufgegriffen werden können, beweist zum einen schon die Existenz der ökonomischen Analyse des Rechts als Disziplin, die auch zu den Rechts*wissenschaften* gerechnet werden kann und zum anderen der auch rechtswissenschaftliche Ansatz *Bredts*, mit dem er zu dieser Erkenntnis gelangt. Auch müssen seine Erkenntnisse nicht – wie von *Bredt* angenommen – im Gegensatz zu den rechtlich-dogmatischen Vorgaben stehen. Die Verfassung ermöglicht nämlich gerade die Berücksichtigung dieser Rationalitätsüberlegungen durch das geltende Verfassungsrecht. Die Zulässigkeit der (ohnehin faktisch existierenden) Unabhängigkeit von Institutionen wie Zentralbanken und Regulierungsbehörden ergibt sich bereits unproblematisch aus geltendem Verfassungsrecht, weshalb insoweit das (herkömmliche) rechtsdogmatische Modell keine Erklärungsschwierigkeiten verursacht. Einzig die Voraussetzungen sind nicht parallellaufend: Die Unabhängigkeit bestimmter Institutionen ist nach geltendem Verfassungsrecht nicht dann als demokratisch legitimiert zu betrachten, wenn sie aus wirtschaftswissenschaftlich-theoretisch sinnvoll zu bewerten ist, sondern einzig, wenn die Unabhängigkeit verfassungsgegeben ist oder der Gesetzgeber derartig unabhängige Institutionen vorsehen durfte. Für diese gesetzgeberische Entscheidung liefert *Bredt* die Blaupause, indem er eine Argumentation aufzeigt, die nach geltendem Verfassungsrecht geeignet ist, als Rechtfertigung für die Abweichung vom „Regelmodell" demokratischer Legitimation zu fungieren. Mit der Begründung, dass abhängig vom jeweiligen Politikfeld im Einzelfall die Unabhängigkeit einer Institution (z.B. der Zentralbank) besser geeignet ist, das Gemeinwohl zu fördern, steht dem (Verfassungs-)Gesetzgeber im klassischen Modell eine Ausgestaltungsmöglichkeit offen, wie sie verschiedentlich tatsächlich genutzt wurde und wird. Dass dieses Modell nicht auch in der von *Bredt* dargestellten

---

698 Vgl. *Bredt*, Die demokratische Legitimation unabhängiger Institutionen (2006), S. 469.

Konsequenz und theoretischen Stringenz zugrunde gelegt wird, ist dabei kein Versäumnis des dogmatischen Modells, sondern einzig der theoretischen Fundierung.

26. Hans-Heinrich Trute (2006)

In seiner Gesamtdarstellung zur demokratischen Legitimation der Verwaltung in den *Grundlagen des Verwaltungsrechts* (1. Aufl. 2006, 2. Aufl. 2012) übt *Hans-Heinrich Trute* eine fundamentale Kritik am von ihm als „klassisches" bezeichneten Modell, weil dieses zu formal sei und weite Teile der bestehenden Verfassungsorganisation verfassungsrechtlichen Zweifeln aussetzte.[699] Dies gelte schon im Ansatzpunkt, weil das Demokratieprinzip keine Regel darstellte, sondern ein optimierungs- und konkretisierungsbedürftiges Prinzip. Insoweit handle es sich bei Art. 20 Abs. 1 GG um ein Optimierungsgebot, das aber nicht durch eine verfassungsrechtliche Vollregelung des Grundsatzes der Volkssouveränität aus Art. 20 Abs. 2 Satz 1 GG insgesamt zu einer Rechtsregel konvertiert werden könne.[700] Das Legitimationssubjekt müsse demnach weiter gedacht werden als es bei der klassischen Ansicht der Fall sei, weil die Volkssouveränität des Art. 20 Abs. 2 Satz 1 GG dahingehend zu verstehen sei, dass es einzig um die Ablösung traditionaler Autoritäten ginge und damit der Bezug auf die Selbstherrschaft hergestellt würde. Dieses Prinzip individueller Selbstbestimmung führe zur Verknüpfung von Menschenwürde und Demokratie und schlage den Bogen von politischen Freiheitsrechten zu einem Prozess kontinuierlicher Rückkopplungen.[701] Deshalb sei auch der Volksbegriff

699 Dies sei zum einen hinsichtlich der notwendigen Eigenständigkeit der Verwaltung zur Bewältigung komplexer Umweltaufgaben kontraproduktiv, zum anderen weit unterkomplex, um die Verwaltung in ihrer Gesamtheit erfassen zu können, *Trute*, Die demokratische Legitimation der Verwaltung, in: *Hoffmann-Riem/Schmidt-Aßmann/Voßkuhle* (Hrsg.), Grundlagen des Verwaltungsrechts, Bd. I, 2. Aufl. (2012), § 6, Rdnr. 15.

700 Insoweit bezieht sich *Trute*, Die demokratische Legitimation der Verwaltung, in: *Hoffmann-Riem/Schmidt-Aßmann/Voßkuhle* (Hrsg.), Grundlagen des Verwaltungsrechts, Bd. I, 2. Aufl. (2012), § 6, Rdnr. 16 (ab der zweiten Auflage) hinsichtlich des Prinzipiencharakters des Demokratiebegriffs in Art. 20 Abs. 1 GG auf die Argumentation von *Unger*, Das Verfassungsprinzip der Demokratie (2008), S. 158 ff.

701 *Trute*, Die demokratische Legitimation der Verwaltung, in: *Hoffmann-Riem/Schmidt-Aßmann/Voßkuhle* (Hrsg.), Grundlagen des Verwaltungsrechts, Bd. I, 2. Aufl. (2012), § 6, Rdnr. 19 f.; als Beleg führt *Trute* insoweit die neuere Verfas-

als nicht von vornherein festgelegt zu verstehen, sondern als situativ ausgestaltbar; insofern müsse der legitimierte Gesetzgeber für eine ständige Integration allgemeiner und besonderer rechtlicher Interessen sorgen, was eine Zuordnung Einzelner zu mehreren Legitimationssubjekten ermögliche.[702] Deshalb dürfe auch nicht am Kriterium strikter formaler Gleichheit festgehalten werden, weil der Gesetzgeber für eine Ausgestaltung und für eine gesetzliche Bestimmung eines Kreises Betroffener zuständig sei. Insoweit stelle diese Differenzierung keine Einschränkung vom Erfordernis der demokratischen Allgemeinheit dar, sondern eine Konsequenz der Selbstbestimmung in eigenen Angelegenheiten.[703] Deutlich weiter als beim klassischen Modell sei auch die zu legitimierende Ausübung von Staatsgewalt zu verstehen. Nicht nur Handeln mit Entscheidungscharakter, sondern alles Handeln, was dem Staat zuzurechnen sei, müsse von der Pflicht zur Legitimation umfasst sein.[704] Daneben dürften sich die Methoden zur Vermittlung von Legitimation nicht auf personelle und materielle Legitimation beschränken, sondern müssten sehr viel differenzierter betrachtet werden. Dem klassischen Modell sei dabei zu eigen, dass durch die Kombination dieser Methoden eine vollständige Verantwortung auf parlamentarischer Ebene erreichen werden wolle. Dies sei jedoch nicht mit der „Komplexität der Normenproduktion und -interpretation" in vielen wichtigen Politikfeldern in Einklang zu bringen, weil eine materielle Entscheidung und damit überhaupt eine Form der Willensbildung für die Einzelprobleme des Vollzugs auf parlamentarischer Ebene überhaupt nicht geleistet werden könne; wo es keinen entsprechenden parlamenta-

---

sungsgerichtliche Rechtsprechung zur funktionalen Selbstverwaltung an, indem dort der Bezug auf die „freie Selbstbestimmung als ersten und letzten Grund der Demokratie" hergestellt werde.

702 Vgl. *Trute*, Die demokratische Legitimation der Verwaltung, in: *Hoffmann-Riem/Schmidt-Aßmann/Voßkuhle* (Hrsg.), Grundlagen des Verwaltungsrechts, Bd. I, 2. Aufl. (2012), § 6, Rdnr. 21 ff.

703 Mit auch diesbezüglichem Verweis auf *BVerfG*, B. v. 05.12.2002, BVerfGE 107, 59 bei *Trute*, Die demokratische Legitimation der Verwaltung, in: *Hoffmann-Riem/Schmidt-Aßmann/Voßkuhle* (Hrsg.), Grundlagen des Verwaltungsrechts, Bd. I, 2. Aufl. (2012), § 6, Rdnr. 25 f.

704 Unterschiede ergäben sich vor allem dann, wenn der Staat insbesondere bei Privatisierungen nicht die komplette Verantwortung für alle Komponenten einer Entscheidung zu treffen habe, sondern nur für seinen eigenen Entscheidungsbeitrag: hier sei die legitimationsbedürftige Ausübung von Staatsgewalt so weit zu verstehen, dass auch für das Gesamtergebnis eine staatliche Legitimationsverantwortung resultiere, *Trute*, Die demokratische Legitimation der Verwaltung, in: *Hoffmann-Riem/Schmidt-Aßmann/Voßkuhle* (Hrsg.), Grundlagen des Verwaltungsrechts, Bd. I, 2. Aufl. (2012), § 6, Rdnr. 27 ff.

rischen Willen gebe, könne dann auch ein Vollzug nicht im Geist der Volksvertretung erfolgen.[705] Auch innerhalb der Verwaltung sei das Ministerialprinzip sehr viel weniger leistungsfähig als es für die Annahmen des klassischen Modells der Verwaltungslegitimation erforderlich sei, hier stelle die parlamentarische Verantwortung der Regierung das „Nadelöhr" dar.[706] Vor allem das zentrale Mittel der Weisung im hierarchischen Modell werde bei der klassischen Konzeption eher als Befehlshierarchie verstanden, sei tatsächlich sei eine Hierarchie jedoch eher als Einrichtung voneinander unabhängiger Ebenen zu sehen, die nur punktuell miteinander verknüpft seien und bei denen es sich deshalb um eine „konditionierte Autonomie auf beiden Seiten" handle.[707] Deshalb müsste der Gesetzgeber in der Verantwortung stehen, hier durch angemessene und angepasste Maßnahmen die tatsächlich vorhandene Eigenständigkeit zu erfassen, statt dass eine formale Anknüpfung der Legitimationsüberlegungen an

---

705 Hier seien die personelle Abhängigkeit und das Weisungsrecht so zu verstehen, dass im Endeffekt gar kein eigener Beitrag der Verwaltung geleistet werden solle, sondern es nur um einen Vollzug der Vorgaben des Parlaments gehe, *Trute*, Die demokratische Legitimation der Verwaltung, in: *Hoffmann-Riem/Schmidt-Aßmann/Voßkuhle* (Hrsg.), Grundlagen des Verwaltungsrechts, Bd. I, 2. Aufl. (2012), § 6, Rdnr. 32 ff.; dies scheint jedoch insoweit missverständlich, als dass die personell-organisatorische und sachlich-inhaltliche Legitimation nicht vom Parlament ausgehen, sondern die Rückbindung an die Regierung als Spitze des Exekutive erfolgt; damit kann dem Vorwurf des „parlamentszentrierte[n] Steuerungsoptimismus" entkräftet werden; soweit damit der Vorwurf der mangelnden Steuerbarkeit evtl. durch die jeweilige Amtsspitze verknüpft sei sollte, ließe sich dies empirisch leicht untermauern – aus Sicht einer (von *Trute* vorgenommenen) gewaltenspezifischen Untersuchung wäre dies jedoch unschädlich, weil es nur den Binnenbereich der Administrative beträfe.

706 So *Trute*, Die demokratische Legitimation der Verwaltung, in: *Hoffmann-Riem/Schmidt-Aßmann/Voßkuhle* (Hrsg.), Grundlagen des Verwaltungsrechts, Bd. I, 2. Aufl. (2012), § 6, Rdnr. 35; auch hier wird von einem kapazitären Engpass bei der Vermittlung des parlamentarischen Willens an die Verwaltung ausgegangen; dies übersieht jedoch nochmals, dass hier durch die Verwaltung im Verantwortungsbereich eigener personell-organisatorischer Legitimation eigenverantwortliche Entscheidungen zu treffen hat und gerade nicht der parlamentarische Wille nachzuvollziehen ist.

707 Hier könne schon aus Gründen notwendiger Information der Organisationsspitze keine wirksame hierarchische Organisation als Weisungskette verstanden werden, weil sie bereits aus Kapazitätsgründen nicht über jede notwendige Information zur Verfügung habe, *Trute*, Die demokratische Legitimation der Verwaltung, in: *Hoffmann-Riem/Schmidt-Aßmann/Voßkuhle* (Hrsg.), Grundlagen des Verwaltungsrechts, Bd. I, 2. Aufl. (2012), § 6, Rdnr. 39.

die Spitze der Organisation erfolge.[708] Aus diesem Grund müssten auch mehr Vermittlungsmethoden für eine zulässige Legitimationsvermittlung anerkannt werden, die der Komplexität der Verwaltung Rechnung trage. Dabei seien organisatorische, personelle, prozedurale und sachlich-inhaltliche Legitimation zu berücksichtigen und darüber hinaus die Ergänzung durch output-Legitimation und autonome Legitimationsformen.[709] Bei dem grundgesetzlich erforderlichen Maßstab demokratischer Legitimation sei die Effektivität des Zurechnungszusammenhangs entscheidend, weil in Art. 20 Abs. 2 Satz 1 GG nur vom „Ausgehen“ und nicht von konkreten Vermittlungsmethoden die Rede sei.[710] Dieser Zusammenhang müsse dauerhaft und auch unter realen Bedingungen wirklich und nicht nur eine normative Fiktion sein.[711] Auch sei von einer zumindest teilweisen Substituierbarkeit der Legitimationsmittel und damit von der Notwendigkeit der Saldierung der unterschiedlichen Legitimationskomponenten auszugehen, bisher sei es allerdings noch nicht gelungen, eine Operationalisierung zu bewirken.[712] Dabei könne es kein aufgabenunabhängiges Regelniveau ge-

---

708 *Trute,* Die demokratische Legitimation der Verwaltung, in: *Hoffmann-Riem/ Schmidt-Aßmann/Voßkuhle* (Hrsg.), Grundlagen des Verwaltungsrechts, Bd. I, 2. Aufl. (2012), § 6, Rdnr. 40 f.

709 Diese Komponenten seien nebeneinander zu würdigen, um eine „den Regelungsstrukturen angemessene Legitimationsstruktur“ zu schaffen, *Trute,* Die demokratische Legitimation der Verwaltung, in: *Hoffmann-Riem/Schmidt-Aßmann/Voßkuhle* (Hrsg.), Grundlagen des Verwaltungsrechts, Bd. I, 2. Aufl. (2012), § 6, Rdnr. 42 ff.; die Output-Legitimation sei dabei in Abgrenzung zu politischen Verständnissen normativ zu verstehen und als Maß an Übereinstimmung mit rechtlichen Vorgaben wie objektiv-rechtlichen Funktionen der Grundrechte, Staatsziele, Staatsstrukturprinzipien, Aufgabenadäquanz, funktionsgerechte Organisationsstruktur, rechtsstaatlicher Rationalität oder zwingende und triftige Sachgründe zu sehen.

710 Für den Maßstab der „Effektivität“ bezieht sich *Trute,* Die demokratische Legitimation der Verwaltung, in: *Hoffmann-Riem/Schmidt-Aßmann/Voßkuhle* (Hrsg.), Grundlagen des Verwaltungsrechts, Bd. I, 2. Aufl. (2012), § 6, Rdnr. 56 auf *BVerfG,* Urt. v. 31.10.1990, BVerfGE 83, 60 (72) (vgl. dazu Kapitel III.C.8.b)), *BVerfG,* B. v. 24.05.1995, BVerfGE 93, 37 (67) (vgl. dazu Kapitel III.C.15) und *BVerfG,* B. v. 05.12.2002, BVerfGE 107, 59 (87) (vgl. dazu Kapitel III.C.19).

711 Insofern verweist *Trute,* Die demokratische Legitimation der Verwaltung, in: *Hoffmann-Riem/Schmidt-Aßmann/Voßkuhle* (Hrsg.), Grundlagen des Verwaltungsrechts, Bd. I, 2. Aufl. (2012), § 6, Rdnr. 2 auf *BVerfG,* B. v. 05.12.2002, BVerfGE 107, 59 (91) und geht von einer notwendigen Saldierung der (nicht abschließend zu bestimmenden) Legitimationskomponenten aus.

712 Dabei geht *Trute,* Die demokratische Legitimation der Verwaltung, in: *Hoffmann-Riem/Schmidt-Aßmann/Voßkuhle* (Hrsg.), Grundlagen des Verwaltungsrechts, Bd. I, 2. Aufl. (2012), § 6, Rdnr. 57 von einer nicht vollständigen Substi-

ben, das Abweichungen rechtfertigungsbedürftig mache. Daraus lasse sich folgern, dass der Grundsatz demokratischer Legitimation im Wesentlichen erfordere, Sondereinflüsse darzulegen und auf das Gemeinwohl auszurichten.[713]

Für die Prüfung, ob das erforderliche Legitimationsniveau erreicht sei, müssten die tatsächlichen Wirkzusammenhänge untersucht und somit die steuerungswissenschaftlich festgestellten und beobachteten Zusammenhänge als Grundlage der Überprüfung hergezogen werden, ob das erreichte Niveau einer wirksamen Steuerungsvermittlung entspreche. Aus diesem Grund ergebe sich auch die Notwendigkeit, nicht nur in einer groben und typisierten Betrachtung die Komponenten der sachlich-inhaltlichen und organisatorisch-personellen Legitimation zu berücksichtigen, sondern diese deutlich weiter aufzufächern.[714] Hieraus sei zu folgern, dass ein ausreichendes Legitimationsniveau erreicht sei, wenn der Gesetzgeber bei der Ausgestaltung der Verwaltung für die Wirksamkeit institutioneller Arrangements sorge; dabei stehe diesem die Einschätzungsprärogative zu, die mit der Pflicht zur späteren Nachbesserung im Bedarfsfalle korrespondiere.[715] Für den Fall einer Beteiligung Privater an staatlichen Entscheidungen erfordere die staatliche und damit gesetzgeberische Legitimationsverantwortung eine Sicherung der Gemeinwohlorientierung der Entscheidungen und eine Gleichheit der Einflussnahmemöglichkeiten, was auch eine institutionelle Neutralitätssicherung erfordere. Diese Legitimationsverantwortung sei auch „überwirkend“, weil parallel zum Grundsatz der Schutzdimension von Grundrechten das Gesamtergebnis

---

tuierbarkeit aus, weil die Wirkweise der unterschiedlichen Legitimationsmethoden in unterschiedliche Richtungen gehe.

713 *Trute*, Die demokratische Legitimation der Verwaltung, in: *Hoffmann-Riem/Schmidt-Aßmann/Voßkuhle* (Hrsg.), Grundlagen des Verwaltungsrechts, Bd. I, 2. Aufl. (2012), § 6, Rdnr. 57 schließt sich hier *Schmidt-Aßmann*, Das allgemeine Verwaltungsrecht als Ordnungsidee, 2. Aufl. (2006), Rdnr. 2 an.

714 Aus diesem Grund seien auch die zuvor genannten Legitimationsvermittlungsmethoden in der sehr viel detaillierteren Auffächerung heranzuziehen, *Trute*, Die demokratische Legitimation der Verwaltung, in: *Hoffmann-Riem/Schmidt-Aßmann/Voßkuhle* (Hrsg.), Grundlagen des Verwaltungsrechts, Bd. I, 2. Aufl. (2012), § 6, Rdnr. 42.

715 Dabei müsse der Gesetzgeber vor allem für die Sicherung von Verantwortungsklarheit und Legitimation sorgen, *Trute*, Die demokratische Legitimation der Verwaltung, in: *Hoffmann-Riem/Schmidt-Aßmann/Voßkuhle* (Hrsg.), Grundlagen des Verwaltungsrechts, Bd. I, 2. Aufl. (2012), § 6, Rdnr. 58.

und nicht nur der staatliche Beitrag untersucht werden müsse.[716] Verselbständigungen einzelner Organisationsformen seien somit auch deshalb aus Sicht des Erfordernisses demokratischer Legitimation zulässig, weil die Einschränkungen materieller Legitimation durch Beschränkung von Weisungsrechten bei selbständigen Behörden durch output-Komponenten wie einer Verbesserung sachgerechter Aufgabenerledigung ausgeglichen werden könnten.[717] Für Kollegialorgane, partizipative Gremien und sonstige Beteiligung privater Dritter müsse ein geeignetes Umfeld geschaffen werden, damit durch ergänzende institutionelle Vorkehrungen einseitigen Interessenbindungen begegnet werden könnte. Hierzu könnten verschiedene Maßnahmen wie Rechenschafts- und Offenlegungspflichten gehören.[718] Für vollständig privatisierte Organisationen, die in Form einer Aktiengesellschaft oder Gesellschaft mit beschränkter Haftung geführt würden, müssten neben den zu geringen gesellschaftlichen Einflussmöglichkeiten weitere Legitimationselemente geschaffen werden, die durch gesetzliche Vorzeichnung, aber auch durch moderne Steuerungsmittel erreicht werden könnten.[719] Für die Formen der funktionalen Selbstverwaltung müsse die parlamentarische Legitimation maßgeblich durch die gesetzgeberische Abgrenzung eines Kreises von Mitgliedern erfolgen, um so die Grundlage für eine Selbstverwaltung in eigenen Angelegenheiten schaffen zu können.[720] Die Überwachung und Einflussnahmemöglichkeiten müssten

716 Dies erfordere dann auch eine fortlaufende gesetzgeberische Beobachtungs- und Nachbesserungspflicht, *Trute,* Die demokratische Legitimation der Verwaltung, in: *Hoffmann-Riem/Schmidt-Aßmann/Voßkuhle* (Hrsg.), Grundlagen des Verwaltungsrechts, Bd. I, 2. Aufl. (2012), § 6, Rdnr. 58 f.

717 Für die Fälle selbständiger Bundesbehörden und Bundesagenturen *Trute,* Die demokratische Legitimation der Verwaltung, in: *Hoffmann-Riem/Schmidt-Aßmann/Voßkuhle* (Hrsg.), Grundlagen des Verwaltungsrechts, Bd. I, 2. Aufl. (2012), § 6, Rdnr. 67 f.

718 *Trute,* Die demokratische Legitimation der Verwaltung, in: *Hoffmann-Riem/Schmidt-Aßmann/Voßkuhle* (Hrsg.), Grundlagen des Verwaltungsrechts, Bd. I, 2. Aufl. (2012), § 6, Rdnr. 72 ff.

719 Hier kämen beispielsweise die partielle Vorzeichnung von Grundstrukturen im kommunalen Wirtschaftsrecht oder unionale Regelungen in Betracht oder auch Steuerungsmittel wie Beteiligungsberichte oder ein intensiviertes Konzern-Controlling, *Trute,* Die demokratische Legitimation der Verwaltung, in: *Hoffmann-Riem/Schmidt-Aßmann/Voßkuhle* (Hrsg.), Grundlagen des Verwaltungsrechts, Bd. I, 2. Aufl. (2012), § 6, Rdnr. 75 ff.

720 Dabei müsse sich der Gesetzgeber vom Grundsatz gleichmäßiger Interessenberücksichtigung leiten lassen und einen angemessen Interessenausgleich schaffen; sofern eine Drittbetroffenheit resultieren könnte, müssten für mögliche Berührungen von Angelegenheiten externer Dritter Sicherungen eingeplant

dann zur Wahrung der Selbständigkeit bei Belassung der Entscheidungskompetenz in eigenen Angelegenheiten darauf beschränkt sein, ein Handeln der Organe der Einrichtungen im Rahmen ihres Gründungsakts sicherzustellen.[721] Eine Grenze für die Zulässigkeit solcher Selbstverwaltungseinrichtungen liege bei der Erreichung einer Abkoppelung von den Repräsentativorganen und der Schaffung von verselbständigten Organisationselite, weil dann keine autonome Legitimation mehr vermittelt würde.[722]

Der von *Trute* skizzierte Maßstab demokratischer Legitimation stellt sich – seinem Eigenanspruch entsprechend – als höchst komplex dar, weil er eine umfassende Berücksichtigung tatsächlicher Einflussfaktoren beinhaltet und auch (nicht abschließend) verschiedene tatsächliche Möglichkeiten der Schaffung effektiver Verantwortungszusammenhänge benennt. Seinen Ansatz begründet er mit dem (pauschalen) Prinzipiencharakter des Art. 20 GG, aus dem ein Maßstab folgen soll, der sich auch das Vorliegen einer effektiven Rückbindung gleich welcher Art beschränkt. Die Einhaltung dieses Maßstabs muss seinem Ansatz zufolge durch eine Würdigung tatsächlicher Wirkungseinflüsse beurteilt werden, die aufgrund steuerungswissenschaftlicher Erkenntnisse vorzunehmen sei. Die Vielfalt der Möglichkeiten zur Herstellung von Legitimation erschwert jedoch die Konturierung eines rechtlichen Maßstabs, weil zum einen eine strenge Abgrenzung zulässiger Steuerungseinflüsse von allein als unzulässig zu betrachtenden Wirkeinflüssen kaum möglich ist, wenn Maßnahmen verschiedene Zielrichtungen haben. So kann eine Erweiterung von Einflussnahmemöglichkeiten zum Ziel haben, Betroffene in größerem Maße zu beteiligen, und gleichzeitig

---

werden, die eine hinreichende Responsivität für Drittinteressen gewährleisten könne, *Trute,* Die demokratische Legitimation der Verwaltung, in: *Hoffmann-Riem/Schmidt-Aßmann/Voßkuhle* (Hrsg.), Grundlagen des Verwaltungsrechts, Bd. I, 2. Aufl. (2012), § 6, Rdnr. 85 f.

721 *Trute,* Die demokratische Legitimation der Verwaltung, in: *Hoffmann-Riem/Schmidt-Aßmann/Voßkuhle* (Hrsg.), Grundlagen des Verwaltungsrechts, Bd. I, 2. Aufl. (2012), § 6, Rdnr. 83 ff.

722 Zur Vermeidung sei deshalb erforderlich, eine wirksame Möglichkeit der Rückkopplung von Interessen zu erreichen, vgl. *Trute,* Die demokratische Legitimation der Verwaltung, in: *Hoffmann-Riem/Schmidt-Aßmann/Voßkuhle* (Hrsg.), Grundlagen des Verwaltungsrechts, Bd. I, 2. Aufl. (2012), § 6, Rdnr. 88; problematisch seien deshalb insbesondere Formen gemeinsamer Selbstverwaltung, beispielsweise dem Gemeinsamen Bundesausschuss nach § 91 SGB V, was auch auf erlassene Rechtsmaßnahmen durchschlagen könnte; weitere Anhaltspunkte für eine Abgrenzung bietet *Trute* hier jedoch nicht und nimmt auch Abstand von einer konkreten Würdigung dieser Zulässigkeit.

mit einer Beschränkung von Mitwirkungsmöglichkeiten im Zielkonflikt stehen, wenn eine effektive und effiziente Arbeitsweise erreicht werden soll. Eine Abgrenzung zulässiger von unzulässigen Steuerungseinflüsse ist zum anderen problematisch, weil die Wertung von deren rechtlichen Beachtlichkeit auf eine nachgelagerte Stufe verschoben wird. Anders als im von *Trute* als klassisches Modell abgelehnten Ansatz sind für die rechtliche Beurteilung der genügenden Legitimation sämtliche irgendwie gearteten Steuerungsfaktoren zu berücksichtigen. Dabei ist eine Berücksichtigung aller Steuerungskomponenten schlicht unmöglich, weil eine entsprechende naturwissenschaftliche Kausalität insoweit nicht abgegrenzt werden kann, als dass alle Einflussfaktoren überhaupt ermittelbar sein könnten. Somit wird in diesem Modell die Würdigung der Steuerungs*leistung* bestimmter Einflüsse auf den Rechtsanwender verlagert, während ihre Beurteilung nach herkömmlichem Verständnis zumindest dogmatisch vorstrukturiert ist.[723] Auch, wenn selbstverständlich dort eine Abgrenzungsentscheidung erforderlich sein kann, so bedeutet doch diese Vorstrukturierung eine Rationalisierung, die den Legitimationsmaßstab handhabbar und damit operationalisierbar machen kann.[724] Eine entsprechende Problematik ergibt sich beim erweiterten Verständnis des zu legitimierenden staatlichen Handelns. Hier wird durch die Aufgabe des Kriteriums des Entscheidungscharakters eine enorme Erweiterung der Legitimationspflicht staatlichen Handelns bewirkt, die für eine rechtliche Beurteilung kaum noch greifbar ist. Wurde zuvor die Wertung durch den Gesetzgeber vorgenommen,

---

723 So ist nach dem „klassischen Modell" verhältnismäßig detailliert vorstrukturiert, inwiefern personalwirksame Maßnahmen auch Auswirkungen auf deren Vermittlung von Legitimation haben können; hingegen wird im Rahmen der neuen Verwaltungsrechtswissenschaft versucht, auch kleinste Komponenten zu berücksichtigen, wenn sie geeignet sind, auf tatsächlicher Ebene eine Entscheidung zu beeinflussen: So wird auch nachvollziehbar herausgearbeitet, wie die jeweilige Ausgestaltung der inneradministrativen Infrastruktur die Eigenständigkeit – und damit denkbar auch eine legitimationsbedürftige Entscheidung – beeinflussen kann, selbst wenn es „nur" um die Art der räumlichen Unterbringung oder die Architektur von Büroräumen geht, *Hoffmann-Riem*, Eigenständigkeit der Verwaltung, in: *Hoffmann-Riem/Schmidt-Aßmann/Voßkuhle* (Hrsg.), Grundlagen des Verwaltungsrechts, Bd. I, 2. Aufl. (2012), § 10, Rdnr. 25; konsequent fortgesetzt müsste demnach selbst der Qualität des Kaffees in einer Verwaltungseinheit ein Steuerungseinfluss zuerkannt werden; nicht immer wird auf der Ebene der Rechtsanwendung so deutlich sein, ob einer Einflusskomponente auch Wert in Bezug auf die vom Grundgesetz geforderte demokratische Legitimation zukommen kann.

724 Ähnlich auch *Jestaedt*, Democratic Legitimization of the Administrative Power, in: *Pünder/Waldhoff* (Hrsg.), Debates in German Public Law (2014), S. 196 f.

dass Steuerungseinflüsse sich in einer staatlichen Entscheidung realisieren müssten, um relevant für die Beurteilung der hinreichenden demokratischen Legitimation zu sein, wird hier abermals diese Wertungsfrage dem Rechtsanwender zugerechnet. Auch dies spricht gegen das Vorliegen eines Maßstabs, der sich für die praktische Anwendung eignen könnte. Den Schlussfolgerungen des pluralistischen Ansatzes von *Trute* zufolge müsste es sich bei diesem Modell um ein rechtsdogmatisches Demokratieprinzip handeln, schließlich sprechen die (prinzipielle) Ableitung aus Art. 20 GG und der Anspruch, den vom Bundesverfassungsgericht entwickelten Grundsätzen zur demokratischen Legitimation der Verwaltung zu entsprechen, für einen Rechtsmaßstab, der geeignet sein soll, als Maßstabsnorm für die Prüfung (beispielsweise durch das Bundesverfassungsgericht) herangezogen zu werden.[725] Dem Ursprung nach handelt es sich jedoch unzweifelhaft um ein steuerungswissenschaftliches Modell, welches mit dem Ziel der Rezeption der Erkenntnisse anderer Wissenschaften in der *rechts*wissenschaftlichen Diskussion herangezogen wird.[726] Die rechtliche Grundlage hierfür sieht *Trute* im Ansatz des Bundesverfassungsgerichts, der Legitimationszusammenhang müsse wirklich und nicht nur normative Fiktion sein.[727] Die Beschränkung des (ursprünglichen) Ansatzes der Neuen Verwaltungsrechtswissenschaft, eine darstellende Untersuchung der Wirkzusammenhänge vorzunehmen, scheint von *Trute* insoweit nicht aufgegriffen und fortgeführt zu werden, als verfassungs*rechtliche* Zweifel durch das vorgefundene dogmatische Modell mit seinem theoretischen (Gegen-)Entwurf ausgeräumt werden sollen.[728]

---

725 *Trute*, Die demokratische Legitimation der Verwaltung, in: *Hoffmann-Riem/Schmidt-Aßmann/Voßkuhle* (Hrsg.), Grundlagen des Verwaltungsrechts, Bd. I, 2. Aufl. (2012), § 6, Rdnr. 1 f. erhebt insoweit auch den Anspruch, dass es sich bei der gegenständlichen Verwaltungslegitimation um eine normative Form der Rechtfertigung staatlicher Herrschaft handelt, also um eine normative Legitimation.

726 Vgl. zu den Ansprüchen des Gesamtkonzepts der neuen Verwaltungswissenschaft *Voßkuhle*, Neue Verwaltungsrechtswissenschaft, in: *Hoffmann-Riem/Schmidt-Aßmann/Voßkuhle* (Hrsg.), Grundlagen des Verwaltungsrechts, Bd. I, 2. Aufl. (2012), § 1, Rdnr. 16 ff. zur zuvor schon aufgeworfenen Fragestellung bei *Voßkuhle*, Methode und Pragmatik im Öffentlichen Recht, in: *Bauer/Schmidt* (Hrsg.), Umwelt, Wirtschaft und Recht (2002), S. 185.

727 *BVerfG*, B. v. 05.12.2002, BVerfGE 107, 59 (91).

728 *Trute*, Die demokratische Legitimation der Verwaltung, in: *Hoffmann-Riem/Schmidt-Aßmann/Voßkuhle* (Hrsg.), Grundlagen des Verwaltungsrechts, Bd. I, 2. Aufl. (2012), § 6, Rdnr. 15.

27. Sebastian Unger (2008)

Als Ausgangspunkt für seine Untersuchung zum Norminhalt von Art. 20 Abs. 2 GG und damit zum erforderlichen Legitimationsniveau stellt *Sebastian Unger* in seiner Untersuchung „Das Verfassungsprinzip der Demokratie – Normstruktur und Norminhalt des grundgesetzlichen Demokratieprinzips" von 2008 den rechtsprinzipiellen Charakter von Art. 20 Abs. 2 GG in den Mittelpunkt seiner Betrachtung. Dabei existierten nach seiner Auffassung mit dem holistisch-monistischen Demokratieverständnis und auf der anderen Seite dem individualistisch-pluralistischen Verständnis zwei nahezu unvereinbare Standpunkte, die es auf Ebene ihrer inhaltlichen Widersprüche unmöglich machten, eine Klärung herbeizuführen.[729] Durch die Unterscheidung zwischen „harten" Rechtsregeln, die für sich beanspruchten, vollständig zur Geltung gebracht zu werden, und „weichen" Rechtsprinzipien, deren bloße Optimierung erreicht werden müsste, zeige sich, dass erstere zu einer Stabilisierung der Rechtsordnung in einem vorbestehenden Zustand führten, letztere hingegen flexibel seien, dass auch tatsächliche und rechtliche Veränderungen der Umwelt zu einer Berücksichtigung durch das Rechtsprinzip führen könnten.[730] Diese Prinzipialisierung sei auch durch die Rechtsprechung schon aufgenommen worden.[731] In der Beurteilung der zum System des Grundgesetzes gehörenden Normen sei die Wertung des Art. 79 GG als Ordnungsnorm von entscheidender Bedeutung, weil sie das Verhältnis zwischen den übrigen Normen beschreibe.[732] Insbesondere Art. 79 Abs. 3 GG schaffe eine Un-

729 Deshalb käme der Streit zwischen beiden Grundansätzen schon fast einer juristischen Glaubensfrage gleich: je nach Vorverständnis ergäbe sich eine andere Konsequenz für das Verständnis des Demokratieprinzips, *Unger*, Das Verfassungsprinzip der Demokratie (2008), S. 86 f.

730 *Unger*, Das Verfassungsprinzip der Demokratie (2008), S. 104 ff.

731 Durch den Verweis des Bundesverfassungsgerichts auf den Prinzipiencharakter des Demokratieprinzips in der Entscheidung zu den Wasserverbänden (*BVerfG*, B. v. 05.12.2002, BVerfGE 107, 59 (91)) habe das Gericht wie auch bei *BVerfG*, B. v. 13.07.2004, BVerfGE 111, 191 (215 ff.) angedeutet, dass es das Demokratieprinzip insoweit als abwägungsfähig ansehe und damit den Schritt zu einer Prinzipialisierung des Demokratieprinzips beschritten, *Unger*, Das Verfassungsprinzip der Demokratie (2008), S. 112 ff.

732 Hierfür sei zum einen bedeutsam, dass Art. 79 Abs. 1 GG durch die Notwendigkeit der Kodifikation ein abschließendes System schaffe, zum anderen, dass Art. 79 Abs. 3 GG ein Rangverhältnis innerhalb der Verfassung vorsehe, das ein Ordnungssystem innerhalb der Normen des Grundgesetzes schaffe, *Unger*, Das Verfassungsprinzip der Demokratie (2008), S. 188 ff.

terscheidung zwischen „einfachem" und „besonderem" (änderungsfesten) Verfassungsrecht.[733] Als Konsequenz dieser Unterscheidung ergebe sich, dass es sich bei den in Art. 79 Abs. 3 GG in Bezug genommenen Regelungen um Rechtsprinzipien handle.[734] Würden diese teleologisch so ausgelegt, könnten die Verfassungsprinzipien ihrer Baugesetzfunktion nachkommen, weil nur Rechtsprinzipien hinreichend flexibel seien, um die zukünftige Entwicklung der Verfassung prospektiv steuern zu können.[735] Bei den übrigen Normen (außerhalb der Art. 1 und 20 GG) handle es sich demgegenüber überwiegend um „Festsetzungen der rechtsprinzipiellen Baugesetze der Verfassung"[736], mittels derer diese Rechtsprinzipien bis ins kleinste konkretisiert würden.[737] Dabei müsse es sich noch nicht zwingend um Rechtsregeln handeln, weil vielen dieser Normen gleichzeitig ein teilweise prinzipieller und – soweit ihr Festsetzungsgehalt reiche – ein rechtsregelhafter Charakter zu eigen sei.[738] Diesen doppelten Charakter könne man an den doppelt erwähnten Gehalten des Art. 20 GG erkennen. Soweit das Rechtsstaatsprinzip in Art. 20 Abs. 1 (hier zumindest durch die Grundsätze der Gewaltenteilung und der Bindung an Verfassung und Gesetz) und 3 GG und das Demokratieprinzip in Art. 20 Abs. 1 und 2

733 Dies führe auch nicht nur zu einer Höherrangigkeit von Art. 79 Abs. 3 GG, sondern auch der durch diese Norm in Bezug genommenen besonderen Verfassungsbestimmungen, *Unger*, Das Verfassungsprinzip der Demokratie (2008), S. 194 f.

734 Der rechtsprinzipielle Charakter dieser Verfassungsbestimmungen ergebe sich insbesondere auch dem „Baugesetzcharakter", weil das Grundgesetz auf Offenheit und Wachstum angelegt sei und ein zukunftsbewusstes Verfassungssystem darstelle bzw. schaffen wolle, *Unger*, Das Verfassungsprinzip der Demokratie (2008), S. 218 f.

735 Dies könne durch textliche Änderung der Verfassung geschehen, aber auch durch Auslegung und Fortbildung, worauf das Grundgesetz ebenso angelegt sei, *Unger*, Das Verfassungsprinzip der Demokratie (2008), S. 220.

736 *Unger*, Das Verfassungsprinzip der Demokratie (2008), S. 220 f.

737 Dabei stellten die Grundrechte konkretisierte Rechtsvorschriften der Menschenwürdegarantie dar, die insoweit den „Quellcode" bzw. die „Quelle aller Grundrechte" darstelle; vergleichbares gelte für die grundgesetzlichen Vorgaben zur Rechtsprechung, die insoweit Konkretisierungen des in Art. 20 Abs. 3 GG enthaltenen Rechtsstaatsprinzips darstellten, *Unger*, Das Verfassungsprinzip der Demokratie (2008), S. 221.

738 Vgl. *Unger*, Das Verfassungsprinzip der Demokratie (2008), S. 221 f.; auch sei nicht ausgeschlossen, dass den als Baugesetzen bezeichneten Art. 1 und 20 GG zumindest partiell Rechtsregelcharakter beizumessen sei, was aber nicht ihren Gesamtcharakter verändere, weil dieser partielle Festsetzungen innerhalb der Baugesetze nicht ausschließe, *Unger*, Das Verfassungsprinzip der Demokratie (2008), S. 224.

GG angesprochen seien, erfolge in den Konkretisierungen jeweils eine Verdichtung als partielle Festsetzungen. Diese gehe jedoch nicht so weit, wie durch das holistisch-monistische Demokratieverständnis angedeutet würde, dass nämlich Art. 20 Abs. 1 GG ein Rechtsprinzip darstelle und Art. 20 Abs. 2 GG eine Rechtsregel. Seine systembildende Steuerungsfunktion könnte das Rechtsprinzip des Art. 20 GG dann nämlich nicht mehr erfüllen, weil diese nicht flexibel genug sei.[739] Der konkrete (verbleibende) Inhalt des in Art. 20 Abs. 2 GG enthaltenen Demokratieprinzips sei demnach negativ zu bestimmen, nachdem von einem selbständigen Verfassungsprinzip auszugehen sei. Vor allem Elemente eines weiten, „politikwissenschaftlich informierten" Demokratiebegriffs unterfielen nicht dem grundgesetzlichen Begriff der Demokratie.[740] Gerade im Verhältnis zu den anderen rechtsprinzipiellen „Baugesetzen" sei eine strikte Trennung vorzunehmen, weil nur durch die genaue Herausarbeitung des jeweiligen eigenen Kerns das Verhältnis zu den anderen Prinzipien bestimmt werden könne.[741] Gleichzeitig dürfe sich der Inhalt des in Art. 20 GG enthaltenen Demokratieprinzips gerade nicht aus den einzelnen Konkretisierungen des Demokratieprinzips im Grundgesetz bestimmen: Dies führe dazu, dass die konkretisierenden Elemente ihrerseits dem Demokratiebegriff immanent und damit in Art. 20 Abs. 1 GG und auch in Art. 79 Abs. 3 GG mitgarantiert wären, also ewigkeitsfest festgeschrieben würden. Dies widerspreche jedoch der grundgesetzlichen Konstruktion der Inbezugnahme durch Art. 79 Abs. 3 GG, weil nach diesem Verständnis jede Konkretisierung als geboten angesehen wäre; der dem Demokratieprinzip wegen des Charakters als Baugesetz immanente und erforderliche Selbststand könnte so

---

739 *Unger,* Das Verfassungsprinzip der Demokratie (2008), S. 225; die Vorgaben für Entscheidungs- und Argumentationsprozesse dürften sich nicht unmittelbar aus Art. 20 Abs. 2 GG ergeben, sondern erst aus einer situativen Verdichtung des rechtsprinzipiellen Kerns von Art. 20 Abs. 2 GG, *Unger,* Das Verfassungsprinzip der Demokratie (2008), S. 227.

740 Hier sei eine Abgrenzung von den übrigen Gehalten des Art. 20 GG („internormativer" Selbststand) und den eigenen Konkretisierungen des Demokratieprinzips in sonstigen Grundgesetzbestimmungen („intranormativer" Selbststand) vorzunehmen, *Unger,* Das Verfassungsprinzip der Demokratie (2008), S. 229.

741 Deshalb dürften die Baugesetze nicht von vornherein vermengt werden, in denen von Begriffen („Großformeln") wie dem „demokratischen Rechtsstaat" gesprochen werde; damit würden bewusst in die Verfassung aufgenommene Spannungslagen aufgelöst, deren Verwirklichung dem Ansatz nach erst im Konfliktfall bestimmt hätte werden sollen; insbesondere Demokratie- und Rechtsstaatsgehalt des Art. 20 GG müssten streng voneinander unterschieden werden, *Unger,* Das Verfassungsprinzip der Demokratie (2008), S. 230.

nicht erreicht werden, weil es von weiteren Verfassungskonkretisierungen abhängig wäre.[742] Stattdessen sei durch Art. 20 GG nur ein Demokratieprinzip festgeschrieben, das alleine die Legitimation politischer Herrschaft durch Inklusion der Beherrschten, nicht die inhaltliche Anleitung und Limitierung dieser Herrschaft beinhalte – ein konkretes Modell dieser Inklusion sei jedenfalls noch nicht enthalten.[743] Positiv sei der Gehalt des grundgesetzlichen Demokratieprinzips aus dem Nebeneinander von demokratischer Freiheit und demokratischer Gleichheit abzuleiten. Dabei sei der Schluss abzulehnen, in Abgrenzung von grundrechtlicher Freiheit liege dabei die demokratische Freiheit erst und nur dann vor, wenn eine Mitwirkung an der Ausübung von Staatsgewalt nicht durch Betroffenheit bedingt sei, sondern durch die kollektive Verbundenheit der Individuen als Volk.[744] Vielmehr stelle der (demokratische) Gleichheitssgedanke das Regulativ zum (demokratischen) Freiheitsgedanken dar, weil diese gegenläufig seien: Je stärker die Gleichheit, desto geringer die Chance, die eigene demokratische Freiheit zu verwirklichen – und umgekehrt. Dabei sei die demokratische Gleichheit skalierbar, weil nicht stets alle in gleichem Maße betroffen seien. Dies führe zu einer notwendigen Abwägung, weil die möglichst umfassende Inklusion Betroffener und die effektive Partizipation sich gegenseitig begrenzten. Hier sei das im Demokratieprinzip enthaltene Optimierungsgebot bedeutsam, weil es in Art. 20 Abs. 1 GG eine Abwägungsaufgabe enthalte, die dem so verstandenen Charakter dieser Norm entspreche.[745] Die Optimierung erlaube damit auch Zwischenstufen

742 Nach *Unger*, Das Verfassungsprinzip der Demokratie (2008), S. 242 ff. würde dies dazu führen, dass niemals das allgemeine Demokratiemodell des Art. 20 GG erschlossen werden könnte, sondern stets nur eine besondere Konkretisierung.

743 *Unger*, Das Verfassungsprinzip der Demokratie (2008), S. 247.

744 Hierüber könnten zum einen nicht ein inhomogenes Kollektiv und damit eine Mehrheitsentscheidung erklärt werden, zum anderen stellten sowohl grundrechtliche, als auch demokratische Freiheitsrechte Rechte des Einzelnen dar und könnten nicht nur durch eine kollektive Freiheitshäre verwirklicht werden, *Unger*, Das Verfassungsprinzip der Demokratie (2008), S. 253 ff.

745 Ein Gebot schematischer Gleichbehandlung ergebe sich hiernach nur, wenn konstituierte Inklusionsstrukturen erkennbar seien; im Umkehrschluss seien ansonsten Differenzierungen und Abstufungen möglich, *Unger*, Das Verfassungsprinzip der Demokratie (2008), S. 261 f.; der Sache nach entspreche diese Argumentation auch der des Bundesverwaltungsgerichts in *BVerwG*, B. v. 17.12.1997, NJW 1999, 870, weil es hier die Interessen der Mitglieder der Wasserverbände gegen die der ansonsten Betroffenen abgewogen habe und damit genau eine Optimierung des Gehalts des Demokratieprinzips vorgenommen habe, *Unger*, Das Verfassungsprinzip der Demokratie (2008), S. 263 ff.

in der Mitwirkung, die beispielsweise mit abgestuften Mitwirkungsmöglichkeiten unmittelbar Betroffener vorliegen könnten.[746]

Den Ansatz des holistisch-monistischen Legitimationsverständnisses sieht *Unger* dabei insoweit als unvollständig und irreführend an, als lediglich gemeinsame Wurzeln von Selbstverwaltung und Demokratie ausgemacht würden und demokratische Freiheit und Gleichheit vorschnell miteinander vermengt würden. Damit werde der Selbstbestimmungsgedanke nicht als normative Größe wahrgenommen, obwohl ihm mit dem demokratischen Freiheitsgedanken ein im Demokratieprinzip angelegter Verfassungswert zukomme; erst die vorschnelle Kombination aus beiden Demokratieelementen führe dazu, dass die demokratische Egalität zu Unrecht in den Mittelpunkt gestellt werde und damit als Rechtfertigung keine demokratischen, sondern nur noch grundrechtlichen Argumente als Rechtfertigung zur Verfügung stünden.[747] Direkte Aussagen zu den Legitimationsmodi ließen sich aus Art. 20 Abs. 2 GG nicht ableiten, vielmehr ergebe sich nur im Ergebnis ein notwendiger Zustand genügender Legitimation, hier also konkreter Erfahrbarkeit und praktischer Wirksamkeit.[748] Deshalb lasse sich auch nicht das Legitimationskettenmodell aus dem Grundgesetz ableiten, sondern einzig das bloße Gebot eines effektiven Zurechnungszusammenhangs. Dieser könne allerdings nicht durch eine irgendwie geartete Form einer Output-Legitimation erreicht werden, weil ein solcher überhaupt erst an Maßstäben gemessen werden könnte, die noch nicht existierten und im Wege eines gleichartigen Verfahrens kreiert werden müssten – mangels absoluter Wahrheiten könne die Frage nach einer richtigen Entscheidung ansonsten nicht beantwortet werden.[749] Einzig aus den gegenseitigen Begrenzungen (jeweils demokratischer) Frei-

746 Dabei seien auch Teilhaberechte zur Verwirklichung der eigenen Mitwirkung geeignet, die durch das Gemeininteresse dadurch begrenzt werden, dass mittels parlamentarischer Gesetze oder exekutiver Steuerungsmittel die Mitwirkung auf ein gemeinwohlverträgliches Maß reduziert würden, *Unger*, Das Verfassungsprinzip der Demokratie (2008), S. 266.

747 *Unger*, Das Verfassungsprinzip der Demokratie (2008), S. 270 f. unter Bezugnahme auf die und Kritik der Überlegungen bei *Schmidt-Aßmann*, Das allgemeine Verwaltungsrecht als Ordnungsidee, 2. Aufl. (2006), Rdnr. 2.

748 Insoweit verweist *Unger*, Das Verfassungsprinzip der Demokratie (2008), S. 277 auf den in *BVerfG*, B. v. 05.12.2002, BVerfGE 107, 59 (91) konkretisierten Maßstab.

749 Dabei gesteht *Unger*, Das Verfassungsprinzip der Demokratie (2008), S. 278 f. insoweit ein, dass es in Ermangelung materieller Standards nahezu unmöglich ist, einen Legitimationsmaßstab zu entwickeln, der nicht maßgeblich auf die korrekte Beteiligung demokratisch legitimierter Personen abstellt.

heit und Gleichheit könne geschlossen werden, dass von den nach Art. 20 Abs. 2 Satz 2 GG vorgesehenen Möglichkeiten von Wahlen und Abstimmungen ein eher repräsentativer Ansatz zu wählen sei.[750]

Der konkrete Norminhalt ergebe sich dann aus der „Tiefenstruktur" des rechtsprinzipiellen Demokratieprinzips, das in Art. 20 Abs. 1 GG primär verortet und verschiedentlich und vor allem in den Art. 21 Abs. 1 Satz 3, Art. 23 Abs. 1 Satz 1 und Art. 28 Abs. 1 Satz 1 GG aufgenommen und konkretisiert werde.[751] Dabei sei die grundsätzliche grundgesetzliche Verortung des Demokratieprinzips einzig in Art. 20 Abs. 1 GG und nicht auch in dessen Abs. 2 deshalb von Bedeutung, weil durch Verweise anderer Normen auf die „Demokratie" damit nur auf das allgemeine Demokratieprinzip verwiesen werde und nicht auch auf das Prinzip der Volkssouveränität in Art. 20 Abs. 2 Satz 1 GG.[752] Die neben diesem allgemeinen Rechtsprinzip der Demokratie enthaltenen Vorgaben des Grundgesetzes stellten daneben hingegen Konkretisierungen dar, die als Rechtsregeln zu verstehen seien; diese kämen dann „rechtsregelhafte[n] Festsetzungen in das rechtsprinzipielle Nebeneinander von demokratischer Freiheit und demokratischer Gleichheit"[753] gleich. Insbesondere gehöre zu diesen regelhaften Konkretisierungen der Grundsatz der Volkssouveränität in Art. 20 Abs. 2 Satz 1 GG: dieser gestalte das allgemeine Demokratieprinzip dahingehend aus, dass Träger des demokratischen Mitbestimmungsrechts auf Bundesebene ausschließlich das deutsche Volk sei.[754] Nicht jedoch seien konkrete Legitimationsmethoden enthalten, vielmehr führe Art. 20 Abs. 2 Satz 2 GG nur die unterschiedlichen Ausgestaltungsmöglichkeiten auf, die ihrerseits durch die allgemeine Vorgabe des Art. 20 Abs. 1 GG beschränkt

---

750 Diese Notwendigkeit ergebe sich aus der Begrenzung der eigenen Ressourcen: So gebiete die demokratische Gleichheit, dass nicht jedem die ständige Befassung zugemutet werden könne mit der Folge, dass diejenigen, die besonders viel Zeit investieren, ihre eigenen Interessen eher als andere durchsetzen können.

751 Hingegen stellten die Art. 10 Abs. 2, Art. 11 Abs. 2, Art. 18 Satz 1, Art. 21 Abs. 2 Satz 1, Art. 73 Nr. 10b, Art. 87 Abs. 4 Satz 1 und Art. 91 Abs. 1 GG in Hinblick auf das allgemeine Demokratieprinzip nur Normen von untergeordneter Bedeutung dar, *Unger*, Das Verfassungsprinzip der Demokratie (2008), S. 282 f.

752 Mit Verweis auf ein homogenes Demokratieverständnis dieser Normen *Unger*, Das Verfassungsprinzip der Demokratie (2008), S. 283 ff.

753 *Unger*, Das Verfassungsprinzip der Demokratie (2008), S. 287.

754 Insoweit sei aber auch diese rechtsregelhafte Konkretisierung des allgemeinen Demokratieprinzips von der Ewigkeitsgarantie des Art. 79 Abs. 3 GG mit umfasst, *Unger*, Das Verfassungsprinzip der Demokratie (2008), S. 289.

würden und austariert werden müssten.[755] Für die Länder sei über die Homogenitätsklausel des Art. 28 Abs. 1 Satz 1 GG allerdings auch lediglich Art. 20 Abs. 1 GG in Bezug genommen worden, weshalb auch erst die Art. 28 Abs. 1 Satz 2 und 4 GG Abweichungen im Begriff des Gemeindevolks möglich würden.[756] Erst recht bedeute dies, dass bei der Homogenitätsklausel des Art. 23 Abs. 1 Satz 1 GG nicht die Volkssouveränität des Art. 20 Abs. 2 Satz 1 GG in Bezug genommen werde, weil letztere Vorschrift nur eine bereichsspezifische Ausführungsbestimmung zu Art. 20 Abs. 1 GG darstelle – einzig für die Demokratie auf Bundesebene.[757] Die habe zur Folge, dass die Anforderungen an die demokratische Legitimation des Handelns der Europäischen Union sich nicht von denen staatlicher Gewaltausübung unterschieden, weil eine Anpassung des allgemeinen Gehalts (unter Außerachtlassung der hier unterstellt unanwendbaren Volkssouveränität) des Demokratiebegriffs durch Beachtung der „rechtsprinzipiellen Tiefenstruktur“ möglich sei, weil hierdurch ausreichend Spielräume geboten würden, dem Wesen der Europäischen Union Rechnung zu tragen – dabei stelle das gegenwärtige Modell einer doppelgleisigen demokratischen Legitimation der Union durch einen mitgliedstaatlichen und einen europaparlamentarischen Legitimationsstrang nur eine kontingente, nicht jedoch eine zwingende Ausgestaltung dar.[758] Nach diesem Verständnis sei auch der Verweis auf das Demokratieprinzip in Art. 21 Abs. 1 Satz 3 GG unzweifelhaft auf dasselbe, unmodifizierte Prinzip gerichtet. Verstehe man dessen Kern nämlich insoweit als ausgestaltungsfähig, sei eine (sonst postulierte) Modifikation dieses Demokratieprinzips überhaupt nicht notwendig, sondern stelle wiederum nur eine fallbezogene Konkretisierung

---

755 Vgl. *Unger,* Das Verfassungsprinzip der Demokratie (2008), S. 289 f.

756 *Unger,* Das Verfassungsprinzip der Demokratie (2008), S. 290; dabei wird jedoch nicht berücksichtigt, dass das Bundesverfassungsgericht auch das Prinzip der Volkssouveränität mit in den Gehalt der Homogenitätsklausel des Art. 28 Abs. 1 GG mit einbezieht *BVerfG,* Urt. v. 31.10.1990, BVerfGE 83, 37 (51 f.); *BVerfG,* Urt. v. 31.10.1990, BVerfGE 83, 60 (72).

757 Aus diesem Grund sei der Grundsatz der Volkssouveränität aus Sicht des Grundgesetzes für die Demokratie der Europäischen Union nicht von Bedeutung, *Unger,* Das Verfassungsprinzip der Demokratie (2008), S. 291.

758 Vgl. *Unger,* Das Verfassungsprinzip der Demokratie (2008), S. 292 f.; durch die Berücksichtigung beider Komponenten (Freiheit und Gleichheit) könnten allerdings auch die durch Wahlrechtsungleichheiten bei der europaparlamentarischen Legitimationskomponente ausgeglichen werden, weil die Kombination und die vorhandenen Einschränkungen sich zu einem zulässigen Maß ergänzten.

dar.[759] Für die Zusammenwirkung des allgemeinen Rechtsprinzips der Demokratie in Art. 20 Abs. 1 GG und der rechtsregelhaften Konkretisierung – beispielsweise im Grundsatz der Volkssouveränität des Art. 20 Abs. 2 Satz 1 GG – ergebe sich in der Rechtsregel eine Aktualisierung des Prinzips. Gleichwohl erschöpfe sich letzteres hierdurch nicht, sondern bleibe jenseits des (eng zu verstehenden) Wortlauts von Art. 20 Abs. 2 Satz 1 GG weiter anwendbar. Dies bedeute, dass eine Erweiterung des Legitimationssubjekts (auf Bundesebene) auf andere als Staatsbürger keinesfalls zulässig sein könne; eine Beschränkung des zulässigen Legitimationssubjekts auf das Staatsvolk als Ganzes sei hingegen durch die rechtsregelhafte Festsetzung nicht enthalten, weshalb die allgemeinen prinzipiellen Erwägungen zum Tragen kämen. Hier gebiete der drängende Charakter des demokratischen Freiheitsgedankens, dass nicht explizit durch Art. 20 Abs. 2 Satz 1 GG ausgeschlossene Partizipationsmöglichkeiten zumindest nicht grundsätzlich unzulässig seien.[760]

Mit dieser Annahme, der Begriff der Demokratie des Grundgesetzes sei in seinen verschiedenen Ausprägungen zugleich einmal als Rechtsprinzip anzusehen und in einem anderen Kontext als Rechtsregel, scheint *Unger* auf den ersten Blick eine Integration teils völlig konträrer Annahmen wichtiger Literaturauffassungen und den verschiedenen Entwicklungsstufen der verfassungsgerichtlichen Rechtsprechung zu gelingen. Sein Modell erklärt die Striktheit der Notwendigkeit der Beschränkung des Legitimationssubjekts auf das Staatsvolk (und somit vor allem die Entscheidungen zur Schaffung eines Wahlrechts für Ausländer), aber auch die weitgehende Öffnung hinsichtlich der funktionalen Selbstverwaltung, wie sie das BVerfG in seiner Entscheidung zu den Wasserverbänden[761] vorgenommen hat. Diese Auffassung ist auch insoweit geeignet, die neuere verfassungsgerichtliche Rechtsprechung[762] in das Modell zu integrieren, als das zu erreichende Legitimationsniveau von der Intensität des (Grund-

759 *Unger,* Das Verfassungsprinzip der Demokratie (2008), S. 294 ff.

760 *Unger,* Das Verfassungsprinzip der Demokratie (2008), S. 297 f.; dies sei auch noch fortzuführen, dass jedenfalls die Wertungen des Art. 20 Abs. 1 GG dann berücksichtigt werden müssten, wenn es um die Verleihung der Staatsangehörigkeit gehe, um auf diese Weise eine Mitwirkung weiterer Personen trotz der Vorgabe des Art. 20 Abs. 2 Satz 1 GG erreichen zu können.

761 *BVerfG,* B. v. 05.12.2002, BVerfGE 107, 59 (vgl. dazu Kapitel III.C.19).

762 Vgl. hier vor allem *BVerfG,* Urt. v. 18.01.2012, BVerfGE 130, 76 (vgl. dazu Kapitel III.C.34), *BVerfG,* Urt. v. 28.01.2014, BVerfGE 135, 155 (vgl. dazu Kapitel III.C.37) und *BVerfG,* B. v. 06.05.2014, BVerfGE 136, 194 (vgl. dazu Kapitel III.C.40).

rechts-)Eingriffs anhängen soll. Zwar streitet *Unger* hier keinesfalls für eine Determination in Abhängigkeit eines *Grundrechts*eingriffs, seine Argumentation entspricht jedoch mit der zu erreichenden *demokratischen* Freiheit, deren Bedeutung auch von der Betroffenheit abhänge, dieser Schlussfolgerung und erscheint damit trotz unterschiedlicher Anknüpfung dem Wesen nach vergleichbar. Zudem findet sich bei *Unger* erstmals eine konsequent unternommene Untersuchung auf eine verfassungsrechtliche Nachweisbarkeit des Prinzipiencharakters des Demokratieprinzips im Grundgesetz, der nicht nur behauptet oder als zweckmäßig angesehen wird, sondern aus einer Auslegung der Art. 20 Abs. 1 und Abs. 2, sowie Art. 79 GG. Damit erfüllt die Vorgehensweise an sich die notwendigen Voraussetzungen für einen geeigneten Nachweis eines (denkbaren) Verfassungsprinzips. Ob die bloße Möglichkeit ausreicht, ein Gros der vom Bundesverfassungsgericht entschiedenen Fälle damit durch ein integrierendes Modell erklären zu können, um dieses verfassungsrechtlich zu verifizieren und nachzuweisen, erscheint indes zweifelhaft. Der Charme dieses Modells, ein allgemeines Rechtsprinzip in Art. 20 Abs. 1 GG vorzufinden, das seine Konkretisierung in vielen weiteren Verfassungsnormen gefunden habe, darf nicht dazu verleiten, dessen verfassungsrechtliche Fundierung zu vernachlässigen. Hier dürfte jedoch die Schwachstelle des gesamten Konstrukts liegen: Die gesamte Argumentation *Ungers* über den Charakter des in Art. 20 Abs. 1 GG enthaltenen Demokratie*prinzips* wird aus der Höherrangigkeit dieser Vorschrift über die sonstigen Bestimmungen des Grundgesetzes abgeleitet. Diese Grundannahme der unterschiedlichen Rangstufen verschiedener grundgesetzlicher Einzelnormen wird jedoch mit guten Gründen bestritten.[763] Zudem scheint der Schluss, der Prinzipiencharakter des Demokratieprinzips in Art. 20 Abs. 1 GG leite sich aus Art. 79 Abs. 3 GG und seinem Charakter als Baugesetz ab und gleichzeitig stelle der Grundsatz der Volkssouveränität des Art. 20 Abs. 2 Satz 1 GG nur eine (untergeordnete) Konkretisierung dar, keineswegs zwingend. Insoweit widerspricht dieser Schluss auch der Annahme des dogmatischen Grundsatzes zwingend erforderlicher demokratischer Legitimation überhaupt. Stellte Art. 20 Abs. 2 Satz 1 GG lediglich eine rechtsregelhafte Konkretisierung hinsichtlich des Legitimationssubjektes auf, ließen sich keine Legitimationsvermittlungsmethoden herleiten, wie es aber beim BVerfG mit der Annahme der Kombination personell-organisatorischer und sach-

763 Besonders deutlich bei *Jestaedt,* Grundrechtsentfaltung im Gesetz (1999), 159-160; 235-236, dass es sich bei Art. 79 GG um nur Änderungsbedingungen handelt, die gerade keine verschiedenen Rangstufen begründen.

lich-inhaltlicher Legitimation der Fall ist. Der Einwand, diese Legitimationsvermittlungskomponenten böten sich aus sachlogischen Erwägungen an, seien aber nicht zwingend, verdeckt dabei, dass bei der Zulassung unbestimmter Rückführungsmethoden bei gleichzeitiger Aufgabe des Kriteriums der notwendigen Rückführung auf die Gesamtheit des Volkes überhaupt kein kritischer Wert mehr enthalten wäre, also eine Verfassungswidrigkeit wegen Verstoßes gegen einen Grundsatz demokratischer Legitimation (dann konsequent abgeleitet aus Art. 20 Abs. 1 GG) kaum denkbar sein könnte.

28. BVerfG: Vertrag von Lissabon (2009)

a) Entscheidung des Gerichts

Mit seinem Urteil vom 30. Juni 2009 äußerte sich der Zweite Senat umfassend[764] zu allen verfassungsrechtlichen Aspekten des Lissabonner Vertrages[765] und damit insbesondere auch zu Fragen demokratischer Legitimation der Europäischen Union und deren rechtlicher Bedeutung für das nationale Verfassungsrecht. In den (verbundenen) Verfahren der Verfassungsbeschwerden und Organstreitverfahren kommt das Gericht wie schon zuvor im Maastricht-Urteil[766] über eine geltend gemachte Verletzung des grundrechtsgleichen Rechts aus Art. 38 Abs. 1 Satz 1 GG auch im Verfassungsbeschwerdeverfahren dazu, die Bestimmungen des Vertrags nahezu umfassend auf ihre Vereinbarkeit mit Bestimmungen des Grundgesetzes zu prüfen.[767] Bereits hier wird unter Berufung auf das Maastricht-Ur-

---

764 Von einem „Kompendium neuerer Allgemeiner Staatslehre" und gar einer „Enzyklika" spricht *Isensee,* Integrationswille und Integrationsresistenz des Grundgesetzes, ZRP 2010, 33 (34).

765 Prüfungsgegenstand konnten zwar nur nationale Zustimmungs- und Begleitgesetze sein, gleichwohl nahm das Gericht eine eher umfassende inzidente Prüfung der inhaltlichen Neuerungen des EUV und AEUV vor, vgl. *Jestaedt,* Warum in die Ferne schweifen, wenn der Maßstab liegt so nah?, Der Staat 48 (2009), 497 (499).

766 *BVerfG,* Urt. v. 12.10.1993, BVerfGE 89, 155 (171 ff.).

767 Zur vielfach geäußerten Kritik an der damit verbundenen Prüfung von objektivrechtlichen Bestimmungen in Individualklageverfahren, siehe die Zustimmung insbesondere bei *Murswiek,* Art. 38 GG als Grundlage eines Rechts auf Achtung des unabänderlichen Verfassungskerns, JZ 2010, 702 und *Murswiek,* Schlusswort: Schutz der Verfassung als Bürgerrecht, JZ 2010, 1164, sowie die strenge Ablehnung bei *Schönberger,* Die Europäische Union zwischen "Demokratiede-

teil davon gesprochen, das „Demokratieprinzip" könne „unter dem Aspekt der Aushöhlung der Kompetenzen des Deutschen Bundestages" verletzt sein; die Verbürgung der Wahlrechtsgrundsätze erstrecke sich auch auf den „grundlegenden demokratischen Gehalt dieses Rechts".[768] Im Folgenden wird dieses Klagebefugnis auch für den Fall der Geltendmachung einer nicht hinreichenden demokratischen Legitimation der Europäischen Union erweitert.[769] Im Ergebnis kommt das Gericht zu einer Verfassungswidrigkeit allein des Ausweitungsgesetzes[770], soweit durch dieses Gesetz nicht im Wege von Verfahrensvorgaben sichergestellt war, dass auf Unionsebene die Zustimmung Deutschlands zu Kompetenzerweiterungen der Union nur bei vorheriger Zustimmung des Bundestags zulässig ist.[771]

b) Maßstabsfragen

Im Rahmen der Zulässigkeit äußert das Gericht sehr deutlich, welchen (weiten) Maßstab es mit dem subjektivierten Wahlrechtsgrundsatz aus Art. 38 Abs. 1 GG „in Verbindung mit dem Demokratieprinzip" anlegt. Offen bleibt hingegen, woraus genau sich dieser Demokratiebezug herleitet: zwar wird auf den demokratischen Charakter von Art. 38 Abs. 1 GG Bezug genommen, die verwendeten Begrifflichkeiten deuten jedoch eher auf eine Prüfung allgemeiner oder besonderer „Demokratiegrundsätze" hin. Ein Bezug auf Art. 20 Abs. 1 oder Abs. 2 GG wird hingegen nicht hergestellt, weshalb sich nicht zwingend ergibt, ob hier ein positivrechtlicher Demokratiebegriff (und damit welcher) gemeint sein soll.[772] Auch die Aussage, das Wahlrecht begründe einen „Anspruch auf Teilhabe an

---

fizit" und Bundestaatsverbot, Der Staat 48 (2009), 535 und *Schönberger*, Der introvertierte Rechtsstaat als Krönung der Demokratie? – Zur Entgrenzung von Art. 38 GG im Europaverfassungsrecht, JZ 2010, 1160.

768 *BVerfG*, Urt. v. 30.06.2009, BVerfGE 123, 267 (329 f.).

769 Unter Verweis darauf, dass es bei der Zulässigkeit von Übertragung von Rechten auf die EU nicht ohne Bedeutung sein könne, ob diese auf europäischer Ebene ausgeübte Hoheitsgewalt auch demokratisch legitimiert ist, *BVerfG*, Urt. v. 30.06.2009, BVerfGE 123, 267 (331).

770 Gesetz über die Ausweitung und Stärkung der Rechte des Bundestages und des Bundesrates in Angelegenheiten der Europäischen Union (Bundestagsdrucksache 16/8489).

771 *BVerfG*, Urt. v. 30.06.2009, BVerfGE 123, 267 (432 ff.).

772 Lediglich bei der Frage der Zulässigkeit der Verfassungsbeschwerde gegen die Begleitgesetzgebung nimmt das Gericht Bezug auf diese Grundgesetzartikel, siehe *BVerfG*, Urt. v. 30.06.2009, BVerfGE 123, 267 (336); von einem „Durchein-

der in Deutschland ausgeübten Staatsgewalt sowie auf die Einhaltung des Demokratiegebots“[773], klärt diese Frage nicht auf. Nachfolgend wird zwar der Zusammenhang zwischen Wahlrecht und Demokratie dadurch erklärt, dass die Staatsgewalt mit der periodisch wiederholten Wahl immer wieder neu vom Volke ausgehe (unter Verweis auf Art. 20 Abs. 2 GG) und das Wahlrecht das wichtigste vom Grundgesetz gewährleistete subjektive Anspruch der Bürger auf demokratische Teilhabe darstelle (mit Verweis auf Art. 20 Abs. 1 und Abs. 2 GG).[774] Vieles spricht an dieser Stelle dafür, dass dieses „demokratische Teilhaberecht“ auch in Art. 20 Abs. 2 GG verortet wird, allerdings nicht mit dem rechtsdogmatischen Modell demokratischer Legitimation in Verbindung zu bringen ist, sondern einen weiteren Maßstab darstellt, der eher aus Art. 20 Abs. 1 GG, denn aus Art. 20 Abs. 2 GG abgeleitet wird.[775] Das Gericht spricht hier von einer „zentrale[n] Demokratieanforderung“, die verfassungsrechtlich gefordert sei und auf der Grundlage verschiedener Modelle erfüllt werden könne. Für eines dieser Modelle habe sich das deutsche Wahlrecht mit der möglichst proportionalen Abbildung des Wählerwillens entschieden.[776] Zusammen mit der Schlussfolgerung, durch Art. 79 Abs. 3 GG und die Änderungssperre für die in Art. 1 und 20 GG niedergelegten Grundsätze sei das „demokratische Prinzip“ nicht abwägungsfähig und damit unantastbar,[777] wird deutlich, dass in diesem Zusammenhang nur das Verständnis des Demokratiebegriffs von Art. 20 Abs. 1 GG gemeint sein kann und kein dogmatischer Maßstab.[778]

---

ander in der Dogmatik“ spricht hier *Classen*, Legitime Stärkung des Bundestages oder verfassungsrechtliches Prokrustesbett?, JZ 2009, 881 (889).

773 *BVerfG*, Urt. v. 30.06.2009, BVerfGE 123, 267 (340).

774 *BVerfG*, Urt. v. 30.06.2009, BVerfGE 123, 267 (340 f.).

775 Hierfür sprechen auch die Begrifflichkeit des BVerfG, „das Prinzip“ der Volksherrschaft könne verletzt sein, und die Verortung des Anspruchs auf freie und gleiche Teilhabe an der öffentlichen Gewalt in der in Art. 1 Abs. 1 GG verankerten Würde des Menschen, vgl. *BVerfG*, Urt. v. 30.06.2009, BVerfGE 123, 267 (341).

776 *BVerfG*, Urt. v. 30.06.2009, BVerfGE 123, 267 (342); ähnlich nochmals mit dem Begriff der „grundgesetzliche[n] Ausgestaltung des Demokratieprinzips“ *BVerfG*, Urt. v. 30.06.2009, BVerfGE 123, 267 (344).

777 *BVerfG*, Urt. v. 30.06.2009, BVerfGE 123, 267 (343) unter expliziter Bezugnahme auf *BVerfG*, Urt. v. 12.10.1993, BVerfGE 89, 155 (182); vgl. dazu die deutliche Kritik bei *Grawert*, Homogenität, Identität, Souveränität, Der Staat 51 (2012), 189 (212 f.).

778 *Halberstam/Möllers*, The German Constitutional Court says "Ja zu Deutschland!", GLJ 10 (2009), 2 (11) bezeichnen die Heranziehung von Art. 79 Abs. 3

Bei der konkreten Maßstabsentwicklung aus Art. 23 Abs. 1, Art. 20 Abs. 1 und Abs. 2 „in Verbindung mit" Art. 79 Abs. 3 GG[779] scheint zwar schon wegen des genannten Normbezugs ein (positiv-)rechtlicher Ansatz gewählt zu werden. Gleichwohl bezieht sich das Gericht hier nicht auf die früher selbst entwickelte Dogmatik,[780] sondern arbeitet im maßstabentwickelnden Abschnitt[781] überwiegend mit den Begrifflichkeiten „demokratische Grundsätze"[782] und „das Demokratieprinzip"[783]. Aus diesen grundlegenden Staatsstrukturprinzipien leitet das Gericht ab, welche Politikbereiche besonders zentral für das notwendige Maß an „Demokratie" von Bedeutung sind.[784] Nach Auffassung des Gerichts erreicht die EU bei gegenwärtigem Integrationsstand noch keine Ausgestaltung, die dem Legitimationsniveau einer [*sic!*] staatlich verfassten Demokratie entspricht.[785] Nachfolgend stellt das Gericht fest, das – gemessen an staatlichen Demokratieanforderungen – bestehende Defizit europäischer Hoheitsgewalt könne durch andere Regelungen des Vertrags von Lissabon nicht aufge-

GG als die normative Basis für die Transformation hoher Theorie („high theory") in unüberwindbare Dogmatik.

779 *BVerfG*, Urt. v. 30.06.2009, BVerfGE 123, 267 (356).

780 An dieser Stelle geht das Gericht insbesondere nicht auf die im Maastricht-Urteil entwickelten Maßstäbe ein und auch eine Entwicklung des Maßstabs aus den verfassungsrechtlichen Vorgaben des insoweit einschlägigen Art. 23 GG erfolgt nicht, vgl. hierzu *Jestaedt*, Warum in die Ferne schweifen, wenn der Maßstab liegt so nah?, Der Staat 48 (2009), 497 (507 ff.).

781 Insbesondere *BVerfG*, Urt. v. 30.06.2009, BVerfGE 123, 267 (356 ff.).

782 So an prominenter Stelle *BVerfG*, Urt. v. 30.06.2009, BVerfGE 123, 267 (356).

783 *BVerfG*, Urt. v. 30.06.2009, BVerfGE 123, 267 (357).

784 Hierzu entwickelt das Gericht aus einer Ableitung von notwendigen Funktionsvoraussetzungen für das Gelingen einer Demokratie – ähnlich in der Staats*lehre* bei *Böckenförde* – Bereiche wie Staatsbürgerschaft, ziviles und militärisches Gewaltmonopol, Budgethoheit, Grundrechtseingrifftatbestände und Strafrecht, *BVerfG*, Urt. v. 30.06.2009, BVerfGE 123, 267 (358 f.); zur vielfach geäußerten Kritik am Ansatz bezüglich materieller Politikbereiche, die so nicht aus Art. 79 Abs. 3 GG ableitbar und mit diesem auch schwerlich in Einklang zu bringen seien, *Classen*, Legitime Stärkung des Bundestages oder verfassungsrechtliches Prokrustesbett?, JZ 2009, 881 (887); ähnlich *Halberstam/Möllers*, The German Constitutional Court says "Ja zu Deutschland!", GLJ 10 (2009), 2 (8).

785 *BVerfG*, Urt. v. 30.06.2009, BVerfGE 123, 267 (370); diese Formulierung legt wohl keinen positivrechtlichen, sondern eher einen staatstheoretischen oder rechtsvergleichenden Demokratiebegriff nahe. Zur Überflüssigkeit einer Kritik demokratischer Mängel anhand eines nationalen Maßstabs: *Classen*, Legitime Stärkung des Bundestages oder verfassungsrechtliches Prokrustesbett?, JZ 2009, 881 (882).

hoben und insoweit nicht gerechtfertigt werden.[786] Würde die Kommission einer Regierung noch weiter angenähert, würde mit der Wahl zum Europäischen Parlament zugleich über eine Regierung entschieden; wegen der unterschiedlichen Abgeordnetenkontingente reiche jedoch die demokratische Rückbindung zu den Mitgliedstaaten nicht aus und damit fehle es der Kommission bzw. einer europäischen Regierung an einer hinreichenden Legitimationsgrundlage.[787]

Bei der späteren Überprüfung der Zustimmungs- und Ergänzungsgesetze konkretisiert das Gericht auch seinen Prüfungsmaßstab. So wird beispielsweise die „Brückenklausel" in Art. 47 Abs. 7 EUV an Art. 23 Abs. 1 Satz 2 GG als zu beurteilende primärrechtliche Änderung der Verträge gemessen („Entstaatlichungsrüge").[788] Auch nachfolgend bedient sich das Gericht verschiedentlich des Maßstabs des Art. 38 Abs. 1 in Verbindung mit Art. 23 Abs. 1 GG.[789] Als Maßstab für die Prüfung des Änderungsgesetzes zur Änderung der Artikel 23, 45 und 93 des Grundgesetzes benennt das Gericht den Art. 79 Abs. 3 GG, der die Prüfung der Berührung der Grundsätze der Art. 1 und 20 GG beinhaltet.[790] Gleichwohl misst das Gericht die Vereinbarkeit der Änderungen des Unionsvertrages nicht an Art. 23 Abs. 1 GG, sondern beruft sich hier auf den „Identitätsmaßstab" aus Art. 79 Abs. 3 in Verbindung mit Art. 20 GG.[791]

---

786 *BVerfG*, Urt. v. 30.06.2009, BVerfGE 123, 267 (377); wobei auch hier offengelassen wird, ob die „staatlichen" Demokratieanforderungen solche des positiven Rechts darstellen sollen.

787 *BVerfG*, Urt. v. 30.06.2009, BVerfGE 123, 267 (380 f.).

788 *BVerfG*, Urt. v. 30.06.2009, BVerfGE 123, 267 (390); Kritik an der Wahl des konkreten Maßstabs übt *Classen*, Legitime Stärkung des Bundestages oder verfassungsrechtliches Prokrustesbett?, JZ 2009, 881 (884), der davon ausgeht, dass insbesondere bei einer denkbaren Kompetenzausweitung ohne Änderung der unionsvertraglichen Grundlage nicht Art. 23 Abs. 1 Satz 2 GG, sondern Art. 23 Abs. 1 Satz 3 oder Art. 59 Abs. 2 GG einschlägig seien.

789 *BVerfG*, Urt. v. 30.06.2009, BVerfGE 123, 267 (369), sowie auch bei der Prüfung des „Ausweitungsgesetzes" *BVerfG*, Urt. v. 30.06.2009, BVerfGE 123, 267 (432); mit Betonung, wie ernst das Gericht die Maßstäbe an dieser Stelle genommen habe *Gärditz/Hillgruber*, Volkssouveränität und Demokratie ernst genommen, JZ 2009, 872 (876).

790 *BVerfG*, Urt. v. 30.06.2009, BVerfGE 123, 267 (431).

791 Kritisch zur Vernachlässigung der Prüfung der Anforderungen des Art. 23 Abs. 1 Satz. 1 GG insbesondere *Jestaedt*, Warum in die Ferne schweifen, wenn der Maßstab liegt so nah?, Der Staat 48 (2009), 497 (507 ff.) und *Schönberger*, Die Europäische Union zwischen "Demokratiedefizit" und Bundestaatsverbot, Der Staat 48 (2009), 535 (551 ff.).

c) Beurteilung

Für die Beurteilung des Vertrags von Lissabon verwendet das Gericht einen materiellen Prüfungsmaßstab, der zum einen die Frage des Überschreitens der Schwelle zum Bundesstaat zum Gegenstand hat,[792] zum anderen die Notwendigkeit eines Legitimationszusammenhangs zwischen Legitimationssubjekt und (als defizitär erkannter) Ausübung von Hoheitsgewalt durch die Europäische Union bzw. die Geeignetheit eines legitimationsstiftenden Unionsvolks.[793] Für das Gericht ergibt sich dieser Maßstab aus dem „Demokratieprinzip", sowie aus Art. 20 Abs. 1 und 2, 38 Abs. 1 und 79 Abs. 3 GG.

Wenn auch diese Maßstäbe nicht originär aus den grundgesetzlichen Einzelvorgaben abgeleitet sein mögen, ihrer Natur nach eher verfassungstheoretischer Natur sind und aus Überlegungen der Allgemeinen Staatslehre entspringen sollten, so hat sie das Gericht sie im vorliegenden Fall als Maßstab zur rechtlichen Überprüfung herangezogen mit der (hypothetischen) Möglichkeit, die in Frage stehenden Zustimmungs- und Beteiligungsgesetze an diesem Maßstab für rechtswidrig zu erklären. Unabhängig vom Zustandekommen dieses Prüfungsmaßstabs des Grundgesetzes für die weitere Europäische Integration ist damit ein weiterer bzw. weiter entwickelter Maßstab geschaffen worden,[794] der jedenfalls wegen seiner inhaltlichen Herkunft und seiner Begründung als wesensverschieden mit dem zuvor praktizierten und mehrfach in Bezug genommenen rechtsdogmatischen Legitimationsgebot angesehen werden muss.

29. Claus Dieter Classen (2009)

In seiner Betrachtung der demokratischen Anforderungen an die Ausübung staatlicher Gewalt auf innerstaatlicher und internationaler Ebene geht *Claus Dieter Classen* von einem mittlerweile deutlich weniger strengen

792 Hier insbesondere *BVerfG*, Urt. v. 30.06.2009, BVerfGE 123, 267 (364).

793 *BVerfG*, Urt. v. 30.06.2009, BVerfGE 123, 267 (404).

794 Zu den rechtlichen und rechtssoziologischen Auswirkungen der vom BVerfG vorgenommenen Maßstabbildung und Argumentation: *Jestaedt*, Warum in die Ferne schweifen, wenn der Maßstab liegt so nah?, Der Staat 48 (2009), 497 (514 f.); zur Gefahr, dass sich das Gericht durch methodische Großzügigkeit in der Prüfung später durch diese Festlegung schwer tun werde, *Gärditz/Hillgruber*, Volkssouveränität und Demokratie ernst genommen, JZ 2009, 872 (877).

Modell demokratischer Legitimation der Verwaltung aus.[795] Insbesondere die neuere Rechtsprechung zur funktionalen Selbstverwaltung und dem Selbstverwaltungsgedanken bei den Notarkassen zeige, dass nicht mehr von einer Fortentwicklung des bisher bekannten Verwaltungslegitimationsprinzips ausgegangen werden könne.[796] Vor allem träfen die Voraussetzungen des loyalen Verwaltungsvollzugs der parlamentarisch beschlossenen Gesetze durch die Verwaltung gemäß dem Grundmodell der Verwaltungslegitimation oftmals gar nicht mehr zu.[797] Bei der Entwicklung eines Maßstabs müsse aber vor allem der Rechtscharakter des besonderen Demokratieprinzips des Art. 20 GG beachtet werden, was eine Berücksichtigung beliebiger demokratischer Vorstellungen ausschließe; jedenfalls der Bezug auf das deutsche Staatsvolk ergebe sich dabei unzweifelhaft aus dem Wortlaut.[798] Inhaltlich sei der Zusammenhang der Demokratie mit der freien Selbstbestimmung der Bürger zu beachten, der inzwischen in der Rechtsprechung auch gefestigt anerkannt sei. Deshalb sei in gewissem Maße eine situationsgerechte Bestimmung der Legitimationsbasis möglich, sofern sie innerhalb der Vorgaben des Volksbegriffes blieben.[799] Statt der strengen Fixierung auf formale Ableitungszusammenhänge wie im Ministerialmodell müsse allerdings auch die inhaltliche Komponente mitbeachtet werden, weshalb rechtsstaatliche Elemente aus der notwendigen Legitimation nicht herausgenommen werden dürften; die rechtsstaatlichen Elemente seien daher geeignet, die Anforderungen an das Gebot demokratischer Legitimation zu modifizieren.[800] Damit sei der Auffassung zuzustimmen, dass der Output relevant sei, allerdings auf andere als die beschriebene Art und Weise. Dem Demokratieprinzip gehe es wie dem Rechtsstaatsprinzip

---

795 *Classen,* Demokratische Legitimation im offenen Rechtsstaat (2009).

796 Mit Verweis auf *BVerfG,* B. v. 05.12.2002, BVerfGE 107, 59 und *BVerfG,* B. v. 13.07.2004, BVerfGE 111, 191 bei *Classen,* Demokratische Legitimation im offenen Rechtsstaat (2009), S. 8 f.

797 Zumindest das idealisierte Modell lasse sich durch komplexe Verantwortungszusammenhänge und Externalisierungen nicht mehr aufrechterhalten, vgl. *Classen,* Demokratische Legitimation im offenen Rechtsstaat (2009), S. 18 f.

798 Mit einer deutlichen Unterscheidung zwischen allgemeinen demokratischen Vorstellungen (und internationaler Konsensfähigkeit) und dem positivierten Demokratiebegriff des Art. 20 Abs. 2 GG *Classen,* Demokratische Legitimation im offenen Rechtsstaat (2009), S. 28 f.

799 Vgl. *Classen,* Demokratische Legitimation im offenen Rechtsstaat (2009), S. 35 ff.

800 Zu diesen gehörten dann aber auch Bereiche wie Betroffenheit, Interesse, Sachverstand, Akzeptanz, Entscheidungsrichtigkeit, vgl. *Classen,* Demokratische Legitimation im offenen Rechtsstaat (2009), S. 38 ff.

deshalb darum, ein sachgerechtes Verfahren für die Ausübung der staatlichen Willensbildung zu bereiten.[801] Nicht in allen Fällen werde dies mittels der Ministerialverwaltung erreicht, vielmehr könne in einzelnen Fällen der Volkswille besser durch andere Vorgaben – wie der vorgegebenen Selbstverwaltung – umgesetzt werden.[802] Hierbei seien dann verschiedene Konstellationen denkbar, mit denen unterschiedliche Zielvorstellungen wie die Aktivierung besonderen Sachverstandes, einer besonderen Neutralität oder einer verfassten Gruppierung zur Bewältigung konfligierender Belange besser und damit sachgerechter verwirklicht werden könnten. Solche Bereiche seien teilweise grundgesetzlich vorgesehen (Justiz, Rechnungshöfe), könnten aber auch durch den Gesetzgeber aufgrund dessen Verantwortung selbst geschaffen werden.[803] Dieser sei allerdings auch nicht frei in der Strukturbildung, sondern unterliege einer sachlichen Rechtfertigungspflicht. Daneben erschöpfe sich seine Gestaltungsfreiheit nicht nur durch eine einmalige Organisation, sondern erfordere auch eine ständige Überwachung.[804]

Mit seiner Untersuchung zum positivrechtlichen Inhalt des durch Art. 20 Abs. 2 GG konkretisierten Demokratieprinzips legt *Classen* unzweifelhaft einen normativ-positivierten Rechtsmaßstab demokratischer Legitimation im eingangs postulierten Sinne zugrunde. In Bezug auf Einzelfragen der Verwaltungslegitimation ist sein Ansatz sehr viel weniger streng als die ursprüngliche Annahme des Bundesverfassungsgerichts und kann damit auch sehr viel eher die weitergehenden Lockerungen der späteren BVerfG-Entscheidungen zur funktionalen Selbstverwaltung (und auch zu den erst später erfolgten Entscheidungen) erklären.

801 Insoweit seien beide Prinzipien auch wechselbezüglich, *Classen*, Demokratische Legitimation im offenen Rechtsstaat (2009), S. 40.

802 *Classen*, Demokratische Legitimation im offenen Rechtsstaat (2009), S. 43 unter Verweis auf *BVerfG*, B. v. 05.12.2002, BVerfGE 107, 59 (92).

803 Diese gesetzgeberische Freiheit sei aus der Offenheit des Wortlautes und den nur sehr dünnen verfassungsrechtlichen Vorgaben abzuleiten, daneben sei die grundsätzliche Gestaltungskompetenz des Gesetzgebers hierfür zu berücksichtigen.

804 Vgl. *Classen*, Demokratische Legitimation im offenen Rechtsstaat (2009), S. 48.

30. Sandra Köller (2009)

Anlässlich ihrer Untersuchung zur demokratischen Legitimation der funktionalen Selbstverwaltung am Beispiel der Wasserverbände[805] beschäftigt sich *Sandra Köller* zunächst mit den allgemeinen Legitimationsanforderungen des Art. 20 Abs. 2 GG. Hinsichtlich des Legitimationsniveaus geht sie zunächst von einer verfassungsrechtlichen Gleichwertigkeit der personellen und materiellen Legitimationskomponenten aus und sieht die funktionell-institutionelle Legitimation in diesem Zusammenhang als nicht niveaubestimmend an.[806] Das Legitimationsniveau dürfe nicht als Optimierungsprinzip verstanden werden, sondern als abgestuftes Niveau im Sinne eines Maßstabs.[807] Dieses bestimme sich durch das Regelmodell der Ministerial- und Kommunalverwaltung, davon abweichende in der Verfassung vorgegebene Modelle (vgl. Art. 86, 87 und 114 Abs. 2 GG) könnten allenfalls als Ausnahme oder Durchbrechung angesehen werden. Dabei könne man als Regelfälle die Ministerialverwaltung ansehen, aber auch die Kommunalverwaltung diesem Regelfall gleichstellen – es ergäben sich keine inhaltlichen Unterschiede, ob letztere Konstellation als zweites, gleichberechtigtes Modell angesehen werde oder als Ausnahme.[808] Dadurch, dass verfassungsrechtliche Regelfälle vorgesehen seien, werde das Legitimationsniveau durch diese bestimmt und die Prüfung könnte erfolgen, ob diese Vorgaben entweder eingehalten würden oder Abweichungen gerechtfertigt seien.[809] Daraus ergebe sich für Selbstverwaltungsträger

---

805 *Köller,* Funktionale Selbstverwaltung und ihre demokratische Legitimation (2009).

806 Dadurch, dass die institutionelle und funktionelle Legitimation als vom Verfassungsgeber vorgegebene Komponenten angesehen werden müssten, könnten diese innerhalb des Verfassungssystems nicht mehr modifiziert werden und seien deshalb für die Frage nach der Einhaltung des Legitimationsniveaus nicht mehr relevant, vgl. *Köller,* Funktionale Selbstverwaltung und ihre demokratische Legitimation (2009), S. 168 f.

807 Vgl. *Köller,* Funktionale Selbstverwaltung und ihre demokratische Legitimation (2009), S. 171: dies ergebe sich bereits deutlich aus dem Wortlaut des Art. 20 Abs. 2 Satz 1 GG, der keine Anhaltspunkte für eine Maximierung vorsehe, sondern einzig die Einhaltung eines vorgegebenen Niveaus vorschreibe.

808 Dies ergebe sich daraus, dass diese Fälle nur punktuelle Regelungen darstellten, die wegen des Ausnahmecharakters nicht verallgemeinerungsfähig seien, *Köller,* Funktionale Selbstverwaltung und ihre demokratische Legitimation (2009), S. 172 ff.

809 *Köller,* Funktionale Selbstverwaltung und ihre demokratische Legitimation (2009), S. 175 ff.

wie die Wasserverbände, dass wegen der fehlenden personellen Legitimation bei nicht völliger Totalsubstitution durch sachlich-inhaltliche Komponenten ein rechtfertigungsbedürftiges Defizit verbliebe; eine genügende Rechtfertigung sei jedoch nach geltendem Verfassungsrecht nicht ersichtlich,[810] deshalb sei eine Verfassungsbestimmung erforderlich, die eine derartige Einrichtung eines solchen Selbstverwaltungsträgers ermögliche. Damit wird deutlich, dass *Köller* hier eine rechtsdogmatische Betrachtung vornimmt, die auch die vorgeschlagene Verfassungsänderung dogmatisch untersucht.

31. BVerfG: Honeywell (2010)

Nachdem das Bundesverfassungsgericht im Lissabon-Urteil die hypothetische Möglichkeit der Ultra-Vires-Kontrolle aufgezeigt hatte, um die „Wahrung des unantastbaren Kerngehalts der Verfassungsidentität des Grundgesetzes im Rahmen einer Identitätskontrolle" einfordern zu können,[811] kam es bereits ein Jahr später im Verfahren einer Verfassungsbeschwerde gegen ein Urteil des BAG für das Bundesverfassungsgericht streitentscheidend hierauf an.[812] Im Ausgangsrechtsstreit war es um die Frage gegangen, ob die im Jahr 2002 erfolgte Neuregelung des § 14 Abs. 3 TzBfG[813] vor den unionsrechtlichen Antidiskriminierungsregelungen[814] Bestand haben konnte. Im Urteil zur Rechtssache Mangold war der EuGH zuvor zum

---

810 *Köller*, Funktionale Selbstverwaltung und ihre demokratische Legitimation (2009), 208-209, 311-313; insoweit sei durch die verfassungsnormative Ausgestaltung des Art. 20 Abs. 2 GG eine Rechtfertigung durch die ideengeschichtliche Nähe zwischen Demokratie und Selbstverwaltung, wie sie das Bundesverfassungsgericht in *BVerfG*, B. v. 05.12.2002, BVerfGE 107, 59 annimmt, nicht gegeben.

811 *BVerfG*, Urt. v. 30.06.2009, BVerfGE 123, 267 (353 f.).

812 *BVerfG*, B. v. 06.06.2010, BVerfGE 126, 286.

813 Die Neuregelung des § 14 Abs. 3 TzBfG ermöglichte eine sachgrundlose Befristung eines Arbeitsverhältnisses, wenn der Arbeitnehmer zu Beginn der Beschäftigung das 52. Lebensjahr vollendet hat. Mit dieser Regelung wollte der Gesetzgeber beschäftigungspolitische Ziele verfolgen und besonders die Einstellungsbereitschaft gegenüber älteren Arbeitnehmern erhöhen, vgl. *BVerfG*, B. v. 06.06.2010, BVerfGE 126, 286 (289 f.).

814 Vgl. Art. 1 der Richtlinie 1999/70/EG des Rates vom 28. Juni 1999 zu der EGB-UNICE-CEEP-Rahmenvereinbarung über befristete Arbeitsverträge und Art. 1 und 6 Abs. 1 der Richtlinie 2000/78/EG des Rates vom 27. November 2000 zur Festlegung eines allgemeinen Rahmens für die Verwirklichung der Gleichbehandlung in Beschäftigung und Beruf. Die später inhaltlich entsprechenden

Ergebnis gekommen, das Gemeinschaftsrecht und Art. 6 Abs. 1 der Richtlinie 2000/78/EG stünden einer derartigen Regelung entgegen.[815] Daraufhin ließ das BAG diese Regelung unangewandt, wogegen sich die Verfassungsbeschwerde richtete.

Das Gericht bezieht sich in der Zulässigkeitsprüfung auf eine nicht ausgeschlossene Verletzung der Beschwerdeführerin durch eine unzulässige Rechtsfortbildung des Europäischen Gerichtshofs, die zur Nichtanwendbarkeit einer eventuell vertrauensschützenden nationalen Norm führen würde.[816] Im Folgenden konkretisiert es die Voraussetzungen für eine Überprüfung von Unionsakten durch das Bundesverfassungsgericht im Rahmen der „ultra-vires-Kontrolle“. Eine Kontrolle durch das Gericht komme nur dann in Betracht, wenn in ersichtlicher Weise Handlungen der europäischen Organe und Einrichtungen außerhalb der übertragenen Grenzen ergangen sind;[817] Darüber hinaus müsste es sich aber um einen *ersichtlichen* Verstoß handeln, die Grenzen der Kompetenzen müssten also in einer das Prinzip der begrenzten Einzelermächtigung spezifisch verletzenden Art überschritten haben.[818] Der Kompetenzverstoß müsse also „hinreichend qualifiziert“, die Kompetenzüberschreitung also offensichtlich sein und zugleich müsste sie auch erheblich ins Gewicht fallen.[819] Im Kern treffe dies vor allem dort zu, wo Rechtsprechung über den Einzelfall hinaus politische Grundentscheidungen treffe oder durch Rechtsfortbildung strukturelle Verschiebungen zwischen Mitgliedstaaten und Union bewirkt würden; zugleich müsse dem Europäischen Gerichtshof jedoch auch eine Fehlertoleranz zugestanden werden.[820] Nach diesen Maßstäben kommt das Gericht jedoch zum Schluss, dass ein Verstoß durch den EuGH in der Rechtssache Mangold nicht vorgelegen habe, weil es an einem solchen hinreichend qualifizierten Kompetenzverstoß fehle.[821]

Vorschriften der Art. 19 Abs. 1 AEUV und Art. 21 Abs. 1 GRCh galten zum entscheidungserheblichen Zeitpunkt im Ausgangsrechtsstreit noch nicht.

815 *EuGH,* Urt. v. 22.11.2005, Slg. 2005-I, 9981.

816 *BVerfG,* B. v. 06.06.2010, BVerfGE 126, 286 (299 f.) mit explizitem und alleinigem Verweis auf *BVerfG,* Urt. v. 12.10.1993, BVerfGE 89, 155 (188) und *BVerfG,* Urt. v. 30.06.2009, BVerfGE 123, 267 (353 f.).

817 So schon *BVerfG,* Urt. v. 30.06.2009, BVerfGE 123, 267 (353).

818 *BVerfG,* B. v. 06.06.2010, BVerfGE 126, 286 (304) unter Berufung auf Art. 23 Abs. 1 GG.

819 *BVerfG,* B. v. 06.06.2010, BVerfGE 126, 286 (304).

820 *BVerfG,* B. v. 06.06.2010, BVerfGE 126, 286 (306 f.).

821 *BVerfG,* B. v. 06.06.2010, BVerfGE 126, 286 (307 ff.).

Einen spezifischen Bezug der Ultra-vires-Kontrolle auf die demokratische Legitimation von Unionshandeln stellt dabei der Richter *Landau* in seinem Sondervotum her.[822] Ausgehend von der Senatsposition im Lissabon-Urteil, die Europäische Union könne ihre Legitimation mangels eigener geeigneter Legitimationsgrundlage nur von den Mitgliedstaaten ableiten, bedürfte es nicht nur einer konstruierten Legitimation, sondern vielmehr einer tatsächlichen, durchgehenden Anknüpfung und Rückbindung an das Staatsvolk; deshalb seien Tätigkeiten außerhalb der explizit eingeräumten Kompetenzen nicht mitlegitimiert.[823] Der Anwendungsvorrang des Unionsrechts reiche nur so weit, wie die Bundesrepublik dem zugestimmt und dies auch gedurft habe.[824] Dadurch, dass die Senatsmehrheit als Maßstab für die Ultra-vires-Kontrolle einen „hinreichend qualifizierten" Kompetenzverstoß fordere, verkenne sie, dass die demokratische Legitimation für alles Handeln der Union erforderlich sei. Eine strukturelle Verschiebung sei nicht erforderlich, es könne nur darauf ankommen, ob die Kompetenzüberschreitung klar und offensichtlich ist.[825] Gemessen daran stellt *Landau* im konkreten Fall der Entscheidung zur Vereinbarkeit der Bestimmung des § 14 TzBfG mit der Richtlinie eine unzulässige Kompetenzüberschreitung fest.[826] In der Konsequenz legt *Landau* damit keinen eigenständigen, sondern vielmehr nur einen abgeschwächten Legitimationsmaßstab zugrunde: die notwendige demokratische Legitimation wird insoweit (nur) von der Einhaltung der Kompetenzvorschriften abhängig gemacht.

32. Niels Petersen (2010)

Ausgehend von der fortschreitenden Verlagerung von materiellen Entscheidungsbefugnissen von Parlamenten zu technokratischen Entscheidungsträgern erkennt *Niels Petersen* einen Trend zur Entparlamentarisierung der Demokratie, der sich mit dem Legitimationskettenmodell als

822 *BVerfG*, B. v. 06.06.2010, BVerfGE 126, 286 (318 ff.).
823 *BVerfG*, B. v. 06.06.2010, BVerfGE 126, 286 (319).
824 *BVerfG*, B. v. 06.06.2010, BVerfGE 126, 286 (320).
825 *BVerfG*, B. v. 06.06.2010, BVerfGE 126, 286 (322 f.).
826 In dem Mangold-Urteil sieht er eine Kompetenzüberschreitung, weil der EuGH nur durch unzulässige Verknüpfung mehrerer zumindest bedenklicher Schlüsse (wie der Begründung der unmittelbaren Wirkung von Richtlinien und des Verbots der Altersdiskriminierung) zur Unanwendbarkeit von § 14 Abs. 3 TzBfG kommen konnte, vgl. *BVerfG*, B. v. 06.06.2010, BVerfGE 126, 286 (325 ff.).

herkömmlichen Demokratiekonzept nicht mehr oder nur unter Schwierigkeiten in Einklang bringen lasse.[827] Daraus ergebe sich die Konsequenz, dass viele externalisierte Entscheidungen als nicht mehr mit dem Legitimationsmodell vereinbar und damit als verfassungswidrig angesehen werden müssten oder eine Anpassung der Maßstäbe erfolgen müsste.[828] Zur Neuausrichtung des Legitimationsmodells (und somit des Legitimations*maßstabs*) sei ein (hiervon zu unterscheidender) Legitimitätsmaßstab heranzuziehen: Das allgemeine Freiheitsrecht in Art. 2 Abs. 1 GG zeige, dass Eingriffe der Rechtfertigung staatlicher Herrschaft bedürften, was in der Politikwissenschaft allgemein unter dem Begriff der Legitimität diskutiert würde.[829] Die Demokratie des Grundgesetzes sei dabei kein Selbstzweck, sondern diene der Legitimität staatlicher Herrschaft, weshalb sich letztere als Maßstab für die Bewertung eigne, ob eine Ausgestaltung als demokratisch angesehen werden könne.[830] Weil es auch für den verfassungsrechtlichen Diskurs notwendig sei, Vorverständnisse offen zu legen und nicht bloß der Verfassung zu unterstellen, handle es sich um eine rechtliche Diskussion auf Grundlage des Grundgesetzes und somit um eine zulässige transdisziplinäre Betrachtung.[831] Aus der theoretischen Konzeption ergebe sich ein „Angebot an den verfassungsrechtlichen Diskurs“ als zulässige Konkretisierung eines Konzeptes für den in vielen Punkten statischen Verfassungstext.[832] Im Grundgesetz werde hiernach die Legitimität durch ein Zusammenwirken verschiedener Elemente erreicht, wozu auch das Zusammenwirken von input- und output-Legitimation gehörten. Durch die formalen und prozeduralen Vorgaben würde die input-Legitimation

---

827 *Petersen,* Demokratie und Grundgesetz, JöR 58 (2010), 137 (138 f.).

828 Dabei käme die erste Variante einem „Zurückdrehen des Rades“ gleich, das die gewandelten gesellschaftlichen Rahmenbedingungen außer Acht lassen würde; diese ließen sich gerade bei Betrachtung internationaler Zusammenhänge ohnehin nicht mehr wesentlich verändern, *Petersen,* Demokratie und Grundgesetz, JöR 58 (2010), 137 (139); insbesondere vereinfache das Legitimationskettenmodell zu stark, als dass es die komplexe Wirklichkeit angemessen beschreiben könnte, *Petersen,* Demokratie und Grundgesetz, JöR 58 (2010), 137 (171).

829 Mit dem Hinweis auf die Nähe dieses Begriffs zur grundgesetzlichen Konzeption, ohne dass der Begriff der Legitimität Eingang in das Grundgesetz gefunden hätte, *Petersen,* Demokratie und Grundgesetz, JöR 58 (2010), 137 (141).

830 *Petersen,* Demokratie und Grundgesetz, JöR 58 (2010), 137 (141).

831 Auch die Interpretation verfassungsrechtlicher Begriffe wie der Demokratie könne nur von den sozialen, historischen und politischen Annahmen des Betrachters ausgehen, weshalb diese transdisziplinären Aspekte ohnehin in jeder Untersuchung enthalten seien, *Petersen,* Demokratie und Grundgesetz, JöR 58 (2010), 137 (141).

832 *Petersen,* Demokratie und Grundgesetz, JöR 58 (2010), 137 (142).

bewirkt.[833] Jedoch weise das Grundgesetz auch Elemente einer output-Legitimation auf: Bereits die Entscheidung für die repräsentative Demokratie und das freie Mandat der Abgeordneten zeigten das Ziel eines effektiven politischen Systems, das nicht nur zur optimalen Durchsetzung des Wählerwillens diene, sondern auch eine gesteigerte Entscheidungsqualität und damit ein output-Element bewirken wolle.[834] Eine weitergehende Öffnung zeige hier die Rechtsprechung des Bundesverfassungsgerichts in der Wasserverbandsentscheidung, in der nicht nur der Prinzipiencharakter des Demokratieprinzips angesprochen und zugrunde gelegt werde, sondern weitere output-Elemente wie die Einbeziehung externen Sachverstands mit dem Ziel der effektiveren Erreichung legitimationssteigernder Kriterien anerkannt habe.[835] Kritikwürdig sei das Legitimationskettenmodell, weil es derart vieler Ausnahmen bedürfe, um auch Phänomene wie die Selbstverwaltung (in funktionaler, aber auch in kommunaler Form) erklären zu können und neben der verfassungsrechtlichen (willkürlichen) Rechtfertigung keine theoretische Fundierung dieser Ausnahmen gegeben werde.[836] Zudem liege dem Modell ein kommunitaristisches Demokratieverständnis[837] zugrunde, dessen Prämissen mit dem Grundgesetz nicht vereinbar seien, weil die hierfür vorausgesetzte soziale, religiöse und kulturelle Homogenität mit der grundgesetzlichen Ausrichtung auf die Menschenwürde und individuelle Freiheit im Konflikt stehe. Hingegen sei eine derartige Auslegung des Begriffes des „Volkes“ in Art. 20 Abs. 2 GG nicht zwingend. Zumindest wäre „eine organische Interpretation“ des Volksbegriffes vom Wortlaut gedeckt und von der Annahme der Grundrechte zur Schaffung individualschützender Gegengewichte unterstützt.[838] Darüber hinaus sei die Grundannahme des input-orientierten Modells bereits unzutreffend,

833 *Petersen,* Demokratie und Grundgesetz, JöR 58 (2010), 137 (148 f.).

834 So sei auch die 5%-Hürde zu verstehen: die prozedurale Mitwirkung werde eingeschränkt, um die Funktionsfähigkeit (und damit die Ergebnisqualität) zu verbessern: *Petersen,* Demokratie und Grundgesetz, JöR 58 (2010), 137 (150).

835 Vgl. *Petersen,* Demokratie und Grundgesetz, JöR 58 (2010), 137 (152 f.) mit dem Verweis auf *BVerfG,* B. v. 05.12.2002, BVerfGE 107, 59 (87 ff.).

836 *Petersen,* Demokratie und Grundgesetz, JöR 58 (2010), 137 (153 f.).

837 Durch die Beschreibung des Volkes als Ausgangspunkt staatlicher Demokratie würden die Entscheidungen nicht durch die Individuen, sondern nur durch das Volk als Ganzes getroffen, wodurch das Vorhandensein eines einheitlichen gemeinschaftlichen Willens suggeriert werde, *Petersen,* Demokratie und Grundgesetz, JöR 58 (2010), 137 (154).

838 *Petersen,* Demokratie und Grundgesetz, JöR 58 (2010), 137 (156).

da das Ziel der Legitimationskette – die Steuerung staatlichen Handelns – durch das Volk praktisch nicht erreicht werden könne.[839]

Zur Kompensation dieser Defizite sei ein Alternativmodell zu entwickeln, das staatliche Entscheidungen im Sinne der Staatsbürger besser garantieren könne. Hierzu seien als wichtigste Faktoren die Verhinderung von Machtmissbrauch und die Schaffung besserer Rationalität politischer Entscheidungen mit dem Ziel der qualitativen Sicherstellung fachlich kompetenter Entscheidungen auf qualitativ ausreichender Grundlage zu erreichen.[840] Dies könne mit einem deliberativen Demokratiemodell bewirkt werden, welches dem Parlament als zentralem Entscheidungs- und Kreationsorgan erlaubte, Entscheidungskompetenzen an andere Stellen, beispielsweise an die Verwaltung oder externe Gremien, zu delegieren. Dabei müsste eine Verantwortlichkeit im Ergebnis sichergestellt sein, die durch hierarchische oder elektorale Formen bewirkt werden könne und verschiedenste Kontrollmöglichkeiten zulasse. Entscheidungsmechanismen müssten dabei möglichst deliberativ ausgestaltet sein und eine Diskussion mit internen und externen Stellen ermöglicht werden. Zugleich sollte eine möglichst große Pluralität der Meinungen bei der Diskussion durch die entscheidenden Personen sichergestellt sein, weil hierdurch der Input verbessert werden könnte. Schließlich sei durch Verfahrensausgestaltung eine Berücksichtigung fachlicher Expertise zu gewährleisten, beispielsweise durch die notwendige Beteiligung oder Anhörung besonders fachkundiger Experten. Das Zusammenwirken dieser Faktoren sei im Ergebnis entscheidend, nicht die Ausprägung einzelner Merkmale, die somit nur als Optimierungsgebote anzusehen seien.[841]

---

839 Die effektive Rückführung staatlichen Handelns auf das Volk scheitere bereits an der starken Mittlerstellung des Parlaments mit weisungsungebundenen Mandatsträgern, zudem sei auch empirisch nachweisbar, dass durch (Programm-)Wahlen der Wählerwille nicht notwendig optimal durchgesetzt werden könne, *Petersen,* Demokratie und Grundgesetz, JöR 58 (2010), 137 (157 ff.).

840 Hinsichtlich einer erwünschten besseren Rationalität kämen mit den Ansätzen der Konkurrenzdemokratie, der Legitimation durch Expertise und Sachverstand und der Theorie der deliberativen Demokratie in ihren unterschiedlichen Erscheinungsformen verschiedene Ansätze in Betracht, die jedoch sämtlich nicht als holistische Gesamtkonzeption verstanden werden könnten, *Petersen,* Demokratie und Grundgesetz, JöR 58 (2010), 137 (168).

841 Entscheidend soll hier eine Art „pareto-Kriterium“ sein: Defizite bestünden dann, wenn einzelne der vier vorgeschlagenen Elemente stärker hätten berücksichtigt werden können, ohne eines der anderen zu reduzieren; zur gesamten Konzeption *Petersen,* Demokratie und Grundgesetz, JöR 58 (2010), 137 (169 f.).

Der Ansatzpunkt von *Petersens* Überlegungen orientiert sich an den theoretischen Schwachstellen des Modells, das sich aus dem Grundgesetz als dogmatische Grundlage ergibt. Der Legitimationsmaßstab des Art. 20 Abs. 2 GG stellt für ihn eine Konkretisierung eines übergeordneten Legitimitätsmaßstabs dar. Mittels dieser Annahme wird es möglich, das Demokratieverständnis nicht aus dem Verfassungstext abzuleiten, sondern aus dem *Legitimitäts*maßstab einen Demokratiemaßstab zu schaffen, der theoretische und dogmatische Annahmen vereinen soll. Dieses Ziel mag unter dem Aspekt verständlich sein, dass mittels einer einheitlichen Konzeption die Diskussion insofern vereinfacht werden könnte, als politikwissenschaftlichen Erkenntnissen in diesem gemeinsamen Modell Rechnung getragen werden könnte. Gleichwohl weist *Petersen* nicht die Notwendigkeit eines inhaltlich gleichen Maßstabs für die theoretische und die dogmatische Betrachtung nach. Vielmehr können beide Blickwinkel unabhängig voneinander existieren und in beiden Disziplinen differieren. Mag auch das (ursprünglich) hinter dem Legitimationskettenmodell stehende holistisch-monistische Konzept nicht mehr geeignet sein, die Verfassungswirklichkeit zu erfassen, ist der – durch Einzelausnahmen weit von der Grundkonzeption entfernte – Rechtsmaßstab für seine Aufgabe geeignet, nämlich als Grenze zu dienen, die von den zuständigen Entscheidungsträgern (für Fragen demokratischer Legitimation vor allem das BVerfG) auf einen konkreten Fall angewandt werden können. Hier zeigt sich die Flexibilität des einfachen, hier mit einem „grobrastrigen schwarz-weiß Fotoapparat" verglichenen dogmatischen Modells: es vereinfacht Sachverhalte auf Grundstrukturen, kann aber auf Subsumtionsebene bei der Rechtsanwendung konkretisiert werden und verschiedenste Erwägungen auf Ebene der Rechtfertigung berücksichtigen. Vor allem zeigt sich, dass jedenfalls auf Ebene des Grundgesetzes[842] jeder der vorgeschlagenen deliberativen Komponenten Rechnung getragen werden kann und eine Rechtfertigung der Abweichung vom Regel-Legitimationsniveau durch eine Berücksichtigung besonderer Expertise, besonderer Verantwortlichkeit oder anderer Faktoren stattfinden kann. Auch wenn damit ein politisches Modell epistemischer Deliberation verwirklicht werden soll, muss dies in der Verwirklichung nicht notwendig dem Maßstab des Art. 20 Abs. 2 GG widersprechen.

---

842 Denkbar wäre auch, dass eine Rechtfertigung auf einfachgesetzlicher Ebene geschaffen werden könne; jedenfalls könnte sich damit der Ansatz des BVerfG zur Zulässigkeit funktionaler Selbstverwaltung besser erklären, *BVerfG*, B. v. 05.12.2002, BVerfGE 107, 59 (vgl. dazu Kapitel III.C.19).

33. BVerfG: Euro-Rettungsschirm (2011)

Anlässlich der Maßnahmen zur finanziellen Unterstützung Griechenlands in der Staatsschuldenkrise wurde das BVerfG durch verschiedene Verfassungsbeschwerden mit der Vereinbarkeit von deutschen und europäischen Rechtsakten, sowie weiteren Maßnahmen im Zusammenhang mit Versuchen zur Beilegung der Krise im Raum der Europäischen Währungsunion befasst.[843]

Dabei eröffnete das Gericht abermals die Kontrolle im Rahmen der Verfassungsbeschwerde wegen Verletzung von Art. 38 Abs. 1 GG, soweit eine Verletzung der dauerhaften Haushaltsautonomie des Deutschen Bundestags gerügt worden war.[844] Als Prüfungsmaßstab für die Zulässigkeit wird hier die Möglichkeit einer Verletzung des grundrechtsgleichen Rechts aus „Art. 38 Abs. 1 Satz 1, 20 Abs. 1 und Abs. 2 in Verbindung mit Art. 79 Abs. 3 GG" herangezogen.[845] Unter Bezugnahme auf seine Maastricht- und Lissabon-Rechtsprechung setzt sich der Senat hier mit der in der Literatur vielfach geäußerten Kritik an der weiten Zulässigkeitsprüfung auseinander und kommt zu dem Schluss:

> *„Der letztlich in der Würde des Menschen wurzelnde Anspruch des Bürgers auf Demokratie (vgl. BVerfGE 123, 267 [341]) wäre hinfällig, wenn das Parlament Kernbestandteile politischer Selbstbestimmung aufgäbe und damit dem Bürger dauerhaft seine demokratischen Einflussmöglichkeiten entzöge."*[846]

Dabei sei davon auszugehen, dass herkömmliche Gewährleistungsermächtigungen im Sinne von Art. 115 Abs. 1 GG keine besonderen Risiken mit sich brächten. Die beschlossenen Rettungsmaßnahmen zugunsten Griechenlands hätten jedoch wegen ihres Umfangs ausnahmsweise das Potential, die politischen Einflussmöglichkeiten des Bundestages in verfassungsrechtlich unzulässigem Umfang einzuschränken.[847] Für die Zulässigkeitsprüfung wurde hier die Darlegung als ausreichend erachtet, die in Frage stehenden Gesetze wären wegen des enormen Finanzierungsumfangs geeignet, einer Ausgestaltung oder Umformung übertragener Hoheitsrech-

---

843 *BVerfG*, Urt. v. 07.09.2011, BVerfGE 129, 124.
844 *BVerfG*, Urt. v. 07.09.2011, BVerfGE 129, 124 (167 ff.).
845 *BVerfG*, Urt. v. 07.09.2011, BVerfGE 129, 124 (167 f.).
846 *BVerfG*, Urt. v. 07.09.2011, BVerfGE 129, 124 (169).
847 *BVerfG*, Urt. v. 07.09.2011, BVerfGE 129, 124 (171).

te im Sinne des Art. 23 Abs. 1 GG zu entsprechen, oder sogar auf eine solche Gestaltung angelegt sein.[848]

Auch bezüglich des materiellen Prüfungsmaßstabs hält das Gericht fest, dass der Gewährleistungsgehalt des Wahlrechts die Grundsätze des Demokratiegebots im Sinne von Art. 20 Abs. 1 und Abs. 2 GG umfasse, der durch Art. 79 Abs. 3 GG als Identität der Verfassung garantiert sei.[849] Um dessen Einhaltung zu prüfen, berücksichtigt das Gericht die bedeutsame Steuerungskomponente des Budgetrechts,[850] sowie die Notwendigkeit, die finanziellen Entscheidungen auch selbst zu treffen und nicht zu delegieren.[851] Der aus den genannten Grundgesetzbestimmungen hergeleitete Maßstab wird im Folgenden nicht näher präzisiert, sondern allenfalls eingegrenzt, indem festgestellt wird:

> *„Danach läge eine das Demokratieprinzip und das Wahlrecht zum Deutschen Bundestag verletzende Übertragung wesentlicher Bestandteile des Budgetrechts des Bundestages jedenfalls dann vor, wenn die Festlegung über Art und Höhe der den Bürger treffenden Abgaben in wesentlichem Umfang supranationalisiert und damit der Dispositionsbefugnis des Bundestages entzogen würde (vgl. BVerfGE 123, 267 [361]).“*[852]

Das Gericht geht im Folgenden auch davon aus, dass die Betonung der nationalen Haushaltsautonomie nicht den europäischen Verträgen entgegen stehe, sondern dass die nationale Haushaltskompetenz der unmittelbar demokratisch legitimierten Parlamente der Mitgliedstaaten erst die hinreichende demokratische Legitimation schaffe, von der die Europäische Union ihre Legitimation ableiten könne.[853] In den Überlegungen zu einer maximalen Belastungsgrenze für die Mitgliedstaaten wird in den Entschei-

---

848 *BVerfG*, Urt. v. 07.09.2011, BVerfGE 129, 124 (172).

849 *BVerfG*, Urt. v. 07.09.2011, BVerfGE 129, 124 (177) unter expliziter Bezugnahme auf *BVerfG*, Urt. v. 30.06.2009, BVerfGE 123, 267 (340); in der Sache konkretisiert das Gericht den im Lissabon-Urteil entwickelten Prüfungsmaßstab, weil dort noch Art. 38 GG und Art. 20 Abs. 1 und 2 GG nebeneinander genannt wurden und Art. 38 GG nur als einzelne Ausprägung des Demokratieprinzips angesehen wurde; im Urteil zum Euro-Rettungsschirm dagegen stellt das Gericht klar, dass Art. 38 GG die Grundprinzipien von Art. 20 Abs. 1 und Abs. 2 GG umfasse, die Art. 79 Abs. 3 GG als Identität der Verfassung garantiere.

850 *BVerfG*, Urt. v. 07.09.2011, BVerfGE 129, 124 (177 f.).

851 *BVerfG*, Urt. v. 07.09.2011, BVerfGE 129, 124 (178 f.).

852 *BVerfG*, Urt. v. 07.09.2011, BVerfGE 129, 124 (179).

853 *BVerfG*, Urt. v. 07.09.2011, BVerfGE 129, 124 (181) unter Berufung auch auf die frühere Rechtsprechung aus *BVerfG*, Urt. v. 12.10.1993, BVerfGE 89, 155 (155 ff.).

dungsgründen jedoch offengelassen, ob sich aus dem Demokratieprinzip eine justiziable Begrenzung des Umfangs von Gewährleistungsermächtigungen herleiten lasse.[854]

Dass das Gericht trotz Nennung des Art. 20 Abs. 2 GG hier keinen spezifisch rechtsdogmatischen demokratischen Legitimationsmaßstab heranzieht, sondern ein aus allgemeinen und nicht spezifisch grundgesetzlichen Überlegungen geprägtes Demokratieverständnis, zeigt sich in der Herleitung aus seinem Rechtsgrund („in der Würde des Menschen wurzelnde Anspruch auf Demokratie") und darin, dass nicht das Verhältnis der Rechtslage nach dem Grundgesetz und den Europäischen Verträgen zueinander in Verhältnis gesetzt werden. Vielmehr stellt das Gericht wie schon zuvor im Lissabon-Urteil der Unionsebene ein auch durch staatstheoretische Elemente der allgemeinen Staatslehre geprägtes Demokratieprinzip entgegen, das wegen der Allgemeingültigkeit seiner ideengeschichtlichen Herkunft und dem weiten Geltungsanspruch wohl eher in Art. 20 Abs. 1 GG zu verorten sein dürfte. Darüber hinaus fehlt es für einen rechtsdogmatischen Legitimationsmaßstab an einer hinreichend konkreten maßstabstauglichen (und subsumtionsfähigen) Vorgabe. Eine Grenzziehung zwischen zulässiger Betätigung der Haushaltsautonomie und unzulässiger Supranationalisierung des Budgetrechts wird zwar angenommen und angedeutet, keineswegs jedoch präzisiert. Durch eine Selbstrücknahme in Bezug auf die Prüfung durch die Beschränkung auf evidente Verletzungen der Haushaltsautonomie und die Einräumung einer Einschätzungsprärogative hinsichtlich der Tragfähigkeit der übernommenen Verpflichtungen für den Bundeshaushalt kam das Gericht jedoch auch ohne eine derartige Maßstabskonkretisierung aus. Insofern kann man im Urteil allenfalls eine angedachte rechtlich maßstabsetzende Grenze erkennen.

34. BVerfG: Privatisierter Maßregelvollzug/Vitos Haina (2012)

Anlässlich des Urteils über die Zulässigkeit der Privatisierung des Maßregelvollzugs in Hessen[855] befasste sich das Gericht neben der Prüfung am Funktionsvorbehalt des Art. 33 Abs. 4 GG auch mit der erforderlichen demokratischen Legitimation.

Die Regelungen des Hessischen Maßregelvollzugsgesetzes (HessMVollzG) überprüfte das Gericht hinsichtlich seiner Eingriffsbefugnisse zulasten

854 *BVerfG*, Urt. v. 07.09.2011, BVerfGE 129, 124 (182).
855 *BVerfG*, Urt. v. 18.01.2012, BVerfGE 130, 76.

Untergebrachter am Maßstab des Art. 20 Abs. 2 GG. Bemerkenswert ist hier die Formulierung, alles amtliche Handeln mit Entscheidungscharakter bedürfe „nach dem Demokratieprinzip (Art. 20 Abs. 2 GG) der demokratischen Legitimation“,[856] die anders als in früheren Urteilen nicht nur von der Erforderlichkeit demokratischer Legitimation aus Art. 20 Abs. 2 GG ausgeht,[857] sondern diese Vorschrift mit „dem Demokratieprinzip“ verbindet und die demokratische Legitimation als Ausprägung bzw. Unterfall ansieht. Hinsichtlich der Konkretisierung des Maßstabs schließt sich das Gericht der früheren Rechtsprechung zum Erfordernis demokratischer Legitimation an und geht von einem notwendigen Zusammentreffen personeller und sachlicher Legitimationskomponenten aus. Auch bezüglich der wechselseitigen Substituierbarkeit entspricht die Vorgehensweise der früheren Rechtsprechung und nimmt diese auch explizit auf.[858]

Zur Bestimmung des erforderlichen Maßes demokratischer Legitimation bezieht sich das Gericht auf das Mitbestimmungs-Urteil[859] und nimmt an, das Legitimationsniveau müsse umso höher sein, je intensiver die in Betracht kommenden Entscheidungen die Grundrechte berührten.[860] Im Rahmen der Subsumtion betont das Gericht dabei die Bedeutung der verbleibenden Kontrolle durch personell legitimierte verbeamtete Einrichtungsleiter und die austarierten Kontrollmöglichkeiten auf Aufsichts- und Parlamentsebene.[861] Dass dieser Konnex von einzuhaltendem Legitimationsniveau und grundrechtlicher Bedeutung einer Angelegenheit im Mitbestimmungsurteil jedoch so nicht gezogen wurde, ist bereits oben

---

856 *BVerfG*, Urt. v. 18.01.2012, BVerfGE 130, 76 (123).

857 So noch *BVerfG*, Urt. v. 31.10.1990, BVerfGE 83, 60 (71 f.); wohl auch *BVerfG*, B. v. 24.05.1995, BVerfGE 93, 37 (66 ff.).

858 *BVerfG*, Urt. v. 18.01.2012, BVerfGE 130, 76 (124) verweist dabei unter anderem auf *BVerfG*, Urt. v. 31.10.1990, BVerfGE 83, 60 (72); *BVerfG*, B. v. 24.05.1995, BVerfGE 93, 37 (66 f.); *BVerfG*, B. v. 05.12.2002, BVerfGE 107, 59 (87 f.).

859 Hier erfolgt der Verweis auf *BVerfG*, B. v. 24.05.1995, BVerfGE 93, 37 (73).

860 *BVerfG*, Urt. v. 18.01.2012, BVerfGE 130, 76 (124); wegen der Möglichkeit, durch parlamentarische Kontrolle steuernd auf die Unterbringung eingreifen zu können, wurde damit das erforderliche Maß demokratischer Legitimation aus eingehalten angesehen, vgl. dazu *Waldhoff*, Anmerkung zu BVerfG - Privatisierter Maßregelvollzug, JZ 2012, 683 (684 f.); in der Sache nähert sich der Zweite Senat mit diesem Maßstab an die Rechtsprechung des Ersten Senats im Notarkassenbeschluss an, soweit auch dort der Konnex aus gesetzgeberischer Vorgabe und Grundrechtsbetroffenheit Einzelner hergestellt wird, vgl. *BVerfG*, B. v. 13.07.2004, BVerfGE 111, 191 (217 f.); gleichwohl wird diese Rechtsprechung nicht in der Begründung herangezogen.

861 *BVerfG*, Urt. v. 18.01.2012, BVerfGE 130, 76 (124 ff.).

angesprochen worden.[862] Damit scheint die Herleitung des Legitimationsniveaus zweifelhaft, weil durch die Verknüpfung vom Erfordernis demokratischer Legitimation und die Stärke von Grundrechtseingriffen völlig unterschiedliche Zielrichtungen verfolgt werden. Während es bei den Grundrechten um eine materielle Vereinbarkeit mit den Gesetzen aus rechtsstaatlichen Gesichtspunkten geht, deckt die demokratische Komponente den formellen verfahrensrechtlichen Bezug ab. Nichtsdestotrotz wird deutlich, dass das Gericht den Maßstab demokratischer Legitimation des Art. 20 Abs. 2 GG als dogmatischen Rechtsmaßstab versteht und anwendet. Materiell scheint das Gericht nicht mehr davon auszugehen, das Legitimationsmodell ergebe sich aus organisationsbezogenen Vorgaben des Grundgesetzes. Die hier vorgenommene Herleitung des Legitimationsmaßstabs abhängig vom Grad der Grundrechtsbeeinträchtigung bleibt jedoch eine rechtsdogmatisch-technische.

35. BVerfG: Europäischer Stabilitätsmechanismus (2012)

Erneut musste sich das Bundesverfassungsgericht auf einen Antrag auf Erlass einer einstweiligen Anordnung gegen die Ratifikation des Vertrags zur Einrichtung des Europäischen Stabilitätsmechanismus mit den verfassungsrechtlichen Bezügen der Eurorettung auseinandersetzen. Mit Urteil vom 12. September 2012[863] entschied der Zweite Senat, dass eine Ratifikation nur unter einem völkerrechtlichen Vorbehalt erfolgen dürfe, dass ohne Zustimmung des deutschen Vertreters keine höheren Zahlungsverpflichtungen begründet werden dürften. Vor dem Hintergrund, dass Rechtsschutz wirksam nur vor einer Ratifikation möglich sein kann, unternimmt das Gericht dabei in der Sache eine materielle Prüfung der Verträge auf ihre Vereinbarkeit mit anwendbarem Verfassungsrecht.[864] In der nachfolgenden Zulässigkeitsprüfung wendet es den im Jahr zuvor konkretisierten Zulässigkeitsmaßstab[865] der möglichen Rechtsverletzung

862 Siehe oben im Abschnitt III.C.15.

863 *BVerfG*, Urt. v. 12.09.2012, BVerfGE 132, 195.

864 *BVerfG*, Urt. v. 12.09.2012, BVerfGE 132, 195 (232 ff.); gleichwohl nimmt das Gericht die Prüfung auf das Vorliegen ausbrechender Rechtsakte aus, weil dieses Vorbringen insoweit nicht geeignet war, eine Eilbedürftigkeit zu begründen, vgl. *BVerfG*, Urt. v. 12.09.2012, BVerfGE 132, 195 (236).

865 Unter explizitem Verweis auf *BVerfG*, Urt. v. 07.09.2011, BVerfGE 129, 124 (167 ff.).

in Art. 38 Abs. 1, 20 Abs. 1 und Abs. 2 und 79 Abs. 3 GG an.[866] Hinsichtlich des Antrags im Organstreitverfahren schließt sich das Gericht mit der rügefähigen haushaltspolitischen Gesamtverantwortung an die Lissabon-Rechtsprechung an.[867]

Materiell legt der Senat die Grenze der Entäußerung der Haushaltsverantwortung zugrunde, die sich aus Art. 38 Abs. 1 GG ergebe.[868] Art. 20 Abs. 1 und Abs. 2 GG dienen dem Gericht hier nicht als Maßstab, sondern konkretisieren die vom Gericht angenommenen notwendigen Freiräume „im Sinne des Identitätskerns der Verfassung (Art. 1 Abs. 1 und Abs. 2, Art. 79 Abs. 3 GG)".[869] Auch hinsichtlich der Notwendigkeit parlamentarisch informierter Entscheidungen führt das Gericht das „Demokratieprinzip des Art. 20 Abs. 1 und Abs. 2 GG" an,[870] jedoch auch hier als Hilfsmaßstab für die Konkretisierung des Prüfungsmaßstabs des Art. 38 Abs. 1 GG.

Im Folgenden verknüpft das Gericht den Maßstab „des Demokratieprinzips"[871] und denkbare Zahlungs- oder Haftungsbegrenzungen, sieht jedoch keine betragsmäßig festgelegte Begrenzung, sondern die einzuhaltende haushaltspolitische Gesamtverantwortung als Grenze. Diesbezüglich nennt das Gericht das Verbot monetärer Haushaltsfinanzierung durch die Europäische Zentralbank als ein wesentliches Element zur unionsrechtlichen Absicherung der verfassungsrechtlichen Anforderungen aus Art. 20 Abs. 1 und 2 in Verbindung mit Art. 79 Abs. 3 GG.[872] Gleichwohl betont das Gericht, dies bedeute nicht, dass „eine demokratisch legitimierte Änderung in der konkreten Ausgestaltung der unionsrechtlichen Stabilitätsvorgaben von vornherein unvereinbar wäre", weil nicht jede einzelne Ausprägung durch Art. 20 Abs. 1 und Abs. 2 in Verbindung mit Art. 79

866 *BVerfG*, Urt. v. 12.09.2012, BVerfGE 132, 195 (235).

867 *BVerfG*, Urt. v. 12.09.2012, BVerfGE 132, 195 (238) verweist insoweit auf *BVerfG*, Urt. v. 30.06.2009, BVerfGE 123, 267 (338 f.).

868 *BVerfG*, Urt. v. 12.09.2012, BVerfGE 132, 195 (239) unter Bezugnahme auf *BVerfG*, Urt. v. 07.09.2011, BVerfGE 129, 124 (177).

869 *BVerfG*, Urt. v. 12.09.2012, BVerfGE 132, 195 (240).

870 *BVerfG*, Urt. v. 12.09.2012, BVerfGE 132, 195 (241 f.); darüber hinaus bezieht das Gericht hier die „Verankerung" des Unterrichtungsanspruchs in Art. 79 Abs. 3 GG ein.

871 *BVerfG*, Urt. v. 12.09.2012, BVerfGE 132, 195 (242), wobei hier offenbleibt, ob auch weiterhin das Demokratieprinzip des Art. 38 Abs. 1 GG in Bezug genommen wird, eines aus Art. 20 GG oder aus einem allgemeinen Demokratieprinzip.

872 Unter Bezugnahme auf *BVerfG*, Urt. v. 12.10.1993, BVerfGE 89, 155 (204 f.); *BVerfG*, Urt. v. 07.09.2011, BVerfGE 129, 124 (181 f.) bei *BVerfG*, Urt. v. 12.09.2012, BVerfGE 132, 195 (244).

Abs. 3 GG geschützt sei.[873] Die durch Art. 79 Abs. 3 GG gesetzte Grenze müsse die Offenhaltung des demokratischen Prozesses und damit auch die haushaltspolitische Gesamtverantwortung absichern.[874] Deutlich werden die Anforderungen, die das Gericht voraussetzt, bei der Diskussion der Möglichkeit der Suspendierung von Stimmrechten.[875] In diesem Zusammenhang macht das Gericht das Erfordernis eines Legitimationszusammenhangs zwischen dem (deutschen) Parlament und dem Europäischen Stabilitätsmechanismus deutlich.[876] Bemerkenswert ist nachfolgend, dass das Gericht die Rückführbarkeit der Wahrnehmung staatlicher Aufgaben und die Ausübung staatlicher Befugnisse auf das Staatsvolk und die Verantwortung diesem gegenüber als nach Art. 79 Abs. 3 GG geschützten Teil des Demokratieprinzips versteht.[877] Hier bezieht sich das Gericht zumindest in Ansätzen auf Erwägungen, die in früheren Urteilen Teil des Rechtsmaßstabs demokratischer Legitimation waren. Wegen der verhältnismäßig einfach zu rekonstruierenden Legitimationskette[878] bestand hier allerdings kein Bedarf einer weiteren Konkretisierung des Maßstabs.

873 *BVerfG*, Urt. v. 12.09.2012, BVerfGE 132, 195 (244).

874 *BVerfG*, Urt. v. 12.09.2012, BVerfGE 132, 195 (244); damit müsse sichergestellt werden, dass der demokratische Prozess offen bleibe, damit rechtliche Umwertungen zu späteren Zeitpunkte aufgrund geänderter Mehrheitsentscheidungen auch weiterhin möglich blieben, *BVerfG*, Urt. v. 12.09.2012, BVerfGE 132, 195 (247).

875 Nach Art. 4 Abs. 8 ESMV verliert ein Mitgliedstaat im Falle der Säumigkeit bei der Zahlung geforderter Kapitalanteile ipso iure bis zur Zahlung sämtliche Stimmrechte in allen Kollegialorganen des Europäischen Stabilitätsmechanismus, vgl. dazu *BVerfG*, Urt. v. 12.09.2012, BVerfGE 132, 195 (260 f.).

876 *BVerfG*, Urt. v. 12.09.2012, BVerfGE 132, 195 (264).

877 *BVerfG*, Urt. v. 12.09.2012, BVerfGE 132, 195 (272); bemerkenswert erscheint die Bezugnahme auf Art. 79 Abs. 3 GG an dieser Stelle, weil mit der Rückführbarkeit von Entscheidungen des Ratsvertreters auf das deutsche Staatsvolk kein unionsrechtlicher Legitimationszusammenhang betroffen ist, sondern die gesetzliche Bindung auf nationalem Recht beruht und somit unproblematisch an Art. 20 Abs. 2 GG gemessen werden kann.

878 Für den Finanzminister als deutschen Vertreter im Gouverneursrat ist diese leicht herzustellen; auch im Fall des Direktoriumsvertreters ist durch Vorschlags- und Entlassungsbefugnis diese nach herkömmlicher Dogmatik die Legitimationsvermittlung leicht nachvollziehbar.

36. BVerfG: OMT-Vorlagebeschluss (2012)

Im ersten Vorlagebeschluss des Bundesverfassungsgerichts an den EuGH legte es letzterem die Fragen der Vereinbarkeit des OMT-Beschlusses der Europäischen Zentralbank (EZB) mit den Unionsverträgen vor.[879] In den Gründen legt das Gericht ausführlich seine Rechtsprechungslinien zur Klagebefugnis aus Art. 38 Abs. 1 GG, der Ultra-vires-Konstellation und der absoluten Grenze durch Art. 79 Abs. 3 GG dar.[880] Insoweit werden die in den bisherigen Urteilen zur Europäischen Integration entwickelten Maßstäbe übernommen, aber nicht inhaltlich erweitert.[881] Zu einer Vorlage an den EuGH kommt das Gericht, weil es grundsätzlich die Verfassungsbeschwerden und Anträge im Organstreitverfahren als geeignet ansieht, wegen einer möglichen Verletzung des materiellen Wahlrechtsgehalts aus Art. 38 Abs. 1 GG die Bundesregierung und den Deutschen Bundestag zu verpflichten, gegen die Kompetenzverstöße vorzugehen.[882] Ausgehend hiervon erkennt das Gericht eine Verletzung der Kompetenzvorschriften des AEUV durch den OMT-Beschluss, weil dieser in die wirtschaftspolitische Kompetenz der Mitgliedstaaten falle.[883] Grundsätzlich hält das Gericht die im OMT-Beschluss enthaltenen Maßnahmen für unvereinbar mit den Europäischen

---

879 *BVerfG*, B. v. 14.01.2014, BVerfGE 134, 366.

880 *BVerfG*, B. v. 14.01.2014, BVerfGE 134, 366 (Rdnr. 16 ff.); vgl. auch zur inhaltlichen Reichweite der Rechtsprechung der Klagebefugnis und materiellen Prüfung aufgrund Art. 38 Abs. 1 GG *BVerfG*, B. v. 14.01.2014, BVerfGE 134, 366 (Rdnr. 51 ff.).

881 Vgl. hier insbesondere *BVerfG*, Urt. v. 30.06.2009, BVerfGE 123, 267; *BVerfG*, B. v. 06.06.2010, BVerfGE 126, 286; *BVerfG*, Urt. v. 07.09.2011, BVerfGE 129, 124; *BVerfG*, Urt. v. 12.09.2012, BVerfGE 132, 195.

882 *BVerfG*, Urt. v. 12.09.2012, BVerfGE 132, 195 (Rdnr. 34 ff.); hiergegen weist *Heun* darauf hin, dass in der Sache das Gericht sehr wohl von seinen eigenen Maßstäben abweiche, weil erstmals durch diese Art der Prüfung allgemeine, nicht näher spezifizierte Handlungspflichten eingeklagt werden sollen und diese Pflichten keineswegs konkretisiert würden: es sei schlicht nicht denkbar, was für eine konkrete Handlungspflicht resultieren könne; so werde der ohnehin kritikwürdige Prüfungsmaßstab des Art. 38 Abs. 1 GG noch einmal dahin erweitert, dass gegen alle möglichen Beeinträchtigungen – nicht notwendig durch Unionsrecht – von Befugnissen des Bundestags auf diesem prozessualen Wege vorgegangen werden könne, *Heun*, Eine verfassungswidrige Verfassungsgerichtsentscheidung – der Vorlagebeschluss des BVerfG vom 14.1.2014, JZ 2014, 331 (332).

883 *BVerfG*, Urt. v. 12.09.2012, BVerfGE 132, 195 (Rdnr. 55 ff.).

Verträgen und legt sie dem EuGH mit dem Vorschlag einer unionsrechtskonformen Auslegung vor.[884]

Wenn auch die vom Gericht genannten Maßstäbe der vorherigen Rechtsprechung entsprochen haben mögen, so werfen die Richterin Lübbe-Wolff und der Richter Gerhard in ihren Sondervoten dem Gericht gerade vor, durch die Bejahung einer Maßstabsverletzung diese Maßstäbe weiter zu fassen, als durch die Maßstäbe eigentlich vertretbar wäre.[885]

37. BVerfG: Filmabgabe (2014)

Diese Verfassungsbeschwerden richteten sich gegen die Erhebung der Filmabgabe im ersten Halbjahr 2004 aufgrund § 66 FFG 2004[886]. In § 75 Abs. 1 FFG wurde dabei die Abgabepflicht zur Sonderabgabe auf die Videowirtschaft und die Fernsehveranstalter erstreckt. Bei der Filmförderungsanstalt handelt es sich um eine bundesunmittelbare Anstalt des öffentlichen Rechts, die zur wirtschaftlichen Förderung des deutschen Films gegründet wurde. Im Gesamtjahr 2004 wurden durch die Anstalt Fördermittel in Höhe von über 61 Millionen Euro aufgewendet.[887] Im Ausgangsrechtsstreit ging es dabei um die Rechtmäßigkeit von Abgabenbescheiden, die aufgrund dieses Gesetzes erlassen wurden. Bemerkenswert insoweit war die Tatsache, dass wegen der Verfassungswidrigkeit des Fehlens eines gesetzlichen Abgabemaßstabs 2010 mit § 67b FFG nachträglich ein gesetzlicher Abgabetatbestand geschaffen wurde.[888] Im Wesentlichen wurden

---

884 Daran anschließend wies *Heun*, Eine verfassungswidrige Verfassungsgerichtsentscheidung – der Vorlagebeschluss des BVerfG vom 14.1.2014, JZ 2014, 331 (336 f.) bereits vor der Entscheidung der EuGH auf die möglichen Entscheidungsszenarien und ihre Implikationen hin und sprach von einer Sackgasse, in die sich das Gericht manövriert habe.

885 Vgl. *BVerfG*, Urt. v. 12.09.2012, BVerfGE 132, 195: abweichende Meinung der Richterin Lübbe-Wolff, Rdnr. 13; abweichende Meinung des Richters Gerhard, Rdnr. 6 ff.

886 In der Fassung des am 1. Januar 2004 in Kraft getretenen Vierten Gesetzes zur Änderung des Filmförderungsgesetzes vom 22. Dezember 2003, BGBl. I S. 2771.

887 *BVerfG*, Urt. v. 28.01.2014, BVerfGE 135, 155 (Rdnr. 4 ff.).

888 Vgl. hierzu und zu den Ausgangsrechtsstreiten *BVerfG*, Urt. v. 28.01.2014, BVerfGE 135, 155 (Rdnr. 27 ff.).

Verstöße gegen die Gesetzgebungskompetenz des Bundes sowie gegen das Gebot der Abgabengleichheit gerügt.[889]

Explizit prüfte das Gericht neben den gerügten Verstößen auch das Vorliegen hinreichender demokratischer Legitimation der Abgabenerhebung und der mit der Abgabe finanzierten Aufgabenwahrnehmung der Filmförderungsanstalt.[890] Prüfungsmaßstab ist für das Gericht das Demokratieprinzip des Art. 20 Abs. 2 GG.[891] Während sich die Herleitung des Rechtsprinzips auf die gesamte Rechtsprechungslinie stützt,[892] bezieht sich das Gericht hinsichtlich des Maßstabs ausschließlich auf die Urteile zum Mitbestimmungsgesetz Schleswig-Holstein und Vitos Haina und definiert den Maßstab allein in Abhängigkeit von der Grundrechtsberührung.[893] Eine Fortentwicklung des Maßstabs erfolgt insoweit, als aus der vom Gericht im Zusammenhang mit der funktionalen Selbstverwaltung für zulässig erachteten Möglichkeit abweichender Legitimationsformen durch „stärkeres Zurgeltungbringen der gleichfalls im Gedanken der Selbstverwaltung und damit im demokratischen Prinzip wurzelnden Grundsätze der Selbstverwaltung und der Autonomie" eine Verallgemeinerung des Rechtsgedankens geschlossen wird:

> *„Auch außerhalb der funktionalen Selbstverwaltung können im Interesse sachgerechter, effektiver Aufgabenwahrnehmung begrenzte Abweichungen von der Regelanforderung uneingeschränkter personeller Legitimation zulässig sein (vgl. für den Fall der Beleihung BVerfGE 130, 76 <119 ff., 123 ff.>). Ob und inwieweit Lockerungen der Einbindung in den Zusammenhang einer durch Wahlen und Bestellungsakte vermittelten, auf das Gesamtvolk zurückgehenden personellen Legitimation mit dem Demokratieprinzip vereinbar sind, hängt auch davon ab, ob die institutionellen Vorkehrungen eine nicht Einzelinteressen gleichheitswidrig begünstigende, sondern gemeinwohl-*

---

889 *BVerfG*, Urt. v. 28.01.2014, BVerfGE 135, 155 (Rdnr. 39 ff.); vgl. dazu die Würdigung durch das Gericht in *BVerfG*, Urt. v. 28.01.2014, BVerfGE 135, 155 (Rdnr. 99 ff.).

890 *BVerfG*, Urt. v. 28.01.2014, BVerfGE 135, 155 (Rdnr. 157 ff.).

891 *BVerfG*, Urt. v. 28.01.2014, BVerfGE 135, 155 (Rdnr. 157).

892 Hier nennt das Gericht in *BVerfG*, Urt. v. 28.01.2014, BVerfGE 135, 155 (Rdnr. 157) die Rechtsprechung aus *BVerfG*, B. v. 01.10.1987, BVerfGE 77, 1 (40); *BVerfG*, Urt. v. 31.10.1990, BVerfGE 83, 60 (68 ff.); *BVerfG*, B. v. 05.12.2002, BVerfGE 107, 59 (87); *BVerfG*, Urt. v. 18.01.2012, BVerfGE 130, 76 (123).

893 Insoweit findet sich bei *BVerfG*, Urt. v. 28.01.2014, BVerfGE 135, 155 (Rdnr. 157) nur noch der Verweis auf *BVerfG*, B. v. 24.05.1995, BVerfGE 93, 37 (73); *BVerfG*, Urt. v. 18.01.2012, BVerfGE 130, 76 (124).

> *orientierte und von der Gleichachtung der Betroffenen geprägte Aufgabenwahrnehmung ermöglichen und gewährleisten (vgl. BVerfGE 107, 59 <93>; 130, 76 <123 ff.>). Wo der Gesetzgeber solche Lockerungen vorsieht, müssen zudem die Möglichkeiten parlamentarischer Beobachtung und Kontrolle der Aufgabenwahrnehmung unbeeinträchtigt bleiben (vgl. BVerfGE 130, 76 <123 f.>).“*[894]

Bemerkenswert ist hier, dass der Senat erstmals die Konstellation, die der Entscheidung zur funktionalen Selbstverwaltung zugrunde lag, auf den gewöhnlichen Verwaltungsaufbau rücküberträgt. Während nach bisheriger Rechtsprechung die Sonderkonstellation der Beleihung im Zusammenhang mit der hierarchischen Verwaltung dadurch als möglich ansah, dass durch Überwachung des Beliehenen eine Kompensation personaler Legitimationsdefizite durch ein Mehr an materialer Legitimation erfolgt,[895] führt die hier angewandte Argumentation weg von den Legitimationsketten. Dies gelingt in der Begründung dadurch, dass das Gericht zwei Konstellationen, die in der bisherigen Rechtsprechung als zulässige Abweichungen vom verfassungsrechtlichen Gebot demokratischer Legitimation behandelt wurden (funktionale Selbstverwaltung und Delegation von Entscheidungsbefugnissen auf Beliehene), als gleichwertige bzw. gleichartige Ausnahmen ansieht, weil beide Fälle als „Lockerung“ des Legitimationszusammenhangs anzusehen seien. Das hier angedeutete Verständnis hat nicht mehr die kritische Frage zum Gegenstand, wie die Entscheidungsprozesse gestaltet sind und bei deren Entstehung die Legitimationskomponenten abgebildet werden, sondern ob ein demokratischer Zustand erreicht wird, der am Gemeinwohl orientiert ist und die Gleichachtung ermöglicht und gewährleistet. Damit entspricht dieses Modell nicht mehr einer input-Orientierung, sondern einer Ausrichtung auf eine output-Legitimation.[896]

Dieses geänderte Verständnis erschöpft sich im Rahmen des Urteils in der Maßstabsbildung. Im Übrigen entspricht die Vorgehensweise näm-

---

894 *BVerfG*, Urt. v. 28.01.2014, BVerfGE 135, 155 (Rdnr. 158); dieser Ausgangspunkt wird von *Kluth*, Der gemeinsame Bundesausschuss (G-BA) nach § 91 SGB V aus der Perspektive des Verfassungsrechts: Aufgaben, Funktionen und Legitimation (2015), S. 62 inzwischen als „Standardaussage“ des maßstabbildenden Teils verstanden.

895 *BVerfG*, Urt. v. 18.01.2012, BVerfGE 130, 76 (125 ff.).

896 Vgl. zum output-Begriff *Voßkuhle*, Neue Verwaltungsrechtswissenschaft, in: *Hoffmann-Riem/Schmidt-Aßmann/Voßkuhle* (Hrsg.), Grundlagen des Verwaltungsrechts, Bd. I, 2. Aufl. (2012), § 1, Rdnr. 32.

lich bekannten Mustern: Für die Beurteilung der Organisationsform hinsichtlich der Erforderlichkeit demokratischer Legitimation vergleicht das Gericht die Filmförderungsanstalt mit den im Lippeverband-Urteil diskutierten Formen funktionaler Selbstverwaltung und geht von einer Lockerung des Legitimationserfordernisses in personell-organisatorischer Hinsicht aus.[897] Im Rahmen der Subsumtion wird im Folgenden zunächst die personelle Rückkopplung geprüft, die insofern keine wesentlichen Probleme aufwirft, dass ohnehin eine Ernennung auf Vorschlag erfolgt und diese Form kollegialer Entscheidungsfindung schon seit langem geklärt scheint.[898] Wegen der verbleibenden Defizite in personell-organisatorischer Hinsicht differenziert das Gericht nach Art der Aufgabenbereiche und legt die verschiedenen Handlungsbereiche zugrunde. Bei Abgabeerhebung würde das wegen hoher Grundrechtsbedeutung erforderliche stärkere Legitimationsniveau durch stärkere Gesetzesbindung kompensiert, weil nach der Neuregelung der Gesetzesvollzug keine Spielräume einräume und in hohem Maße kontrollierbar sei.[899] Hingegen sei der Bereich der Filmfördertätigkeit sehr stark von Beurteilungen der zuständigen Gremien geprägt, soweit es um Entscheidungen der Vergabekommission geht.[900] Die Rechtfertigung sieht das Gericht hier durch eine Gemeinwohlorientierung des kollektiven Entscheidungsgremiums an, die durch die vom Gesetzgeber vorgesehene Zusammensetzung des Gremiums aus Vertretern verschiedener wirtschaftlicher und künstlerischer Interessen eine gemeinwohlwidrige Begünstigung von Sonderinteressen verhindere, sowie durch die Möglichkeit der Änderung im gesetzlichen Regelwerk an.[901] Maßstab für das Gericht war somit die Frage, ob die Entscheidungspraxis der Vergabekommission von Sonderinteressen verzerrt wird oder ob die dem (nicht

---

897 *BVerfG*, Urt. v. 28.01.2014, BVerfGE 135, 155 (Rdnr. 158); kritisch zur Vergleichbarkeit *Waldhoff*, Anmerkung zu BVerfG Filmförderung, JZ 2014, 407 (410 f.).

898 Vgl. beispielsweise zusammenfassend *Böckenförde*, Demokratie als Verfassungsprinzip, in: Redaktion Kritische Justiz (Hrsg.), Demokratie und Grundgesetz (2000), S. 13 f.

899 *BVerfG*, Urt. v. 28.01.2014, BVerfGE 135, 155 (Rdnr. 164)

900 Hier sah das Gericht eine geringere Legitimationswirkung durch die Komponente personell-organisatorischer Legitimation, weil die Vergabekommission zumindest teilweise auf von Verbänden entsandten Vertretern zusammengesetzt ist, *BVerfG*, Urt. v. 28.01.2014, BVerfGE 135, 155 (Rdnr. 169).

901 *BVerfG*, Urt. v. 28.01.2014, BVerfGE 135, 155 (Rdnr. 171); anders als noch zuvor bei der Prüfung der abgabenbezogenen Zuständigkeiten legt sich das Gericht jedoch nicht fest auf ein durch Grundrechtsbetroffenheit betroffenes erforderliches Legitimationsmaß fest.

verzerrten) Allgemeinwohl dient.[902] Mit dem letzten Punkt nimmt das Gericht im Ansatz seine oben genannten Überlegungen über die output-Legitimation als Rechtfertigung für Legitimationsdefizite auf, wobei allerdings auch durch die Berücksichtigung von externem fachlichen Sachverstand ein vergleichbares Ergebnis im bisherigen Modell erreicht werden kann.

38. StGH Bremen: Ausweitung des Wahlrechts auf Ausländer (2014)

Ähnlich wie schon im Jahr 1991[903] hatte sich der Bremer Staatsgerichtshof Anfang 2014 erneut mit der Zulässigkeit der Ausweitung des Wahlrechts auf Ausländer auseinanderzusetzen.[904] Zunächst erkannte das Gericht eine geänderte Sachlage seit seiner Entscheidung von 1991 an: Seit dieser Entscheidung sei Art. 28 Abs. 1 GG geändert worden und die Bundesrepublik habe sich gegenüber der Europäischen Union mit der Zustimmung zum Vertrag von Lissabon sehr viel weiter geöffnet.[905] Die Erstreckung des Wahlrechts auf Unionsbürger außerhalb des Anwendungsbereichs des Art. 28 Abs. 1 GG sieht es dabei als verfassungswidrig an: Zwar ergebe sich nicht wie im Grundgesetz oder in vielen anderen Landesverfassun-

902 *BVerfG*, Urt. v. 28.01.2014, BVerfGE 135, 155 (Rdnr. 170); vgl. dazu *Waldhoff*, Anmerkung zu BVerfG Filmförderung, JZ 2014, 407 (411), der auf die inhaltliche Nähe des Maßstabs zum Facharztbeschluss (*BVerfG*, B. v. 09.05.1972, BVerfGE 33, 125) hinweist, vgl. oben bei III.C.2.

903 *Staatsgerichtshof der Freien Hansestadt Bremen*, E. v. 08.07.1991, StGHE BR 5, 36 = NVwZ-RR 1992, 149-152.

904 Das Gericht prüfte die Vereinbarkeit eines bereits in erster Lesung beschlossenen Gesetzesentwurfs, den die Bremische Bürgerschaft dem Staatsgerichtshof zur Prüfung vorlegte – die präventive Normenkontrolle nach Art. 140 Bremische Verfassung ermöglichte diese Vorabprüfung am Maßstab der Verfassung, weil eine hinreichend genau konkretisierte Formulierung bereits vorgelegen hatte, vgl. *Staatsgerichtshof der Freien Hansestadt Bremen*, Urt. v. 31.01.2014, NVwZ-RR, 497 (Rdnr. 30 ff.) = NordÖR 2014, 262-271.

905 Diese Einschätzung war insofern relevant, als die Frage einer unzulässigen Normwiederholung nach Verwerfung durch das Gericht im Jahr 1991 in Bezug auf die Wahlen zu Beiträten im Raum stand. Der Landtag hatte zuvor noch argumentiert, das Bundesverfassungsgericht habe in seiner Lissabon-Entscheidung das Demokratieprinzip in einen unmittelbaren Zusammenhang mit dem konstitutiven Prinzip personaler Freiheit gestellt und dadurch Ansatzpunkte für ein alternatives Verständnis des grundgesetzlichen Demokratieverständnisses geliefert; der StGH konnte dies aber dahinstehen lassen, *Staatsgerichtshof der Freien Hansestadt Bremen*, Urt. v. 31.01.2014, NVwZ-RR, 497 (Rdnr. 24) = NordÖR 2014, 262-271.

gen aus dem Wortlaut (hier Art. 66 Abs. 1 Bremische Verfassung: „Die Staatsgewalt geht vom Volke aus"), ob nur deutsche Staatsbürger zum Wahlvolk bzw. Legitimationssubjekt gehörten – wegen des Homogenitätsgebots des Art. 28 Abs. 1 Satz 1 und 2 GG und der Auffassung des Staatsgerichtshofs, dass dieses auch inhaltsgleich Bestandteil der Bremischen Landesverfassung sei, dürfte der Begriff des Volks nur wie in Art. 20 Abs. 2 Satz 1 und 2 GG verstanden werden.[906] Ausdrücklich stellt sich das Gericht auf den Standpunkt, es seien alternative Modelle der Definition des Staatsvolks denkbar, das Grundgesetz liefere jedoch – auch unter Berücksichtigung neuerer Grundgesetzänderungen und der Rechtsprechung – keinen Anhaltspunkt für ein geändertes Verständnis.[907] Insbesondere ergebe sich aus der Lissabon-Entscheidung des Bundesverfassungsgerichts nichts Gegenteiliges.[908] Im Ergebnis könne ein Wahlrecht für dauerhaft im Land lebende Unionsbürger nur über zwei Wege erreicht werden: entweder durch Verleihung der Staatsangehörigkeit für Betroffene, worauf auch das Bundesverfassungsgericht stets hingewiesen habe, oder durch eine entsprechende Änderung des Grundgesetzes. Hier wird jedoch ausdrücklich offengelassen, ob eine solche grundgesetzliche Modifizierung vor Art. 79 Abs. 3 GG Bestand haben könne. Nachdrücklich stellt das Gericht fest, dass diese verfassungsrechtlich vorgegebenen Wege nicht durch Verfassungsinterpretation ersetzt werden könnten.[909] Auch die im Gesetzesentwurf enthaltene Ausweitung des aktiven und passiven Wahlrechts zu den Beiräten auf Drittstaatsangehörige sah das Gericht als Verstoß gegen

---

906 *Staatsgerichtshof der Freien Hansestadt Bremen,* Urt. v. 31.01.2014, NVwZ-RR, 497 (Rdnr. 45 ff.) = NordÖR 2014, 262-271 unter Bezugnahme auf *BVerfG,* Urt. v. 31.10.1990, BVerfGE 83, 37 (51) und *Staatsgerichtshof der Freien Hansestadt Bremen,* E. v. 08.07.1991, StGHE BR 5, 36 (47 ff.) = NVwZ-RR 1992, 149-152.

907 Damit könne auch explizit dahinstehen, ob die in Art. 1 Abs. 1 GG verankerte Menschenwürde zur Herstellung einer Kongruenz zwischen Wahlvolk und Betroffenen herzustellen sei, weil nach der für zulässig erachteten Konstruktion des Grundgesetzes die Staatsangehörigkeit das richtige Instrumentarium bereithalte, diese Kongruenz auch herbeizuführen, *Staatsgerichtshof der Freien Hansestadt Bremen,* Urt. v. 31.01.2014, NVwZ-RR, 497 (Rdnr. 51 ff.) = NordÖR 2014, 262-271.

908 *Staatsgerichtshof der Freien Hansestadt Bremen,* Urt. v. 31.01.2014, NVwZ-RR, 497 (Rdnr. 60 ff.) = NordÖR 2014, 262-271 unter Bezugnahme auf *BVerfG,* Urt. v. 30.06.2009, BVerfGE 123, 267 (340 ff.); das BVerfG gehe gerade davon aus, dass Art. 38 Abs. 1 GG die dort geprüften Rechte nur deutschen Staatsbürgern zugestehe, nur den Staatsbürgern stehe auch der gleiche Anteil an der Ausübung von Staatsgewalt zu.

909 *Staatsgerichtshof der Freien Hansestadt Bremen,* Urt. v. 31.01.2014, NVwZ-RR, 497 (Rdnr. 64 ff.) = NordÖR 2014, 262-271.

Art. 66 Abs. 1 Bremische Verfassung an, den es wegen des grundgesetzlichen Homogenitätsgebots genau wie die Vorgabe in Art. 20 Abs. 2 GG versteht.[910] Die Beiräte übten nach seiner Auffassung Staatsgewalt aus, weil sie sich nicht auf bloße konsultative Tätigkeiten beschränkten. Hier wird der gleiche Maßstab wie in den frühen Legitimationsentscheidungen des Bundesverfassungsgerichts Bezug genommen, die auch in der Begründung zitiert werden.[911] Der Maßstab der Legitimationserfordernisses wird nicht explizit benannt, ergibt sich aber aus der Prüfung des Gerichts: Der Mangel an personeller Legitimation könne nur durch ein Mehr an materieller Legitimation kompensiert werden – diese sei jedoch nicht besonders stark ausgeprägt, weil sich die Aufgaben der Beiräte nicht auf kontrollierbaren Gesetzesvollzug beschränkten, sondern wegen der „Fülle von Entscheidungs- und Mitentscheidungskompetenzen" einen hohen gestalterischen und politischen Anteil hätten.[912]

Deutlich wird die Bedeutung der Entscheidung des Staatsgerichtshofs in Abgrenzung zur abweichenden Meinung der Richterin *Sacksofski*, die hinsichtlich der Anwendbarkeit der Homogenitätsklausel zustimmt, die von der Gerichtsmehrheit erkannte inhaltliche Strenge des Art. 28 Abs. 1 GG, aber auch die materiellen Maßstäbe aus der früheren Judikatur nicht teilt.[913] Spätestens mit der Einfügung von Satz 3 zu Art. 28 Abs. 1 GG habe der verfassungsändernde Gesetzgeber klar gemacht, dass die Prämissen der vorherigen Entscheidungen nicht mehr aufrecht erhalten blieben: der neue Satz 3 dürfe nicht als Ausnahme, sondern müsse wegen der gebotenen Berücksichtigung des objektivierten Willens des Gesetzgebers als

910 Wegen der Änderung des Art. 28 Abs. 1 Satz 3 GG war es aber zuvor schon Unionsbürgern möglich, an den Wahlen zu den Beiräten teilzunehmen, vgl. auch im Übrigen *Staatsgerichtshof der Freien Hansestadt Bremen*, Urt. v. 31.01.2014, NVwZ-RR, 497 (Rdnr. 68 ff.) = NordÖR 2014, 262-271.

911 Hier verweist *Staatsgerichtshof der Freien Hansestadt Bremen*, Urt. v. 31.01.2014, NVwZ-RR, 497 (Rdnr. 71) = NordÖR 2014, 262-271 auf *BVerfG*, B. v. 15.02.1978, BVerfGE 47, 253 (273); *BVerfG*, Urt. v. 31.10.1990, BVerfGE 83, 60 (73 f.); *Staatsgerichtshof der Freien Hansestadt Bremen*, E. v. 08.07.1991, StGHE BR 5, 36 (49) = NVwZ-RR 1992, 149-152.

912 *Staatsgerichtshof der Freien Hansestadt Bremen*, Urt. v. 31.01.2014, NVwZ-RR, 497 (Rdnr. 73) = NordÖR 2014, 262-271 mit Verweis auf den Maßstab für die Legitimation auf *BVerfG*, Urt. v. 31.10.1990, BVerfGE 83, 60 (74).

913 Abweichende Meinung der Richterin *Sacksofski*, *Staatsgerichtshof der Freien Hansestadt Bremen*, Urt. v. 31.01.2014, NVwZ-RR, 497 (Rdnr. 77 ff.) = NordÖR 2014, 262-271.

typprägende Modifikation angesehen werden.[914] Danach hindere Art. 28 Abs. 1 GG die Länder nicht an einer entsprechenden Ausgestaltung des Wahlrechts unter Ausweitung auf Nicht-Staatsangehörige, die ohnehin wegen der Verankerung des Teilhabeanspruchs in der Würde des Menschen geboten sei.[915] Die abweichende Meinung kommt damit hinsichtlich des Aspektes des gewandelten Verständnisses der Legitimationsgrundsätze aus Art. 20 Abs. 2 und Art. 28 Abs. 1 GG der Argumentation der Bürgerschaft recht nah. Umso deutlicher erscheint die Entscheidung des Gerichts in dieser Hinsicht, weil zum einen die Rechtsprechung des Bundesverfassungsgerichts zu Ausländerwahlrechten vom Staatsgerichtshof bestätigt und als abschließend erachtet wird: Die in späteren Urteilen des Bundesverfassungsgerichts anklingenden Möglichkeiten eines gelockerten Verständnisses insbesondere im Hinblick auf (funktionale) Selbstverwaltung werden nicht einmal diskutiert. Insofern werden hier diese Lockerungen nicht als typprägend für das Gebot demokratischer Legitimation des Art. 20 Abs. 2 GG herangezogen. Zumindest scheint der Staatsgerichtshof mit dieser Auffassung sehr viel näher an der Position des Bundesverfassungsgerichts von 1990 zu liegen, als es bei diesem zwischenzeitig selbst mittlerweile erkennbar ist.

39. BVerfG: ESM-Vertrag/Fiskalpakt (2014)

Im Hauptsacheverfahren zum ESM-Vertrag und SKS-Abkommen vertiefte das Bundesverfassungsgericht nach der anderthalb Jahre zuvor ergangenen Entscheidung über die Ablehnung einer einstweiligen Anordnung[916] die Ausführungen zu den Währungsstabilisierungsmaßnahmen.[917] Hinsichtlich der gerügten Entleerung des Wahlrechts sieht das Gericht im Einklang mit der früheren Rechtsprechung die Möglichkeit der Verletzung von

914 *Staatsgerichtshof der Freien Hansestadt Bremen*, Urt. v. 31.01.2014, NVwZ-RR, 497 (Rdnr. 85 ff.) = NordÖR 2014, 262-271.

915 Insoweit wird allerdings trotz Bezugnahme auf *BVerfG*, Urt. v. 30.06.2009, BVerfGE 123, 267 (341) ausdrücklich offengelassen, ob dieser Anspruch allein philosophisch begründet sei oder auch rechtliche Wirkung habe, *Staatsgerichtshof der Freien Hansestadt Bremen*, Urt. v. 31.01.2014, NVwZ-RR, 497 (Rdnr. 94 f.) = NordÖR 2014, 262-271.

916 *BVerfG*, Urt. v. 12.09.2012, BVerfGE 132, 195, siehe dazu oben bei III.C.33.

917 *BVerfG*, Urt. v. 18.03.2014, BVerfGE 135, 317.

Art. 38 Abs. 1, Art. 20 Abs. 1 und Abs. 2, Art. 79 Abs. 3 GG als ausreichend an.[918] Hingegen konkretisiert das Gericht deren Reichweite erstmals:

> *„Einen „Anspruch auf Demokratie" vermittelt Art. 38 Abs. 1 Satz 1 GG jenseits von Ultra-vires-Konstellationen (vgl. BVerfG, Beschluss des Zweiten Senats vom 14. Januar 2014 – 2 BvR 2728/13 u.a. -, juris, Rn. 53) nur insoweit, als durch einen Vorgang demokratische Grundsätze berührt werden, die Art. 79 Abs. 3 GG auch dem Zugriff des verfassungsändernden Gesetzgebers entzieht […]."*[919]

Im Folgenden rechnet das Gericht dann auch die Zuständigkeitsverteilung im Bundestag zu dem nicht rügefähigen Kern des Art. 38 Abs. 1 Satz 1 GG, weil andernfalls der „Ausnahmecharakter der auf Art. 38 Abs. 1 Satz 1 GG gestützten Verfassungsbeschwerde" verkannt würde.[920] In der materiellen Prüfung legt das Gericht wie in den vorherigen Entscheidungen[921] die Grenze der Einhaltung der haushaltspolitischen Gesamtverantwortung zugrunde.[922] Bemerkenswert sind die Ausführungen des Gerichts zur Notwendigkeit demokratischer Legitimation.[923] Insoweit fasst es nämlich zusammen:

> *„Auch unter dem Gesichtspunkt der von Art. 20 Abs. 1 und Abs. 2 GG geforderten demokratischen Legitimation der Tätigkeit des Europäischen Stabilitätsmechanismus gibt es gegen die Ausgestaltung der Vertretung Deutschlands in den Organen des Europäischen Stabilitätsmechanismus nichts zu erinnern."*[924]

Dabei nähert sich der Senat in der Begründung an die Lissabon-Rechtsprechung an, die von einer nach Art. 20 Abs. 1 und Abs. 2 GG grundsätzlich

---

918 *BVerfG*, Urt. v. 18.03.2014, BVerfGE 135, 317 (Rdnr. 122) unter Bezugnahme auf *BVerfG*, Urt. v. 12.09.2012, BVerfGE 132, 195 (234) und *BVerfG*, Urt. v. 07.09.2011, BVerfGE 129, 124 (167 ff.).

919 *BVerfG*, Urt. v. 18.03.2014, BVerfGE 135, 317 (Rdnr. 125).

920 *BVerfG*, Urt. v. 18.03.2014, BVerfGE 135, 317 (Rdnr. 128).

921 Vgl. insoweit *BVerfG*, Urt. v. 07.09.2011, BVerfGE 129, 124 (177); *BVerfG*, Urt. v. 12.09.2012, BVerfGE 132, 195 (239).

922 *BVerfG*, Urt. v. 18.03.2014, BVerfGE 135, 317 (Rdnr. 161 ff.); in der Sache wurde dabei vom Gericht lediglich die Möglichkeit kritisch gesehen, Anteile am Stammkapital des ESM zu einem vom Nennwert abweichenden Kurs auszugeben; aus diesem Grund müsse eine vorherige Unterrichtung und Beratung des Bundestags erfolgen, bevor Deutschland einer solchen Maßnahme zustimmen dürfte.

923 *BVerfG*, Urt. v. 18.03.2014, BVerfGE 135, 317 (Rdnr. 233 ff.).

924 *BVerfG*, Urt. v. 18.03.2014, BVerfGE 135, 317 (Rdnr. 233).

erforderlichen demokratischen Legitimation ausgeht.[925] Hier wird jedoch erstmals nicht ein allgemeiner theoretisch geprägter Demokratiemaßstab zugrunde gelegt, sondern jenseits des grundgesetzlichen Anwendungsbereichs die Möglichkeit der Berücksichtigung des rechtsdogmatischen Maßstabs demokratischer Legitimation angedeutet. Gleichwohl entspricht die Zusammenfassung des im ersten Satzteil („geforderten demokratischen Legitimation der Tätigkeit des ESM") genannten Maßstabs nicht dem tatsächlich angewandten Prüfungsmaßstab. Im Folgenden beschränkt sich das Gericht nämlich auf die Einwirkungsmöglichkeiten auf den ESM insoweit, als bei der Tätigkeit der Vertreter Deutschlands in den Organen des ESM deren Handeln demokratisch legitimiert sein müsse.[926] Dies steht im Widerspruch zum Obersatz, weil durch Art. 20 Abs. 2 GG gerade – schon mangels Anwendbarkeit der Bestimmung – keine demokratische Legitimation der Tätigkeit des ESM gefordert wird, sondern ausschließlich die demokratische Legitimation deutscher Amtsträger bei der Ausübung von Hoheitsgewalt (zu der die Mitwirkung der deutschen Vertreter in den ESM-Organen gehört). In der Sache legt das Gericht auch den bekannten dogmatischen Maßstab für innerstaatliches Handeln zugrunde.[927] Mit Verweis auf das Mitbestimmungsurteil und das Urteil „Vitos Haina" festigt es dabei die Auffassung, das Legitimationsniveau sei aus dem Grad der Berührung von Grundrechten abzuleiten.[928] In der Subsumtion wird deutlich, dass allein die Rückkopplung der Entscheidungen deutscher Vertreter im Gouverneursrat und im Direktorium des ESM an Art. 20 Abs. 2 GG gemessen werden. In personell-organisatorischer Hinsicht äußerte das Gericht wegen der kurzen Legitimationsketten keine Bedenken: Die sachlich-inhaltliche Legitimationskomponente sah es als ausreichend an, weil durch Weisungsmöglichkeiten durch Beschlüsse des Bundestags die inhaltliche Steuerung gegeben sei und durch die völkerrechtlich verbindliche

---

925 So beispielsweise *BVerfG*, Urt. v. 30.06.2009, BVerfGE 123, 267 (340 ff.).

926 *BVerfG*, Urt. v. 18.03.2014, BVerfGE 135, 317 (Rdnr. 237 ff.).

927 In den Gründen wird hier auf die Urteile *BVerfG*, B. v. 01.10.1987, BVerfGE 77, 1 (40); *BVerfG*, Urt. v. 31.10.1990, BVerfGE 83, 60 (71 f.); *BVerfG*, Urt. v. 12.10.1993, BVerfGE 89, 155 (182); *BVerfG*, B. v. 24.05.1995, BVerfGE 93, 37 (66); *BVerfG*, B. v. 05.12.2002, BVerfGE 107, 59 (87) und *BVerfG*, Urt. v. 18.01.2012, BVerfGE 130, 76 (123) verwiesen. Hier wird deutlich, dass von den Urteilen anlässlich Europäischer Verträge ausschließlich das Maastricht-Urteil zitiert wird und gerade nicht die sonstigen betreffend den Lissabon-Vertrag oder Maßnahmen zur Euro-Rettung.

928 *BVerfG*, Urt. v. 18.03.2014, BVerfGE 135, 317 (Rdnr. 235) mit Verweis auf *BVerfG*, B. v. 24.05.1995, BVerfGE 93, 37 (73); *BVerfG*, Urt. v. 18.01.2012, BVerfGE 130, 76 (124).

Auslegung der Regelungen über die Schweigepflicht eine Information des Parlaments ausreichend gesichert war[929].[930] Anders als in anderen EU-bezogenen Urteilen wendet das Gericht hier somit einzig den rechtsdogmatischen Maßstab demokratischer Legitimation des Art. 20 (Abs. 1 und) Abs. 2 GG an und prüft allein innerstaatliche Maßnahmen an diesem Grundsatz. Aus diesem Grund bedarf es auch keines Rückgriffs auf Art. 79 Abs. 3 GG, der ansonsten die Anwendbarkeit des Grundsatzes demokratischer Legitimation auf die EU erweitern soll. Das Nebeneinander dieser Maßstäbe wird dann im Folgenden deutlich, wenn das Gericht anschließend an die Prüfung des Art. 20 Abs. 2 GG eine Vereinbarkeit des Gesetzes zum SKS-Vertrag[931] mit Art. 38 Abs. 1, Art. 20 Abs. 1 und Abs. 2 in Verbindung mit Art. 79 Abs. 3 GG prüft und sich hier auf den Prüfungsmaßstab bezieht,[932] den das Gericht in der Entscheidung über eine einstweilige Anordnung gegen den ESM-Vertrag entwickelt hat.

40. BVerfG: Weinabgabe (2014)

Im Beschluss vom 6. Mai 2014[933] hatte sich der Zweite Senat mit einer der Filmabgabe-Entscheidung[934] sehr ähnlichen Konstellation bezüglich der Weinabgabe und der Abgabe für gebietliche Absatzförderung zu beschäftigen. Diese Abgabepflicht betraf Weinerzeuger und Abfüller und war an den Deutschen Weinfonds zu entrichten, der unter Aufsicht des Bundesministeriums für Ernährung, Landwirtschaft und Verbraucherschutz un-

---

929 *BVerfG*, Urt. v. 18.03.2014, BVerfGE 135, 317 (Rdnr. 240 ff.).

930 Anzumerken ist hier, dass das Gericht seinen eigenen genannten Maßstab insoweit gar nicht zugrunde legt: Statt das erforderliche Maß demokratischer Legitimation aufgrund der Intensität des Grundrechtsbezugs zu bestimmen und daran die Legitimationskomponenten zu messen, wählt das Gericht den umgekehrten Ansatz. Zunächst werden die einzelnen Legitimationskomponenten betrachtet und erst beim Zurückbleiben hinter einem angenommenen Niveau wird eine Rechtfertigung geprüft. Diese Vorgehensweise entspricht jedoch weniger dem grundrechtsdeterminierten Legitimationsniveau, sondern dem Modell rechtfertigungsbedürftiger Ausnahmen vom „Normalfall" der ministerialgesteuerten bürokratischen Verwaltung.

931 Gesetz zu dem Vertrag vom 2. März 2012 über Stabilität, Koordinierung und Steuerung in der Wirtschafts- und Währungsunion (SKS-Vertrag).

932 Vgl. den Bezug auf *BVerfG*, Urt. v. 12.09.2012, BVerfGE 132, 195 (278 ff.) in *BVerfG*, Urt. v. 18.03.2014, BVerfGE 135, 317 (Rdnr. 243 f.).

933 *BVerfG*, B. v. 06.05.2014, BVerfGE 136, 194.

934 *BVerfG*, Urt. v. 28.01.2014, BVerfGE 135, 155 (dazu oben III.C.37).

terstand und aus den Organen Vorstand, Aufsichtsrat und Verwaltungsrat bestand. Letzterer setzt sich nach § 43 WeinG aus 44 Personen als Interessenvertretern zusammen, die vom Bundesministerium nach Anhörung der entsendenden Institution berufen und abberufen werden.

Bei der Prüfung der Einhaltung des „Demokratieprinzips"[935] zieht das Gericht seine Rechtsprechung zur demokratischen Legitimation heran.[936] Für die Bestimmung des erforderlichen Legitimationsniveaus wird ausschließlich auf die Entscheidungen zur Mitbestimmung, zum privatisierten Maßregelvollzug und zur Filmförderung Bezug genommen und der Maßstab in Abhängigkeit von der Art der zu legitimierenden Entscheidungsfähigkeit, also insbesondere von der Intensität der damit verbundenen Grundrechtseingriffe beurteilt.[937] Bemerkenswert sind hier die Überlegungen zu möglichen Abweichungen der Rückführbarkeit von Entscheidungen auf das Gesamtvolk. Das Gericht wiederholt dabei im Wesentlichen seine Argumentation hinsichtlich zulässiger Abweichungen von der Regelanforderung uneingeschränkter personeller Legitimation.[938] Während die Schlussfolgerung im exakten Wortlaut wiedergegeben wird, unterscheiden sich allerdings die als Begründung herangezogenen zitierten Urteile. Während sich das Gericht im Filmförderungsurteil auf die Entscheidungen zur funktionalen Selbstverwaltung und zur Beleihung bezogen hatte,[939] führt es für den exakt gleichen Wortlaut und an jeweils gleicher Stelle statt dieser Urteile allein das Filmförderungsurteil an.[940]

Deutlich wird die inhaltliche Neuausrichtung des Maßstabs bei seiner Anwendung in der Prüfung der Zulässigkeit der Weinabgabe. Das Ge-

---

935 *BVerfG*, B. v. 06.05.2014, BVerfGE 136, 194 (Rdnr. 167).

936 *BVerfG*, B. v. 06.05.2014, BVerfGE 136, 194 (Rdnr. 168) verweist für die grundsätzlich notwendige Rückführbarkeit von amtlichen Handeln mit Entscheidungscharakter auf die Rechtsprechung *BVerfG*, B. v. 01.10.1987, BVerfGE 77, 1 (40); *BVerfG*, Urt. v. 31.10.1990, BVerfGE 83, 60 (71 f.); *BVerfG*, B. v. 24.05.1995, BVerfGE 93, 37 (66); *BVerfG*, B. v. 05.12.2002, BVerfGE 107, 59 (87); *BVerfG*, Urt. v. 18.01.2012, BVerfGE 130, 76 (123).

937 Vgl. dabei die Bezugnahme auf *BVerfG*, B. v. 24.05.1995, BVerfGE 93, 37 (72 f.); *BVerfG*, Urt. v. 18.01.2012, BVerfGE 130, 76 (124); *BVerfG*, Urt. v. 28.01.2014, BVerfGE 135, 155 (Rdnr. 157) in *BVerfG*, B. v. 06.05.2014, BVerfGE 136, 194 (Rdnr. 168).

938 Vgl. die oben bei III.C.37 im Wortlaut zitierte Passage.

939 Vgl. insoweit die Verweise in *BVerfG*, Urt. v. 28.01.2014, BVerfGE 135, 155 (Rdnr. 158) auf *BVerfG*, B. v. 05.12.2002, BVerfGE 107, 59 (91); *BVerfG*, Urt. v. 18.01.2012, BVerfGE 130, 76 (123 ff.).

940 Vgl. die Verweise in *BVerfG*, B. v. 06.05.2014, BVerfGE 136, 194 (Rdnr. 169) auf *BVerfG*, Urt. v. 28.01.2014, BVerfGE 135, 155 (Rdnr. 158).

richt sieht dabei die Mitglieder des Verwaltungsrates als legitimiert[941] und des Aufsichtsrates „mit gewissen Einschränkungen [als] personell demokratisch legitimiert" an, ebenso die Vorstandsmitglieder.[942] Die Einschränkung der personellen Legitimation sieht das Gericht darin, dass die Legitimationskette Akteure beinhalte, deren Status von einem typischen Amtsträger abweiche.[943] Erst recht verwundert dann der Umgang mit dieser abweichenden Gestaltung, geht das Gericht doch von einer „unschädlichen Abweichung" aus:[944] Während diese Formulierung allein ein Ergebnis einer Rechtfertigungsprüfung nahelegt, deuten Argumentation und Nachweise darauf hin, dass sich aus der Rechtsprechung zur Mitbestimmung, zu den Wasserverbänden und zur Filmförderung nicht eine Abweichungsbefugnis von einem Regelmodell ergibt, sondern eine Lockerungs- und Abweichungsbefugnis des Gesetzgebers. Die Abgabenerhebung sei zwar in nicht unerheblichem Maße grundrechtserheblich, aber durch ein hohes Maß an (nachträglicher) Kontrollierbarkeit gekennzeichnet und damit ausreichend legitimiert. Hingegen sei die Bewirtschaftung des Abgabenaufkommens zur Erfüllung der Aufgaben nach § 37 Abs. 1 WeinG nicht detailliert vorgeprägt, es könnten aber wegen der geringen Grundrechtsbetroffenheit Abgabepflichtiger oder Drittbetroffener keine beson-

---

941 Dabei ist es nach Auffassung des Gerichts ausreichend für die Vermittlung personeller Legitimation, dass der zuständige Bundesminister eine Auswahl aus einer Vorschlagsliste treffen kann. Dabei setze diese Form der Vermittlung formeller demokratischer Legitimation nicht voraus, dass die Kreise ein bindendes Vorschlagsrecht hätten, *BVerfG*, B. v. 06.05.2014, BVerfGE 136, 194 (Rdnr. 171); dies verwundert insofern, als personelle Legitimation im Sinne grundgesetzlicher demokratischer Legitimation keinesfalls von der entsendenden Stelle vermittelt werden kann, sondern einzig durch die Ernennung. Die zur Begründung herangezogene Rechtsprechung (BVerfGE 26, 186 (194 ff.) belegt diese Aussage im Übrigen nicht, sondern befasst sich anlässlich der Einführung von Ehrengerichten für die Anwaltschaft mit Art. 12 GG und der Frage, inwieweit Entsendungsvorschläge so ausgestaltet werden dürfen, dass keine Auswahlmöglichkeit mehr besteht.

942 *BVerfG*, B. v. 06.05.2014, BVerfGE 136, 194 (Rdnr. 172 f.); die Einschränkungen sieht der Senat darin, dass zwar alle Mitglieder des Verwaltungsrats durch den Bundesminister ernannt werden, diese aber nur in Interessengruppen die Aufsichtsratsmitglieder wählen und nicht in allgemeiner Wahl.

943 *BVerfG*, B. v. 06.05.2014, BVerfGE 136, 194 (Rdnr. 174) unter Berufung auf die nicht einschlägigen *BVerfG*, B. v. 24.05.1995, BVerfGE 93, 37 (67 f.); *BVerfG*, B. v. 05.12.2002, BVerfGE 107, 59 (88).

944 Als Nachweis hierfür wird ausschließlich *BVerfG*, Urt. v. 28.01.2014, BVerfGE 135, 155 (Rdnr. 164) genannt.

ders hohen Anforderungen gestellt werden.[945] Im Rahmen der Prüfung der Durchführungsgesellschaften, insbesondere der Werbeaktivitäten, geht das Gericht von Tätigkeiten aus, die nicht bis ins Detail amtliches Handeln mit Entscheidungscharakter darstellten. Durch die Gewährleistungsverantwortung seien die demokratischen legitimierten staatlichen Organe nicht gehindert, ihrer Gewährleistungsverantwortung gerecht zu werden, weshalb dies verfassungsrechtlich nicht beanstandet werden könne.[946]

Im Ergebnis zeigt sich, dass das Gericht aufbauend auf seinen Entscheidungsgründen im Urteil zur Filmförderung eine deutliche Lockerung des strengen dogmatischen Legitimationsmodells vornimmt. Zum einen wird ohne besonderen Hinweis die Existenz einer Unerheblichkeitsschwelle angenommen, die bisher überwiegend abgelehnt wurde.[947] Darüber hinaus geht das Gericht zum anderen davon aus, dass von ihm die zuvor angenommenen Ausnahmen[948] verallgemeinerungsfähig sind. Zusammen mit dem mittlerweile feststehenden Maßstab der Legitimation, der sich in Abhängigkeit von der Bedeutung der Entscheidung, insbesondere vom Grundrechtsbezug bestimmen soll, scheint der Wesenskern der in den Entscheidungen zum Ausländerwahlrecht entwickelten Linie endgültig aufgegeben worden zu sein.

41. BVerfG: Frage- und Informationsrechte des Bundestags (I, II)

a) Kriegswaffenexportkontrolle (2014)

Im Urteil über das Organstreitverfahren einiger Bundestagsabgeordneter gegen die Bundesregierung wegen nicht beantworteter dringlicher parlamentarischer Anfragen bezüglich erteilter Vorgenehmigungen für Rüstungsexporte[949] zog das Gericht als Prüfungsmaßstab Art. 38 Abs. 1 Satz 2 GG in Verbindung mit Art. 20 Abs. 2 Satz 2 GG heran. Die Kontrollfunktion des Bundestages über die Bundesregierung würdigte es dabei zugleich als Ausfluss der aus dem Demokratieprinzip folgenden Verantwortlichkeit

---

945 *BVerfG*, B. v. 06.05.2014, BVerfGE 136, 194 (Rdnr. 174).

946 *BVerfG*, B. v. 06.05.2014, BVerfGE 136, 194 (Rdnr. 176 f.).

947 Vgl. insoweit die Literaturmeinungen zum Bagatellvorbehalt oben bei Kap. III.A.1.b).

948 Insbesondere die in *BVerfG*, B. v. 24.05.1995, BVerfGE 93, 37 und *BVerfG*, B. v. 05.12.2002, BVerfGE 107, 59 entwickelten.

949 *BVerfG*, Urt. v. 21.10.2014, BVerfGE 137, 185.

der Regierung gegenüber dem Parlament.[950] Für die Konkretisierung dieses Prinzips führt das Gericht die Rechtsprechungslinie zum rechtsdogmatischen Legitimationsmaßstab an,[951] die erfordere, dass ein hinreichender Gehalt an demokratischer Legitimation erreicht werden müsse.[952] Eine Geheimhaltung könne dabei die parlamentarischen Kontrollmöglichkeiten beschränken und deshalb den erforderlichen demokratischen Legitimationszusammenhang beeinträchtigen oder unterbrechen.[953] Ein erforderliches Maß an Legitimation wird hingegen in der Begründung nicht näher konkretisiert. Durch den Verweis auf die gewaltenteilungsbedingte Notwendigkeit eines Bereiches exekutiver Eigenverantwortung[954] erkennt das Gericht eine notwendige Abstufung an, die wohl der Sache nach der sonst diskutierten funktionellen demokratischen Legitimation entspricht. Ausgehend von der grundgesetzlichen Zuständigkeit der Bundesregierung nach Art. 26 Abs. 2 Satz 1 GG handle es sich um eine Zuweisung an die Regierung, die auch nicht durch einen allgemeinen Parlamentsvorbehalt unterlaufen werden könne; gleichwohl folge aus der Zuständigkeitszuweisung noch kein Ausschluss demokratischer Kontrolle durch das Parlament. Insoweit stellt das Gericht fest:

> „*Unter dem Gesichtspunkt der demokratischen Legitimation staatlichen Handelns tritt die parlamentarische Kontrolle an die Stelle der in dem Bereich ausschließlicher Zuständigkeit der Regierung fehlenden sachlich-inhaltlichen Mitwirkungsrechte des Parlaments.*“[955]

Somit schaffe Art. 26 Abs. 2 Satz 1 GG allein keinen Raum gubernativen Entscheidens, der der parlamentarischen Kontrolle grundsätzlich entzogen

950 *BVerfG*, Urt. v. 21.10.2014, BVerfGE 137, 185 (Rdnr. 132).

951 Insoweit verweist *BVerfG*, Urt. v. 21.10.2014, BVerfGE 137, 185 (Rdnr. 132) auf *BVerfG*, Urt. v. 31.10.1990, BVerfGE 83, 60 (72); *BVerfG*, B. v. 24.05.1995, BVerfGE 93, 37 (66); *BVerfG*, Urt. v. 18.01.2012, BVerfGE 130, 76 (123).

952 Diesbezüglich wird neben den eben genannten noch auf *BVerfG*, B. v. 05.12.2002, BVerfGE 107, 59 (87) verwiesen.

953 *BVerfG*, Urt. v. 21.10.2014, BVerfGE 137, 185 (Rdnr. 133) verweist diesbezüglich auf *BVerfG*, Urt. v. 18.01.2012, BVerfGE 130, 76 (128); diese Schlussfolgerung ergibt sich jedoch aus letztgenanntem Urteil nur indirekt, weil in der zitierten Subsumtion zum einen nur festgestellt wurde, dass der dortige Legitimationszusammenhang nicht durch (vertraglich ausgestaltete) Formen der Geheimhaltung beschränkt wurde, zum anderen dort ein anderer, der Verwaltung untergeordneter Bereich der Ausübung von Hoheitsrechten betroffen war.

954 *BVerfG*, Urt. v. 21.10.2014, BVerfGE 137, 185 (Rdnr. 136 f.).

955 *BVerfG*, Urt. v. 21.10.2014, BVerfGE 137, 185 (Rdnr. 141).

wäre.[956] An dieser Stelle wird deutlich, dass – auch wenn das Gericht nicht explizit einen Legitimationsmaßstab entwickelt und benennt – in der Sache gerade doch von der Notwendigkeit einer sachlich-inhaltlichen Legitimationskomponente ausgeht. Insoweit stellt sich die Frage, ob das Gericht nicht doch einen allgemeinen Parlamentsvorbehalt voraussetzt, hier in einer Art Befassungsvorbehalt. Im Rahmen der Subsumtion wird daran anschließend eine Abwägung zwischen den aus Art. 38 Abs. 1 Satz 2 GG in Verbindung mit Art. 20 Abs. 2 Satz 2 GG hergeleiteten Fragerechten der Abgeordneten und den berechtigten Geschäftsinteressen der beteiligten Rüstungsunternehmen aus Art. 12 Abs. 1 GG vorgenommen.[957] Eine Subsumtion unter den im Maßstabsteil entwickelten bzw. wiederholten Rechtmaßstab demokratischer Legitimation aus Art. 20 Abs. 2 GG findet jedoch nicht explizit statt. Diese Bestimmung wird im zweiten Teil nur zur Begründung des Fragerechts der Abgeordneten in Verbindung mit der Bestimmung des Art. 38 Abs. 1 Satz 2 GG herangezogen.

Wie das Gericht die Zulässigkeit der Delegation der Entscheidung der Bundesregierung (Art. 26 Abs. 2 Satz 1 GG) an das Gremium „Bundessicherheitsrat" beurteilt, wird in diesem Zusammenhang offengelassen, weil sich hierdurch keine außenwirksamen Konsequenzen ergäben.[958] Wie sich der erforderliche Maßstab demokratischer Legitimation nun darstellt, lässt sich wohl nur in einer Zusammenschau der Gründe erschließen. Dabei muss zum einen die grundgesetzliche Zuweisung der Entscheidung über Rüstungsexporte an die Regierung aus Art. 26 Abs. 2 Satz 1 GG berücksichtigt werden, die zugleich nach Auffassung des Gerichts demokratisch nicht

---

956 Ebenda.

957 *BVerfG*, Urt. v. 21.10.2014, BVerfGE 137, 185 (Rdnr. 188 ff.).

958 *BVerfG*, Urt. v. 21.10.2014, BVerfGE 137, 185 (Rdnr. 148); diese Art der Delegation der Entscheidung über eine Genehmigung an den Bundessicherheitsrat ist jedenfalls deshalb nicht streitentscheidend, weil das Gericht die Entscheidung gemäß Art. 26 Abs. 2 Satz 1 GG unter dem Aspekt der Gewaltenteilung prüft und die gewählte Form nicht den Bereich exekutiver Gewalt verlässt. Bemerkenswert ist an dieser Stelle das gerichtliche *obiter dictum*, dass die Bundesregierung den Bundessicherheitsrat durch Beschluss eingerichtet habe und deshalb auch dieses Gremium jederzeit durch entsprechenden Beschluss aufgelöst werden könne oder die Regierung einzelne Beschlüsse an sich ziehen könnte. Dies wäre jedenfalls bei einer Delegation an Dritte unproblematisch möglich; bedenklich erscheint diese Überlegung jedoch vor dem Hintergrund, dass eine teilweise Personenidentität besteht, weil alle stimmberechtigten Bundessicherheitsratsmitglieder zugleich Mitglieder der Bundesregierung sind. Berücksichtigt man darüber hinaus noch die Richtlinienkompetenz des Bundeskanzlers, der zugleich Bundessicherheitsratsmitglied ist, dürfte eine Rückholbarkeit nahezu ausgeschlossen sein.

allein durch die Bundesregierung zu verantworten ist, sondern ein Teil der Legitimationsleistung durch die Kontrolle durch das Parlament als Komponente sachlich-inhaltlicher Legitimation verantwortet werden muss.

Dass hier trotz begrifflicher Nähe nicht der zuvor entwickelte Maßstab demokratischer Verwaltungslegitimation, sondern ein grundlegenderer Demokratiemaßstab zugrunde gelegt wird, zeigt sich dabei am grundlegenden Anknüpfungspunkt: nicht die Legitimation einer einzelnen Entscheidung soll rekonstruiert, sondern grundlegende Fragen der Gewaltenteilung geklärt werden. Damit handelt es sich jedenfalls um völlig unterschiedliche Gegenstandsbereiche.

b) Unterstützungseinsätze der Bundespolizei (2015)

Kurze Zeit später befasste sich das Gericht anlässlich parlamentarischer Anfragen zu Unterstützungseinsätzen der Bundespolizei nach Art. 35 Abs. 2 Satz 1 GG erneut mit dem Umfang der Frage- und Informationsrechte des Deutschen Bundestages.[959] Prüfungsmaßstab war hier abermals Art. 38 Abs. 1 Satz 2 in Verbindung mit Art. 20 Abs. 2 Satz 2 GG, weil das Recht der Abgeordneten zu einer Fragestellung mit einer Pflicht der Regierung korrespondiere, diese zu beantworten.[960] Für die Reichweite zieht das Gericht die durch die Gewaltenteilung bedingte Kontrollfunktion des Parlaments heran, die zugleich als Ausdruck der aus dem Demokratieprinzip folgenden Verantwortlichkeit der Regierung gegenüber dem Parlament angesehen wird.[961] Wie schon im vorangehenden Urteil befasst sich das Gericht mit dem Zurechnungszusammenhang zwischen Volk und staatlicher Herrschaft aus Art. 20 Abs. 2 GG, der einen hinreichenden Gehalt an demokratischer Legitimation und somit ein bestimmtes Legitimationsniveau fordere.[962] Hinsichtlich des Legitimationsmodells

959 *BVerfG*, Urt. v. 02.06.2015, BVerfGE 139, 194.
960 *BVerfG*, Urt. v. 02.06.2015, BVerfGE 139, 194 (Rdnr. 103).
961 *BVerfG*, Urt. v. 02.06.2015, BVerfGE 139, 194 (Rdnr. 105).
962 *BVerfG*, Urt. v. 02.06.2015, BVerfGE 139, 194 (Rdnr. 106); neben den bekannten Verweisen auf *BVerfG*, Urt. v. 31.10.1990, BVerfGE 83, 60 (72); *BVerfG*, B. v. 24.05.1995, BVerfGE 93, 37 (67); *BVerfG*, B. v. 05.12.2002, BVerfGE 107, 59 (87); *BVerfG*, Urt. v. 18.01.2012, BVerfGE 130, 76 (124) zitiert das Gericht erstmals in diesem Zusammenhang auch *BVerfG*, Urt. v. 21.10.2014, BVerfGE 137, 185 (Rdnr. 132); letzteres wird auch neben *BVerfG*, B. v. 24.05.1995, BVerfGE 93, 37 (67 f.); *BVerfG*, B. v. 05.12.2002, BVerfGE 107, 59 (87 f.); *BVerfG*, Urt. v. 18.01.2012, BVerfGE 130, 76 (124) auch dafür herangezogen, dass (grundsätz-

erfolgen später erstmals Konkretisierungen zur Legitimation im föderalen Aufbau und zur Art sachlich-inhaltlicher Legitimationsvermittlung: im Falle der Zuständigkeit eines Landes[963] werde die demokratische Legitimation durch die Verantwortlichkeit der Landesregierung gegenüber dem Landesparlament hergestellt. Dabei komme es nicht darauf an, ob die Kontrollrechte in Anspruch genommen würden, sondern einzig darauf, ob die Möglichkeit parlamentarischer Kontrolle bestehe.[964]

Auch hier wird ein Maßstab für die Einhaltung demokratischer Legitimation nicht explizit benannt. Durch die Schlussfolgerung, dass im Fall des Handelns nicht durch unmittelbare Volkswahl legitimierte Amtsträger handelten (also dem verfassungsrechtlichen Normalfall) nur das vom Volk gewählte Parlament Legitimation vermitteln könne,[965] scheint jedenfalls ein allgemeiner Legitimationsvorsprung des Bundestags gegenüber der Bundesregierung vorausgesetzt zu werden.[966] Anders als im Fall der Anfragen zu den Kriegswaffenexporten konnte die Beurteilung anhand dieses Maßstabs jedoch offen bleiben, weil durch die fehlende Sachkompetenz des Bundes ohnehin die Legitimationsketten nicht zum Bundestag zurückgeführt werden konnten.

42. Winfried Kluth (2015)

In seinem Gutachten von 2015 zur Verfassungsmäßigkeit der Einrichtung des Gemeinsamen Bundesausschusses (G-BA) nach § 91 SGB V, das zu-

---

lich) sachlich-inhaltliche Legitimation durch Gesetzesbindung und Aufträge und Weisungen der Regierung vermittelt wird, diese aber wiederum die Verantwortlichkeit der Regierung gegenüber dem Parlament bedinge.

963 In diesem Fall bedingt durch die originäre sicherheitsrechtliche Länderkompetenz, die auch durch Inanspruchnahme der Bundespolizei im Wege der Amtshilfe ihren Charakter nicht verliert.

964 Hier ohne Verweis auf frühere Rechtsprechung *BVerfG*, Urt. v. 02.06.2015, BVerfGE 139, 194 (Rdnr. 115).

965 *BVerfG*, Urt. v. 02.06.2015, BVerfGE 139, 194 (Rdnr. 106).

966 Diese Konsequenz würde sich jedoch in Widerspruch zur Form funktionaler und institutioneller demokratischer Legitimation stellen; dass bedingt durch die Gewaltenteilung und das durch das Grundgesetz vorgesehene Organgefüge gerade nicht von einem Legitimationsvorsprung ausgegangen werden könne, zeigt *Böckenförde*, Demokratie als Verfassungsprinzip, in: *Isensee/Kirchhof* (Hrsg.), Handbuch des Staatsrechts der Bundesrepublik Deutschland, Bd. II, 3. Aufl. (2004), § 24, Rdnr. 15.

gleich als selbständige Schrift veröffentlicht wurde[967] setzt sich *Winfried Kluth* umfangreich mit der Frage der demokratischen Legitimation des Gemeinsamen Bundesausschusses auseinander. Den Maßstab für die von Verfassung wegen einzuhaltende demokratische Legitimation aus Art. 20 Abs. 2 GG leitet er dabei auch aus der Entscheidungsargumentation des Bundesverfassungsgerichts zu den Wasserverbänden[968] ab: Die vom Regelfall abweichenden verfassungsrechtlichen Konstruktionen müssten einen „überschaubaren Aufgabenbereich" betreffen, dieser Sachbereich müsste sich in Bezug auf die Organisationsform Selbstverwaltung bewährt haben und es dürfte keine zwingende Zuweisung einer solchen Entscheidung an die unmittelbare Staatsverwaltung vorgesehen sein.[969] Dieses Ergebnis und der darin enthaltene Ausgestaltungsspielraum des Gesetzgebers werde durch die Entscheidungen des Bundesverfassungsgerichts zur Filmförderung und Weinabgabe[970] bestätigt, weil dort von noch deutlich stärkeren Kompensationsmöglichkeiten ausgegangen worden sei. Zumindest außerhalb der funktionalen Selbstverwaltung könne somit eine größere Lockerung hinsichtlich der persönlichen Rückkopplung aller Mitwirkenden in Verwaltungsräten ausgegangen werden, wenn durch stärkere Rechtsaufsicht und gerichtliche Kontrolle für einen angemessenen Ausgleich gesorgt werde.[971] Für den konkreten Fall der Sozialverbände sei zudem noch relevant, dass es Fallkonstellationen unabhängiger Einrichtungen gebe, die nach dem Maßstab des Art. 20 Abs. 2 GG möglicherweise nicht als hinreichend demokratisch legitimiert anzusehen seien, sie jedoch durch die

---

967 *Kluth,* Der gemeinsame Bundesausschuss (G-BA) nach § 91 SGB V aus der Perspektive des Verfassungsrechts: Aufgaben, Funktionen und Legitimation (2015), S. 61 ff.

968 *BVerfG,* B. v. 05.12.2002, BVerfGE 107, 59 (93).

969 *Kluth,* Der gemeinsame Bundesausschuss (G-BA) nach § 91 SGB V aus der Perspektive des Verfassungsrechts: Aufgaben, Funktionen und Legitimation (2015), S. 72 ff.

970 *BVerfG,* Urt. v. 28.01.2014, BVerfGE 135, 155 (vgl. dazu Kapitel III.C.37) und *BVerfG,* B. v. 06.05.2014, BVerfGE 136, 194 (vgl. dazu Kapitel III.C.40).

971 Auffällig sei, dass in der zitierten Rechtsprechung nicht vollständig vom Erfordernis persönlicher Rückkopplung abgerückt würde, sondern die genannten Entscheidungen jeweils nur einen kleinen Teil der stimmberechtigten Mitglieder betroffen hätte, *Kluth,* Der gemeinsame Bundesausschuss (G-BA) nach § 91 SGB V aus der Perspektive des Verfassungsrechts: Aufgaben, Funktionen und Legitimation (2015), S. 82.

Übernahme der Konstruktion aus Weimarer Zeit als historisch gewachsen und damit verfassungsrechtlich akzeptiert werden müssten.[972]

Bereits aus der Zielsetzung dieser Untersuchung (als Gutachten zum Nachweis der verfassungsrechtlichen Zulässigkeit des Gemeinsamen Bundesausschusses und damit einer Aussage zum geltenden Recht) ergibt sich, dass ein normativ-dogmatischer Maßstab für die Beurteilung demokratischer Legitimation zugrunde gelegt wurde. Für ein laufendes gerichtliches Verfahren sollten damit Anhaltspunkte erarbeitet werden, die für eine Bewertung der verfassungsrechtlichen Zulässigkeit der Einrichtung des Gemeinsamen Bundesausschusses als oberstes Beschlussgremium der gemeinsamen Selbstverwaltung der Ärzte, Zahnärzte, Psychotherapeuten, Krankenhäuser und Krankenkassen herangezogen werden sollen. Insofern mag es enttäuschen, dass im konkreten Verfahren der Erste Senat überhaupt nicht zu einer Prüfung der Vereinbarkeit mit Art. 20 Abs. 2 GG kam und diese Frage somit nicht geklärt werden konnte.[973]

43. BVerfG: Körperschaftsstatus für Religionsgemeinschaften (2015)

Im Beschluss zur Befugnis des Parlaments zum Erlass von Einzelpersonengesetzen, insbesondere zur Verleihung des Körperschaftsstatus an Religionsgemeinschaften durch Landesgesetz kam der Zweite Senat zu dem Ergebnis, dass Art. 61 S. 2 der Bremischen Verfassung mit dem im Grundgesetz verankerten Grundsatz der Gewaltenteilung unvereinbar sei.[974] Dieser sah vor, dass anderen Religions- und Weltanschauungsgemeinschaften der Körperschaftsstatus durch Gesetz verliehen werden kann. Der Senat ging hier davon aus, der durch Art. 20 Abs. 2 GG vorgesehene Grundsatz der Gewaltenteilung schließe es aus, die im Einzelfall gebotene Prüfung der Anspruchsvoraussetzungen von Art. 4 Abs. 1 und Abs. 2, Art. 140 GG

---

972 Für den Gemeinsamen Bundesausschuss könne diese Rechtfertigungslinie auch zugrunde gelegt werden, weil die (aktuelle) Gestaltung nicht über den historisch als anerkannt geltenden hinausgehe, *Kluth*, Der gemeinsame Bundesausschuss (G-BA) nach § 91 SGB V aus der Perspektive des Verfassungsrechts: Aufgaben, Funktionen und Legitimation (2015), S. 84.

973 Mangels genügender Substantiierung der Grundrechtsverletzung und unter Verweis auf die nicht beachtete Subsidiarität der Verfassungsbeschwerde verwarf der Erste Senat die Verfassungsbeschwerde, in deren Verfahren das Gutachten eingeführt wurde, als unzulässig, weshalb auch keine materiellen Ausführungen mehr angezeigt waren, *BVerfG*, B. v. 10.11.2015, BVerfGE 140, 229.

974 *BVerfG*, B. v. 30.06.2015, BVerfGE 139, 321.

in Verbindung mit Art. 137 Abs. 5 Satz 2 WRV dem parlamentarischen Gesetzgeber zuzuweisen.[975] Bei der Herleitung des Maßstabs beruft sich das Gericht auf seine ständige Rechtsprechung zum Gewaltenteilungsprinzip, welches das Ineinandergreifen der Gewalten und gegenseitige Mäßigung der Gewalten beinhalte.[976] Diesem Grundsatz zufolge sei dem Parlament die verfassungsrechtliche Aufgabe der Normsetzung zugewiesen, der Verwaltung idealtypisch die Aufgabe des Gesetzesvollzugs im Einzelfall.[977] Das Prinzip der Gewaltenteilung sah das Gericht im Folgenden nicht bereits deshalb als verletzt an, weil hier trotz angenommenem Anspruchs auf Statusverleihung[978] bei Vorliegen der Voraussetzung ein Ermessen eingeräumt wurde, sondern weil durch die Zuweisung dieser Entscheidung an den Gesetzgeber den Berechtigten der Rechtsschutz abgeschnitten würde, den sie bei einer gebotenen Entscheidung durch die Exekutive zur Verfügung gehabt hätten[979].[980]

Wenn auch das Gericht damit zum einen die Rechtsprechungslinie zum rechtsdogmatischen Prinzip demokratischer Legitimation heranzieht und den Gewaltenteilungsgrundsatz unmittelbar aus Art. 20 Abs. 2 Satz 2 GG ableitet, so handelt es sich bei dem hier angewandten Maßstab nicht um einen demokratiebezogenen, sondern um einen Bestandteil des Rechtsstaatsprinzips, weil nicht die Herleitung der Willensbildung, sondern die geschützten Rechtspositionen Einzelner, sowie deren Schutz in den Mittelpunkt gestellt werden.[981]

---

975 *BVerfG*, B. v. 30.06.2015, BVerfGE 139, 321 (Rdnr. 124 f.).

976 *BVerfG*, B. v. 30.06.2015, BVerfGE 139, 321 (Rdnr. 125) unter Verweis auch auf *BVerfG*, Urt. v. 21.10.2014, BVerfGE 137, 185 (Rdnr. 131).

977 *BVerfG*, B. v. 30.06.2015, BVerfGE 139, 321 (Rdnr. 126); hier erstmals mit Bezug auf die bekannte Rechtsprechungslinie aus *BVerfG*, B. v. 01.10.1987, BVerfGE 77, 1 (1); *BVerfG*, Urt. v. 31.10.1990, BVerfGE 83, 60 (72); *BVerfG*, B. v. 24.05.1995, BVerfGE 93, 37 (66); *BVerfG*, B. v. 05.12.2002, BVerfGE 107, 59 (87); *BVerfG*, Urt. v. 18.01.2012, BVerfGE 130, 76 (123).

978 *BVerfG*, B. v. 30.06.2015, BVerfGE 139, 321 (Rdnr. 88 ff.).

979 *BVerfG*, B. v. 30.06.2015, BVerfGE 139, 321 (Rdnr. 135 ff.).

980 Die Anwendbarkeit des bundesrechtlichen Gewaltenteilungsmaßstabs auf die Prüfung der Länderverfassung kritisiert hier *Möllers*, Anmerkung zu BVerfG - Verleihung des Körperschaftsstatus, JZ 2015, 1103.

981 Insoweit wirft *Möllers*, Anmerkung zu BVerfG - Verleihung des Körperschaftsstatus, JZ 2015, 1103 (1104) prägnant die Frage auf: „Wozu von Art. 20 Abs. 2 Satz 2 GG sprechen, wenn Art. 19 Abs. 4 GG gemeint ist?“.

44. BVerfG: OMT-Urteil (2016)

Nachdem der EuGH die Vorlagefrage aus dem OMT-Beschluss[982] mit Urteil vom 16. Juni 2015[983] die Vereinbarkeit des OMT-Programms mit dem Unionsrecht festgestellt hatte, verwarf das BVerfG mit Urteil vom 21. Juni 2016[984] die Anträge in den Ausgangsfragen teilweise, wies sie im Übrigen zurück und konkretisierte dabei die Anforderungen an die Klageberechtigung aus Art. 38 Abs. 1 GG, die Ultra-Vires-Kontrolle und die materiellen Demokratiegrenzen, die es aus dem Grundgesetz ableitet. Zwar äußert das BVerfG insoweit gewichtige Bedenken an der Auslegung der primärvertraglichen Grundlagen durch den EuGH hinsichtlich der Erhebung des Sachverhalts und des Ausmaßes an gerichtlicher Kontrolle.[985] Gleichzeitig erkennt das Gericht keine offensichtliche Kompetenzüberschreitung durch den EuGH, die erst die Annahme eines ultra-vires-Kontrollvorbehalts ermöglichen würde.[986] Unter Zugrundelegung des Verständnisses der Reichweite des OMT-Programms durch den EuGH kommt das BVerfG damit zu dessen Vereinbarkeit mit den verfassungsrechtlichen Anforderungen.[987]

Hinsichtlich der Zulässigkeit der Verfassungsbeschwerden legt das Gericht dabei seinen schon bekannten Maßstab aus Art. 38 Abs. 1 Satz 1 in Verbindung mit Art. 20 Abs. 1 und Abs. 2 und Art. 79 Abs. 3 GG zugrunde.[988] Als zulässige Beschwerdegegenstände werden daher nur das Unterlassen des Vorgehens gegen den OMT-Beschluss durch die Bundesregierung und wegen Beeinträchtigung der haushaltspolitischen Gesamtverantwortung durch den Bundestag angesehen. Über die bisherige Judikatur hinausgehend stellt das Gericht die Ähnlichkeit der Hinwirkungspflicht der deutschen Staatsorgane mit der Dogmatik der grundrechtlichen Schutzpflichten fest.[989] Gleichzeitig wurde festgehalten, dass tauglicher Beschwerdegegenstand weiterhin nur Akte der deutschen öffentlichen Ge-

982 *BVerfG*, B. v. 14.01.2014, BVerfGE 134, 366 (vgl. dazu Kap. III.C.36).

983 *EuGH*, Urt. v. 16.06.2015, Slg. 2015, ECLI:EU:C:2015:400 = JZ 2015, 785 (vgl. dazu Kap. IV.C.10).

984 *BVerfG*, Urt. v. 21.06.2016, BVerfGE 142, 123.

985 *BVerfG*, Urt. v. 21.06.2016, BVerfGE 142, 123 (Rdnr. 181).

986 *BVerfG*, Urt. v. 21.06.2016, BVerfGE 142, 123 (Rdnr. 184).

987 *BVerfG*, Urt. v. 21.06.2016, BVerfGE 142, 123 (Rdnr. 201).

988 *BVerfG*, Urt. v. 21.06.2016, BVerfGE 142, 123 (Rdnr. 77).

989 *BVerfG*, Urt. v. 21.06.2016, BVerfGE 142, 123 (Rdnr. 166 ff.); deshalb resultiere regelmäßig kein Anspruch auf ein konkretes Tätigwerden.

walt sein können und deshalb die Akte der Europäischen Zentralbank selbst nicht vor dem BVerfG angegriffen werden können.[990]

In der Prüfung der Begründetheit der Anträge geht das Gericht dabei von einem dahingehend in Art. 20 Abs. 1 und Abs. 2 GG konkretisierten Demokratieprinzip aus, dass nicht nur eine substantielle Erosion der Gestaltungsmacht des Deutschen Bundestages verboten und durch seine Konkretisierung im Grundsatz der Volkssouveränität gewährleistet sei, sondern dass auch das in Deutschland zur Anwendung gelangende Unionsrecht über ein hinreichendes Maß an demokratischer Legitimation verfügen müsse.[991] Dabei werde im Anwendungsbereich des Art. 23 Abs. 1 GG der Schutz insofern verändert, als Aufgaben und Befugnisse auf die Europäische Ebene verlagert würden; gleichwohl dürfe nicht die Kompetenz-Kompetenz übertragen oder Entsprechendes durch Aufnahme von Blankettermächtigungen erreicht werden.[992] In diesem Punkt bezieht sich das Gericht erstmals auf das durch „Einflussknicke" abgesenkte demokratische Legitimationsniveau bei Maßnahmen der europäischen Öffentlichen Gewalt.[993] Derartige Maßnahmen müssten jedoch auch durch eine hinreichend bestimmte Ermächtigung des Integrationsgesetzgebers legitimiert sein; deshalb könne nur das das demokratisch legitimiert sein, was parlamentarisch verantwortet werden könne.[994] Als Kern des Rechts aus „Art. 38 Abs. 1 Satz 1 in Verbindung mit Art. 20 Abs. 1 und Abs. 2 und Art. 79 Abs. 3 GG" wird ein (auch im Urteil in Anführungszeichen dargestellter) „Anspruch auf Demokratie" gesehen, der auch bei Maßnahmen (also Akten öffentlicher Gewalt) der Europäischen Union nicht zur Disposition stehe.[995] Dieser „Anspruch", auch wenn er nachfolgend nicht mehr als solcher bezeichnet wird, ziele darauf, dass nur im grundgesetzlich vorgesehenen verfassungsrechtlichen Rahmen Kompetenzen an die EU übertragen werden dürften.[996] Bemerkenswert ist in diesem Falle die Veranke-

990 *BVerfG*, Urt. v. 21.06.2016, BVerfGE 142, 123 (Rdnr. 96 ff.).

991 *BVerfG*, Urt. v. 21.06.2016, BVerfGE 142, 123 (Rdnr. 115).

992 *BVerfG*, Urt. v. 21.06.2016, BVerfGE 142, 123 (Rdnr. 130).

993 Zum Begriff und dessen Herkunft vgl. *BVerfG*, Urt. v. 21.06.2016, BVerfGE 142, 123 (Rdnr. 131).

994 *BVerfG*, Urt. v. 21.06.2016, BVerfGE 142, 123 (Rdnr. 131).

995 *BVerfG*, Urt. v. 21.06.2016, BVerfGE 142, 123 (Rdnr. 133).

996 *BVerfG*, Urt. v. 21.06.2016, BVerfGE 142, 123 (Rdnr. 134); dabei bezieht sich das Gericht zunächst auf verfahrensrechtliche Vorgaben, die eine hinreichend bestimmte Integrationsermächtigung fordere; daneben werden aber auch mit den haushalts- und wehrpolitischen Grenzen materielle inhaltliche Grenzen (unter Bezugnahme auch auf *BVerfG*, Urt. v. 30.06.2009, BVerfGE 123, 267 (340 ff.)) genannt, die einen absoluten materiellen Übertragungsausschluss darstellten.

rung dieses Anspruchs: Bei „Usurpation“ von Aufgaben und Befugnissen werde der „durch Art. 1 Abs. 1 GG geschützte Kern der Volkssouveränität verletzt“, weil durch das so vorgefundene institutionelle Gefüge der Bürger einer von ihm nicht legitimierten öffentlichen Gewalt aussetzten, auf die er nicht „in Freiheit und Gleichheit wirkungsvoll Einfluss nehmen“ könne.[997] Deshalb bleibe es Aufgabe des Bundesverfassungsgerichts, zu überprüfen, ob beim Vollzug des Integrationsprogramms ein hinreichendes demokratisches Legitimationsniveau erreicht werde.[998] Dabei bedürfe es grundsätzlich einer offensichtlich außerhalb der übertragenen Kompetenzen liegenden Befugniswahrnehmung, um einen ultra-vires-Verstoß erkennen zu können, der allerdings nicht nur dann ausgeschlossen sein könnte, wenn keine andere Auffassung vertreten würde.[999] Dabei ähnelten sich ultra-vires- und Identitätskontrolle insoweit, als sie mit Art. 79 Abs. 3 GG den gleichen Geltungsgrund hätten; jedoch unterschieden sie sich insoweit, als erstere inhaltlich die Vereinbarkeit mit den vertraglich vorgesehenen Vereinbarungen befasse, letztere jedoch mit den Integrationsschranken absolute Integrationsgrenzen vorsehe, die in keinem Fall überschritten werden dürften.[1000] Für beide Fälle sei jedoch nicht allein auf die Auffassung des BVerfG abzustellen, vielmehr müsse auch die Auslegung der fraglichen Bestimmungen durch den Europäischen Gerichtshof berücksichtigt werden, soweit dieser methodisch anerkannte Grundsätze zugrunde lege und nicht objektiv willkürlich entscheide.[1001] Aus Art. 23 Abs. 1 Satz 1 und Art. 20 Abs. 2 GG ergebe sich für ultra-vires-Akte die Verpflichtung für alle Verfassungsorgane, Behörden und Gerichte, nicht am Zustandekommen oder der Umsetzung solcher Rechtsakte mitzuwirken. Entsprechend müsse auch bei einer „Identitätsverletzung“ entgegengewirkt werden, wie sich aus dem Anspruch des Bürgers aus Art. 38 Abs. 1 Satz 1 GG ergebe.[1002] Hinsichtlich der entsprechenden Umsetzungen treffe die deutschen Staatsorgane auch eine gesteigerte Überwachungspflicht hinsichtlich der Sicherung des demokratischen Legitimationszusammenhangs – insbesondere, wenn die öffentliche Gewalt nur durch schwach legitimierte Organe ausgeübt werde.[1003] Ähnlich der grundrechtlichen Schutzpflichtensystematik

997 *BVerfG*, Urt. v. 21.06.2016, BVerfGE 142, 123 (Rdnr. 135).
998 *BVerfG*, Urt. v. 21.06.2016, BVerfGE 142, 123 (Rdnr. 145).
999 Zur Anforderung *BVerfG*, Urt. v. 21.06.2016, BVerfGE 142, 123 (Rdnr. 148 ff.).
1000 Vgl. zur Unterscheidung beider Fälle *BVerfG*, Urt. v. 21.06.2016, BVerfGE 142, 123 (Rdnr. 153).
1001 *BVerfG*, Urt. v. 21.06.2016, BVerfGE 142, 123 (Rdnr. 161).
1002 *BVerfG*, Urt. v. 21.06.2016, BVerfGE 142, 123 (Rdnr. 162 f.).
1003 *BVerfG*, Urt. v. 21.06.2016, BVerfGE 142, 123 (Rdnr. 165).

müssten deutsche Verfassungsorgane, voran dabei Bundestag und Bundesregierung, darauf hinwirken, dass zur Sicherung des „Rechts auf Demokratie" im Rahmen des Integrationsprogramms nicht noch weitergehende „Einflussknicke" geschaffen werden.[1004]

Im Subsumtionsschritt kommt das Gericht dabei wegen der insoweit verbindlichen Würdigung des Europäischen Gerichtshofs zur Vereinbarkeit des OMT-Beschlusses mit dem Unionsrecht.[1005] Dabei führt das BVerfG eine doppelte Vertretbarkeitsprüfung durch: Zunächst werden die primärvertraglichen Regelungen und der OMT-Beschluss selbst betrachtet, dann erfolgt eine Überprüfung der Argumentation des EuGH auf deren Vertretbarkeit, was die Möglichkeit zur kritischen Auseinandersetzung mit dem Ergebnis des EuGH gibt,[1006] aber gleichzeitig dazu führt, dass das Urteil des EuGH im Vorabentscheidungsverfahren als noch akzeptabel anerkannt wird.[1007] Die vom EuGH festgestellten und zugrunde gelegten Grenzen der Reichweite des OMT-Beschlusses sieht das BVerfG dabei als letzte noch zulässige Grenze an, die für deren Zulässigkeit weiterhin beachtet werden müsse.[1008] Hierzu leitet es aus der Entscheidung des EuGH konkrete Anforderungen ab, welche die EZB materiell beachten müsse.[1009] Folglich dürften sich Bundesbank und deutsche Verfassungsorgane nur an einer Umsetzung der Beschlüsse beteiligen, wenn diese Voraussetzungen auch eingehalten werden; andernfalls ergebe sich eine Pflicht zum Tätigwerden.[1010]

Mit seinem Urteil zu den Europäischen Maßnahmen zur Rettung Griechenlands und der Finanzmärkte nimmt das BVerfG seine bisherigen Maßstäbe[1011] auf, fasst sie zusammen und ergänzt sie dergestalt, dass sich ein recht genaues Bild von den Funktionsvoraussetzungen und der Funktionsweise der Europäischen Union ergibt. Vor allem liefert das Urteil dabei eine Konkretisierung bezüglich der Reichweite der Klagerechte in

1004 *BVerfG*, Urt. v. 21.06.2016, BVerfGE 142, 123 (Rdnr. 166 f.).

1005 *BVerfG*, Urt. v. 21.06.2016, BVerfGE 142, 123 (Rdnr. 175 ff.).

1006 *BVerfG*, Urt. v. 21.06.2016, BVerfGE 142, 123 (Rdnr. 181 ff.).

1007 *BVerfG*, Urt. v. 21.06.2016, BVerfGE 142, 123 (Rdnr. 190 ff.).

1008 *BVerfG*, Urt. v. 21.06.2016, BVerfGE 142, 123 (Rdnr. 195 ff.).

1009 *BVerfG*, Urt. v. 21.06.2016, BVerfGE 142, 123 (Rdnr. 199) unter Bezugnahme auf *EuGH*, Urt. v. 16.06.2015, Slg. 2015, ECLI:EU:C:2015:400 (Rdnr. 106 ff.) = JZ 2015, 785.

1010 *BVerfG*, Urt. v. 21.06.2016, BVerfGE 142, 123 (Rdnr. 205 ff.).

1011 Vgl. insoweit die bisherige Rechtsprechung durch *BVerfG*, Urt. v. 12.09.2012, BVerfGE 132, 195, *BVerfG*, B. v. 14.01.2014, BVerfGE 134, 366, *BVerfG*, Urt. v. 18.03.2014, BVerfGE 135, 317 und in gewisser Weise auch *BVerfG*, B. v. 15.12.2015, BVerfGE 140, 317.

Bezug auf finanzielle Verpflichtungen Deutschlands überhaupt und der Kontrollreichweite bezüglich der Europäischen Integration. Als terminologisch am weitestgehenden dürfte sich dabei der bereits in der Entscheidung zum ESM-Vertrag entwickelte[1012] und hier weitergeführte, in Anführungszeichen so benannte „Anspruch auf Demokratie" darstellen, dessen Reichweite und Verbindlichkeit allerdings noch sehr vage erscheinen.[1013] Inhaltlich korrespondiert dies mit der Inbezugsetzung von Demokratie, Volkssouveränität und der Menschenwürdegarantie.[1014] Dabei scheint das Gericht kein geändertes materielles Verständnis der Maßstäbe zugrunde zu legen, sondern überhaupt erst prozessual die Grundlage für die gerichtliche Kontrolle zu schaffen. Die Quasi-Schutzpflichten der deutschen Verfassungsorgane zum Schutz der nationalen Verfassungsidentität erfordern dabei die Schutzpflichtenargumentation, die durch den Anspruch auf Demokratie begründet wird, der erst durch die Menschenwürdeverankerung entsprechend subjektiviert wird. Bedeutsam ist dabei allerdings, dass zumindest die aus der Literatur angeführten Belege für die Verankerung in der Menschenwürde sich nicht auf eine nur prozessrechtsrelevante Auslegung beziehen, sondern aus der Verknüpfung materielle Folgerungen zum Prinzipiencharakter der grundgesetzlich verankerten Demokratie herleiten.[1015] Bezüglich der materiellen Anforderungen, vor allem an die ultra-vires- und Identitätskontrolle lassen sich hingegen nur Konkretisierungen, keine inhaltlichen Neuerungen feststellen. Vor allem finden sich bezüglich der Grenzen der Entleerung der parlamentarischen Kompetenzen (haushaltspolitische Gesamtverantwortung) und der Integrationsgrenzen keine insoweit neuen Prüfungsmaßstäbe. Dass dabei das Verständnis des OMT-Programms in der Auslegung durch den EuGH zugrunde gelegt wurde, erscheint wenig überraschend, wenn man schon die vom BVerfG

1012 *BVerfG*, Urt. v. 18.03.2014, BVerfGE 135, 317 (Rdnr. 125).

1013 Vgl. in einer ersten Einschätzung *Ruffert*, Das OMT-Urteil des BVerfG: Europarechtlich überzeugend, verfassungsprozessrechtlich fragwürdig, verfassungsblog.de vom 22.06.2016, der von einer gekünstelten Quasi-Terminologie spricht; zur unklaren inhaltlichen Reichweite dieses Anspruchs auch *Nettesheim*, Ultra-vires-Kontrolle durch Bundesregierung und Bundestag - Für eine materielle Subsidiarität des Vorgehens gegen das Parlament, verfassungsblog.de vom 24.06.2016.

1014 *BVerfG*, Urt. v. 21.06.2016, BVerfGE 142, 123 (Rdnr. 124).

1015 Vgl. die in *BVerfG*, Urt. v. 21.06.2016, BVerfGE 142, 123 (Rdnr. 124) in Bezug genommenen Argumentationen von *Unger*, Das Verfassungsprinzip der Demokratie (2008), S. 252 ff. und *Trute*, Die demokratische Legitimation der Verwaltung, in: *Hoffmann-Riem/Schmidt-Aßmann/Voßkuhle* (Hrsg.), Grundlagen des Verwaltungsrechts, Bd. I, 2. Aufl. (2012), § 6, Rdnr. 19 f.

präsentierten Auslegungsmöglichkeiten aus dem Vorlagebeschluss berücksichtigt.

45. BVerfG: Anleihekäufe der EZB (2017)

Anlässlich verschiedener Verfassungsbeschwerden gegen das nach dem OMT-Beschluss dritte Anleihekaufprogramm der EZB (Public Sector Purchase Programme, PSPP) ermöglichte das BVerfG abermals über Art. 38 Abs. 1 GG eine Prüfung wegen möglicher Verstöße gegen dieses grundrechtsgleiche Recht. Dieses wird abermals als „ein mit der Verfassungsbeschwerde durchsetzbares grundrechtsgleiches Recht auf demokratische Selbstbestimmung“ bezeichnet.[1016] In der Beschreibung der Reichweite dieses Rechts bezieht sich das Gericht wie schon im OMT-Verfahren[1017] darauf, dass Art. 38 Abs. 1 GG nicht nur das Wahlrecht garantiere, sondern auch dessen demokratischen Gehalt, der eine Entleerung verbiete. Der hierin verankerte Anspruch auf demokratische Mitbestimmung beschränke sich dabei auf Strukturveränderungen im staatsorganisationsrechtlichen Gefüge, wie sie bei der Übertragung von Hoheitsrechten auf die Europäische Union auftreten könne.[1018]

Inhaltlich ermögliche dieses Recht einen Anspruch auf Hinwirkung staatlicher Stellen zur Beseitigung von Missständen.[1019] Gleichzeitig erkennt das Gericht aber auch an, dass die Einflussmöglichkeiten des Bundestages nahezu vollständig zurückgenommen seien, soweit die EZB mit Unabhängigkeit gegenüber der Europäischen Union und den Mitgliedstaaten ausgestattet sei. Dies sei aber als eine in Art. 88 S. 2 GG vorgesehene Modifikation des Demokratieprinzips mit Art. 79 Abs. 3 GG vereinbar.[1020] Im Übrigen verweist das Gericht auf seine parallele Argumentation zur Vorlage im vorangegangenen OMT-Verfahren.[1021]

In seinem Urteil im nachfolgenden Vorabentscheiungsverfahren griff der EuGH nachfolgend die vom BVerfG abermals skizzierten spezifisch

1016 *BVerfG*, B. v. 18.07.2017, BVerfGE 146, 216 (Rdnr. 44).

1017 Vgl. dazu Kap. III.C.44.

1018 *BVerfG*, B. v. 18.07.2017, BVerfGE 146, 216 (Rdnr. 45 f.).

1019 Vgl. zu den gegenüber der früheren Rechtsprechung leicht eingeschränkten Möglichkeitenkatalog *Ruffert*, Vorlagebeschluss zu den Anleihekäufen der EZB, JuS 2017, 1229 (1230).

1020 *BVerfG*, B. v. 18.07.2017, BVerfGE 146, 216 (Rdnr. 59).

1021 Vgl. zur Auslegung der Art. 119 und Art. 127 ff. AEUV *BVerfG*, B. v. 18.07.2017, BVerfGE 146, 216 (Rdnr. 60 f.).

demokratischen Bezüge allerdings nicht auf und beschränkte sich auf eine Überprüfung des PSPP-Programms am Maßstab der einschlägigen währungsbezogenen Vorgaben der europäischen Verträge,[1022] wobei wie auch schon im vorherigen OMT-Verfahren kein Verstoß des EZB-Programms gegen das Primärrecht festgestellt werden konnte.

46. BVerfG: Frage- und Informationsrechte des Bundestags (III, IV)

a) Auskunftspflicht zum Einsatz von V-Leuten/ Oktoberfestattentat (2017)

Im Jahr 2017 hatte sich das BVerfG erneut mit der Reichweite der Verpflichtung der Bundesregierung zur Beantwortung parlamentarischer Anfragen zu befassen. Vor dem Hintergrund verschiedener Anfragen zum Oktoberfestattentat hatte die Bundesregierung die Auskunft zum Einsatz von V-Leuten bei BND und BfV im Umfeld des Attentäters mit der Begründung verweigern wollen, dass jeder Aussage zu diesem Themenkreis die Gefahr immanent sei, hierdurch geheimhaltungsbedürftige Vorgehensweisen offenzulegen und eine Aufdeckung aktueller V-Leute wahrscheinlicher zu machen.[1023]

Zur Maßstabsbildung zog das Gericht unter Bezugnahme auf seine früheren Entscheidungen zur Reichweite von Frage- und Auskunftspflichten der Bundesregierung Art. 38 Abs. 1 S. 2 GG und Art. 20 Abs. 2 S. 2 GG heran.[1024] Entscheidend sei insoweit der effektive Einfluss des Volkes auf die Ausübung der Staatsgewalt auf die besonderen Organe der Gesetzgebung.[1025] Der erforderliche parlamentarische Einfluss auf die Politik der Regierung stelle den Zurechnungszusammenhang her;[1026] dabei werde die

---

1022 *EuGH*, Urt. v. 11.12.2018, Slg. 2018, ECLI:EU:C:2018:1000 (Rdnr. 27 ff.) = NJW 2019, 907.

1023 *BVerfG*, B. v. 13.06.2017, BVerfGE 146, 1 (Rdnr. 18).

1024 *BVerfG*, B. v. 13.06.2017, BVerfGE 146, 1 (Rdnr. 84).

1025 *BVerfG*, B. v. 13.06.2017, BVerfGE 146, 1 (Rdnr. 87) unter Verweis auf seine Entscheidungen *BVerfG*, Urt. v. 31.10.1990, BVerfGE 83, 60 (72) (vgl. oben in Kap. III.C.8.b)); *BVerfG*, B. v. 24.05.1995, BVerfGE 93, 37 (66) (vgl. oben in Kap. III.C.15); *BVerfG*, Urt. v. 18.01.2012, BVerfGE 130, 76 (123) (vgl. oben in Kap. III.C.34); *BVerfG*, Urt. v. 02.06.2015, BVerfGE 139, 194 (Rdnr. 106) (vgl. oben in Kap. III.C.41.b)).

1026 *BVerfG*, B. v. 13.06.2017, BVerfGE 146, 1 (Rdnr. 87) unter Verweis auf *BVerfG*, Urt. v. 21.10.2014, BVerfGE 137, 185 (Rdnr. 131) (vgl. oben in Kap. III.C.41.a)) und *BVerfG*, Urt. v. 02.06.2015, BVerfGE 139, 194 (Rdnr. 107) (vgl. oben in Kap. III.C.41.b)).

sachlich-inhaltliche Legitimationskomponente durch die Verantwortlichkeit der Regierung gegenüber der Volksvertretung hergestellt.[1027]

Die Begrenzung dieses Auskunftsanspruches ergebe sich dann aus dem Gewaltenteilungsgrundsatz, soweit die Zuweisungen einzelner Aufgaben und Verantwortungsbereiche nur bestimmte Staatsgewalten beträfen, wie beispielsweise den Kernbereich exekutiver Eigenverantwortung mit seinem grundsätzlich nicht ausforschbaren Initiativ-, Beratungs- und Handlungsbereich.[1028] Hieraus leitet das Gericht dann einen Untermaßstab für die Beurteilung der Rechtmäßigkeit der verweigerten Beantwortung parlamentarischer Anfragen aus dem Bereich der Tätigkeit von Nachrichtendiensten her,[1029] anhand dessen es einen zumindest teilweisen Verstoß gegen die Beantwortungspflicht feststellt.[1030]

Wie schon in den Entscheidungen zu Frage- und Auskunftsrechten hinsichtlich der Kriegswaffenexportkontrolle und der Unterstützungseinsätze der Bundespolizei erweckt der in Bezug genommene Entscheidungsmaßstab den Eindruck der Nähe zum Legitimationsmaßstab – auch wegen der Belege mit den Urteilen zur erforderlichen demokratischen Legitimation. Allerdings fehlt es hier ein einer entscheidungserheblichen Maßstäblichkeit des Legitimationsniveaus, vielmehr stehen auch hier die Gewaltenteilungsaspekte deutlich im Vordergrund.

b) Deutsche Bahn und Finanzmarktaufsicht (2018)

Vergleichbare rechtliche Fragen stellten sich dem Gericht nur kurze Zeit später bei seiner Entscheidung zum parlamentarischen Frage- und Auskunftsrecht mit Bezug zur Deutschen Bahn AG und zur Finanzmarktaufsicht. Gegenständlich waren hier parlamentarische Anfragen aus dem Jahr 2010 an die Bundesregierung zu Invesitionen in das Schienennetz und über ein Gutachten zum Themenkomplex „Stuttgart 21", sowie aufsichts-

1027 *BVerfG*, B. v. 13.06.2017, BVerfGE 146, 1 (Rdnr. 87), wobei das Gericht neben den bisher genannten Urteilen insoweit erstmals zusätzlich den Bezug auf *BVerfG*, B. v. 05.12.2002, BVerfGE 107, 59 (87 f.) (vgl. oben in Kap. III.C.19) verweist.

1028 *BVerfG*, B. v. 13.06.2017, BVerfGE 146, 1 (Rdnr. 91 f.).

1029 *BVerfG*, B. v. 13.06.2017, BVerfGE 146, 1 (Rdnr. 109 ff.).

1030 *BVerfG*, B. v. 13.06.2017, BVerfGE 146, 1 (Rdnr. 126 ff.), insb. hinsichtlich des Begründungserfordernisses bei lange zurück liegendem V-Mann-Einsatz ohne fortgeltenden Funktionsfähigkeitsbezug auf die Nachrichtendienste.

rechtliche Maßnahmen der BaFin gegenüber mehreren Banken in den Jahren 2005 bis 2008.[1031]

Wie auch schon in den vorangegangenen Entscheidungen zieht das Gericht als Prüfungsmaßstab Art. 38 Abs. 1 S. 2 und Art. 20 Abs. 2 S. 2 GG als Maßstab heran.[1032] Dabei stellt es abermals den besonderen Zusammenhang zwischen der parlamentarischen Kontrollfunktion und der aus dem Demokratieprinzip folgenden Verantwortlichkeit der Regierung gegenüber dem Parlament aus Art. 20 Abs. 2 S. 2 GG heraus. Nur wenn das Volk einen effektiven Einfluss auf die Ausübung der Staatsgewalt durch die besonderen Organe der Gesetzgebung, der vollziehenden Gewalt und der Rechtsprechung habe, übe es auch die Staatsgewalt aus.[1033] Ergänzend tritt hier allerdings die Begründung hinzu, dass eine verantwortliche Teilhabe der Bürger an der politischen Willensbildung des Volkes voraussetze, dass der Einzelne genügend über die getroffenen Entscheidungen, Maßnahmen und Lösungsvorschlägen wisse, um sie beurteilen, billigen oder verwerfen zu können.[1034]

Vor dem Hintergrund der gestellten parlamentarischen Anfragen, die zumindest teilweise unter Verweis auf die Geheimschutzordnung nicht öffentlich beantwortet wurden, stellte das Gericht zudem heraus, dass die Repräsentationsfunktion des Deutschen Bundestages grundsätzlich in seiner Gesamtheit durch Mitwirkung all seiner Mitglieder ausgeübt werde und Abweichungen hierfür nur zum Schutz anderer Rechtsgüter mit Verfassungsrang zulässig sein könnten.[1035] Auch unterscheidet das Gericht sehr deutlich zwischen Informationen, die seitens des Parlaments zur Vorbereitung der Gesetzgebung beschafft werden, und solchen, die der politischen und der Rechtskontrolle dienen. Insbesondere diese sanktionierende

---

1031 *BVerfG*, Urt. v. 07.11.2017, BVerfGE 147, 50 (Rdnr. 1).

1032 *BVerfG*, Urt. v. 07.11.2017, BVerfGE 147, 50 (Rdnr. 195 ff.).

1033 *BVerfG*, Urt. v. 07.11.2017, BVerfGE 147, 50 (Rdnr. 197) mit Verweis auf *BVerfG*, B. v. 13.06.2017, BVerfGE 146, 1 (Rdnr. 87) (vgl. dazu Kap. III.C.46.a)) und seine dort bereits zitierte Rechtsprechungslinie.

1034 *BVerfG*, B. v. 13.06.2017, BVerfGE 146, 1 (Rdnr. 201) unter Bezugnahme auf *BVerfG*, Urt. v. 02.03.1977, BVerfGE 44, 125 (147).

1035 *BVerfG*, Urt. v. 07.11.2017, BVerfGE 147, 50 (Rdnr. 204); dabei verweist das Gericht auch auf verschiedene zulässige Abweichungen von diesem Grundsatz, wie beispielsweise die Übertragungsmöglichkeit auf beschließende Ausschüsse, das Parlamentarische Kontrollgremium und die Anwendungsmöglichkeit der Geheimschutzordnung, vgl. *BVerfG*, Urt. v. 07.11.2017, BVerfGE 147, 50 (Rdnr. 205 ff.).

Kontrolle mache das parlamentarische Fragerecht zu einem wichtigen Mittel der Opposition.[1036]

Neben diesen Ausführungen zur Anfragendimension von Art. 20 Abs. 2 GG leitet der Senat auch noch eine zweite Komponente ab, die in den Kontext demokratischer Legitimation gestellt wird, soweit es um staatliche Aufgabenwahrnehmung in privatrechtlichen Organisationsformen geht. Aus Art. 20 Abs. 2 S. 2 GG ergebe sich in solchen Fällen eine Pflicht des Staates, sich hinreichende Einwirkungsrechte auf ein Unternehmen in Privatrechtsform vorzubehalten, wobei die Art dieser Rechte damit nicht vorgegeben sei.[1037] Dabei müsse neben der Sicherstellung der personellen Legitimation des Vorstandes durch das Prinzip der doppelten Mehrheit auch die sachlich-inhaltliche Legitimation hergestellt werden, die jedoch nicht auf die Ausübung gesellschaftlicher Befugnisse beschränkt sei. Dabei wird jedoch explizit offengelassen, wann der Legitimationszusammenhang den Anforderungen des Demokratieprinzips genüge, weil auch dann die Antwortpflicht der Bundesregierung fortbestehe.[1038]

Betrachtet man bei der Entscheidungsbegründung nur die entscheidungserheblichen Rechtsmaßstäbe für die Reichweite parlamentarischer Frage- und Informationsrechte, ergibt sich aus dem Urteil keine nennenswerte Ergänzung der bisherigen Rechtsprechung. Lediglich die argumentative Erläuterung des Demokratiebezugs parlamentarischer Anfragen scheint mit jeder Entscheidung weiter verfeinert zu werden. Über die bisherige Rechtsprechung hinaus geht das Urteil nur hinsichtlich der Legitimationsverpflichtung für den Fall der Ausübung staatlicher Befugnisse durch privatrechtliche Organisationsformen. Thematisch betrifft dieser Bereich den „klassischen" Rechtsmaßstab demokratischer Legitimation, weil hier die Frage nach dem erforderlichen Legitimationsniveau gestellt wird. Mangels Entscheidungserheblichkeit im vorliegenden Fall – weil auch bei ungenügendem Legitimationsniveau eine weitreichende Auskunfspflicht

---

1036 Mit Bezug auf die Wirksamkeitsabschwächung durch Anwendung der Geheimschutzordnung *BVerfG*, Urt. v. 07.11.2017, BVerfGE 147, 50 (Rdnr. 210) mit Verweis auf *BVerfG*, Urt. v. 21.10.2014, BVerfGE 137, 185 (Rdnr. 201) (vgl. dazu Kap. III.C.41.a)).

1037 Es müsse stattdessen ein hinreichender Gehalt an demokratischer Legitimation erreicht werden, also ein bestimmtes Legitimationsniveau, vgl. *BVerfG*, Urt. v. 07.11.2017, BVerfGE 147, 50 (Rdnr. 221 f.) mit Bezug auf die Rechtsprechung zum Rechtsmaßstab demokratischer Legitimation und zu den parlamentarischen Frage- und Informationsrechten.

1038 *BVerfG*, Urt. v. 07.11.2017, BVerfGE 147, 50 (Rdnr. 225 f.).

bestehe – kann man dies nur als Andeutung zukünftiger Maßstabskonkretisierungen durch das Gericht auffassen.

47. Weitere Entscheidungen

Mit Beschluss vom 10. November 2015 verwarf der Erste Senat eine Verfassungsbeschwerde, die sich gegen die Nichtübernahme von Therapiekosten richtete, die sich aus der Arzneimittel-Richtlinie des Gemeinsamen Bundesausschusses ergab, der nach § 91 Abs. 5 SGB V tätig war.[1039] Bereits im Vorfeld war erwartet worden, dass sich der Senat mit der in der Literatur aufgeworfenen Frage der demokratischen Legitimation des Gemeinsamen Bundesausschusses beschäftigen würde.[1040] Wie schon zuvor in einer Entscheidung zur gesetzlichen Krankenversicherung[1041] geht er davon aus, dass sich die Frage der Einhaltung verfassungsrechtlicher Legitimationsvorgaben nicht stelle, weil die im Einzelfall getroffene Entscheidung – hier: die Nichtaufnahme bestimmter Medikamente – sich als rechtmäßig erweise.[1042] Insoweit erscheinen die Anforderungen des Ersten Senats an die Substantiierung einer Verfassungsbeschwerde bezüglich einer gerügten defizitären gesetzlichen Einrichtung[1043] strenger als die des Zweiten Senats, wenn man die die Gründe neuerer Entscheidungen bedenkt, die sich deutlich ausführlicher mit Fragen demokratischer Legitimation beschäftigen, auch wenn keine entsprechende Rüge im Raum stand.[1044]

Mit Beschluss vom 15. Dezember 2015 kam das BVerfG[1045] erstmals zu einer Anwendung der zuvor schon mehrfach angedeuteten Ultra Vires-Er-

---

1039 *BVerfG*, B. v. 10.11.2015, BVerfGE 140, 229.

1040 Vgl. nur *Kluth*, Der gemeinsame Bundesausschuss (G-BA) nach § 91 SGB V aus der Perspektive des Verfassungsrechts: Aufgaben, Funktionen und Legitimation (2015); *Mihm/Jahn*, Ärzte und Krankenkassen entscheiden selbst, FAZ.net vom 20.11.2015 über einen Vortrag des Vizepräsidenten *Ferdinand Kirchhof*, auf dem dieser kurz zuvor erhebliche Zweifel an der Legitimation geäußert hatte.

1041 *BVerfG*, B. v. 06.12.2005, BVerfGE 115, 25 (47), dort hatte sich die Frage in vergleichbarer Weise gestellt; ein Verweis auf sonstige Rechtsprechung erfolgte im Übrigen nicht.

1042 *BVerfG*, B. v. 10.11.2015, BVerfGE 140, 229 (Rdnr. 22).

1043 *BVerfG*, B. v. 10.11.2015, BVerfGE 140, 229 (Rdnr. 23).

1044 Vgl. hier die Entscheidungen *BVerfG*, Urt. v. 18.01.2012, BVerfGE 130, 76; *BVerfG*, Urt. v. 28.01.2014, BVerfGE 135, 155; *BVerfG*, B. v. 06.05.2014, BVerfGE 136, 194.

1045 *BVerfG*, B. v. 15.12.2015, BVerfGE 140, 317.

klärung und damit der Außerachtlassung von Unionsrecht im Einzelfall. Dabei hob es einen Beschluss des OLG Düsseldorf auf, der die Auslieferung eines US-amerikanischen Staatsbürgers nach Italien für zulässig erachtete. Die zugrundeliegende Verurteilung war jedoch in Abwesenheit des Angeklagten erfolgt und aus den durch die italienischen Behörden ausgefüllten Antragsformularen ergab sich für das Gericht nicht zweifelsfrei, ob und inwieweit dem Beschwerdeführer ein komplett neues Verfahren ermöglicht würde. Als Prüfungsmaßstab zog das BVerfG „Art. 1 Abs. 1 in Verbindung mit Art. 23 Abs. 1 Satz 3 und Art. 79 Abs. 3 GG“ heran.[1046] Ausgehend von seiner bisherigen Rechtsprechung[1047] ging es dabei davon aus, dass wegen der Begrenzung des Art. 23 Abs. 1 GG durch Art. 79 Abs. 3 GG die geschützte Verfassungsidentität (bestehend aus den in Art. 1 und 20 GG genannten Grundsätzen) nicht aufgegeben werden dürfte, weshalb dem Gericht für diesen Fall die Reservekompetenz genommen werden könnte.[1048] Wegen der angenommenen drohenden Verletzung der Menschenwürde durch die Verurteilung des Antragstellers durch ein italienisches Gericht in seiner Abwesenheit[1049] sah das Gericht damit die Voraussetzungen für einen solchen Fall ausnahmsweise[1050] als gegeben

---

1046 *BVerfG*, B. v. 15.12.2015, BVerfGE 140, 317 (Rdnr. 35).

1047 *BVerfG*, Urt. v. 18.07.2005, BVerfGE 113, 273 (296); *BVerfG*, Urt. v. 30.06.2009, BVerfGE 123, 267 (348); *BVerfG*, B. v. 14.01.2014, BVerfGE 134, 366 (384) Rdnr. 27.

1048 Vgl. insoweit zur Beurteilung der unionsrechtlichen Zulässigkeit der Ultra Vires-Kontrolle durch das BVerfG aus eigener Sicht.

1049 Die Berührung der Menschenwürde in dieser Konstellation leitete das Gericht aus der angenommenen Verletzung des Schuldprinzips an, weil die Verknüpfung von Strafe und Schuld insoweit als Teil der Menschenwürdegarantie und damit der „unverfügbaren Verfassungsidentität“, aber auch als unverzichtbares Erfordernis des Rechtsstaatsprinzips angenommen wurde, *BVerfG*, B. v. 15.12.2015, BVerfGE 140, 317 (Rdnr. 48) mit Verweis auf *BVerfG*, Urt. v. 30.06.2009, BVerfGE 123, 267 (413); als wesentlicher und unverzichtbarer Bestandteil des Schuldprinzips folge, dass die Menschenwürde eines Angeklagten nur dann gewahrt werde, wenn dieser persönlich und „im Gegenüber von Angeklagtem und Richter“ alle schuldspezifischen Merkmale darlegen könne, *BVerfG*, B. v. 15.12.2015, BVerfGE 140, 317 (Rdnr. 58); rechtspolitisch drängt sich hier die Vermutung auf, dass diese Annahme allein der dogmatischen Notwendigkeit geschuldet ist: Ohne eine Verletzung der Grundsätze der Art. 1 und 20 GG hätte eine Ultra Vires-Kontrolle nicht vorgenommen werden können.

1050 Den anderen Mitgliedstaaten sei im Auslieferungsverkehr ein grundsätzliches Vertrauen entgegen zu bringen, das nur in besonderen Ausnahmefällen erschüttert werden könnte, wie vorliegend durch die erfolgte Verurteilung in Abwesenheit, *BVerfG*, B. v. 15.12.2015, BVerfGE 140, 317 (67 ff.); der konkrete

an. Die Absicherung des insoweit integrationsfesten Schuldprinzips rechtfertige hier ausnahmsweise eine Prüfung anhand des Grundgesetzes trotz unionsrechtlicher Determinierung.[1051] Nach Auffassung des BVerfG liege insoweit eine klare Rechtsprechung des EuGH zu der Frage vor, ob und inwieweit die Auslieferung aufgrund eines Europäischen Haftbefehls davon abhängig gemacht werden könnte, dass die Verurteilung einer rechtlichen Prüfung unterzogen würde.[1052] Weil im Einzelfall durch die Zusicherung der Generalstaatsanwaltschaft in Florenz nicht ausreichend klar sei, hätte das OLG diese nicht zugrunde legen dürfen.[1053]

Trotz dieser umfangreichen Begründung des anwendbaren Prüfungsmaßstabs durch das BVerfG mit der entwickelten Identitätskontrolle erscheint fraglich, ob diese Erwägungen überhaupt als entscheidungserheblich angesehen werden müssen: Die Aufhebung der Entscheidung des OLG Düsseldorf erfolgte wegen einer Verletzung der gerichtlichen Ermittlungspflicht.[1054] Wenn dieser Aufklärungsmangel in teilweiser (aus Sicht des BVerfG) Verkennung des Prüfungsmaßstabs zustande kam, stellt sich im Hinblick auf die wohl nur unzureichende Mitwirkung der italienischen Behörden[1055] die Frage, ob durch den Nichtvollzug des Europäischen Haftbefehls überhaupt ein Unionsrechtsverstoß vorliegt.[1056]

In einem weiteren Beschluss vom gleichen Tage[1057] befasste sich das BVerfG mit einer Richtervorlage des BFH zur Verfassungsmäßigkeit einer Bestimmung des EStG (§ 50d Abs. 8 EStG), die eine abweichende Regelung von einer im Doppelbesteuerungsabkommen getroffenen und damit völkerrechtlichen Regelung vorsah. Der BFH hatte dabei in seiner Vorlagefrage vertreten, dass sich die fragliche Vorschrift in Widerspruch zu anwendbaren völkerrechtlichen Verpflichtungen verhalte und deshalb in Übereinstimmung mit der neueren Rechtsprechung des BVerfG als nichtig

---

Vorwurf gegenüber dem Europäischen Haftbefehl, der von Italien beantragt worden war, ergab sich jedoch aus einer nicht korrekten Formularausfüllung, andernfalls hätte wohl von einer ordnungsgemäßen Nachholung des Verfahrens ausgegangen werden müssen, *BVerfG*, B. v. 15.12.2015, BVerfGE 140, 317 (72 ff.).

1051 *BVerfG*, B. v. 15.12.2015, BVerfGE 140, 317 (Rdnr. 76).

1052 Vgl. *BVerfG*, B. v. 15.12.2015, BVerfGE 140, 317 (Rdnr. 81 f.).

1053 *BVerfG*, B. v. 15.12.2015, BVerfGE 140, 317 (Rdnr. 111 ff.).

1054 *BVerfG*, B. v. 15.12.2015, BVerfGE 140, 317 (Rdnr. 119 ff.).

1055 Zu den missverständlichen und vagen Aussagen der Generalsstaatsanwaltschaft *BVerfG*, B. v. 15.12.2015, BVerfGE 140, 317 (Rdnr. 124).

1056 Insbesondere im Hinblick auf Art. 5 Nr. 1 RbEuHb erscheint fraglich, ob eine „eine als ausreichend erachtete Zusicherung“ vorlag.

1057 *BVerfG*, B. v. 15.12.2015, BVerfGE 141, 1.

anzusehen sein müsste. Bei der Prüfung kam das Gericht zum Ergebnis, dass völkerrechtlichen Verträgen nur der Rang einfacher Bundesgesetze zukäme und daher ein späteres Bundesgesetz nach der Kollisionsregel *lex posterior* eine abweichende Regelung treffen könne.[1058] Neben dieser relativ banalen Feststellung äußert sich das Gericht noch dahingehend, dass mit dem Zustimmungsgesetz gemäß Art. 59 Abs. 2 Satz 1 GG innerstaatlich ein hinreichendes Legitimationsniveau vermittelt werden solle[1059] und dass das Demokratieprinzip eine dauerhafte Bindung auch eines späteren Gesetzgebers an einfache Gesetze verbiete.[1060] Diese Begründung über die Anforderungen des Demokratieprinzips kritisiert die Richterin *König* in ihrer abweichenden Meinung stark[1061] und vertritt die Auffassung, es dürfe nicht allein technisch die innerstaatliche Wirkung mittels der Kollisionsregel berücksichtigt werden. Vielmehr müsse hier eine Kollision zweier Prinzipien im Sinne *Alexys* berücksichtigt und eine konkrete Abwägung von Demokratie- und Rechtsstaatsprinzip gegeneinander vorgenommen werden.[1062]

Die Entscheidung auch der Senatsmehrheit stützt sich damit nicht allein auf die rechtlich klare Ausgangslage, dass die völkerrechtlichen Verträge (mit Ausnahme der grundlegenden menschenrechtlichen Verträge) gemäß Art. 59 Abs. 2 GG nur nach Maßgabe des Umsetzungsgesetzes Wirkung entfalten, sondern legt nahe, dass daneben dem Demokratieprinzip eine eigenständige Wirkung zukomme. Kritik an dieser Argumentation wird schon wegen der Begründung und damit der Legitimation des möglichen Treaty Override geäußert, weil die technische Möglichkeit des völkerrechtlichen Vertragsbruchs ohne Notwendigkeit spezifisch demokratisch gerechtfertigt wird.[1063] Bereits die Art der Prüfung legt damit nahe, dass insoweit das Gericht das Demokratieprinzip nicht nur als eigenständigen, rechtlich zu beachtenden Prüfungspunkt betrachtet, sondern als Ausle-

---

1058 *BVerfG,* B. v. 15.12.2015, BVerfGE 141, 1 (Rdnr. 33).

1059 *BVerfG,* B. v. 15.12.2015, BVerfGE 141, 1 (Rdnr. 53).

1060 Der Gesetzgeber müsse in der Lage sein, die völkerrechtlichen Verträge zu beenden und auch innerstaatlich innerhalb des Vereinbarten Änderungen vorzunehmen; eine Neuverhandlung sei aus Sicht des Demokratieprinzips kein milderes, aber ebenso geeignetes Mittel wie die Neuverhandlung, vgl. *BVerfG,* B. v. 15.12.2015, BVerfGE 141, 1 (Rdnr. 55).

1061 Abweichende Meinung der Richterin König, *BVerfG,* B. v. 15.12.2015, BVerfGE 141, 1 (45).

1062 *BVerfG,* B. v. 15.12.2015, BVerfGE 141, 1 (45).

1063 *Fastenrath,* Anmerkung zu BVerfG "Treaty Override", JZ 2016, 636 (639 f.).

gungshilfe für dem Wortlaut nach klare Regeln ansieht und damit eine überpositive Begründung annimmt.

Auch im Urteil im NPD-Verbotsverfahren befasste sich das BVerfG am Rande mit der erforderlichen Rückführbarkeit aller Akte der Ausübung der Staatsgewalt auf den Willen des Volkes. Hierbei bedürfe es eines hinreichend engen Legitimationszusammenhangs, der den effektiven Einfluss des Volkes auf die Ausübung der Staatsgewalt durch die Organe sicherstelle.[1064] Dem kommt jedoch keine Entscheidungserheblichkeit zu, nachdem der hier thematisierte Maßstab des Art. 21 Abs. 2 S. 1 GG nur auf die grundsätzliche Bedeutung des Prinzips der Volkssouveränität Bezug nimmt.

Weitere Impulse für das Demokratieprinzip ergeben sich auch aus dem Urteil des BVerfG zum Zensus 2011, vor allem hinsichtlich der dortigen Ausführungen zur Wesentlichkeitslehre, die anhand der Delegationsreichweite für abgeleitete Rechtsetzung nach Art. 80 GG entwickelt wurden.[1065] Vor allem mit dem Blick auf das Verhältnis von Parlament zur Exekutive betont das Gericht dabei, dass es keinen Gewaltenmonismus in Form eines umfassenden Parlamentsvorbehalts gebe,[1066] allerdings liegen hier die Begrenzungen der (Sub-)Delegation von Rechtsetzungsbefugnisse im Mittelpunkt des Fokus.[1067] Damit ergeben sich die spezifisch demokratischen Bezüge vor allem aus dem Rückgriff aus Art. 20 Abs. 1 GG[1068], das Gericht legt dabei aber gerade keinen spezifischen Legitimationsmaßstab zugrunde.

1064 *BVerfG*, Urt. v. 17.01.2017, BVerfGE 144, 20 (Rdnr. 545) verweist hier hinsichtlich des Erfordernisses der ununterbrochenen Legitimationskette nur auf seine ältere Rechtsprechungslinie von *BVerfG*, B. v. 15.02.1978, BVerfGE 47, 253 (275) (dazu oben bei III.C.3) bis *BVerfG*, B. v. 05.12.2002, BVerfGE 107, 59 (87) (dazu oben bei III.C.19).

1065 *BVerfG*, Urt. v. 19.09.2018, BVerfGE 150, 1 (Rdnr. 190 ff.) unter Bezugnahme vor allem auf *BVerfG*, B. v. 08.08.1978, BVerfGE 49, 89 (126).

1066 *BVerfG*, Urt. v. 19.09.2018, BVerfGE 150, 1 (Rdnr. 197).

1067 *BVerfG*, Urt. v. 19.09.2018, BVerfGE 150, 1 (Rdnr. 206 ff.).

1068 Vgl. beispielsweise zur Frage der Rechtsschutzmöglichkeiten und deren Begründung durch Art. 20 Abs. 1 GG und Art. 28 Abs. 2 GG, *BVerfG*, Urt. v. 19.09.2018, BVerfGE 150, 1 (Rdnr. 215 ff.).

D. Die demokratische Legitimation im deutschen Recht

Bei der Betrachtung des dargestellten Diskurses über die demokratische Legitimation fällt schon bald auf, dass gerade von einem einzigen und einheitlichen Diskurs kaum gesprochen werden kann. Vielmehr zeigen sich bei den beteiligten Akteuren sehr verschiedene Maßstäbe, die auch sehr unterschiedliche Schwerpunktsetzungen aufweisen.

1. Demokratiemaßstäbe des BVerfG

Der wohl bedeutendste Akteur für die Entwicklung eines Rechtsmaßstabes demokratischer Legitimation dürfte das Bundesverfassungsgericht sein. Mit seinen Leiturteilen vor allem des Zweiten Senats hat das Gericht eine Struktur vorgegeben, der den gesamten rechtswissenschaftlichen Diskurs wesentlich geprägt hat.

Vergleicht man dabei die vom Gericht in den verschiedenen Entscheidungen zugrunde gelegten Maßstäbe, wird schnell deutlich, dass weder vom „Demokratiemaßstab" noch von dem einen „Maßstab demokratischer Legitimation" des Gerichts gesprochen werden kann, weil diese viel zu unterschiedlich gebraucht wurden und werden. Vielmehr muss von verschiedenen Prüfungsmaßstäben in diesem Umfeld ausgegangen werden, die das Gericht praktisch nutzbar und damit zum Gegenstand seiner Prüfungen macht.

a) Demokratieprinzip

Während in den früheren Entscheidungen (Bremer Personalvertretung[1069], Facharztbeschluss[1070], Nordrhein-westfälische Gemeindeparlamente[1071]) noch unter dem Begriff „Demokratieprinzip" Ausprägungen angesprochen wurden, die später in spezielleren Maßstäben aufgegriffen wurden, erfolgt in der jüngeren Vergangenheit die Bezugnahme auf „das Demokratieprinzip des Grundgesetzes" vor allem in den Urteilen zur Europäischen Inte-

1069 *BVerfG*, Urt. v. 27.04.1959, BVerfGE 9, 268, dazu oben III.C.1.
1070 *BVerfG*, B. v. 09.05.1972, BVerfGE 33, 125, dazu oben III.C.2.
1071 *BVerfG*, B. v. 15.02.1978, BVerfGE 47, 253, dazu oben III.C.3.

gration.[1072] Insoweit wird unmittelbar deutlich, dass unter diesem Begriff verschiedenste Maßstäbe zusammengefasst sind und ihm somit kein spezifisches Differenzierungspotential zukommt. Soweit im letztgenannten Fall pauschal auf „das Demokratieprinzip" verwiesen wird, handelt es sich wohl um einen allgemeinen, aus Art. 20 Abs. 1 GG abgeleiteten Maßstab ohne spezifische rechtsdogmatische Konsequenzen. Für einen Rechtsmaßstab demokratischer Legitimation nach dem eingangs definierten Suchmaßstab fehlt es schon an den sich anschließenden Rechtsfolgen. Unmittelbar hieraus wurden noch keine Anforderungen abgeleitet, anhand derer eine Streitentscheidung festgemacht werden konnte. Die vom Gericht vorgenommenen Bezugnahmen insbesondere in den Urteilen zur weiteren Integration legen jedoch nahe, dass hiermit ein Oberbegriff gemeint wird, aus dem einzelne Anforderungen (wie auch der dogmatische Legitimationsbegriff) abgeleitet werden.

b) Rechtsdogmatischer Legitimationsmaßstab

Mit den Entscheidungen zum Untersuchungsausschuss „Neue Heimat",[1073] zum kommunalen Ausländerwahlrecht Schleswig-Holstein[1074] und zum Ausländerwahlrecht Hamburgs[1075] legte das Gericht die Grundlage für die Rechtsprechungslinie zum rechtsdogmatischen Maßstab demokratischer Legitimation, den es aus Art. 20 Abs. 2 GG in Anlehnung an die Vorarbeiten *Böckenfördes*[1076] entwickelte. Hieraus ergeben sich im Wesentlichen die notwendige Identität von Staatsvolk und Legitimationssubjekt und die Notwendigkeit der Einhaltung eines hinreichenden Legitimationsniveaus. Auch wenn es sich hier um einen rechtsdogmatischen Maßstab handelt, bezieht sich das Gericht darüber hinaus mehrfach auf diesen Maßstab als Nachweis für ein Verfassungsprinzip, ohne diesen in

---

1072 Vgl. hier insbesondere *BVerfG*, Urt. v. 12.10.1993, BVerfGE 89, 155 (dazu oben III.C.13), *BVerfG*, Urt. v. 30.06.2009, BVerfGE 123, 267 (dazu oben III.C.28.a)), *BVerfG*, B. v. 06.06.2010, BVerfGE 126, 286 (dazu oben III.C.31), *BVerfG*, Urt. v. 07.09.2011, BVerfGE 129, 124 (dazu oben III.C.33), *BVerfG*, Urt. v. 12.09.2012, BVerfGE 132, 195 (dazu oben III.C.35) und *BVerfG*, Urt. v. 18.03.2014, BVerfGE 135, 317 (III.C.39).

1073 *BVerfG*, B. v. 01.10.1987, BVerfGE 77, 1 (41), dazu oben III.C.7.

1074 *BVerfG*, Urt. v. 31.10.1990, BVerfGE 83, 37 (51 f.), dazu oben III.C.8.

1075 *BVerfG*, Urt. v. 31.10.1990, BVerfGE 83, 60 (72), dazu oben III.C.8.b).

1076 Vgl. hier insbesondere *Böckenförde*, Verfassungsfragen der Richterwahl (1974).

der konkreten Prüfung zugrunde zu legen.[1077] Der Rechtsmaßstab wurde maßgeblich durch einige wesentliche Urteile geprägt und verschiedentlich vom Gericht modifiziert. Vor allem erfolgte in den Urteilen zum Mitbestimmungsgesetz Schleswig-Holstein[1078], zu den Wasserverbänden[1079] und zum privatisierten Maßregelvollzug[1080] eine Korrektur der ursprünglichen strengeren Linie. Insbesondere in der letztgenannten Entscheidung zeigte deutlich die bereits im Mitbestimmungsurteil angedeutete Inbezugsetzung von Legitimationsniveau und Intensität des Grundrechtseingriffs, die jedenfalls seit der Entscheidung zum privatisierten Maßregelvollzug die Obersätze des Legitimationsmaßstabs prägt. Durch die Entscheidung zu Lippeverband und Emschergenossenschaft hingegen hatte das Gericht das Verständnis des Legitimationssubjekts insofern schon vorher erweitert, als spezifisch demokratische Legitimation nicht mehr nur vom Staatsvolk in seiner Gesamtheit ausgehen könne, sondern das Grundgesetz die Selbstverwaltung anerkenne und somit die Möglichkeit der Legitimation des Selbstverwaltungsträgers durch ein Verbandsvolk. Inhaltlich ergab sich in den Urteilen zur Filmförderung[1081] und zur Weinabgabe[1082] eine weitere Verschiebung. Indem das Gericht die Ausnahmen aus dem Mitbestimmungsurteil und der Entscheidung zu den Wasserverbänden als Grundlage dafür heranzog, dass „auch außerhalb der funktionalen Selbstverwaltung [...] im Interesse sachgerechter, effektiver Aufgabenwahrnehmung begrenzte Abweichungen von der Regelanforderung uneingeschränkter demokratischer Legitimation zulässig sein [können]“[1083], wird deutlich, dass eine alleinige Anknüpfung an das gesamte Staatsvolk als Legitimationsbasis wohl nicht mehr aufrechterhalten wird, weil nicht mehr nur Modifikationen am Merkmal der Legitimationsniveaus als ursprünglichem rechtlichen Maßstab vorgenommen wurden, sondern nunmehr weiterreichende Ab-

1077 So beispielsweise in den Entscheidungen zu Frage- und Informationsrechten des Bundestags, *BVerfG*, Urt. v. 21.10.2014, BVerfGE 137, 185 (vgl. oben III.C.41.a)) und *BVerfG*, Urt. v. 02.06.2015, BVerfGE 139, 194 (vgl. oben III.C.41.b)) zum Beleg des Gewaltenteilungsprinzips, ohne dass eine Subsumtion unter den Maßstab erfolgt.

1078 *BVerfG*, B. v. 24.05.1995, BVerfGE 93, 37, dazu oben III.C.15.

1079 *BVerfG*, B. v. 05.12.2002, BVerfGE 107, 59, dazu oben III.C.19.

1080 *BVerfG*, Urt. v. 18.01.2012, BVerfGE 130, 76, dazu oben III.C.34.

1081 *BVerfG*, Urt. v. 28.01.2014, BVerfGE 135, 155, dazu oben III.C.37.

1082 *BVerfG*, B. v. 06.05.2014, BVerfGE 136, 194, dazu oben III.C.40.

1083 *BVerfG*, B. v. 06.05.2014, BVerfGE 136, 194 (Rdnr. 169).

weichungen in der gesamten Legitimationsableitung als zulässig erscheinen.[1084]

Mit dieser Entwicklung zeigt sich, dass man nicht von einem einzigen unveränderten Legitimationsmaßstab des BVerfG ausgehen kann, sondern durch verschiedentliche Modifikationen in der weiteren Entwicklung der Rechtsprechung entweder von verschiedenen Maßstäben oder zumindest von verschiedenen Abstufungen ausgegangen werden muss, die sich über die Jahrzehnte verändert haben. Das Gericht selbst erweckt in seinen Entscheidungen den Eindruck der Kontinuität, wenn die jeweilige Entwicklung der Maßstäbe in einer Entscheidung durch einen umfangreichen Rückgriff auf die bisherigen Entscheidungen dargestellt wird.[1085] Ein Vergleich der anfänglichen Maßstäbe aus den Ausländerwahlrechtsentscheidungen mit dem inzwischen erreichten, eher differenzierenden Modell deutet jedoch eher darauf hin, dass man von einer Maßstabskontinuietät gerade nicht mehr ausgehen kann und dass das Gericht seit den Entscheidungen von 1990 einen Paradigmenwechsel vollzogen hat, auch wenn die einzelnen Schritte der Maßstabsentwicklung für sich genommen jeweils eher nur eine Modifikation der bisherigen Maßstäbe zu sein schienen.

Dieser so vom BVerfG entwickelte Maßstab erfüllt dabei die Kriterien, die eingangs für einen Suchmaßstab (bzw. Meta-Maßstab) entwickelt wurden. Dass dieser Maßstab hierbei als normativ-positivierter verstanden wird, lässt sich daraus erschließen, dass das Gericht als für die Entscheidung zuständigem Organ diesen Maßstab seinen Prüfungen zugrunde legt und per definitionem über die Auslegung des Grundgesetzes (Art. 93 Abs. 1 Nr. 1 GG) und bei Meinungsverschiedenheiten (erg.: über dessen Auslegung) zu entscheiden hat (vgl. Art. 93 Abs. 1 Nr. 2, 2a und 3 GG).[1086]

1084 Mit Blick darauf, dass das Gericht in diesen Entscheidungen zudem die kompensatorische Bedeutung von Rechtsaufsicht und gerichtlicher Kontrolle besonders betont wird, erkennt *Kluth* eine deutliche Abweichung vom Modell der Legitimationsketten, *Kluth,* Der gemeinsame Bundesausschuss (G-BA) nach § 91 SGB V aus der Perspektive des Verfassungsrechts: Aufgaben, Funktionen und Legitimation (2015), S. 82.

1085 Vgl. der Verweis in *BVerfG,* Urt. v. 18.01.2012, BVerfGE 130, 76 (124) auf *BVerfG,* Urt. v. 31.10.1990, BVerfGE 83, 60 (72); *BVerfG,* B. v. 24.05.1995, BVerfGE 93, 37 (66 f.); *BVerfG,* B. v. 05.12.2002, BVerfGE 107, 59 (87 f.) und später in *BVerfG,* Urt. v. 28.01.2014, BVerfGE 135, 155 (Rdnr. 158) der Verweis auf *BVerfG,* Urt. v. 18.01.2012, BVerfGE 130, 76 (124), sowie die (alleinige) Bezugnahme in *BVerfG,* B. v. 06.05.2014, BVerfGE 136, 194 (Rdnr. 169) auf *BVerfG,* Urt. v. 28.01.2014, BVerfGE 135, 155 (Rdnr. 158).

1086 Gleiches gilt auch für die Entscheidung in den übrigen in Art. 93 Abs. 1 GG genannten Fällen und ergibt sich aus Art. 97 Abs. 1 und Art. 100 Abs. 1 GG.

Weiterhin wird dieser Maßstab direkt aus dem Grundgesetz und damit aus den höchstrangigen Normen abgeleitet und ist auch innerhalb des Grundgesetzes durch die Bezugnahme von Art. 79 Abs. 3 GG auch auf Art. 20 GG besonders geschützt.[1087]

Auch thematisch ist der Maßstab nach den zu Anfang entwickelten Kriterien als spezifisch demokratischer Ansatz anzusehen, was in Hinblick auf die inhaltliche Nähe des positivrechtlichen Maßstabs zu dem spezifischen verfassungstheoretischen und politikwissenschaftlichen Maßstab wenig überrascht, dem er ursprünglich inhaltlich angelehnt war. Der Maßstab stellt dabei verschiedenste Anforderungen zum notwendigen Verantwortungszusammenhang bei der Delegation von Entscheidungsbefugnissen dar und bewirkt damit wesentliche Schranken für die Verlagerung von Entscheidungsverantwortlichkeiten. Vor allem knüpft sich an die aus Art. 20 Abs. 2 GG entwickelte Dogmatik demokratischer Legitimation ein weitreichendes und differenziertes Rechtsfolgenbündel an. Dies zeigt sich am deutlichsten durch die Urteile, in denen Gesetze für teilweise unvereinbar mit dem Grundgesetz und insoweit für nichtig erklärt wurden.[1088] Auch trotz der Bejahung der Verfassungsmäßigkeit der Wasserverbände ergibt sich aus der Entscheidungserheblichkeit der Vorlagefrage des BVerwG zur demokratischen Legitimation der Verbände die rechtspraktische Bedeutung und damit der Rechtserheblichkeit dieser Frage.[1089] Die Möglichkeit der weiteren Differenzierung von Rechtsfolgen ergibt sich dabei aus allgemeinen verfassungsprozessrechtlichen Vorgaben. Dabei bewirkt ein Verstoß gegen diesen Rechtsmaßstab demokratischer Legitimation nicht

---

1087 Damit soll allerdings nicht die Behauptung verbunden sein, dass der Schutz des Art. 79 Abs. 3 GG notwendigerweise so weit geht, auch die Dogmatik zur demokratischen Legitimation als unveränderbar festzuschreiben; die verschiedenen möglichen Auslegungsmöglichkeiten des gleichbleibenden Wortlauts (vgl. dazu in der Rechtswissenschaft vertretene Auffassungen hierzu in Kap. III.A; vgl. insbesondere auch die Diskussion über das Verständnis von Art. 20 Abs. 2 GG als Prinzip oder Regel, vgl. dazu Kap.III.B) von Art. 20 Abs. 2 GG sprechen m.E. eher dagegen, einen so weitreichenden Schutz anzunehmen.

1088 *BVerfG*, Urt. v. 31.10.1990, BVerfGE 83, 37; *BVerfG*, Urt. v. 31.10.1990, BVerfGE 83, 60; *BVerfG*, B. v. 24.05.1995, BVerfGE 93, 37; hier handelt es sich zwar um frühere Entscheidungen, deren Maßstäbe nach hier vertretener Auffassung so nicht beibehalten wurden, die Konsequenz einer möglichen Verfehlung eines notwendigen Maßstabs demokratischer Legitimation mit vergleichbaren Rechtsfolgen scheint sich das Gericht allerdings vorzubehalten.

1089 Vgl. zu den unterschiedlichen Konsequenzen einer Verfassungsmäßigkeit und einer Verfassungswidrigkeit der gesetzlichen Grundlagen wegen (Nicht-)Einhaltung der Voraussetzungen notwendiger demokratischer Legitimation *BVerwG*, B. v. 17.12.1997, NJW 1999, 870 (Rdnr. 65 f.).

nur die Angreifbarkeit der jeweiligen gewählten organisatorischen Struktur (beispielsweise im Organstreitverfahren), sondern durch die materiellen Rechtmäßigkeitserfordernisse des Art. 2 Abs. 1 GG eine grundsätzliche Angreifbarkeit auch der hierauf basierenden Einzelentscheidungen.[1090]

Wenn sich auch mit der weiter fortgesetzten inhaltlichen Veränderung des Legitimationsmaßstabs durch das Gericht in der Rechtsprechungslinie immer mehr „dogmatische Lücken, Zweideutigkeiten und Halbheiten" aufzeigen, die schon der Entscheidung zu den Wasserverbänden vorgeworfen wurden,[1091] bleibt allerdings die Beurteilung dieses Maßstabs als rechtsdogmatischer Legitimationsmaßstab im Sinne der anfangs entwickelten Kriterien unberührt. Selbst der Vorwurf eventueller methodischer Unzulänglichkeiten ändert nichts daran, dass auch die neuen Kriterien vom BVerfG als für die Auslegung des Grundgesetzes kompetenten Organ durch Auslegung aus Art. 20 Abs. 2 GG (und weiteren Bestimmungen) abgeleitet wurden und somit der rechtsinhaltlich-verbindliche Charakter des Demokratieprinzips nicht in Frage gestellt ist. Damit ist die Beantwortung der Frage nach dem Vorliegen eines solchen Rechtsmaßstabs demokratischer Legitimation unabhängig von der Frage, ob dieser Maßstab einen monistischen oder eher einen pluralistischen Legitimationscharakter hat. Damit erfüllt dieser Maßstab vollumfänglich die eingangs entwickelten Voraussetzungen an einen Rechtsmaßstab demokratischer Legitimation.

c) Wahlrechtskern

Eng verbunden mit dem Demokratieprinzip oder auch dem Gebot demokratischer Legitimation wird in der Rechtsprechung des Bundesverfassungsgerichts der Kerngehalt des Wahlrechts aus Art. 38 Abs. 1 GG, wie sich aus der regelmäßigen Zitierung mit Berufung auf die durch Art. 38 Abs. 1 Satz 1, 20 Abs. 1 und 2 GG garantierte Demokratie[1092] ergibt. Aus der mittlerweile gefestigten Rechtsprechung des Gerichts ergibt sich, dass Art. 38 Abs. 1 Satz 1 GG gerade nicht nur das subjektive Recht des Einzel-

---

1090 Vgl. beispielsweise das Verfahren *BVerfG*, B. v. 06.05.2014, BVerfGE 136, 194, in dem zwei Abgabebescheide angegriffen wurden und ein Verstoß der Organisationsstruktur des Weinfonds gegen das Gebot demokratischer Legitimation der Verwaltung auch zur Rechtswidrigkeit der Abgabebescheide hätte führen können.

1091 *Jestaedt*, Demokratische Legitimation - quo vadis?, JuS 2004, 649 (653).

1092 *BVerfG*, Urt. v. 30.06.2009, BVerfGE 123, 267 (340).

nen auf Teilnahme an einer Bundestagswahl schützt, sondern auch ein prozessuales Recht des Einzelnen zur Einhaltung objektiver Verfassungsbestimmungen.[1093] In der Literatur wird dieser Sonderfall der Verfassungsbeschwerde aufgrund vermeintlicher Entleerungen des Wahlrechts durch explizite oder implizite Kompetenzübertragungen an die Europäische Union auch als „Integrationsverfassungsbeschwerde“ bezeichnet.[1094]

Diesen prozessualen Ansatz hatte das Gericht bereits in seiner Entscheidung anlässlich des Vertrags von Maastricht gewählt, war dort aber nur davon ausgegangen, dass der Kerngehalt des Wahlrechts nicht entleert werden dürfte; im Lissabon-Urteil ging das Gericht dann sehr viel weiter, indem auch der materielle Demokratiegehalt in den beschwerdefähigen Schutzbereich mit einbezogen wurde.[1095] Dabei geht die Prüfung über eine bloße verfassungsprozessuale Zulässigkeitsfrage hinaus und ergänzt das (ansonsten objektiv verstandene) Verfassungsprinzip der Demokratie um individualbezogene Faktoren.[1096] Vor allem ermöglicht dieser Maßstab für weitere Entscheidungen zur europäischen Integration eine Möglichkeit zur Prüfung materieller Vertragsinhalte, auch wenn die Mehrheiten für einen (ursprünglich für derartige Fälle vorgesehenen) Antrag im Organstreitverfahren nicht vorhanden sind.[1097] Folglich ermöglichte

---

1093 Dazu kritisch *Schönberger,* Die Europäische Union zwischen "Demokratiedefizit" und Bundestaatsverbot, Der Staat 48 (2009), 535 (539 ff.), der darin eine faktische Subjektivierung auch von Art. 23 Abs. 1, 79 Abs. 3 und 146 GG erkennt.

1094 Vgl. zur Herleitung *Lehner,* Die Integrationsverfassungsbeschwerde nach Art. 38 Abs. 1 S. 1 GG: Prozessuale und materiell-rechtliche Folgefragen zu einer objektiven Verfassungsbeschwerde, Der Staat 52 (2013), 535 (540 f.).

1095 Vgl. insoweit hinsichtlich der Analyse noch übereinstimmend bei *Murswiek,* Art. 38 GG als Grundlage eines Rechts auf Achtung des unabänderlichen Verfassungskerns, JZ 2010, 702 (702 f.) und bei *Schönberger,* Die Europäische Union zwischen "Demokratiedefizit" und Bundestaatsverbot, Der Staat 48 (2009), 535 (540).

1096 *Schönberger,* Die Europäische Union zwischen "Demokratiedefizit" und Bundestaatsverbot, Der Staat 48 (2009), 535 (541 f.) sieht darin erhebliche materielle Auswirkungen, die auch die Verknüpfung von Demokratie und Menschenwürde erst ermögliche und damit eine „radikal individualrechtliche Rekonstruktion“ vornehme.

1097 Als prozessualen und strukturellen Ersatz für nicht vorhandene parlamentarische Mehrheiten für das Anstreben eines Normenkontrollverfahrens bezeichnet *Lehner,* Die Integrationsverfassungsbeschwerde nach Art. 38 Abs. 1 S. 1 GG: Prozessuale und materiell-rechtliche Folgefragen zu einer objektiven Verfassungsbeschwerde, Der Staat 52 (2013), 535 (562) die Integrationsverfassungsbeschwerde; vom „Repräsentationsersatz“ spricht *Lepsius,* ESM-Vertrag, Fiskalpakt und das BVerfG, EuZW 2012, 761 (762).

der „Wahlrechtskern-Maßstab" auch in den späteren Entscheidungen erst eine gerichtliche Prüfung.[1098] Bemerkenswert ist hierbei, das anders als in den sonstigen Verfahren der Verfassungsbeschwerde gerade nicht eine Geltendmachung der Verletzung eigener Rechte im Einzelfall erforderlich ist, sondern sich diese Verletzung bereits aus der Übertragung von Kompetenzen selbst ergeben kann.[1099] Diese inhaltliche Neuausrichtung des Demokratieverständnisses insbesondere im Lissabon-Urteil leitet das Gericht jedoch aus Art. 20 Abs. 1 und Abs. 2 GG und nicht unmittelbar aus Art. 38 Abs. 1 Satz 1 GG ab, weshalb dies zwar anlässlich, aber nicht aufgrund des erweiterten Prüfungsmaßstabs der Verfassungsbeschwerde entwickelt wurde. Nach dem Verständnis des Gerichts stellt damit Art. 38 Abs. 1 Satz 1 GG in derartigen Konstellationen keinen eigenen materiellen Maßstab dar, sondern eröffnet die Prüfung der Art. 20 Abs. 1 und Abs. 2 GG durch Subjektivierung und Eröffnung einer Klagemöglichkeit für Einzelne.[1100]

Damit stellt der Maßstab des Wahlrechtskerns keinen materiellen Rechtsmaßstab demokratischer Legitimation im Sinne der oben hierfür entwickelten Kriterien dar: Hierfür fehlt es bereits an einer (unmittelbaren) Rechtsfolge. Eine Berührung des Wahlrechtskerns hat dabei in der bisherigen Rechtsprechung des BVerfG nicht selbst eine materielle Rechtsfolge zum Gegenstand, sondern ermöglicht erst prozessual die Prüfung anhand anderer (demokratischer) Maßstäbe. Damit ist außerdem fraglich, ob Art. 38 Abs. 1 GG selbst Aussagen über die Reichweite zulässiger Delegation von Entscheidungsbefugnissen vom Bundestag an (Europäische) Akteure trifft. Bei der inhaltlichen Nähe zu den materiellen Prüfungsmaßstäben des Art. 20 Abs. 1 und Abs. 2 GG kommt dem aus Art. 38 Abs. 1 GG entwickelten Maßstab des Wahlrechtskerns somit kein wesentlicher eigener materieller Charakter zu.

1098 Vgl. *BVerfG*, Urt. v. 07.09.2011, BVerfGE 129, 124; *BVerfG*, Urt. v. 12.09.2012, BVerfGE 132, 195; *BVerfG*, B. v. 14.01.2014, BVerfGE 134, 366; *BVerfG*, Urt. v. 18.03.2014, BVerfGE 135, 317.

1099 Mit der Würdigung als „abstrakte Verfassungsbeschwerde" deshalb *Lehner*, Die Integrationsverfassungsbeschwerde nach Art. 38 Abs. 1 S. 1 GG: Prozessuale und materiell-rechtliche Folgefragen zu einer objektiven Verfassungsbeschwerde, Der Staat 52 (2013), 535 (545).

1100 Zur Reichweite dieser verfassungsprozessualen Kontrollbefugnis und ihrer Möglichkeit der Kontrolle der Einhaltung notwendiger demokratischer Legitimation nicht nur im Zusammenhang mit Fragen der Europäischen Integration *Murswiek*, Art. 38 GG als Grundlage eines Rechts auf Achtung des unabänderlichen Verfassungskerns, JZ 2010, 702 und *Murswiek*, Schlusswort: Schutz der Verfassung als Bürgerrecht, JZ 2010, 1164.

d) Gewaltenteilungsgrundsatz

Zumindest durch den Verweis auf Art. 20 Abs. 2 GG und die inhaltliche Bezugnahme auf Obersätze aus dem Feld demokratischer Legitimation ergibt sich eine inhaltliche Nähe der Rechtsprechung des Gerichts zum Gewaltenteilungsgrundsatz und zur demokratischen Legitimation. So stellt das Gericht gerade in den jüngeren Entscheidungen zu Fragerechten des Parlaments einen entsprechenden Bezug hierzu her. Aus der Notwendigkeit der Einhaltung eines bestimmten Legitimationsniveaus wird geschlossen, dass dieses nur bei Vorliegen einer genügenden sachlich-inhaltlichen Legitimation gewahrt werden könne, was wiederum die Notwendigkeit parlamentarischer Kontrolle bedeute. Diese könne nur bei Wahrung des Grundsatzes der Gewaltenteilung genügend eingehalten werden.[1101] Trotz der inhaltlichen Nähe der Gewaltenteilung zum Prinzip demokratischer Legitimation und dem damit verbundenen Argumentationsraster stellt damit wohl der in diesen Entscheidungen genannte Gewaltenteilungsgrundsatz einen eigenen, hiervon unabhängigen Prüfungsmaßstab dar, der allenfalls als vorbereitend bzw. ergänzend für den dogmatischen Legitimationsgrunsatz angesehen werden kann.

e) Identitätskontrolle

Erstmals im Urteil zum Lissabon-Vertrag und der deutschen Umsetzung brachte das BVerfG explizit den Maßstab der Verfassungsidentität ins Spiel und leitete diesen aus dem durch Art. 79 Abs. 3 GG geschützten Demokratieprinzip des Art. 20 GG ab („Art. 79 Abs. 3 in Verbindung mit Art. 20 GG").[1102] Dieser wurde in den späteren Entscheidungen anlässlich weitergehender Schritte der Integration wieder aufgegriffen und für die Prüfung herangezogen.[1103] In der Sache unterscheidet sich die Identitätskontrolle

---

1101 Vgl. *BVerfG*, Urt. v. 21.10.2014, BVerfGE 137, 185 (Rdnr. 132) (dazu oben III.C.41.a)); *BVerfG*, Urt. v. 02.06.2015, BVerfGE 139, 194 (Rdnr. 106) (dazu oben III.C.41.b)); *BVerfG*, B. v. 13.06.2017, BVerfGE 146, 1 (Rdnr. 87) (dazu oben III.C.46.a)); *BVerfG*, Urt. v. 07.11.2017, BVerfGE 147, 50 (Rdnr. 201) (dazu oben III.C.46.b)).

1102 *BVerfG*, Urt. v. 30.06.2009, BVerfGE 123, 267 (344).

1103 *BVerfG*, B. v. 06.06.2010, BVerfGE 126, 286; *BVerfG*, B. v. 19.07.2011, BVerfGE 129, 78; *BVerfG*, Urt. v. 12.09.2012, BVerfGE 132, 195; *BVerfG*, Urt. v. 18.03.2014, BVerfGE 135, 317; vgl. zu den unterschiedlichen Bezeichnungen als Identitäts-, Entstaatlichungs- und Entäußerungskontrolle durch das Gericht

nur insoweit von einer „gewöhnlichen" Überprüfung der Übertragung von Kompetenzen an die EU, als in diesem Fall – vornehmlich durch den Europäischen Gerichtshof – aus dem bestehenden Recht eine neue Kompetenz abgeleitet wird (was auch implizit durch ein Urteil geschehen kann) und diese ungeschriebene Kompetenz überprüft wird. Die Kontrolle kann damit aber auch inzident erfolgen, wenn im Rahmen einer Verfassungsbeschwerde eine Grundrechtseinschränkung geltend gemacht wird, die auf eine Rechtsprechung des EuGH im Einzelfall zurückzuführen ist.[1104]

Unzweifelhaft wird dieser Maßstab vom BVerfG als Rechtsmaßstab angesehen und hat auch durch den unmittelbaren Demokratiebezug auf Art. 20 GG eine thematische Ähnlichkeit hierzu. Dessen Zielrichtung scheint jedoch eine andere zu sein: die Identitätskontrolle ermöglicht dem Gericht eine Prüfung anhand grundrechtlicher Bestimmungen in Bereichen, die ansonsten wegen des Anwendungsvorrangs des Unionsrechts der Prüfung nicht zugänglich wären. Damit erfüllt die demokratische Komponente nur eine unterstützende Funktion, um andere Prüfungen und Maßstäbe zu ermöglichen, und bedeutet weniger eine Stärkung persönlicher Verantwortlichkeit bestimmter Akteure, dafür aber eine Verstärkung des materiellen Rechtsschutzes.[1105]

f) Haushaltspolitische Gesamtverantwortung

In sehr engem Zusammenhang mit dem Zulässigkeitsmaßstab des aus Art. 38 Abs. 1 GG hergeleiteten Wahlrechtskerns steht die Grenze der in den Urteilen zum Euro-Rettungsschirm[1106] und dem ESM-Vertrag bzw.

---

selbst bei *Lehner,* Die Integrationsverfassungsbeschwerde nach Art. 38 Abs. 1 S. 1 GG: Prozessuale und materiell-rechtliche Folgefragen zu einer objektiven Verfassungsbeschwerde, Der Staat 52 (2013), 535 (544).

1104 *Lehner,* Die Integrationsverfassungsbeschwerde nach Art. 38 Abs. 1 S. 1 GG: Prozessuale und materiell-rechtliche Folgefragen zu einer objektiven Verfassungsbeschwerde, Der Staat 52 (2013), 535 (542).

1105 Deutlich im – soweit ersichtlich – ersten Fall einer anerkannten Durchbrechung unionsrechtlicher Zuständigkeiten durch Zugrundelegung des grundgesetzlichen Maßstabs aus Art. 1 GG bei *BVerfG,* B. v. 15.12.2015, BVerfGE 140, 317, dazu oben III.C.45.

1106 *BVerfG,* Urt. v. 12.09.2012, BVerfGE 132, 195 (244) (dazu oben III.C.33).

Fiskalpakt[1107], sowie dem Vorlagebeschluss im OMT-Verfahren[1108] entwickelten „haushaltspolitischen Gesamtverantwortung".[1109] Dieser Maßstab wurde durch das Gericht aufgegriffen und als Teil des „durch Art. 20 Abs. 1 und Abs. 2 i.V.m. Art. 79 Abs. 3 GG geschützten Budgetrechts" angesehen. Hieraus resultierten dann materielle Höchstgrenzen für die Übernahme finanzieller Verpflichtungen, weil bei bedeutender quantitativer Steigerung der finanziellen Garantien und Einstandspflichten ein quantitativer Sprung erreicht werden könnte, der dermaßen weitgehende Einschränkungen des Gesetzgebers bedeuten würde, dass eine autonome Politik nicht mehr denkbar wäre.

Damit erfüllt dieser Prüfungsmaßstab auch die Anforderungen an einen demokratischen Rechtsmaßstab: Die Herleitung durch das Gericht erfolgt aus einer Auslegung der grundgesetzlichen Vorgaben der Art. 38 Abs. 1, 20 Abs. 1 und Abs. 2 und 79 Abs. 3 GG, womit es sich um einen Maßstab des positiven Rechts handelt. Durch diese (grund-)gesetzliche Verknüpfung mit dem demokratischen Wahlrecht erfüllt er auch *per definitionem* die Anforderung eines spezifisch demokratischen Maßstabs. Weiterhin knüpfen sich auch insofern Rechtsfolgen an diesen Prüfungsmaßstab, als ein Überschreiten der Grenze dazu führen würde, dass bestimmte Verpflichtungen nicht übernommen werden dürften.[1110] Mehrfach betont das Gericht dabei den besonderen Ausnahmecharakter dieser angenommenen Bindung und die damit einhergehende (geschützte) Einschätzungsprärogative des Gesetzgebers.[1111]

Gegen die Einordnung als *Legitimations*maßstab im eingangs skizzierten Sinne spricht jedoch dessen materielle Zielrichtung: Geschützt durch die „haushaltspolitische Gesamtverantwortung" wird ausschließlich die Entscheidungsfähigkeit des Bundestages in der Zukunft, nicht aber auch ein

---

1107 *BVerfG*, Urt. v. 18.03.2014, BVerfGE 135, 317 (Rdnr. 161 ff.) (dazu oben III.C.39).

1108 *BVerfG*, B. v. 14.01.2014, BVerfGE 134, 366 (Rdnr. 42) (dazu oben III.C.36).

1109 Der Zusammenhang mit dem aus Art. 38 Abs. 1 GG geschützten Wahlrecht resultiere dabei ähnlich wie schon bei den vorangegangenen Integrationsentscheidungen daraus, dass dessen materieller Kerngehalt nicht so weit entleert werden dürfte, dass durch Ausübung des Wahlrechts faktisch kein Einfluss mehr genommen werden könnte, vgl. *BVerfG*, Urt. v. 07.09.2011, BVerfGE 129, 124 (Rdnr. 124 f.).

1110 Die praktische Durchsetzung könnte am ehesten im Organstreitverfahren als ein Verbot der Zustimmung zu einem dahingehenden Abkommen erreicht und durch eine einstweilige Anordnung des BVerfG nach § 32 BVerfGG gesichert werden.

1111 *BVerfG*, Urt. v. 07.09.2011, BVerfGE 129, 124 (Rdnr. 130 ff.).

anderes Organ. Somit geht es einzig um eine unzulässige Selbstbindung (des Akteurs, von dem die Legitimation weitervermittelt wird), nicht jedoch um Grenzen der Delegation von Entscheidungsbefugnissen an andere Akteure und somit nicht um eine Verlagerung zwischen den Gewalten oder um eine Kontrollverringerung außerhalb des gesetzlich vorgegebenen Rahmens. Insbesondere liegt dieser materiellen Grenze anders als dem oben genannten rechtsdogmatischen Legitimationsmaßstab nicht die Frage der zulässigen Verlagerung von politisch-materiellen Entscheidungsbefugnissen auf andere Stellen zugrunde.

2. Entwicklungsphasen in der Rechtsprechung des BVerfG

Betrachtet man die Entwicklung der Rechtsprechung zur demokratischen Legitimation der Verwaltung und die zugrunde gelegten Rechtsmaßstäbe, lassen sich unterschiedliche Phasen erkennen und voneinander abgrenzen.

a) Dahinschlummern

Bin in die 1980er Jahre hinein war die Bedeutung des Demokratieprinzips des Art. 20 Abs. 1 GG als Strukturprinzip anerkannt, kam bei Auslegungsfragen insbesondere demokratischer Ausprägungen des Grundgesetzes (wie bei den Wahlgrundsätzen) vereinzelt zum Tragen, fristete aber mehr oder weniger ein Schattendasein.[1112] Im Nachhinein und unter Berücksichtigung der erst später explizierten Legitimationskettendogmatik in den Urteilen zum Ausländerwahlrecht lassen sich schon in dieser Zeit wesentliche Begriffselemente hiervon finden, so beispielsweise in den Entscheidungen zu den Nordrhein-westfälischen Gemeindeparlamenten, Kalkar I und den Schleswig-Holsteinischen Ämtern. Gleichwohl fehlte dem hier möglicherweise schon zugrunde gelegten Legitimationsmodell bzw. der Legitimationsvorstellung die juristische Wirkkraft, weil allenfalls allgemeine Schlussfolgerungen ohne kritischen Wert gezogen wurden und streitentscheidend andere grundgesetzliche Einzelbestimmungen waren. Von Bedeutung war somit lange eher die Befassung mit dem Rechtsstaatsprinzip, das Demokratieprinzip fristete ein Schattendasein.

1112 Dazu *Ossenbühl*, Gedanken zur demokratischen Legitimation der Verwaltung, in: *Horn* (Hrsg.), Recht im Pluralismus (2003), S. 109 ff.

b) Explizierung eines Rechtsmaßstabs

Mit den Entscheidungen des Bundesverfassungsgerichts zum Ausländerwahlrecht von 1990, die das zuvor von *Böckenförde* konzipierte dogmatische Modell nahezu unverändert zugrunde legten,[1113] begann ein neues „Zeitalter" in der rechtswissenschaftlichen Diskussion um die demokratische Legitimation der Verwaltung. Durch die Nichtigerklärungen der fraglichen Bestimmungen war erstmals und unzweifelhaft klargestellt, dass es sich bei dem Modell demokratischer Legitimation („Legitimationskettenmodell") nicht nur um eine verfassungstheoretische Konzeption handelt, sondern dieses den Rang eines dogmatischen Maßstabs des positiven Rechts einnimmt. Damit verbunden war ein erstmals wirklich kritischer Wert des Demokratiemaßstabs, der selbst und unmittelbar geeignet war, Auswirkungen auf die Verwaltungsorganisation zu entfalten und damit die Loslösung von parlamentarischer Verantwortlichkeit zu begrenzen. Die Nichteinhaltung konnte auch im Falle nur suboptimaler Verwirklichung einer Verantwortlichkeit nur zum Ergebnis der Verfassungswidrigkeit führen; Abstufungen hingegen, bedingt durch die Deutlichkeit der Verfehlung des erforderlichen Maßstabs, waren der Rechtsfolge dieser Verfassungswidrigkeit und damit dem gerichtlichen Ausspruch vorbehalten, weshalb der Legitimationsmaßstab hier nur zu den Ergebnissen verfassungsmäßig oder verfassungswidrig kommen kann, also einen nur binären Maßstab darstellt.

Die enthaltenen Elemente des Modells können nur als grobgerastert und rudimentär angesehen werden: Alle Staatsgewalt müsse auf ein einziges (immerhin in verschiedenen Untergliederungen), einheitliches Staatsvolk über zwei grundlegende Legitimationsvermittlungsmethoden (personell und materiell) zurückgeführt werden. Letztere seien nur in begrenztem Maße wechselseitig substituierbar und müssten ein verfassungsvorgegebenes Legitimationsniveau erreichen, das sich entweder aus dem

1113 Vgl. *Böckenförde*, Verfassungsfragen der Richterwahl (1974); *Böckenförde*, Demokratie als Verfassungsprinzip, in: *Isensee/Kirchhof* (Hrsg.), Handbuch des Staatsrechts der Bundesrepublik Deutschland, Bd. I, 1. Aufl. (1987), § 22; auf den Zusammenhang dieser Konzeption *Böckenfördes* mit der unter seiner wohl federführenden Mitwirkung als Richter des Bundesverfassungsgerichts in den Entscheidungen *BVerfG*, Urt. v. 31.10.1990, BVerfGE 83, 37 und *BVerfG*, Urt. v. 31.10.1990, BVerfGE 83, 60 weist *Jestaedt*, Democratic Legitimization of the Administrative Power, in: *Pünder/Waldhoff* (Hrsg.), Debates in German Public Law (2014), S. 186 f. hin.

Grundmodell der Verfassung oder aus Abweichungen rechtfertigenden Sondervorschriften ergeben müsse.

Trotz – oder gerade wegen – der Einfachheit dieses Modells war hiermit die größte Bedeutung der demokratischen Legitimation als Rechtsmaßstab erreicht. Auch in der Anwendung spiegelt sich diese Bedeutung wider, nachdem die drei großen Entscheidungen zum Ausländerwahlrecht[1114] und zur kommunalen Mitbestimmung[1115] (wenn auch hinsichtlich des dogmatischen Modells schon abweichend) in der Zeit von 1990 bis 1995 jeweils zur Nichtigerklärung von Normen führten. Hier fällt auch der zeitliche Zusammenhang mit der Diskussion um eine gesamtdeutsche Verfassung und um den Vertrag von Lissabon auf. Insoweit scheint erstmals eine (nachgeholte) Emanzipierung des Demokratieprinzips vom Rechtsstaatsprinzip erkennbar.

c) Pluralisierung und Marginalisierung

Jedenfalls ab Beginn der 21. Jahrhunderts kann man die Erreichung einer neuen Evolutionsstufe des Legitimationsprinzips auszumachen. Insbesondere die Entscheidung des Bundesverfassungsgerichts zu den Wasserverbänden[1116] dürfte hier als Wendepunkt in der Rechtsprechung angesehen werden. Nach dem zuvor praktizierten (und noch vom Bundesverwaltungsgericht in der Vorlageentscheidung[1117] zugrunde gelegten Modell) hätte das noch als monistisch anzusehende vorherige Modell wohl dazu führen müssen,[1118] dass die hier streitgegenständliche Verwirklichung der funktionalen Selbstverwaltung als rechtfertigungsbedürftige Ausnahme vom Demokratieprinzip anzusehen sei.[1119] Hingegen wird aus dem Urteil erkennbar, dass wegen des „Prinzipiencharakters" und der „Entwicklungsoffenheit" des Demokratieprinzips[1120] an dem strengen Modell des

---

1114 *BVerfG,* Urt. v. 31.10.1990, BVerfGE 83, 37 (dazu oben III.C.8.a)) und *BVerfG,* Urt. v. 31.10.1990, BVerfGE 83, 60 (dazu oben III.C.8.b)).

1115 *BVerfG,* B. v. 24.05.1995, BVerfGE 93, 37 (dazu oben III.C.15).

1116 *BVerfG,* B. v. 05.12.2002, BVerfGE 107, 59 (dazu oben III.C.19).

1117 *BVerwG,* B. v. 17.12.1997, NJW 1999, 870 (dazu oben III.C.19).

1118 *Köller,* Funktionale Selbstverwaltung und ihre demokratische Legitimation (2009), S. 172 ff. (dazu oben III.C.30).

1119 *Jestaedt,* Demokratische Legitimation - quo vadis?, JuS 2004, 649 (652 f.), *Jestaedt,* Democratic Legitimization of the Administrative Power, in: *Pünder/Waldhoff* (Hrsg.), Debates in German Public Law (2014), S. 188.

1120 Beide *BVerfG,* B. v. 05.12.2002, BVerfGE 107, 59 (91).

Regel-Ausnahmeverhältnisses gerade nicht mehr festgehalten wird. Konnten unmittelbar nach dieser Entscheidung noch Zweifel bestehen, ob und inwieweit das alte dogmatische Modell noch beibehalten hätte werden können,[1121] ergibt sich spätestens und deutlich aus den neueren Entscheidungen zum privaten Maßregelvollzug,[1122] zur Filmabgabe[1123] und Weinabgabe,[1124] dass auch durch die Inbezugsetzung der legitimationsbedürftigen Ausübung von Staatsgewalt und der Intensität des Grundrechtseingriffs die Abkehr vom ursprünglichen Modell vollzogen wurde. Auch die immer wiederkehrende Würdigung als entwicklungsoffenes und entwicklungsbedürftiges Verfassungsprinzip als wohl schon aktuell vorherrschende Meinung in der Literatur[1125] zeigt die vollzogene Pluralisierung des Demokratieprinzips.

Dieses lässt sich für alle Elemente des dogmatischen Legitimationsprinzips verdeutlichen: Hinsichtlich der Legitimationssubjekts, das noch in den Ausländerwahlrechtsurteilen, aber auch in der Literatur einheitlich als Gesamtheit des deutschen Staatsvolks als verfasste unbestimmte Allgemeinheit verstanden wurde,[1126] ist dahingehend eine deutliche Lockerung zu erkennen, als der Geltungsgrund nun im Zusammenhang mit Art. 1 GG (sogar als zentral geprägt hierdurch) gesehen wird und damit das Allgemeinheitserfordernis nicht mehr in seiner Striktheit aufrecht erhalten bleibt.[1127] Ähnliches gilt auch für das Legitimationsobjekt. Während in den 1990er Jahren von einer ausnahmslosen Legitimationsverpflichtung

1121 So zumindest nicht ausgeschlossen bei *Jestaedt*, Demokratische Legitimation - quo vadis?, JuS 2004, 649 (653).

1122 *BVerfG*, Urt. v. 18.01.2012, BVerfGE 130, 76 (dazu oben III.C.34).

1123 *BVerfG*, Urt. v. 28.01.2014, BVerfGE 135, 155 (dazu oben III.C.37).

1124 *BVerfG*, B. v. 06.05.2014, BVerfGE 136, 194 (dazu oben III.C.40).

1125 Allen voran *Schmidt-Aßmann*, Das allgemeine Verwaltungsrecht als Ordnungsidee, 2. Aufl. (2006) (dazu oben III.C.11), *Trute*, Die demokratische Legitimation der Verwaltung, in: *Hoffmann-Riem/Schmidt-Aßmann/Voßkuhle* (Hrsg.), Grundlagen des Verwaltungsrechts, Bd. I, 2. Aufl. (2012), § 6 (dazu oben III.C.26).

1126 *Böckenförde*, Demokratie als Verfassungsprinzip, in: *Isensee/Kirchhof* (Hrsg.), Handbuch des Staatsrechts der Bundesrepublik Deutschland, Bd. II, 3. Aufl. (2004), § 24, Rdnr. 26 ff. (dazu oben III.C.1), so auch noch *Schmidt-Aßmann*, Verwaltungslegitimation als Rechtsbegriff, AöR 116 (1991), 329 (348 ff.) (dazu oben III.C.11).

1127 In der Literatur vgl. vor allem *Trute*, Die demokratische Legitimation der Verwaltung, in: *Hoffmann-Riem/Schmidt-Aßmann/Voßkuhle* (Hrsg.), Grundlagen des Verwaltungsrechts, Bd. I, 2. Aufl. (2012), § 6, Rdnr. 18 f. (dazu oben III.C.26); in der Rechtsprechung erkennbar *BVerfG*, B. v. 05.12.2002, BVerfGE 107, 59 (92) (dazu oben III.C.19) und unter Bezugnahme hierauf bei *BVerfG*,

ohne jeglichen zulässigen Bagatellvorbehalt ausgegangen wurde,[1128] geht das BVerfG in seiner Entscheidung zur Weinabgabe davon aus, dass es sich bei der Legitimationsverpflichtung nicht „bis ins Detail" um amtliches Handeln mit Entscheidungscharakter handle, das die Legitimationsverpflichtung auslöse und kommt damit einer solchen Bagatellgrenze nahe.[1129] Umgekehrt scheint damit aber die Vorstellung verbunden zu sein, dass bei Annahme einer Legitimationsverpflichtung nicht mehr nur die schlussendlich abschließende staatliche Entscheidung zum Gegenstand genommen wird, sondern eine Vielzahl von Faktoren, die sämtlich zum Zustandekommen dieser Entscheidung beitragen können.[1130] Erst recht lassen sich beim Legitimationsniveau in der neueren Rechtsprechung und Literatur deutlich unterschiedliche Akzente finden, nachdem seit der Entscheidung zum privatisierten Maßregelvollzug endgültig das Legitimationsniveau von der Intensität des Grundrechtseingriffs abhängig gemacht wird.[1131] Von einem Fortbestehen der früheren Annahmen kann also spätestens hiermit nicht mehr ausgegangen werden.

Gerade durch die Vielzahl der möglichen Ansatzpunkte hinsichtlich des weit verstandenen Legitimationsobjekts und der denkbaren Anknüpfungspunkte bei der Betrachtung der vielfältigen Legitimationsmethoden wird leicht der Eindruck enorm steigender Komplexität und einer korrespondierend steigenden Bedeutung erweckt. Vieles spricht aber gegen eine solche Einschätzung: Auch wenn das Modell immer komplexer und komplizierter wird und in weitaus größeren Anwendungsbereichen diskutiert wird, verliert es seine praktische Handhabbarkeit[1132] und zugleich seinen kritischen Wert. Mit steigender Zahl der berücksichtigungsfähigen

---

Urt. v. 28.01.2014, BVerfGE 135, 155 (Rdnr. 158) (dazu oben III.C.37) und *BVerfG*, B. v. 06.05.2014, BVerfGE 136, 194 (Rdnr. 169) (dazu oben III.C.40).

1128 *Böckenförde*, Demokratie als Verfassungsprinzip, in: *Isensee/Kirchhof* (Hrsg.), Handbuch des Staatsrechts der Bundesrepublik Deutschland, Bd. II, 3. Aufl. (2004), § 24, Rdnr. 12 (dazu oben III.C.1); *Mehde*, Neues Steuerungsmodell und Demokratieprinzip (2000), S. 237 ff. (dazu oben III.A.1.b)(2)).

1129 *BVerfG*, B. v. 06.05.2014, BVerfGE 136, 194 (Rdnr. 176) (dazu oben III.C.40).

1130 Vgl. oben zum Legitimationsobjekt des pluralistisch verstandenen Legitimationsobjekts III.A.2.b).

1131 *BVerfG*, Urt. v. 18.01.2012, BVerfGE 130, 76 (Rdnr. 178 ff.) (dazu oben III.C.34); *BVerfG*, B. v. 06.05.2014, BVerfGE 136, 194 (Rdnr. 169) (dazu oben III.C.40).

1132 Von einem „overkill an berücksichtigungsfähigen Legitimationseffekten" spricht insoweit *Jestaedt*, Democratic Legitimization of the Administrative Power, in: *Pünder/Waldhoff* (Hrsg.), Debates in German Public Law (2014), S. 196.

Einflussfaktoren erscheint es schwer vorstellbar, dass es zum vollständigen Fehlen von Rückanknüpfungspunkten im Einzelfall kommen könnte. Zugleich bleibt das Modell allerdings wie schon die vorherige „einfache" Evolutionsstufe demokratischer Legitimation auch schlicht unterkomplex, wenn es an tatsächlichen Steuerungseinflüssen für jegliche staatliche Entscheidung gemessen wird. Ob und welche Bedeutung das menschliche Verhältnis eines Sachbearbeiters zu seinem Vorgesetzten oder auch nur die Temperatur und Qualität des morgendlichen Kaffees eines Behördenmitarbeiters auf die Auswahl einer von verschiedenen denkbaren und zulässigen Entscheidungsalternativen hat, lässt sich auch in der weit verstandenen pluralistischen Ansicht nicht berücksichtigen – gleichwohl dürfte es naiv erscheinen, derartigen Faktoren jeglichen noch so geringen Einfluss bei einer (auch unterbewussten) Entscheidungsfindung abzusprechen.

Damit steht einer (vermeintlich) enormen Betonung der Bedeutung eines Demokratie- und Legitimationsmaßstabs durch die mittlerweile wohl (zahlenmäßig) überwiegenden Auffassungen in Literatur und Rechtsprechung eine – in rechtlicher Hinsicht – schwindende Bedeutung entgegen. Diese könnte jedenfalls in den praktischen Auswirkungen verfassungsgerichtlicher Rechtsprechung gesehen werden. In keiner der Leitentscheidungen nach dem Mitbestimmungsgesetz Schleswig-Holstein kam es zur Feststellung der Unvereinbarkeit mit den Erfordernissen demokratischer Legitimation des Art. 20 Abs. 2 Satz 1 und 2 GG.[1133] Denkbar wäre zwar, dass sich mittlerweile die (auch gesetzgeberische) Vorstellungen den Notwendigkeiten demokratischer Legitimation so sehr den rechtlichen Erfordernissen angenähert haben, dass überhaupt kein gerichtliches Einschreiten mehr nötig ist. Bedenkt man, dass insbesondere durch die Bestrebungen der Europäischen Union zur Schaffung weiterer unabhängiger Einrichtungen die Entwicklung in eine völlig andere Richtung geht, erscheint eine solche Annahme nicht sonderlich wahrscheinlich.

Der vermeintlich immer weiter gesteigerten Bedeutung des Rechtsgrundsatzes demokratischer Legitimation des Art. 20 Abs. 2 GG steht damit ein tatsächlicher juristischer Bedeutungsverlust entgegen. Vieles spricht dafür, die Problematik der demokratischen Legitimation der Verwaltung nach dem Grundgesetz als Scheinriesen anzusehen. Die enorme

---

1133 Eine Ausnahme lässt sich hier nur auf landesverfassungsgerichtlicher Ebene erkennen: *Staatsgerichtshof der Freien Hansestadt Bremen*, Urt. v. 31.01.2014, NVwZ-RR, 497 = NordÖR 2014, 262-271 (dazu oben III.C.38), wobei hier unzweifelhaft noch das frühere Verständnis des BVerfG von der verfassungsrechtlich notwendigen demokratischen Legitimation zugrunde lag.

Erweiterung der Möglichkeiten der Herstellung einer genügenden Legitimation führt allerdings dazu, dass faktisch immer ein genügendes Legitimationsniveau erreicht ist, weil nahezu beliebige Rückkopplungen hierfür ausreichen können. Damit stellt sich dann aber die Frage, ob ein nur noch in der Theorie, nicht aber in der praktischen Anwendung relevanter Maßstab noch als wirklicher (effektiver) Rechtsmaßstab im Sinne des eingangs entwickelten Suchrasters angesehen werden kann.

3. Verhältnis zum Literaturdiskurs

Die in der Rechtsprechung des Bundesverfassungsgerichts vorgefundenen Entwicklungsphasen lassen sich auch mit der Entwicklung des Diskurses in der juristischen Fachliteratur erkennen. Dies lässt sich bereits am zeitlichen Zusammentreffen wesentlicher Neuerungen in der Rechtsprechung mit diskursprägenden Literaturbeiträgen beobachten.

So sind bis zu den Entscheidungen des BVerfG zum Ausländerwahlrecht nur sehr wenige Beiträge vorhanden, die von einem bedeutenden, praktisch wirksamen Rechtssatz erforderlicher demokratischer Legitimation ausgingen. Das zeitliche Zusammentreffen dieser Urteile mit bedeutenden Veröffentlichungen von *Böckenförde*[1134], *Emde*[1135], *Schmidt-Aßmann*[1136] und *Jestaedt*[1137] innerhalb eines sehr kurzen Zeitraums (Veröffentlichungsjahre 1987-1993) gab der Diskussion einen derartigen Schub, dass den Begriff der „demokratischen Legitimation" in den Rechtswissenschaften von einem zuvor unbekannten oder dahinschlummernden Betrachtungsgegenstand zu einem praktisch enorm bedeutsamen Rechtsmaßstab katapultierte. In der Retrospektive sind schon zu dieser Zeit die späteren enormen Unterschiede angelegt, die allerdings zeitgenössisch noch nicht besonders deutlich zu Tage traten: Die inhaltlichen Differenzen hinsichtlich der Art und Bestimmung des erforderlichen Legitimationsniveaus waren bereits erkennbar, hier scheinen jedoch die Gemeinsamkeiten zu überwiegen, nachdem über die – ebenfalls relativ jungen – Kategorien des Legitima-

---

1134 *Böckenförde,* Demokratie als Verfassungsprinzip, in: *Isensee/Kirchhof* (Hrsg.), Handbuch des Staatsrechts der Bundesrepublik Deutschland, Bd. I, 1. Aufl. (1987), § 22.

1135 *Emde,* Die demokratische Legitimation der funktionalen Selbstverwaltung (1991).

1136 *Schmidt-Aßmann,* Verwaltungslegitimation als Rechtsbegriff, AöR 116 (1991), 329.

1137 *Jestaedt,* Demokratieprinzip und Kondominialverwaltung (1993).

tionssubjekts, der Legitimationsobjekts und der Vermittlungsmethoden relativ weitgehende Einigkeit bestand.

Parallel zur nachfolgenden Entwicklung in der Rechtsprechung lässt sich auch in den Literaturbeiträgen zur demokratischen Legitimation nach der Entscheidung zu den Wasserverbänden 2002 eine wesentliche Diskursverschiebung erkennen: Vor allem durch die Arbeiten von *Schmidt-Aßmann*[1138] und *Trute*[1139] wurden viele weitere inspiriert und begleiteten und prägten die Phase der Pluralisierung. Insoweit treffen die Liberalisierung des vormals strengen Modells des BVerfG mit der erkannten Pluralisierung in vielen Stimmen der Literatur zeitlich aufeinander. Ob hier insoweit auch eine vollständige inhaltliche Deckungsgleichheit mit den Annahmen der neueren Rechtsprechung besteht, lässt sich wohl allerdings nicht abschließend feststellen. Sicherlich lassen sich viele Elemente der neueren Rechtsprechung durch die pluralisierten Modelle kontingent erklären. Gleichwohl hält sich das Gericht beim Umgang mit dem rechtsdogmatischen Maßstab demokratischer Legitimation anders als im „Integrationsrecht" mit Äußerungen zu seinem zugrundeliegenden Verständnis zurück und legt sich damit gerade nicht fest, ob es tatsächlich seine eigenen Maßstäbe im Wesentlichen modifiziert beibehält oder trotz vergleichbarer Terminologie eine Abkehr vom früheren Verständnis erfolgt sein soll. Insofern dürfte spannend werden, ob sich das Gericht zukünftig entscheidungserheblich mit den unterschiedlichen Auffassungen auseinandersetzen muss.

4. Einheitlichkeit des Diskurses

Auch mit der vielschichtigen und diffusen Vielfalt der Auffassungen zu Demokratie und demokratischer Legitimation im Hinterkopf erscheint der Fachdiskurs weit einheitlicher und homogener als zunächst vermutet. Beschränkt man sich bei der Betrachtung des Maßstabs auf die Frage der (verfassungs-)rechtlichen Erforderlichkeit der Rückkoppelung hoheitlicher Entscheidungen an ein Legitimationssubjekt, findet sich eine sehr fokussierte Diskussion, die Art und Reichweite der Legitimationsverpflichtung

---

1138 *Schmidt-Aßmann*, Das allgemeine Verwaltungsrecht als Ordnungsidee, 2. Aufl. (2006), vgl. dazu oben Kap. III.C.17.

1139 *Trute*, Die demokratische Legitimation der Verwaltung, in: *Hoffmann-Riem/ Schmidt-Aßmann/Voßkuhle* (Hrsg.), Grundlagen des Verwaltungsrechts, Bd. I, 2. Aufl. (2012), § 6, vgl. dazu oben Kap. III.C.26.

aus Art. 20 Abs. 2 GG zum Gegenstand hat. Auch wenn im Ergebnis keine Einigkeit über dessen Verständnis erreicht wird und man deshalb wohl nicht von einer herrschenden Meinung sprechen können wird, zeigen sich zwei Grundverständnisse, auf deren Grundelemente im Wesentlichen die Diskursbeiträge zurückzuführen sind. Deutlich wird auch das Zusammenspiel von Literaturauffassungen und der Rechtsprechung des Bundesverfassungsgerichts, somit stellt sich die Diskussion um diese konkrete Einzelfrage nach dem Legitimationsniveau im Sinne von Art. 20 Abs. 2 GG als einheitlicher Diskurs dar.

Ob und inwieweit die demokratische Legitimation rechtsdogmatisch als monistisch oder pluralistisch zu verstehen ist, muss wohl ausweislich dieses Überblicks über den Diskurs als noch ungeklärt gelten. Nach hier vertretener Meinung dürfte mehr dafür sprechen, dass das rechtsdogmatische normativ-positivierte Legitimationserfordernis nur grundlegende und schematische Anforderungen stellen kann und deshalb ein monistischer Ansatz zur Beschreibung des geltenden Verfassungsrechts besser geeignet ist, soweit er aus einer grundgesetzlich zulässigen Konstellation ein Legitimationsniveau ableitet. Betrachtet man die Legitimationsvermittlung sodann allerdings aus dem Blickwinkel der Staatslehre und versucht man, (beispielsweise rechtssoziologisch oder rechtspolitisch motiviert) Steuerungseffekte aufzuzeigen, leuchtet unmittelbar ein, dass hierfür genau dieses Modell völlig unterkomplex und damit ungeeignet ist und viel differenziertere Modelle erforderlich werden.

Damit wird deutlich, dass sich die wirklich zu beantwortende Rechtsfrage darauf beschränkt, inwieweit diese weitergehenden Auffassungen neben wissenschaftlich nachvollziehbaren Grundannahmen (und damit ihrer Relevanz für die Rechtswissenschaften) auch den Nachweis der Verankerung im geltenden Verfassungsrecht (Positivierungsnachweis) erbringen können. Die rechtswissenschaftlichen Fragen im Übrigen gehen hingegen deutlich über derartige Überlegungen hinaus.

IV. Demokratiemaßstäbe für das Unionsrecht

Nach den Maßstäben demokratischer Legitimation des nationalen Verfassungsrechts soll eine Betrachtung derjenigen Maßstäbe erfolgen, aus denen sich Anforderungen für das Recht der Europäischen Union ergeben. Hierfür kommen unionsrechtliche Maßstäbe selbst in Betracht, aus der Blickrichtung der deutschen Rechtsordnung aber auch Maßstäbe des Grundgesetzes, soweit sie auch insoweit anwendbar sind.

A. *Anwendungsfälle für Legitimationsmaßstäbe*

1. Anlassbezogene rechtswissenschaftliche Betrachtung

Auch im nationalen Verfassungsrecht wurden viele heute aktuellen Ansätze noch nicht gleich nach Inkrafttreten des Grundgesetzes diskutiert, vielmehr wurde die Diskussion durch jeweils aktuelle Anlässe beschleunigt, so dass sich die theoretisch-dogmatische Auseinandersetzung anschließen konnte.[1140] Ähnliches zeigt sich in der Diskussion des Unionsrechts: Die dogmatischen Fragen zur demokratischen Legitimation im Allgemeinen und die demokratische Verwaltungslegitimation im Speziellen werden nicht anlasslos „am Reißbrett" diskutiert, sondern aus Anlass bestimmter problematischer (Einzelfall-)Konstellationen. Für den spezifischen Fall der Verwaltungslegitimation beziehen sich die meisten Diskussionsbeiträge auf konkrete Anlassfälle, bei denen vor allem das Europäische Agenturwesen und auch die Komitologieausschüsse zu nennen sind. Diese Beispiele haben sämtlich die Grenzen der Unabhängigkeit von verselbständigten Organisationseinheiten zum Gegenstand und sind damit vom Ansatzpunkt der Diskussion nicht unähnlich den in Deutschland diskutierten Grenzfällen demokratischer Legitimation.

1140 Vgl. für die Thematik der demokratischen Legitimation der Verwaltung die zunächst nur zögerliche Diskussion mit der deutlichen Verstärkung durch einige wenige Veröffentlichungen zur Verwaltungslegitimation (vgl. dazu Kap. III.D.2.a)) sowie die Entscheidungen des BVerfG zum Ausländerwahlrecht *BVerfG,* Urt. v. 31.10.1990, BVerfGE 83, 37 (vgl. dazu Kap. III.C.8.a)) und *BVerfG,* Urt. v. 31.10.1990, BVerfGE 83, 60 (vgl. dazu Kap. III.C.8.b)).

2. Agenturen im Unionsrecht

a) Ausgangspunkt

Ursprünglich war für die Ausführung von Unionsrecht (vorher: dem Gemeinschaftsrecht) nicht der Vollzug durch eigene Unionsbehörden (unionsunmittelbarer Vollzug), sondern fast ausschließlich durch die Organe der Mitgliedstaaten (als mitgliedstaatlicher Vollzug) als der Normalfall vorgesehen.[1141] Erst gegen Ende der 1970er Jahre begann der EuGH, die Grenzen des mitgliedstaatlichen Organisations- und Verfahrensrechts bezüglich der Ausführung von Gemeinschaftsrecht genauer zu präzisieren und ermöglichte damit eine weitere Übertragung von Verwaltungsaufgaben an die Union selbst.[1142] Im weiteren Laufe der Rechtsentwicklung entwickelte sich das Eigenverwaltungsrecht mit einem eigenen Regime verwaltungs- und verfahrensrechtlicher Regelungen, das den gemeinschafts- (bzw. unions-)internen und gemeinschafts- (bzw. unions-)externen Vollzug von Gemeinschafts- (bzw. Unions-)recht vorsah.[1143] Mittlerweile gehören die Unionsagenturen[1144] zum Standardrepertoire in der Verwaltungsorganisation der EU. Diese stellen neben den fünf Unionsorganen Rat, Kommission, Parlament, Gerichtshof und Rechtshof weitere Verwaltungsstellen dar, die im Rahmen der mittelbaren (Eigen-)Verwaltung der Union tätig sind.[1145] Die Agenturen können nach der grundlegenden Verselbständigung unterschieden werden: neben den selbst durch unionales Gründungsstatut ge-

---

1141 *Danwitz/Ritgen,* Europäisches Verwaltungsrecht (2008), S. 304; *Stöger,* Gedanken zur institutionellen Autonomie der Mitgliedstaaten am Beispiel der neuen Energieregulierungsbehörden, ZÖR 65 (2010), 247 (251).

1142 Vgl. *EuGH,* Urt. v. 21.09.1983, Slg. 1983, 2635 (Rdnr. 17), dazu *Stöger,* Gedanken zur institutionellen Autonomie der Mitgliedstaaten am Beispiel der neuen Energieregulierungsbehörden, ZÖR 65 (2010), 247 (251 f.).

1143 *Danwitz/Ritgen,* Europäisches Verwaltungsrecht (2008), S. 315; die Unterscheidung erfolgt danach, ob die Umsetzung nur innerhalb der Union Wirkungen tätigt oder auch Rechtswirkungen nach Außen, also gegenüber Mitgliedstaaten oder Bürgern umfasst.

1144 Die Terminologie „Agenturen" wird in den zugrundeliegenden Rechtsakten nicht immer einheitlich genutzt, für die verschiedenen Formen hat sich die Klassifizierung allerdings als Oberbegriff durchgesetzt, *Groß,* Die Verwaltungsorganisation als Teil organisierter Staatlichkeit, in: *Hoffmann-Riem/Schmidt-Aßmann/Voßkuhle* (Hrsg.), Grundlagen des Verwaltungsrechts, Bd. I, 2. Aufl. (2012), § 13, Rdnr. 24, *Görisch,* Demokratische Verwaltung durch Unionsagenturen (2009), S. 8 ff.

1145 *Danwitz/Ritgen,* Europäisches Verwaltungsrecht (2008), S. 317.

schaffenen Agenturen existieren die sogenannten Exekutivagenturen, die durch Beschluss der Kommission aufgrund einer Rahmenverordnung[1146] als der Kommission untergeordnete Verwaltungseinheiten gegründet werden können, und die (interinstitutionellen) „Ämter“, deren Aufgabe die logistische Unterstützung der Kommission und sonstiger Organe ist.[1147] Die Agenturgründungen erfolgten in verschiedenen Wellen, durch die sich auch die jeweiligen Agenturen leichter klassifizieren lassen. Während frühere Agenturen eher eine primär informierende Tätigkeit wahrnahmen, kommt es bei neueren Agenturgründungen sogar zu einer vollständigen Übertragung der Verwaltung von Unionsprogrammen.[1148] Die Tendenz zur Agenturgründung stellt dabei kein neues Phänomen dar, in angloamerikanischen Systemen existierten diese schon über zwei Jahrhunderte.[1149] Durch die Agenturgründung wird eine Dezentralisierung von Verwaltungsaufgaben erreicht, nachdem der Sitz der Agenturen in immer anderen Mitgliedstaaten festgelegt wird.[1150] Daneben führt die Organisa-

---

1146 Art. 3 Verordnung (EG) Nr. 58/2003 des Rates vom 19. Dezember 2002 zur Festlegung des Statuts der Exekutivagenturen, die mit bestimmten Aufgaben bei der Verwaltung von Gemeinschaftsprogrammen beauftragt werden – VO (EG) Nr. 58/2003; dazu *Danwitz/Ritgen*, Europäisches Verwaltungsrecht (2008), S. 320 f.; *Craig*, EU Administrative Law, 3. Aufl. (2019), 160 f; *Hummer*, Von der "Agentur" zum "Interinstitutionellen Amt", in: *Hammer/Somek/Stelzer/Weichselbaum* (Hrsg.), Demokratie und sozialer Rechtsstaat in Europa (2004), S. 115.

1147 Zu den verschiedenen Ämtern im Einzelnen: *Hummer*, Von der "Agentur" zum "Interinstitutionellen Amt", in: *Hammer/Somek/Stelzer/Weichselbaum* (Hrsg.), Demokratie und sozialer Rechtsstaat in Europa (2004), S. 119 f.

1148 *Danwitz/Ritgen*, Europäisches Verwaltungsrecht (2008), S. 320 unter Verweis auf Erwägungsgrund 1 und Art. 6 Abs. 2 Verordnung (EG) Nr. 58/2003 des Rates vom 19. Dezember 2002 zur Festlegung des Statuts der Exekutivagenturen, die mit bestimmten Aufgaben bei der Verwaltung von Gemeinschaftsprogrammen beauftragt werden – VO (EG) Nr. 58/2003.

1149 *Craig*, EU Administrative Law, 3. Aufl. (2019), 151 ff; *Majone*, The European Commission: The Limits of Centralization and the Perils of Parliamentarization, Governance: An International Journal of Policy, Adminstration, and Institutions 15 (2002), 375 (376 ff.); vgl. auch mit dem Verweis auf die schon damals maßgebliche Motivation, die Einrichtung parteipolitischer Kontrolle zu entziehen, *Groß*, Ist die Wirtschaftskrise ein Katalysator für das Entstehen unabhängiger Behörden?, Die Verwaltung 2014, 197 (197 f.).

1150 Dies wird auch als möglicher Einflussfaktor auf die „Gründungsfreude“ von Agenturen nach 1990 angesehen, weil durch weitere Agenturgründungen und Dislozierung immer mehr Mitgliedstaaten mit einer „eigenen“ Agentur ausgestattet werden konnten; vgl. auch zu den diesbezüglichen Beschlüssen *Hummer*, Von der "Agentur" zum "Interinstitutionellen Amt", in: *Hammer/So-*

tion der Agenturen mit einem Direktor und jeweils einem Verwaltungsrat zu einer Beteiligung der Staaten, nachdem im Verwaltungsrat neben einem oder mehreren Vertretern der Kommission üblicherweise alle Mitgliedstaaten vertreten sind und damit deren Beteiligung und stärkere Mitwirkung erreicht werden kann.[1151] Zudem wird eine Spezialisierung und Professionalisierung der Aufgabenwahrnehmung durch Expertenbeteiligung angestrebt, was auch mit einer Erleichterung der Tätigkeit der Kommission durch Beschränkung auf zentrale Politikbereiche einhergehen[1152] und gleichzeitig eine Entpolitisierung verschiedener Tätigkeitsfelder durch Trennung von politischer Leitung und administrativem Vollzug durch die spezialisierten Agenturen bewirken sollte.[1153] Dahinter steht regelmäßig die Vorstellung, dass gemeinwohldienliche Entscheidungen in bestimmten Angelegenheiten weniger gut mit den Mitteln der Parteienkonkurrenz um Wählerstimmen zu erreichen sind.[1154] Aber auch immer

---

mek/Stelzer/Weichselbaum (Hrsg.), Demokratie und sozialer Rechtsstaat in Europa (2004), S. 104; dass der jeweilige Agentursitz von besonderer Bedeutung ist, zeigt auch, dass deutlich vor Gründung der Agentur durch Verordnung im Wege des Beschlusses der Sitz festgelegt wird, vgl. für die EASO Beschluss der im Rat vereinigten Vertreter der Regierungen der Mitgliedstaaten vom 25. Februar 2010 zur Bestimmung des Sitzes des Europäischen Unterstützungsbüros für Asylfragen – EASO-Sitz-Beschluss drei Monate vor Verordnung (EU) Nr. 439/2010 des Europäischen Parlaments und des Rates vom 19. Mai 2010 zur Einrichtung eines Europäischen Unterstützungsbüros für Asylfragen – EASO-VO; daneben ist zu beachten, dass mit der Grenzschutzagentur FRONTEX erstmals eine Einrichtung mit eigenem territorialen Unterbau geschaffen wurde, der sich über mehr als nur einen Mitgliedstaat erstreckt, *Groß*, Die Verwaltungsorganisation als Teil organisierter Staatlichkeit, in: *Hoffmann-Riem/Schmidt-Aßmann/Voßkuhle* (Hrsg.), Grundlagen des Verwaltungsrechts, Bd. I, 2. Aufl. (2012), § 13, Rdnr. 72.

1151 Anders als auf Ratsebene fehlt es hier jedoch oft an einer Einwirkungsmöglichkeit durch die Mitgliedstaaten, da verschiedentlich eine Unabhängigkeit der Verwaltungsratsmitglieder erfordert wird und dies mit einem Weisungsverbot einhergeht, vgl. dazu Kap. IV.A.2.d).

1152 Vgl. zu den verschiedenen Erwägungen *Craig*, EU Administrative Law, 3. Aufl. (2019), 161 ff.

1153 *Sydow*, Externalisierung und institutionelle Ausdifferenzierung, VerwArch 97 (2006), 1 (17 f.); als Nebenzweck wird damit über die Organisation nationalen Regulierungsbehörden erreicht, dass eine Abschirmung besonders staatsnaher Unternehmen weniger leicht erfolgen kann, vgl. *Hermes*, Legitimationsprobleme unabhängiger Behörden, in: *Bauer/Huber/Sommermann* (Hrsg.), Demokratie in Europa (2005), S. 467.

1154 *Hermes*, Legitimationsprobleme unabhängiger Behörden, in: *Bauer/Huber/Sommermann* (Hrsg.), Demokratie in Europa (2005), S. 465.

größer werdende Zweifel an den integrierten Verwaltungen und deren Problemlösungsfähigkeit sind für die Verlagerung von Befugnissen auf unabhängige Einrichtungen mitverantwortlich.[1155] Auch sind regelmäßig Kosten- und Effizienzgründe entscheidend für die Verlagerung von Aufgaben an unabhängige Agenturen.[1156] In diesem Zusammenhang ist auch die Dekonzentration von Aufgaben durch Gründung von und Übertragung von Aufgaben an die Exekutivagenturen zu sehen, die für eine Mitverwaltung bestimmter Gemeinschaftsprogramme sorgen sollen.[1157] Als häufig übersehener Aspekt bei der Betrachtung der Gründe für Agentur- und Ämtergründung verschiedenster Art kommt hinzu, dass die EU im Allgemeinen und die Kommission im Speziellen wegen der schieren Aufgaben- und Zuständigkeitsvielfalt ohne diese Einrichtungen nicht mehr in der Lage wären, die ursprünglich in den Verträgen vorgesehenen Aufgaben wahrnehmen zu können.[1158]

b) Historische Entwicklung

In der Anfangszeit von EG und EGKS wurde das Mittel der Gründung einer unabhängigen Verwaltungseinrichtung nur vorsichtig eingesetzt. Wegen der Zurückhaltung bei der Ausstattung mit Kompetenzen wird diese Phase auch als wesentlich von den *Meroni*-Fällen geprägte Phase

1155 *Shapiro*, Independent Agencies, in: *Craig/de Búrca* (Hrsg.), The evolution of EU law, 2. Aufl. (2011), S. 113.

1156 Hier werden zum einen Kostenersparnisse durch besondere Spezialisierung angenommen, weil so gebündelter Sachverstand effizienter abgerufen werden könnte; zum anderen wurden häufig Ersparnisse durch Verlagerung an externe Agenturen bei den Personalkosten angeführt, weil so durch Beschäftigung aufgrund vertraglicher Vereinbarungen das Beamtenstatut leichter umgangen werden kann, *Sydow*, Externalisierung und institutionelle Ausdifferenzierung, VerwArch 97 (2006), 1 (20).

1157 *Hummer*, Von der "Agentur" zum "Interinstitutionellen Amt", in: *Hammer/Somek/Stelzer/Weichselbaum* (Hrsg.), Demokratie und sozialer Rechtsstaat in Europa (2004), S. 115.

1158 Von einer „eklatanten Unterschätzung“ des zu erwartenden Verwaltungsaufwandes bei der Gründung der EG spricht insoweit *Hummer*, Von der "Agentur" zum "Interinstitutionellen Amt", in: *Hammer/Somek/Stelzer/Weichselbaum* (Hrsg.), Demokratie und sozialer Rechtsstaat in Europa (2004), S. 128 f.

der Agenturgründungen angesehen.[1159] Die ersten Agenturen der EG[1160] wurden 1975 durch Verordnungen des Rates gegründet: das Europäische Zentrum für die Förderung der Berufsbildung (CEDEFOP)[1161], die Europäische Stiftung zur Verbesserung der Lebens- und Arbeitsbedingungen (EUROFOUND)[1162] und die Europäische Agentur für Zusammenarbeit.[1163] In dieser als „mittleren Phase" bezeichneten Abschnitt wurde schon großzügiger mit der Frage der Delegation von Entscheidungsbefugnissen umgegangen und allgemein mit einer nicht gleichermaßen strengen Fortführung der strengeren *Meroni*-Rechtsprechung gerechnet.[1164] Erst 15 Jahre später zu Anfang der 1990er Jahre erfolgte eine weitere Gründungswelle[1165], in der zehn neue EG-Agenturen gegründet wurden.[1166] Diese wurden überwiegend auf der Rechtsgrundlage des Art. 352 AEUV errichtet.[1167] Die „dritte Welle" von Agenturgründungen begann zu Anfang des ersten Jahrzehnts des 21. Jahrhunderts. Nach einer zwischenzeiti-

---

1159 *Hummer,* Von der "Agentur" zum "Interinstitutionellen Amt", in: *Hammer/Somek/Stelzer/Weichselbaum* (Hrsg.), Demokratie und sozialer Rechtsstaat in Europa (2004), S. 98 f. mit Bezug auf *EuGH,* Urt. v. 13.06.1958, Slg. 1958, 16 und *EuGH,* Urt. v. 13.06.1958, Slg. 1958, 57 (vgl. dazu Kap. IV.C.1).

1160 Die vorher schon gegründeten Institutionen (Brüsseler Organe), die zum Gegenstand der *Meroni*-Rechtsprechung der EuGH (*EuGH,* Urt. v. 13.06.1958, Slg. 1958, 16 und *EuGH,* Urt. v. 13.06.1958, Slg. 1958, 57, vgl. dazu Kap. IV.C.1) wurden, waren keine Einrichtungen der EG, sondern dem EGKS zugehörig.

1161 Verordnung (EWG) Nr. 337/75 des Rates vom 10. Februar 1975 über die Errichtung eines Europäischen Zentrum für die Förderung der Berufsbildung. – CEDEFOP-VO.

1162 Verordnung (EWG) Nr. 1365/75 des Rates vom 26. Mai 1975 über die Gründung einer Europäischen Stiftung zur Verbesserung der Lebens- und Arbeitsbedingungen. – EUROFOUND-VO.

1163 Verordnung (EWG) Nr. 3245/81 des Rates vom 26. Oktober 1981 über die Errichtung einer Europäischen Agentur für Zusammenarbeit – Agentur für Zusammenarbeit-VO.

1164 *Hummer,* Von der "Agentur" zum "Interinstitutionellen Amt", in: *Hammer/Somek/Stelzer/Weichselbaum* (Hrsg.), Demokratie und sozialer Rechtsstaat in Europa (2004), S. 101.

1165 Wegen der deutlich weitreichenderen Entscheidungsspielräume auch als „zweite Generation" von Agenturen bezeichnet, vgl. *Hummer,* Von der "Agentur" zum "Interinstitutionellen Amt", in: *Hammer/Somek/Stelzer/Weichselbaum* (Hrsg.), Demokratie und sozialer Rechtsstaat in Europa (2004), S. 102 f.

1166 Vgl. dazu die Aufstellung mit entsprechenden Nachweisen bei *Craig,* EU Administrative Law, 3. Aufl. (2019), 155-158.

1167 Mit Ausnahme der EEA, vgl. dazu *Craig,* EU Administrative Law, 3. Aufl. (2019), S. 158.

gen Zurückhaltung bei der weiteren Agenturgründung wegen der unklaren primärvertraglichen Entwicklung führte unter anderem die Finanz- und Staatsschuldenkrise zu einem weiteren Schwung an Neugründungen mit der Agentur für die Zusammenarbeit der Energieregulierungsbehörden (ACER)[1168], der Europäischen Wertpapier- und Marktaufsichtsbehörde (ESMA)[1169], der Europäischen Bankenaufsichtsbehörde (EBA)[1170], des nicht mit Rechtspersönlichkeit ausgestatteten Europäischen Ausschusses für Systemrisiken (ESRB)[1171] und der Europäischen Aufsichtsbehörde für das Versicherungswesen und die betriebliche Altersversorgung (EIOPA).[1172] Als Rechtsgrundlage wurde jeweils Art. 114 AEUV herangezogen.[1173] Dies ist insofern bemerkenswert, weil mit Art. 298 AEUV (und der zusätzlichen Erwähnung in Art. 263 Abs. 1 Satz 2 AEUV) durch der Vertrag von Lissabon erstmals eine primärvertragliche Regelung erfolgt

---

1168 Verordnung (EG) Nr. 713/2009 des Europäischen Parlaments und des Rates vom 13. Juli 2009 zur Gründung einer Agentur für die Zusammenarbeit der Energieregulierungsbehörden. – ACER-VO.

1169 Verordnung (EU) Nr. 1095/2010 des Europäischen Parlaments und des Rates vom 24. November 2010 zur Errichtung einer Europäischen Aufsichtsbehörde (Europäische Wertpapier-und Marktaufsichtsbehörde) – ESMA-VO.

1170 Verordnung (EU) Nr. 1093/2010 des Europäischen Parlaments und des Rates vom 24. November 2010 zur Errichtung einer Europäischen Aufsichtsbehörde (Europäische Bankenaufsichtsbehörde), zur Änderung des Beschlusses Nr. 716/2009/EG und zur Aufhebung des Beschlusses 2009/78/EG der Kommission – EBA-VO; vgl. dazu *Michel*, Die neue Europäische Bankenaufsichtsbehörde, DÖV 2011, 728 (731 f.).

1171 Verordnung (EU) Nr. 1092/2010 des Europäischen Parlaments und des Rates vom 24. November 2010 über die Finanzaufsicht der Europäischen Union auf Makroebene und zur Errichtung eines Europäischen Ausschusses für Systemrisiken – ESRB-VO.

1172 Verordnung (EU) Nr. 1094/2010 des Europäischen Parlaments und des Rates vom 24. November 2010 zur Errichtung einer Europäischen Aufsichtsbehörde (Europäische Aufsichtsbehörde für das Versicherungswesen und die betriebliche Altersversorgung), zur Änderung des Beschlusses Nr. 716/2009/EG und zur Aufhebung des Beschlusses 2009/79/EG der Kommission – EIOPA-VO.

1173 Vgl. insoweit zur Beurteilung der Zulässigkeit durch den EuGH im Falle der ESMA (für die Kompetenzerweiterung) *EuGH*, Urt. v. 22.01.2014, Slg. 2014, ECLI:EU:C:2014:18 (Rdnr. 97 ff.) = JZ 2014, 244; Bedenken hinsichtlich der „Hochzonung“ einzelner Aspekte auf Unionsebene äußert *Kämmerer*, Das neue Europäische Finanzaufsichtssystem (ESFS) - Modell für eine europäisierte Verwaltungsarchitektur?, NVwZ 2011, 1281 (1283); zu den unterschiedlichen Rechtsgrundlagen auch *Görisch*, Die Agenturen der Europäischen Union, Jura 2012, 42 (44); *Wittinger*, "Europäische Satelliten": Anmerkungen zum Europäischen Agentur(un)wesen und zur Vereinbarkeit Europäischer Agenturen mit dem Gemeinschaftsrecht, EuR 2008, 609 (611 f.).

war, die neueren Agenturgründungen jedoch weiterhin auf der Grundlage der sachspezifischen Einzelermächtigung erfolgten.[1174] Gerade diese neu gegründeten Einrichtungen auf dem Gebiet der Finanzmarktverwaltung stellen diesbezüglich eine neue Stufe dar, weil sie als Antwort auf die als drastisch angesehene Finanzmarktkrise zu verstehen sind und zu deren Kompensation ein hochkomplexes System und Entscheidungsverfahren bewirkten.[1175] Vor allem sollte eine bessere gesetzgeberische Antwort auf die immer stärker grenzübergreifenden Tätigkeiten der Finanzinstitute gegeben werden.[1176] Die Agenturen EBA, ESMA und EIOPA sind insoweit auch miteinander verbunden, als ein Gemeinsamer Ausschuss aller drei für die sektorenübergreifende Abstimmung vorgesehen ist.[1177] Die wesentliche inhaltliche Neuerung sind die weitreichenden Aufgaben- und Zuständigkeitsbereiche: in manchen Bereichen stehen ihnen genuine Aufsichtsbefugnisse zu,[1178] die Agenturen können die Kooperation nationaler

---

1174 Zur Rechtsgrundlage der Agenturgründungen *Groß*, Die Verwaltungsorganisation als Teil organisierter Staatlichkeit, in: *Hoffmann-Riem/Schmidt-Aßmann/Voßkuhle* (Hrsg.), Grundlagen des Verwaltungsrechts, Bd. I, 2. Aufl. (2012), § 13, Rdnr. 37, speziell zur Kompetenzabrundungsklausel des Art. 114 AEUV *Saurer*, Die Errichtung von Europäischen Agenturen auf Grundlage der Binnenmarktharmonisierungskompetenz des Art. 114 AEUV, DÖV 2014, 549 (550 ff.).

1175 *Kämmerer*, Das neue Europäische Finanzaufsichtssystem (ESFS) - Modell für eine europäisierte Verwaltungsarchitektur?, NVwZ 2011, 1281 (1281 f.); kritisch zum Modus der Errichtung, insbesondere in Hinblick auf die nicht erfolgte Zustimmung des Bundestags *Häde*, Jenseits der Effizienz: Wer kontrolliert die Kontrolleure?, EuZW 2011, 662 (665).

1176 *Ohler*, § 32 Bankenaufsichtsrecht, in: *Ehlers/Fehling/Pünder/Achterberg/Augsberg* (Hrsg.), Öffentliches Wirtschaftsrecht, 3. Aufl. (2012), Rdnr. 33.

1177 Vgl. jeweils Art. 54-57 Verordnung (EU) Nr. 1093/2010 des Europäischen Parlaments und des Rates vom 24. November 2010 zur Errichtung einer Europäischen Aufsichtsbehörde (Europäische Bankenaufsichtsbehörde), zur Änderung des Beschlusses Nr. 716/2009/EG und zur Aufhebung des Beschlusses 2009/78/EG der Kommission – EBA-VO, Verordnung (EU) Nr. 1095/2010 des Europäischen Parlaments und des Rates vom 24. November 2010 zur Errichtung einer Europäischen Aufsichtsbehörde (Europäische Wertpapier-und Marktaufsichtsbehörde) – ESMA-VO und Verordnung (EU) Nr. 1094/2010 des Europäischen Parlaments und des Rates vom 24. November 2010 zur Errichtung einer Europäischen Aufsichtsbehörde (Europäische Aufsichtsbehörde für das Versicherungswesen und die betriebliche Altersversorgung), zur Änderung des Beschlusses Nr. 716/2009/EG und zur Aufhebung des Beschlusses 2009/79/EG der Kommission – EIOPA-VO.

1178 Diese Vorgehensweise erfordert allerdings zunächst die Feststellung einer Krisensituation durch den Rat nach Art. 18 Abs. 2 Verordnung (EU) Nr. 1093/2010 des Europäischen Parlaments und des Rates vom 24. Novem-

Behörden erzwingen bzw. im Ausnahmefall ersetzen;[1179] daneben erfolgt eine Mitwirkung bei der Setzung abgeleiteter Rechtsnormen als technische Standards[1180] „auf Augenhöhe mit der Kommission“ und die nationalen Behörden können freiwillig Aufgaben an die Agenturen delegieren.[1181] Mittels dieser Befugnisausstattung ging es der EU offenkundig um eine zügige und effektive Antwort auf die Finanzmarktturbolenzen – nur so ist zu verstehen, wie nach einer langen Phase des Zögerns durch die Mitgliedstaaten in verhältnismäßig kurzer Zeit so vergleichbar mächtige Agenturen

---

ber 2010 zur Errichtung einer Europäischen Aufsichtsbehörde (Europäische Bankenaufsichtsbehörde), zur Änderung des Beschlusses Nr. 716/2009/EG und zur Aufhebung des Beschlusses 2009/78/EG der Kommission – EBA-VO, Verordnung (EU) Nr. 1095/2010 des Europäischen Parlaments und des Rates vom 24. November 2010 zur Errichtung einer Europäischen Aufsichtsbehörde (Europäische Wertpapier-und Marktaufsichtsbehörde) – ESMA-VO und Verordnung (EU) Nr. 1094/2010 des Europäischen Parlaments und des Rates vom 24. November 2010 zur Errichtung einer Europäischen Aufsichtsbehörde (Europäische Aufsichtsbehörde für das Versicherungswesen und die betriebliche Altersversorgung), zur Änderung des Beschlusses Nr. 716/2009/EG und zur Aufhebung des Beschlusses 2009/79/EG der Kommission – EIOPA-VO; die später eingeführten ESMA-Befugnisse sind jedoch nicht mehr von der Feststellung dieser Krisensituation abhängig, vgl. dazu *Ohler,* Anmerkung zum Urteil des EuGH vom 22.01.2014, JZ 2014, 249 (250).

1179 Vgl. Art. 19 Abs. 2 Verordnung (EU) Nr. 1093/2010 des Europäischen Parlaments und des Rates vom 24. November 2010 zur Errichtung einer Europäischen Aufsichtsbehörde (Europäische Bankenaufsichtsbehörde), zur Änderung des Beschlusses Nr. 716/2009/EG und zur Aufhebung des Beschlusses 2009/78/EG der Kommission – EBA-VO, was als Anerkennung von Fachaufsichtsbefugnissen für die EBA angesehen wird, *Kämmerer,* Das neue Europäische Finanzaufsichtssystem (ESFS) - Modell für eine europäisierte Verwaltungsarchitektur?, NVwZ 2011, 1281 (1284).

1180 Als problematisch wird hier insoweit angesehen, dass nach Art. 290 AEUV der Erlass technischer Durchführungsakte allein die Kommission als Adressatin der Delegation vorsieht, diese Befugnisse aber an die Agentur weitergeleitet werden, vgl. *Ohler,* § 32 Bankenaufsichtsrecht, in: *Ehlers/Fehling/Pünder/Achterberg/Augsberg* (Hrsg.), Öffentliches Wirtschaftsrecht, 3. Aufl. (2012), Rdnr. 36.

1181 Zum Überblick und den ausgeführten Einzelbereichen: *Kämmerer,* Das neue Europäische Finanzaufsichtssystem (ESFS) - Modell für eine europäisierte Verwaltungsarchitektur?, NVwZ 2011, 1281 (1282); die Zuständigkeiten wurden nachfolgend noch erweitert: so wurden durch Verordnung (EU) Nr. 236/2012 der Europäischen Parlaments und des Rates vom 14. März 2012 über Leerverkäufe und bestimmte Aspekte von Credit Default Swaps – Erweiterung der EMSA-VO die Befugnisse der EMSA im Bereich der Maßnahmen betreffend verschiedene Arten der Leerverkäufe bedeutend erweitert, vgl. hierzu auch die Überprüfung durch *EuGH,* Urt. v. 22.01.2014, Slg. 2014, ECLI:EU:C:2014:18 = JZ 2014, 244 (vgl. dazu Kap. IV.C.9).

mit umfangreichen Handlungsmöglichkeiten gegründet werden konnten. Bedeutend ist dabei die vorgesehene Unabhängigkeit der Agenturen selbst, die auch Rückwirkungen auf die Vertreter der nationalen Regulierungsbehörden hat, die in die Agenturen entsandt werden: Selbst, wenn sie im nationalen Rahmen weisungsgebunden sein sollten, dürften sie für die Tätigkeit in der Agentur keinerlei Weisungen entgegennehmen.[1182] In der Zunahme der Anzahl der Agenturen ist damit nicht nur quantitatives Wachstum zu sehen, sondern vielmehr eine nichtlineare Weiterentwicklung, weil mit neueren Agenturgründungen nicht nur thematisch neue Agenturen nach ähnlichem Muster, sondern gänzlich neue Typen geschaffen wurden.[1183] Auch hinsichtlich der Aufgaben und Befugnisse wurden diese Agenturen auf eine neue Stufe gehoben, was sich in den weitreichenden materiellen Befugnissen zeigt, die deutlich weiter gehen, als nach den bisherigen Kompetenzen denkbar.[1184]

c) Unterscheidungen

Die Kommission selbst unterscheidet bei den Agenturen vor allem nach regulativem und exekutivem Charakter.[1185] Ein Versuch der Kommission

---

1182 Vgl. *Ohler*, § 32 Bankenaufsichtsrecht, in: *Ehlers/Fehling/Pünder/Achterberg/Augsberg* (Hrsg.), Öffentliches Wirtschaftsrecht, 3. Aufl. (2012), Rdnr. 34; gleichzeitig ist aber in für die nationalen Regulierungsbehörden auch unionsrechtlich die notwendige Unabhängigkeit festgelegt, weshalb die Regelungen nationalen und unionalen Rechts nicht wesentlich auseinanderfallen.

1183 Schon zum Entwicklungsstand 2006 *Sydow*, Externalisierung und institutionelle Ausdifferenzierung, VerwArch 97 (2006), 1 (21).

1184 Für undenkbar hält dabei *Ohler*, § 32 Bankenaufsichtsrecht, in: *Ehlers/Fehling/Pünder/Achterberg/Augsberg* (Hrsg.), Öffentliches Wirtschaftsrecht, 3. Aufl. (2012), Rdnr. 36 derartige Kompetenzen nach nationalem Recht, weil die „derart massiven Eingriffsmöglichkeiten" weitreichende Generalklauseln schafften, die im deutschen verfassungsrechtlichen Kontext wegen mangelnder Bestimmtheit aus rechtsstaatlicher Sicht undenkbar wären; für eine Stärkung der direkten Verantwortlichkeit plädiert daher *Schneider*, A Common Framework for Decentralized EU Agencies and the Meroni Doctrine, Administrative Law Review (USA) 61 (2009) (Special Edition - Proceedings of the Fifth Administrative Law Discussion Forum 2008 in Montpellier), 29 (43).

1185 Die Anknüpfungspunkte für die Klassifizierungen erfolgen insoweit nicht vollständig konsequent, weil die formale Klassifizierung daran scheitert, dass auch Exekutivagenturen vor Erlass der Verordnung (EG) Nr. 58/2003 des Rates vom 19. Dezember 2002 zur Festlegung des Statuts der Exekutivagenturen, die mit bestimmten Aufgaben bei der Verwaltung von Gemeinschaftsprogrammen

aus dem Jahr 2005, eine übergreifende Klassifizierung durch eine Interinstitutionelle Vereinbarung über den Status und die rechtliche Einordnung der Regulierungsagenturen[1186] zu schaffen, scheiterte allerdings im Zusammenhang mit den Bemühungen über den Verfassungsvertrag. Demgegenüber wird statt dieser nur dualen Unterscheidung vorgeschlagen, die verschiedenen Agenturen als regulative, entscheidende, quasi-regulatorische und informationsschaffende und koordinierende Agenturen einzuteilen, weil so der großen Bandbreite der Aufgaben-, Zuständigkeits- und Kompetenzbereiche besser Rechnung getragen werden könnte.[1187] Andere Unterscheidungen richten sich danach, ob Agenturen mit operativen Aufgaben, Ämter mit organisatorisch-logistischen Hilfsfunktionen oder Institutionen im Bereich der intergouvernementalen Zusammenarbeit geschaffen werden.[1188] Auch die Klassifikation nach den Tätigkeitsbereichen in vier Gruppen geht in die ähnliche Richtung: Einrichtungen zur Erleichterung der Funktionsweise des Binnenmarktes, Beobachtungsstellen, Einrichtungen zur Förderung des sozialen Dialogs auf Europäischer Ebene und Einrichtungen, die in ihrem jeweiligen Fachgebiet Programme und Aufgaben für die EU durchführen.[1189] In funktionaler Hinsicht kann nach Agenturen mit Bildungs- und Sozialauftrag, Informationsagenturen, Agen-

---

beauftragt werden – VO (EG) Nr. 58/2003 als Exekutivagenturen bezeichnet werden und auch der Umfang der Entscheidungsmöglichkeiten deutlich differiert, *Craig*, EU Administrative Law, 3. Aufl. (2019), 160 ff.

1186 Interinstitutionelle Vereinbarung zur Festlegung von Rahmenbedingungen für die europäischen Regulierungsagenturen auf Grundlage des im Jahr 2001 vorgelegten Weißbuchs der Kommission (*Kommission der Europäischen Gemeinschaften*, Europäisches Regieren (25.07.2001), das nach Entscheidungsübertragungen an Private, an zwischenstaatliche Einrichtungen und an Unionseinrichtungen unterschied, das allerdings nicht die Regulierungsagenturen zum Gegenstand hatte; vgl. auch nachfolgend die weiteren Vorstellungen der Kommission *Kommission der Europäischen Gemeinschaften*, Mitteilung der Kommission an das Europäische Parlament und den Rat (11.03.2008).

1187 Klassifizierung von *Craig*, EU Administrative Law, 3. Aufl. (2019), 163 ff.

1188 *Sydow*, Externalisierung und institutionelle Ausdifferenzierung, VerwArch 97 (2006), 1 (4 ff.).

1189 Noch zum Agenturentwicklungsstand 2004 bei *Hummer*, Von der "Agentur" zum "Interinstitutionellen Amt", in: *Hammer/Somek/Stelzer/Weichselbaum* (Hrsg.), Demokratie und sozialer Rechtsstaat in Europa (2004), S. 111, in dem noch die die neueren Finanzdienstleistungsagenturen umfasst sind.

turen als Subkontrahenten, Agenturen als Regelungsinstanzen, gerichtsähnlichen Ämtern und einigen Sonderfällen unterschieden werden.[1190]

Für den Aspekt der wirksamen Kontrolle und Verantwortlichkeit (*accountability*) über das Handeln von Unionsagenturen werden verschiedene Bewertungskriterien angeführt.[1191] Zunächst ist demnach neben den rechtlichen Gründungserfordernissen[1192] für eine wirksame Steuerung der Agenturtätigkeit die präzise Festlegung der Aufgaben- und Tätigkeitsbereiche, sowie der Kompetenzen durch den Europäischen Gesetzgeber erforderlich.[1193] Daneben stellt die Zusammensetzung der Agenturen einen bedeutenden Faktor dar. Dem Verwaltungsrat kommt insoweit die Schlüsselstellung bei der Wirksamkeit der Steuerung zu, weil er durch Berufung des Leitungspersonals und durch Festlegung der grundlegenden strategischen Ausrichtung einer Agentur in Verbindung mit weitgehenden Überprüfungs- und Kontrollrechten hier maßgeblich Einfluss nehmen kann.[1194] Zusätzlich kann aber auch über die von der Agentur den Unionsorganen vorzulegenden Arbeitsprogramme (üblicherweise jährlich) und die Ein-

1190 Unterscheidung bei *Hummer*, Von der "Agentur" zum "Interinstitutionellen Amt", in: *Hammer/Somek/Stelzer/Weichselbaum* (Hrsg.), Demokratie und sozialer Rechtsstaat in Europa (2004), S. 112.

1191 Zusammenfassend *Sydow*, Externalisierung und institutionelle Ausdifferenzierung, VerwArch 97 (2006), 1 (16 ff.); *Craig*, EU Administrative Law, 3. Aufl. (2019), S. 163.

1192 Auch für die Gründung von Agenturen und ihre Ausstattung mit Aufgaben- und Tätigkeitsbereichen ergeben sich Beschränkungen aus allgemeinen unionsrechtlichen Erfordernissen, wie beispielsweise die aus dem Prinzip der begrenzten Einzelermächtigung folgende Wahrung der unionsrechtlichen Verbandskompetenz; unproblematisch in dieser Hinsicht ist nur die Übertragung von organisatorisch-logistischen Hilfstätigkeiten für das eigentliche Kommissionshandeln, vgl. *Sydow*, Externalisierung und institutionelle Ausdifferenzierung, VerwArch 97 (2006), 1 (12).

1193 Durch diese Aufgaben- und Befugnisumgrenzung werde erst die Grundlage für eine rechtliche und politische Kontrolle gelegt: je präziser diese Festlegung durch den Gründungsakt, desto einfacher sei eine wirksame Überprüfung des Handelns möglich, vgl. *Craig*, EU Administrative Law, 3. Aufl. (2019), 168 f.

1194 Aus diesem Grund gingen zu Anfang der 2000er Jahre die Bemühungen der Kommission (schlussendlich erfolglos) dahin, kleinere Verwaltungsratsstrukturen zu schaffen, in denen durch Begrenzung der Anzahl der mitgliedstaatlichen Vertreter unter Beibehaltung der Zahl von bis zu sechs Kommissionsvertretern eine wirksamere Einflussmöglichkeit für sie geschaffen worden wäre; dieser zahlenmäßig geringe Einfluss wird jedoch teilweise dadurch kompensiert, dass das Vorschlagsrecht für den jeweiligen Exekutivdirektor bei der Kommission liegt und hierdurch maßgeblicher Einfluss genommen werden kann, *Craig*, EU Administrative Law, 3. Aufl. (2019), S. 162 f.

flussmöglichkeiten der Kommission auf mögliche Reformulierungen eine wirksame Steuerung erreicht werden.[1195]

d) Aufbau der Agenturen

Obwohl auch Agenturen gleichen Typs deutliche Unterschiede in ihrer Verwaltungsstruktur aufweisen, zeigen sich im jeweiligen Aufbau viele parallele Strukturen, die auch beabsichtigt sind.[1196] Zunächst wird regelmäßig die eigene Rechtspersönlichkeit der Agentur im Unionsrecht vorgesehen, die mit weitestgehender Rechtsfähigkeit nach dem Recht der verschiedenen Mitgliedstaaten kombiniert wird.[1197] Die Vertretung nach außen erfolgt durch einen Direktor, dem die Verantwortlichkeit für die Sicherstellung der Durchführung der jeweiligen Agenturprogramme obliegt.[1198] Unterschiede zeigen sich insbesondere in der Strukturierung der jeweiligen Verwaltungsräte und sonstigen Gremien. Im Falle der Agentur für die Zusammenarbeit der Energieregulierungsbehörden (ACER) sind ein Verwaltungs- und ein Regulierungsrat vorgesehen. In letzterem sind alle Mitgliedstaaten durch einen Vertreter ihrer nationalen Regulierungsbehörden vertreten, die Kommission nur durch einen nicht stimm-

---

1195 Die Arbeitsprogramme spielen vor allem bei größeren Handlungsspielräumen eine große Rolle für die Ressourcenverteilung hinsichtlich der Wahrnehmung von Kompetenzen, was für die generelle Ausrichtung der Tätigkeit einer Agentur von großer Bedeutung ist, vgl. dazu *Craig*, EU Administrative Law, 3. Aufl. (2019), 174f. mit Zweifeln über die Nachweisbarkeit der tatsächlichen Wirksamkeit derartiger Einflussnahmen bei Verwerfung eines Arbeitsprogramms durch die Kommission.

1196 Vgl. insoweit nur die Versuche, eine einheitliche Struktur für die (Regulierungs-)Agenturen zu schaffen, dazu oben bei IV.A.2.b).

1197 Vgl. Art. 2 Abs. 1 und Abs. 2 Verordnung (EG) Nr. 713/2009 des Europäischen Parlaments und des Rates vom 13. Juli 2009 zur Gründung einer Agentur für die Zusammenarbeit der Energieregulierungsbehörden. – ACER-VO; die Ausstattung mit eigener Rechtspersönlichkeit wird dabei jedoch als eher formales Gestaltungselement und weniger als inhaltliche Weichenstellung angesehen, *Hermes*, Legitimationsprobleme unabhängiger Behörden, in: *Bauer/Huber/Sommermann* (Hrsg.), Demokratie in Europa (2005), S. 464.

1198 Vgl. Art. 17, Art. 2 Abs. 3, Art. 16 Verordnung (EG) Nr. 713/2009 des Europäischen Parlaments und des Rates vom 13. Juli 2009 zur Gründung einer Agentur für die Zusammenarbeit der Energieregulierungsbehörden. – ACER-VO.

berechtigten Vertreter.[1199] Er ist für fachlich-inhaltliche Stellungnahmen im Aufgabenbereich der ACER zuständig und bestimmt über Haushaltsplan und Arbeitsprogramm über die strategische Planung mit.[1200] Dem Verwaltungsrat als deutlich kleinerem Gremium[1201] obliegt zunächst in eigener Verantwortung die Ernennung des Direktors, sowie die förmliche Ernennung der Mitglieder des Regulierungsrats und des Beschwerdeausschusses.[1202] Zumindest im Fall der ACER stellt damit der Verwaltungsrat das entscheidende Gremium für die Vermittlung personeller Legitimation dar. Insofern ist bemerkenswert, dass nur wenige Mitgliedstaaten vertreten sind[1203] und die Weisungsfreiheit der Mitglieder explizit vorgesehen ist.[1204] Als interne rechtliche Überprüfungsmöglichkeit wird zudem in der Verordnung noch ein Beschwerdeausschuss vorgesehen[1205], dessen Entscheidung über eine Beschwerde notwendig in Einzelfällen einer Klage vor den

1199 Art. 14 Abs. 1 lit. a und b Verordnung (EG) Nr. 713/2009 des Europäischen Parlaments und des Rates vom 13. Juli 2009 zur Gründung einer Agentur für die Zusammenarbeit der Energieregulierungsbehörden. – ACER-VO.

1200 Art. 15 Abs. 1 bis 4 Verordnung (EG) Nr. 713/2009 des Europäischen Parlaments und des Rates vom 13. Juli 2009 zur Gründung einer Agentur für die Zusammenarbeit der Energieregulierungsbehörden. – ACER-VO.

1201 Insgesamt besteht der Verwaltungsrat aus neun Mitgliedern und ihren jeweiligen Stellvertretern, von denen zwei durch die Kommission, zwei vom Europäischen Parlament und fünf Mitglieder vom Europäischen Rat ernannt werden, Art. 12 Abs. 1 Verordnung (EG) Nr. 713/2009 des Europäischen Parlaments und des Rates vom 13. Juli 2009 zur Gründung einer Agentur für die Zusammenarbeit der Energieregulierungsbehörden. – ACER-VO.

1202 Art. 13 Abs. 1 bis Abs. 3 Verordnung (EG) Nr. 713/2009 des Europäischen Parlaments und des Rates vom 13. Juli 2009 zur Gründung einer Agentur für die Zusammenarbeit der Energieregulierungsbehörden. – ACER-VO.

1203 Insoweit sieht Art. 12 Abs. 5 lit. b Verordnung (EG) Nr. 713/2009 des Europäischen Parlaments und des Rates vom 13. Juli 2009 zur Gründung einer Agentur für die Zusammenarbeit der Energieregulierungsbehörden. – ACER-VO ein Rotationssystem vor, welches langfristig eine ausgewogene Beteiligung der verschiedenen Mitgliedstaaten sicherstellen soll.

1204 Art. 12 Abs. 7 Verordnung (EG) Nr. 713/2009 des Europäischen Parlaments und des Rates vom 13. Juli 2009 zur Gründung einer Agentur für die Zusammenarbeit der Energieregulierungsbehörden. – ACER-VO normiert die Verpflichtung zum unabhängigen und objektiven Handeln im öffentlichen Interesse und dem Verbot der Entgegennahme von Weisungen.

1205 Art. 18 Verordnung (EG) Nr. 713/2009 des Europäischen Parlaments und des Rates vom 13. Juli 2009 zur Gründung einer Agentur für die Zusammenarbeit der Energieregulierungsbehörden. – ACER-VO.

Europäischen Gerichten vorgeschaltet wird.[1206] Eine derartige Aufteilung in einen Exekutiv- und einen Aufsichtsrat findet sich bei den meisten Agenturen, oftmals auch ein vergleichbarer Beschwerdeausschuss, auch wenn Aufgaben und Befugnisse hier teils stark differieren.

Auch trotz der teilweise völlig unterschiedlichen Aufgaben- und Zielrichtung der verschiedenen Agenturen lassen sich ähnliche Merkmale festmachen. Stets wiederkehrendes und für die Kommission sehr bedeutendes Motiv ist dabei regelmäßig die Unabhängigkeit der Agenturen und damit auch die notwendige Unabhängigkeit der Vertreter der Mitgliedstaaten im Rahmen der Tätigkeit für die jeweilige Agentur. Zugleich verfolgt die Kommission regelmäßig auch das Ziel, dass eine Unabhängigkeit der Behörden und Agenturen ihr selbst gegenüber sichergestellt wird. Dadurch ist auch zu erklären, weshalb regelmäßig kein Instrumentarium vorgesehen ist, das der Idee einer Fachaufsicht entsprechen würde; auch ein rechtsaufsichtliches Instrumentarium ist oftmals nicht vorgesehen.[1207]

3. Eingriffe in die Verwaltungsautonomie

Neben der Stärkung der Eigenverwaltung durch das erweiterte Agenturwesen nimmt die Union immer stärkeren Einfluss auf die Verwaltungsorganisation der Mitgliedstaaten. So werden durch detaillierte rechtliche Vorgaben nationale Behörden in die Unionsverwaltung eingespannt. Während es bis zu den 1970er Jahren den Mitgliedstaaten überlassen war, auf welche Weise das Unionsrecht umgesetzt wird, und allein entscheidend, dass in materieller Hinsicht eine vollständige Umsetzung erfolgte, setzte in dieser Zeit ein Umdenken ein. Der EuGH befasste sich verstärkt mit der Frage der Grenzen der mitgliedstaatlichen Autonomie hinsichtlich der grundsätzlichen Anwendung ihres nationalen Organisations- und Verfahrensrechts und ging von einer Organisations- und Verfahrensfreiheit der Mitgliedstaaten aus, soweit keine gemeinschaftsrechtlichen Vorgaben bestünden, die ihrerseits mit den Erfordernissen der einheitlichen Anwendung des Gemeinschaftsrechts in Einklang gebracht werden müssten.[1208]

1206 Vgl. Art. 19, 20 Verordnung (EG) Nr. 713/2009 des Europäischen Parlaments und des Rates vom 13. Juli 2009 zur Gründung einer Agentur für die Zusammenarbeit der Energieregulierungsbehörden. – ACER-VO.

1207 *Hermes*, Legitimationsprobleme unabhängiger Behörden, in: *Bauer/Huber/Sommermann* (Hrsg.), Demokratie in Europa (2005), S. 463.

1208 *Stöger*, Gedanken zur institutionellen Autonomie der Mitgliedstaaten am Beispiel der neuen Energieregulierungsbehörden, ZÖR 65 (2010), 247 (251)

In vielen Bereichen war es lange Zeit jedoch üblich, dass die Mitgliedstaaten – wie im Energierecht – verpflichtet wurden, eine oder mehrere Stellen mit Regulierungsaufgaben zu betrauen, wobei lediglich die Unabhängigkeit dieser Verwaltungsbehörde sichergestellt werden musste.[1209]

In einzelnen Bereichen erfolgte schon frühzeitig eine konkrete Verpflichtung zur Einrichtung unabhängiger Kontrollstellen.[1210] Mit dem neuen Energiemarktpaket und der Neuorganisation der Finanzmarktaufsicht erfolgten dann deutlich strengere Vorgaben an die nationale Verwaltungsorganisation. Dem neuen Modell entspricht dabei jeweils die Vorstellung der Gründung einer einzigen Regulierungsbehörde, die auch jeweils eine rechtliche und funktionelle Trennung von den Regierungen der Mitgliedstaaten vorsieht.[1211] Damit soll vor allem auf Unionsebene sichergestellt werden, dass ein System einheitlicher Behörden geschaffen wird und für jeden Mitgliedstaat ein einziger Ansprechpartner vorhanden ist.[1212] Auch im Zusammenhang mit der 2010 erfolgten Gründung von

---

unter Verweis auf die Rechtsprechung des EuGH, vor allem *EuGH,* Urt. v. 21.09.1983, Slg. 1983, 2635 (Rdnr. 17) und die damit einhergehende Beschränkung der mitgliedstaatlichen Autonomie.

1209 Vgl. noch die allgemein gehaltene Verpflichtung in den Vorläufer-Richtlinien Art. 23 Abs. 1 Richtlinie 2003/54/EG des Parlaments und des Rates vom 26. Juni 2003 über gemeinsame Vorschriften für den Elektrizitätsbinnenmarkt und zur Aufhebung der Richtlinie 96/92/EG – RL 2003/54/EG und Art. 25 Abs. 1 Richtlinie 2003/55/EG des Europäischen Parlaments und des Rates vom 26. Juni 2003 über gemeinsame Vorschriften für den Erdgasbinnenmarkt und zur Aufhebung der Richtlinie 98/30/EG Richtlinie 2003/55/EG des Europäischen Parlaments und des Rates vom 26. Juni 2003 über gemeinsame Vorschriften für den Erdgasbinnenmarkt und zur Aufhebung der Richtlinie 98/30/EG.

1210 Vgl. zu den notwendig unabhängige Datenschutzkontrollstellen Richtlinie 95/46/EG des Europäischen Parlaments und des Rates vom 24. Oktober 1995 zum Schutz natürlicher Personen bei der Verarbeitung personenbezogener Daten und zum freien Datenverkehr – Datenschutz-RL; vgl. dazu *EuGH,* Urt. v. 09.03.2010, Slg. 2010-I, 1885 (vgl. dazu Kap. IV.C.7); vgl. auch dazu *Mayen,* Verwaltung durch unabhängige Einrichtungen, DÖV 2004, 45 (50 f.).

1211 Zusammenfassend *Stöger,* Gedanken zur institutionellen Autonomie der Mitgliedstaaten am Beispiel der neuen Energieregulierungsbehörden, ZÖR 65 (2010), 247 (259).

1212 Vgl. zur Zielsetzung Art. 35 bis 37 Richtlinie 2009/72/EG des Europäischen Parlaments und des Rates vom 13. Juli 2009 über gemeinsame Vorschriften für den Elektrizitätsbinnenmarkt und zur Aufhebung der Richtlinie 2003/54/EG – RL 2009/72/EG und Art. 39 bis 41 Richtlinie 2009/73/EG des Europäischen Parlaments und des Rates vom 13. Juli 2009 über gemeinsame Vorschriften für den Erdgasbinnenmarkt und zur Aufhebung der Richtlinie 2003/55/EG – RL 2009/73/EG; vgl. auch zur Zusammenarbeit Verordnung

Unionagenturen zur Finanzaufsicht wurden die nationalen Regulierungsagenturen in das Europäische ERSB eingebunden.[1213] Insgesamt soll damit ein weitaus stärker institutionalisiertes System der Zusammenarbeit zwischen Mitgliedstaaten und EU-Behörden und der Kommission erreicht werden.[1214]

4. Komitologieausschüsse

Wichtige Abweichungen vom bekannten Verwaltungssystem ergeben sich im Unionsrecht schon seit den 1960er Jahren[1215] auch durch die Schaffung weiterer Mischformen des direkten Vollzugs des Unionsrechts durch die Union selbst und den indirekten Vollzug durch die Mitgliedstaaten. Als bedeutsame Sonderform ergibt sich hier der Typus der gemischten Unionsverwaltung durch sekundäre Rechtsetzung zwischen Rat und Kommission: hier werden die Durchführungsbefugnisse nicht völlig auf die Kommission und damit auf die Unionsebene übertragen, sondern Ausschüsse eingerichtet, die mit nationalen Beamten besetzt sind.[1216] Insbesondere im Umweltbereich wird dabei häufig auf Komitologieausschüsse zurückgegriffen, um die enorme Menge an hochkomplexen Vorschriften bewältigen zu können.[1217] Das Komitologiewesen schafft für die Union insofern große Vorteile, als durch Mitwirkung der Mitgliedstaaten und Aktivierung deren Sachverstandes hochkomplexe technische Verwaltungsvorschriften erlassen werden können und gleichzeitig die Kommission ent-

---

(EG) Nr. 713/2009 des Europäischen Parlaments und des Rates vom 13. Juli 2009 zur Gründung einer Agentur für die Zusammenarbeit der Energieregulierungsbehörden. – ACER-VO.

1213 Zur Zusammenarbeit der nationalen Behörden mit den jeweiligen Agenturen vgl. nur Art. 54 ff. Verordnung (EU) Nr. 1093/2010 des Europäischen Parlaments und des Rates vom 24. November 2010 zur Errichtung einer Europäischen Aufsichtsbehörde (Europäische Bankenaufsichtsbehörde), zur Änderung des Beschlusses Nr. 716/2009/EG und zur Aufhebung des Beschlusses 2009/78/EG der Kommission – EBA-VO.

1214 Mit Betonung der damit zusammenhängenden Aufwertung der Kommission *Stöger*, Gedanken zur institutionellen Autonomie der Mitgliedstaaten am Beispiel der neuen Energieregulierungsbehörden, ZÖR 65 (2010), 247 (262 f.).

1215 Vgl. zu den Anfängen des Komitologiewesens *Roller*, Komitologie und Demokratieprinzip, KritV 86 (2003), 249 (250) m.w.N.

1216 *Danwitz/Ritgen*, Europäisches Verwaltungsrecht (2008), S. 342 f.

1217 *Roller*, Komitologie und Demokratieprinzip, KritV 86 (2003), 249 (255).

lastet wird.[1218] Zugleich bestand schon zu Anfangszeiten des Komitologieverfahrens der große Nutzen für die Kommission, bei Meinungsverschiedenheiten in der Durchführung des primären Unionsrechts auf Ebene der Mitgliedstaaten diese aktiv an der Problemlösung und Einigungsfindung zu beteiligen.[1219] Gleichzeitig war dieses Verfahren für den Rat vorteilhaft, weil seine Mitwirkung bei der Setzung technischer Standards nicht mehr nur auf Bestätigung der Vorschläge der Kommission beschränkt war, sondern durch aktive Mitwirkung in den Komitologieausschüssen substantiell Einfluss genommen werden konnte.[1220] Dabei stießen allerdings generell die Komitologieverfahren auf das Missfallen des Europäischen Parlaments, weil seine Aufsicht über die Kommission an dieser Stelle lückenhaft wurde.[1221] Zur Bewältigung dieses Problems wurde nach dem ersten Komitologiebeschluss aus 1987[1222] im Jahr 1994 vereinbart, dass das Europäische Parlament zumindest zeitgleich mit den Komitologieausschüssen über die Abstimmungsvorlagen informiert wurde. Erst 1999 wurde durch Neuregelung des Komitologiewesens durch den zweiten Komitologiebeschluss[1223] dann erreicht, dass das Parlament auch umfassenden Zugriff auf alle Inhalte, Protokolle, Tagesordnungen usw. erhalten konnte.[1224] Hinsichtlich der Steuerungsmöglichkeiten gab es jedoch weiterhin keine Möglichkeiten des Parlaments zur direkten Einflussnahme, weshalb regelmäßig die defizitäre personelle demokratische Legitimation der Entscheidungen der Komitolo-

---

1218 Allerdings sind die Aufgaben nicht immer nur auf technische Details konzentriert, sondern sehen auch vereinzelt Generalklauseln vor, die *Roller*, Komitologie und Demokratieprinzip, KritV 86 (2003), 249 (257) als einer Blankoermächtigung nahekommend ansieht.

1219 *Craig*, EU Administrative Law, 3. Aufl. (2019), S. 115.

1220 *Craig*, EU Administrative Law, 3. Aufl. (2019), S. 114.

1221 Dabei hatte das Parlament vor der EEA überhaupt keine Einflussmöglichkeiten auf den Entscheidungsprozess im Komitologieverfahren, vgl. *Craig*, EU Administrative Law, 3. Aufl. (2019), S. 118.

1222 Beschluss des Rates vom 13. Juli 1987 zur Festlegung der Modalitäten für die Ausübung der der Kommission übertragenen Durchführungsbefugnisse (87/373/EWG) – Beschluss 87/373/EWG.

1223 Durch Beschluss des Rates 1999/468/EG vom 28.6.1999 zur Festlegung der Modalitäten für die Ausübung der der Kommission übertragenen Durchführungsbefugnisse – Beschluss 1999/468/EG.

1224 *Craig*, EU Administrative Law, 3. Aufl. (2019), S. 119 f.; allerdings bestand in den Neuregelungen die systematische Schwäche, dass die alten, bereits bestehenden Ausschüsse nach den alten Verfahrensregelungen weitergeführt werden konnten und es eines Beschlusses im Einzelfall für die Anwendbarkeit der neuen Verfahrensregelungen bedurfte, *Roller*, Komitologie und Demokratieprinzip, KritV 86 (2003), 249 (270 f.).

gieausschüsse in Zweifel gezogen wurde.[1225] Hinzu kommt, dass auch die Rückbindung der Vertreter der Mitgliedstaaten an die nationalen Exekutiven als regelmäßig sehr schwach angesehen wurde.[1226]

Mit dem Lissabon-Vertrag wurden dann Klärungen über die möglichen Arten delegierter Rechtsetzung konkretisiert: nach Art. 290 AEUV können Befugnisse zum Erlass „nicht wesentlicher Vorschriften des betreffenden Gesetzgebungsaktes“ (ähnlich Art. 80 GG) auf die Kommission übertragen werden. Daneben ist in Art. 291 Abs. 2 AEUV die Übertragung von Durchführungsbefugnissen auf die Kommission vorgesehen, die durch dessen Abs. 3 durch allgemeine Regeln und Grundsätze geregelt sind, an denen das Europäische Parlament mitwirken kann.[1227] Die entsprechende Umsetzung dieser Vereinbarungen zur Kontrolle der Durchführungsbefugnisse erfolgte dabei im Verordnungsweg durch Erlass der VO 182/2011.[1228] Hierin wurden im Gegensatz zu den weitaus komplizierteren Vorgängerregelungen nur noch zwei Verfahren (Beratungs- und Prüfverfahren) vorgesehen, wobei das strengere Prüfverfahren immer dann anzuwenden ist, wenn besonders sensible Bereiche oder solche mit allgemeiner Tragweite betroffen sind.[1229] Mit der Ausgestaltung des Prüfverfahrens wurden jedoch noch weitere Unterkategorien geschaffen, die – abhängig vom Tätigkeitsfeld – weitergehende Mitwirkungsbefugnisse schaffen.[1230] Dane-

1225 Vgl. *Roller*, Komitologie und Demokratieprinzip, KritV 86 (2003), 249 (261) mit deutlicher Kritik an den nicht effektiv vorhandenen Beteiligungsmöglichkeiten des Europäischen Parlaments.

1226 *Roller*, Komitologie und Demokratieprinzip, KritV 86 (2003), 249 (262) m.w.N.

1227 Nach dieser Neuregelung vertrat der Rechtsausschuss des Europäischen Parlaments deshalb auch die Auffassung, das vorherige Komitologiesystem könne vor dem Hintergrund der vertraglichen Neuregelungen nicht weiterbestehen, vgl. dazu *Craig*, EU Administrative Law, 3. Aufl. (2019), S. 128 ff.

1228 Verordnung (EU) Nr. 182/2011 des Europäischen Parlaments und des Rates vom 16. Februar 2011 zur Festlegung der allgemeinen Regeln und Grundsätze, nach denen die Mitgliedstaaten die Wahrnehmung der Durchführungsbefugnisse durch die Kommission kontrollieren – Durchführungsbefugniskontrolle-VO.

1229 Art. 2 Abs. 2 Verordnung (EU) Nr. 182/2011 des Europäischen Parlaments und des Rates vom 16. Februar 2011 zur Festlegung der allgemeinen Regeln und Grundsätze, nach denen die Mitgliedstaaten die Wahrnehmung der Durchführungsbefugnisse durch die Kommission kontrollieren – Durchführungsbefugniskontrolle-VO.

1230 Im Prüfverfahren ist eine Stellungnahme des Ausschusses vorgesehen; bei ablehnender Stellungnahme erlässt die Kommission den vorgesehenen Durchführungsrechtsakt dabei zunächst nicht; zu Unterschieden kommt es bei aus-

ben wurde für das Europäische Parlament und den Rat die Möglichkeit geschaffen, eine Prüfung der Einhaltung der Delegationsbefugnisse anzustoßen.[1231]

Daraus schließt *Craig*, dass zwar das alte Komitologiesystem damit nicht mehr vergleichbar fortbestehe, dessen Ansätze und Funktionen würden jedoch in rechtlich unterschiedlicher Form (zumeist in Agenturform) fortgeführt. Beispielhaft stellten die neuen Europäischen Bankenagenturen eine Art funktionellen Nachfolger für den früheren Komitologieansatz dar; damit habe auch ein Gleichgewicht zwischen Europäischem Parlament und dem Rat erreicht werden können.[1232] Hingegen habe sich durch den Wechsel zum neuen System der delegierten Rechtsakte nach Art. 290 AEUV im interinstitutionellen Verhältnis nichts Wesentliches verändert, weil die Kontrollmöglichkeiten über die Wahrnehmung der Kompetenzen aus Art. 290 Abs. 2 AEUV schlicht nicht geeignet überprüfbar seien bzw. keine strenge Überwachung wahrscheinlich erscheine.[1233] Mit der neuen Verordnung 182/2011 sei insgesamt ein völlig neues Komitologieregime begründet worden.[1234] Dabei habe sich die Kommission mit ihrer Vorstellung durchsetzen können, dass eine Kontrolle der entsprechenden Durchführungsrechtsakte und eine Mitwirkung an diesen nicht durch den Rat erfolgen könne, sondern durch die (insoweit nicht institutionalisier-

bleibenden Stellungnahmen: in besonders sensiblen Bereichen kann nach Art. 5 Abs. 4 UAbs. 2 Verordnung (EU) Nr. 182/2011 des Europäischen Parlaments und des Rates vom 16. Februar 2011 zur Festlegung der allgemeinen Regeln und Grundsätze, nach denen die Mitgliedstaaten die Wahrnehmung der Durchführungsbefugnisse durch die Kommission kontrollieren – Durchführungsbefugniskontrolle-VO ohne eine Stellungnahme nicht entschieden werden, was faktisch einem Zustimmungserfordernis gleichkommt; vgl. auch zu den verschiedenen Unterkategorien *Craig*, EU Administrative Law, 3. Aufl. (2019), S. 134 f.

1231 Dabei wird nach Art. 11 Verordnung (EU) Nr. 182/2011 des Europäischen Parlaments und des Rates vom 16. Februar 2011 zur Festlegung der allgemeinen Regeln und Grundsätze, nach denen die Mitgliedstaaten die Wahrnehmung der Durchführungsbefugnisse durch die Kommission kontrollieren – Durchführungsbefugniskontrolle-VO zunächst der Kommission die Möglichkeit einer Überprüfung und Reaktion hierauf eingeräumt.

1232 In diesem Sinne: *Craig*, EU Administrative Law, 3. Aufl. (2019), S. 129 f.

1233 Insbesondere stelle auch das Veto-Recht keine vergleichbare Kompensation zu einer vorherigen Beteiligungsmöglichkeit dar, auch verhinderten die strengen Fristen des Art. 290 Abs. 2 AEUV eine wirklich effektive Überwachung, *Craig*, EU Administrative Law, 3. Aufl. (2019), S. 133.

1234 *Craig*, EU Administrative Law, 3. Aufl. (2019), S. 134.

ten) Vertreter der Mitgliedstaaten.[1235] Mit der strengeren Unterscheidung zwischen den Delegationsbefugnissen und den Umsetzungsbefugnissen werde dann auch deutlicher zwischen gesetzgebenden und administrativen Delegationsbefugnissen differenziert.[1236] Für die Mitgliedstaaten stelle das Komitologiesystem insoweit einen Vorteil dar, als sie die Kommission weiter im Wesentlichen für den Erlass von verschiedensten Durchführungsregelungen zuständig lassen könnte, während zugleich auf Ebene der Ausschüsse eine weitere Mitwirkung der Mitgliedstaaten erreicht werden kann und damit eine Absicherung der Delegation bewirkt würde.[1237] Eine besondere Legitimation aus Sicht der Betroffenen könnte allerdings durch diese Verfahren nicht erreicht werden, insoweit zeige sich auch durch die Neuregelungen zur Komitologie noch keine Umsetzung der Vorgaben aus Art. 11 EUV.[1238]

5. Gemeinsamkeiten und Zwischeneinschätzung

Den genannten Formen der Verwaltung in der Europäischen Union ist gemein, dass Entscheidungen überwiegend ohne Rückbindung an die Mitgliedstaaten als solche getroffen werden und die mitgliedstaatlichen Vertreter überwiegend unabhängig und weisungsfrei sein sollen. Auffällig ist dabei, dass in diesen Fällen auch die Kommission und das Parlament nicht mehr die Kontrolle über die Entscheidungen haben und auch nur in sehr geringem Maße Einfluss auf Entscheidungsergebnisse nehmen können.[1239] Bereits aus der Grundkonzeption der verschiedenen Formen selbständiger Verwaltungsentscheidungen durch verschiedene Akteure ergibt sich damit, dass in der gesamten Organisation der Europäischen Uni-

---

1235 Dabei liegt nicht unbedingt nahe, dass bei identischer Zusammensetzung eines Kontrollausschusses eine andere Schlussfolgerung als beim Rat erreicht werden soll, aber die Auffassung muss zumindest nicht formal der des Rates entsprechen, womit eine direkte Mitwirkung des ansonsten bei den Durchführungsrechtsakten nicht beteiligten Rates vermieden wird, vgl. insoweit *Craig*, EU Administrative Law, 3. Aufl. (2019), S. 136 f.

1236 *Craig*, EU Administrative Law, 3. Aufl. (2019), S. 138 f., zugleich aber mit Bedenken hinsichtlich der Möglichkeit einer so genauen Trennung zwischen beiden Formen.

1237 *Craig*, EU Administrative Law, 3. Aufl. (2019), S. 147 f.

1238 Insoweit kritisch: *Craig*, EU Administrative Law, 3. Aufl. (2019), S. 149 f.

1239 Mit dem Hinweis auf eine andersartige, aber gleich effektiv funktionierende Kontrolle *Koch*, Mittelbare Gemeinschaftsverwaltung in der Praxis, EuZW 2005, 455 (456).

on weit mehr Wert auf unabhängige Verwaltungsentscheidungen gelegt wird als im deutschen Verfassungs- und Verwaltungsrecht. Unzweifelhaft hängt dies mit Effektivitäts- und Effizienzgesichtspunkten zusammen: Je stärker die Unabhängigkeit einer Verwaltungseinheit ausgeprägt ist, desto geringer ist die Wahrscheinlichkeit für eine Blockadepolitik einzelner Mitgliedstaaten und damit desto wahrscheinlicher wird die Erreichung einer Sachentscheidung.

Nicht besonders deutlich wird, wem so getroffene Entscheidungen überhaupt zuzurechnen sind und von wem sie damit verantwortet werden. Insbesondere unter Berücksichtigung der Mitwirkung mitgliedstaatlicher Vertreter, die zwingend weisungsfrei gestellt werden und nur einem unbestimmten Gemeininteresse unterworfen werden, bleibt unklar, ob und inwieweit hier eine Rückbindung an die Mitgliedstaaten und deren Staatsvölker, an die Kommission oder an das Europäische Parlament erfolgen soll. Materielle Legitimation soll in diesem Grundmodell durch Setzung eines institutionellen Rahmens geschaffen werden, vor allem durch die Gründungsverordnungen, und durch Mittelzuweisungen an diese Institutionen. In personeller Hinsicht wird davon ausgegangen, dass durch Berufung der entsprechenden Vertreter der Kommission oder der Mitgliedstaaten Legitimation vermittelt wird. Deutlich wird aber auch, dass sich die Union durch ein System von „checks and balances" zwischen den beteiligten Akteuren und den Mitgliedstaaten (beispielsweise durch rotierende Berufungsrechte) eine gewisse Legitimations- bzw. Legitimitätsfunktion verspricht.

Der Grad an Kontrolle durch die Mitgliedstaaten und das Europäische Parlament als wesentliche Legitimationsvermittler ist jedenfalls unzweifelhaft deutlich geringer als nach dem Verständnis des Bundesverfassungsgerichts über die nach dem Grundgesetz erforderliche demokratische Legitimation, wenn man mit dem Mitbestimmungsurteil von 1995[1240] das letzte Urteil als Vergleich heranzieht, an dem ein Gesetz als nicht mehr vereinbar mit diesen Legitimationsanforderungen angesehen wurde. Weniger deutlich wird eine entsprechende Beurteilung an den aktuellen Maßstäben des Bundesverfassungsgerichts, nachdem die dortigen Anforderungen sehr viel undeutlicher geworden sind.[1241] Folglich stellt sich die Frage, ob die

1240 *BVerfG*, B. v. 24.05.1995, BVerfGE 93, 37 (vgl. dazu Kap. III.C.15).

1241 Vgl. zur Maßstabsentwicklung oben bei Kap. III.D.2.c); naturgemäß können allerdings die Grenzen der Zulässigkeit weniger trennscharf bestimmt werden, weil die zur Entscheidung geführten Fälle aus Sicht des BVerfG als noch vereinbar mit dem Gebot demokratischer Legitimation angesehen wurden.

rechtlichen Anforderungen an die demokratische Legitimation eine derartige Praxis überhaupt nicht zulassen, ob sie nur lockerer als die deutschen Anforderungen sind oder ob es funktional vergleichbare Anforderungen im Unionsrecht überhaupt nicht gibt.

B. Anforderungen des deutschen Rechts (Art. 23 GG)

Zunächst sollen im Anschluss an die Anforderungen an die Legitimation innerstaatlichen hoheitlichen Handelns diejenigen Maßstäbe des nationalen deutschen Rechts daraufhin überprüft werden, ob und inwieweit sich Legitimationsanforderungen für die unionale Ausübung von Hoheitsgewalt ergeben. Obwohl das Grundgesetz mit der Neufassung[1242] des Art. 23 Abs. 1 GG einen Maßstab für die Rechtmäßigkeit der Übertragung von Hoheitsrechten beinhaltet,[1243] spielt diese Vorschrift in der Rechtsprechung des BVerfG zur Rechtmäßigkeit der Zustimmung zu weiteren Integrationsschritten – wie sich oben in der Betrachtung der Rechtsprechung des Bundesverfassungsgerichts gezeigt hat – keine besondere eigenständige Rolle. Bereits bei der Aufspannung des Prüfungsmaßstabs in der Maastricht-Entscheidung zitierte das BVerfG zwar diese Norm, führte die Argumentation aber sogleich durch die Inbezugnahme von Art. 79 Abs. 3 GG in Verbindung mit Art. 20 Abs. 1 und Abs. 2 GG fort[1244] und prüfte ausschließlich die Einhaltung dieser Grenzen. Auch in der Lissabon-Entscheidung wird zwar eingangs Art. 23 GG genannt,[1245] für den vom Gericht angenommenen Prüfungsmaßstab spielt diese Norm allerdings keine substantielle Rolle mehr, stattdessen wird dieser abermals aus Art. 20 Abs. 1 und Abs. 2 sowie Art. 38 Abs. 1 und Art. 79 Abs. 3 GG bestimmt.[1246] Auch im Zusammenhang mit der Entscheidung zum Europäischen Stabili-

1242 Die maßgebliche Änderung erfolgte durch Gesetz zur Änderung des Grundgesetzes vom 21. Dezember 1992, BGBl. I 1992, S. 2086, in Kraft getreten am 22. Dezember 1992.

1243 Zur Motivation für die Änderung der grundgesetzlichen Öffnungsklausel für die Europäische Union in der immer weiter voranschreitenden Integration *Di Fabio,* Der neue Art. 23 des Grundgesetzes, Der Staat 32 (1993), 191 (192 ff.).

1244 *BVerfG,* Urt. v. 12.10.1993, BVerfGE 89, 155 (182).

1245 Vgl. Leitsatz Nr. 1 (und damit nicht Teil des Urteils) der Druckversion *BVerfG,* Urt. v. 30.06.2009, BVerfGE 123, 267 (267).

1246 *BVerfG,* Urt. v. 30.06.2009, BVerfGE 123, 267 (340 f.); vgl. zur Außerachtlassung der spezifischen Anforderungen des Art. 23 Abs. 1 GG auch die Kritik von *Jestaedt,* Warum in die Ferne schweifen, wenn der Maßstab liegt so nah?, Der Staat 48 (2009), 497 (508 f.).

tätsmechanismus (ESM) wird einzig die bekannte Kette aus Art. 20 Abs. 1 und Abs. 2 und Art. 79 Abs. 3 GG herangezogen,[1247] der Regelungsgehalt des Art. 23 GG wird ausschließlich dessen zweitem Absatz entnommen, um die Informations- und Unterrichtungsmöglichkeiten des Parlaments zu würdigen.[1248] Damit bleibt festzuhalten, dass in der Rechtsprechung des Bundesverfassungsgerichts Art. 23 GG als Prüfungsmaßstab für die Legitimation bei der Übertragung von Hoheitsrechten praktisch keine eigenständige Rolle spielt, sondern sich darin erschöpft, dass die Vorschriften als Prüfungsmaßstab herangezogen werden, die – auch – in Art. 23 Abs. 1 GG genannt sind (vgl. Abs. 1 a.E. mit dem Verweis auf Art. 79 Abs. 2 und 3 GG). Somit stellt die Norm in der Rechtsprechungspraxis keinen (eigenständigen) Rechtsmaßstab demokratischer Legitimation dar.

Nachfolgend soll deshalb eine Betrachtung der Literaturauffassungen zu Art und Reichweite von Art. 23 Abs. 1 GG erfolgen, um nach möglichen weitergehenden Ansätzen zu suchen.

1. Udo Di Fabio (1993)

Im engen zeitlichen Zusammenhang mit der Änderung der Art. 23 GG und der damit verbundenen Neufassung der Öffnungsklausel für die Europäischen Union erkennt *Udo Di Fabio* verschiedene bereits vorhandene Ansätze der Staatlichkeit der Europäischen Union. Schon wegen deren großen Regelungsumfangs und den weit reichenden Kompetenzklauseln der (damaligen) Art. 100, 100a und 235 EWGV müsse die statische Sichtweise, nur auf die Völkerrechtssubjektivität abzustellen, kritisch gesehen werden.[1249] Gerade weil der Wortlaut des Art. 23 Abs. 1 GG dabei leicht so verstanden werden könne, als ob er die immer weitere Integration hin zu einem Europäischen Bundesstaat mit Deutschland als Gliedstaat zuließe, komme der Begrenzung durch Art. 79 Abs. 3 GG eine besondere Bedeutung zu.[1250] Für einen Europäischen Bundesstaat fehle es der Europäischen Union (noch) an den erforderlichen „lebensweltlich geteil-

---

1247 Vgl. zur „notwendige[n] Bedingung für die Sicherung politischer Freiräume im Sinne des Identitätskerns der Verfassung (Art. 20 Abs. 1 und Abs. 2, Art. 79 Abs. 3 GG)" *BVerfG*, Urt. v. 12.09.2012, BVerfGE 132, 195 (240).

1248 Vgl. *BVerfG*, Urt. v. 12.09.2012, BVerfGE 132, 195 (242).

1249 Vgl. *Di Fabio*, Der neue Art. 23 des Grundgesetzes, Der Staat 32 (1993), 191 (195 ff.).

1250 Insoweit zieht *Di Fabio*, Der neue Art. 23 des Grundgesetzes, Der Staat 32 (1993), 191 (199) die (denkbare) Parallele zwischen der grundrechtlichen

ten Selbstverständlichkeiten und gemeinsamer Sinnorientierung einer öffentlichen Meinung".[1251]

Die wesentlichen rechtsdogmatischen Gehalte des Art. 23 GG fänden sich erst ab dessen zweiten Absatz, wo es um Beteiligungs- und Mitwirkungsrechte der deutschen Verfassungsorgane bei der fortschreitenden Europäischen Integration gehe. Wegen der zuvor genannten Bedeutung der Verfassungsidentität nach Art. 79 Abs. 3 GG dürften die Beteiligungsmöglichkeiten allerdings nicht nur als unverbindliche Abwägungsbelange verstanden werden, weil sonst innerhalb des Verfassungssystems eine unzulässige Verschiebung zwischen den Gewalten vom Bundestag hin zum Bundesrat erfolgen würde.[1252] Diese Punkte erforderten eine verfassungskonforme Auslegung des Art. 23 GG dahingehend, dass eine „Berücksichtigung" der Auffassung des Bundestages nur mit erhöhter Bindungswirkung erfolgen dürfte, jedenfalls über einen bloßen Abwägungsbelang hinausgehen müsste.[1253]

Mit diesem Verständnis beinhaltet Art. 23 GG zwar einen Rechtsmaßstab, dem es allerdings nur um die Beteiligungen der deutschen Verfassungsorgane geht. Konsequenterweise kann hieran nicht die Zulässigkeit weiterer Integrationsschritte beurteilt werden. Diese bestimmt sich nach Auffassung von *Di Fabio* einzig nach Art. 79 Abs. 3 GG. Daraus ergibt sich, dass es sich bei diesem Verständnis von Art. 23 GG nicht um einen spezifischen *Legitimations*maßstab handelt, sondern dieser lediglich verfassungsorganisatorische Vorgaben enthält, die ihrerseits durch notwendige Legitimationsvorgaben beeinflusst werden.[1254]

Solange-Konstellation und einer Entsprechung im staatsorganisatorischen Bereich für die Gesamtverfassung.

1251 *Di Fabio,* Der neue Art. 23 des Grundgesetzes, Der Staat 32 (1993), 191 (203) unter Verweis auf die Diskurstheorie von *Habermas*; Grund hierfür seien nach aktuellem Stand die noch nicht ausreichend vorhandenen Gemeinsamkeiten in sprachlich-kultureller Hinsicht, weshalb die öffentlichen Meinungsbildungsprozesse auf absehbarer Zeit auch noch nicht integrierbar sein würden, *Di Fabio,* Der neue Art. 23 des Grundgesetzes, Der Staat 32 (1993), 191 (204 f.).

1252 Mit Berufung auf den Status des Bundestags als primäres Gesetzgebungsorgan und dessen fehlender „maßgeblichen" Beteiligung *Di Fabio,* Der neue Art. 23 des Grundgesetzes, Der Staat 32 (1993), 191 (210).

1253 *Di Fabio,* Der neue Art. 23 des Grundgesetzes, Der Staat 32 (1993), 191 (215).

1254 Dass dieses Verständnis gut zum späteren Ansatz des BVerfG im Lissabon-Urteil passt, erscheint bei der Rolle *Di Fabios* als Berichterstatter wenig überraschend und insoweit konsequent.

2. Frauke Brosius-Gersdorf (1999)

Ausgehend von der Entwicklung des dogmatischen Prinzips demokratischer Legitimation untersucht *Frauke Brosius-Gersdorf* die Anknüpfungspunkte für ein Legitimationsmodell für die Ausübung von Staats- bzw. Herrschaftsgewalt auf gemeinschaftsrechtlicher Ebene.[1255] Dabei bestehe aus nationalem Verfassungsrecht durch Art. 20 Abs. 2 mit Art. 23 Abs. 1 GG das Erfordernis demokratischer Legitimation auch für das Handeln der Europäischen Union.[1256] Art. 23 Abs. 1 GG sei als Struktursicherungsklausel so konstruiert, dass wie auch bei den Grundrechten Maßstäbe des nationalen deutschen Rechts, aber auch eigene rechtliche Beurteilungen des Gemeinschaftsrechts berücksichtigt werden könnten.[1257] Grundsätzlich sei zwar Art. 20 Abs. 2 GG dahingehend auszulegen, dass nicht nur die nationalstaatliche deutsche Staatsgewalt demokratisch legitimiert sein müsste, sondern alle (und damit auch durch die EG/EU ausgeübte) Herrschaftsgewalt.[1258] Das erforderliche Legitimationsniveau ergebe sich jedoch insoweit aus Art. 23 Abs. 1 GG, sehe aber insoweit keine Reduzierung der grundsätzlichen Legitimationsanforderungen vor.[1259] Einzig

---

1255 *Brosius-Gersdorf*, Die doppelte Legitimationsbasis der Europäischen Union, EuR 1999, 133.

1256 Hier wird – insoweit wohl missverständlich – die Europäische Union selbst als notwendiges Legitimationsobjekt angesehen, vgl. *Brosius-Gersdorf*, Die doppelte Legitimationsbasis der Europäischen Union, EuR 1999, 133 (168 f.); überträgt man jedoch wie hier vorgeschlagen das deutsche Legitimationsmodell auf die Europäische Union, wird man wohl auch hier vergleichbar von einer notwendigen demokratischen Legitimation allen staatlichen (bzw. gemeinschaftlichen) Handelns ausgehen müssen, weshalb das Objekt der Legitimation ein konkreter (hoheitlicher) Akt wird sein müssen.

1257 Dies ergebe sich aus dem Vergleich mit den Grundrechten: hier sei durch die Solange-Rechtsprechung anerkannt, dass zwar eine Reservekompetenz nationaler Grundrechte bestehe, zuvor aber von einer Anwendbarkeit des gemeinschaftsrechtlichen Grundrechtsschutzes auszugehen sei; entsprechendes könnte auch für das ebenfalls in Art. 23 Abs. 1 GG genannte Demokratieprinzip gelten, vgl. *Brosius-Gersdorf*, Die doppelte Legitimationsbasis der Europäischen Union, EuR 1999, 133 (143 f.).

1258 Insoweit sprächen zwar die grammatikalische und systematische Auslegung für eine Beschränkung auf die deutsche Staatsgewalt, aus einer teleologischen Auslegung ergebe sich jedoch, dass das Legitimationserfordernis für jegliches hoheitliche Handeln ausgelöst werden müsse, vgl. *Brosius-Gersdorf*, Die doppelte Legitimationsbasis der Europäischen Union, EuR 1999, 133 (148 ff.).

1259 *Brosius-Gersdorf*, Die doppelte Legitimationsbasis der Europäischen Union, EuR 1999, 133 (156 f.); wie bei den Grundrechten müsse auch ein „in wesentlichen vergleichbarer“ Standard erreicht werden, auch ein systematischer

durch die supranational bedingte Struktur der Europäischen Union könne eine Rechtfertigung für eine abweichende Beurteilung herangezogen werden.[1260] Daneben und insoweit davon unabhängig sei das gemeinschaftsrechtlich erforderliche Legitimationsniveau zu sehen, das sich aus Art. F EG (Maastricht) ergebe. Dieses müsse als allgemeiner Rechtsgrundsatz unter Rückgriff auf die Verfassungsordnungen der Mitgliedstaaten gefunden werden.[1261] Das Gemeinschafts- bzw. Unionsrecht könne hierdurch eine eigenständige Legitimationsquelle neben der nationalen Legitimation darstellen und (einzig) auf sachlich-inhaltlicher Ebene eine doppelte Legitimationsbasis für zu legitimierende Entscheidungen bewirken.[1262]

In dem Ansatz von *Brosius-Gersdorf* wird deutlich zwischen den verschiedenen Legitimationsmaßstäben unterschieden, die aus nationalem Recht (Art. 23 Abs. 1 Satz 1 GG) und supranationalem Recht (Art. F EG) resultieren. Als erforderlicher Maßstab für die zu verwirklichende Legitimation wird allerdings einzig Art. 20 Abs. 2 GG herangezogen. Dem unionsrechtlichen Maßstab wird hier kein eigener Wert beigemessen.[1263] Seiner Art nach handelt es sich bei den zugrunde gelegten Maßstäben ausschließlich um solche des positiven Rechts, lediglich die Annahmen zur doppelten Legitimationsbasis gehen präskriptiv hierüber hinaus.

Vergleich mit Art. 28 Abs. 1 Satz 1 GG führe zur notwendig vergleichbaren Betrachtung der demokratischen Grundsätze auch für das Gemeinschafts- bzw. Unionsrecht, *Brosius-Gersdorf*, Die doppelte Legitimationsbasis der Europäischen Union, EuR 1999, 133 (164).

1260 Die Ziele der Verwirklichung des Prinzips der Volkssouveränität und der Integration seien insoweit nicht übereinstimmend, weshalb sich beide nicht wechselseitig substituieren ließen, deshalb bliebe dem Grunde nach das Erfordernis einer ununterbrochenen Legitimationskette vom deutschen Staatsvolk bis hin zu jedem Entscheidungsträger, der mit der Wahrnehmung hoheitlicher Aufgaben betraut sei, vgl. *Brosius-Gersdorf*, Die doppelte Legitimationsbasis der Europäischen Union, EuR 1999, 133 (161 f.).

1261 Inhaltlich verweist *Brosius-Gersdorf*, Die doppelte Legitimationsbasis der Europäischen Union, EuR 1999, 133 (162 f.) insoweit hinsichtlich des allgemeinen Rechtsgrundsatzes auf die Schlossfolgerungen von *Kluth*, Die demokratische Legitimation der Europäischen Union (1995), S. 90 ff.

1262 Insoweit seien beide Legitimationsquellen verzahnt und könnten sich auch in gewissem Maße wechselseitig komplementär ersetzen, *Brosius-Gersdorf*, Die doppelte Legitimationsbasis der Europäischen Union, EuR 1999, 133 (167).

1263 Hier hätte sich jedoch gerade durch den Vergleich des Demokratieprinzips mit der Funktionsweise der Solange-Rechtsprechung angeboten, eine Anerkennung des Gemeinschaftsrechtlichen Maßstabs durch Art. 23 Abs. 1 GG anzunehmen.

3. Ondolf Rojahn (2001)

Von einer in Art. 23 Abs. 1 GG enthaltenen verfassungsrechtlichen Einwilligung in integrationsbedingte Modifikationen des deutschen Demokratieprinzips geht *Ondolf Rojahn* aus.[1264] Zugleich enthalte diese Norm gerade im Gegensatz zu den übrigen Staatszielbestimmungen eine deutlich erhöhte Regelungskomplexität und -dichte, sei deshalb in hohem Maße justiziabel.[1265] Seine Auswirkungen enthielten dabei nicht nur organisatorisch-verfahrensrechtliche Leitlinien für eine funktionsgerechte Organstruktur, sondern auch materiell-rechtliche Prinzipien für die Kompetenzausübung in der Union.[1266] Inhaltlich sei bei der Bezugnahme auf demokratische Grundsätze bemerkbar, dass – anders als in Bezug auf den Grundrechtsschutz – kein dem Grundgesetz im Wesentlichen vergleichbares Schutzniveau erreicht werden müsse, wodurch weder die konkrete Staatsstruktur noch die Kerngehalte des deutschen Staatsaufbaus auf Unionsebene verwirklicht werden müssten.[1267] Der konkrete (notwendige) demokratische Inhalt des Art. 23 Abs. 1 Satz 1 GG ergebe sich dabei nicht aus dieser Norm, sondern abgeleitet aus Art. 79 Abs. 3 GG, weshalb lediglich eine materielle Verweisung hierauf erfolge.[1268] Die hier genannten „demokratischen Grundsätze" erforderten dabei eine Vermittlung demokratischer Legitimation auf zweifache Weise, was dem Modell der doppelten Legitimationsbasis entspreche.[1269]

Hieraus leitet *Rojahn* jedoch keine konkreten Rechtsfolgen mehr her, sondern beschränkt sich auf allgemeine politische Legitimations- und Ver-

---

1264 *Rojahn*, in: *Münch/Kunig*, Grundgesetz-Kommentar, 5. Aufl. (2001), Art. 23, Rdnr. 3.

1265 Mit Hinweis auf die zugleich damit verbundenen Konkretisierungsprobleme *Rojahn*, in: *Münch/Kunig*, Grundgesetz-Kommentar, 5. Aufl. (2001), Art. 23, Rdnr. 4.

1266 Damit sei auch die Beteiligung an der intergouvernementalen Entscheidungsfindung an dieser inhaltlichen Vorgabe zu messen, vgl. *Rojahn*, in: *Münch/Kunig*, Grundgesetz-Kommentar, 5. Aufl. (2001), Art. 23, Rdnr. 17.

1267 Insbesondere wird hier auf Art. 20 Abs. 2 GG Bezug genommen, weshalb diese Kerngehalte des Demokratieprinzips kein verbindliches Leitmodell für die Europäische Union darstellen könnten, vgl. *Rojahn*, in: *Münch/Kunig*, Grundgesetz-Kommentar, 5. Aufl. (2001), Art. 23, Rdnr. 20 f.

1268 Aus diesem Grund stelle Art. 23 Abs. 1 Satz 1 GG auch keine „konstitutive Neuerung" dar, *Rojahn*, in: *Münch/Kunig*, Grundgesetz-Kommentar, 5. Aufl. (2001), Art. 23, Rdnr. 22.

1269 Vgl. *Rojahn*, in: *Münch/Kunig*, Grundgesetz-Kommentar, 5. Aufl. (2001), Art. 23, Rdnr. 23 f.

antwortungsstränge. Insbesondere die hierauf basierend geäußerten Bedenken hinsichtlich des Ausreichens der Stärkung der Bedeutung des Europäischen Parlaments werden nicht an einer rechtlichen Vorgabe (Art. 23 Abs. 1 Satz 1 oder Art. 79 Abs. 3 GG) gemessen, sondern an der „Verpflichtung auf demokratische Grundsätze".[1270] Einzig *Rojahns* Bezugnahme auf das vom BVerfG entwickelte erforderliche Legitimationsniveau[1271] legt dabei nahe, dass auch ein hinreichendes Legitimationsniveau erreicht worden sein soll. Dass jedoch hier der Verwaltungslegitimationsmaßstab nicht direkt angewendet werden kann, zeigt jedoch schon, dass es nicht um die Überprüfung einer konkreten gesetzlichen Regelung gehe, sondern dem Unionsvertrag generell ein ausreichendes Legitimationsniveau zugeschrieben wird. Wäre dies der Fall, erschöpfte sich der Maßstab des Art. 23 Abs. 1 Satz 1 GG jedoch bereits in der einmaligen Zustimmung zum jeweiligen Legitimationsmaßstab.

4. Manfred Zuleeg (2001)

Dass neben der Ermächtigung zur Übertragung von Hoheitsrechten an die Europäische Union in Art. 23 Abs. 1 GG auch ein Gebot der loyalen Zugehörigkeit Deutschlands zur EU enthalten sei, betont *Manfred Zuleeg* in seiner Kommentierung dieser Vorschrift.[1272] Hieraus ergebe sich außerdem das Ziel einer Verfassungshomogenität, die sich in der Europäisierung des Verfassungsrechts der Mitgliedstaaten zeige und die Herausbildung eines Verfassungsverbundes aus organisatorischer Sicht bewirke.[1273]

1270 Insoweit nimmt *Rojahn*, in: *Münch/Kunig*, Grundgesetz-Kommentar, 5. Aufl. (2001), Art. 23, Rdnr. 24 Bezug auf die von *BVerfG*, Urt. v. 12.10.1993, BVerfGE 89, 155 (182 ff.) vorgenommene Prüfung anhand des Maßstabs aus Art. 38 GG.

1271 *Rojahn*, in: *Münch/Kunig*, Grundgesetz-Kommentar, 5. Aufl. (2001), Art. 23, Rdnr. 24 unter Bezugnahme auf *BVerfG*, Urt. v. 31.10.1990, BVerfGE 83, 60 (72).

1272 *Zuleeg*, in: *Denninger*, Kommentar zum Grundgesetz für die Bundesrepublik Deutschland (AK-GG), 3. Aufl. (2001), Art. 23, Rdnr. 9; diese Pflicht decke sich mit der unionsrechtlich festgelegten Gemeinschaftstreue nach Art. 10 EGV (inzwischen in Art. 4 Abs. 3 EUV enthalten).

1273 Mit gleichzeitiger Betonung, dass aus Sicht des Grundgesetzes Verfassungsgrundsätze und Schutzmaßnahmen gelten sollen, die in der deutschen Rechtsordnung bereits ausgeformt seien, vgl. *Zuleeg*, in: *Denninger*, Kommentar zum Grundgesetz für die Bundesrepublik Deutschland (AK-GG), 3. Aufl. (2001), Art. 23, Rdnr. 21.

Für „den demokratischen Grundsatz“ ergebe sich eine Abweichung der Demokratievorstellungen vom staatlichen Muster wegen der Eigenart der Gemeinschaft und der Union.[1274] Deshalb seien Abweichungen der üblicherweise vorausgesetzten geistigen und politischen Homogenität hinzunehmen, ebenso wie auch die modifizierten Gleichheitsgrundsätze auf Ebene der Wahlen zum Europäischen Parlament.[1275] Bedenken hinsichtlich der erforderlichen demokratischen Legitimation ergäben sich dabei an anderer Stelle: Bei der verfahrensmäßigen Ausgestaltung von Art. 23 Abs. 6 GG könne es zu nicht-legitimierten Entscheidungen kommen, wenn das Stimmrecht einem einzelnen Vertreter der Länder übertragen werde, dem die Rückbindung an das gesamte Staatsvolk fehle; dieses Problem könne nur durch eine verfassungskonforme Auslegung und eine daraus resultierende Tragung der Gesamtverantwortung durch die Bundesregierung behoben werden.[1276]

Der Ansatzpunkt von *Zuleeg* bei der verfassungsrechtlichen Betrachtung ist dabei ein völlig anderer als in den sonstigen Kommentierungen, weil er – statt die Demokratieanforderungen des Art. 23 Abs. 1 Satz 1 GG autonom zu definieren – einen beschreibenden Ansatz der Europäischen Demokratie liefert. Insofern stellt er – ohne verfassungsrechtlichen Nachweis – den Verweis auf den Bestand der demokratischen Grundsätze als maßgeblich dar und verweist hinsichtlich der Kritik auf bisher nicht erbrachte empirische Nachweise einer mangelnden Demokratiefähigkeit.[1277] Spätestens damit wird deutlich, dass er in Art. 23 Abs. 1 GG keinen autonomen grundgesetzlichen Demokratiemaßstab sieht, der als eigener und unabhängiger Rechtsmaßstab betrachtet werden könnte. Das vom Autor in diesem Zusammenhang angesprochene Demokratiedefizit kann demnach nur als nach politischen Maßstäben hergeleitet angesehen werden.

1274 Insbesondere sei die Bedeutung des Europäischen Parlamentes eine andere als bei den Nationalstaaten, vgl. *Zuleeg*, in: *Denninger*, Kommentar zum Grundgesetz für die Bundesrepublik Deutschland (AK-GG), 3. Aufl. (2001), Art. 23, Rdnr. 22 f.

1275 Mit Verweis auf praktische Notwendigkeiten *Zuleeg*, in: *Denninger*, Kommentar zum Grundgesetz für die Bundesrepublik Deutschland (AK-GG), 3. Aufl. (2001), Art. 23, Rdnr. 25.

1276 *Zuleeg*, in: *Denninger*, Kommentar zum Grundgesetz für die Bundesrepublik Deutschland (AK-GG), 3. Aufl. (2001), Art. 23, Rdnr. 62.

1277 Explizit *Zuleeg*, in: *Denninger*, Kommentar zum Grundgesetz für die Bundesrepublik Deutschland (AK-GG), 3. Aufl. (2001), Art. 23, Rdnr. 23.

5. Ingolf Pernice (2004)

Gegen den vielfach erhobenen Vorwurf des Demokratiedefizits in der Europäischen Union führt *Ingolf Pernice* die mit Art. 23 GG erfolgte Aufnahme der demokratischen Grundsätze ins Feld.[1278] Dieses Demokratieprinzip habe bereits einen weitaus größeren Anwendungsbereich auf Europäischer Ebene und könne dem deutschen Prinzip nicht vergleichbar sein. Deshalb müsste es zur Stärkung der Selbstbestimmung der betroffenen Menschen weit verstanden werden. Das Grundgesetz gebe dabei in Art. 23 Abs. 1 GG nicht vor, in welchen Formen der institutionellen, funktionellen, sachlich-inhaltlichen und personellen Legitimation der Zurechnungszusammenhang zwischen Volk und staatlicher bzw. supranationaler Herrschaft hergestellt werde; stattdessen müsse dieser Zusammenhang als strukturangepasst verstanden werden.[1279] Entscheidend sei aber im Ergebnis die Effektivität von Verantwortlichkeit und Kontrolle und damit ein bestimmtes Legitimationsniveau.[1280] Hierzu existierten zwei komplementäre Legitimationsstränge, die für sich genommen defizitär seien, aber zusammen dieses Legitimationsniveau erreichten.[1281]

Mit dieser eindeutigen Formulierung scheint auf den ersten Blick die Legitimation auf Unionsebene genau wie nach dem Grundgesetz strukturiert zu sein, insbesondere verwendet *Pernice* die Terminologie zum rechtsdogmatischen Verwaltungslegitimationsprinzip. Soweit dieses als Rechtsmaßstab verstanden wird, fehlt es aber trotz des genannten Maßstabs („Effektivität von Verantwortlichkeit und Kontrolle") an dessen Bestimmung. Soweit der Zusammenhang strukturangepasst verstanden werden müsse, entscheidet dies über das notwendige Maß – die Effektivität stellt dabei keine abzulesende Größe dar, sondern ist ihrerseits rechtlich geprägt. Schlussendlich legt die Darstellung des Art. 23 GG hier nahe, dass auch

---

1278 *Pernice*, in: *Dreier*, Grundgesetz Kommentar, 2. Aufl. (2004), Art. 23, Rdnr. 52.

1279 Der Konnex zwischen Staatsvolk und Demokratie des Art. 20 Abs. 2 GG könne insoweit hier keine Anwendung finden, weil strukturbedingt ein unionales Demokratieprinzip nicht nur auf ein (aus Sicht der Union) Teil-Volk zurückgeführt werden könnte, vgl. *Pernice*, in: *Dreier*, Grundgesetz Kommentar, 2. Aufl. (2004), Art. 23, Rdnr. 52.

1280 So explizit unter Bezugnahme auf *BVerfG*, Urt. v. 31.10.1990, BVerfGE 83, 60 (72) bei *Pernice*, in: *Dreier*, Grundgesetz Kommentar, 2. Aufl. (2004), Art. 23, Rdnr. 52.

1281 *Pernice*, in: *Dreier*, Grundgesetz Kommentar, 2. Aufl. (2004), Art. 23, Rdnr. 53 f.; ähnlich in der Kommentierung der nachfolgenden Auflage bei *Wollenschläger*, in: *Dreier*, Grundgesetz Kommentar, 3. Aufl. (2015), Art. 23, Rdnr. 67 ff.

in Art. 23 Abs. 1 GG ein (Rechts-)Maßstab notwendiger demokratischer Legitimation enthalten sei, dieser aber – anders als der des Art. 20 Abs. 2 GG – nicht durch das Grundgesetz vorgegeben werde oder zumindest soweit gelockert sei, dass ein irgend gearteter Zusammenhang ausreiche; mit einer derart weiten Zulässigkeit erscheint jedoch fraglich, ob diesem Maßstab damit noch ein kritischer Wert zukommen kann.

6. Christian Hillgruber (2008)

In seiner Kommentierung des Art. 23 GG (2008, aktualisiert zuletzt 2018) geht *Christian Hillgruber* von einer Ratio dieser Vorschrift aus, die auch eine Stärkung der demokratischen Legitimation der von Unionsorganen ausgeübten Hoheitsgewalt bewirke.[1282] Dabei sei die Struktursicherungsklausel als auflösende Bedingung für die zulässige Mitwirkung der Bundesrepublik Deutschland an der Europäischen Union zu verstehen. Erst wenn die Strukturziele des Art. 23 Abs. 1 GG nicht mehr eingehalten würden, ergebe sich damit umgekehrt eine Austrittverpflichtung. Dabei seien jedoch die genannten Strukturprinzipien – und damit auch das Demokratieprinzip – nicht in einem „introvertierten" deutsch-nationalen Verständnis, sondern in einem gemeineuropäischen Sinne zu verstehen.[1283] Das Demokratieprinzip des Art. 23 Abs. 1 GG erfordere damit eine doppelseitige Legitimation, die in erster Linie durch die Staatsvölker der Mitgliedstaaten erreicht werde, auf deren Mitwirkung auch nicht zugunsten einer Stärkung des Europäischen Parlaments bei der Mitwirkung an Gesetzen verzichtet werden dürfte.[1284] Zugleich bewirke dieses Demokratieverständnis im Falle einer Überstimmung der deutschen Vertreter im Rat mit der Mehrheit ein Fortbestehen der Legitimationsvermittlung, weil Deutschland den Rat mit Zustimmungsgesetz ermächtigt habe, mit qualifizierter

---

1282 *Hillgruber*, in: *Schmidt-Bleibtreu/Hofmann/Henneke*, GG, 14. Aufl. (2018), Art. 23, Rdnr. 5.

1283 Vgl. *Hillgruber*, in: *Schmidt-Bleibtreu/Hofmann/Henneke*, GG, 14. Aufl. (2018), Art. 23, Rdnr. 12: Dies ergebe sich schon aus dem Staatenverbundcharakter; so könnte keine europäische Regelung erreicht werden, wenn ein Mitgliedstaat sein Legitimationsverständnis als verbindlich zu Grunde legen würde.

1284 Letzterem fehle schon wegen der Wahlrechtsungleichheiten eine Eignung des Parlaments als alleiniges Gesetzgebungsorgans, deshalb verbiete sich die Annahme eines monistischen Parlamentsvorbehalts des Europäischen Parlaments, *Hillgruber*, in: *Schmidt-Bleibtreu/Hofmann/Henneke*, GG, 14. Aufl. (2018), Art. 23, Rdnr. 15.

Mehrheit auch gegen die Stimme Deutschlands zu entscheiden. Als weitere und konkretere Grenze bleibe daneben das durch Art. 79 Abs. 3 GG insoweit geschützte Demokratieprinzip, welches das Verbleiben substantieller Aufgaben und Befugnisse beim Deutschen Bundestag und damit den demokratischen Prozess auf nationaler Ebene absichere.[1285] Damit wird aber noch keine Aussage darüber getroffen, ob und in welchem Maße damit aus Art. 23 Abs. 1 GG selbst ein Legitimationsmaßstab abgeleitet werden kann,[1286] weil nur die grundlegenden Strukturelemente ähnlich dem Demokratieverständnis des Art. 20 Abs. 2 GG dargestellt werden, aber noch keine Aussage über konkrete Anforderungen getroffen werden. Ohne solche ist jedoch ein regelmäßig anwendbarer Rechtsmaßstab nicht denkbar, vielmehr scheint es sich damit um einen bloßen Reserve- bzw. Notfallmaßstab zu handeln, der bei bedeutsamen strukturellen Fehlentwicklungen als Grundlage für einen verfassungsrechtlichen Schlussstrich herangezogen werden könnte.

7. Rupert Scholz (2009)

Von einer „Verlängerung" der Konstitutionsprinzipien auf die supranationale Ebene durch Art. 23 Abs. 1 GG geht *Rupert Scholz* aus, obwohl deren Realisierung eigentlich Aufgabe der Union selbst sei.[1287] Hierdurch werde diese sowohl auf eine demokratische Struktur als auch auf die demokratische Legitimation verpflichtet.[1288] Das Europäische Parlament müsse für seine Legitimationsleistung noch weiter gestärkt werden, weil von einer „zweistufigen, entwicklungsmäßig aber durchaus formbaren Demokratiestruktur im Lichte des Art. 23 Abs. 1 S. 1 GG auszugehen" sei.[1289]

1285 *Hillgruber*, in: *Schmidt-Bleibtreu/Hofmann/Henneke*, GG, 14. Aufl. (2018), Art. 23, Rdnr. 41 ff.

1286 So aber nahegelegt bei *Hillgruber*, Leidet die Europäische Union unter einem Demokratiedefizit?, in: *Heinig/Terhechte* (Hrsg.), Postnationale Demokratie, Postdemokratie, Neoetatismus (2013), S. 127.

1287 *Scholz*, in: *Maunz/Dürig/Herzog*, Grundgesetz, 86. Ergänzungslieferung (2019), Art. 23, Rdnr. 20.

1288 Innerstaatlich gesehen entspreche dies den Grundprinzipien der Art. 20, 28, 38 und 79 Abs. 3 GG, auf der Europäischen Ebene den überlieferten Verfassungstraditionen, vgl. *Scholz*, in: *Maunz/Dürig/Herzog*, Grundgesetz, 86. Ergänzungslieferung (2019), Art. 23, Rdnr. 73.

1289 Deshalb ergebe sich auch die Notwendigkeit des Erreichens eines bestimmten Legitimationsniveaus, wie sich aus der Bezugnahme von *BVerfG*, Urt. v. 12.10.1993, BVerfGE 89, 155 (182) auf *BVerfG*, Urt. v. 31.10.1990, BVerfGE

Maßgeblich sei wegen der noch nicht vollständig ausgebildeten Legitimationsleistung des Europäischen Parlaments von einem Überwiegen der Legitimationsleistung der nationalen Parlamente auszugehen, weshalb – mit dem BVerfG im Lissabon-Urteil[1290] – von einem prinzipiellen nationalen Kompetenzvorbehalt des Bundestags auszugehen sei, der ein Verbleiben substantieller Kompetenzbereiche beim Mitgliedstaat erfordere.[1291] Trotz der Nennung des Verwaltungslegitimationsmaßstabs scheint *Scholz* dabei die rechtsmaßstäbliche Komponente nicht zugrunde zu legen, sondern nur von grundlegenden politischen Zusammenhängen und damit von einer Legitimation nicht der Verwaltung, sondern nur dem Europäischen Staats- bzw. Unionsaufbaus auszugehen. Zwar könnte man durch die mit dem BVerfG angenommene Kompetenzsperre noch von einem *Rechts*maßstab ausgehen, dessen Anwendungsbereich berücksichtigt jedoch keine Binnenstruktur, sondern würdigt allenfalls die Union als Ganzes, weil neben der Zulässigkeit der Übertragung von Kompetenzen keine weiteren Anforderungen enthalten zu sein scheinen.

8. Rudolf Streinz (2009)

Auf die Wortlautähnlichkeit der Staatsstrukturprinzipien des Art. 20 und des Art. 23 GG weist *Rudolf Streinz* in seiner Kommentierung (2009, zuletzt aktualisiert 2018) hin, gleichzeitig aber auch auf die Unterschiede bei deren konkreter Formulierung.[1292] Die hier genannten Prinzipien seien jedoch nicht als Homogenitätsanforderungen, sondern als Mindeststandards zu verstehen, weil gerade die demokratische Legitimation in einem Staatenverbund nicht genau wie in einem Nationalstaat hergestellt werden könne.[1293] Das in Art. 23 Abs. 1 Satz 1 GG genannte Demokratieprinzip sehe dabei die doppelgleisige Legitimation über den Europäischen Rat

---

83, 60 (72) ergebe, vgl. *Scholz*, in: *Maunz/Dürig/Herzog*, Grundgesetz, 86. Ergänzungslieferung (2019), Art. 23, Rdnr. 74.

1290 *BVerfG*, Urt. v. 30.06.2009, BVerfGE 123, 267.

1291 *Scholz*, in: *Maunz/Dürig/Herzog*, Grundgesetz, 86. Ergänzungslieferung (2019), Art. 23, Rdnr. 75.

1292 *Streinz*, in: *Sachs*, Grundgesetz, 8. Aufl. (2018), Art. 23, Rdnr. 20.

1293 Hier mit der Betonung auf notwendigen Unterschieden zwischen nationalstaatlicher und Unionsebene, vgl. *Streinz*, in: *Sachs*, Grundgesetz, 8. Aufl. (2018), Art. 23, Rdnr. 21 f. unter Bezugnahme auf *BVerfG*, Urt. v. 12.10.1993, BVerfGE 89, 155 (Rdnr. 182); gleichwohl ist diese Aussage auch auf die unterschiedlichen Aussagen zwischen den Mitgliedstaaten übertragbar.

durch die Mitgliedstaaten und damit die Staatsvölker und über das Europäische Parlament vor. Gleichzeitig werde allerdings auch nicht die weitere Übertragung und Systematisierung von Kompetenzen an die Union ausgeschlossen.[1294] Dabei aktualisiere sich die Rechtsfolge der Struktursicherungsklausel erst beim Beschluss über die Übertragung von Hoheitsrechten nach Art. 23 Abs. 1 Satz 3 GG, weil dann die Überschreitung der Grenze zum Europäischen Bundesstaat zu prüfen sei.[1295] Ein Verstoß bewirke dann die Nichtigkeit des deutschen Zustimmungsgesetzes zum jeweiligen Änderungsvertrag.[1296]

Der hier vertretene Maßstab des Art. 23 Abs. 1 GG stellt damit im Wesentlichen einen Vertragsänderungsmaßstab dar, der die materiellen Grenzen des Art. 79 Abs. 3 GG schützt.[1297] Damit handelt es sich um keinen spezifischen *Legitimations*maßstab, sondern allein um verfassungsrechtliche Anforderungen an die weitere Integration. Praktische Auswirkungen des Art. 23 Abs. 1 GG auf eine erforderliche Legitimationsstruktur ergeben sich gerade nicht, weil der Demokratiebegriff des Art. 23 Abs. 1 Satz 1 GG genau wie bei Art. 79 Abs. 3 GG verstanden wird und daher keinen eigenen Schutz bewirkt.

9. Claus Dieter Classen (2009, 2010)

Als Reaktion des Verfassungs-(ändernden) Gesetzgebers auf die Verlagerung von Entscheidungsbefugnissen auf die supra- und internationale Ebene sieht *Claus Dieter Classen* die Einführung von Art. 23 Abs. 1 Satz 1 GG als besonderen Maßstab für die Frage nach der demokratischen Legitimation der Europäischen Union an.[1298] Dieser Demokratiemaßstab

---

1294 Vgl. *Streinz*, in: *Sachs*, Grundgesetz, 8. Aufl. (2018), Art. 23, Rdnr. 25 f.

1295 Hinzu komme allein die Berücksichtigung dieser Grenzen bei der Ausübung von Mitwirkungsbefugnissen deutscher Organe an der Europäischen Integration, *Streinz*, in: *Sachs*, Grundgesetz, 8. Aufl. (2018), Art. 23, Rdnr. 85, 93.

1296 Insbesondere könne nicht von einer Substituierbarkeit ausgegangen werden, nationale Maßnahmen wären also keinesfalls geeignet, strukturelle Defizite der Europäischen Integration zu kompensieren; denkbar wäre jedoch auch eine Überprüfung bereits übertragener Kompetenten, vgl. *Streinz*, in: *Sachs*, Grundgesetz, 8. Aufl. (2018), Art. 23, Rdnr. 96.

1297 Vgl. hierbei im gleichen Kommentar die Auffassung zu Art. 79 Abs. 3 GG, der zwar das Ausgehen der Staatsgewalt vom Volk schütze, nicht aber ein bestimmtes Legitimationsniveau: *Sachs*, in: *Sachs*, Grundgesetz, 8. Aufl. (2018), Art. 79, 75 ff.

1298 *Classen*, Demokratische Legitimation im offenen Rechtsstaat (2009), S. 87.

korrespondiere mit Art. 6 EUV, der ein gemeinsames Verständnis der Grundsätze der Demokratie und oftmals (mit Ausnahme Großbritanniens) vergleichbaren Legitimationsstrukturen in den anderen Mitgliedstaaten voraussetze.[1299] Wegen dieser Ähnlichkeit könne aber auch nicht ein einziges Demokratiekonzept als verbindlich auf die Union übertragen werden. Inhaltlich lasse sich als Konsens die Wahl zur gesetzgebenden Körperschaft ableiten, schon nicht mehr allerdings die Beteiligung der Volksvertretung am formalen Prozess der Regierungsbildung.[1300] Die Fragen der Legitimation bekämen auf Europäischer Ebene ein immer größeres Gewicht, da mit Zunahme der Kompetenzen der Union nicht mehr die jeweilige Zustimmung durch die Mitgliedstaaten entscheidend sei, sondern das entsprechende Handeln der hierfür zuständigen Unionsorgane die vorrangige Bedeutung erlange.[1301] Dabei sei die Eignung des Europäischen Parlaments als tauglicher Vermittler demokratischer Legitimation mittlerweile anerkannt, die oftmals als maßgeblich angeführten Ablehnungsgründe hiergegen könnten als überwunden gelten, weil Art. 23 GG der Demokratie im Rahmen der Europäischen Union größere Ausgestaltungsfreiheiten zubillige als den nationalen Gesetzgeber zur Verfügung stünden.[1302] Dabei sehe das Unionsrecht selbst noch unterschiedliche Anknüpfungspunkte für demokratische Legitimation vor. Vor allem bei den unabhängigen Verwaltungsagenturen erfolge nämlich die Rückbindung nicht zum Europäischen Parlament, weil es insoweit an der personellen Legitimation fehle. Stattdessen werde hier die Legitimation durch Rückbindung der mitgliedstaatlichen Vertreter an den Rat hergestellt, indem die mitgliedstaatlichen Vertreter in den Verwaltungsräten der Agenturen

---

1299 Dabei spricht *Classen*, Demokratische Legitimation im offenen Rechtsstaat (2009), S. 89 explizit nur von einer vergleichbaren Praxis, nicht allerdings von gleichen Legitimationspflichten.

1300 Damit sei rechtvergleichend stets die materielle Legitimation, nicht aber die personelle Legitimation der jeweiligen Regierung im Verhältnis zum Parlament sichergestellt, vgl. *Classen*, Demokratische Legitimation im offenen Rechtsstaat (2009), S. 93 f.

1301 In sachlicher Hinsicht sei deshalb der Schwerpunkt im (Fach-)Ministerrat zu sehen, weil diesem in Normsetzungsverfahren eine besonders starke Stellung zukomme, *Classen*, Demokratische Legitimation im offenen Rechtsstaat (2009), S. 95 f.

1302 Insbesondere die Wahlrechtsungleichheiten bei der Wahl zum Europäischen Parlament seien damit trotz der degressiv proportionalen Sitzverteilung hinzunehmen, *Classen*, Demokratische Legitimation im offenen Rechtsstaat (2009), S. 101.

Steuerungs- und Kontrollmöglichkeiten ausüben könnten.[1303] Damit zeige sich, dass auf Europäischer Ebene verschiedene Möglichkeiten zur Herstellung notwendiger demokratischer Legitimation bestünden, die einen Ausgleich zwischen mitgliedstaatlichen und unmittelbar auf die Gemeinschaft bezogenen Gesichtspunkten beinhalteten. Aus deutscher Sicht gäbe es jedoch keine verfassungsrechtlichen Vorgaben für das Verhältnis dieser zwei Komponenten.[1304]

Damit zeigt *Classen* ein sehr dynamisches Verständnis demokratischer Legitimationszusammenhänge auf Ebene der Europäischen Union auf, welches nicht wie im deutschen Verfassungsrecht einheitlich systematisch aufgebaut sei, sondern situationsabhängig durch Beteiligung der Mitgliedstaaten auf verschiedene Weise hergestellt werde. Gleichzeitig fehlt es damit aber auch an einer Maßstabstauglichkeit, weil jede irgendwie geartete Rückbindung entweder an den Rat oder an das Europäische Parlament eine genügende Legitimation vermittelte.

Bei seiner Kommentierung des Art. 23 GG (2010, aktualisiert zuletzt 2018) hält *Classen* die parallelen Strukturen von Art. 23 GG und dem Unionsrecht für besonders bedeutsam.[1305] Dessen Anwendungsbereich umfasse dabei nur deutsche, nicht jedoch europäische (Staats-)Organe, beinhalte aber auch Vorgaben für Beratungen über Unionsverträge, Mitwirkungshandlungen deutscher Vertreter in der Union und einen Maßstab für die verfassungsrechtliche Überprüfung der Unionsverträge.[1306] Die konkreten Norminhalte unterschieden sich jedoch vom ähnlich formulierten Art. 79 Abs. 3 GG, weil dessen Aussagen auf die Union, die selbst keinen Staat darstelle, nicht übertragbar seien; vielmehr seien die Strukturprinzipien in einem gemeineuropäischen Sinne zu verstehen. Deshalb könne sich der Maßstab des Art. 23 Abs. 1 GG – mit Ausnahme des genannten Grundrechtsschutzes – nicht aus dem autonomen deutschen Recht herleiten, weise damit allerdings auch eine geringe normative Dichte auf.[1307] Das

---

1303 Deshalb erfolge insoweit die demokratische Rückbindung durch den Europäischen Rat, nicht durch das Parlament, *Classen,* Demokratische Legitimation im offenen Rechtsstaat (2009), S. 104 f.

1304 *Classen,* Demokratische Legitimation im offenen Rechtsstaat (2009), S. 106.

1305 *Classen,* in: *Mangoldt/Klein/Starck,* Kommentar zum Grundgesetz, 7. Aufl. (2018), Art. 23, Rdnr. 3b.

1306 Hingegen erfasse Art. 23 GG nicht die Tätigkeit von Einzelpersonen, selbst wenn ein Vorschlagsrecht Deutschlands bestehe, *Classen,* in: *Mangoldt/Klein/Starck,* Kommentar zum Grundgesetz, 7. Aufl. (2018), Art. 23, Rdnr. 8.

1307 Vgl. *Classen,* in: *Mangoldt/Klein/Starck,* Kommentar zum Grundgesetz, 7. Aufl. (2018), Art. 23, Rdnr. 16.

damit gemeinschaftsrechtlich zu bestimmende Demokratieprinzip gehe vom Prinzip der Volkssouveränität aus und setze grundlegende Demokratieelemente wie Wahlen, ein vom Volk legitimiertes Parlament, Kontrolle durch andere Organe und durch die Repräsentation des Volkes voraus. Hingegen gehöre hierzu nicht die in Deutschland vertretene Auffassung, alles staatliche Handeln erfordere eine umfassende personelle und sachliche demokratische Legitimation.[1308] Die Union müsse jedoch ein hinreichendes Maß an demokratischer Legitimation aufweisen, was durch die unmittelbar auf den (Unions-)Bürger zurückführende Wahl zum Europäischen Parlament zusammen mit der Entsendung der Vertreter durch die Mitgliedstaaten garantiert werde.[1309]

Mit dieser Darstellung nennt *Classen* zwei unterschiedliche Maßstäbe demokratischer Legitimation. Der letztgenannte Maßstab entspricht dabei mit der doppelten Legitimationsbasis den häufig zu Art. 23 Abs. 1 GG geforderten Anforderungen genereller (politischer) Legitimation. Deutlich wird jedoch durch seine Ablehnung eines erforderlichen Legitimationsniveaus, dass (jedenfalls) in Art. 23 Abs. 1 GG kein Rechtsmaßstab einer Verwaltungslegitimation zu sehen sei, der über eine bloße Rückholbarkeit von Entscheidungskompetenzen durch das Parlament hinausginge. Folglich sieht er in dieser Norm keinen Maßstab, der dem hier zugrunde gelegten Rechtsmaßstab demokratischer (Verwaltungs-)Legitimation entsprechen würde.

10. Stephan Hobe (2011)

Als unzweifelhaft vom modernen Verfassungsstaat der Gegenwart geprägt sieht *Stephan Hobe* die in Art. 23 Abs. 1 Satz 3 GG genannten Verfassungs-

---

1308 Dieses Modell sei europaweit gerade nicht allgemein anerkannt und sei damit deutlich strenger als die üblicherweise vorgesehene und ausreichende parlamentarische Zugriffsmöglichkeit, *Classen,* in: *Mangoldt/Klein/Starck,* Kommentar zum Grundgesetz, 7. Aufl. (2018), Art. 23, Rdnr. 20.

1309 Die konkrete Ausgestaltung dieser doppelten Legitimationskette könne jedoch nur bei Berücksichtigung der Besonderheiten der Europäischen Union erreicht werden, was demokratische Strukturen auch in den anderen Staaten voraussetze und die Wahl zum Europäischen Parlament nur als Stütze ansehe, vgl. *Classen,* in: *Mangoldt/Klein/Starck,* Kommentar zum Grundgesetz, 7. Aufl. (2018), Art. 23, Rdnr. 22 ff.

strukturprinzipien an .[1310] Dabei hätten alle Mitgliedstaaten ähnliche Grundvorstellungen von Demokratie hinsichtlich des Prinzips der Volkssouveränität und der Ausübung staatlicher Herrschaft durch das Volk im Wege von Wahlen und Abstimmungen, deshalb könne ein gemeineuropäisches Verfassungsprinzip erkannt werden.[1311] Aus Art. 23 Abs. 1 GG dürfe aber keine Notwendigkeit der Verwirklichung demokratischer Legitimation in Reinform geschlossen werden, weil und soweit Besonderheiten der Europäischen Union hiervon Abweichungen gebieten würden. Damit seien auch noch vorhandene Defizite hinzunehmen, wenn sich die Verwirklichung beispielsweise eines einheitlichen Wahlrechts noch nicht so schnell realisieren lasse.[1312] Folglich müsse bei der Übertragung von Hoheitsrechten eine entsprechende Stärkung demokratischer Teilhabe erfolgen: es müsse für eine fortdauernde demokratische Legitimation des Ministerrats, der Kommission, des Europäischen Parlaments und der nationalen Parlamente (wegen der durch sie wahrzunehmenden Kontrollbefugnisse) gesorgt werden.[1313]

Anknüpfungspunkt für einen Legitimationsmaßstab ist damit auch bei *Hobe* nicht ein bestimmtes Legitimationsniveau, dass für jede Einzelentscheidung, eine Ausübung von Hoheitsgewalt erreicht werden müsse, sondern eine institutionelle Sicherstellung demokratischer Rückkoppelung der maßgeblichen Organe. Somit stellt dieser Maßstab jedenfalls keinen *Verwaltungs*legitimationsmaßstab dar.

1310 *Hobe*, in: *Friauf/Höfling*, Berliner Kommentar zum Grundgesetz, Lfg. 6/2019, Art. 23 (Stand 31. Lfg. 2011), Rdnr. 14.

1311 Mangels Strukturgleichheit könne dieses Prinzip nur nicht direkt auf die Union übertragen werden, *Hobe*, in: *Friauf/Höfling*, Berliner Kommentar zum Grundgesetz, Lfg. 6/2019, Art. 23 (Stand 31. Lfg. 2011), Rdnr. 17 f.

1312 *Hobe*, in: *Friauf/Höfling*, Berliner Kommentar zum Grundgesetz, Lfg. 6/2019, Art. 23 (Stand 31. Lfg. 2011), Rdnr. 20.

1313 Gleichzeitig lege der Beschluss *BVerfG*, B. v. 06.06.2010, BVerfGE 126, 286 nahe, dass die praktische Handhabung dieses Grundsatzes durch das BVerfG deutlich abgeschwächt sei und der Maßstab deutlich großzügiger zu verstehen sei, vgl. *Hobe*, in: *Friauf/Höfling*, Berliner Kommentar zum Grundgesetz, Lfg. 6/2019, Art. 23 (Stand 31. Lfg. 2011), Rdnr. 21 f.

11. Robert Uerpmann-Wittzack (2012)

Von einer institutionellen Anforderung an die Organstruktur der Union durch Art. 23 Abs. 1 GG geht *Robert Uerpmann-Wittzack* aus.[1314] Die notwendige Legitimation werde hierbei durch das Europäische und die nationalen Parlamente hergestellt; Abweichungen insbesondere bei der Wahl zum Europäischen Parlament seien wegen des föderativen Aufbaus der Union hinzunehmen.[1315] Als legitimationssteigernd sei dabei auch die direkte Mitwirkung der nationalen Parlamente auf Unionsebene anzusehen.[1316] Dabei setze „demokratische Kontrolle" voraus, dass bei Gesetzgebung und Verwaltung transparente Entscheidungsstrukturen zu einer klaren Zuordnung zu Entscheidungsträgern führten, weshalb supranationale Lösungen regelmäßig intergouvernementalen Lösungen vorzuziehen seien.[1317]

Damit legt *Uerpmann-Wittzack* ein sehr viel weniger justiziables Verständnis des Maßstabs aus Art. 23 Abs. 1 GG als noch in der Vorkommentierung an.[1318] Die allgemein gehaltenen Anforderungen an demokratische Grundsätze scheinen dabei nicht geeignet, einen subsumtionsfähigen *Rechts*maßstab zu begründen.

1314 *Uerpmann-Wittzack*, in: *Münch/Kunig*, Grundgesetz Kommentar, 6. Aufl. (2012), Art. 23, Rdnr. 14 ff.

1315 Dies gelte dann auch für die Abweichungen im Wahlrecht, vgl. *Uerpmann-Wittzack*, in: *Münch/Kunig*, Grundgesetz Kommentar, 6. Aufl. (2012), Art. 23, Rdnr. 14.

1316 Vgl. *Uerpmann-Wittzack*, in: *Münch/Kunig*, Grundgesetz Kommentar, 6. Aufl. (2012), Art. 23, Rdnr. 16.

1317 Jedoch ohne Erläuterung, ob der verwendete Begriff der demokratischen Kontrolle ein positivrechtliches Element des Art. 23 Abs. 1 GG darstelle *Uerpmann-Wittzack*, in: *Münch/Kunig*, Grundgesetz Kommentar, 6. Aufl. (2012), Art. 23, Rdnr. 17.

1318 Insbesondere scheint die Auffassung über die Anforderungen des Art. 23 Abs. 1 GG an die Kompetenzausübung durch die Union sehr viel weniger streng zu sein, vgl. noch die vorherige Kommentierung durch *Rojahn*, in: *Münch/Kunig*, Grundgesetz-Kommentar, 5. Aufl. (2001), Art. 23, Rdnr. 4 (vgl. dazu oben Kap. IV.B.3).

12. BVerfG: Bankenunion (2019)

Sehr viel weitreichender als in früheren Entscheidungen befasste sich der Zweite Senat in seinem Urteil vom 30. Juli 2019[1319] zur Europäischen Bankenunion mit Fragen der Reichweite der Anforderungen von Art. 20 Abs. 1 und 2, sowie Art. 23 GG. Gegenstand der Prüfung waren dabei im Wesentlichen das Zustimmungsgesetz zur Verordnung des Rates, mit der bestimmte Aufgaben im Zusammenhang mit der Aufsicht über Kreditinstitute an die EZB übertragen wurden und zum anderen die Mitwirkung von Bundesregierung und Bundestag an der SSM-[1320] und SRM-Verordnung[1321]. Inhaltlich stellte sich die Frage der Zulässigkeit der (teilweisen) Übertragung von Zuständigkeiten aus dem Bereich der Aufsicht über Kreditinstitute auf die Europäische Zentralbank und die im Zusammenhang festgelegte weitreichende Unabhängigkeit der EZB sowie der nationalen Aufsichtsbehörden durch Art. 19 Abs. 1 und 2 SSM-VO. Bei der gerichtlichen Prüfung ergeben sich insoweit Verschiebungen zur früheren Rechtsprechung, als das Gericht auch Rechtsakte des Sekundär- und Tertiärrechts der EU insoweit als tauglichen Beschwerdegegenstand ansieht und ein Unterlassen oder aktives Hinwirken deutscher Verfassungsorgane auf die (Wieder-)Einhaltung des Integrationsprogramms geltend gemacht wird.[1322]

Über den in Art. 38 Abs. 1 Satz 1 GG geschützten grundlegenden demokratischen Gehalt von Art. 20 Abs. 1 und 2, sowie Art. 79 Abs. 3 GG gelangt der Senat bei der Prüfung der Verfassungsbeschwerden im Anwendungsbereich von Art. 23 GG zur verfassungsgerichtlichen Überprüfung der Übertragung von Hoheitsrechten und daran anschließend zur Prüfung der Überschreitung der unantastbaren Grundsätze durch Maßnahmen der EU.[1323] Deutlich betont wird dabei, dass kein Gleichlauf von verfassungs-

---

1319 *BVerfG*, Urt. v. 30.07.2019, BVerfGE 151, 202.

1320 Verordnung (EU) Nr. 1024/2013 des Rates vom 15. Oktober 2013 zur Übertragung besonderer Aufgaben im Zusammenhang mit der Aufsicht über Kreditinstitute auf die Europäische Zentralbank – SSM-VO.

1321 Verordnung (EU) Nr. 806/2014 des Europäischen Parlaments und des Rates vom 15. Juli 2014 zur Festlegung einheitlicher Vorschriften und eines einheitlichen Verfahrens für die Abwicklung von Kreditinstituten und bestimmten Wertpapierfirmen im Rahmen eines einheitlichen Abwicklungsmechanismus und eines einheitlichen Abwicklungsfonds – SRM-VO.

1322 Insoweit verweist der Senat auf die teilweise Änderung seiner früheren Rechtsprechung zur Einführung des Europäischen Finanzstabilisierungsmechanismus, *BVerfG*, Urt. v. 30.07.2019, BVerfGE 151, 202 (280).

1323 *BVerfG*, Urt. v. 30.07.2019, BVerfGE 151, 202 (287 ff. und 301 ff.).

und unionsrechtlichen Anforderungen an die demokratische Legitimation und Kontrolle amtlichen Handelns gefordert sei, es aber mit Blick auf die Europäisierung der nationalen Verwaltungsorganisation und bei der Errichtung von unabhängigen Einrichtungen und Stellen der EU auch eines „Mindestmaßes an demokratischer Legitimation und Kontrolle im Sinne von Art. 20 Abs. 1 und Abs. 2 GG" bedürfe.[1324] Die Notwendigkeit der Einhaltung eines bestimmten Legitimationsniveaus und das Zusammenwirken der verschiedenen Legitimationskomponenten mit den aus der oben skizzierten Dogmatik wird insoweit dargestellt und mit früheren Entscheidungen begründet, allerdings unter Rückgriff auf Art. 20 Abs. 1 und Abs. 2 GG[1325], während die zum Beleg angeführten Entscheidungen für das erforderliche Legitimationsniveau stets allein auf Art. 20 Abs. 2 GG zurückgeführt wurden.[1326]

Bemerkenswert ist daneben, dass das Gericht davon ausgeht, dass auch im Recht der EU in Art. 2, sowie Art. 10 bis 12 EUV Anforderungen an die demokratische Legitimation und Kontrolle unabhängiger Behörden auf nationaler wie der Unionsebene enthalten seien.[1327] Aus Sicht des BVerfG ergeben sich dabei die Anforderungen an die demokratische Legitimation für Einrichtungen und sonstige Stellen der EU aus der Meroni-Doktrin des EuGH, die eine Verselbständigung von Organen und Einrichtungen verhindere, und dem unionalen Demokratiegebot.[1328] Bei der Anwendung

---

1324 *BVerfG*, Urt. v. 30.07.2019, BVerfGE 151, 202 (289 ff.).

1325 Insoweit folgert das Gericht das Mindestmaß aus dem in Art. 1 Abs. 1 GG verbürgten menschenrechtlichen Kern des Demokratieprinzips und der damit verbundenen Volkssouveränität, die zusammen mit dem subjetiven Recht aus Art. 38 Abs. 1 S. 1 GG nicht der inhaltlichen Kontrolle, sondern der Ermöglichung des demokratischen Prozesses dienen solle, *BVerfG*, Urt. v. 30.07.2019, BVerfGE 151, 202 (285 f.).

1326 Zur Rechtsprechungslinie zum erforderlichen Legitimationsniveau siehe oben bei III.D.1.b).

1327 *BVerfG*, Urt. v. 30.07.2019, BVerfGE 151, 202 (294) mit Verweis auf den deutschen Diskurs zum erforderlichen Legitimationsniveau, beginnend mit *Trute*, Die demokratische Legitimation der Verwaltung, in: *Hoffmann-Riem/Schmidt-Aßmann/Voßkuhle* (Hrsg.), Grundlagen des Verwaltungsrechts, Bd. I, 2. Aufl. (2012), § 6, Rdnr. 107 ff., siehe dazu oben bei III.C.26.

1328 Den Kern der Meroni-Rechtsprechung des EuGH nennt das BVerfG dabei insoweit, als die Übertragung von Ausführungsbefungnissen in den Verträgen ihre Grundlage finden müsse und kein freies Ermessen oder weite Ermessensspielräume vorsehen dürfe, weil dies zu einer unzulässigen „tatsächlichen Verlagerung der Verantwortung" führen würde, vgl. *BVerfG*, Urt. v. 30.07.2019, BVerfGE 151, 202 (295 f.) mit Verweis auf *EuGH*, Urt. v. 13.06.1958, Slg. 1958, 16 (Rdnr. 42), siehe dazu unten bei IV.C.1.

des ermittelten Prüfungsmaßstabs kommt der Senat dabei zum Ergebnis, dass der unabhängige Ausschuss den unionsrechtlichen Anforderungen entspreche, eine hinreichende demokratische Steuerbarkeit sichergestellt werde[1329] und auf nationaler Ebene die Unabhängigkeit der Bafin nicht gegen den Grundsatz der Volkssouveränität verstoße, weil ein teilweiser Ausgleich defizitärer Legitimationsaspekte erfolge.[1330]

Deutlich wird in der Entscheidung, dass der Senat nicht Art. 23 Abs. 1 GG selbst als maßstabsbildend ansieht, sondern hierin nur eine Transpositionsnorm sieht. Das Urteil geht über die frühere Rechtsprechung hinaus, weil das Gericht erstmals selbst die Maßstäbe des Unionsrechts betrachtet und hier eine Wesensgleichheit erkennt, wenn auch der EuGH selbst die Meroni-Doktrin nicht als spezifisch demokratisches Element betrachtet, sondern als Teil des „institutionellen Gleichgewichts" und damit eher dem Rechtsstaatsprinzip zugehörig.[1331]

13. Zusammenfassung

Zusammenfassend lässt sich für Art. 23 Abs. 1 GG feststellen, dass neben der Rechtsprechung auch keine der untersuchten Darstellungen der Literatur von einer eigenen Maßstäblichkeit von Art. 23 Abs. 1 GG für die Frage der Notwendigkeit der Herstellung demokratischer Legitimation im Einzelfall ausgeht. Soweit inhaltliche Vorgaben abgeleitet werden, erfolgt eine Bezugnahme nur auf die Maßstäbe der Art. 79 Abs. 3 GG und Art. 20 Abs. 1 und 2 GG. Daraus ergibt sich, dass allgemein davon ausgegangen wird, dass hierdurch ein verfassungsrechtliches Minimum vorgegeben ist, das auch für den unionsrechtlich determinierten Bereich anwendbar ist und für den innerstaatlichen Bereich durch Art. 20 Abs. 2 GG strenger angesehen wird.

1329 *BVerfG*, Urt. v. 30.07.2019, BVerfGE 151, 202 (354 ff.).

1330 *BVerfG*, Urt. v. 30.07.2019, BVerfGE 151, 202 (360 ff.).

1331 So auch *Gentzsch/Brade*, Die Bankenunion vor dem Bundesverfassungsgericht. Neue Impulse für grundlegende Fragestellungen des Verfassungs- und Unionsrechts, EuR 2019, 602 (630 ff.).

C. Maßstäbe der Rechtsprechung aus dem Unionsrecht

An die Betrachtung der grundgesetzlichen Maßstäbe für das hoheitliche Handeln der Union sollen sich nachfolgend die unionsrechtlichen Maßstäbe anschließen. Nachdem die Ansätze (unter anderem auch wegen der immer weiter geänderten rechtlichen Grundlagen) wohl deutlich stärker differieren, sollen die Rechtsprechung und der Literaturdiskurs zunächst getrennt voneinander betrachtet werden.

1. EuGH: Meroni/Hohe Behörde (1958)

Für die Grenzen einer Kompetenzübertragung auf eine unabhängige Behörde wird regelmäßig die Meroni-Rechtsprechung[1332] des EuGH herangezogen.[1333] Die Entscheidungen vom 13. Juni 1958 bezogen sich dabei auf eine Befugnisübertragung nach dem EGKS-Vertrag durch die Hohe Behörde (Vorgängerin der Kommission). Die erfolgte Übertragung von Entscheidungskompetenzen in diesen Fällen wurde durch den Gerichtshof aus verschiedenen Gründen für rechtswidrig erachtet. Ausgangspunkt waren Nichtigkeitsklagen der italienischen „Meroni & Co., Industrie Metallurgiche" Aktiengesellschaft[1334] und der gleichnamigen Kommanditgesellschaft[1335], die sich gegen die Festsetzung von Ausgleichzahlungen für eingeführten Schrott richteten. Zunächst stellten sich hier für den EuGH die bis dahin noch ungeklärte Frage der Zulässigkeit einer inzidenten Prüfung

---

1332 *EuGH*, Urt. v. 13.06.1958, Slg. 1958, 16; *EuGH*, Urt. v. 13.06.1958, Slg. 1958, 57 (mangels in den Urteilen enthaltener Randnummern erfolgt eine Zitierung nach der jeweiligen Druckseite).

1333 Vgl. nur beispielhaft *Craig*, EU Administrative Law, 3. Aufl. (2019), 167 f.; *Görisch*, Demokratische Verwaltung durch Unionsagenturen (2009), S. 362 ff.; *Griller/Orator*, Everything under control? The "way forward" for European agencies in the footsteps of the Meroni doctrine, ELJ 35 (2010), 3 (15); *Gärditz*, Europäisches Regulierungsverwaltungsrecht auf Abwegen, AöR 135 (2010), 251 (269); *Couzinet*, Die Legitimation unabhängiger Behörden an der Schnittstelle von unionalem und nationalen Verfassungsrecht, in: *Debus/Kruse/Peters/Schröder/Seifert/Sicko/Stirn* (Hrsg.), Verwaltungsrechtsraum Europa (2011), S. 227.

1334 *EuGH*, Urt. v. 13.06.1958, Slg. 1958, 16.

1335 *EuGH*, Urt. v. 13.06.1958, Slg. 1958, 57; in der Sache sind zwischen beiden Verfahren nur minimale Unterschiede in den Entscheidungsgründen erkennbar, die Aufteilung in zwei Rechtssachen war nur prozessualen Besonderheiten aufgrund unterschiedlicher vorheriger behördlicher Verfahren geschuldet.

einer allgemeinen Entscheidung der Hohen Behörde im Verfahren[1336] und die Frage nach dem ordnungsgemäßen Zustandekommen der jeweiligen Vollstreckungstitel. Kern der Auseinandersetzung war jedoch die Frage der sachlichen Kompetenz des „Gemeinsamen Büros der Schrottverbraucher" und der „Ausgleichskasse für eingeführten Schrott" (die „Brüsseler Organe"), denen die Zuständigkeit zur Festsetzung von Ausgleichszahlungen von der Hohen Behörde übertragen worden war.[1337]

In Bezug auf die Frage der Zulässigkeit dieser Übertragung von Kompetenzen auf andere Einrichtungen stellte zunächst der EuGH fest, dass die Hohe Behörde selbst an bestimmte Begründungs-, Berichts- und Veröffentlichungspflichten gebunden sei. Eine Übertragung von Befugnissen an eine externe Institution sei zwar nicht generell ausgeschlossen,[1338] es dürften jedoch keine weiterreichenden Befugnisse übertragen werden, als der Hohen Behörde selbst zustehen.[1339] Unzulässig sei es zudem, bei der Delegation einen Ermessensspielraum zu eröffnen, der zur Verwirklichung einer bestimmten Wirtschaftspolitik geeignet sei, wenn statt durch die Hohe Behörde das Ermessen durch die Organisation ausgeübt werde, der die Befugnisse übertragen worden sind.[1340] Die Beschränkung der Ermessensdelegation bezieht der EuGH dabei auf die Gewichtung der verschiedenen Ziele aus Art. 3 EGKS-Vertrag. Die dort genannten Aufgaben könnten wegen regelmäßiger Zielkonflikte nicht gleichzeitig erreicht werden, daher müsse bei der Abwägung und Zielauswahl eine Entscheidung durch

1336 Dabei bejahte der EuGH diese Möglichkeit der inzidenten Anfechtung aufgrund des damaligen Art. 36 EGKS-Vertrag, stellte aber fest, dass Rechtsfolge einer Rechtswidrigkeit einer allgemeinen Entscheidung allein die Unanwendbarkeit im konkreten Streitfall sein könnte, *EuGH,* Urt. v. 13.06.1958, Slg. 1958, 16 (26 f.); *EuGH,* Urt. v. 13.06.1958, Slg. 1958, 57 (66 f.).

1337 Vgl. Art. 1 Entscheidung Nr. 14/55 über die Schaffung einer finanziellen Einrichtung zur Sicherstellung einer gleichmäßigen Schrottversorgung des gemeinsamen Marktes. ABl. EGKS vom 30.03.1955 Nr. 8, S. 685.

1338 *EuGH,* Urt. v. 13.06.1958, Slg. 1958, 16 (43); *EuGH,* Urt. v. 13.06.1958, Slg. 1958, 57 (80).

1339 *EuGH,* Urt. v. 13.06.1958, Slg. 1958, 16 (40); *EuGH,* Urt. v. 13.06.1958, Slg. 1958, 57 (79); hierdurch wurden insbesondere die Aspekte angesprochen, die (einzelfallbezogen) schon in einem vorherigen Prüfungsschritt dazu geführt hatten, dass die Festsetzung der Ausgleichszahlungen als rechtswidrig angesehen wurde: Weder waren die Entscheidungen mit Gründen versehen, noch konnte sich der Abgabesatz anderweitig erschließen, auch waren keinerlei Rechenschaftspflichten vorgesehen, die auf Ebene der Hohen Behörde unzweifelhaft Anwendung gefunden hätten.

1340 *EuGH,* Urt. v. 13.06.1958, Slg. 1958, 16 (44); *EuGH,* Urt. v. 13.06.1958, Slg. 1958, 57 (81).

die dafür zuständige Hohe Behörde und nicht durch eine nachgelagerte Einrichtung erfolgen.[1341]

Die Deutlichkeit der Begründung der Nichtigkeitserklärung und die Ausführungen zur Begrenzung der Delegation von Befugnissen der streitgegenständlichen Beschlüsse durch den Europäischen Gerichtshof werden oftmals als Beleg für die enge Begrenzung der Delegation von Befugnissen durch die Kommission angeführt, die Meroni-Urteile werden damit als Ausgangspunkt für die zentrale Rechtsprechungslinie des EuGH zur Zulässigkeit unabhängiger Behörden angesehen.[1342] Betrachtet man allerdings die fallspezifischen Besonderheiten, lässt sich die deutliche Sprache des Urteils gleichwohl eher als klare Antwort auf ein äußerst befremdliches Verständnis des Vertragsrechts durch die Hohe Behörde verstehen. So berief sich diese im Verfahren auf eine Einrede der Unzulässigkeit wegen stillschweigender Hinnahme, weil die Klägerin erst den Zahlungsbescheid der Hohen Behörde angriff, nicht aber zuvor die bloßen Mitteilungen der mit der Vertretung der Brüsseler Organe für Italien beauftragten Stelle.[1343] Die Hohe Behörde machte dabei geltend, dass, soweit die vorhergehenden Entscheidungen ermessensfehlerhaft oder sonst rechtswidrig gewesen sein sollten, sie selbst trotz vorheriger eigener Verfahrensbeteiligung die Beschlüsse selbst nicht einmal mehr hätte angreifen oder anderweitig selbst ändern dürfen, weil ihr jede Verantwortlichkeit für die Handlungen der „Brüsseler Organe" fehle.[1344] Sie verteidigte den Erlass des Zahlungsbescheids mit der Begründung, sie selbst hätte die Angaben von den Brüsseler Organen übernehmen müssen, weil jede Veränderung einen Eingriff in den Zuständigkeitsbereich einer anderen Körperschaft bedeutet hätte.[1345]

Für das Gericht ist dabei der Gedanke von zentraler Bedeutung, dass die Delegation von Entscheidungsbefugnissen nicht zu einer Selbstermächtigung und vor allem nicht zu einer gerichtlich unkontrollierbaren Selbstän-

---

1341 *EuGH,* Urt. v. 13.06.1958, Slg. 1958, 16 (43); *EuGH,* Urt. v. 13.06.1958, Slg. 1958, 57 (80).

1342 Vgl. schon oben bei Fn. 1333.

1343 Gleichwohl handelte es sich bei dem angefochtenen Bescheid ersichtlich erstmals um einen rechtsmittelfähigen Anknüpfungspunkt für die Klägerin, *EuGH,* Urt. v. 13.06.1958, Slg. 1958, 16 (22).

1344 *EuGH,* Urt. v. 13.06.1958, Slg. 1958, 16 (24); zwar hätte die Hohe Behörde die Möglichkeit gehabt, durch Weisung an den eigenen Vertreter im Verwaltungsrat die Einstimmigkeit zu verhindern und damit eine notwendige Entscheidung durch sie selbst herbeizuführen; von dieser Möglichkeit wurde jedoch generell kein Gebrauch gemacht, vgl *EuGH,* Urt. v. 13.06.1958, Slg. 1958, 16 (46 f.).

1345 *EuGH,* Urt. v. 13.06.1958, Slg. 1958, 16 (38).

digkeit führen dürfe. Die Einrichtung, der Befugnisse übertragen werden, dürfe keine weitergehenden rechtlichen Möglichkeiten haben oder keinen geringeren rechtlichen Beschränkungen unterliegen als die ursprünglich für eine Entscheidung kompetente Stelle. Ob das – sich sehr strikt anhörende – Verbot der Delegation von Ermessensbefugnissen auch im heutigen Unionsrecht gleichermaßen Gültigkeit beanspruchen könnte, mag dabei insbesondere wegen des deutlich weiterreichenden, nahezu umfassenden Rechtsschutzes nach Art. 263 Abs. 1 S. 2 AEUV zweifelhaft erscheinen.[1346] Im Gegensatz zur damaligen Rechtslage bedeutet nämlich die Übertragung von Kompetenzen mit der Auswirkung, dass auch dem ausführenden Rechtsträger diese Entscheidung zugerechnet wird, gerade nicht mehr, dass für den Betroffenen eine Rechtsschutzlücke entsteht.[1347] Der Gerichtshof schloss nämlich schon im Fall *Meroni* explizit nicht die grundsätzliche Möglichkeit aus, selbst eine privatrechtliche Vereinigung mit eigener Rechtspersönlichkeit mit besonderen Befugnissen zu betrauen.[1348] Darüber hinaus stellt der Gerichtshof klar, dass die Hohe Behörde bei einer solchen Übertragung an externe Rechtsträger für grundsätzliche Abwägungsentscheidungen zwischen konfligierenden Zielen dafür Sorge tragen müsse, dass sie selbst sich für den Vorrang eines der Ziele entscheiden und dies der entscheidenden Stelle vorgeben müsse.[1349] Was

---

1346 Selbst vor Inkrafttreten des Vertrags von Lissabon erkannte das EuG die Möglichkeit einer Klage gegen die Agentur als Einrichtung nach Art. 230 EG an, obwohl zu diesem Zeitpunkt die „sonstigen Einrichtungen" noch nicht genannt waren. Begründet wurde dies unter anderem mit dem Gebot effektiven Rechtsschutzes, der einen elementaren Grundpfeiler der rule of law darstelle, vgl. *EuG*, Urt. v. 08.10.2008, Slg. 2008-II, 2771 (Rdnr. 36); dazu *Riedel*, Rechtsschutz gegen Akte Europäischer Agenturen, EuZW 2009, 565 (564).

1347 Zum weitreichenden – wenn auch komplizierten – Rechtsschutz gegen das Handeln von Agenturen nach dem Vertrag von Lissabon *Saurer*, Individualrechtsschutz gegen das Handeln der Europäischen Agenturen, EuR 2010, 51 (65); hingegen mit dem Hinweis, dass allein die Unterscheidung zwischen privatrechtlicher oder öffentlich-rechtlicher Einheit keinen Unterschied machen könnte *Kühling*, Die Zukunft des Europäischen Agentur(un)wesens - oder: Wer hat Angst vor Meroni?, EuZW 2008, 129 (129).

1348 *EuGH*, Urt. v. 13.06.1958, Slg. 1958, 16 (42); dabei ist zu berücksichtigen, dass es sich bei den Brüsseler Organen um Rechtssubjekte nach belgischem Privatrecht handelte; hingegen ist hiervon bei den heutigen Agenturen die Konstruktion durch die direkte Verleihung von Rechtspersönlichkeit durch das Gründungsstatut zu differenzieren, vgl. auch *Griller/Orator*, Everything under control? The "way forward" for European agencies in the footsteps of the Meroni doctrine, ELJ 35 (2010), 3 (18).

1349 *EuGH*, Urt. v. 13.06.1958, Slg. 1958, 16 (43).

auf den ersten Blick wie eine strikte Ablehnung der Delegation von Ermessensentscheidungen auf unabhängige Einrichtungen wirkt,[1350] muss möglicherweise jedoch insoweit relativiert werden, als sich der Gerichtshof auf die grundlegenden Ziele des Art. 3 EGKS bezog, die in ihrem Abstraktionsgrad den Zielen des heutigen Art. 3 EUV entsprechen. Ob damit wirklich jede Abwägungsentscheidung überhaupt oder nur eine solche mit grundlegendem politischen Bedeutungsgehalt gemeint sein könnte, ergibt sich mangels entscheidungserheblicher Anhaltspunkte nicht. Damit gibt die Meroni-Rechtsprechung selbst keinen Hinweis darauf, ob eine Abwägung politischer konfligierender Ziele generell oder auch im Einzelfall, beispielsweise bei fallbezogener Abwägungsentscheidung zwischen den Zielen „Herstellung von Wettbewerb" und „Sicherung des Verbraucherschutzes" eine zu weitreichende Ermessensentscheidung darstelle.

Schließlich begründet das Gericht eine derartige Sperre für die Delegation von Ermessensentscheidungen mit dem Grundsatz des Gleichgewichts der Gewalten, die den Aufbau der Gemeinschaft kennzeichne; eine Übertragung von Befugnissen zur Ermessensausübung könne aber diese grundlegende Garantie verletzen, wenn andere als die rechtlich vorgesehenen Einrichtungen entschieden.[1351] Zwar stellt der Gerichtshof anschließend fest, dass die Einräumung weitreichender Ermessensspielräume für die Brüsseler Organe rechtswidrig gewesen sei, er greift jedoch nicht mehr auf eine Verletzung des Gleichgewichts der Gewalten zurück.[1352] Offen bleibt deshalb, für welchen Fall eine solche Verletzung des Gleichgewichts der Gewalten überhaupt denkbar ist. Für den Fall der Übertragung der Hohen Behörde auf die Brüsseler Organe ist dies nicht erkennbar, weil zwar eine vertikale Verlagerung von Entscheidungsbefugnissen stattgefunden haben mag, aber keine horizontale Verschiebung einer Gemeinschaftsinstitution auf eine andere. Insofern muss diese Äußerung wohl nur als weiterreichendes *obiter dictum* angesehen werden. Dieser Fall wäre eher für die Verlagerung der Kommission zugewiesener Aufgaben an die Mitgliedstaaten denkbar, weil hier eine Verschiebung der im Unionsvertrag vorgegebenen Kompetenzverteilung stattfände. Für einen solchen Verstoß gegen das Gleichgewicht der Gewalten wäre es allerdings erforderlich, dass sich die Kompetenzverteilung unzweifelhaft aus den Verträgen ergibt. In den seltensten Fällen wird dies jedoch relevant werden, weil regelmäßig

1350 Dahingehend das Verständnis der Entscheidung bei *Görisch,* Demokratische Verwaltung durch Unionsagenturen (2009), S. 364.

1351 *EuGH,* Urt. v. 13.06.1958, Slg. 1958, 16 (44).

1352 *EuGH,* Urt. v. 13.06.1958, Slg. 1958, 16 (47).

nicht die explizit in den Verträgen vorgezeichnete Kompetenzverteilung modifiziert wird, sondern ein nicht ausschließlich geregelter Zuständigkeitsfall betroffen ist.

Der EuGH befasst sich mit den Themenfeldern Befugnisübertragung und Ermessenseinräumung mit ähnlichen Punkten, die (allerdings erst mehrere Jahrzehnte später) für das Grundgesetz unter der Rubrik der demokratischen Legitimation diskutiert wurden. Aus der Begründung ergeben sich jedoch keinerlei Anhaltspunkte dafür, dass es sich bei den entwickelten Einschränkungen um spezifisch demokratische Aspekte handeln sollte. Vielmehr ähnelt die Argumentation dieser Übertragungsgrenzen „gewöhnlichen" rechtsstaatlichen Vorbehalten ohne einen solchen Bezug.

2. EuGH: Romano/INAMI (1981)

Im Fall Romano/INAMI[1353] entschied der Gerichtshof am 14. Mai 1981 im Rahmen der Vorabentscheidung über die Bindungswirkung von Entscheidungen der Verwaltungskommission der Europäischen Gemeinschaften für die soziale Sicherheit der Wanderarbeitnehmer.[1354] Der in Belgien wohnhafte italienische Staatsangehörige *Romano* wandte sich ausschließlich gegen den Vollzug einer durch diese Kommission festgelegten Vorschrift zu Währungsumrechnungen durch die belgische staatliche Anstalt für Kranken- und Invaliditätsversicherung (INAMI) bei der Anrechnung seiner italienischen Alters- und Hinterbliebenenrente. Dabei hatte die Verwaltungskommission einen Umrechnungsstichtag festgelegt, der wegen Wechselkursschwankungen zu einer höheren Rückforderung im konkreten Streitfall führte. Gegenständlich im Verfahren vor dem EuGH war die Frage der Rechtmäßigkeit der Anrechnungsentscheidung.[1355] Das Ergebnis des konkreten Rechtsstreits hing somit von der Wahl der Auslegungsme-

1353 *EuGH*, Urt. v. 14.05.1981, Slg. 1981, 1242.

1354 Die Verwaltungskommission wurde eingesetzt durch Art. 80 der Verordnung 1408/71 des Rates vom 14. Juni 1971 zur Anwendung der Systeme der sozialen Sicherheit auf Arbeitnehmer und deren Familien, die innerhalb der Gemeinschaft zu- und abwandern (ABl. 1971 L149, S. 2); bei dieser handelte es sich um eine durch Verordnung des Rates eingesetzte Kommission, deren Aufgabe die Beantwortung aller Verwaltungs- und Auslegungsfragen sein sollte, die sich aus der Verordnung und eventuellen späteren Verordnungen ergäben, zu behandeln.

1355 Beschluss Nr. 101 der Verwaltungskommission der EWG vom 29. Mai 1975, ABl. (EWG) C 44 vom 26. Februar 1976.

thode für das Gemeinschaftsrecht ab, wobei die Verwaltungskommission mit ihrem Beschluss eine konkrete Methode vorgegeben hatte. Im Ergebnis sprach der EuGH den Beschlüssen dieser Verwaltungskommission den verpflichtenden Charakter zur Auslegung von Gemeinschaftsrecht ab, sie könnten allerdings für die Sozialversicherungsträger ein Hilfsmittel darstellen.[1356] In nur einer Randziffer beschäftigt sich der EuGH mit der Frage nach der Verbindlichkeit von Beschlüssen dieser Verwaltungskommission. Darin stellt er fest, dass ein solcher Beschluss einer Kommission nicht geeignet sei, die Sozialversicherungsträger zu verpflichten, bei der Anwendung des Gemeinschaftsrechts bestimmte Methoden anzuwenden oder von einer bestimmten Auslegung auszugehen.[1357] Zur Begründung beruft sich das Gericht lediglich auf das Rechtsschutzsystem, das durch die Artikel 155, 173 und 177 EWG-Vertrag geschaffen wurde. Es handelt sich dabei um die Vorläufervorschriften der Art. 17 EUV (Aufgaben der Kommission), Art. 263 und 267 AEUV (Nichtigkeitsklage und Vorabentscheidungsverfahren). Allein aus diesem geschaffenen Rechtsschutzsystem wird gefolgert, dass die Verwaltungskommission keine Rechtsakte mit normativem Charakter erlassen könne.

Aus dieser Passage wird wie bei der *Meroni*-Entscheidung die Betonung des institutionellen Gleichgewichts gefolgert, woraus verschiedentlich ein spezifisch demokratisch-legitimatorischer Wert abgeleitet wird – soweit ersichtlich noch nicht zeitgenössisch, sondern erst deutlich später.[1358] Diese Schlussfolgerung wirkt jedoch sehr problematisch, weil der einzige Bezug dieser Begründung auf das Verhältnis der Institutionen im unkommentierten Verweis auf Art. 155 EWGV zu erkennen ist. Da nicht erkennbar ist, weshalb es sich bei der streitgegenständlichen Auslegungsfrage zur Bestimmung eines relevanten Termins für einen Wechselkurs um einen Eingriff in Kommissionskompetenzen handeln sollte, ist eine Gefährdung des Gleichgewichts der Gewalten nicht zu befürchten. Hingegen scheint auch im Fall *Romano* die drohende Rechtsschutzlücke im Falle der Zuerkennung einer Außenwirkung der Entscheidung der Verwaltungskommission im Vordergrund zu stehen, was auch der Begründung mit dem Bezug auf das geschaffene Rechtsschutzsystem sehr viel näherkommt.

1356 *EuGH,* Urt. v. 14.05.1981, Slg. 1981, 1242 (Rdnr. 20), vgl. auch Tenorierung in *EuGH,* Urt. v. 14.05.1981, Slg. 1981, 1242 (Rdnr. 26).

1357 *EuGH,* Urt. v. 14.05.1981, Slg. 1981, 1242 (Rdnr. 20).

1358 *Griller/Orator,* Everything under control? The "way forward" for European agencies in the footsteps of the Meroni doctrine, ELJ 35 (2010), 3 (Rdnr. 18).

3. EuG: DIR International Film u.a./Kommission (1998)

Im Urteil DIR International Film u.a./Kommission vom 19. Februar 1998 berief sich das Gericht erster Instanz explizit für die Übertragung von Entscheidungsbefugnissen auf das Europäische Filmbüro (EFDO), einen privatrechtlichen Verein, auf die *Meroni*-Rechtsprechung des Gerichtshofs. Der Verein war verantwortlich für die Verwaltung eines Fonds, aus dem Darlehen an Filmverleiher gewährt werden sollten, und durfte auch verbindlich darüber entscheiden, ob von einer Rückzahlung des Darlehens abgesehen werden könne. Diese Entscheidung sollte aufgrund verschiedener Priorisierungsvorgaben durch die Leitlinien des EFDO erfolgen.[1359] Der konkrete Rechtsstreit betraf vor allem die Frage der Förderfähigkeit von Unternehmen und deren Filmen im Einzelfall. Bei der Begründung der Entscheidung legt das Gericht den Maßstab der *Meroni*-Rechtsprechung zugrunde, dass eine Übertragung von Befugnissen unter Einräumung eines weiten Ermessens nicht zulässig sei. Damit begründet das Gericht, dass die Befugnis zur Entscheidung über die streitgegenständlichen Subventionen nicht vollständig auf den privaten Verein übertragen werden dürfe.[1360] In der Anwendung dieses Maßstabs stellt das Gericht fest, dass die Übertragung im Einklang mit diesen Kriterien erfolgt sei, weil jede Entscheidung einer vorherigen Zustimmung des Kommissionsvertreters bedürfe und somit der Kommission auch zuzurechnen sei.[1361]

Zwar wurde die Entscheidung des Gerichts durch Urteil des EuGH aufgehoben,[1362] allerdings ohne Bezug auf den genannten Abschnitt über die Übertragung von Entscheidungsbefugnissen. Als bedeutsam erscheint die Entscheidung des EuG jedoch insofern, als nach mehr als 40 Jahren und vielen weiteren Integrationsschritten wieder bzw. weiterhin auf die *Meroni*-Rechtsprechung Bezug genommen wird und das EuG damit die dort entwickelten Grenzen anerkannt hat.[1363] Dieser Schluss erscheint jedoch deswegen problematisch, weil die Einhaltung der denkbaren Grenzen durch die *Meroni*-Rechtsprechung völlig außer Zweifel stand und es damit überhaupt nicht mehr auf die Maßstäblichkeit dieser Rechtsprechung ankam. Bereits im vorherigen Verfahren hatte die Kommission zu jeder

1359 *EuG*, Urt. v. 19.02.1998, Slg. 1998-II, 361 (Rdnr. 11 f.).
1360 *EuG*, Urt. v. 19.02.1998, Slg. 1998-II, 361 (Rdnr. 52).
1361 *EuG*, Urt. v. 19.02.1998, Slg. 1998-II, 361 (Rdnr. 53).
1362 *EuGH*, Urt. v. 27.01.2000, Slg. 2000-I, 468.
1363 *Craig*, EU Administrative Law, 3. Aufl. (2019), S. 168 f.

Zeit betont, dass ihr die Entscheidungen des EFDO zuzurechnen seien.[1364] Insofern scheint zumindest zweifelhaft zu sein, ob diese Rechtsprechung hier als entscheidungstragend angesehen werden kann oder nicht eher die Diskussion aus der Entscheidung durch unstreitige Einhaltung ausgeklammert werden sollte.

4. EuGH: Pflugradt/EZB (2004)

Im Urteil Pflugradt/EZB befasste sich der EuGH in seinem Urteil vom 14. Oktober 2004[1365] mit den Arbeitsbedingungen von EZB-Mitarbeitern, die durch eine vom EZB-Rat beschlossene Geschäftsordnung und durch Dienstvorschriften durch das Direktorium geregelt wurden. Der Rechtsmittelführer wandte sich hier zum einen gegen seine (dienstliche) Beurteilung, zum anderen gegen eine Änderung seines Aufgabenbereichs, beide mittelbar durch die Regelungen der Geschäftsordnung und Dienstvorschriften beeinflusst. Nur in einem Halbsatz geht der EuGH hier darauf ein, dass durch die Beschränkung gerichtlicher Überprüfbarkeit auf eine Rechtmäßigkeitskontrolle und die vorherige Würdigung durch das EuG keine Verletzung des Grundsatzes des institutionellen Gleichgewichts darstelle, weil es sich beim vertraglichen Verhältnis der EZB zu ihren Beschäftigten um die gleiche Lage gehe, in der sich die Leitungsorgane der übrigen Gemeinschaftseinrichtungen zu ihren Bediensteten verhielten.[1366]

5. EuGH: Tralli/EZB (2005)

In der Rechtssache Tralli/EZB wurde die Frage der Delegation von Entscheidungsbefugnissen auf andere Einrichtungen unter Bezug auf die Meroni-Rechtsprechung des Gerichtshofs explizit angesprochen.[1367] Inhaltlich entsprechend, von der Überprüfung aber weitergehend als im vorherigen Fall Pflugradt/EZB[1368] überprüfte der EuGH dabei die Vorgehensweise, die Entscheidungskompetenzen über dienstliche Rechtsverhältnisse und

1364 *EuG,* Urt. v. 19.02.1998, Slg. 1998-II, 361 (Rdnr. 45).
1365 *EuGH,* Urt. v. 14.10.2004, Slg. 2004-I, 9889.
1366 *EuGH,* Urt. v. 14.10.2004, Slg. 2004-I, 9889 (Rdnr. 37 ff.).
1367 *EuGH,* Urt. v. 26.05.2005, Slg. 2005-I, 4099 (Rdnr. 41).
1368 Vgl. *EuGH,* Urt. v. 26.05.2005, Slg. 2005-I, 4099 (Rdnr. 42) unter Verweis auf *EuGH,* Urt. v. 14.10.2004, Slg. 2004-I, 9889.

deren Ausgestaltung auf die jeweilige Organisation, hier die EZB, zu delegieren. Auch in diesem Fall stand die Vereinbarkeit der Übertragung von Befugnissen mit den *Meroni*-Grundsätzen – vorliegend vom EZB-Rat an das Direktorium – völlig außer Zweifel, wie der Gerichtshof auch deutlich und unmissverständlich feststellte.[1369] Bemerkenswert ist aber der Ansatzpunkt insoweit, als der Gerichtshof mit der Bezugnahme auf die *Meroni*-Rechtsprechung deren Voraussetzungen Schritt für Schritt abprüft und offensichtlich damit als geeigneten und noch aktuell anwendbaren ansieht.[1370] Damit greift der EuGH auf die Erkenntnis des „*Meroni*-Maßstabs" zurück, dass eine Übertragung von Befugnissen zunächst grundsätzlich möglich sei[1371]; aus der Überlegung, dass diesen Grundsätzen zufolge sogar eine Befugnisübertragung auf private Verbände zulässig sein könne, wird erst recht die Befugnisübertragung an Organe oder Einrichtungen der Gemeinschaft für zulässig erachtet.[1372] Bezüglich der Grenzen und Beschränkungen einer Befugnisübertragung verweist der EuGH nur auf den Grundsatz, eine Übertragung könne keine weitergehenden Befugnisse schaffen, als der übertragenden Stelle selbst zugestanden hätten, und das Erfordernis einer ausdrücklichen Übertragung genau umgrenzter Aus- und Durchführungserfordernisse.[1373]

6. EuGH: Telekommunikationsregulierung (2009)

Ohne Bezug auf die *Meroni*-Rechtsprechung, dennoch in großem Maße bedeutsam für Fragen der Legitimation und vor allem des institutionellen Gleichgewichts stellt sich das Urteil des Gerichtshofs vom 3. Dezember 2009 in der Rechtssache Kommission/Bundesrepublik Deutschland[1374] wegen richtlinienwidriger Umsetzung gemeinschaftsrechtlicher Vorgaben im § 9a TKG dar. Dort stellte sich die Frage der Zulässigkeit einer gesetzlichen Vorstrukturierung für die Ausübung des Ermessens der Bundesnetzagentur.[1375] Die betreffenden Richtlinien sahen vor, dass das Vorliegen

1369 *EuGH*, Urt. v. 26.05.2005, Slg. 2005-I, 4099 (Rdnr. 44).

1370 Vgl. die schrittweise Überprüfung durch *EuGH*, Urt. v. 26.05.2005, Slg. 2005-I, 4099 (Rdnr. 40 ff.).

1371 *EuGH*, Urt. v. 26.05.2005, Slg. 2005-I, 4099 (Rdnr. 41).

1372 *EuGH*, Urt. v. 26.05.2005, Slg. 2005-I, 4099 (Rdnr. 42).

1373 *EuGH*, Urt. v. 26.05.2005, Slg. 2005-I, 4099 (Rdnr. 43).

1374 *EuGH*, Urt. v. 03.12.2009, Slg. 2009-I, 11431.

1375 Nach den einschlägigen Richtlinien sollten die nationalen Regulierungsbehörden eine Analyse der relevanten Märkte durchführen und feststellen, ob auf

eines solchen Marktes von den Nationalen Regulierungsbehörden (NRB) festgestellt werden sollte. Die deutsche Umsetzung dieser gemeinschaftsrechtlichen Vorgaben sah in § 3 Nr. 12b TKG jedoch eine Legaldefinition eines neuen Marktes vor. Für diese neuen Märkte war nach § 9a Abs. 1 TKG eine grundsätzliche Regulierungsfreistellung vorgesehen, von der nur im Falle des § 9a Abs. 2 abgesehen werden konnte, wenn bei fehlender Regulierung die Entwicklung eines nachhaltig wettbewerbsorientierten Marktes langfristig behindert werde. Für die Prüfung der Regulierungsbedürftigkeit sollten insbesondere die Berücksichtigung des Ziels der Förderung von effizienten Infrastrukturinvestitionen und die Unterstützung von Innovationen berücksichtigt werden. Diese vorrangig zu berücksichtigenden Ziele waren explizit in Art. 8 Abs. 2 lit. c der Rahmenrichtlinie[1376] genannt, dort jedoch nur als ein Aspekt von mehreren. Auf gleicher Stufe wurden dort die Sicherstellung von Nutzervorteilen in Bezug auf Auswahl, Preise und Qualität, die Gewährleistung der Freiheit von Wettbewerbsverzerrungen oder Wettbewerbsbeschränkungen und die effiziente Nutzung und Verwaltung von Ressourcen genannt.[1377] Somit nahm die Umsetzung durch § 9a TKG einen Teil der Aufgabe der Bundesnetzagentur vorweg, indem eine gesetzliche Vorstrukturierung des Ermessens in Bezug auf das Vorliegen neuer Märkte und auf die Gewichtung der Regulierungsziele erfolgte.[1378] Der Gerichtshof sah in der deutschen Umsetzung eine Unvereinbarkeit mit den unionsrechtlichen Vorgaben, weil ein mitgliedstaatlicher Gesetzgeber nicht die materielle Grundentscheidung des Gemeinschaftsgesetzgebers umkehren dürfe und eine grundsätzliche Regu-

---

einem relevanten Markt wirksamer Wettbewerb herrscht. Im Falle neu entstehender Märkte, auf denen ein Marktführer über einen beträchtlichen Marktanteil verfügt, sollte jedoch darauf geachtet werden, dass ihm keine unangemessenen Verpflichtungen auferlegt werden sollten, weil eine verfrühte Ex-ante-Regulierung die Wettbewerbsbedingungen auf einem neu entstehenden Markt stark beeinflussen würden, vgl. Ziffer 32 der Leitlinien der Kommission zur Marktanalyse und Ermittlung beträchtlicher Marktmacht nach dem gemeinsamen Rechtsrahmen für elektronische Kommunikationsnetze und -dienste (ABl. 2002, C 165, S. 6).

1376 Richtlinie 2002/21/EG des Europäischen Parlaments und des Rates vom 7. März 2002 über einen gemeinsamen Rechtsrahmen für elektronische Kommunikationsnetze und -dienste (Rahmenrichtlinie) (ABl. 2002, L 108, S. 33).

1377 Art. 8 Abs. 2 lit. a, b und d der Rahmenrichtlinie.

1378 Hierin sah die Kommission eine unionsrechtswidrige Einschränkung des Ermessensspielraums der Nationalen Regulierungsbehörde und betrieb daraufhin das Vertragsverletzungsverfahren, vgl. *EuGH,* Urt. v. 03.12.2009, Slg. 2009-I, 11431 (Rdnr. 40).

lierungsfreistellung bewirken dürfte.[1379] Bei der Abwägung verschiedener Regulierungsziele verstoße § 9a TKG gegen das Unionsrecht, weil die Abwägungsentscheidung nicht den nationalen Gesetzgebern übertragen sei, sondern explizit den Nationalen Regulierungsbehörden.[1380] Es handle sich also um eine unzulässige Ermessenseinschränkung dieser Behörde.[1381]

Bemerkenswert in diesem Fall scheint, dass nicht das materielle Ergebnis der Anwendung des deutschen Rechts zur Unionsrechtswidrigkeit führt, denn eine Regulierungsbehörde würde ermessensfehlerfrei im Sinne der unionsrechtlichen Vorgaben handeln, wenn es die Wertungen des § 9a TKG nur der Sache nach anwendete. Entscheidend für das Urteil des EuGH ist an dieser Stelle jedoch, dass diese Kompetenz zur Gewichtung und Abwägung unterschiedlicher Interessen nicht vom nationalen Gesetzgeber getroffen bzw. vorstrukturiert werden dürfe, sondern vollständig der Nationalen Regulierungsbehörde obliege. Wegen dieses Funktionsvorbehalts der Exekutive, dem ein Vorrang vor einer parlamentarischen Entscheidung eingeräumt wird, wurde die Entscheidung des Gerichts ebenso wie die zugrundeliegende Politik der Versachlichung und Entpolitisierung kritisiert. In der Verlagerung von Entscheidungskompetenzen auf Regulierungs- und somit Exekutivbehörden im Sinne eines Funktionsvorbehalts könne eine damit einhergehende Politisierung der Verwaltung und Verdrängung des Parlaments gesehen werden; dem Parlament werde damit keine sachliche Problemlösungsfähigkeit mehr zugetraut und es werde als Störer angesehen.[1382] Das Urteil berühre damit grundsätzliche Fragen der funktionalen Kompetenzverteilung zwischen Parlament und Regulierungsverwaltung und präge damit die deutsche Wirtschaftsverfassung, welche sich mit der Integration der neuen Leitbilder schwertue.[1383]

Während das Urteil für seine Implikationen zur Delegation von Entscheidungsbefugnissen und zur Legitimation für Entscheidungen damit stark kritisiert wird, fällt auf, dass sich der Gerichtshof selbst weder mit der Frage der Rechtmäßigkeit der Delegation an einen anderen Rechtsträger befasst, noch mit der Frage nach dem Vorrang oder der Bedeutung einer parlamentarischen Entscheidung. Bemerkenswert ist insoweit, dass das Gericht die Einhaltung des zuvor mehrfach angewendeten *Meroni*-Maßstabs nicht prüfte, sondern anscheinend vielmehr entweder von

---

1379 *EuGH*, Urt. v. 03.12.2009, Slg. 2009-I, 11431 (Rdnr. 78).
1380 *EuGH*, Urt. v. 03.12.2009, Slg. 2009-I, 11431 (Rdnr. 91).
1381 *EuGH*, Urt. v. 03.12.2009, Slg. 2009-I, 11431 (Rdnr. 99).
1382 *Gärditz*, Anmerkung zu EuGH, Urteil vom 03.12.2009, JZ 2010, 198 (200).
1383 *Gärditz*, Anmerkung zu EuGH, Urteil vom 03.12.2009, JZ 2010, 198 (198).

deren offensichtlichen Einhaltung oder dessen Unanwendbarkeit ausging. Insofern wurde die Verlagerung einer Ermessensentscheidung auf eine unabhängige Stelle nicht einmal problematisiert. Umgekehrt begründet der EuGH die Rechtswidrigkeit des Umsetzungsgesetzes sogar mehrfach mit der unzulässigen Einschränkung des Ermessens der Regulierungsbehörde.[1384] Dies lässt sich nur dadurch erklären, dass entweder der EuGH von einer Nichtanwendbarkeit dieser Kriterien auf Ebene der Mitgliedstaaten ausging oder dass auch die unabhängige Regulierungsbehörde als gewöhnlicher Teil der mitgliedstaatlichen Verwaltung angesehen wurden. Erkennbar stand für den EuGH damit die Effektivität der Durchsetzung von Unionsrecht im Vordergrund, diese stellte somit den einzigen Entscheidungsmaßstab dar. Dass der Gerichtshof sich dabei nicht mit der Frage nach der Vereinbarkeit mit dem unionsrechtlichen oder mitgliedstaatlichen Demokratieprinzip auseinandersetzte, kann nur damit zu erklären sein, dass zum einen die Übertragung von Entscheidungskompetenzen mit Ermessenscharakter an die unabhängigen Regulierungsbehörden für unproblematisch gehalten wurde und dass sich zum anderen die Frage nach dem demokratischen Prinzip im mitgliedstaatlichen Recht wegen des Vorrangs des Unionsrechts nicht stellte. Diesem Verständnis nach können die (von nationalen Parlamenten und Regierungen) unabhängigen Regulierungsbehörden als bedeutsames Element der effektiven Durchsetzung des Unionsrechts durch mittelbaren Vollzug angesehen werden, weil eine nationale Einflussnahme damit effektiv verhindert wird. Aus unionsrechtlichen Effektivitätsgesichtspunkten würde die gesetzgeberische Entscheidung der Bundesrepublik Deutschland für eine Vorstrukturierung des Ermessens dabei nicht als (möglicherweise aus demokratischen Gesichtspunkten höherwertige) parlamentarische Vorgabe gegenüber einer der Verwaltung zuzurechnender Regulierungsstelle darstellen, sondern müsste als unionsrechtswidrige und kompetenzwidrige Einmischung angesehen werden, weil die materiell umgesetzte nationale Rechtslage nicht mehr den Vorgaben der Richtlinien entsprach.[1385]

1384 *EuGH*, Urt. v. 03.12.2009, Slg. 2009-I, 11431 (Rdnr. 78).

1385 Mit dem Hinweis auf die bisherige Nichtwahrnehmung demokratischer Implikationen durch das Unionsrecht *Gärditz*, Anmerkung zu EuGH, Urteil vom 03.12.2009, JZ 2010, 198 (201).

7. EuGH: Unabhängige Datenschutzkontrollstellen (2010)

Explizit mit der Problematik der Vereinbarkeit mit dem Demokratieprinzip befasste sich der EuGH in der Rechtssache „Kommission, unterstützt durch den Europäischen Datenschutzbeauftragten, gegen die Bundesrepublik Deutschland wegen unionsrechtswidriger Umsetzung der Datenschutzrichtlinie".[1386] Im Urteil kam er zunächst zu dem Ergebnis, dass das Erfordernis der „völligen Unabhängigkeit" der Datenschutzkontrollstellen dahingehend zu verstehen sei, dass jede mögliche unmittelbare oder mittelbare Anordnung oder sonstige äußere Einflussnahme auszuschließen sei, um den Stellen die Durchführung ihrer Aufgaben zu ermöglichen.[1387] Die deutschen Regelungen hingegen hatten eine differenzierte Regelung für die Fälle der Verarbeitung von Daten durch öffentliche und nicht-öffentliche Stellen eingeführt. Die Regelungen der dafür zuständigen Länder für die mit Datenverarbeitungen im nichtöffentlichen Bereich beauftragten Stellen hatten ausdrücklich eine staatliche Aufsicht für diese vorgesehen und hatten das Erfordernis der Unabhängigkeit als nur im Verhältnis zwischen Kontrollstelle und zu kontrollierender Stelle verortet. Dieses erklärte der Gerichtshof für unvereinbar mit den Vorgaben der Richtlinie, weil diese bereits die Gefahr einer möglichen Interessenkollision ausschließen solle und die Unterstellung unter staatliche Aufsicht dieses Ziel gefährde.[1388]

Daran anschließend befasst sich der Gerichtshof mit einer möglichen Verletzung des Demokratieprinzips. Der in Art. 6 Abs. 1 EU (heute Art. 2 Abs. 1 EUV) niedergelegte Grundsatz der Demokratie gehöre zur Gemeinschaftsrechtsordnung (heute Unionsrechtsordnung) und sei als allen Mitgliedstaaten gemeinsamer Grundsatz bei der Auslegung der Vorschriften der Datenschutzrichtlinie zu berücksichtigen.[1389] Diesem Grundsatz der

1386 Richtlinie 95/46/EG des Europäischen Parlaments und des Rates vom 24. Oktober 1995 zum Schutz natürlicher Personen bei der Verarbeitung personenbezogener Daten (ABl. 1995, L 281, S. 31).

1387 *EuGH,* Urt. v. 09.03.2010, Slg. 2010-I, 1885 (Rdnr. 30).

1388 Die objektive und unparteiische Aufgabenwahrnehmung müsse auch vor jeder Einflussnahme von Bund und Ländern sicher sein *EuGH,* Urt. v. 09.03.2010, Slg. 2010-I, 1885 (Rdnr. 25); ein staatliches Interesse an der Verwendung der Daten sei insbesondere unter Berücksichtigung beispielsweise von Zwecken der Finanzverwaltung oder Strafverfolgung anzunehmen, weshalb hierdurch Gefahren der unabhängigen Würdigung entstünden, wenn dem Staat Aufsichtsmittel gegenüber den Datenschutzkontrollstellen zustünden, vgl. *EuGH,* Urt. v. 09.03.2010, Slg. 2010-I, 1885 (Rdnr. 35).

1389 *EuGH,* Urt. v. 09.03.2010, Slg. 2010-I, 1885 (Rdnr. 41).

Demokratie sei jedoch nicht eigen, dass es keine unabhängigen öffentlichen Stellen außerhalb des klassischen hierarchischen Verwaltungsaufbaus geben könne. Derartige Stellen seien in den Mitgliedstaaten gesetzlich oder sogar verfassungsrechtlich vorgesehen und hätten häufig Regulierungsaufgaben oder solche Aufgaben inne, die der politischen Einflussnahme entzogen sein müssten. Sie blieben aber an das Gesetz gebunden und der Kontrolle der zuständigen Gerichte unterworfen.[1390] Der parlamentarische Einfluss sei damit jedoch nicht gänzlich ausgeschlossen; der nationale Gesetzgeber dürfe auch nach der Richtlinie 95/46 vorsehen, dass das Leitungspersonal direkt von Parlament oder Regierung bestimmt werde. Auch eine Rechenschaftspflicht und regelmäßige Tätigkeitsberichte könnten vom Gesetzgeber vorgeschrieben werden.[1391] Im Ergebnis sei daher die von der allgemeinen Staatsverwaltung unabhängige Stellung der Kontrollstellen „noch nicht geeignet, diesen Stellen die demokratische Legitimation zu nehmen“.[1392] Einen subsumtionsfähigen Maßstab zur Prüfung dieser demokratischen Legitimation formuliert das Gericht hingegen nicht.

Während die Entscheidung des EuGH wegen der Stärkung der Datenschutzkontrollstellen im Ergebnis auch Zuspruch gefunden hat,[1393] stehen Einzelaspekte im Mittelpunkt der anschließenden Diskussion, wie das ausgebliebene Eingehen auf die konkrete Art der Aufsicht, der die Datenschutzkontrollstellen unterworfen sind[1394] und die Ausführungen zum

---

1390 *EuGH,* Urt. v. 09.03.2010, Slg. 2010-I, 1885 (Rdnr. 42).

1391 *EuGH,* Urt. v. 09.03.2010, Slg. 2010-I, 1885 (Rdnr. 44).

1392 *EuGH,* Urt. v. 09.03.2010, Slg. 2010-I, 1885 (Rdnr. 46).

1393 *Roßnagel,* Anmerkung zu EuGH, Urteil vom 09.03.2010, EuZW 2010, 299 (297); *Petri/Tinnefeld,* Anmerkung zu EuGH, Urteil vom 09.03.2010, MultiMedia und Recht 2010, 355 (355).

1394 Mehrfach wird kritisiert, dass der EuGH in seinem Urteil nur pauschal von der Unterwerfung unter staatliche Aufsicht spricht, *EuGH,* Urt. v. 09.03.2010, Slg. 2010-I, 1885 (Rdnr. 10), nicht auf die dem deutschen Recht zugrunde liegende Unterscheidung zwischen Rechts- und Fachaufsicht eingeht, *Bull,* Die "völlig unabhängige" Aufsichtsbehörde – Zum Urteil des EuGH vom 9.3.2010 in Sachen Datenschutzaufsicht, EuZW 2010, 488 (488); *Couzinet,* Die Legitimation unabhängiger Behörden an der Schnittstelle von unionalem und nationalen Verfassungsrecht, in: *Debus/Kruse/Peters/Schröder/Seifert/Sicko/Stirn* (Hrsg.), Verwaltungsrechtsraum Europa (2011), S. 216, und nicht einmal die in Deutschland bundesstaatlich bedingt sich stark unterschiedlichen Regelungen differenziert berücksichtigt, *Frenzel,* "Völlige Unabhängigkeit" im demokratischen Rechtsstaat, DÖV 2010, 925 (928); zur Verdeutlichung der Problematik wird aufgeführt, dass selbst die richterliche Unabhängigkeit, wie vom EuGH als Leitvorstellung herangezogen wird, das Bestehen einer Dienst-

unionalen Demokratieprinzip. Bemerkenswert ist dabei, dass der EuGH die Wahrung des Demokratieprinzips nur als Annex zur Vereinbarkeit mit der Richtlinie überprüft[1395] und pauschal ohne weitergehende Begründung die Vereinbarkeit mit diesem feststellt.[1396] Dabei wird auch kritisiert, dass der EuGH weder eine Gegenkonzeption entwickelt, noch sich auf eine theoretische Konzeption beruft.[1397] Eine denkbare Begründung wäre hier beispielsweise eine Berücksichtigung der in Art. 8 Abs. 3 GRC enthaltenen grundrechtlich fundierten Pflicht zur Schaffung einer unabhängigen Kontrollstelle gewesen.[1398] Die erfolgte Art der Implementierung einer solchen unabhängigen Stelle in der Richtlinie erfolgte auch zur Umsetzung dieses Persönlichkeitsrechtsschutzes.[1399] Daneben steht besonders das Leitbild des EuGH bezüglich der sachgerechteren und effektiveren Durchsetzung des Unionsrechts durch weisungsunabhängige Einrichtungen im Zentrum der Kritik. In diesem Zusammenhang wird besonders hervorgehoben, dass es sich gerade im Datenschutzrecht um eine unüberschaubare Vielzahl von Vorschriften handle, die voller höchst unbestimmter Rechtsbegriffe seien und fehlerhaft angewendet würden.[1400] Die Ausnahme von staatlicher Weisung bewirke daher die Gefahr einer uneinheitlichen Rechtsausübung, die jedoch gleichzeitig durch Entscheidungen über eine konkrete Art des Einschreitens besonders politischen Charakter haben

---

aufsicht nicht ausschließt, *Petri/Tinnefeld*, Anmerkung zu EuGH, Urteil vom 09.03.2010, MultiMedia und Recht 2010, 355 (356).

1395 Dass es sich hier allenfalls um „knappe Kontrollüberlegungen“ zum Demokratieprinzip handelt, stellt *Roßnagel*, Anmerkung zu EuGH, Urteil vom 09.03.2010, EuZW 2010, 299 (299) fest, wobei er diese anschließend als überzeugend ansieht.

1396 Vgl. hierzu die Kritik bei *Bull*, Die "völlig unabhängige" Aufsichtsbehörde – Zum Urteil des EuGH vom 9.3.2010 in Sachen Datenschutzaufsicht, EuZW 2010, 488 (489); *Spiecker gen. Döhmann*, Anmerkung zum Urteil des EuGH vom 9.3.2010, JZ 2010, 787 (789); *Frenzel*, "Völlige Unabhängigkeit" im demokratischen Rechtsstaat, DÖV 2010, 925 (928).

1397 *Spiecker gen. Döhmann*, Anmerkung zum Urteil des EuGH vom 9.3.2010, JZ 2010, 787 (789).

1398 Vergleichbar zum deutschen Modell demokratischer Legitimation könnte hier auch eine Abweichung von einem möglicherweise sonst zu erreichenden Maß an demokratischer Legitimation aufgrund einer quasi-verfassungsrechtlich vorgesehenen Ausnahmeregelung gerechtfertigt werden können.

1399 *Petri/Tinnefeld*, Völlige Unabhängigkeit der Datenschutzkontrolle, MultiMedia und Recht 2010, 157 (158).

1400 *Frenzel*, "Völlige Unabhängigkeit" im demokratischen Rechtsstaat, DÖV 2010, 925 (926).

könnte.[1401] Die Kombination der Stärkung der persönlichen Unabhängigkeit der Angehörigen der Mitarbeiter und der großen Handlungsfreiheiten der Datenschutzkontrollstellen in der Sache führe zu einem deutlich geringeren Maß an demokratischer Legitimation gegenüber einer verwaltungsangegliederten Stelle; diese Verringerung könne demokratietheoretisch betrachtet nicht durch nur eingeschränkt wirksame Steuerungsmittel sachlich-inhaltlicher Art, wie der Berichtspflichten, kompensiert werden, weil in parlamentarischen Kontrollverfahren ein Einzelfallbezug schwer hergestellt werden könne und die Möglichkeit der Erlangung gerichtlichen Rechtsschutzes nicht jedermann zumutbar sei.[1402] Mangels einer weitergehenden Begründung durch den Gerichtshof erschließt sich nicht, an welchem rechtlichen Maßstab gemessen diese Konstellation noch und andere nicht mehr als demokratisch legitimiert anzusehen sein sollen. Dafür, dass es sich um einen rechtlichen und damit gerichtlich überprüfbaren Maßstab handeln könnte, spricht die bloße Thematisierung durch den EuGH selbst, da anscheinend nach seiner Auffassung ein Verstoß gegen das in Art. 6 EU a.F. enthaltene Demokratieprinzip als möglicherweise entscheidungsrelevant verstanden werden könnte.

8. EuGH: Pringle gegen Irland (2012)

Das Urteil vom 27.11.2012[1403] zur Vereinbarkeit des ESM mit den Unionsverträgen und zur Zulässigkeit der Einfügung von Art. 136 Abs. 3 AEUV kam als Vorabentscheidung auf Vorlage des Irischen Supreme Court zustande, nachdem der irische Parlamentarier *Thomas Pringle* in einem nationalen Klageverfahren gegen das „Government of Ireland, Ireland und den Attorney General" die Feststellung begehrt hatte, dass die Änderung von Art. 136 AEUV rechtswidrig sei und eine Ratifikation durch Irland nicht erfolge dürfte. Hinsichtlich der Zuständigkeitsfrage legte sich das Gericht fest, dass es sich bei der Einrichtung des Europäischen Stabilitätsmechanismus (ESM) um eine (nicht durch ausschließliche Zuständigkeit der

1401 *Bull*, Die "völlig unabhängige" Aufsichtsbehörde – Zum Urteil des EuGH vom 9.3.2010 in Sachen Datenschutzaufsicht, EuZW 2010, 488 (490).

1402 *Frenzel*, "Völlige Unabhängigkeit" im demokratischen Rechtsstaat, DÖV 2010, 925 (928); *Bull*, Die "völlig unabhängige" Aufsichtsbehörde – Zum Urteil des EuGH vom 9.3.2010 in Sachen Datenschutzaufsicht, EuZW 2010, 488 (490); *Spiecker gen. Döhmann*, Anmerkung zum Urteil des EuGH vom 9.3.2010, JZ 2010, 787 (790).

1403 *EuGH*, Urt. v. 27.11.2012, Slg. 2012-I, ECLI:EU:C:2012:756.

Union ausgeschlossene) wirtschaftspolitische Maßnahme handle, weil die Gewährung von Finanzhilfen für einen Mitgliedstaat offensichtlich nicht zur Währungspolitik gehöre.[1404] Darüber hinaus stellte der EuGH klar, dass Art. 136 Abs. 3 AEUV und der ESM keinesfalls geeignet seien, eine unzulässige Kompetenzverschiebung innerhalb des Zuständigkeitsgefüges zu bewirken, weil zum einen keine neuen Kompetenzen übertragen würden und zum anderen die Berechtigung des Art. 136 Abs. 3 AEUV ja gerade die weiter vorhandene Kompetenz der Mitgliedstaaten bestätige.[1405] Auch materiell erinnert der EuGH nichts gegen die Möglichkeit der Staatenfinanzierung durch den ESM. Die bisherigen Regelungen seien nicht ausreichend, um eine solche Beistandsmöglichkeit zu begründen, sie schlössen Derartiges aber auch nicht aus.[1406] Das Finanzierungsverbot des Art. 123 AEUV treffe den ESM nicht, weil diese Vorschrift ausschließlich auf Unionsorgane anwendbar sei und der ESM nicht hierzu zähle.[1407] Wesentlich ist hier die Argumentation, dass Finanzierungshilfen der übrigen Mitgliedstaaten deshalb nicht ausgeschlossen sein könnten, weil die Vorschrift nicht absolut gelten könne. Dies ergebe sich bereits daraus, dass in Art. 122 AEUV Ausnahmen des Verbots enthalten seien und diese Vorschrift nicht als Ausnahme formuliert sei; also könne es sich bei Art. 125 AEUV nicht um eine absolut zu verstehende Vorschrift handeln.[1408] Auch in struktureller Hinsicht behindere die Einrichtung des ESM nicht die Union in der Wahrnehmung ihrer Kompetenzen und bewirke keine Verschiebung im Machtgefüge, weil ohnehin die Union durch die Kommission beteiligt sei und zum anderen das Prinzip der Verstärkten Zusammenarbeit aus

---

1404 *EuGH*, Urt. v. 27.11.2012, Slg. 2012-I, ECLI:EU:C:2012:756 (Rdnr. 56 ff.): dies ergebe sich maßgeblich aus den Zielen des ESM, weil dieser Teil des Regelungsmechanismus für die Verstärkung der wirtschaftspolitischen Steuerung der Union sei, deshalb seien auch vereinzelte Hinweise auf währungspolitische Ziele unberücksichtigt zu lassen, *EuGH*, Urt. v. 27.11.2012, Slg. 2012-I, ECLI:EU:C:2012:756 (Rdnr. 60 f.).

1405 *EuGH*, Urt. v. 27.11.2012, Slg. 2012-I, ECLI:EU:C:2012:756 (Rdnr. 73 f.).

1406 So erlaube Art. 122 AEUV die Möglichkeit finanzieller Hilfen der Union für Mitgliedstaaten; der Vorschrift sei jedoch keine Ausschließlichkeit dieses Weges zu entnehmen, vgl. *EuGH*, Urt. v. 27.11.2012, Slg. 2012-I, ECLI:EU:C:2012:756 (Rdnr. 118 ff.).

1407 Dem EuGH genügt hier die technische Betrachtung, ob es sich um eine Unionseinrichtung handelt oder möglicherweise Mittel der Mitgliedstaaten aus Finanzinstrumenten enthalten sein könnten, die unter das Verbot des Art. 123 AEUV fielen, *EuGH*, Urt. v. 27.11.2012, Slg. 2012-I, ECLI:EU:C:2012:756 (Rdnr. 125 ff.).

1408 *EuGH*, Urt. v. 27.11.2012, Slg. 2012-I, ECLI:EU:C:2012:756 (Rdnr. 131).

Art. 20 Abs. 1 EUV nur Rechte der Union begründen könnte, wenn schon Kompetenzen vorhanden seien.[1409]

Im Vergleich zu den vielen Entscheidungen des Bundesverfassungsgerichts[1410] zum Themenbereich der Eurorettung zeigt sich eine sehr viel zurückhaltendere Herangehensweise: Der EuGH befasst sich schwerpunktmäßig mit der Kompetenz der Mitgliedstaaten und fasst sich im Rahmen der Begründung des Ergebnisses zur Bail-Out-Problematik sehr kurz.[1411] Auch der Prüfungsmaßstab ist ein völlig unterschiedlicher, weil dem EuGH hier einschlägige Regelungen zur Währungspolitik und zum Kompetenzgefüge zur Verfügung standen und er sich nicht wie das Grundgesetz auf die Einhaltung allgemeiner verfassungsrechtlicher Grundsätze berufen musste, die – wie beim Bundesverfassungsgericht – überhaupt erst eine gerichtliche Kompetenz zur Sachbefassung begründeten.[1412] Legitimationsfragen, wie sie das Bundesverfassungsgericht durch die Aktivierung der Art. 38 Abs. 1, 20 Abs. 1 und 2 GG in den Mittelpunkt rückt, stellen sich daher aus Sicht des Unionsrechts nicht, weil diese sich auch im System des Grundgesetzes ohnehin nicht aus der Sachentscheidung ergaben, sondern nur wegen der Übertragung von Sachkompetenzen auf den zwischenstaatlichen oder Unionsbereich stellten. Dass sich vergleichbare Übertragungsprobleme nicht innerhalb des Unionsrechts ergeben können, erschließt sich unmittelbar.

1409 *EuGH,* Urt. v. 27.11.2012, Slg. 2012-I, ECLI:EU:C:2012:756 (Rdnr. 161 ff.).

1410 *BVerfG,* Urt. v. 07.09.2011, BVerfGE 129, 124; *BVerfG,* B. v. 04.05.2012, EuGRZ, 359; *BVerfG,* Urt. v. 12.09.2012, BVerfGE 132, 195, zuvor schon allgemein zum Kompetenzgefüge *BVerfG,* Urt. v. 30.06.2009, BVerfGE 123, 267.

1411 *Ruffert,* Anmerkung zum Pringle-Urteil, JZ 2013, 257 (258) sieht hierfür vor allem den erforderlichen Konsens zwischen allen 27 beteiligten Richtern des EuGH für bedeutend an; auf einen generell minimalistischen Stil der Beantwortung von Vorlagefragen deutet *Thym,* Anmerkung zum Pringle-Urteil, JZ 2013, 259 (261 f.), der im Gegensatz zu *Ruffert* angesichts der Bedeutung des Verfahrens, der kurzen Verfahrensdauer und der Vielzahl der beteiligten Richter (Entscheidung des Plenums) sogar von einer „bemerkenswerten Begründungsfreude" ausgeht.

1412 *Thym,* Anmerkung zum Pringle-Urteil, JZ 2013, 259 (263) weist hier darauf hin, dass vor der Entscheidung des EuGH auch wegen der unterlassenen Vorlage der Rechtsfragen an diesen eher der Eindruck entstanden sein mag, das BVerfG nehme seine Deutung des Grundgesetzes als den „rechtliche[n] Fixpunkt der Euro-Rettung" wahr.

9. EuGH: Übertragung von Befugnissen auf die EMSA (2014)

Mit der erst 2010 eingerichteten Europäischen Wertpapier- und Marktaufsichtsbehörde (ESMA) und den ihr übertragenen Rechtssetzungsbefugnissen setzte sich der EuGH in seinem Urteil vom 22. Januar 2014 auseinander.[1413] Das Vereinigte Königreich hatte mit seiner Klage die Nichtigerklärung von Art. 28 VO (EU) 236/2012 begehrt,[1414] der den Befugnisbereich um „Eingriffsbefugnisse der ESMA in Ausnahmesituationen" erweitert hatte.[1415] Nach Art. 30, 42 VO (EU) 236/2012 war die Kommission zum Erlass von delegierten Rechtsakten ermächtigt worden, um Kriterien und Faktoren festzulegen, die die ESMA bei Ausübung ihrer Ausnahmebefugnisse zu berücksichtigen hat. Die Klage stützte sich dabei vor allem auf die weitreichenden Entscheidungsbefugnisse der Agentur und nahm auf die Grundsätze der *Meroni*-Rechtsprechung Bezug.[1416] Der Gerichtshof bezieht sich in seiner Entscheidung dann ausdrücklich auf den Maßstab der *Meroni*-Entscheidung und unterscheidet zwischen genau umgrenzten Ausführungsbefugnissen und Befugnissen, die nach freiem Ermessen ausgeübt werden könnten.[1417] Mit der Bezugnahme auf diesen Maßstab stellt der EuGH jedoch zugleich grundlegende Unterschiede zwischen der Übertragung von Befugnissen an privatrechtliche Verbände (im Fall *Meroni*) und der hier erfolgten Übertragung an eine vom Unionsgesetzgeber geschaffene Einrichtung der Union fest.[1418] Gleichwohl führt er die Folgen dieser unterschiedlichen Ausgangssituation nicht aus, weil nach seiner Auffassung die zu prüfenden Elemente insoweit technischer Natur und

---

1413 *EuGH*, Urt. v. 22.01.2014, Slg. 2014, ECLI:EU:C:2014:18 = JZ 2014, 244.

1414 Dabei war nur die Befugniserweiterung der ESMA streitgegenständlich, nicht hingegen die Einrichtung der Agentur selbst, vgl. insoweit *EuGH*, Urt. v. 22.01.2014, Slg. 2014, ECLI:EU:C:2014:18 (245) = JZ 2014, 244.

1415 Insbesondere wurde der ESMA die Befugnis übertragen, natürliche und juristische Personen zu einer Meldung über das Halten bestimmter Leerverkaufspositionen zu verpflichten und Bedingungen für Transaktionen oder ein Verbot solcher Leerverkäufe zu erlassen, Art. 28 Abs. 1 Verordnung (EU) Nr. 236/2012 der Europäischen Parlaments und des Rates vom 14. März 2012 über Leerverkäufe und bestimmte Aspekte von Credit Default Swaps – Erweiterung der EMSA-VO.

1416 *EuGH*, Urt. v. 22.01.2014, Slg. 2014, ECLI:EU:C:2014:18 (Rdnr. 33 f.) = JZ 2014, 244.

1417 *EuGH*, Urt. v. 22.01.2014, Slg. 2014, ECLI:EU:C:2014:18 (Rdnr. 41 f.) = JZ 2014, 244.

1418 *EuGH*, Urt. v. 22.01.2014, Slg. 2014, ECLI:EU:C:2014:18 (Rdnr. 43) = JZ 2014, 244.

damit genügend detailliert umschrieben seien, um als Ausführungsbestimmungen anzusehen zu werden[1419] – damit waren nach Auffassung des EuGH die strengen *Meroni*-Voraussetzungen bereits eingehalten[1420] und die Frage nach einem eventuell gelockerten Maßstab schon nicht mehr entscheidungserheblich.[1421] Nachfolgend lehnt der EuGH das Vorliegen einer der *Romano*-Rechtsprechung[1422] vergleichbaren Situation ab, aus der die Klägerseite das Verbot der ESMA zum Erlass „quasilegislativer Rechtsakte" gefolgert hatte.[1423] Ein solches Verbot könne dem Urteil gerade nicht entnommen werden, weil der durch Art. 263 Abs. 1 AEUV und Art. 277 AEUV geschaffene institutionelle Rahmen es sonstigen Stellen (wie der Agentur) explizit erlaube, Rechtsakte mit allgemeiner Wirkung zu erlassen.[1424] Auch liege kein Verstoß gegen die Anforderungen an eine Delegation von Rechtssetzungsbefugnissen aus Art. 290 und 291 AEUV vor, weil diese nur Übertragungen an die Kommission und nicht an sonstige Stellen umfasse; insoweit würden durch diese Vorschriften nicht alle Formen der Delegation von Rechtssetzungsbefugnissen erfasst und hierdurch abschließend geregelt.[1425]

In seiner Entscheidung befasst sich der EuGH ausschließlich mit Zuständigkeits- und Kompetenzfragen[1426] und diskutiert daher – wohl auch

---

1419 *EuGH*, Urt. v. 22.01.2014, Slg. 2014, ECLI:EU:C:2014:18 (Rdnr. 44 ff.) = JZ 2014, 244; maßgeblich sei, dass die Befugnisse nicht vollkommen frei ausgeübt werden könnten, sondern deren Ausübung an das Vorliegen in der Verordnung genannter Tatbestandsmerkmale geknüpft sei.

1420 *EuGH*, Urt. v. 22.01.2014, Slg. 2014, ECLI:EU:C:2014:18 (Rdnr. 53) = JZ 2014, 244.

1421 Mit deutlich kritischerer Würdigung *Ohler*, Anmerkung zum Urteil des EuGH vom 22.01.2014, JZ 2014, 249 (252), der wegen der nicht klar geregelten Aufsichts- und Kontrollstruktur durch die Kommission über die Agenturen davon ausgeht, dass allein eine solche Form der Gewaltenteilung, die eine wirkliche Aufsicht vorsehe, den Anforderungen der *Meroni*-Rechtsprechung genügen könne.

1422 *EuGH*, Urt. v. 14.05.1981, Slg. 1981, 1242 (vgl. dazu oben IV.C.2).

1423 *EuGH*, Urt. v. 22.01.2014, Slg. 2014, ECLI:EU:C:2014:18 (Rdnr. 56 ff.) = JZ 2014, 244.

1424 *EuGH*, Urt. v. 22.01.2014, Slg. 2014, ECLI:EU:C:2014:18 (Rdnr. 65 f.) = JZ 2014, 244.

1425 *EuGH*, Urt. v. 22.01.2014, Slg. 2014, ECLI:EU:C:2014:18 (Rdnr. 77 ff.) = JZ 2014, 244.

1426 Vgl. hinsichtlich der (zuvor hochumstrittenen Kompetenz der Union nach Art. 114 AEUV zur Gründung derartiger Agenturen *Saurer*, Die Errichtung von Europäischen Agenturen auf Grundlage der Binnenmarktharmonisierungskompetenz des Art. 114 AEUV, DÖV 2014, 549 (554), der insoweit von

mangels entsprechenden Klagevortrags – keine Fragen materieller Vereinbarkeit mit dem primären Unionsrecht und insbesondere nicht solchen Fragen der Vereinbarkeit mit dem unionalen Demokratieprinzip.[1427] Bemerkenswert sind dabei jedoch die strenge Bezugnahme auf die *Meroni*-Rechtsprechung und die Prüfung anhand dieses Maßstabs. Während der Gerichtshof wohl[1428] seine frühere Rechtsprechung aus der Rechtssache *Romano* aufgibt, deutet er hinsichtlich der *Meroni*-Maßstäbe an,[1429] dass zwar wesentliche Unterschiede bei der Delegation an Unionseinrichtungen bestehen, der Maßstab aber insoweit noch heranziehbar ist – andernfalls hätte sich eine Überprüfung der Einhaltung dieser Maßstäbe wohl erübrigt.

10. EuGH: Vorabentscheidung OMT (2015)

Mit Urteil vom 16. Juni 2015 stellte die Große Kammer des EuGH auf Vorlage des Bundesverfassungsgerichts[1430] fest, dass die Beschlüsse des Rates der EZB und des ESZB (vom BVerfG und hier nachfolgend als OMT-Beschluss bezeichnet) von den maßgeblichen Vorschriften des AEUV gedeckt seien.[1431] Die von verschiedenen Regierungen der Mitglied-

---

einem institutionellen Vertrauensvorschuss des EuGH gegenüber dem Europäischen Gesetzgeber ausgeht.

1427 Vgl. auch in der Würdigung *Ohler*, Anmerkung zum Urteil des EuGH vom 22.01.2014, JZ 2014, 249 (249).

1428 So jedenfalls *Ohler*, Anmerkung zum Urteil des EuGH vom 22.01.2014, JZ 2014, 249 (250 f.).

1429 Von einem strikten Festhalten an der *Meroni*-Rechtsprechung geht indes *Ruffert*, Rechtsgrundlagen und Rechtsetzungsbefugnisse von Agenturen, JuS 2014, 279 (280) aus; *Saurer*, Die Errichtung von Europäischen Agenturen auf Grundlage der Binnenmarktharmonisierungskompetenz des Art. 114 AEUV, DÖV 2014, 549 (555) spricht in diesem Zusammenhang von einer wohl erfolgten Modifizierung als Neudeutung.

1430 *BVerfG*, B. v. 14.01.2014, BVerfGE 134, 366, vgl. dazu oben Kap. III.C.36.

1431 *EuGH*, Urt. v. 16.06.2015, Slg. 2015, ECLI:EU:C:2015:400 = JZ 2015, 785; der EuGH bezeichnet diesen Beschluss auch im nicht-amtlichen Leitsatz nur als eine „Reihe technischer Maßnahmen der geldpolitischen Outright-Geschäfte des Eurosystems an den Sekundärmärkten für Staatsanleihen"; die Tenorierung erfolgte dahingehend, dass die Vorschriften der Art. 119, 123 Abs. 1 und 127 Abs. 1 und 2 AEUV und die Art. 17 bis 24 des Protokolls (Nr. 4) über die Satzung des ESZB und die EZB dahingehend auszulegen seien, dass die die EZB und das ESZB zu diesen Beschlüssen ermächtigen.

staaten in Frage gestellte Zulässigkeit[1432] der Vorlageentscheidung bejaht der EuGH dabei mit kurzer Begründung und verweist hinsichtlich der verschiedentlich angezweifelten Entscheidungserheblichkeit und des Vorwurfs, es handle sich lediglich um eine fiktive Frage, auf die Einschätzungsprärogative des vorlegenden Gerichts.[1433] Materiell hält er das weite Ermessen des ESZB für bedeutsam[1434] und erkennt keine materiellen Verstöße gegen die Vorgaben der Verträge. Insbesondere hält der EuGH die durchgeführten Maßnahmen wie schon im Pringle-Urteil[1435] für solche der Währungspolitik, die im Zuständigkeitsbereich der Union liegen.[1436]

Dass die Entscheidung des EuGH einen völlig anderen Schwerpunkt als der Vorlagebeschluss des Bundesverfassungsgerichts aufweisen muss, ergibt sich aus den jeweiligen Klagegegenständen. Während letzterer sich in erheblichem Umfang mit demokratischen Fragen beschäftigte, können derartige Aspekte bereits wegen der Maßstabsdivergenz nicht vom EuGH behandelt werden. Wenn die durchgeführten Maßnahmen nach Auffassung des EuGH gemessen an den Europäischen Verträgen zulässig sind, kann demzufolge keine Kompetenzverschiebung zwischen Mitgliedstaaten und Union stattgefunden haben. Fragen zur demokratischen Legitimation der EZB- und ESZB-Organe hatte auch das Bundesverfassungsgericht nicht aufgeworfen, weil dies selbst in ständiger Rechtsprechung von einer offensichtlichen Rechtfertigung und damit unproblematischer Zulässigkeit der Unabhängigkeit der Zentralbank ausgeht.

11. EuGH: Haushaltsbefugnisse des Europäischen Parlaments (2018)

Anlässlich der durch Frankreich beantragten Nichtigerklärung der Verabschiedung des Haushaltsplans für das Jahr 2017 wegen Verstoßes gegen

---

1432 Vgl. aus dem Schrifttum *Heun*, Eine verfassungswidrige Verfassungsgerichtsentscheidung – der Vorlagebeschluss des BVerfG vom 14.1.2014, JZ 2014, 331 (336 f.).

1433 Für die Entscheidungserheblichkeit: *EuGH*, Urt. v. 16.06.2015, Slg. 2015, ECLI:EU:C:2015:400 (Rdnr. 15 f.) = JZ 2015, 785; für die Zulässigkeit *EuGH*, Urt. v. 16.06.2015, Slg. 2015, ECLI:EU:C:2015:400 (Rdnr. 24 f.) = JZ 2015, 785.

1434 *EuGH*, Urt. v. 16.06.2015, Slg. 2015, ECLI:EU:C:2015:400 (Rdnr. 75) = JZ 2015, 785.

1435 *EuGH*, Urt. v. 27.11.2012, Slg. 2012-I, ECLI:EU:C:2012:756; vgl. dazu oben IV.C.1.

1436 *EuGH*, Urt. v. 16.06.2015, Slg. 2015, ECLI:EU:C:2015:400 (Rdnr. 46 ff.) = JZ 2015, 785.

einen Beschluss über die Festlegung der Sitze der Organe („Beschluss von Edinburgh") thematisierte der EuGH die besondere Bedeutung der Ausübung der Haushaltsbefugnisse durch das Parlament in der Plenarsitzung für „die Transparenz und die demokratische Legitimation der Handlungen der Union, die auf ihrem jährlichen Haushaltsplan beruhen".[1437] Hierbei wird der Begriff der „demokratischen Legitimation" mehrfach als zentral in den Mittelpunkt gestellt,[1438] allerdings dient diese Referenz einzig der Bestimmung der Reichweite des parlamentarischen Ermessensspielraums und hat keinen eigenständigen Maßstabswert.

12. EuGH: Wightman (2018)

Auch in seiner Entscheidung zur Möglichkeit der Rücknahme des EU-Austrittsantrags durch das Vereinigte Königreich thematisierte der EuGH „die Demokratie" und „ihre" Bedeutung für die Unionsrechtsordnung.[1439] Dieser Demokratiebezug erschöpft sich allerdings darin, als Auslegungshilfe zu dienen, indem der EuGH für die Ermittlung der Reichweite von Art. 50 EUV die Bedeutung der Demokratie als Teil der Präambel des EU-Vertrages, als gemeinsamen Wert i.S.v. Art. 2 EUV und als Teil der Präambel der Grundrechtecharta zu den Grundlagen der Unionsrechtsordnung zählt – insoweit ist ein Legitimationsbezug genauso wenig gegeben wie eine spezifische Maßstäblichkeit.

13. Zusammenfassung: Maßstäbe in der Rechtsprechung

In der Zusammenschau ergibt sich, dass ein als solches bezeichnetes Demokratieprinzip als Rechtsmaßstab für den Europäischen Gerichtshof zumindest explizit keine entscheidende Rolle spielt. Im allein hierfür maßgeblichen Unionsprimärrecht sieht der EuGH damit insoweit kein dem Grundgesetz gleichartiges Rechtsprinzip demokratischer Legitimation, das vergleichbare Wirkungen entfalten könnte. Insbesondere stellt er keine ex-

---

1437 *EuGH,* Urt. v. 02.10.2018, Slg. 2018, ECLI:EU:C:2018:787 (Rdnr. 34) = BeckRS 2018, 23410.

1438 *EuGH,* Urt. v. 02.10.2018, Slg. 2018, ECLI:EU:C:2018:787 (Rdnr. 40) = BeckRS 2018, 23410.

1439 *EuGH,* Urt. v. 10.12.2018, Slg. 2018, ECLI:EU:C:2018:851 (Rdnr. 62) = NVwZ 2019, 143.

plizite Verbindung zwischen demokratischen Grundsätzen und der Fragestellung der Zulässigkeit der Übertragung von Entscheidungsbefugnissen an unabhängige Behörden her.

Einzig die Zulässigkeit der Ausstattung unabhängiger Einrichtungen mit Entscheidungsbefugnissen stellt vor dem Hintergrund des institutionellen Gleichgewichts für den EuGH einen Prüfmaßstab dar, wie sich aus der immer noch fortgesetzten Bezugnahme des Gerichtshofes auf die *Meroni*-Rechtsprechung ergibt.[1440] Zugleich zeigt sich allerdings auch, dass es sich mittlerweile keineswegs mehr um eine ernste Hürde handelt, weil offensichtlich das Agenturwesen in seiner zwischenzeitlich erlangten Form als zulässig angesehen wird und damit keine nachhaltigen Beeinträchtigungen des institutionellen Gleichgewichts mehr zu befürchten sind. Bedenkt man die anfänglichen Hintergründe der *Meroni*-Rechtsprechung und die nach heutigem Verständnis ins Auge springende rechtswidrige Delegation von Befugnissen auf eine privatrechtliche Einrichtung, erscheint erst recht fraglich, was für eine Ausgangslage die ursprünglichen *Meroni*-Maßstäbe noch einmal aktivieren könnte. Dies erklärt auch, warum es in der Geschichte der Europäischen Union erst ein einziges Mal in zwei Parallelurteilen zur Aktivierung dieser Grenzen kam.

D. Literaturkonzeptionen unionaler Demokratiemaßstäbe

Schon vor dem Vertrag von Lissabon wurde in der Literatur ein unionales Demokratieprinzip diskutiert. Mit Art. 9-12 EUV (Lissabon) sind dann erstmals Vorschriften in die Verträge aufgenommen worden, die sich deutlicher zur Frage der demokratischen Legitimation äußern. Daneben wurden verschiedentlich Anknüpfungspunkte für eine notwendige demokratische Legitimation in den grundlegenden Demokratiebekenntnissen erkannt. Wie schon in der Darstellung der verschiedenen Ansätze zum Legitimationsniveau nach dem Demokratieprinzip des Grundgesetzes soll auch hier die Darstellung chronologisch nach ausgewählten Ansätzen im Schrifttum erfolgen.

1440 Vgl. zuletzt bei der Übertragung von Befugnissen auf die EMSA, *EuGH*, Urt. v. 22.01.2014, Slg. 2014, ECLI:EU:C:2014:18 (Rdnr. 41 f.) = JZ 2014, 244 (dazu oben IV.C.9).

1. Frühere Vertragslagen

a) Manfred Zuleeg (1993)

Auf der Grundlage der Rechtsprechung des EuGH untersucht *Manfred Zuleeg* die Existenz und Verortung des Grundsatzes der Demokratie im Recht der Europäischen Gemeinschaft.[1441] Dieser habe sich anfänglich ausschließlich aus der Präambel ergeben und in der Existenz der Versammlung als Vorläuferin des Europäischen Parlaments gezeigt, deren Bedeutung der EuGH schon früh betont habe.[1442] Trotz der anfänglichen Aussparung der Kontrolle des Demokratieprinzips durch den EuGH durch Art. 31 EEA habe der Gerichtshof schon früh die Bedeutung des Parlaments hervorgehoben und deshalb auch diesem ein Klagerecht eingeräumt.[1443] Mit dem Vertrag von Maastricht sei die Demokratie zwar gestärkt worden, allerdings weiterhin als nur unvollkommen anzusehen.[1444] Wenn auch die Wirkungen des Demokratieprinzips vereinzelt nur schwach ausgeprägt seien und nur selten direkt zur Anwendung kämen, ergebe sich aus der Rechtsprechung des Europäischen Gerichtshofs klar, dass das Demokratieprinzip Rechtswirkungen zeitige und insbesondere über den Grundsatz des institutionellen Gleichgewichts auf Unions- bzw. Gemeinschaftsebene wirksam sei. Daneben entfalte das Prinzip seine Auswirkungen auch an die Mitgliedstaaten gerichtet, weil diese neben der unmittelbaren Wahl des Parlaments auch einen Teil der Legitimationsleistung erbringen müssten.[1445] Neben der positiven Legitimationsleistung sei jedoch die fehlende Akzeptanz der Gemeinschaftsrechtsordnung durch

---

1441 *Zuleeg*, Demokratie in der Europäischen Gemeinschaft, JZ 1993, 1069.

1442 Mit Verweis auf *EuGH*, Urt. v. 29.10.1980, Slg. 1980, 3333 bei *Zuleeg*, Demokratie in der Europäischen Gemeinschaft, JZ 1993, 1069 (1070).

1443 *Zuleeg*, Demokratie in der Europäischen Gemeinschaft, JZ 1993, 1069 (1070) unter Bezugnahme auf *EuGH*, Urt. v. 22.05.1990, Slg. 1990-I, 2041, wobei allerdings der Bezug nicht direkt auf das Demokratieprinzip genommen wurde, sondern auf den Grundsatz des institutionellen Gleichgewichts.

1444 Dabei dürfe die Legitimation sich nicht nur in der Rechtmäßigkeit eines Hoheitsaktes erschöpfen, sondern müsse auch noch auf die Anerkennung bzw. einen gewissen Grad der Zustimmung angewiesen sein, *Zuleeg*, Demokratie in der Europäischen Gemeinschaft, JZ 1993, 1069 (1071).

1445 Deshalb sei es aus Sicht der Legitimation auch erforderlich, dass die theoretische Möglichkeit der Suspendierung der Entscheidungsmöglichkeit bei mitgliedstaatlichen Verstößen gegeben sei, weil andernfalls keine wirksame Legitimation erfolgen könne, vgl. *Zuleeg*, Demokratie in der Europäischen Gemeinschaft, JZ 1993, 1069 (1072 f.).

viele Unionsbürger als wesentlicher Grund für ein demokratisches Defizit anzuführen, die aus mangelnder Transparenz und Effizienz der Entscheidungen resultiere. Hierfür biete auch mangels genügender Einflussmöglichkeiten das Europäische Parlament keinen hinreichenden Ausgleich, weil es vor allem an einem genügenden Zusammengehörigkeitsgefühl fehle.[1446]

Bei der Argumentation von *Zuleeg* zeigen sich zwei wesentlich verschiedene Anknüpfungspunkte. Zum einen legt er ein Demokratieprinzip zugrunde, das zwar nur abgeleitet ist, dennoch als positiv-rechtlich verankerter Maßstab praktische Rechtswirkungen entfaltet, vor allem im Grundsatz des institutionellen Gleichgewichts. Der daneben genannte Grundsatz demokratischer Legitimation stellt sich in der Argumentation als nicht spezifisch rechtlicher dar und leitet sich allein aus theoretischen Maßstäben ab, die rechtlich auch nur im mitgliedstaatlichen Verfassungsrecht verortet werden könnten.

b) Winfried Kluth (1995)

Noch zur Gemeinschaftsrechtslage nach dem Vertrag von Maastricht untersucht *Winfried Kluth* die Voraussetzungen aus nationaler und gemeinschaftsrechtlicher Sicht zur demokratischen Legitimation der Europäischen Union und Gemeinschaft.[1447] Dabei sei die EG als grundsätzlich demokratiefähig anzusehen, weil sie eine selbständige Herrschaftsordnung geschaffen habe, die auch ihr eigenes Legitimationssystem verwirklichen könne.[1448] Insbesondere in der Präambel sei das Demokratieprinzip nor-

---

1446 Vor allem fehle es am „politisch-sozialen Unterbau“, der eine genügende Legitimationsleistung des Parlaments bedeuten könnte, *Zuleeg*, Demokratie in der Europäischen Gemeinschaft, JZ 1993, 1069 (1073 f.).

1447 *Kluth*, Die demokratische Legitimation der Europäischen Union (1995).

1448 Insoweit sei das Erfordernis eines Staatsvolks als Legitimationsgrundlage abzulehnen, weil auch ohne Vorhandensein eines solchen Volkes die soziokulturellen Voraussetzungen gegeben sein können, die eine „Demokratie ohne Volk“ auf supranationaler Ebene grundsätzlich möglich machten, *Kluth*, Die demokratische Legitimation der Europäischen Union (1995), S. 42 f.; eine selbständige Herrschaftsordnung liege vor, weil durch eine eigenständige Rechtsordnung ein fest umrissener Bürgerstatus mit eigenständigen Rechtsverbürgungen geschaffen worden sei, *Kluth*, Die demokratische Legitimation der Europäischen Union (1995), S. 48 f.

mativ verankert[1449] und entfalte sich vor allem in der Wahl zum Europäischen Parlament.[1450] Neben dieser unmittelbaren Legitimationskomponente sei die mittelbare Legitimation der Vertreter des Rates als ergänzende Legitimation anzusehen, die von den mitgliedstaatlichen Strukturen abgeleitet sei.[1451] Der Maßstab für das erforderliche Legitimationsniveau ergebe sich daran anschließend aus dem Typus des parlamentarischen Regierungssystems, das sich durch eine rechtsvergleichende Analyse der Verfassungen der Mitgliedstaaten entnehmen lasse.[1452] Hieran gemessen könne für die Europäische Union mit der Kommission als wesentlichem handelnden Akteur, der dem direkt gewählten Parlament und den indirekt legitimierten Ratsmitgliedern verantwortlich sei, kein normativ feststellbares Demokratiedefizit erkannt werden, weil die grundlegende Funkti-

1449 Während noch unter vorheriger Vertragslage die Verankerung des Demokratieprinzips nur als Folge des Homogenitätsprinzips hergeleitet habe werden können, sei mit dem Vertrag von Maastricht erstmals ein ausdrücklicher Demokratiebezug hergestellt worden, aus dem sich ein Anknüpfungspunkt herleiten lasse, *Kluth,* Die demokratische Legitimation der Europäischen Union (1995), S. 67.

1450 Durch das Wahlsystem werde zwar keine auch nur annähernde Teilhabegleichheit bewirkt, allerdings könne die Berücksichtigung der Mitgliedstaaten neben den wahlberechtigten Bürgern eine Anknüpfung für eine Rechtfertigung der Unterschiede bewirken, *Kluth,* Die demokratische Legitimation der Europäischen Union (1995), S. 70 f.; durch Anhörungs- und Vorschlagsrechte könne das Parlament auch ohne Entscheidungsbefugnisse politisch wirksam agieren, *Kluth,* Die demokratische Legitimation der Europäischen Union (1995), S. 73 ff.

1451 Für die politische Verantwortlichkeit und Legitimation einer Entscheidung reiche es insoweit aus, dass die mitgliedstaatlichen Parlamente Einfluss nehmen könnten und über die ihnen verantwortlichen Regierungen auch auf Europäischer Ebene mitwirken würden, *Kluth,* Die demokratische Legitimation der Europäischen Union (1995), S. 82 f.

1452 Hierfür sei zunächst entscheidend, dass es einen allgemeinen Rechtsgrundsatz gebe, der die Vermittlung demokratischer Legitimation auf dem Wege territorialer-pluraler Repräsentation erlaube, *Kluth,* Die demokratische Legitimation der Europäischen Union (1995), S. 85; danach könne über die demokratische Rückbindung der Regierungstätigkeit auch das Handeln des Rates grundsätzlich legitimiert werden, *Kluth,* Die demokratische Legitimation der Europäischen Union (1995), S. 86 f.; in den parlamentarischen Systemen aller Mitgliedstaaten könne gezeigt werden, dass die Regierungen dem Parlament verantwortlich seien, lediglich das Maß der Unabhängigkeit der Regierung vom Parlament sei unterschiedlich ausgestaltet, *Kluth,* Die demokratische Legitimation der Europäischen Union (1995), S. 91 f.

onsweise den Verfassungsideen der Mitgliedstaaten entspreche.[1453] Neben diesem unionsrechtlichen Maßstab bestünden noch weitere mitgliedstaatliche Rechtsgrundsätze wie Art. 23 Abs. 1 GG. Insbesondere dessen Anforderungen ließen sich jedoch nicht als Grundlage für einen allgemeinen Rechtsgrundsatz heranziehen, weil sich diese (vergleichsweise strengen) Anforderungen nicht auch aus anderen mitgliedstaatlichen Rechtsordnungen ergäben.[1454]

Der von *Kluth* angewandte Maßstab stellt sich dabei als normativ-positivrechtlich dar, weil für die in Frage kommenden Maßstäbe zunächst die wirkliche Verankerung im geltenden Recht nachgewiesen wird, bevor hieraus Art und Reichweise jeweils abgeleitet wird. Für den damaligen Rechtsstand ist somit deutlich dargelegt, wie grob strukturiert und undifferenziert sich ein Legitimationsmaßstab im Unionsrecht darstellt.

c) Martin Shapiro (1997)

Im Vergleich zur US-amerikanischen Entwicklung unabhängiger (Regulierungs-)Behörden prognostiziert *Martin Shapiro* vergleichbare Probleme mit den weiter erstarkenden Europäischen Agenturen.[1455] Aus politischer Sicht und durch die grundlegende Motivation für die Unabhängigstellung der Einrichtungen unterschieden sich beide Formen zwar wesentlich, weil es bei den Europäischen Agenturen deutlich stärker auf den Aspekt des

1453 Zusammenfassend *Kluth,* Die demokratische Legitimation der Europäischen Union (1995), S. 96.

1454 Normativer Anknüpfungspunkt für die Berücksichtigung des Grundsatzes aus Art. 23 Abs. 1 GG könne allenfalls über eine unionsrechtliche Rücksichtnahme auf besondere nationale verfassungsrechtliche Anforderungen (Sonderlage) sein, eigene unionsrechtliche Grundsätze ließen sich jedoch hieraus nicht herleiten, *Kluth,* Die demokratische Legitimation der Europäischen Union (1995), S. 89.

1455 Dabei ergäben sich schon bei anfänglicher Betrachtung große Unterschiede zwischen US-amerikanischen und Europäischen Agenturen: viele als solche bezeichneten Agenturen in den USA stellten wegen ihrer Abhängigkeit und Weisungsgebundenheit keine unabhängigen Einrichtungen dar; stattdessen liege dort die Unabhängigkeit nur dann vor, wenn keine finanzielle Abhängigkeit vom Kabinett bestehe und keine Weisungsgebundenheit von Kongress oder dem Präsidenten vorliege, also vor allem bei unabhängigen Regulierungskommissionen wie SEC, FCC und FTC, vgl. *Shapiro,* The problems of independent agencies in the United States and the European Union, Journal of European Public Policy 4 (1997), 276 (276 ff.).

institutionellen Gleichgewichts und der Gewaltentrennung und der Entpolitisierung technisch anmutender Entscheidungen ankomme.[1456] Hinsichtlich der auftretenden Schwierigkeiten könne jedoch eine gewisse Vergleichbarkeit verschiedener Herausforderungen ausgemacht werden:[1457] Zunächst ergäben sich regelmäßig Koordinierungsprobleme, weil – auch durch die Betonung technischen Sachverstands – vor allem partikulare bereichsspezifische Aspekte betont würden, aber das Gesamtbild vernachlässigt werde.[1458] Daneben stellten sich immer Legitimitätsprobleme, weil der technische Aspekt der Informationsbeschaffung zwar von der Entscheidungsfindung getrennt, jedoch unmöglich im Informationsbereich ein vollständig objektives Handeln erreicht werden könnte, weil stets mit der Informationsauswahl eine subjektive und damit möglicherweise politische Komponente enthalten sei.[1459] Die politische Kontrolle über unabhängige Einrichtungen sei in der EU überdies noch sehr viel schwieriger zur erreichen, weil das Europäische Parlament bisher und auch in absehbarer Zukunft kein dem US-amerikanischen Kongress vergleichbar spezialisiertes Komiteesystem habe, das sachlich und fachlich in der Lage sei, hochspezialisierte Einrichtungen überwachen zu können.[1460] In der EU könne diese Kontrolle nur auf Ebene der Verwaltungsräte erfolgen, die mit Vertretern der Mitgliedstaaten besetzt seien. Insgesamt werde damit die Stärkung unabhängiger Einrichtungen genutzt, um Vorbehalten gegenüber der Kommission zu entgehen, dies sollte jedoch durch eine Stärkung der Transparenz kompensiert werden.[1461]

1456 Bedeutsam für den Europäischen Ansatz sei aber auch, dass bereits die Kommission eine vergleichbar technische Einrichtung darstellte, *Shapiro,* The problems of independent agencies in the United States and the European Union, Journal of European Public Policy 4 (1997), 276 (280 f.).

1457 *Shapiro,* The problems of independent agencies in the United States and the European Union, Journal of European Public Policy 4 (1997), 276 (282 ff.).

1458 Hinzu komme bei den Europäischen Agenturen der nicht nur technische, sondern stark regulative Charakter, *Shapiro,* The problems of independent agencies in the United States and the European Union, Journal of European Public Policy 4 (1997), 276 (283).

1459 In besonderer Weise stelle sich die Legitimitätsproblematik bei der Europäischen Union noch stärker als in den USA, weil die EU selbst häufiger dem Vorwurf mangelnder Legitimität ausgesetzt sei, *Shapiro,* The problems of independent agencies in the United States and the European Union, Journal of European Public Policy 4 (1997), 276 (284 ff.).

1460 *Shapiro,* The problems of independent agencies in the United States and the European Union, Journal of European Public Policy 4 (1997), 276 (288 f.).

1461 *Shapiro,* The problems of independent agencies in the United States and the European Union, Journal of European Public Policy 4 (1997), 276 (290).

Mit seiner vergleichenden Betrachtung der US- und EU-Einrichtungen zeigt *Shapiro* die Europäische Problematik aus politikwissenschaftlicher Sicht auf, ohne spezifisch rechtliche Maßstäbe zugrunde zu legen. Besonders auffällig ist, dass er die auftretenden Probleme in den Themenfeldern „Legitimität" und „Gewaltentrennung" verortet, eine Rubrizierung unter spezifisch demokratischen Gesichtspunkten jedoch nicht vornimmt. Vor dem Hintergrund, dass derartige Probleme unabhängiger Einrichtungen im US-amerikanischen Kontext überhaupt nicht unter spezifisch demokratischen Gesichtspunkten diskutiert werden, zeigt sich damit zugleich die Unabhängigkeit der Argumentation von einem spezifischen Demokratiebegriff. Die steuerungswissenschaftlichen Aspekte, die er seinem Vergleich zugrunde legt, sind jedoch auch für die rechtliche Betrachtung in der Untersuchung der Einhaltung (eventueller) rechtlicher Maßstäbe von großer Bedeutung, da sie die notwendigen tatsächlichen Ansatzpunkte und Erkenntnisse für eine Subsumtion unter einen Demokratiemaßstab liefern.

d) Giandomenico Majone (1998)

Explizit mit Fragen des Maßstabs für die Beurteilung des Demokratiedefizits der Europäischen Union beschäftigt sich *Giandomenico Majone*.[1462] In der Diskussion über demokratische Defizite von Europäischer Union und den Gemeinschaften würden die Schritte der Maßstabssetzung („standard-setting") und der Anwendung eines Maßstabs („standard-using") oftmals vermengt, dabei fehle es überhaupt noch an konsentierten Anforderungen, die zugrunde gelegt werden könnten.[1463] In der Diskussion über Legitimitätsmaßstäbe würden dabei oft theoretische und praktische Demokratiemaßstäbe mitgliedstaatlicher parlamentarischer Demokratien zugrunde gelegt, die sich aus Grundsätzen der Beurteilung der Demokratie nationaler Institutionen, nach majoritären Demokratietheorien, nach nationalen Legitimationsmaßstäben oder nach sozialen Standards bestimmten.[1464] Da-

1462 *Majone*, Europe's ′Democratic Deficit′: The Question of Standards, ELJ 1998, 5.

1463 In Ermangelung geeigneter Maßstäbe seien auch die gebotenen Lösungsvorschläge regelmäßig methodisch fehlerhaft, solange die Maßstäbe, aus denen sich das demokratische Defizit ergebe, nicht genau benannt würden, vgl. *Majone*, Europe's ′Democratic Deficit′: The Question of Standards, ELJ 1998, 5 (6).

1464 Oftmals seien die Zielrichtungen dieser Maßstäbe nicht einmal ansatzweise miteinander vereinbar, *Majone*, Europe's ′Democratic Deficit′: The Question of Standards, ELJ 1998, 5 (6 f.).

bei zeige sich schon aus der Entstehungsgeschichte der Union und der Gemeinschaften, dass sich Analogien zu staatlichen Demokratieformen verböten, weil die Europäischen Institutionen überhaupt nicht mit einer vergleichbaren Motivationslage kreiert worden seien.[1465] Die Union und die Gemeinschaften seien anfangs überhaupt nicht als demokratische, sondern als entpolitisierte und ausschließlich wirtschaftsbezogene Einheiten konzipiert worden. Auch sei erst mit dem Vertrag von Maastricht die immer weitere Kompetenzbegründung durch die EG beendet und zugunsten stärkerer vorheriger Bestimmung geregelt worden.[1466] Auch majoritäre Demokratiemaßstäbe seien nicht für die Beurteilung geeignet, da diese selbst in den Mitgliedstaaten die absolute Ausnahme darstellten und sich überhaupt schwerlich für ein föderatives Modell eigneten.[1467] Stattdessen habe von Anfang der EG an die politische und damit auch demokratische Verantwortung für EG/EU bei den souveränen demokratischen Mitgliedstaaten gelegen, was bei einer angenommenen Beschränkung auf die Schaffung wirtschaftlich-technischer Mindeststandards auch plausibel sei.[1468] Durch einen entsprechenden Maßstab könnten Legitimitätsprobleme nicht-majoritärer Institutionen berücksichtigt werden, insbe-

1465 Insbesondere sei das Parlament als demokratische Abstützung designt worden und gerade nicht wie bei den Mitgliedstaaten als wesentliche Institution zur Steuerung von Politik und Legitimation, weil schon von den zur Verfügung stehenden Kompetenzen die Union nicht mit ihren Mitgliedstaaten vergleichbar sei; auch für die Gewaltenteilung lägen auf Unionsebene völlig unterschiedliche Motivationslagen vor, weil diese auf supranationaler Ebene einen Ausgleich zwischen demokratischen Elementen und bleibender Steuerung durch die Mitgliedstaaten schaffen sollen, was üblicherweise in Nationalstaaten nicht von Interesse ist, vgl. *Majone,* Europe's ′Democratic Deficit′: The Question of Standards, ELJ 1998, 5 (7 f.).

1466 Dies zeige sich besonders in der Art der Kompetenzbegründung und Kompetenzwahrnehmung: Seit 1973 habe der Rat vergleichbar der US-amerikanischen interstate and foreign commerce-Klausel exzessiv von Art. 235 EGV Gebrauch gemacht, um die Kompetenzen auszudehnen, erst die neuen Bestimmungen der Unionsverträge nach Maastricht hätten hier Begrenzungen auch aus demokratischen Gesichtspunkten geschaffen, *Majone,* Europe's ′Democratic Deficit′: The Question of Standards, ELJ 1998, 5 (9 f.).

1467 Die majoritäre britische Tradition sei insoweit mit seiner umfassenden Parlamentssouveränität nicht mit den Systemen der anderen Mitgliedstaaten vergleichbar, die – im Gegenteil – wegen der oft föderalen Systeme sogar nicht-majoritär geprägt seien, *Majone,* Europe's ′Democratic Deficit′: The Question of Standards, ELJ 1998, 5 (11).

1468 Insofern habe auch die Annahme des BVerfG, dass die Legitimität von den Mitgliedstaaten abhänge und diese für die Legitimität der EU/EG verantwortlich seien, dem vorherrschenden Verständnis entsprochen, vgl. *Majone,* Euro-

sondere Verselbständigungen und mangelhafte Kontrollmechanismen.[1469] Zugleich erschienen derartige Verselbständigungen insbesondere in Hinblick auf majoritäre Verständnisse oftmals unproblematisch.[1470] Daher müsse zwischen formellen und materiellen Kriterien für die Beurteilung der Legitimität unterschieden werden, ob diese also durch eine Delegation allein durch die freie Entscheidung eines legitimierten Entscheidungsträgers bewirkt werden könne oder ob die Legitimität nur bestehe, wenn auch materiell noch ein weiterer Einfluss auf die Einzelfallentscheidung bestehe. Daneben bestünde auch die denkbare Alternative substantieller inhaltlicher Maßstäbe, die notwendigerweise eine detaillierte Zielbestimmung voraussetzten und damit eine Beurteilung anhand eines Prozessergebnisses erlaubten.[1471]

Mit seiner Unterscheidung dieser unterschiedlichen Maßstabsansätze plädiert *Majone* dafür, die Politikziele für jeden Fall der Schaffung unabhängiger Institutionen präzise zu definieren, um eine zulässige Delegation zu ermöglichen.[1472] Die von ihm angesprochenen Demokratiemaßstäbe stellen jedoch keine positiv-rechtlichen dar, vielmehr zeigt die Darstellung der Umstrittenheit demokratischer Maßstäbe, dass es hier um theoretische Demokratieannahmen gehe, die im politischen Diskurs angeführt werden. Der Ausweg, die Ziele bei der Agenturgründung genauer zu benennen, kann zwar bei der rechtlichen Beurteilung für die Art der Zielsetzung und der Einhaltung helfen. Eine rechtliche Beurteilung der Zulässigkeit kann jedoch nur vor einem primärrechtlichen Maßstab erfolgen, welcher

---

pe's 'Democratic Deficit': The Question of Standards, ELJ 1998, 5 (12) mit Bezug auf *BVerfG*, Urt. v. 12.10.1993, BVerfGE 89, 155.

1469 Mit besonderer Betonung der Rolle der Europäischen Zentralbank *Majone*, Europe's 'Democratic Deficit': The Question of Standards, ELJ 1998, 5 (14 f.).

1470 Ähnlich auch der Diskussion zur Zulässigkeit unabhängiger Institutionen in den USA, *Majone*, Europe's 'Democratic Deficit': The Question of Standards, ELJ 1998, 5 (19 f.).

1471 Eine solche Zielbeschreibung lasse sich bei den Zentralbanken finden: Dadurch, dass hier inhaltliche Kriterien wie Preisstabilität als messbare Elemente vorhanden seien, werde eine Beurteilung anhand der Qualität ermöglicht, *Majone*, Europe's 'Democratic Deficit': The Question of Standards, ELJ 1998, 5 (23 f.).

1472 Dabei unterscheidet er zwischen Verteilungsproblematiken, die allein durch majoritäre Maßstäbe beurteilt werden könnten, und effizienzorientierten Vorgehensweisen, bei denen sich eine Qualitätsbeachtung für die Legitimitätsfrage anbiete, vgl. *Majone*, Europe's 'Democratic Deficit': The Question of Standards, ELJ 1998, 5 (28).

entsprechende Kriterien (ggf. auch übereinstimmend mit den dort vorgeschlagenen) als rechtlich verbindliche festlegt.

e) Robert Uerpmann (2000)

Als prägenden Teil eines „Europäischen Verwaltungsorganisationsrechts im Werden“ bezeichnet *Robert Uerpmann* die Verwaltung auf Gemeinschaftsebene durch verselbständigte Verwaltungseinheiten, vor allem die Agenturen.[1473] Dass die EG selbst weitere – nicht bereits durch die Primärverträge geschaffenen – selbständige Agenturen als eigenständige juristische Personen schaffen könnte, sei nicht zwar selbstverständlich, aber nach mehr als 25 Jahren ständiger Verwaltungspraxis als anerkannt anzusehen.[1474] Als rechtlich schwierig erweise sich hier die Gründung auf der Rechtsgrundlage des Art. 308 EGV, weil mit dem Erfordernis der Notwendigkeit des Tätigwerdens der Union und der weiteren Voraussetzung, dass anderweitig keine expliziten Befugnisse in den Verträgen enthalten sein dürfen, zwei ernste Hürden existierten, die noch von der Änderung der Verträge nach Art. 48 EUV abgegrenzt werden müssten.[1475] Zu den denkbaren legitimen Gründen für die Schaffung unabhängiger Agenturen seien eine oftmals nötige Koordinierung nationalen Verwaltungshandelns[1476]

1473 *Uerpmann,* Mittelbare Gemeinschaftsverwaltung durch gemeinschaftsgeschaffene juristische Personen des öffentlichen Rechts, AöR 125 (2000), 551 (585).

1474 Dies führe dann auch (wohl aus rechtssoziologischer Sicht) zu einer Scheu, die Rechtmäßigkeit der geschaffenen Agenturen ernsthaft zu hinterfragen, *Uerpmann,* Mittelbare Gemeinschaftsverwaltung durch gemeinschaftsgeschaffene juristische Personen des öffentlichen Rechts, AöR 125 (2000), 551 (557).

1475 Deshalb müsse nach Art. 48 EUV vor allem die Abgrenzung vorgenommen werden, ob und inwieweit sich durch die Schaffung eines solchen neuen unabhängigen Rechtsträgers das institutionelle Gleichgewicht der Union und der Gemeinschaft ändere, *Uerpmann,* Mittelbare Gemeinschaftsverwaltung durch gemeinschaftsgeschaffene juristische Personen des öffentlichen Rechts, AöR 125 (2000), 551 (559 f.).

1476 Insbesondere durch die Verwaltungsräte der Agenturen, in denen alle Mitgliedstaaten vertreten seien, könne ohne Begründung einer eigenen Unions-/Gemeinschaftskompetenz und damit kompetenzschonend eine bessere Koordinierung erreicht werden; gleichwohl gehe dies einher mit einer geringeren Verantwortungsklarheit, vgl. *Uerpmann,* Mittelbare Gemeinschaftsverwaltung durch gemeinschaftsgeschaffene juristische Personen des öffentlichen Rechts, AöR 125 (2000), 551 (562 ff.).

und eine erwünschte Abschirmung von politischem Einfluss[1477] zu sehen. Für das Tätigwerden der Einrichtungen selbst und dessen Reichweite müsse die *Meroni*-Rechtsprechung des EuGH herangezogen werden, was zur Folge habe, dass unmittelbar außenwirksame Entscheidungen nur getroffen werden könnten, wenn kein eigenes Ermessen eingeräumt werde und die Entscheidungen durch ein vorgegebenes Entscheidungsprogramm insoweit vorstrukturiert seien, dass die politische Verantwortung gerade nicht mehr bei der Agentur liege.[1478] Daneben müsse sichergestellt sein, dass das institutionelle Gleichgewicht sich nicht dadurch verschiebe, dass durch eine Verlagerung von Kompetenzen auf unabhängige Einrichtungen ein Rechtsschutzdefizit entstehe, was durch ein Aufsichtsmodell oder eine Erstreckung der Rechtsschutzes auf die Agenturen bewirkt werden könne.[1479]

Der von *Uerpmann* zugrunde gelegte Maßstab ist unzweifelhaft ein normativ-positivrechtlicher Ansatz, weil die Zulässigkeit der Agenturen einzig an konkreten Vorschriften der Primärverträge gemessen wird. Konsequenterweise finden sich jedoch auch keine Ausführungen zur Notwendigkeit einer rechtlich vorgegebenen demokratischen Legitimation – weil nach damaligem Vertragsstand direkt aus Unionsrecht einzig aus dem Grundsatz des institutionellen Gleichgewichts ernsthafte Grenzen hergeleitet werden konnten.

f) Albert Bleckmann (2001)

Bei seiner Betrachtung des europäischen Demokratieprinzips macht *Albert Bleckmann* eine Vernachlässigung von Maßstabsbenennungen in der vorherigen Literatur aus, mit denen ein Demokratieprinzip begründet

---

1477 Bei bestimmten Agenturen (wie der Europäischen Agentur für die Beurteilung von Arzneimitteln) stehe die Generierung technischen Sachverstands im Mittelpunkt, die nicht von Lobbygruppen beeinflusst werden solle, *Uerpmann*, Mittelbare Gemeinschaftsverwaltung durch gemeinschaftsgeschaffene juristische Personen des öffentlichen Rechts, AöR 125 (2000), 551 (565 f.).

1478 Vgl. *Uerpmann*, Mittelbare Gemeinschaftsverwaltung durch gemeinschaftsgeschaffene juristische Personen des öffentlichen Rechts, AöR 125 (2000), 551 (570 f.) mit Bezugnahme auf *EuGH*, Urt. v. 13.06.1958, Slg. 1958, 16 und *EuGH*, Urt. v. 13.06.1958, Slg. 1958, 57 (vgl. dazu Kapitel IV.C.1).

1479 *Uerpmann*, Mittelbare Gemeinschaftsverwaltung durch gemeinschaftsgeschaffene juristische Personen des öffentlichen Rechts, AöR 125 (2000), 551 (571 ff.).

werden könnte. Regelmäßig würde hier auf ein klassisches Demokratiemodell der westeuropäischen Staaten zurückgegriffen, ohne dies durch einen Verfassungsvergleich zu belegen.[1480] Stattdessen müsse anhand der Verträge[1481] und der Verfassungen der Mitgliedstaaten die Verankerung eines solchen Demokratieprinzips nachgewiesen werden. Dabei gehöre das Demokratieprinzip zum europäischen zwingenden Recht, das dem Primärrecht vorgehe und die Mitgliedstaaten binde.[1482] Dabei könne dieses Prinzip allerdings nicht wie bei den Mitgliedstaaten auf dem Grundsatz der Volkssouveränität begründet sein, weil es noch kein Europäisches Volk, sondern nur die (damals) 15 einzelnen Europäischen Völker gebe.[1483] Im Wesentlichen ergebe sich aus dem Verfassungsvergleich ein nahezu unbegrenztes Gesetzgebungsrecht der Parlamente, weshalb die Beschränkung der Zustimmungspflicht des Europäischen Parlaments gemessen am Demokratieprinzip bedenklich sei. Hingegen sei allen Rechtsordnungen gemein und somit als Teil des Europäischen Rechts enthalten, dass auch eine Delegation von Entscheidungsbefugnissen (Erlass von Rechtsverordnungen und gesetzesvertretenden Verordnungen) erfolgen könne.[1484] Gleich-

---

1480 *Bleckmann,* Das europäische Demokratieprinzip, JZ 2001, 53 (53).

1481 Unter Berücksichtigung des anfänglichen Fehlens eines mitentscheidenden Europäischen Parlaments könne sich ein unionales bzw. gemeinschaftsrechtliches Demokratieprinzip nicht aus früheren Vertragslagen ergeben; stellte man hingegen auf die jeweils aktuelle Vertragslage ab, wäre das Demokratieprinzip insoweit durch die Mitgliedstaaten bestimmbar und beliebig; deshalb könne sich das Demokratieprinzip nur einheitlich aus den Verfassungen der Mitgliedstaaten ergeben, *Bleckmann,* Das europäische Demokratieprinzip, JZ 2001, 53 (53 f.).

1482 Dies ergebe sich vor allem aus der Möglichkeit der Suspendierung der Stimmrechte eines Mitgliedstaates und zeige, dass das Demokratieprinzip erst recht die Staaten binden könne, *Bleckmann,* Das europäische Demokratieprinzip, JZ 2001, 53 (54); allein daraus unterscheidet sich diese Demokratievorgabe für die Mitgliedstaaten nicht von sonstigen völkerrechtlichen Verpflichtungen, die von jedem Staat in eigener Kompetenz eingegangen werden können, deren Umsetzung und vor allem innerstaatliche Wirksamkeit sich allein nach innerstaatlichem Recht richten kann.

1483 Deshalb könne im Gemeinschaftsrecht das Demokratieprinzip nicht mit dem Souveränitätsprinzip verknüpft werden, *Bleckmann,* Das europäische Demokratieprinzip, JZ 2001, 53 (54 f.).

1484 Gleichwohl könne wegen des klaren Wortlauts der vertraglichen Bestimmungen im Normalfall auch keine demokratiekonforme Auslegung erfolgen; lediglich bei Wahrnehmung ungeschriebener Annexkompetenzen könne das Demokratieprinzip eine Zustimmung des Parlaments erforderlich machen, auch bei mehreren zur Verfügung stehenden Kompetenzgrundlagen könne das Demokratieprinzip dazu führen, dass notwendig die demokratiekonforme

wohl verbiete der vom EuGH entwickelte Grundsatz des institutionellen Gleichgewichts eine Verlagerung von Rechtssetzungsbefugnissen auf die Kommission, insoweit bestehe ein Ratsvorbehalt.[1485] Daneben umfasse das Demokratieprinzip die grundlegende parlamentarische Verantwortlichkeit der Regierungen bzw. der Kommission und allgemeine Grundsätze zu Wahlen und Abstimmungen.[1486] An diesen Anforderungen gemessen bestehe ein erhebliches Demokratiedefizit, weil der (zuvor allerdings nicht genannte) Meinungsbildungsprozess auf Europäischer Ebene fehle, indem nicht genügend über dessen Elemente in den Medien berichtet werde und der Bereich der Entwicklung des Unionsrechts nicht mehr zu überblicken sei. Denkbar sei jedoch eine Kompensation dieses Defizits durch Schaffung gerechter Entscheidungen durch institutionelle Garantien.[1487]

Aus den aufgezeigten Argumentationsschritten ist schwer zu ersehen, was für einen Maßstab von Demokratie *Bleckmann* seiner Untersuchung zugrunde legt. Zwar postuliert er einen rechtlichen Maßstab, der sich aus den gemeinsamen Verfassungsüberlieferungen ableiten lassen soll. Dieser habe grundlegende demokratisch-institutionelle Vorstellungen der Mitgliedstaaten zugrunde gelegt. Das ausgemachte Demokratiedefizit wird jedoch nicht mit einer Nichteinhaltung dieser Anforderungen begründet, sondern mit dem Fehlen der institutionellen Voraussetzungen. Deshalb drängt sich der Eindruck auf, dass es sich trotz unterschiedlichen eigenen Anspruchs hier nicht um einen Maßstab des positiven Unionsrechts handeln kann, wenn man ansonsten von der Möglichkeit primärrechtswidrigen Primärrechts ausgehen müsste.

g) Gertrude Lübbe-Wolff (2001)

Mit dem Unterschied zwischen Demokratieproblemen, die der Union und ihren Mitgliedstaaten gemein sind („ubiquitäre Demokratieprobleme") und solchen, die spezifisch der Union zugeschrieben werden, arbeitet *Ger-*

Alternative gewählt werden müsse, vgl. *Bleckmann,* Das europäische Demokratieprinzip, JZ 2001, 53 (55).

1485 Insoweit *Bleckmann,* Das europäische Demokratieprinzip, JZ 2001, 53 (56) mit Verweis auf *Rodi,* Die Subventionsrechtsordnung (2000), S. 432 ff.

1486 *Bleckmann,* Das europäische Demokratieprinzip, JZ 2001, 53 (56 f.).

1487 Dabei habe das Demokratieprinzip in der Massengesellschaft den primären Zweck der Richtigkeitsgewähr von Entscheidungen, die vor allem den Aspekt der Gerechtigkeit bestreffe, *Bleckmann,* Das europäische Demokratieprinzip, JZ 2001, 53 (58).

trude Lübbe-Wolff bei ihrer vergleichenden Untersuchung.[1488] Spezifisch in Bezug auf die Union seien dabei die Aspekte der Demokratie festzumachen, die vor allem aus dem nur begrenzten Willen der Mitgliedstaaten zur politischen Einheit resultierten und die zentrale Rolle der Rates zusammen mit intransparenten Entscheidungsstrukturen bewirkten.[1489] Das Erfordernis demokratischer Legitimation auch auf Ebene der Europäischen Union ergebe sich dabei aus der auf *Rousseau* zurückgehenden Minimierung des Charakters von Herrschaft als Fremdbestimmung und leite sich aus den weitgehenden, von den Mitgliedstaaten übertragenen Kompetenzen ab.[1490] Bei der Herstellung dieser notwendigen Legitimation fehle es aber regelmäßig an der erforderlichen[1491] Transparenz, was zum einen durch den hochkomplexen europäischen Entscheidungsprozess, zum anderen durch materielle Vorbereitung maßgeblicher Entscheidungsbestandteile unter Ausschluss der Öffentlichkeit bedingt sei.[1492] Zu diesen Problemen demokratischer Legitimation komme hinzu, dass durch eine zunehmende Erhöhung der Aufgabenkomplexität und durch schwin-

1488 *Lübbe-Wolff,* Europäisches und nationales Verfassungsrecht, in: VVdStRL (Hrsg.), Die deutsche Staatsrechtslehre in der Zeit des Nationalsozialismus. Europäisches und nationales Verfassungsrecht. Der Staat als Wirtschaftssubjekt und Auftraggeber, Bd. 60 (2001), S. 247 f.

1489 Mit dem Hinweis, dass in mancher Hinsicht vergleichbare Strukturierungen auf nationaler Ebene als nach Art. 79 Abs. 3 GG unzulässig angesehen werden müssten, *Lübbe-Wolff,* Europäisches und nationales Verfassungsrecht, in: VVdStRL (Hrsg.), Die deutsche Staatsrechtslehre in der Zeit des Nationalsozialismus. Europäisches und nationales Verfassungsrecht. Der Staat als Wirtschaftssubjekt und Auftraggeber, Bd. 60 (2001), S. 248 f.

1490 Vgl. *Lübbe-Wolff,* Europäisches und nationales Verfassungsrecht, in: VVdStRL (Hrsg.), Die deutsche Staatsrechtslehre in der Zeit des Nationalsozialismus. Europäisches und nationales Verfassungsrecht. Der Staat als Wirtschaftssubjekt und Auftraggeber, Bd. 60 (2001), S. 252.

1491 Transparenz sei insoweit erforderlich, als erst bei Beratungen und Abstimmungen auf Europäischer Ebene durch Offenlegung von (Abstimmungs-)Verhalten der spezifische Verantwortungszusammenhang zwischen für die Mitgliedstaaten mitwirkender Regierungsvertreter und dem Ergebnis dieses Prozesses als Grundlage für das Europäische Handeln hergestellt werden könnte, *Lübbe-Wolff,* Europäisches und nationales Verfassungsrecht, in: VVdStRL (Hrsg.), Die deutsche Staatsrechtslehre in der Zeit des Nationalsozialismus. Europäisches und nationales Verfassungsrecht. Der Staat als Wirtschaftssubjekt und Auftraggeber, Bd. 60 (2001), S. 256.

1492 *Lübbe-Wolff,* Europäisches und nationales Verfassungsrecht, in: VVdStRL (Hrsg.), Die deutsche Staatsrechtslehre in der Zeit des Nationalsozialismus. Europäisches und nationales Verfassungsrecht. Der Staat als Wirtschaftssubjekt und Auftraggeber, Bd. 60 (2001), S. 257.

dende Entscheidungsautonomie auch die Mitgliedstaaten auf nationaler Ebene mit dem Problem erschwerter Legitimation zu kämpfen hätten und sich diese erschwerte Ausgangslage ohnehin auch auf die Union übertrage.[1493] Hinzu komme der Trend, wegen der zunehmenden Komplexität die Wahrnehmung von Aufgaben verstärkt auf externe Einrichtungen zu übertragen, was die Praxis der Mitgliedstaaten nicht von derjenigen der Union unterscheide.[1494] Den insoweit auf Unionsebene vorzufindenden Agenturen fehle es dabei regelmäßig an einer Fachaufsicht, verschiedentlich fehlten auch rechtsaufsichtliche Instrumentarien.[1495] Hinzu kämen noch privatrechtliche Einrichtungen, denen die Verwaltung von besonders erheblichen Fördermitteln übertragen würden, ohne dass eine hinreichende staatliche oder unionale Einbindung erreicht würde. Teils sei dies aber der Tatsache geschuldet, dass mit den vorhandenen personellen Mitteln eine Bewältigung der Aufgaben dieser Programme durch die Unionseinrichtungen selbst kaum vorstellbar wäre.[1496] Als Konsequenz müssten deshalb die Grundsätze der Subsidiarität, der direkten Demokratie, der Transparenz, der Aktivierung der Bürger durch Klagemöglichkeiten und der dezentralen Partizipation Betroffener gestärkt werden.[1497]

1493 Damit seien verschiedene Legitimationsprobleme bei den Mitgliedstaaten gar nicht unbedingt auf unionsspezifische Schwierigkeiten zurückzuführen, *Lübbe-Wolff*, Europäisches und nationales Verfassungsrecht, in: VVdStRL (Hrsg.), Die deutsche Staatsrechtslehre in der Zeit des Nationalsozialismus. Europäisches und nationales Verfassungsrecht. Der Staat als Wirtschaftssubjekt und Auftraggeber, Bd. 60 (2001), S. 265.

1494 Vgl. *Lübbe-Wolff*, Europäisches und nationales Verfassungsrecht, in: VVdStRL (Hrsg.), Die deutsche Staatsrechtslehre in der Zeit des Nationalsozialismus. Europäisches und nationales Verfassungsrecht. Der Staat als Wirtschaftssubjekt und Auftraggeber, Bd. 60 (2001), S. 267.

1495 Insoweit stellten Individualrechtsschutzmöglichkeiten und Einflüsse auf Leitungspersonal und Budget in einigen Fällen die einzigen Einflussmöglichkeiten dar, was einem ungewöhnlichen Ausmaß an Unabhängigkeit gleich käme, *Lübbe-Wolff*, Europäisches und nationales Verfassungsrecht, in: VVdStRL (Hrsg.), Die deutsche Staatsrechtslehre in der Zeit des Nationalsozialismus. Europäisches und nationales Verfassungsrecht. Der Staat als Wirtschaftssubjekt und Auftraggeber, Bd. 60 (2001), S. 270.

1496 *Lübbe-Wolff*, Europäisches und nationales Verfassungsrecht, in: VVdStRL (Hrsg.), Die deutsche Staatsrechtslehre in der Zeit des Nationalsozialismus. Europäisches und nationales Verfassungsrecht. Der Staat als Wirtschaftssubjekt und Auftraggeber, Bd. 60 (2001), S. 271 f.

1497 Dabei gehe es insbesondere darum, teilweise nur noch fiktiv bestehende Legitimationseinflüsse faktisch zu stärken, um eine genügende Gesamtlegitimation zu erreichen, vgl. *Lübbe-Wolff*, Europäisches und nationales Verfassungsrecht, in: VVdStRL (Hrsg.), Die deutsche Staatsrechtslehre in der Zeit des National-

Dabei stellt der Ansatz von *Lübbe-Wolff* einen verfassungstheoretischen dar: Sie legt nicht ein positivrechtliches Konzept der Notwendigkeit demokratischer Legitimation der Ausübung von Hoheitsgewalt zugrunde, sondern eine theoretische Herleitung, die von allgemeinen Legitimationsnotwendigkeiten ausgeht. Die Unterscheidung zu einem Maßstab des positiven Rechts zeigt sich insbesondere auch darin, dass zwischen den Konsequenzen für rechtliche und für politische Schlussfolgerungen aus dem erkannten demokratischen Defizit unterschieden wird.[1498] Der Maßstab ist insoweit keiner des positiven Rechts, allenfalls eines gemeineuropäischen rechtlich oder politischen Grundverständnisses, das allerdings recht diffus ist. Dass dabei die vorgeschlagenen Kompensationsmöglichkeiten unzweifelhaft auch zur Rechtfertigung der Unterschreitung eines eventuell rechtlich bestehenden Legitimationsdefizits herangezogen werden kann, macht den Maßstab allerdings nicht automatisch zu einem dogmatischen. Die vorgeschlagene Differenzierung nach verschiedenen Legitimationsproblemen und ihrer Herkunft im nationalen oder ausschließlich im Unionsrecht ist als Ausgangserkenntnis insoweit jedoch besonders bedeutsam, weil sie den Weg für verschiedene Argumentationen zur Kompensation weist und damit auch für einen dogmatischen Maßstab herangezogen werden können.

h) Christian Calliess (2005)

Mit den Anforderungen des Demokratieprinzips an die Europäische Rechtsetzung befasst sich *Christian Calliess* und kommt dabei zu der Schlussfolgerung, dass sich ein unionales Demokratieprinzip nicht mit nationalstaatlichen Anforderungen decken müsse, sondern durchaus Wesens-

---

sozialismus. Europäisches und nationales Verfassungsrecht. Der Staat als Wirtschaftssubjekt und Auftraggeber, Bd. 60 (2001), S. 273 ff.

1498 So ist jedenfalls auch die Schlussfolgerung bei *Lübbe-Wolff*, Europäisches und nationales Verfassungsrecht, in: VVdStRL (Hrsg.), Die deutsche Staatsrechtslehre in der Zeit des Nationalsozialismus. Europäisches und nationales Verfassungsrecht. Der Staat als Wirtschaftssubjekt und Auftraggeber, Bd. 60 (2001), S. 261 zu sehen, dass gerade das rechtsdogmatische Demokratieprinzip des Grundgesetzes eine Stellungnahme des BVerfG erfordert habe, dass ein binäres Urteil über das Demokratieniveau habe getroffen werden müssen und ein Offenlassen als Alternative nicht in Frage habe kommen können.

unterschiede zum deutschen Demokratieprinzip aufweisen könne.[1499] Dies sei vor allem durch das Ineinandergreifen verschiedener Rechtsordnungen bedingt und dem Charakter als Staatenverbund geschuldet.[1500] Das Demokratieprinzip könne dabei durch Stärkung der Bedeutung der Europäischen Parlaments besser verwirklicht werden, weil mit Verlagerung politischer Entscheidungen auf den Rat die Rückbindung an die nationalen Parlamente nicht sichergestellt sei.[1501] Auch führten die nur punktuell vorhandenen Einwirkungsmöglichkeiten des Europäischen Parlaments auf die Kommission zu einer fehlenden inhaltlichen Rückbindung, weshalb diese gestärkt werden solle.[1502]

Mit den allgemeinen Gesichtspunkten zeigt *Calliess* Schwachpunkte der Legitimationsleistung des Europäischen Parlaments und des Rates auf, allerdings nur für den Gesetzgebungsprozess. Aus den allgemein gehaltenen Anforderungen lassen sich dann auch keine spezifischen Legitimationsvorgaben ableiten, weshalb hier das zugrunde gelegte Demokratieprinzip keinen Rechtsmaßstab darstellt, sondern eher allgemeine, in der späteren Einzelfallprüfung heranziehbare Argumentationspunkte liefert.

1499 *Calliess*, Das Demokratieprinzip im europäischen Staaten- und Verfassungsverbund, in: *Bröhmer/Bieber/Calliess/Langenfeld/Weber/Wolf* (Hrsg.), Internationale Gemeinschaft und Menschenrechte (2005) noch unter Bezugnahme auf die Demokratieregelungen des Verfassungsvertrags.

1500 Im Unterschied zum Staaten*ver*bund dürfe nicht nur die Legitimationsleistung der Mitgliedstaaten berücksichtigt werden, sondern durch die eigene Rechtsordnung träten andere Elemente als bedeutsam hinzu; durch den inhaltlichen Verbund komme es daher auf das Zusammenwirken der verschiedenen Legitimationsbeiträge an, *Calliess*, Das Demokratieprinzip im europäischen Staaten- und Verfassungsverbund, in: *Bröhmer/Bieber/Calliess/Langenfeld/Weber/Wolf* (Hrsg.), Internationale Gemeinschaft und Menschenrechte (2005), S. 402 f.

1501 So fehle es schon an der konkreten Legitimationsleistung der nationalen Parlamente, wenn der Vertreter dieses Landes im Rat überstimmt worden sei, *Calliess*, Das Demokratieprinzip im europäischen Staaten- und Verfassungsverbund, in: *Bröhmer/Bieber/Calliess/Langenfeld/Weber/Wolf* (Hrsg.), Internationale Gemeinschaft und Menschenrechte (2005), S. 407 f.

1502 Vgl. *Calliess*, Das Demokratieprinzip im europäischen Staaten- und Verfassungsverbund, in: *Bröhmer/Bieber/Calliess/Langenfeld/Weber/Wolf* (Hrsg.), Internationale Gemeinschaft und Menschenrechte (2005), S. 411 f.

i) Andreas Tiedtke (2005)

Ausgehend von einer Untersuchung des Völkerrechts, des Unionsrechts und des nationalen Rechts kommt *Andreas Tiedtke* zum Ergebnis, dass es ein juristisches Demokratiedefizit in der Europäischen Union (und den damaligen Gemeinschaften) nicht gebe, weil aus den maßgeblichen Vorschriften keine Vorgaben für eine demokratische Struktur der Union abgeleitet werden könnten. Dies gelte zunächst für das Völkerrecht, weil hieraus keine Vorgabe eines bestimmten politischen Systems ableitbar wäre, insbesondere nicht aus dem Selbstbestimmungsrecht der Völker.[1503] Auch aus partikulärem Völkervertragsrecht wie Art. 25 IPbpR[1504] oder Art. 3 des ersten Zusatzprotokolls zur EMRK könne zwar ein Demokratiegebot gefolgert werden, diese Vorschriften seien jedoch nicht auf die Europäische Union als internationale Organisation anwendbar.[1505] Auch unions- bzw. gemeinschaftsrechtlich sei kein bestimmtes demokratisches System vorgegeben, weil Art. 6 Abs. 1 EUV (Amsterdam) einzig einen Grundsatz der Demokratie nenne, über die in Art. 19 Abs. 2, 189 bis 219 und 249 bis 252 EGV (Amsterdam) hinaus keine Wirkungen entfalte und somit keinen konkreten Maßstab für ein erforderliches Maß demokratischer Legitimation enthalte.[1506] Einziger Anknüpfungspunkt für einen Rechtsmaßstab sei aus nationalstaatlicher Sicht Art. 23 Abs. 1 Satz 1 GG, der allerdings auch nur die Mindeststandards des Grundgesetzes zugrunde lege und damit auf die Grundsätze der Volkssouveränität, der freien Wahl, einer mittelbaren parlamentarischen Demokratie und der grundlegenden Entscheidungs- und Steuerungsfähigkeit des Parlaments beschränkt sei.[1507]

1503 Unter Verweis auf Art. 1 Abs. 2, Art. 55 Charta der Vereinten Nationen und die „Friendly Relations Declaration“ der Vereinten Nationen (Erklärung über völkerrechtliche Grundsätze für freundschaftliche Beziehungen und Zusammenarbeit zwischen den Staaten im Sinne der Charta der Vereinten Nationen vom 24.10.1970, Anhang der Resolution der Generalversammlung der Vereinten Nationen Nr. 2625 (XXV)) bei *Tiedtke*, Demokratie in der Europäischen Union (2005), S. 56 f.

1504 Internationaler Pakt über bürgerliche und politische Rechte (IPbpR) vom 19.12.1966 (BGBl. 1973, S. 1534).

1505 *Tiedtke*, Demokratie in der Europäischen Union (2005), S. 59 ff.

1506 Damit könne auch nicht ein von den Mitgliedstaaten abgeleiteter Demokratiegrundsatz auf die Union übertragen werden, wie sich aus Sinn und Zweck der Vorschriften ergebe, vgl. *Tiedtke*, Demokratie in der Europäischen Union (2005), S. 67 ff.

1507 Diese Mindeststandards ergäben sich aus Art. 23 Abs. 1 Satz 1 GG und seien durch die grundlegenden Anforderungen aus Art. 20 Abs. 2 mit Art. 79 Abs. 3

Mit dem erreichten Vertragsstand seien somit die Anforderungen des Art. 23 Abs. 1 Satz 1 GG erfüllt, darüber hinaus ergäben sich hieraus keine Legitimationsanforderungen.[1508]

Schon von seiner Herangehensweise her zeigt sich bei *Tiedtke*, dass es ihm um einen Rechtsmaßstab des positiven Rechts geht. In Ermangelung solcher vorgefundenen Maßstäbe des Völker- und Unionsrechts könne ein Erfordernis demokratischer Legitimation auf Unionsebene ausschließlich aus nationalem deutschen Verfassungsrecht begründet werden, der folglich auch allein über die Berücksichtigung nationaler Erfordernisse durch das Unionsrecht aufgegriffen werden könnte.

j) Brun-Otto Bryde (2005)

An der – im politischen Prozess oft vertretenen – These der strukturellen Demokratieunfähigkeit der Europäischen Union stört sich *Brun-Otto Bryde*. Dies sei schon auf grundlegende methodische Mängel zurückzuführen, wenn an Nationalstaaten gerichtete Demokratieanforderungen unreflektiert auf die Union übertragen würden.[1509] Die Staatszentriertheit der Demokratie entspreche dabei nicht deren historischer Entwicklung als Ableitung aus der Virginia Bill of Rights. Zudem kenne jedes föderalistische System derartige Wahlrechtsungleichheiten durch gleiche Stimmrechte unterschiedlich großer Staaten schon sehr viel länger.[1510] Auch lasse sich ein demokratisches Defizit nicht an einer zu untergeordneten Rolle des Parlaments festmachen, weil schon die Annahme einer notwendigen Parlamentszentriertheit der Demokratie nicht zutreffe und darüber hinaus das Europäische Parlament in seiner bisherigen Wirkungsweise sich als starker machtpolitischer Akteur herausgestellt habe.[1511] Dabei erfordere

---

GG zu bestimmen, *Tiedtke*, Demokratie in der Europäischen Union (2005), S. 91 f.

1508 Zusammenfassend *Tiedtke*, Demokratie in der Europäischen Union (2005), S. 108 f.

1509 *Bryde*, Demokratisches Europa und Europäische Demokratie, in: *Gaitanides/Kadelbach/Rodríguez Iglesias* (Hrsg.), Europa und seine Verfassung (2005), S. 131 mit dem Hinweis auf die fehlenden rechtsvergleichenden Ansätze im Öffentlichen Recht.

1510 Vgl. *Bryde*, Demokratisches Europa und Europäische Demokratie, in: *Gaitanides/Kadelbach/Rodríguez Iglesias* (Hrsg.), Europa und seine Verfassung (2005), S. 132 f.

1511 Unter Verweis auf bedeutsame und erfolgreiche Einflussnahmen des Europäischen Parlaments auf die Kommission bei der Aufdeckung von Missständen

das Demokratieprinzip generell eine Beteiligung Betroffener an Entscheidungen, weshalb jede Verlagerung einer Entscheidung auf eine übergeordnete Instanz eine weitere Entfernung von den Betroffenen bedeute.[1512] Daneben erfordere das Demokratieprinzip zwingend eine intensive parlamentarische Kontrolle der übrigen Organe und auch dessen Initiativrecht. Vor allem aber sei das Demokratiedefizit auf Ebene der Union durch soziologische Faktoren wie Partei- und Medienversagen zurückzuführen, weil so das komplexe System der EU nicht angemessen vermittelt werden könnte.[1513]

Die von *Bryde* diskutierten Demokratiemaßstäbe stellen damit keinesfalls Rechtsmaßstäbe dar, weil er nicht von einem positivrechtlichen Maßstab ausgeht und damit selbst (rechts-) politische Analysen und Forderungen aufstellt. Als Maßstabsanforderung an die Europäische Demokratie klingt durch, dass das Demokratieprinzip generell eine Betroffenenmitwirkung erfordere, was sich weitergedacht als Form einer Überprüfung der Vermittlungswege von Legitimation darstellen könnte.

k) Gernot Sydow (2006)

Als mittlerweile integrale Bestandteile einer institutionell ausdifferenzierten EU-Eigenverwaltung sieht *Gernot Sydow* die als „kleine Organe“ auftretenden verselbständigten Einrichtungen an.[1514] Bei der Zulässigkeit der Aufgabenübertragung an solche verselbständigten Einheiten sei genau zu unterscheiden, was für Funktionen tatsächlich übertragen würden. Organisatorisch-logistische Hilfstätigkeiten könnten dabei völlig unproblematisch übertragen werden, weil es in der Kompetenz des einzelnen

---

und auf die Personalauswahl *Bryde,* Demokratisches Europa und Europäische Demokratie, in: *Gaitanides/Kadelbach/Rodríguez Iglesias* (Hrsg.), Europa und seine Verfassung (2005), S. 135.

1512 Aus diesem Grund stelle das Subsidiaritätsprinzip einen bedeutenden demokratischen Faktor dar, *Bryde,* Demokratisches Europa und Europäische Demokratie, in: *Gaitanides/Kadelbach/Rodríguez Iglesias* (Hrsg.), Europa und seine Verfassung (2005), S. 137 f.

1513 Mit besonderer Betonung, dass die mangelnde Wahrnehmung der Unionsaktivitäten nicht auf mangelnde Transparenz zurückzuführen sein dürfte, weil dies gerade eine charakterisierende Stärke der Union darstelle, *Bryde,* Demokratisches Europa und Europäische Demokratie, in: *Gaitanides/Kadelbach/Rodríguez Iglesias* (Hrsg.), Europa und seine Verfassung (2005), S. 141 f.

1514 *Sydow,* Externalisierung und institutionelle Ausdifferenzierung, VerwArch 97 (2006), 1 (2).

Entscheidungsträgers liege, ohnehin verfügbare und untergeordnete Aufgaben aufgrund eigenen Beschlusses durch Dritte ausführen zu lassen.[1515] Problematisch sei dies jedoch bei der Übertragung operativer Tätigkeiten an unabhängige Einrichtungen, weil hierfür kein einfacher Beschluss des übertragenden Entscheidungsträgers ausreiche. Insofern sei diese durch die *Meroni*-Rechtsprechung dahingehend begrenzt, dass nur eine Übertragung genau umgrenzter Durchführungs- und Ausführungsbefugnisse zulässig sei. Damit werde das interinstitutionelle Verhältnis innerhalb der Union gesichert, aber noch nicht das Verhältnis zwischen Delegierendem und der jeweiligen Verwaltungseinheit.[1516] Ob sich daran anschließend das Problem demokratischer Legitimation noch stelle, sei deshalb zu bezweifeln, weil eine Übertragung ohnehin nur vom Europäischen „Gesetzgeber" vorgenommen werden könnte und zudem die *Meroni*-Kriterien dafür sorgten, dass ohnehin nur ein geringer Legitimationsbedarf bestehe, weil keine eigenen Ermessensentscheidungen getroffen werden könnten. Dass jedoch neben Effizienzgesichtspunkten andere Aspekte Europäischen Handelns betroffen sein können, ergebe sich daraus, dass auch bei gleichbleibenden materiellen Maßstäben durch andere (als bewusst effizienter gestaltete) Entscheidungs- und Rahmenstrukturen Qualitätsaspekte betroffen sein können und deshalb auch materielle Auswirkungen erreicht werden.[1517]

Ohne den zugrunde gelegten Maßstab explizit zu umschreiben, bezieht sich *Sydow* auf einen offensichtlich eigenen Unionsmaßstab, der allerdings derart grundlegend und grob gerastert sein muss, dass er sich auf einen Gesetzesvorbehalt beschränkt und damit kein Gebot spezifisch demokratischer Legitimation darstellt. Durch die Annahme der weiterhin vorhandenen Anwendbarkeit der *Meroni*-Rechtsprechung als allgemeiner Grenze stellt sich bei ihm das Legitimationsproblem auch als kein drängendes dar. Vor allem später gegründete Agenturen halten jedoch diese Grenzen wohl nicht mehr in gleichem Maße ein.

1515 *Sydow*, Externalisierung und institutionelle Ausdifferenzierung, VerwArch 97 (2006), 1 (14).

1516 Aus diesem Grund sei möglicherweise die *Meroni*-Rechtsprechung – anders als allgemein angenommen – nicht unmittelbar anwendbar, weil diese nicht die EU-Eigenverwaltung betroffen habe, sondern eine Einzelfallkonstellation des EGKS-Vertrags, der eine Aufgabenübertragung an eine externe Stelle zum Gegenstand hatte, vgl. *Sydow*, Externalisierung und institutionelle Ausdifferenzierung, VerwArch 97 (2006), 1 (15).

1517 *Sydow*, Externalisierung und institutionelle Ausdifferenzierung, VerwArch 97 (2006), 1 (21 f.).

l) Herwig C.H. Hofmann/ Alexander Türk (2007)

Mit ihrer Betrachtung des Europäischen Verwaltungskooperationssystems betonen *Herwig C. H. Hofmann* und *Alexander Türk* die hervorgehobene Bedeutung der Akteure in dem System, das mittlerweile weit über die Vertragsvereinbarungen hinausgehe.[1518] Durch die Schaffung von neuen unabhängigen Akteuren ergebe sich kein Bild einer föderativen Struktur, sondern das einer Mehrebenenverwaltung.[1519] Verantwortlichkeits- und Legitimitätsfragen entstünden deshalb durch verschiedenste Nebeneinflüsse, die sich nicht auf hierarchische Steuerung beschränkten.[1520] Die Notwendigkeit der Legitimation solcher Akteure ergebe sich weniger aus deren direkten Entscheidungsmöglichkeit gegenüber Dritten, sondern vielmehr aus deren überragender Bedeutung für die Parameter der Gesetzgebung und Politikgestaltung.[1521] Für die Herstellung politischer Verantwortlichkeit sei dann die gerichtliche Kontrolle von überragender Bedeutung, weil grundsätzlich auch durch die nur *ex post* erfolgende Überprüfung eine Sicherung prozeduraler und materieller Rechte gesichert werden könne.[1522] Die Schwachstelle dieser gerichtlichen Überprüfung sei aber, dass die Verantwortlichkeit für bestimmte Teile einer Entscheidung selten ausgemacht werden könne und damit kaum genügende prozedurale Überprüfungsmöglichkeiten bestünden. Hingegen könne eine wirksame gegenseitige Kontrolle zwischen der Europäischen Kommission und den fachlich hoch spezialisierten Agenturen die *accountability* nachhaltig stärken.[1523]

1518 Dies ergebe sich schon daraus, dass in keinem Schritt des Rechtssetzungs- oder Umsetzungsprozesses ausschließlich die im Vertrag benannten Organe beteiligt seien, sondern regelmäßig verschiedenste Verwaltungsakteure mitbeteiligt würden, *Hofmann/Türk*, The Development of Integrated Administration in the EU and its Consequences, ELJ 13 (2007), 253 (254 f.).

1519 *Hofmann/Türk*, The Development of Integrated Administration in the EU and its Consequences, ELJ 13 (2007), 253 (258 f.).

1520 Insofern bestehe gerade kein parlamentarisch oder regierungsgeprägtes Steuerungssystem, mit dem alleine und nachhaltig das Handeln der Agenturen gesteuert werden könnte, *Hofmann/Türk*, The Development of Integrated Administration in the EU and its Consequences, ELJ 13 (2007), 253 (263 f.).

1521 Damit sei aber vor allem das institutionelle Gleichgewicht betroffen, weil durch den Rat und damit durch die Mitgliedstaaten deutlich weniger Einfluss genommen werden könne, vgl. *Hofmann/Türk*, The Development of Integrated Administration in the EU and its Consequences, ELJ 13 (2007), 253 (265).

1522 *Hofmann/Türk*, The Development of Integrated Administration in the EU and its Consequences, ELJ 13 (2007), 253 (267).

1523 Vgl. *Hofmann/Türk*, The Development of Integrated Administration in the EU and its Consequences, ELJ 13 (2007), 253 (268 f.).

Der Ansatz von *Hofmann* und *Türk* beansprucht nicht, eine Aussage über normative Geltung eines Legitimationsmaßstabs zu treffen und stellt insoweit unzweifelhaft keinen Rechtsmaßstab dar. Stärker als viele spezifisch rechtlichen Betrachtungen wird hier aber deutlich, wie weit entfernt das Agentursystem von nationalen Hierarchievorstellungen entfernt ist und eine spezifische Eigenart des Unionsrechts darstellt, dessen Legitimation nicht wie im Nationalstaat hergeleitet werden kann.

m) Christoph Görisch (2009)

Noch anhand des EUV in der Fassung des Vertrags von Nizza und der Entwürfe des Vertrags über eine Verfassung für Europa und des Vertrags von Lissabon untersucht *Christoph Görisch* die demokratiebezogenen Normen und deren Anwendung auf das Europäische Agenturwesen.[1524] Zentraler Maßstab für die Beurteilung der demokratischen Zulässigkeit sei hier Art. 6 EUV, der für die Union[1525] und auch die Mitgliedstaaten[1526] gelte. Vergleichbares sei auch durch die besondere sprachliche Hervorhebung in der Neufassung der Art. 2 S. 1 EUV festgelegt.[1527] Zunächst gelte dabei Art. 6 Abs. 1 EU mit der „Zustandsbeschreibung als Achtungsgebot“, dem gleichwohl durch die abgeschwächte Formulierung eine geringere Verpflichtungsintensität als anderen Bestimmungen der Verträge inne liege.[1528] Rechtstheoretisch sei diese zentrale Demokratievorschrift als Prinzipiennorm zu verstehen, was sich auch aus der Formulierung als Grundsätze erschließe und durch die frühere Rechtsprechung des EuGH nahegelegt

---

1524 Die Agenturen stellten dabei mit ihrer regelmäßig vorhandenen eigenen Rechtspersönlichkeit und einem vorhandenen Verwaltungsunterbau das geeignetere Beispiel als – auch unabhängige, aber eher rechtssetzend tätige – Komitologieausschüsse dar, *Görisch,* Demokratische Verwaltung durch Unionsagenturen (2009), S. 12.

1525 Insoweit wird ausführlich die Geltung für die Gemeinschaften untersucht, *Görisch,* Demokratische Verwaltung durch Unionsagenturen (2009), S. 29 ff.; diese differenzierte Betrachtung ist jedoch durch die Änderungen des Vertrags von Lissabon obsolet geworden.

1526 Eine unmittelbare Geltung ergebe sich auch für die Mitgliedstaaten, setze für diese jedoch nur einen Mindeststandard fest, *Görisch,* Demokratische Verwaltung durch Unionsagenturen (2009), S. 51 f.

1527 Hier ergebe sich durch die Trennung der Halbsätze ein noch deutlicheres Ergebnis, *Görisch,* Demokratische Verwaltung durch Unionsagenturen (2009), S. 57 ff.

1528 *Görisch,* Demokratische Verwaltung durch Unionsagenturen (2009), S. 66 f.

sei.[1529] Bei Art. 6 EU handle es sich auch um eine Maßstabsnorm, die nicht nur einem bloßen Programmsatz entspreche, sondern eine Festlegung mit weiterer Verpflichtungswirkung entfalte.[1530] Insbesondere der Terminus „wesentliche Grundsätze" werde von den Verträgen verschiedentlich gebraucht und als Rechtsmaßstab herangezogen.[1531] Es handle sich dabei auch um eine unmittelbar anwendbare Rechtsnorm, die auch grundsätzlich „eigenständig" sei und nicht nur zur Durchsetzung anderer Normen diene.[1532] Auch die hierfür erforderliche Bestimmtheit sei gegeben, weil der Begriff des „Grundsatzes" lediglich einen hohen Abstraktionsgrad bedeute, nicht aber eine generelle Begrenzung der Auslegungsmöglichkeiten bewirke.[1533] Auch sei es denkbar und keinesfalls ausgeschlossen, dass Art. 6 EU ein „prozessual-subjektives Recht" darstelle und damit den Ansatzpunkt für eine individuelle Berufung auf das Demokratieprinzip biete.[1534] Inhaltlich sei die Doppelwirkung der Vorschrift zu berücksichtigen, die zum einen von der Union auf die Mitgliedstaaten gerichtet, zum anderen durch die Mitgliedstaaten geprägt sei. Insoweit sei der Inhalt der unionsrechtlichen Grundsätze der Demokratie aus einer wertenden Rechtsvergleichung der Vorstellungen der Mitgliedstaaten abzuleiten.[1535] Dabei müsse zuerst ein genauer Rechtsvergleich auf mitgliedstaatlicher Ebene vorgenommen werden,[1536] bevor im Anschluss eine Übertragung

---

1529 Aus der Charakterisierung als „grundlegende" Norm deute dabei auf eine höchstmögliche Verpflichtungsintensität hin, *Görisch*, Demokratische Verwaltung durch Unionsagenturen (2009), S. 76 f.

1530 Mit Verweis vorwiegend auf Literaturquellen, Europäisches Gericht erster Instanz und die Auffassungen verschiedener Generalanwälte, während sich die Maßstabsqualität nicht direkt aus den insoweit uneindeutigen Urteilen des Europäischen Gerichtshofs ergebe, *Görisch*, Demokratische Verwaltung durch Unionsagenturen (2009), S. 77 ff.

1531 *Görisch*, Demokratische Verwaltung durch Unionsagenturen (2009), S. 80 f.

1532 Dieser *Selbststand* sei jedenfalls dann vorhanden, wenn keine demokratiebezogene Spezialregelung greift, *Görisch*, Demokratische Verwaltung durch Unionsagenturen (2009), S. 91 f.

1533 *Görisch*, Demokratische Verwaltung durch Unionsagenturen (2009), S. 102.

1534 Vgl. *Görisch*, Demokratische Verwaltung durch Unionsagenturen (2009), S. 104 ff.

1535 Insofern stelle Art. 6 Abs. 1 Hs. 2 EU eine Verweisungsnorm dar, die zunächst die Ermittlung des Inhalts der mitgliedstaatlichen (Verfassungs-) Grundsätze verlange, *Görisch*, Demokratische Verwaltung durch Unionsagenturen (2009), S. 109 f.

1536 Hierbei seien jedenfalls verfassungsrangige Grundsätze heranzuziehen; soweit es aber um den Einfluss des Demokratieprinzips auf sekundärrechtliche Vollzugsakte des Unionsrechts gehe, dürften für einen Rechtsvergleich auch na-

des Ergebnisses auf die Europäische Ebene erfolgen könne.[1537] Nicht explizit geregelt sei jedoch die Rechtsfolge der so verstandenen Maßstabsnorm des Art. 6 EU, weil ein gesondertes Sanktionsverfahren nicht vorgesehen sei. Insofern verbleibe es beim Normalfall, nämlich der Regelung durch die Bestimmungen über den Gerichtshof.[1538] Die Neuregelung des Art. 2 EUV (Lissabon) unterschiede sich von der Vorgängernorm insoweit, als nicht mehr von „Grundsätzen“, sondern von „Werten“ die Rede sei.[1539] Dabei sei das hier aufgestellte Demokratiegebot auch als justiziabel anzusehen.[1540] Aus der (nach dem Vertrag von Lissabon nicht mehr relevanten) Beschränkung der gerichtlichen Kontrolle durch Art. 46 EUV ergebe sich jedoch, dass eine gerichtliche Überprüfung nur stattfinden könne, wenn die Inexistenz eines Rechtsaktes durch die Feststellung der Unvereinbarkeit bewirkt werden könne und zugleich die Justiziabilitätseinschränkungen nicht griffen; in diesem Umfang sei daran anschließend auch eine gerichtliche Inzidenzkontrolle möglich.[1541] Diese Beschränkungen würden jedoch durch Art. I-2 Verfassungsvertrag und Art. 2 EUV (Lissabon) nur noch sehr eingeschränkt aufgegriffen und nicht mehr im gleichen Maße bedeutsam.[1542] Inhaltlich weise der Demokratiebegriff des Art. 6 Abs. 1 EU Parallelen zum mitgliedstaatlichen Verständnis von Demokratie auf – ähnlich dem Konzept der staatlichen Volkssouveränität. Somit sei für den

---

tionale Regelungen des einfachen Rechts zugrunde gelegt werden, *Görisch*, Demokratische Verwaltung durch Unionsagenturen (2009), S. 112 ff.

1537 *Görisch*, Demokratische Verwaltung durch Unionsagenturen (2009), S. 129 f.

1538 Hier sei insbesondere die Nichtigerklärung eines Rechtsaktes im Falle eines Vertragsverstoßes durch das Gericht bedeutend, *Görisch*, Demokratische Verwaltung durch Unionsagenturen (2009), S. 135 f.; im Falle der Verletzung des unionsrechtlich in Art. 6 EU verankerten Demokratieprinzips durch die Mitgliedstaaten komme dagegen nur ein Vertragsverletzungsverfahren in Betracht, wenn nicht wegen des Anwendungsvorrangs des Unionsrechts die Anwendbarkeit der betroffenen Regelung ohnehin ausgeschlossen sein sollte, *Görisch*, Demokratische Verwaltung durch Unionsagenturen (2009), S. 141 ff.

1539 Insoweit könne aber von einer Kontinuität trotz geänderten Wortlauts ausgegangen werden, *Görisch*, Demokratische Verwaltung durch Unionsagenturen (2009), S. 147 ff.

1540 Insbesondere sei eine Prüfung auch nicht durch die vorherige gerichtliche Beschränkung des Art. 46 EU umfasst und deshalb der Kontrolle durch den EuGH offen, *Görisch*, Demokratische Verwaltung durch Unionsagenturen (2009), S. 155 f.

1541 Zusammenfassend für die alte Rechtslage *Görisch*, Demokratische Verwaltung durch Unionsagenturen (2009), S. 172 f.

1542 *Görisch*, Demokratische Verwaltung durch Unionsagenturen (2009), S. 182 ff.

Inhalt das Verständnis der Union als Staatenverbund prägend.[1543] Dabei stelle sich das unionsrechtliche Demokratiekonzept als ein individualbezogenes dar, das nicht den kollektiven Zusammenschluss zum Gegenstand nehme. Gleichermaßen prägend sei daneben das föderale Element, weshalb man von einer doppelten Legitimationsquelle ausgehen müsse, wie auch Art. 10, 11 EUV (Lissabon) zeigten; das Verhältnis zwischen Rat und Parlament (und auch der Kommission) sei nicht pauschal zu bewerten, weil einerseits von einer prinzipiell gleichen Bedeutung auszugehen sei, auf der anderen Seite einzelne Regelungen unterschiedliche Schwerpunkte vorsähen.[1544] Konkret erfordere Art. 6 Abs. 1 EU eine Beachtung der auf die supranationale Ebene übertragenen Wahlrechtsgrundsätze nicht nur bei der Wahl des Parlaments als Unionsbürgervertretung, sondern auch bei den nationalen Wahlen der Volksvertretungen.[1545] Daneben könne diese Vorschrift zur Geltung kommen, wenn das Primärrecht bei der Abgrenzung von Parlaments- und Ratskompetenzen Auslegungsspielräume zulasse. Zu beachten sei aber, dass dem Parlament gegenüber dem Rat wegen der föderalen Legitimationsstruktur keine höherwertige demokratische Legitimation zukomme.[1546] Aus verschiedenen demokratienahen Beteiligungsformen in Form des sozialen Dialogs oder konsultativer Nebenorgane lasse sich dabei ein demokratischer Mehrwert feststellen, allerdings keine durch Art. 6 Abs. 1 EU vorgesehene notwendige Form demokratischer Beteiligung.[1547]

Die konkreten Auswirkungen des in Art. 6 EU verankerten Demokratieprinzips für alle Unionseinrichtungen könnten sich in besonderem Maße

1543 Dabei werde diese entsprechende Benennung nicht aus inhaltlichen Gründen explizit vermieden, sondern allein, um die verfassungspolitische Diskussion der Staatsanalogie der Union zu vermeiden, *Görisch*, Demokratische Verwaltung durch Unionsagenturen (2009), S. 330 f.

1544 Beachtet werden müsse deshalb das durch die Einzelvorgaben speziell ausgestaltete Nebeneinander beider Legitimationsstränge, das als verfassungsrechtliche Charakteristikum des durch Art. 6 Abs. 1 EU geprägten Staatenverbundes zu beachten sei, *Görisch*, Demokratische Verwaltung durch Unionsagenturen (2009), S. 340; was sich hieraus jedoch inhaltlich speziell abzuleiten sei und inwiefern dieser Erkenntnis eine Maßstäblichkeit zu entnehmen sei, bleibt hier offen.

1545 *Görisch*, Demokratische Verwaltung durch Unionsagenturen (2009), S. 344.

1546 Deshalb könne auch keine Vorrangstellung einer Komponente angenommen werden, *Görisch*, Demokratische Verwaltung durch Unionsagenturen (2009), S. 350.

1547 Zusammenfassend *Görisch*, Demokratische Verwaltung durch Unionsagenturen (2009), S. 360.

an den sekundärrechtlich eingerichteten Unionsagenturen zeigen, weil sich hier aus dem Demokratieprinzip Beschränkungen ergäben, die allgemein auf Befugnisübertragungen auf organexterne Einrichtungen übertragen ließen. Insbesondere die grundlegenden *Meroni*-Urteile des EuGH bedeuteten in demokratischer Hinsicht ernsthafte Begrenzungen.[1548] Die dort gezogenen Grenzen seien auch geprägt durch das Demokratieprinzip und insoweit verallgemeinerbar, weil die Begründung dieser Entscheidungen mit dem Rechtsmaßstab des institutionellen Gleichgewichts („Gleichgewicht der Gewalten") und damit im Zusammenhang mit dem Demokratieprinzip erfolgt sei.[1549] Diese Rechtsprechung sei auch verschiedentlich von EuG und EuGH aufgegriffen worden, weshalb weiterhin von deren Gültigkeit und Begrenzungsfunktion ausgegangen werden könnte.[1550] Aus der Zusammenschau der älteren Meroni-Rechtsprechung und dem später aufgenommenen Art. 6 EU ließe sich dann aber der spezifisch demokratische Charakter dieser Rechtsprechungslinie erkennen: Das Demokratieprinzip des Art. 6 EU verlange funktionsübergreifend eine Legitimation aller Unionstätigkeit oder deren Anbindung an die Entscheidungsgewalt dieser unmittelbar legitimierten Unionsorgane Rat oder Parlament im Rahmen ihres gründungsvertraglich vorgesehenen Zusammenspiels. Diese könne entweder unmittelbar vom Unionsvolk oder von der Gesamtheit der Mitgliedstaaten ausgehen und werde durch die vom Parlament und vom Rat abhängige Kommission weiter zum unionalen Verwaltungsapparat vermittelt. Damit kämen die im mitgliedstaatlichen Rechtsvergleich herausgearbeiteten Gemeinsamkeiten hinsichtlich des Demokratieprinzips zum Vorschein und prägten gleichermaßen den Inhalt des unionalen Demokratieprinzips, wie es zum grundlegenden Verhältnis der Organe untereinander entwickelt worden war.[1551] Dies schließe eine Aufgabenübertragung an nachgeordnete oder externe Einrichtungen nicht von vornherein

---

1548 *Görisch*, Demokratische Verwaltung durch Unionsagenturen (2009), S. 362 ff. unter Bezugnahme auf *EuGH*, Urt. v. 13.06.1958, Slg. 1958, 16 und *EuGH*, Urt. v. 13.06.1958, Slg. 1958, 57 (vgl. dazu Kapitel IV.C.1).

1549 Mit Verweis auf *EuGH*, Urt. v. 13.06.1958, Slg. 1958, 16 (44) und *EuGH*, Urt. v. 13.06.1958, Slg. 1958, 57 (82) bei *Görisch*, Demokratische Verwaltung durch Unionsagenturen (2009), S. 363.

1550 *Görisch*, Demokratische Verwaltung durch Unionsagenturen (2009), S. 364 ff., mit Hinweis auf die noch erweiterte Rechtsprechung bei *EuGH*, Urt. v. 26.05.2005, Slg. 2005-I, 4099 (Rdnr. 56 ff.) (vgl. dazu Kapitel IV.C.5).

1551 Wegen der grundlegenden Bedeutung dieser Zusammenhänge gelte dies auch ungeachtet der geänderten institutionellen Umstände, weil zum Zeitpunkt der Meroni-Entscheidungen weder das Europäische Parlament in seiner späteren Form bestanden habe, noch mit Art. 6 EU der demokratische Rahmen vorhan-

aus, erfordere jedoch eine fachaufsichtliche Kontrolle durch Parlament und Rat.[1552] Für den Legitimationszusammenhang ergebe sich daraus, dass eine Aufgabenübertragung auf kommissionsunabhängige Einrichtungen nur dann zulässig sein könne, wenn diese Reduzierung des Legitimationsniveaus auf anderer Ebene kompensiert würde, was bei gerichtlich voll überprüfbaren normativen Entscheidungsvorgaben grundsätzlich der Fall sein kann.[1553] Daneben enthalte Art. 6 Abs. 1 EU ein subjektiv-rechtliches Element des Demokratieprinzips, das Informationszugangsrechte und Beteiligungsrechte konsultativer Nebeneinrichtungen als institutionelle Zugangsmechanismen umfasse.[1554] Dadurch, dass der EuGH das Demokratieprinzip auch im Zusammenhang mit Maßnahmen mit Rechtswirkung gegenüber Dritten und mit Überlegungen zur außervertraglichen Haftung eingehe, könnten sich auch nicht nur die Organe auf die Einhaltung des Demokratieprinzips berufen.[1555] Der so angewandte Legitimationsmaßstab erlaube zwar grundsätzlich die Errichtung von Unionsagenturen, erfordere aber neben einer strengen Rechtsbindung die Sicherstellung eines notwendigen legitimationsbezogenen Ausgleichs für die Abweichung vom klassisch-hierarchischen Organisationsmodell, was insbesondere durch Nichtübertragung von Regelungsbefugnissen geschehe; eine vollständige Aufgabenverlagerung dürfe jedoch wegen des Charakters der parlamentarischen

---

den war, *Görisch*, Demokratische Verwaltung durch Unionsagenturen (2009), S. 374.

1552 Aus den diesbezüglichen Überlegungen bei *Görisch*, Demokratische Verwaltung durch Unionsagenturen (2009), S. 377 ergibt sich nicht unmittelbar diese Verpflichtung zur Schaffung einer *fach*aufsichtlichen Kontrolle; diese scheint insoweit den Überlegungen des EuGH entnommen zu sein, dass eine Übertragung zulässig sein sollte, wenn die Hohe Behörde die Entscheidungen unter ihrer Kontrolle hätte, durch die Bezugnahme auf ein vermeintliches demokratisches Grundmuster hierarchischer Behördenorganisation, das wohl aus Erkenntnissen zum grundgesetzlichen System von *Dreier*, Hierarchische Verwaltung im demokratischen Staat (1991), S. 133 ff. (vgl. Bezugnahme bei *Görisch*, Demokratische Verwaltung durch Unionsagenturen (2009), S. 376) abgeleitet wird.

1553 *Görisch*, Demokratische Verwaltung durch Unionsagenturen (2009), S. 379.

1554 Dies könne aus den Äußerungen des EuGH zu den weitergehenden Transparenzanforderungen zur Erstellung und Veröffentlichung eines Tätigkeitsberichts abgeleitet werden, *Görisch*, Demokratische Verwaltung durch Unionsagenturen (2009), S. 380.

1555 Vgl. *Görisch*, Demokratische Verwaltung durch Unionsagenturen (2009), S. 382 f.

Verantwortlichkeit der Kommission als zentralem Legitimationsvermittlungsbestandteil nicht erfolgen.[1556]

Das so von *Görisch* entwickelte Konzept demokratischer Legitimation weist damit bedeutende Ähnlichkeiten zum klassischen Legitimationsmaßstab auf, der anhand des Grundgesetzes aus allgemeinen politikwissenschaftlichen Überlegungen entwickelt wurde. Dabei vermengen sich der Anspruch, ein Demokratieverständnis aus einem gemeinsamen Verfassungsgedanken der Mitgliedstaaten zu entwickeln, und derjenige, die Rechtsprechung des EuGH in den Meroni-Fällen demokratisch in diesen Kontext einarbeiten zu wollen. Vielmehr werden diese Urteile als Quelle derjenigen Rechtsgrundsätze herangezogen, die erst weit später mit Art. 6 EU in die Verträge mit aufgenommen wurden. Unzweifelhaft lässt sich die Meroni-Rechtsprechung mit diesem so verstandenen Legitimationsmaßstab erklären, gleichwohl fehlt es an einem entsprechenden Nachweis, dass dieses (zunächst) vermutete Rechtsprinzip aus den Einzelaspekten der Rechtsprechung verallgemeinert herausgearbeitet werden kann. Dass daneben ein Rechtsmaßstab eines Legitimationsniveaus dem allgemeinen Demokratieanspruch der Mitgliedstaaten entstammen soll, ist nicht nachgewiesen und erscheint eher zweifelhaft.[1557]

2. Post-Lissabon Ära

a) Sebastian Müller-Franken (2009)

Weniger mit der Frage nach der konkreten Legitimation von Unionsrecht als vielmehr mit der Frage der grundsätzlich möglichen demokratischen Legitimation von Hoheitsgewalt jenseits des Nationalstaates auf supranationaler und internationaler Ebene beschäftigt sich *Sebastian Müller-Franken*.[1558] Dabei sei die Frage nach der Legitimation öffentlicher Gewalt die

---

1556 Noch weitergehend mit der Beschränkung auf die nur dann zulässige Übertragung, wenn zugleich keine Grundrechte berührt werden könnten, *Görisch,* Demokratische Verwaltung durch Unionsagenturen (2009), S. 395 f.

1557 So entstammen die zur Begründung und zum Nachweis angeführten Quellen überwiegend aus politikwissenschaftlichen und Governance-bezogenen Gebieten, die juristischen Quellen hingegen überwiegend aus der Diskussion zum Grundgesetz, vgl. *Görisch,* Demokratische Verwaltung durch Unionsagenturen (2009), S. 306 ff. Fußn. 156-162.

1558 *Müller-Franken,* Die demokratische Legitimation öffentlicher Gewalt in den Zeiten der Globalisierung, AöR 134 (2009), 542.

Domäne der Staatsphilosophie, die in ihrer westlichen Ausprägung nach Entstehungsgrund und der inhaltlichen Ausrichtung frage.[1559] Die erforderliche Legitimation müsse dabei einzig am Input ansetzen, weil es keine natürlichen, vorgegebenen Output-Maßstäbe gebe und diese folglich erst durch einen demokratischen Prozess festgelegt werden müssten.[1560] Auf der zulässigen Input-Ebene könne jedoch nicht nur das Individuum als legitimationsstiftend angenommen werden, weil es bei jeder Hoheitsgewalt nicht nur um eigene Angelegenheiten, sondern auch um die anderer gehe. Hierfür sei allerdings eine Verfasstheit erforderlich, weil erst hierdurch auch eine Unterwerfung unter eine Mehrheitsregel möglich werde.[1561] Die notwendigen Voraussetzungen für eine solche Verfasstheit könnten allerdings nur bei einer genügenden Homogenität der der Hoheitsgewalt unterworfenen Individuen vorliegen, was im Nationalstaat üblicherweise erreicht sei.[1562] Keineswegs werde die erforderliche Homogenität auf internationaler Ebene erreicht und selbst auf Ebene der Europäischen Union fehle es an der genügenden Integration mit der hierfür erforderlichen Solidarität. Eine Legitimation der EU könne also nur durch die Mitgliedstaaten erfolgen.[1563]

Der Ansatz *Müller-Frankens* beansprucht im Ansatz zwar keine normative Geltung, weil er schon nicht von einem positiv-rechtlichen Legitimationsgrundsatz, sondern von einem staatsphilosophischen Ansatz ausgeht. Insoweit, als jedoch absolut die Unmöglichkeit der Legitimation einer supranationalen Organisation wie der EU gefolgert wird, erscheint die anfangs vorgenommene disziplinäre Beschränkung dabei konsequent durchgehalten.

1559 Vgl. *Müller-Franken,* Die demokratische Legitimation öffentlicher Gewalt in den Zeiten der Globalisierung, AöR 134 (2009), 542 (547 f.) mit Bezugnahme auf *Böckenförde,* Geschichte der Rechts- und Staatsphilosophie, 2. Aufl. (2006), S. 2 ff.

1560 Dabei reiche eine Gemeinwohlorientierung nicht aus, weil ein vorgegebener Ordnungsplan ähnlich der aristotelisch-thomasischen Staatslehre nicht existiere, *Müller-Franken,* Die demokratische Legitimation öffentlicher Gewalt in den Zeiten der Globalisierung, AöR 134 (2009), 542 (554).

1561 *Müller-Franken,* Die demokratische Legitimation öffentlicher Gewalt in den Zeiten der Globalisierung, AöR 134 (2009), 542 (558 f.).

1562 Mit Hinweis auf Probleme schon auf staatlicher Ebene hinsichtlich der genügenden Homogenität mit Belgien und Italien als Beispielen, *Müller-Franken,* Die demokratische Legitimation öffentlicher Gewalt in den Zeiten der Globalisierung, AöR 134 (2009), 542 (566 f.).

1563 *Müller-Franken,* Die demokratische Legitimation öffentlicher Gewalt in den Zeiten der Globalisierung, AöR 134 (2009), 542 (567 ff.).

b) Stefan Griller/ Andreas Orator (2010)

Erhebliche Zweifel an der unionsrechtlichen Zulässigkeit neuerer Agenturen wegen der Nichteinhaltung der ihrer Ansicht nach einzig maßgeblichen *Meroni*-Anforderungen äußern *Stefan Griller* und *Andreas Orator*.[1564] Die hierfür entwickelten Einschränkungen könnten sich naturgemäß nur auf Unionsagenturen und -einrichtungen beziehen, die nicht bereits primärrechtlich vorgesehen seien, sondern nur durch die von der Union selbst kreierten sekundärrechtlichen.[1565] Bis in die 2000er Jahre hinein habe sich der EuGH selten direkt, aber oftmals implizit auf die Begrenzungen der *Meroni*-Doktrin berufen, indem er allenfalls in Grenzen die Delegation an Dritte (private) als zulässig angesehen habe.[1566] Deshalb könne bis heute nicht davon gesprochen werden, dass die *Meroni*-Rechtsprechung als überholt anzusehen sei.[1567] Diese Rechtsprechung werde zwar weitgehend kritisiert, ihre Überwindung erforderte jedoch eine Überwindung klassischer Mechanismen repräsentativer Demokratie,[1568] die jedoch durch die Input-Legitimation geprägt sei und personelle und materielle Legitimationskomponenten benötige. Deshalb sei eine genaue Berücksichtigung

---

1564 *Griller/Orator,* Everything under control? The "way forward" for European agencies in the footsteps of the Meroni doctrine, ELJ 35 (2010), 3.

1565 So ließen sich die genannten Beschränkungen nicht auf die Europäische Zentralbank (EZB), die Europäische Investitionsbank (EIB), den Europäischen Investitionsfonds, den Europäischen Ombudsmann, den Europäischen Datenschutzbeauftragten und die Euratom Versorgungsagentur übertragen, weil diese bereits primärrechtlich vorgesehen seien und deshalb nicht durch die erst abgeleiteten rechtlichen Einschränkungen gebunden sein könnten; auch völkerrechtlich eingerichtete internationale Organisationen wie das Europäische Patentamt und das Europäische Universitätsinstitut könnten aus diesem Grund nicht in den Anwendungsbereich fallen, *Griller/Orator,* Everything under control? The "way forward" for European agencies in the footsteps of the Meroni doctrine, ELJ 35 (2010), 3 (8).

1566 So habe der EuGH im Fall *Romano* (*EuGH,* Urt. v. 14.05.1981, Slg. 1981, 1242, vgl. dazu Kapitel IV.C.2) das gleiche zugrunde liegende Prinzip angewandt und ohne Bezugnahme auf *Meroni* dessen Bedeutung unterstrichen, *Griller/Orator,* Everything under control? The "way forward" for European agencies in the footsteps of the Meroni doctrine, ELJ 35 (2010), 3 (18).

1567 *Griller/Orator,* Everything under control? The "way forward" for European agencies in the footsteps of the Meroni doctrine, ELJ 35 (2010), 3 (21).

1568 Zwar gingen Art. 290 und 291 AEUV hinsichtlich der Delegationsmöglichkeiten über bestehende Grenzen hinaus, jedoch sei die Union durch den gleichzeitig eingeführten Art. 10 EUV an die repräsentative Demokratie gebunden, *Griller/Orator,* Everything under control? The "way forward" for European agencies in the footsteps of the Meroni doctrine, ELJ 35 (2010), 3 (22).

bei dem Design der Verantwortungs- und Steuerungsmechanismen in der jeweiligen Gründungsverordnung vorzusehen.[1569] Ein etwas weiterer Spielraum könnte nur angenommen werden, wenn man die grundlegende Rechtsprechung zu den Komitologieausschüssen heranzöge, die eine deutlich weitere Einschätzungsprärogative der beteiligten Institutionen annehme.[1570] Deshalb sollte auch bei den Agenturen eine gelockerte Bindung erreicht werden, die abhängig vom Politikbereich und Entscheidungsspielraum zum einen die gesetzgeberische Einschätzungsprärogative und den institutionellen Rahmen wahren, zum anderen den Vorrang der Kommission bei der Umsetzung und Ausführung des Unionsrechts; daneben müsse eine strenge gerichtliche Kontrolle sichergestellt sein.[1571] Zudem müsse eine politische Verantwortlichkeit gegenüber dem Europäischen Parlament erreicht werden, wie es bereits bisher im Falle der EASA erfolgt sei.[1572]

In ihrer Untersuchung legen *Griller* und *Orator* klar einen streng dogmatischen Maßstab zugrunde, dessen Herkunft jedoch nicht gänzlich klar wird. Zum einen wird auf die Rechtsprechung des EuGH zurückgegriffen, daneben zusätzlich und ergänzend auf den erst später eingeführten Art. 10 EUV Bezug genommen. Ob die Ableitung erforderlicher personeller und sachlicher Legitimationskomponenten mit dem Legitimationskettenmodell auch für das Unionsrecht anwendbar sein kann, erscheint jedenfalls insoweit fraglich, als diese Schlussfolgerung mit politikwissenschaftlichen oder nur nationalen Rechtslagen und damit (aus Sicht des Unionsrechts) nicht positivrechtlich begründet wird.

1569 *Griller/Orator,* Everything under control? The "way forward" for European agencies in the footsteps of the Meroni doctrine, ELJ 35 (2010), 3 (23 f.) unter Bezugnahme auf *Böckenförde,* Demokratie als Verfassungsprinzip, in: *Isensee/Kirchhof* (Hrsg.), Handbuch des Staatsrechts der Bundesrepublik Deutschland, Bd. II, 3. Aufl. (2004), § 24, Rdnr. 15.

1570 *Griller/Orator,* Everything under control? The "way forward" for European agencies in the footsteps of the Meroni doctrine, ELJ 35 (2010), 3 (25 f.).

1571 *Griller/Orator,* Everything under control? The "way forward" for European agencies in the footsteps of the Meroni doctrine, ELJ 35 (2010), 3 (27 f.).

1572 Dies könne auch durch stärkere Personalsteuerung durch die Kommission erreicht werden, *Griller/Orator,* Everything under control? The "way forward" for European agencies in the footsteps of the Meroni doctrine, ELJ 35 (2010), 3 (29).

c) Klaus Ferdinand Gärditz (2010)

Mit deutlicher Kritik am expertokratischen Regulierungsmodell der Union, das insbesondere durch das neuere Regulierungswesen der Europäischen Union gestärkt werde, wendet sich für den Bereich des Wettbewerbsrechts *Klaus Ferdinand Gärditz* gegen die Entfernung von der demokratisch verantworteten sozialen Rechtsstaatlichkeit durch das Regulierungskonzept der Kommission.[1573] Daneben befasst er sich mit den neu geschaffenen Verwaltungsstrukturen durch den Vertrag von Lissabon, die eine sehr viel präzisere Einordnung in ein eigenständiges Europäisches Verwaltungssystem möglich machten.[1574] Der Ausgangspunkt hierfür sei in der Bestrebung nach der Erreichung ergebnisorientierter Wettbewerbskonzepte zu sehen, die nicht mehr zuvörderst den unverfälschten Wettbewerb fördern sollten, sondern primär die Steigerung der Konsumentenwohlfahrt.[1575] Die Erhebung der Verbraucherwohlfahrt zum unmittelbaren Regulierungsziel durch die novellierten Binnenmarktrichtlinien für Elektrizität und Gas ersetze damit die punktuelle Intervention durch ein holistisch administratives Lenkungsmodell.[1576] Zum demokratischen Problem werde dieser wettbewerbsbezogene Systemwechsel, weil nationale Regulierungsbehörden eigenverantwortlich über wesentliche politische Fragen der sozialen Marktgestaltung zu entscheiden hätten, mangels abstrakt-genereller Vorstrukturierung durch einen demokratisch hinreichend legitimierten Gesetzgeber jedoch institutionell ungeeignet seien.[1577] Die hierfür notwendige institutionelle Struktur sei durch die Übertragung von Aufgaben auf jeweils eine nationale Regulierungsbehörde[1578] und eine

---

1573 *Gärditz*, Europäisches Regulierungsverwaltungsrecht auf Abwegen, AöR 135 (2010), 251 (287).

1574 *Gärditz*, Die Verwaltungsdimension des Lissabon-Vertrags, DÖV 2010, 453.

1575 Dieses Ziel werde vor allem aufgrund des neuen ordnungspolitischen Leitbildes des „more economic approach“ verfolgt, das eine gezielte Instrumentalisierung des Wettbewerbsrechts vorsehe, *Gärditz*, Europäisches Regulierungsverwaltungsrecht auf Abwegen, AöR 135 (2010), 251 (254 f.).

1576 *Gärditz*, Europäisches Regulierungsverwaltungsrecht auf Abwegen, AöR 135 (2010), 251 (256).

1577 Gerade durch die Verlagerung von Entscheidungen auf nationale, miteinander vernetzte Behörden werde eine Maßstabsbildung für materielle Entscheidungsmaßstäbe am Gesetzgeber vorbei entwickelt und werde damit bewusst demokratieabstinent gehalten, *Gärditz*, Europäisches Regulierungsverwaltungsrecht auf Abwegen, AöR 135 (2010), 251 (260).

1578 Durch die Verordnungen (EG) 714/2009 und 715/2009 des Europäischen Parlaments und des Rates vom 13.07.2009 über die Netzzugangsbedingungen für

Agentur für die Zusammenarbeit der Energieregulierungsbehörden[1579] geschaffen worden. In der Gründung einer Agentur auch für die derartige Konstellation zeige sich die allgemeine Tendenz zum Aufbau einer mittelbaren Unionsverwaltung; zusammen mit den unabhängigen nationalen Regulierungsbehörden werde ein verselbständigter Regulierungsverbund geschaffen, der eine Freistellung von Verantwortlichkeiten schaffe.[1580] Primärrechtlich sei eine derartige Delegation von Entscheidungsbefugnissen auf verselbständigte Gemeinschaftsbehörden bedenklich, weil nach der ursprünglichen strengen *Meroni*-Rechtsprechung des EuGH keine Ermessensbefugnisse mit politischem Charakter übertragen werden dürften. Auch in der Folgezeit sei der EuGH wohl davon ausgegangen, dass den Agenturen keine letztverbindlichen Außenkompetenzen übertragen werden dürften.[1581] Diese strikte Linie sei aufgrund der nun weiter ausgeprägten vertraglichen Differenzierung der Entscheidungskompetenzen durch den Vertrag von Lissabon wieder deutlich restriktiver zu sehen, weil jede Verlagerung von Entscheidungskompetenz an eine fachlich durch ständige Befassung überlegene Behörde eine Verselbständigung gegenüber dem politisch verantwortlichen Organ bedeute. Auch werde ansonsten das mit Art. 10-12 EUV (Lissabon) geschaffene Modell der Legitimationsstränge weiter ausgedünnt.[1582] Inhaltlich sei die mit dem Richtlinien- und Verordnungspaket der Grad der Unabhängigkeit noch sehr viel weitergehend als zuvor ausgestaltet worden, weil die Neuregelungen nicht mehr nur die strikte Unabhängigkeit des Regulierers vom Energieunternehmen vorsähen, sondern darüber hinaus auch eine strikte Abschirmung gegenüber

---

den grenzüberschreitenden Stromhandel [...] und die Bedingungen über den Zugang zu den Erdgasfernnetzen [...], ABl. 2009 L211, S. 15 und S. 36.

1579 Verordnung (EG) Nr. 713/2009 des Europäischen Parlaments und des Rates vom 13.07.2009 zur Gründung einer Agentur für die Zusammenarbeit der Regulierungsbehörden, ABl. 2009 L211, S. 1.

1580 *Gärditz*, Europäisches Regulierungsverwaltungsrecht auf Abwegen, AöR 135 (2010), 251 (268 f.).

1581 Gleichwohl erscheine zweifelhaft, ob der EuGH an seiner früheren strikten Rechtsprechung weiter festhalten werde, *Gärditz*, Europäisches Regulierungsverwaltungsrecht auf Abwegen, AöR 135 (2010), 251 (270 f.).

1582 Aus diesen Erwägungsgründen sei die ursprünglich strikte Linie des EuGH in der Meroni-Rechtsprechung als durchaus weitsichtig anzusehen, *Gärditz*, Europäisches Regulierungsverwaltungsrecht auf Abwegen, AöR 135 (2010), 251 (272).

der Ministerialbürokratie durch Ausgliederung aus der Weisungshierarchie.[1583]

Mit den Vorgaben der Art. 2 und Art. 10 Abs. 2 EUV sei jedoch die Notwendigkeit einer sachlich-inhaltlichen Verwaltungslegitimation geschaffen worden, weil danach zwei Legitimationsstränge vorgesehen seien. Zwar verbiete sich eine Maßstabsbestimmung durch einen bloßen Transfer staatsrechtlicher Dogmen, doch müsse sich das Erfordernis der Verwaltungslegitimation durch die Mitgliedstaaten als erforderlich vorausgesetzt ergeben.[1584] Auch in Hinblick auf den erstmals durch den Lissabon-Vertrag aufgenommenen demokratischen Wesentlichkeitsvorbehalt[1585] sei eine Herausbildung „unabhängiger Cluster unverantworteter Selbstherrschaft der Verwaltung" mit dem Erfordernis der Rückbindung an Parlament oder Rat mit dem Maßstab der Art. 2, 10 Abs. 1 und Abs. 2 EUV insofern unvereinbar, als die erforderliche demokratische Legitimation nur bestehen könne, wenn sie sich auch in der Verwirklichung der abstrakt-generellen Rechtssetzung im konkreten Fall zeigte. Diese dürfe nur im Einzelfall bei Wahrnehmung gerichtlicher Aufgaben als zulässiger Ausnahmefall angesehen werden, wie sich aus Art. 6 Abs. 1 EMRK und Art. 47 Abs. 2 EU-Grundrechtecharta ergebe.[1586] Auch eine Kompensation defizitärer demokratischer Legitimation durch Hinzutreten einer besonderen Output-Legitimation könne nicht als zulässig angesehen wer-

---

1583 *Gärditz*, Europäisches Regulierungsverwaltungsrecht auf Abwegen, AöR 135 (2010), 251 (275).

1584 Mit der Anknüpfung der Legitimation in Art. 10 EUV werde unmittelbar nur die Bindung an die Gesetzgebungsorgane hergestellt; dass sich darüber hinaus auch jegliches Verwaltungshandeln rechtfertigen lassen müsse, ergebe sich daher aus der Voraussetzung, dass alles hoheitliche Handeln im Einzelfall (rechtlich) legitimiert sein müsse, *Gärditz*, Die Verwaltungsdimension des Lissabon-Vertrags, DÖV 2010, 453 (455).

1585 In Art. 290 AEUV komme erstmals zum Ausdruck, dass eine Delegation nur von „nicht wesentlichen" Aufgaben erfolgen dürfe, was als spezifische „europäische Wesenstlichkeitsdoktrin" angesehen werden müsse und über frühere Ansätze zu einem (nur) rechtsstaatlichen Wesentlichkeitsvorbehalt hinaus ginge, *Gärditz*, Die Verwaltungsdimension des Lissabon-Vertrags, DÖV 2010, 453 (456).

1586 Letztlich sei es widersprüchlich, wenn die Stärkung der Bürger und nationalen Parlamente durch den Vertrag von Lissabon dadurch konterkariert werden könnte, dass politische Entscheidungskompetenzen auf unabhängige Institutionen verlagert würden. Durch unmittelbaren Unionsvollzug werde so die Notwendigkeit der Herstellung demokratischer Legitimation durch die Mitgliedstaaten im Einzelfall umgangen, vgl. *Gärditz*, Europäisches Regulierungsverwaltungsrecht auf Abwegen, AöR 135 (2010), 251 (277 f.).

den, weil schon begrifflich ein materielles Ergebnis keinen Verzicht auf einen gegenstandserzeugenden Verfahrensbestandteil bedeuten dürfe; jedenfalls fehle es auch an vorgegebenen Maßstäben, anhand derer eine Beurteilung des Outputs erfolgen könnte.[1587] Der Verwaltungsunterbau der von der Kommission dominierten Union-Eigenverwaltung sei auch durch den Lissaboner Reformvertrag nicht abschließend festgelegt und strukturiert worden, einzig die Rechtsschutzfrage sei mit der Erweiterung der EuGH-Zuständigkeiten geklärt worden. Die Festlegung auf allgemeine, materielle Prinzipien wie Offenheit, Effizienz und Unabhängigkeit sei jedoch nicht geeignet, die Frage spezifisch demokratischer Legitimation zu beantworten.[1588] Mit seiner Entscheidung zu den unabhängigen Datenschutzkontrollstellen[1589] habe der EuGH sich (wieder) explizit auf ein Europäisches Demokratieprinzip als Prüfungsmaßstab bezogen. Hier bestehe ein Anknüpfungspunkt für ein unionales Demokratieverständnis, das sich der deutschen Dogmatik annähern könne, wenn der vom Gerichtshof aufgezeigte Weg einer direkten parlamentarischen Anbindung unabhängiger Institutionen verstärkt würde.[1590] Wegen der ohnehin schwach ausgeprägten normativen Verankerung verbleibe den Mitgliedstaaten im System der Union jedoch nur eine geringe Organisationsautonomie, die auch nicht effektiv als Bestandteil der nationalen Identität geschützt sein könnte.[1591]

1587 *Gärditz*, Europäisches Regulierungsverwaltungsrecht auf Abwegen, AöR 135 (2010), 251 (278 f.); insbesondere könne es keinen apriorisch „richtigen“ Output geben, weil erst durch den demokratischen Prozess die Maßstäbe hierfür festgelegt werden müssten, *Gärditz*, Die Verwaltungsdimension des Lissabon-Vertrags, DÖV 2010, 453 (457).

1588 *Gärditz*, Die Verwaltungsdimension des Lissabon-Vertrags, DÖV 2010, 453 (459 ff.).

1589 *EuGH*, Urt. v. 09.03.2010, Slg. 2010-I, 1885, insoweit noch zur alten Vertragslage.

1590 Insoweit bestünde über eine Konzeption verstärkter Rechenschaftspflichten und unmittelbarer parlamentarischer Kontrolle die Möglichkeit der Verbesserung der unionalen Demokratieprinzips, deren konturenscharfe Ausbildung durch das Gericht jedoch nicht zu erwarten sei, *Gärditz*, Europäisches Regulierungsverwaltungsrecht auf Abwegen, AöR 135 (2010), 251 (280 f.); auch die Entscheidung zur Telekommunikationsregulierung (*EuGH*, Urt. v. 03.12.2009, Slg. 2009-I, 11431) zeige insoweit ein problematisches institutionelles Grundverständnis, weshalb nicht von einer Stärkung des Demokratieprinzips durch den EuGH auszugehen sei, *Gärditz*, Europäisches Regulierungsverwaltungsrecht auf Abwegen, AöR 135 (2010), 251 (281 f.).

1591 Überhaupt erst bei einer nachhaltigen Verletzung der wesentlichen Grundsätze von Art. 20 Abs. 2 GG könnte eine solche Verletzung nationaler Identität diskutiert werden, *Gärditz*, Europäisches Regulierungsverwaltungsrecht

Die von *Gärditz* vorgeschlagenen Ansätze zur Schaffung rechtlicher Maßstäbe demokratischer Legitimation im Unionsrecht finden zwar insoweit eine normative Verankerung, als mit Art. 2 und 10 Abs. 1 und Abs. 2 EUV als Maßstabsnormen herangezogen werden. Allerdings betont er selbst, dass dort keine weiterführenden Anforderungen für die demokratische Legitimation der Exekutive enthalten seien und selbst die Rechtsprechung des EuGH hieraus keine besonderen Anforderungen für eine Eingliederung unabhängiger Institutionen ableitet. Damit wird auch nachvollziehbar dargelegt, weshalb eine engere Auslegung der genannten Vorschriften ebenso wenig zu erwarten sei, wie eine Reaktivierung der strengen Meroni-Rechtsprechung als Grenze zulässiger Delegation von Entscheidungsbefugnissen. Insoweit bleibt hiernach der einzige Ansatzpunkt für einen Legitimationsmaßstab die inhaltliche Nähe einzelner Überlegungen zur zulässigen Entscheidungsdelegation zur Rechtsprechung des Bundesverfassungsgerichts, die jedoch keineswegs kausal für die entsprechenden Überlegungen des EuGH scheint.[1592] Damit handelt es sich bei dem zugrunde gelegten Maßstab, anhand dessen die Unabhängigkeit als kritisch beurteilt wird, zwar um einen normativ-positivierten, aus Art. 10 EUV abgeleiteten Rechtsmaßstab – mit allerdings nur sehr geringer inhaltlicher Aussagekraft bzw. kritischer Substanz.

---

auf Abwegen, AöR 135 (2010), 251 (284 f.); gleichwohl habe das BVerfG in *BVerfG*, Urt. v. 30.06.2009, BVerfGE 123, 267 (356 ff.) die hierarchische Eingliederung nationaler Verwaltungsbehörden unter einen parlamentarischen Ressortminister als Kernbestand nationaler Identität nahegelegt; diese Auffassung lässt jedoch zum einen unbeachtet, dass schon im deutschen Recht eine Abkopplung von unabhängigen Institutionen von der ministeriellen Hierarchie als zulässig angesehen werden kann (*BVerfG*, B. v. 05.12.2002, BVerfGE 107, 59), und darüber hinaus, dass nach nationalem deutschen Recht für Akte der Europäischen Union der Maßstab des Art. 20 Abs. 2 GG nicht maßstäblich ist, sondern sich die Zulässigkeit nach Art. 23 Abs. 1 GG als speziellerer Norm für die Beurteilung der demokratischen Grundsätze der Europäischen Union ergeben müsste.

1592 Vgl. die bloße Feststellung einer gewissen Ähnlichkeit des Legitimationsverständnisses hinsichtlich der Legitimationsressourcen *Gärditz*, Europäisches Regulierungsverwaltungsrecht auf Abwegen, AöR 135 (2010), 251 (281) und der Verweis auf die inhaltliche Nähe zur Legitimationsdogmatik des BVerfG durch die sehr viel früher ergangenen Meroni-Entscheidungen, *Gärditz*, Europäisches Regulierungsverwaltungsrecht auf Abwegen, AöR 135 (2010), 251 (270 f.).

d) Jürgen Neyer (2010)

Dem vielbeschworenen demokratischen Defizit der Europäischen Union tritt *Jürgen Neyer* damit entgegen, dass es sich hierbei um eine bereits irreführende Frage handle, die einen ungeeigneten Maßstab zugrunde lege.[1593] Die in der Politikwissenschaft oftmals zugrunde gelegten normativen Maßstäbe seien für die Beurteilung bereits ungenügend, weil es der EU schon geschichtlich bedingt an den konstituierenden Merkmalen fehlen müsse, die nur für Nationalstaaten gültig sein könnten.[1594] Vor allem sei es unmöglich, eine Demokratiefähigkeit der EU zu erkennen, solange ein einheitliches Staatsvolk als *demos* als dessen notwendiges Element angesehen werde, weil die Union nicht mit dem Ziel der Schaffung eines einheitlichen Volkes geschaffen worden sei, sondern gerade als Zusammenschluss der Völker.[1595] Stattdessen sollte ein prozeduraler Maßstab zugrunde gelegt werden, welcher die materiell-inhaltliche Rechtfertigung individueller Freiheitseinschränkungen zugrunde lege.[1596] Diesem müsse es daneben auf einen offenen und transparenten Entscheidungsprozess ankommen, der aber trotz aller Schwierigkeiten zwischen den Mitgliedstaaten immer erreicht werden und damit als politisches Gerechtigkeitskonzept wirken könne.[1597]

Deutlich erkennbar wird bei *Neyer* der normative Demokratieanspruch nichtpositiver Art, vielmehr leitet er diesen aus politikwissenschaftlich

---

1593 *Neyer*, Justice, Not Democracy: Legitimacy in the European Union, Journal of Common Market Studies 48 (2010), 903 (904).

1594 Als wesentliche Kriterien hierfür sieht *Neyer*, Justice, Not Democracy: Legitimacy in the European Union, Journal of Common Market Studies 48 (2010), 903 (905) das Steuererhebungsrecht, die Ausübung staatlichen Zwangs und die Garantie äußerer Sicherheit des Staates an.

1595 Vgl. *Neyer*, Justice, Not Democracy: Legitimacy in the European Union, Journal of Common Market Studies 48 (2010), 903 (906 f.); deshalb könnten diese Demokratiemaßstäbe auch die sich eigentlich aufdrängenden Fragen nach Verantwortlichkeiten für politische Entscheidungen beantworten.

1596 Dabei scheint der Ansatz von *Neyer*, Justice, Not Democracy: Legitimacy in the European Union, Journal of Common Market Studies 48 (2010), 903 (908 f.) über eine bloße Rechtfertigung im Sinne von Freiheitseinschränkungen hinaus zu gehen und auch die politische Verantwortung hervorzuheben, wenn nicht nur die Rechtmäßigkeit, sondern mit Kriterien politischer Vernunft auch die politische Zweckmäßigkeit und die Rückführbarkeit der Entscheidungen auf die ursprünglich verantwortlichen Mitgliedstaaten ins Zentrum gerückt werden.

1597 *Neyer*, Justice, Not Democracy: Legitimacy in the European Union, Journal of Common Market Studies 48 (2010), 903 (917).

anerkannten demokratischen Sachgesetzlichkeiten her. Trotz der Legitimationsterminologie ist der Maßstab gleichzeitig nicht als Verwaltungslegitimationsmaßstab geeignet, weil er schwerpunktmäßig den Europäischen Gesetzgebungsprozess zum Gegenstand hat und nicht das Zustandekommen von Einzelentscheidungen. Inhaltlich liegt der Maßstab dabei der grundrechtlichen Legitimation näher als der spezifisch demokratischen, weil die als wichtigsten angesehenen Kriterien das materielle Ergebnis und nicht schwerpunktmäßig den Entscheidungsfindungsprozess betreffen. Aufschlussreich für die Maßstabsfrage ist vor allem der theoretische Anknüpfungspunkt, der sich in den Rechtswissenschaften (so) nicht stellt: dass nämlich die Grundlage für einen Demokratiemaßstab für die Europäische Union und deren Handeln nur sein könne, was auch ein positives Ergebnis ermögliche.

e) Matthias Ruffert (2011)

Die Kommentierung des Titels II des EUV von *Matthias Ruffert* beschreibt die demokratische Legitimation als ein Urproblem des Integrationsprozesses, welches von ständigen Vorwürfen eines Demokratiedefizits der Union begleitet worden sei. Dabei bedeute die Demokratie jenseits des Staates ein theoretisch offenes Konzept, das eines der zentralsten geistes- und sozialwissenschaftlichen Themen darstelle.[1598] Erstmals mit Aufnahme der Art. 9 ff. EUV sei damit aber ein Maßstab geschaffen worden, der an die Organe der Union gerichtet sei und als Leitlinie für das Zusammenwirken zwischen der Union und den Mitgliedstaaten diene und als Richtschnur für die Interpretation des Vertragswerks Wirkungen entfalte. Durch die Aufnahme dieser Regelungen sei an die Stelle der früheren Demokratiediskussion, die sich aus früherem disziplinübergreifenden Theoriediskurs, rechtspolitischer Handlungsnotwendigkeit und staatsverfassungsrechtlichem Anspruch ergeben habe, nunmehr geltendes EU-Recht getreten.[1599] Die demokratietheoretische Debatte zur Europäischen

---

1598 *Ruffert*, in: *Calliess/Ruffert*, EUV, AEUV, 5. Aufl. (2016), Art. 9 EUV, Rdnr. 1 (ursprünglich aus 2011).

1599 Allenfalls relativiert wird diese Aussage dadurch, dass diese Ersetzung die Herausbildung einer europarechtswissenschaftlichen „Dogmatik (und Theorie)“ erleichtert werde, *Ruffert*, in: *Calliess/Ruffert*, EUV, AEUV, 5. Aufl. (2016), Art. 9 EUV, Rdnr. 3; gleichwohl dürfte die Interpretation dieser neu eingeführten Normen in ihrer Maßstäblichkeit für den institutionellen Rahmen der EU diese rechts- und verfassungspolitische Debatte nur ergänzen, nicht aber

Union stelle sich generell als sehr unübersichtlich dar, weil politische Konzepte disziplinübergreifend diskutiert würden und an ihren Grenzen wissenschaftliche Diskussion und politischer Schlagaustausch verschwömmen. Deshalb seien die Konzeptionen auch überwiegend aus der Politikwissenschaft abgeleitet und nicht aus normativ-verfassungsrechtlichen Grundlagen.[1600] Ausgehend von dieser demokratie*theoretischen* Debatte müsse dann die Interpretation der Art. 9 ff. EUV entwickelt werden. Dabei sei die Kontextabhängigkeit der Demokratiemodelle und -konzepte zu berücksichtigen. Deshalb sei die Möglichkeit, neue Ansätze demokratischer Legitimation für eine konkrete Rechtsordnung zu entwickeln durch die jeweiligen Verfassungstexte und das „durch diese errichtete institutionelle Design begrenzt".[1601]

Mit den „Bestimmungen über die demokratischen Grundsätze" in Titel II des EUV sei der demokratische supranationale Charakter der Herrschaft erstmals in den Kern des Verfassungstextes vorgerückt und habe den Begriff der unionalen Demokratie, an den die EU nach Art. 2 EUV gebunden sei, konkretisiert. Daraus ergäben sich mit dem bürgerschaftlichen Fundament der Demokratie in der EU und dem Grundsatz der demokratischen Gleichheit der Unionsbürger zwei Grundprinzipien.[1602] Ersteres ergebe sich aus der Verknüpfung von Demokratie auf Unionsebene mit der Unionsbürgerschaft, woraus sich die Orientierung des Unionsrechts auf ein individualistisches Konzept erschließe.[1603] Wegen der Strukturpro-

---

ablösen, *Ruffert*, in: *Calliess/Ruffert*, EUV, AEUV, 5. Aufl. (2016), Art. 9 EUV, Rdnr. 4.

1600 Dies ergebe sich bereits daraus, dass die Diskussion über das unionale Demokratiekonzept älter als die zugehörigen Normen der Art. 9 ff. EUV sei, *Ruffert*, in: *Calliess/Ruffert*, EUV, AEUV, 5. Aufl. (2016), Art. 9 EUV, Rdnr. 10; in der Demokratietheorie zur Europäischen Union würden deshalb vor allem die gegenübergestellten Begriffspaare diskutiert, vor allem die Diskussionen über input- und output-Legitimation, die Unterscheidung zwischen Demokratie als Regel und Demokratie als Prinzip, kollektivistische und individualistische Demokratievorstellungen, majoritärer und nichtmajoritärer Demokratie und parlamentarisch orientierten Modellen gegenüber gubernativen, *Ruffert*, in: *Calliess/Ruffert*, EUV, AEUV, 5. Aufl. (2016), Art. 9 EUV, Rdnr. 11 ff.

1601 Vgl. *Ruffert*, in: *Calliess/Ruffert*, EUV, AEUV, 5. Aufl. (2016), Art. 9 EUV, Rdnr. 16; nur mit den nachbarwissenschaftlichen Theorieansätzen könnte deshalb eine rechts*wissenschaftlich* solide Deutung vorgenommen werden.

1602 *Ruffert*, in: *Calliess/Ruffert*, EUV, AEUV, 5. Aufl. (2016), Art. 9 EUV, Rdnr. 21 ff.

1603 Weil es kein Europäisches Volk gäbe, müsse dieser Bezug individualistisch auf die einzelnen Unionsbürger erfolgen, *Ruffert*, in: *Calliess/Ruffert*, EUV, AEUV, 5. Aufl. (2016), Art. 9 EUV, Rdnr. 24; offen bleibt an dieser Stelle, woraus

bleme der unionalen Demokratie sei die Union notwendigerweise auf die Legitimationsleistung der Mitgliedstaaten angewiesen. Hier bestehe ein von Art. 10 Abs. 2 UAbs. 2 EUV normativ eingeforderter Legitimationszusammenhang, der in Ergänzung zu den mitgliedstaatlichen Demokratien trete. Der Verbund unionaler und mitgliedstaatlicher demokratischer Legitimation führe zu dem Legitimationsniveau, das vom Europäischen Verfassungsrecht als hinreichend betrachtet werde und auch den Anforderungen aus nationalen Verfassungsnormen über das Demokratieprinzip entspreche.[1604] Die demokratische Gleichheit als zweites Grundprinzip des unionalen Demokratieverständnisses ergebe sich daneben aus der Vorschrift Art. 9 S. 1 EUV, die eine verbindliche gleichmäßige Partizipation vorsehe und erfordere, dass auch Entscheidungsergebnisse Ungleichbehandlungen vermeiden müssten,[1605] wenn auch aufgrund des föderalen Charakters der Union bis zu einem gewissen Grad hinsichtlich des Wahlrechts Ungleichheiten hingenommen werden müssten.[1606] Aus Art. 10 Abs. 1 EUV sei damit die „Verfassungsentscheidung des EU-Rechts für demokratische Herr-

---

der qualitative Unterschied resultieren soll: Einzig aus einer Formulierung, die nicht explizit dem Wortlautansatz nationaler Verfassungen folgt, wird sich kaum ableiten lassen, ob dieses unionale Verständnis notwendigerweise dem entspricht, was auch für das Grundgesetz mit individualistisch-pluralistischen Ansätzen vertreten wird; gerade die Tatsache, dass die Europäische Demokratie eine Legitimation durch Rückführung auf die Unionsbürger und gleichzeitig die Mitgliedstaaten annimmt, wird im Vergleich zum föderalen System des Grundgesetzes kaum dafür angeführt werden können, dass hier völlig unterschiedliche Ansätze notwendig wären.

1604 So explizit *Ruffert*, in: *Calliess/Ruffert*, EUV, AEUV, 5. Aufl. (2016), Art. 9 EUV, Rdnr. 25; woraus sich allerdings diese „normative Einforderung" durch Art. 10 Abs. 2 UAbs. 2 EUV ergeben soll, erschließt sich gerade in Hinblick auf die deskriptive Formulierung dieser Vorschrift nicht ohne weiteres.

1605 Vgl. unter Hinweis auf die „eklatanten sprachlichen Mängel" von Art. 9 EUV *Ruffert*, in: *Calliess/Ruffert*, EUV, AEUV, 5. Aufl. (2016), Art. 9 EUV, Rdnr. 22. Woraus sich hier eine notwendige Gleichheit in demokratischer Hinsicht ergeben soll, bleibt insoweit offen, als auch die zitierte output-Gleichheit eher den Eindruck einer grundrechtlichen Gleichheitsvorschrift zulässt.

1606 *Ruffert*, in: *Calliess/Ruffert*, EUV, AEUV, 5. Aufl. (2016), Art. 9 EUV, Rdnr. 27 ff.; dass in diesem Zusammenhang aus Art. 9 EUV Grenzen für politische Entscheidungen ableitbar sein sollten, falls eine Mehrheit bei einer parlamentarischen Abstimmung nur aufgrund der Mitwirkung „überrepräsentierter" Bürger zustande käme, erscheint dabei nicht nur „zu eng" (*Ruffert*, in: *Calliess/Ruffert*, EUV, AEUV, 5. Aufl. (2016), Art. 9 EUV, Rdnr. 30), sondern als höchst überzogene Auslegung entgegen aller sonstigen Organisationsvorschriften von EUV und AEUV, die keinen Halt in der (Unions-)Rechtsprechung finden kann.

schaft" abzuleiten und deshalb die Primärrechtswidrigkeit von Verfahren, Handlungen und Entscheidungen zu folgern, die dem demokratischen Prinzip widersprächen.[1607] Zugleich verbiete diese Vorschrift Fremdherrschaft und Fremdbestimmung und auch einen bewussten Verzicht auf Demokratie bei der Herrschaftsausübung zugunsten einer „Expertokratie".[1608] Das unionale Demokratieverständnis müsse durch Art. 10 Abs. 2 EUV eine organbezogene Konkretisierung erfahren, um auch im Einzelfall die Wechselwirkung zwischen den verschiedenen Legitimationssträngen[1609] auf supranationaler Ebene herausarbeiten zu können. Dabei könne ein Substitutionsverhältnis erreicht werden, somit könnten Defizite auf Unionsebene durch stärkere Einbeziehung der mitgliedstaatlichen Ebene entstehen. Demokratietheoretisch könne dies durch ein rechtsprinzipielles Verständnis geschehen, weil dies optimierende Abwägungen erlaube.[1610]

Ausgehend von der – auch mit Zustimmung Deutschlands erfolgten – Stärkung des Agenturwesens, nicht zuletzt auch durch die Rechtsprechung des EuGH zu Anforderungen an die deutsche Verwaltungsorganisation[1611] betrachtet *Ruffert* an anderer Stelle explizit die unionsrechtlichen Vorgaben für die Unabhängigkeit der Agenturen am Beispiel der Finanz- und

1607 *Ruffert*, in: *Calliess/Ruffert*, EUV, AEUV, 5. Aufl. (2016), Art. 10 EUV, Rdnr. 1.

1608 So *Ruffert*, in: *Calliess/Ruffert*, EUV, AEUV, 5. Aufl. (2016), Art. 10 EUV, Rdnr. 2 unter Verweis auf die (dort explizit als theoretisch bezeichneten) Annahmen bei *Ruffert*, in: *Calliess/Ruffert*, EUV, AEUV, 5. Aufl. (2016), Art. 9 EUV, Rdnr. 11.

1609 Der erste Legitimationsstrang – die Rückbindung an die Unionsbürger – durch das Europäische Parlament könne auch ohne eine notwendige Staatlichkeit der Union erklärt werden, hier sei auch keine besondere ethnisch-kulturelle Homogenität der Bürger erforderlich; daneben stehe die demokratische Rückkoppelung an die nationalen Parlamente, die durch Bezugnahme auf die jeweils eigenen Legitimationssubjekte eingebunden werden, *Ruffert*, in: *Calliess/Ruffert*, EUV, AEUV, 5. Aufl. (2016), Art. 10 EUV, Rdnr. 6 ff.

1610 *Ruffert*, in: *Calliess/Ruffert*, EUV, AEUV, 5. Aufl. (2016), Art. 10 EUV, Rdnr. 5; dabei erschließt sich nicht unmittelbar die Notwendigkeit der Erklärung dieses Modells durch ein Prinzipienmodell: Der Gedanke zweier verschiedener Legitimationskomponenten, die im Zusammenwirken ein bestimmtes (Legitimations-)Niveau erreichen müssen, ist wesentlicher Bestandteil des „klassischen" bzw. holistisch-monistischen Legitimationsverständnisses nach dem Grundgesetz; deshalb könnte selbst bei einem Verständnis von Art. 10 Abs. 2 EUV als Rechtsregel nach einem prinzipientheoretischen Ansatz diese wechselseitige Substitution bestens erklärt werden.

1611 *EuGH*, Urt. v. 03.12.2009, Slg. 2009-I, 11431 (vgl. dazu Kapitel IV.C.6) und *EuGH*, Urt. v. 09.03.2010, Slg. 2010-I, 1885 (vgl. dazu Kapitel IV.C.7).

Energiemarktregulierung.[1612] Die Meroni-Rechtsprechung könne für die Beurteilung der Einhaltung der unional notwendigen demokratischen Legitimation hierbei schon durch den zeitlichen Ablauf als überholt angesehen werden, aber auch, weil sie nur zur Frage des institutionellen Gleichgewichts und nur unter dem EGKS ergangen sei.[1613] Vor allem habe aber die Meroni-Rechtsprechung die EU nicht aufgehalten, einen momentanen Zustand zu erreichen, der mit den strengen Meroni-Anforderungen wohl nicht mehr als vereinbar angesehen werden könnte.[1614] Unter der Geltung des Vertrags von Lissabon sei nach Art. 10 EUV eine Rückbindung der unabhängigen Behörden an das Europäische Parlament erforderlich.[1615] Anders als im deutschen Modell erfolge jedoch die Rückbindung nicht notwendigerweise über die Kommission, sondern über die direkte gegenüber dem Parlament bestehende Rechenschaftspflicht der Agenturen.[1616] Aus Art. 10 Abs. 1 und Abs. 2 UAbs. 1 EUV könne das Gebot des Unions-

---

1612 *Ruffert*, Die neue Unabhängigkeit: Zur demokratischen Legitimation von Agenturen im europäischen Verwaltungsrecht, in: *Müller-Graff/Schmahl/Skouris* (Hrsg.), Europäisches Recht zwischen Bewährung und Wandel (2011).

1613 Gleichwohl haben EuG und EuGH noch bis in das erste Jahrzehnt des 21. Jahrhunderts hinein Bezug auf die Meroni-Rechtsprechung genommen (vgl. dazu Kapitel IV.C.1), weshalb diese offensichtliche Überholung mit guten Gründen bezweifelt werden kann.

1614 Mit dem Hinweis auf die praktische Nichteinhaltung des Maßstabs und die Bemühungen im Schrifttum, die Anforderungen aus rechtspolitischen Gründen zu lockern, *Ruffert*, Die neue Unabhängigkeit: Zur demokratischen Legitimation von Agenturen im europäischen Verwaltungsrecht, in: *Müller-Graff/Schmahl/Skouris* (Hrsg.), Europäisches Recht zwischen Bewährung und Wandel (2011), S. 403 f.

1615 Der Rechtsgrund hierfür wird wohl in Art. 10 Abs. 2 EUV als organbezogener Konkretisierung verortet, vgl. *Ruffert*, Die neue Unabhängigkeit: Zur demokratischen Legitimation von Agenturen im europäischen Verwaltungsrecht, in: *Müller-Graff/Schmahl/Skouris* (Hrsg.), Europäisches Recht zwischen Bewährung und Wandel (2011), S. 404.

1616 Die direkte Rechenschaftspflicht ergibt sich bei den neueren Agenturen (jeweils) aus Art. 3 Verordnung (EU) Nr. 1093/2010 des Europäischen Parlaments und des Rates vom 24. November 2010 zur Errichtung einer Europäischen Aufsichtsbehörde (Europäische Bankenaufsichtsbehörde), zur Änderung des Beschlusses Nr. 716/2009/EG und zur Aufhebung des Beschlusses 2009/78/EG der Kommission – EBA-VO, Verordnung (EU) Nr. 1095/2010 des Europäischen Parlaments und des Rates vom 24. November 2010 zur Errichtung einer Europäischen Aufsichtsbehörde (Europäische Wertpapier-und Marktaufsichtsbehörde) – ESMA-VO und Verordnung (EU) Nr. 1094/2010 des Europäischen Parlaments und des Rates vom 24. November 2010 zur Errichtung einer Europäischen Aufsichtsbehörde (Europäische Aufsichtsbehörde für das Versicherungswesen und die betriebliche Altersversorgung), zur Änderung des

gesetzgebers abgeleitet werden, die Rechenschaftspflicht wirksam auszugestalten.[1617] Daneben gelte die „Wächterrolle" der Kommission durch Art. 17 Abs. 1 Satz 2 EUV auch ohne eine spezielle Regelung für die Tätigkeit der Agenturen,[1618] obwohl diese als unabhängige Behörden eingerichtet seien.[1619]

Das Demokratieprinzip des Art. 10 Abs. 2 EUV erfordere stets eine detaillierte Berücksichtigung der Legitimationszusammenhänge, die auch das Zusammenwirken nationaler und unionaler Demokratiekomponenten beinhalte. Deshalb dürfe im Regelfall die Einwirkungsmöglichkeit auf Vertreter der Mitgliedstaaten nicht beschnitten werden – geschehe dies aber, sei die gewählte Konstruktion am unionalen Demokratiemaßstab zu messen.[1620] Auch könne die Unabhängigkeit der Entscheidungsträger und damit das *prima facie* verringerte Legitimationsniveau durch ande-

---

Beschlusses Nr. 716/2009/EG und zur Aufhebung des Beschlusses 2009/79/EG der Kommission – EIOPA-VO.

1617 Für die Finanzagenturen sei eine derartige Verpflichtung momentan nur für den Vorsitzenden des ESRB vorgesehen, weshalb dieses nur dann gemessen am Maßstab des Art. 10 EUV ausreichend sein könne, wenn die Rechenschaftspflicht eng mit derjenigen der einzelnen Behörden verknüpft werde, Verordnung (EU) Nr. 1093/2010 des Europäischen Parlaments und des Rates vom 24. November 2010 zur Errichtung einer Europäischen Aufsichtsbehörde (Europäische Bankenaufsichtsbehörde), zur Änderung des Beschlusses Nr. 716/2009/EG und zur Aufhebung des Beschlusses 2009/78/EG der Kommission – EBA-VO, S. 405.

1618 *Ruffert*, Die neue Unabhängigkeit: Zur demokratischen Legitimation von Agenturen im europäischen Verwaltungsrecht, in: *Müller-Graff/Schmahl/Skouris* (Hrsg.), Europäisches Recht zwischen Bewährung und Wandel (2011), S. 405; hier stellt sich jedoch die Frage, ob mit dieser Überwachungspflicht durch die Kommission auch Eingriffsmöglichkeiten verbunden sein sollen.

1619 Deren Unabhängigkeit stehe nicht entgegen, weil das Unabhängigkeitspostulat des Art. 298 Abs. 1 AEUV nicht die Hüterfunktion des Art. 17 Abs. 1 Satz 2 EUV beseitigen könne, weil es sich hier um eine jahrzehntelang anerkannte Funktion der Kommission handle, *Ruffert*, Die neue Unabhängigkeit: Zur demokratischen Legitimation von Agenturen im europäischen Verwaltungsrecht, in: *Müller-Graff/Schmahl/Skouris* (Hrsg.), Europäisches Recht zwischen Bewährung und Wandel (2011), S. 406.

1620 Dass insbesondere bei den neuen Energieagenturen die Vertreter der Mitgliedstaaten zu unabhängigem Handeln verpflichtet werden und ihnen sogar verboten wird, Weisungen von den Staaten entgegenzunehmen, lasse sich nur ausnahmsweise rechtfertigen, weil in diesem konkreten Fall diese Mitwirkung als unabhängig-sachverständig angesehen werden solle und der (demokratisch legitimierte) Rat die Möglichkeit habe, sich gegen diese Expertise zu stellen, vgl. *Ruffert*, Die neue Unabhängigkeit: Zur demokratischen Legitimation von Agenturen im europäischen Verwaltungsrecht, in: *Müller-Graff/Schmahl/Skou-*

re Komponenten wie einer Verstärkung parlamentarischer Rechenschaftspflichten, engerer gesetzlicher und gerichtlicher Bindung und möglicher Bestellung der Leitungsorgane durch die Mitgliedstaaten kompensiert und damit gerechtfertigt werden.[1621] Der unionsrechtliche Maßstab erlaube somit weitergehende Flexibilisierungen als die nationalen Legitimationsansätze: insbesondere die Notwendigkeit von Weisungsrechten könne aus dem Unionsrecht nicht hergeleitet werden.[1622] Stärkere Anforderungen könnten sich nur aus nationalem Recht ergeben, wenn und soweit es als Teil der nach Art. 4 Abs. 2 Satz 1 EUV geschützten nationalen Identität geschützt sei.[1623]

Der Argumentation *Rufferts* zufolge funktioniert die demokratische Legitimation auf Ebene der Union vergleichbar dem herkömmlichen Verständnis, wie es auch für das deutsche Staatsrecht entwickelt wurde.[1624]

---

ris (Hrsg.), Europäisches Recht zwischen Bewährung und Wandel (2011), S. 406 f.

1621 Durch derartige Komponenten lasse sich auch eine Konstruktion über eine Entscheidung „in völliger Unabhängigkeit" wie im Fall der Datenschutzbehörden (*EuGH*, Urt. v. 09.03.2010, Slg. 2010-I, 1885) grundsätzlich rechtfertigen, *Ruffert*, Die neue Unabhängigkeit: Zur demokratischen Legitimation von Agenturen im europäischen Verwaltungsrecht, in: *Müller-Graff/Schmahl/Skouris* (Hrsg.), Europäisches Recht zwischen Bewährung und Wandel (2011), S. 409.

1622 Explizit bei *Ruffert*, Die neue Unabhängigkeit: Zur demokratischen Legitimation von Agenturen im europäischen Verwaltungsrecht, in: *Müller-Graff/Schmahl/Skouris* (Hrsg.), Europäisches Recht zwischen Bewährung und Wandel (2011), S. 409.

1623 Allerdings lägen im Fall der Energieagenturen hinreichende sachliche Gründe vor, aus denen sich eine sachliche Rechtfertigung ergeben könnte, weshalb das notwendige Maß an Beeinträchtigung keineswegs die Schwelle der parallel laufenden Art. 79 Abs. 3 GG und Art. 4 Abs. 2 Satz 1 EUV erreichen könnte, *Ruffert*, Die neue Unabhängigkeit: Zur demokratischen Legitimation von Agenturen im europäischen Verwaltungsrecht, in: *Müller-Graff/Schmahl/Skouris* (Hrsg.), Europäisches Recht zwischen Bewährung und Wandel (2011), S. 413 f.; völlig außer Acht gelassen wird hier gleichwohl die Frage der Anwendbarkeit des Maßstabs aus Art. 20 Abs. 2 GG: nur, wenn man Art. 23 Abs. 1 GG so auslegt, dass auch genau diese Elemente notwendiger Teil des Demokratieprinzips seien, der auch für diesen Fall unverzichtbar sei, käme man überhaupt zu diesem Ergebnis – dies entspricht jedoch wohl nicht dem überwiegenden Verständnis von Art. 23 Abs. 1 GG (vgl. dazu Kapitel IV.B).

1624 Deutlich auch noch zur Rechtslage vor Inkrafttreten des Vertrags von Lissabon mit dem Verweis auf die Funktionsweise der Europäisierten Verwaltung durch Kombination von prozedural-organisatorischer und materiell-rechtlicher Steuerung, *Ruffert*, Von der Europäisierung des Verwaltungsrechts zum Europäischen Verwaltungsverbund, DÖV 2007, 761 (766).

Gleichwohl ergibt sich aus diesen Überlegungen nicht, welcher Natur dieser Maßstab sein soll. Der Herleitung nach kann es sich allein um einen theoretisch-erklärenden Legitimationsmaßstab handeln, wie sich aus Formulierungen über eine „theoretisch abgesicherte Deutung der Art. 9 ff."[1625] oder aus der Bezugnahme auf die „demokratietheoretische Debatte"[1626] ergibt. Gleichwohl impliziert *Ruffert* mehrfach einen hierüber hinausgehenden spezifisch normativ-dogmatischen Maßstab, wenn eine Primärrechtswidrigkeit von Verfahren, Handlungen und Entscheidungen angenommen wird, die dem demokratischen Prinzip widersprächen.[1627] Erst recht die Annahme eines Verfassungsverstoßes – und der damit verbundenen Folge der Rechtswidrigkeit und Aufhebbarkeit – durch eine Mehrheitsentscheidung, die u.U. von nur einer Minderheit von Unionsbürgern gewählt sei, und der Annahme, Art. 9 Abs. 1 EUV enthalte deshalb verbindliche Vorgaben für die weitere Rechtssetzung, implizieren einen Rechtsmaßstab, der eine wirkliche rechtliche Hürde darstellte. Gegen diese Schlussfolgerung (mit der gegebenen Begründung) spricht vor allem die gewählte Betrachtungsweise: dieser harte und wirksame Rechtsnormcharakter wird nicht aus einer Auslegung der entsprechenden Vorschriften hergeleitet, sondern aus einer (theoretischen) Argumentation, die explizit auf einer Diskussion beruht, die schon vor Inkrafttreten der Art. 9 ff. EUV im Vertrag von Lissabon geführt worden war.[1628] So mag sich zumindest die Vermutung aufdrängen, dass ein rechtspolitisches Ziel oder eine (rein theoretische) Annahme der Verfassungs*lehre* zum normativ-dogmatischen Maßstab führt. Dies entspricht auch dem Verweis auf die „wichtigste Zukunftsaufgabe"[1629] des Europäischen Verwaltungsrechts, was den Schluss nahelegt, dass es sich hier stärker um eine Systembildung als um dogmatische Herleitung aus materiellem Recht gehe. Sicherlich stellt das so dargestellte Konzept demokratischer Legitimation auf Unionsebene ein denkbares und insoweit kontingentes dar, der Schluss von den theoretischen Grundlagen hierauf erscheint jedoch bereits aus methodischen Gründen hingegen keineswegs zwingend.

1625 *Ruffert*, in: *Calliess/Ruffert*, EUV, AEUV, 5. Aufl. (2016), Art. 9 EUV, Rdnr. 16.

1626 *Ruffert*, in: *Calliess/Ruffert*, EUV, AEUV, 5. Aufl. (2016), Art. 9 EUV, Rdnr. 10 ff.

1627 *Ruffert*, in: *Calliess/Ruffert*, EUV, AEUV, 5. Aufl. (2016), Art. 10 EUV, Rdnr. 1.

1628 *Ruffert*, in: *Calliess/Ruffert*, EUV, AEUV, 5. Aufl. (2016), Art. 9 EUV, Rdnr. 2 f.

1629 *Ruffert*, Von der Europäisierung des Verwaltungsrechts zum Europäischen Verwaltungsverbund, DÖV 2007, 761 (770) mit Verweis auf *Schmidt-Aßmann*, Das allgemeine Verwaltungsrecht als Ordnungsidee, 2. Aufl. (2006), S. 7.

f) Daniel Couzinet (2011)

Vor dem Hintergrund der unionsrechtlichen Verpflichtung zur Umsetzung der Datenschutzrichtlinie, dem Energiebinnenmarktpaket und der Telekommunikationsrahmenrichtlinie beschäftigt sich *Daniel Couzinet* mit der Frage der Zulässigkeitsgrenzen für unabhängige Behörden unter dem Blickwinkel der Legitimation.[1630] Bei der Suche nach einem unionsrechtlichen Maßstab demokratischer Legitimation sei zu beachten, dass die Union eher eine Rechtssetzungs- und weniger eine Vollzugsgemeinschaft darstelle, weshalb derartigen Fragen einer Verwaltungslegitimation ohnehin eine geringere Bedeutung zukäme.[1631] Das grundlegende Legitimationsverhältnis müsse sich dabei aus einer rechtsvergleichenden Betrachtung ergeben und könne nicht gleichermaßen detailliert sein wie das deutsche Konzept der Verwaltungslegitimation.[1632] Aus den Bestimmungen der EUV nach Inkrafttreten des Vertrags von Lissabon sei abzuleiten, dass die durch die Union ausgeübte Herrschaft maßgeblich auf parlamentarischer Gesetzgebung und Verantwortlichkeit beruhe.[1633] Aus den Art. 9 ff., insbesondere Art. 10 Abs. 1, Art. 17 Abs. 8 und Art. 14 Abs. 1 Satz EUV ergebe sich eine Präzisierung des unionalen Demokratieprinzips, das parlamentarische

1630 *Couzinet,* Die Legitimation unabhängiger Behörden an der Schnittstelle von unionalem und nationalen Verfassungsrecht, in: *Debus/Kruse/Peters/Schröder/Seifert/Sicko/Stirn* (Hrsg.), Verwaltungsrechtsraum Europa (2011).

1631 *Couzinet,* Die Legitimation unabhängiger Behörden an der Schnittstelle von unionalem und nationalen Verfassungsrecht, in: *Debus/Kruse/Peters/Schröder/Seifert/Sicko/Stirn* (Hrsg.), Verwaltungsrechtsraum Europa (2011), S. 225.

1632 Insoweit könne aber nicht jedes abweichende Verständnis dazu führen, dass eine bestimmte Legitimationsform nicht Teil des Unionsrechts sein könnte, weil ansonsten nur ein kleinster gemeinsamer Nenner gefunden werden könnte; stattdessen erfolge insoweit bei abweichenden Legitimationsverständnissen einzelner Mitgliedstaaten eine Berücksichtigung von deren Vorstellungen über das Gebot der Achtung der nationalen Identität aus Art. 4 Abs. 2 EUV, *Couzinet,* Die Legitimation unabhängiger Behörden an der Schnittstelle von unionalem und nationalen Verfassungsrecht, in: *Debus/Kruse/Peters/Schröder/Seifert/Sicko/Stirn* (Hrsg.), Verwaltungsrechtsraum Europa (2011), S. 226.

1633 So explizit *Couzinet,* Die Legitimation unabhängiger Behörden an der Schnittstelle von unionalem und nationalen Verfassungsrecht, in: *Debus/Kruse/Peters/Schröder/Seifert/Sicko/Stirn* (Hrsg.), Verwaltungsrechtsraum Europa (2011), S. 227; dies ergebe sich zum einen aus der Festlegung auf die repräsentative Demokratie, zum anderen aus der Verantwortlichkeit der Kommission gegenüber dem Parlament und schließlich aus der gesetzgebenden Funktion des Europäischen Parlaments – außer Acht gelassen wird hier allerdings die Bedeutung des Rates für die Gesetzgebung, welche diese Zusammenhänge sehr in Zweifel ziehen lässt.

Verantwortlichkeit, nicht aber ministerielle Weisungsrechte voraussetze und bei deren grundsätzlichem Vorhandensein stets von einer Zulässigkeit unabhängiger Behörden auszugehen sei.[1634] Als weitere Anforderung seien die allgemeinen Voraussetzungen an unabhängige Einrichtungen zu sehen, zu denen die in der *Meroni*-Rechtsprechung enthaltenen Anforderungen zählten. Aus heutiger Sicht seien die Aussagen hierzu als solche über demokratische Legitimation zu zählen.[1635] In ihrer ursprünglichen Strenge gälten sie allerdings nicht mehr fort, wie sich darin zeige, dass der EuGH trotz Gelegenheit hierzu die Praxis der weiteren Gründungen einer Vielzahl von Agenturen gegen diese Praxis keinen Widerspruch erhoben habe.

Daneben verbleibe als unionsrechtliche Grenze in Bezug auf „das Demokratieprinzip“ das Gebot zur Achtung der nationalen Identität nach Art. 4 Abs. 2 Satz 1 EUV, das als Begriff des Unionsrechts nach unionsrechtlichen Maßstäben zu bestimmen sei, sich aber auf die nationalen Verfassungsverständnisse beziehe, deren eigenes Verständnis hier maßgeblich sein müsse.[1636] Wegen des Ausnahmecharakters könnten allerdings nur grundlegende Verfassungsverständnisse einbezogen werden, die allerdings im Falle des Grundgesetzes über den Schutzbereich des Art. 79 Abs. 3 GG hinaus gehen könnten, weil hierdurch nur eine äußerste Grenze gezogen worden sei. Flächendeckende ministerielle Weisungsrechte gehörten allerdings nicht zu dem geschützten Bereich, da diese auch im Grundgesetz keine Normierung erfahren hätten.[1637] Die Rechtsfolge einer Berührung

---

1634 *Couzinet,* Die Legitimation unabhängiger Behörden an der Schnittstelle von unionalem und nationalen Verfassungsrecht, in: *Debus/Kruse/Peters/Schröder/Seifert/Sicko/Stirn* (Hrsg.), Verwaltungsrechtsraum Europa (2011), S. 227.

1635 Die Aussagen seien zwar nicht zum Demokratieprinzip erfolgt, aber zum damaligen Zeitpunkt habe dies auch nicht zu den europarechtlichen Grundsätzen gezählt, *Couzinet,* Die Legitimation unabhängiger Behörden an der Schnittstelle von unionalem und nationalen Verfassungsrecht, in: *Debus/Kruse/Peters/Schröder/Seifert/Sicko/Stirn* (Hrsg.), Verwaltungsrechtsraum Europa (2011), S. 228.

1636 So explizit *Couzinet,* Die Legitimation unabhängiger Behörden an der Schnittstelle von unionalem und nationalen Verfassungsrecht, in: *Debus/Kruse/Peters/Schröder/Seifert/Sicko/Stirn* (Hrsg.), Verwaltungsrechtsraum Europa (2011), S. 229 f., wobei offengelassen wird, ob „das“ Demokratieprinzip einen absoluten Rechtsgrundsatz darstellen solle oder möglicherweise konkret das Demokratieverständnis des Grundgesetzes betreffen sollte.

1637 *Couzinet,* Die Legitimation unabhängiger Behörden an der Schnittstelle von unionalem und nationalen Verfassungsrecht, in: *Debus/Kruse/Peters/Schröder/Seifert/Sicko/Stirn* (Hrsg.), Verwaltungsrechtsraum Europa (2011), S. 230 f.; insoweit wird jedoch außer Acht gelassen, dass nach der (zumindest ursprüng-

der mitgliedstaatlichen Identität wäre dann ein notwendig durchzuführender schonender Ausgleich als relativer Schutz im Rahmen des Art. 4 Abs. 2 Satz 1 EUV (im Gegensatz zum absoluten Schutz aus mitgliedstaatlicher Sicht). Als Teil dieses durch Art. 79 Abs. 3 GG geschützten Kerns könne nur ein „Mindestlegitimationsniveau" angesehen werden,[1638] die unionalen Legitimationsfaktoren müssten hier auf Ebene unionalen Rechts auch berücksichtigt werden.[1639]

Die Argumentation bei *Couzinet* zum unionsrechtlichen Prinzip demokratischer Legitimation erweist sich in methodischer Hinsicht als konsequent dogmatisch, soweit die Anforderungen der Art. 9 ff. EUV als rein unionsrechtliche Anforderungen nach Unionsrecht ausgelegt werden und Art. 4 Abs. 2 Satz 1 GG auf nationale Anforderungen verweist. Als Maßstab werden die (positivrechtlichen) Anforderungen des Rechts der Europäischen Union an die demokratische Legitimation der unionseigenen Verwaltung zugrunde gelegt. Als problematisch erweisen sich allerdings die Würdigungen beider Rechtsordnungen und die daraus abgeleiteten Schlussfolgerungen für die jeweiligen Anforderungen an demokratische Legitimation. Die Argumentation auf Ebene des EUV hängt insoweit von der Schlussfolgerung ab, dass das Unionsrecht ein Modell der Herrschaft zugrunde lege, das maßgeblich auf parlamentarischer Gesetzgebung und Verantwortlichkeit beruhe und dieses insofern präge. Ob man dabei das Europäische Parlament insoweit als maßgeblichen Akteur für die Europäische Gesetzgebung ansehen kann, erscheint indes auch nach Inkrafttreten des Vertrags von Lissabon zweifelhaft – die Auswirkungen der zentralen Stellung des Rates und dessen Bedeutung werden insoweit zur Berücksichtigung der Typprägung außer Acht gelassen. Auf Ebene des Grundgesetzes hängt die Argumentation von der Schlussfolgerung ab, die grundsätzli-

---

lichen) Rechtsprechung des Bundesverfassungsgerichts zu Fragen demokratischer Legitimation sich das ministerielle Weisungsrecht nicht explizit aus einer Einzelbestimmung ergebe, als notwendiger Teil unabdingbarer demokratischer Legitimation nach Art. 20 Abs. 2 GG (über die Notwendigkeit der Weisungsrechte für ein hinreichendes Legitimationsniveau) angesehen wurde.

1638 *Couzinet,* Die Legitimation unabhängiger Behörden an der Schnittstelle von unionalem und nationalen Verfassungsrecht, in: *Debus/Kruse/Peters/Schröder/Seifert/Sicko/Stirn* (Hrsg.), Verwaltungsrechtsraum Europa (2011), S. 233.

1639 Hierzu seien verfahrensrechtliche Konsultations-, Informations- und Abstimmungspflichten, sowie die umfassende Aufsichtsfunktion der Kommission auch durch verbindliche Leitlinien zu rechnen, *Couzinet,* Die Legitimation unabhängiger Behörden an der Schnittstelle von unionalem und nationalen Verfassungsrecht, in: *Debus/Kruse/Peters/Schröder/Seifert/Sicko/Stirn* (Hrsg.), Verwaltungsrechtsraum Europa (2011), S. 234 f.

chen Legitimationszusammenhänge als Teil des Art. 20 Abs. 2 GG seien auch außerhalb ihres Anwendungsbereichs (also im Falle des Art. 23 Abs. 1 GG) als identitätsprägendes Merkmal des Art. 79 Abs. 3 GG zu sehen. Zwar spricht auf den ersten Blick die Annahme des Bundesverfassungsgerichts in der Lissabon-Entscheidung für diese These[1640], allerdings stellt sich die Frage, ob man von einem insoweit bestehenden geschützten Teil nationaler Verfassungsidentität ausgehen kann, wenn das Grundgesetz selbst für die Europäische Union in Art. 23 Abs. 1 GG von einem deutlich gelockerten Maßstab ausgeht. Der so gefundene Maßstab ist damit allerdings nicht mehr als ernsthafte und bedeutende kritische Anforderung zu sehen, weil die genannte „Verschränkung zu einem Legitimationsverbund" – wie vom Autor eingeräumt[1641] – regelmäßig nicht in der Lage sein wird, konkrete Legitimationsstrukturen als unionsrechtswidrig anzusehen, weil sich die konkreten tatsächlichen Verantwortungsstrukturen niemals genügend präzise und handhabbar aufdecken lassen werden.

g) Peter M. Huber (2012)

Im Kurzkommentar zum EUV/AEUV von *Rudolf Streinz* sieht *Peter M. Huber* in Art. 9 bis 12 EUV die Grundentscheidung des EUV für ein bestimmtes demokratietheoretisches Konzept als Modell für die Europäische Union.[1642] Die Aufgabe der Rechtswissenschaft sei dabei, den rechtswissenschaftlichen Begriff der Demokratie zu konkretisieren und zu operationalisieren.[1643] Seiner Art nach sei Art. 10 EUV beschreibend und stelle eher eine deklaratorische Bestandsaufnahme als eine inhaltlich-konstitutive Neubestimmung dar.[1644] Damit umfasse der Demokratiebegriff der Art. 10 ff. EUV die Entscheidung zugunsten der repräsentativen Demokratie[1645] und benenne die duale Legitimationsstruktur der Union.[1646] Hintergrund hierfür sei die erforderliche „Legitimationsabstützung" der als

1640 *BVerfG*, Urt. v. 30.06.2009, BVerfGE 123, 267 (370) u. passim.

1641 *Couzinet*, Die Legitimation unabhängiger Behörden an der Schnittstelle von unionalem und nationalen Verfassungsrecht, in: *Debus/Kruse/Peters/Schröder/Seifert/Sicko/Stirn* (Hrsg.), Verwaltungsrechtsraum Europa (2011), S. 237 f.

1642 *Huber*, in: *Streinz*, EUV/AEUV, 3. Aufl. (2018), Art. 10 EUV, Rdnr. 21 (ursprünglich aus 2012).

1643 *Huber*, in: *Streinz*, EUV/AEUV, 3. Aufl. (2018), Art. 10 EUV, Rdnr. 6.

1644 *Huber*, in: *Streinz*, EUV/AEUV, 3. Aufl. (2018), Art. 10 EUV, Rdnr. 18.

1645 *Huber*, in: *Streinz*, EUV/AEUV, 3. Aufl. (2018), Art. 10 EUV, Rdnr. 23.

1646 *Huber*, in: *Streinz*, EUV/AEUV, 3. Aufl. (2018), Art. 10 EUV, Rdnr. 25.

brüchig erkannten Legitimationsvermittlung über Europäischen Rat und nationale Parlamente.[1647] Eine Schwachstelle liege hier wegen „demokratischer“ Defizite beim Europäischen Parlament: Solange eine Wahlrechtsgleichheit innerhalb der Mitgliedstaaten für die Kontingente zum Europäischen Parlament noch nicht hergestellt sei, könne demokratische Legitimation allein durch das Parlament noch nicht vermittelt werden; deshalb sei seine legitimatorische Wirkung begrenzt.[1648] Dogmatisch erkennt *Huber* in Art. 10 EUV eine Erstarkung des unionsrechtlichen Grundsatzes der Demokratie zu einem „Rechtsprinzip“,[1649] das pluralistische Grundannahmen in der Bezugnahme auf den Einzelnen als Ausgangspunkt der Demokratie hat.[1650] Dieses Prinzip erscheint dabei insoweit als Maßstab, als Abweichungen unter Rechtfertigungszwang gesetzt werden[1651] und die Vorschrift ein substituierbares Verhältnis („Komplementarität“) von nationalen und unionalen Legitimationskomponenten erkannt wird.[1652] Inhaltlich weist das so verstandene Modell große Parallelen zu nationalen Legitimationsmaßstäben auf, indem verschiedene Legitimationskomponenten verknüpft werden, die zusammen ein hinreichendes demokratisches Legitimationsniveau erreichen sollen. Diese Komponenten bestehen – anders als nach dem Grundgesetz – nicht in der Unterscheidung zwischen Sach- und Kompetenzvorgaben, sondern in reinen Kompetenzabgrenzungen zwischen nationalen und unionalen Legitimationsbeiträgen.[1653] Offen bleibt in dieser Einordnung allerdings, ob insbesondere mit Art. 10 EUV ein lediglich deskriptives Modell vorliegt, das einer „eher deklaratorischen Bestandsaufnahme“ entspricht,[1654] oder die Vorschriften eigene Anforde-

---

1647 *Huber*, in: *Streinz*, EUV/AEUV, 3. Aufl. (2018), Art. 10 EUV, Rdnr. 30.

1648 *Huber*, in: *Streinz*, EUV/AEUV, 3. Aufl. (2018), Art. 10 EUV, Rdnr. 31.

1649 Unter Berücksichtigung der Tatsache, dass in den meisten Mitgliedstaaten kein vergleichbares übergreifendes demokratisches Prinzip existiere, Art. 10 EUV aber durch punktuelle Bezüge das Prinzip konturiere: *Huber*, in: *Streinz*, EUV/AEUV, 3. Aufl. (2018), Art. 10 EUV, Rdnr. 10.

1650 *Huber*, in: *Streinz*, EUV/AEUV, 3. Aufl. (2018), Art. 10 EUV, Rdnr. 11 sowie unter Betonung der Bedeutung der in Art. 9 EUV noch vorangestellten Unionsbürgerschaft *Huber*, in: *Streinz*, EUV/AEUV, 3. Aufl. (2018), Art. 10 EUV, Rdnr. 14.

1651 *Huber*, in: *Streinz*, EUV/AEUV, 3. Aufl. (2018), Art. 10 EUV, Rdnr. 16.

1652 *Huber*, in: *Streinz*, EUV/AEUV, 3. Aufl. (2018), Art. 10 EUV, Rdnr. 33 ff.

1653 *Huber*, in: *Streinz*, EUV/AEUV, 3. Aufl. (2018), Art. 10 EUV, Rdnr. 33, wobei eine deutliche Betonung in der mitgliedstaatlichen Komponente über den Einfluss im Rat erkannt wird, vgl. *Huber*, in: *Streinz*, EUV/AEUV, 3. Aufl. (2018), Art. 10 EUV, Rdnr. 38.

1654 *Huber*, in: *Streinz*, EUV/AEUV, 3. Aufl. (2018), Art. 10 EUV, Rdnr. 10.

rungen aufstellen, anhand derer die Legitimation von Rechtsakten überprüft werden kann.[1655] Insoweit bleibt auch offen, ob die „normative Zielvorgabe“[1656] politische oder rechtsdogmatische Auswirkungen haben soll.

Insgesamt wird bei *Huber* deutlich, dass sich in Art. 10 EUV durchaus ein normativer Anspruch finde. Dieser betrifft jedoch schwerpunktmäßig organisatorische Ausgestaltungen der Union, möglicherweise auch die Gestaltung eines Gesetzgebungsprozesses. Keinesfalls jedoch scheint sich aus diesem Verständnis eine umfassende Pflicht zur demokratischen Legitimation auch der Verwaltung vergleichbar mit dem Erfordernis demokratischer Legitimation für jede einzelne Entscheidung ableiten zu lassen.

h) Thomas Groß (2012)

Deutliche Kritik am Modell der hierarchischen Verwaltungslegitimation der deutschen Verwaltungsrechtswissenschaft äußert *Thomas Groß*.[1657] Die Agenturen und ihre Legitimationsstrukturen unterschieden sich mangels einheitlicher Konzeption sehr stark, allen gemein sei jedoch deren Unabhängigkeit gegenüber der Kommission und anderen EU-Organen.[1658] Grundsätzlich unterschieden sich auch die Ansätze, anhand derer die Legitimation der Agenturen gemessen würden. Das besonders in Deutschland verbreitete Konzept sehe eine Input-Legitimation vor, die eine einzelfallbezogene Einwirkungsmöglichkeit auf das Verwaltungshandeln in Form eines Einzelweisungsrechts voraussetze; hingegen setze das angloamerikanische Konzept der Verantwortlichkeit an der ex-post-Kontrolle an.[1659] In diese Richtung liefen die für die EU vertretenen Konzepte der Output-Legitimation, die die Ergebnisqualität als eigene Legitimationskompo-

---

1655 So eher die Bezugnahme auf den Rechtfertigungszwang durch diese Vorschriften und das notwendige Zusammenwirken der drei Säulen nach Art. 10, 11 und 12 EUV, *Huber*, in: *Streinz*, EUV/AEUV, 3. Aufl. (2018), Art. 10 EUV, Rdnr. 16 f.

1656 In Bezug auf Art. 10 Abs. 4 EUV: *Huber*, in: *Streinz*, EUV/AEUV, 3. Aufl. (2018), Art. 10 EUV, Rdnr. 58.

1657 *Groß*, Unabhängige EU-Agenturen - eine Gefahr für die Demokratie?, JZ 2012, 1087.

1658 Zumindest erreichten bei keiner der Agenturen die Steuerungsmöglichkeiten an das deutsche Konzept der Fachaufsicht auch nur annähernd heran, *Groß*, Unabhängige EU-Agenturen - eine Gefahr für die Demokratie?, JZ 2012, 1087 (1087 f.).

1659 *Groß*, Unabhängige EU-Agenturen - eine Gefahr für die Demokratie?, JZ 2012, 1087 (1090).

nente würdigten. Um den Primat des Parlaments zu gewährleisten, sei es allerdings zwingend erforderlich, diese Ergebnisqualitätsmaßstäbe mit Elementen der Input-Legitimation zu kombinieren.[1660] Der Maßstab für die legitimatorische Zulässigkeit von Agenturen müsse sich aus unionsrechtlichen Vorgaben ergeben, also aus Art. 10 EUV ableiten, weil die Mitgliedstaaten die Wertungen des Europäischen Primärrechts berücksichtigen müssten.[1661] Aus übereinstimmenden grundlegenden Demokratieverständnissen der Mitgliedstaaten ergebe sich die Notwendigkeit eines Parlamentsgesetzes als Legitimationsgrundlage und der Gewährleistung gerichtlicher Kontrolle durch unabhängige Gerichte. Daneben müsse in den Gründungsstatuten für Lenkungsinstrumente gesorgt sein, zu denen Berichtspflichten, weitere Kontrollinstanzen wie Ombudsmänner oder die Beteiligung gesellschaftlicher Akteure gehören könnten.[1662] Die Legitimation könne also gewahrt werden, wenn dem Europäischen Parlament ein substantieller Beitrag zugewiesen werde.[1663]

In einer weiteren, stärker rechtsvergleichenden Betrachtung kommt *Groß* bei rechtsvergleichender Betrachtung der nationalen Rechtssysteme von neun Mitgliedstaaten zu dem Ergebnis, dass überwiegend nicht eine hierarchische Verwaltung vorausgesetzt werde und die Existenz unabhängiger Behörden oftmals zumindest als unproblematisch angesehen werde, im Falle Schwedens sogar den Regelfall darstelle.[1664] Im EU-Recht sei bei den Agenturen eine vergleichbare Unabhängigkeit gegeben, weil sich aus primärem Verfassungsrecht in der Regel nicht einmal die Notwendigkeit der Schaffung einer Rechtsaufsicht ergebe.[1665]

1660 Dies ergebe sich aus der Natur einer demokratischen Verfassungsordnung, in der erst die hierfür erforderlichen Maßstäbe bestimmt werden müssten, *Groß*, Unabhängige EU-Agenturen - eine Gefahr für die Demokratie?, JZ 2012, 1087 (1090).

1661 Deshalb müsse ein gemeinsames Europäisches Konzept der Unabhängigkeit von Behörden entwickelt werden, das auch zu den Europäischen Agenturen passe, *Groß*, Unabhängige EU-Agenturen - eine Gefahr für die Demokratie?, JZ 2012, 1087 (1091).

1662 Die Kontrolle und notwendige regelmäßige Evaluation müsse aber dabei zwingend bei dem Organisationsgesetzgeber liegen, um auch die dauerhafte Einwirkung zu garantieren, *Groß*, Unabhängige EU-Agenturen - eine Gefahr für die Demokratie?, JZ 2012, 1087 (1092).

1663 Vgl. *Groß*, Unabhängige EU-Agenturen - eine Gefahr für die Demokratie?, JZ 2012, 1087 (1093).

1664 *Groß*, Ist die Wirtschaftskrise ein Katalysator für das Entstehen unabhängiger Behörden?, Die Verwaltung 2014, 197 (206 ff.).

1665 Mit Verweis auf die nicht in Art. 17 EUV vorgesehene hierarchische Eingliederung in die kommissionsabhängige Verwaltung und das Fehlen eines an-

Während beim Ansatz von *Groß* deutlich wird, weshalb der Maßstab für die Zulässigkeit sich nicht aus nationalem Recht ergeben könne, bleibt die Herleitung eines unionsrechtlichen Ansatzes völlig offen. Zwar soll Art. 10 EUV insoweit maßstäblich sein. Weshalb sich hieraus ein spezifisch rechtliches Legitimationsniveau herleiten lassen solle, wie dieses bestimmt werden könnte und wozu vor allem eine Nichteinhaltung führen sollte, wird nicht angesprochen. Streng genommen stellt sich hier sogar die Frage, ob es sich trotz Nennung der Maßstabsnorm überhaupt um einen Rechtsmaßstab handeln soll, wenn zugleich dargelegt wird, dass ein entsprechendes Verständnis der Vermittlung von Input-Legitimation schon deshalb nicht mehrheitsfähig sein kann, weil man in anderen Mitgliedstaaten ohnehin von einer sehr viel weiteren Zulässigkeit der Schaffung unabhängiger Einrichtungen ausgehe.

i) Martin Nettesheim (2015)

Martin Nettesheim beschreibt die Vorschriften des EUV zu den demokratischen Grundsätzen zunächst als erforderliche Antwort auf die verstärkte Supranationalisierung. Während zu den Anfangszeiten der EG noch die Mitgliedstaaten auch durch die Möglichkeit von Veto-Rechten selbst die notwendige Legitimation hätten vermitteln können, sei durch tiefgreifende Integrationsschübe ein „Demokratiedefizit" entstanden, dem es zu begegnen gegolten habe.[1666] Das Demokratieprinzip müsse deshalb fortentwickelt werden, da sich die normativen Erwartungen und Standards vor dem Hintergrund nationaler Verständnisse nicht ohne weiteres auf die Union übertragen ließen.[1667] Aufschlussreich für *Nettesheims* diesbezügliches Verständnis des Maßstabs demokratischer Legitimität ist die Beschrei-

---

erkannten entsprechenden ungeschriebenen Rechts und die insoweit als Sonderstellung zu sehende Auffassung des deutschen Demokratieverständnisses, *Groß,* Ist die Wirtschaftskrise ein Katalysator für das Entstehen unabhängiger Behörden?, Die Verwaltung 2014, 197 (206 f.).

1666 *Nettesheim,* in: *Grabitz/Hilf/Nettesheim,* Das Recht der Europäischen Union: EUV/AEUV, 66. Ergänzungslieferung (2019), Art. 10 EUV (Stand: Januar 2015), Rdnr. 1 ff.

1667 In diesem Zusammenhang sieht *Nettesheim* die Gefahr des „positivistischen Apologismus", wenn bei der Beurteilung der demokratischen Legitimation der Europäischen Union die Legitimität bereits deshalb als gegeben angesehen wird, weil sie ihr durch die Verträge zugeschrieben werde, *Nettesheim,* in: *Grabitz/Hilf/Nettesheim,* Das Recht der Europäischen Union: EUV/AEUV, 66. Ergänzungslieferung (2019), Art. 10 EUV (Stand: Januar 2015), Rdnr. 5.

bung ihrer Herstellung. Sie ergebe sich aus dem Zusammenspiel verschiedener (Teil-)Regime.[1668] Bei dem Maß des Zusammenwirkens würden von der vorrangigen Betonung mitgliedstaatlicher Legitimationsstrukturen bis hin zur überwiegenden autonomen Legitimation beinahe alle Zwischenpositionen vertreten.[1669] Dies sei bedingt durch erhebliche Beurteilungsunterschiede in der normativen Bewertung von Legitimationselementen. Hier wird festgestellt, dass das „empirische Wissen um die Legitimationskraft der einzelnen Konzepte" erstaunlich gering sei hinsichtlich der Anerkennungsvorstellungen der betroffenen Menschen.[1670] Dadurch wird deutlich, dass es sich bei der Legitimation nicht um etwas tatsächlich Vorfindbares handeln kann, sondern eine Wertung erfolgen muss. Gleichzeitig impliziert der Maßstab der Anerkennungsvorstellungen der betroffenen Menschen, dass es sich um einen nur beobachtete, also vorgefundene Kategorien handeln könne. Die Legitimationskonzepte der Europäischen Union seien insofern minimalistisch, als hier demokratietheoretische Grundverständnisse erkennbar seien, die demokratische Selbstbestimmung dadurch konstruierten, dass sich die Entscheidungen repräsentativer Amtsträger über Kreations- und Sanktionsmöglichkeiten irgendwie auf den Willen der Subjekte zurückführen ließen, jedoch diese Zusammenhänge nicht genauer konkretisiert würden, soweit sie über Wahl- und Abwahlrechte hinausgingen.[1671] Sehr deutlich positioniert er sich bezüglich der Art der Maßstäbe des geltenden Unionsrechts: So bewege sich die Diskussion über verschiedene Legitimationskonzepte und über den Stand europäischer Demokratie im Bereich von Rechtspolitik und Vertragsgebung und ha-

---

1668 *Nettesheim*, in: *Grabitz/Hilf/Nettesheim*, Das Recht der Europäischen Union: EUV/AEUV, 66. Ergänzungslieferung (2019), Art. 10 EUV (Stand: Januar 2015), Rdnr. 7.

1669 *Nettesheim*, in: *Grabitz/Hilf/Nettesheim*, Das Recht der Europäischen Union: EUV/AEUV, 66. Ergänzungslieferung (2019), Art. 10 EUV (Stand: Januar 2015), Rdnr. 8.

1670 *Nettesheim*, in: *Grabitz/Hilf/Nettesheim*, Das Recht der Europäischen Union: EUV/AEUV, 66. Ergänzungslieferung (2019), Art. 10 EUV (Stand: Januar 2015), Rdnr. 9.

1671 *Nettesheim*, in: *Grabitz/Hilf/Nettesheim*, Das Recht der Europäischen Union: EUV/AEUV, 66. Ergänzungslieferung (2019), Art. 10 EUV (Stand: Januar 2015), Rdnr. 16; aus diesem Konzept resultiere dann notwendig eine „zentrale Ankerfunktion" der direkt gewählten Parlamente – folglich wäre dann (diesen minimalistischen Ansätzen zufolge) stets eine weitergehende Parlamentarisierung mit einer tieferen Demokratisierung gleich zu setzen.

be bisher keine rechtsdogmatische Bedeutung.[1672] Ohne sich explizit auf Art. 10 EUV zu beziehen, stellt er fest, dass in rechtsdogmatischer Hinsicht die Legitimität gegeben sei, wenn eine Handlungskompetenz der Union vorliege. Aus Sicht eines positivistisch denkenden und im Rechtssystem operierenden Juristen könne die demokratische Legitimität also nicht in Frage gestellt werden, wenn EU-Organe im Rahmen ihrer Kompetenz handelten.[1673] Dies habe zur Folge, dass über Fragen der Legitimation nur in binären Kategorien nachgedacht werden könnte und ein gradueller Maßstabsbegriff ausgeschlossen sei. Hierin sei der Grund zu sehen, dass eine rechtliche (rechtpositive) Kritik am kompetenzgeprägten Selbstverständnis der Unionsorgane nicht stattfinden habe können.[1674] Dass in deutschsprachigen Literatur hingegen trotz dieser Rechtslage von einem europäischen Demokratieprinzip gesprochen werde, sei dadurch begründet, dass ein derartiges Konstrukt nur aus einer Überhöhung der positiven Vertragsbestimmungen und anschließenden Ableitung für Schlussfolgerungen im Einzelfall gewonnen werden könnte.[1675] Folglich führe diese Vorgehensweise in Ermangelung klar konsentierter Inhalte zu ins Beliebige tendierenden

1672 *Nettesheim*, in: *Grabitz/Hilf/Nettesheim*, Das Recht der Europäischen Union: EUV/AEUV, 66. Ergänzungslieferung (2019), Art. 10 EUV (Stand: Januar 2015), Rdnr. 27.

1673 *Nettesheim*, in: *Grabitz/Hilf/Nettesheim*, Das Recht der Europäischen Union: EUV/AEUV, 66. Ergänzungslieferung (2019), Art. 10 EUV (Stand: Januar 2015), Rdnr. 32.

1674 *Nettesheim*, in: *Grabitz/Hilf/Nettesheim*, Das Recht der Europäischen Union: EUV/AEUV, 66. Ergänzungslieferung (2019), Art. 10 EUV (Stand: Januar 2015), Rdnr. 33; hinsichtlich dieses Anspruches zeigt sich bei *Nettesheim* eine etwas kritische Grundeinstellung gegenüber rechtspositivistischem Denken: er unterstellt, dass der Rechtspositivist bereits mit Aufnahme der Art. 9-12 EUV eine Antwort auf die Frage nach der Legitimität sieht und die Frage nach einem weitergehenden Legitimationsanspruch nicht beantworten könnte, vgl. hier *Nettesheim*, in: *Grabitz/Hilf/Nettesheim*, Das Recht der Europäischen Union: EUV/AEUV, 66. Ergänzungslieferung (2019), Art. 10 EUV (Stand: Januar 2015), Rdnr. 35; wenn auch diese letzte Konsequenz wohl zutrifft, so scheint dieser kritische Blick eine Insuffizienz der so verstandenen „rechtspositivistischen" Vorgehensweise zu unterstellen. Positiver gewendet könnte dieses so formuliert werden, dass derartige Legitimationsfragen nach verschiedenen Maßstäben beurteilt werden können und sich die Beurteilung nicht durch die Übernahme der Kompetenzfrage erschöpfe.

1675 *Nettesheim*, in: *Grabitz/Hilf/Nettesheim*, Das Recht der Europäischen Union: EUV/AEUV, 66. Ergänzungslieferung (2019), Art. 10 EUV (Stand: Januar 2015), Rdnr. 34.

Argumentationsmöglichkeiten,[1676] deren Charakter *Nettesheim* als auch juristische Selbstermächtigung charakterisiert.[1677] Gleichwohl anerkennt er, dass mit der Formulierung des Art. 10 Abs. 1 EUV (Lissabon) deutlicher als noch bei Art. B, F EUV (Maastricht) zum Ausdruck gebracht worden sei, dass sich die „demokratische Legitimationsidee bis in alle Tätigkeitssphären und Entscheidungsbereichen abbilden" müsse. Mit Ausnahme der vertraglichen Bestimmungen sei somit ein Rückgriff auf dieses Demokratieprinzip möglich und werde dem EuGH ermöglicht.[1678] Rechtspolitisch habe insbesondere Art. 10 EUV deshalb große Bedeutung, weil der Anspruch angelegt sei, dass sich die Europäische Union aus einer europäischen Bürgerschaft heraus selbst legitimieren könne.[1679] Mit den Art. 9-12 EUV habe der Vertragsgeber das anerkannt, was unter dem auf zwei Legitimationssträngen basierenden Modell diskutiert werde.[1680] Damit sei aber eine Festlegung auf bestimmte „input" oder „output"-Konzeptionen noch nicht erfolgt und deshalb hinter einer zukünftigen situationsspezifischen Legitimationsgestaltung (durch den Unionsgesetzgeber) zurückgestellt.[1681] Kritisch sei hingegen zu sehen, dass dieses Legitimationsverständnis als abschließend angesehen werden sollte. Zwar sei es durchaus denkbar, Legitimationskonzepte zu normativieren, um so eine Bindungswirkung für die EU-Amtswalter zu konstruieren. Dennoch könne dem in Art. 10 und 11 EUV aufgenommenen Legitimationsverständnis keine „Verbindlichkeit wie bei einer operativen Norm" zugeschrieben werden; Legitimationsfragen unterlägen nicht der Regelungsgewalt des positiven Vertrags- und Gesetzgebers, deshalb sei eine „Vernormativierung von Legitimations-

---

1676 *Nettesheim*, in: *Grabitz/Hilf/Nettesheim*, Das Recht der Europäischen Union: EUV/AEUV, 66. Ergänzungslieferung (2019), Art. 10 EUV (Stand: Januar 2015), Rdnr. 34.

1677 *Nettesheim*, in: *Grabitz/Hilf/Nettesheim*, Das Recht der Europäischen Union: EUV/AEUV, 66. Ergänzungslieferung (2019), Art. 10 EUV (Stand: Januar 2015), Rdnr. 34 Fn. 5.

1678 *Nettesheim*, in: *Grabitz/Hilf/Nettesheim*, Das Recht der Europäischen Union: EUV/AEUV, 66. Ergänzungslieferung (2019), Art. 10 EUV (Stand: Januar 2015), Rdnr. 42.

1679 *Nettesheim*, in: *Grabitz/Hilf/Nettesheim*, Das Recht der Europäischen Union: EUV/AEUV, 66. Ergänzungslieferung (2019), Art. 10 EUV (Stand: Januar 2015), Rdnr. 35.

1680 *Nettesheim*, in: *Grabitz/Hilf/Nettesheim*, Das Recht der Europäischen Union: EUV/AEUV, 66. Ergänzungslieferung (2019), Art. 10 EUV (Stand: Januar 2015), Rdnr. 44.

1681 *Nettesheim*, in: *Grabitz/Hilf/Nettesheim*, Das Recht der Europäischen Union: EUV/AEUV, 66. Ergänzungslieferung (2019), Art. 10 EUV (Stand: Januar 2015), Rdnr. 45.

konzepten [...] nicht mehr als ein Angebot an die Bürgerinnen und Bürger".[1682]

Aufschlussreich ist hier *Nettesheims* früher erfolgte Betrachtung sozialwissenschaftlicher Aspekte der Beteiligung der Unionsbürger: Während die weitere Integration der Mitgliedstaaten innerhalb der EU immer weiter vorangeschritten sei, wäre die „Mitnahme" der Bürger immer erst nachgelagert erfolgt, um das bisher Erreichte zu vermitteln.[1683] Deshalb könne man die politische Funktionsweise der Union als „Parlamentarismus ohne demokratisch-substantielle Verwurzelung" ansehen.[1684] Dieser Missstand könne auch nicht durch eine bloße Volksabstimmung über die Zulässigkeit weiterer Integrationsschritte oder die Zustimmung zum bisher erreichten behoben werden, weil damit nicht die grundlegende Entkoppelungsproblematik behoben wäre.[1685] Folgt man diesem Verständnis *Nettesheims*, kann in der Tat in einer Vernormativierung eines Legitimationskonzeptes keine stärkere Rückbindung und Legitimation erreicht werden – wohlgemerkt in (rechts-)soziologischer Hinsicht. Über eine normative-rechtstechnische Bewertung im Sinne eines dogmatischen Legitimationsmaßstabs werden hier insoweit keine Aussagen getroffen.

1682 *Nettesheim*, in: *Grabitz/Hilf/Nettesheim*, Das Recht der Europäischen Union: EUV/AEUV, 66. Ergänzungslieferung (2019), Art. 10 EUV (Stand: Januar 2015), Rdnr. 54; diese Sichtweise erschließt sich dann, wenn man nur einen einzigen Legitimationsmaßstab zugrunde legt: Daraus, dass Fragen demokratischer Legitimation immer Fragen des politischen Diskurses sein werden, würde folgen, dass kein solcher Maßstab als rechtlich verbindlich festgelegt werden kann. Diese Problematik stellt sich allerdings nicht, wenn es einen rechtsdogmatischen Maßstab gibt, der nicht den Anspruch erhebt (weil dies methodisch ausgeschlossen ist), eine Aussage in rechtspolitischer oder verfassungstheoretischer Hinsicht zu tätigen.

1683 Dabei werde die Beteiligung lediglich als Narration an die Bürger vermittelt, vgl. *Nettesheim*, Demokratische Legitimation und Vertrauenskultur, in: *Niedobitek/Sommermann* (Hrsg.), Die Europäische Union als Wertegemeinschaft (2013), S. 42 f.

1684 Vor allem fehle es erfahrungsgemäß für eine wirkliche Willensvermittlung an genügenden Alternativen, die auch Rückschritte hinsichtlich der weiteren Integration beinhalteten, weil schon der Logik des grundlegenden Unionsaufbaus zufolge stets die weitere Integration bei der Wahl zum Europäischen Parlament begünstigt werden, vgl. *Nettesheim*, Demokratische Legitimation und Vertrauenskultur, in: *Niedobitek/Sommermann* (Hrsg.), Die Europäische Union als Wertegemeinschaft (2013), S. 48 f.

1685 Vgl. *Nettesheim*, Demokratische Legitimation und Vertrauenskultur, in: *Niedobitek/Sommermann* (Hrsg.), Die Europäische Union als Wertegemeinschaft (2013), S. 53 ff.

j) Marcel Haag (2015)

In der Kommentierung zu Art. 9 und 10 EUV vertritt *Marcel Haag* die Auffassung, insbesondere Art. 10 EUV enthalte nicht nur programmatische Elemente, die bei Auslegung und Durchführung des Unionsrechts zu „berücksichtigen" seien, sondern auch subjektive Rechte und konkrete Pflichten.[1686] Der hier enthaltene Grundsatz der Demokratie sei neben sonstigen Quellen wie der Ziele (Art. 3 EUV), der Grundwerte (Art. 2 EUV), der Grundrechte (Art. 6 EUV) und der (demokratischen) Gleichheit (Art. 9 EUV) nur eine notwendige Bedingung für die Legitimation des Handelns der Union; erst alle Elemente zusammen bildeten eine hinreichende Legitimation, gemessen an der so angepassten spezifischen Legitimationsgrundlage der Union.[1687] Als Gegenstand demokratischer Legitimation werde nach Art. 10 EUV die Arbeitsweise und damit das gesamte Handeln der EU angesehen. Dabei entfalte die Bestimmung ihre Wirkung als Auslegungshilfe bei der Auslegung der Unionsverträge und deren sekundärrechtlichen Konkretisierung; zudem enthielte sie einen programmatischen Auftrag, der bei künftigen Vertragsänderungen zu berücksichtigen sei.[1688] Eine maßstabsetzende Funktion komme Art. 10 EUV insoweit zu, als die Bezugnahme auf die Arbeitsweise der Union bedeute, dass die Union demokratischen Grundsätzen genügen müsse.[1689] In Art. 10 Abs. 3[1690] und Abs. 4[1691] EUV seien subjektive Rechte Einzelner enthalten, die für die Ausgestaltung der Demokratie in der Europäischen Union bedeutend seien. Art. 10 Abs. 2 EUV beinhalte jedoch weder eine Definition des der Union zugrundeliegenden Demokratiemodells, noch lege die Vorschrift weitere Anforderungen an die Demokratie als die doppelte Anknüpfung an Europäisches Parlament auf der einen und die Mitgliedstaaten auf der

---

1686 *Haag*, in: von der Groeben/Schwarze/Hatje, Europäisches Unionsrecht, 7. Aufl. (2015), Art. 10 EUV, Rdnr. 2.

1687 *Haag*, in: von der Groeben/Schwarze/Hatje, Europäisches Unionsrecht, 7. Aufl. (2015), Art. 10 EUV, Rdnr. 3.

1688 *Haag*, in: von der Groeben/Schwarze/Hatje, Europäisches Unionsrecht, 7. Aufl. (2015), Art. 10 EUV, Rdnr. 4 f.

1689 Insbesondere bewirke die Vorschrift damit kein vorweggenommenes Urteil, dass die Union bereits (institutionell) ausreichend demokratisch legitimiert wäre, *Haag*, in: von der Groeben/Schwarze/Hatje, Europäisches Unionsrecht, 7. Aufl. (2015), Art. 10 EUV, Rdnr. 5.

1690 *Haag*, in: von der Groeben/Schwarze/Hatje, Europäisches Unionsrecht, 7. Aufl. (2015), Art. 10 EUV, Rdnr. 11 ff.

1691 *Haag*, in: von der Groeben/Schwarze/Hatje, Europäisches Unionsrecht, 7. Aufl. (2015), Art. 10 EUV, Rdnr. 19 ff.

anderen Seite fest.[1692] Die Begriffe der „Legitimität" und „Legitimation" werden hier unzweifelhaft nicht positivrechtlich verstanden, sondern als messbare oder zumindest beobachtbare Größen.[1693] Insoweit werden die insbesondere durch Art. 10 EUV konkretisierten Demokratievorschriften des Unionsvertrags als beschreibende Programmsätze angesehen, welche die zugrundeliegenden Konzepte als Strukturprinzipien benennen.[1694]

k) Martin A. Steger (2015)

In seiner Untersuchung zur „Verselbständigung von Unionsagenturen" geht *Martin A. Steger* von der aus dem institutionellen Gleichgewicht folgenden Notwendigkeit eines angemessenen Kontrollniveaus für unabhängige Unionsagenturen aus, die sich aus der fortgeltenden Meroni-Rechtsprechung des EuGH maßgeblich ableite.[1695] Aus den Meroni-Urteilen sei eine genaue Umgrenzung der Ausführungsbefugnisse zu folgern, die durch eine strenge Kontrolle abgesichert werden müsse.[1696] Die noch zum EGKS-Vertrag getroffene Rechtsprechung sei dabei insoweit verallgemeinerbar, dass sie jegliche Verlagerung von Kompetenzen an vertragsfremde Einrichtungen umfasse, und sichere das institutionelle Gleichgewicht, dass nicht vergleichbar der Gewaltenteilung verstanden werden dürfte: Vielmehr werde die „Garantie der Funktionsbereiche" geregelt, die zugunsten der europäischen Organe gelte und durch Gründung neuer, primärvertraglich nicht vorgesehener Einrichtungen, berührt werden könne. Diese wäre dann verletzt, wenn die Kommission keine Möglichkeiten zur Einwirkung

1692 *Haag*, in: von der Groeben/Schwarze/Hatje, Europäisches Unionsrecht, 7. Aufl. (2015), Art. 10 EUV, Rdnr. 10.

1693 Dies ergibt sich zum einen daraus, dass die Pflicht zur transparenten Beschlussfassung im Gesetzgebungsverfahren die Legitimität erhöhe (*Haag*, in: von der Groeben/Schwarze/Hatje, Europäisches Unionsrecht, 7. Aufl. (2015), Art. 10 EUV, Rdnr. 10) und zum anderen die Repräsentationsfunktion der Europäischen Parlaments als Kernelement demokratischer Legitimation des Unionshandelns als schwächer als bei den nationalen Parlamenten angesehen wird, *Haag*, in: von der Groeben/Schwarze/Hatje, Europäisches Unionsrecht, 7. Aufl. (2015), Art. 10 EUV, Rdnr. 9.

1694 *Haag*, in: von der Groeben/Schwarze/Hatje, Europäisches Unionsrecht, 7. Aufl. (2015), Art. 10 EUV, Rdnr. 2.

1695 *Steger*, Zur Verselbstständigung von Unionsagenturen (2015), S. 661.

1696 *Steger*, Zur Verselbstständigung von Unionsagenturen (2015), S. 165 unter Verweis auf *EuGH*, Urt. v. 13.06.1958, Slg. 1958, 16 (44) und *EuGH*, Urt. v. 13.06.1958, Slg. 1958, 57 (81).

oder Änderung des Beschlusses hätte, weil sie einen eigenen Verantwortungsbereich der jeweiligen Einrichtung beachten müsste.[1697] Der Schutz des institutionellen Gleichgewichtes ergebe sich vor allem aus Art. 5 und Art. 13 EUV.[1698] Damit erstrecke er sich darauf, dass der von den Verträgen vorgesehene Institutionenaufbau nicht durch Hinzukommen neuer Einrichtungen faktisch beeinträchtigt werde.[1699] Daneben sei auch noch die demokratische Legitimation der Ausübung hoheitlicher Gewalt von Bedeutung, weil sie „Voraussetzung für die Akzeptanz und damit für die Legitimation der Europäischen Union und ihres Handelns" sei. Die hierfür notwendige Kontrolle auch über unabhängige Einrichtungen müsse dann durch Parlament und Rat als den an der Gesetzgebung beteiligten Organen zugeordnet sein.[1700] Sie könne dann – auch bei vertragsfremden Einrichtungen des Sekundärrechts – durch Transparenz-, Rechenschafts- und Verantwortlichkeitsbeziehungen gegenüber den direkt legitimierten Unionsorganen hergestellt werden, was vor allem durch die Kommission vermittelt werden könnte.[1701] Speziell die Meroni-Rechtsprechung sei damit weiterhin als maßgebliche Grenze für derartige Delegationsvorgänge heranzuziehen, weil sie eine zulässige richterliche Rechtsfortbildung darstelle und mit den Grundentscheidungen der Verträge hinsichtlich des institutionellen Gleichgewichtes und auch der notwendigen demokratischen Legitimation konformgehe, ebenso mit den Grundsätzen der Subsidiarität und Verhältnismäßigkeit.[1702] Daraus müsse deshalb für unabhängige Einrichtungen der Union gefolgert werden, dass sie trotz Ausstattung mit einer gewissen Selbständigkeit eine abhängige Rolle im Insti-

---

1697 Vgl. *Steger*, Zur Verselbstständigung von Unionsagenturen (2015), S. 172 f.

1698 Mit der Bezeichnung als „Grundnormen des sog. Institutionellen Gleichgewichtes" *Steger*, Zur Verselbstständigung von Unionsagenturen (2015), S. 195.

1699 Vgl. zusammenfassend *Steger*, Zur Verselbstständigung von Unionsagenturen (2015), S. 212.

1700 *Steger*, Zur Verselbstständigung von Unionsagenturen (2015), S. 220 f.: Daraus ergibt sich unmittelbar, dass der hier untersuchte Maßstab demokratischer Legitimation nicht als reiner rechtsdogmatischer Maßstab verstanden wird, sondern ihm auch rechtssoziologische Elemente zugeschrieben werden.

1701 Nur die Kommission könne eine im Detail wirkende und reaktionsschnelle Aufsicht und Steuerung bewirken, ihrerseits sei diese auch durch die vertraglich vorgesehenen Verantwortungsbeziehungen legitimiert, vgl. *Steger*, Zur Verselbstständigung von Unionsagenturen (2015), S. 221.

1702 Zusammenfassend *Steger*, Zur Verselbstständigung von Unionsagenturen (2015), S. 359 f.; insbesondere könne von einer Fortgeltung ausgegangen werden, weil die Rechtsprechung übertragbar sei und auch weiterhin Bezug auf sie genommen werde.

tutionengefüge der Union annehmen müssten; aus dem „angemessenen Kontrollniveau“ und den Regelungen der Art. 13 und Art. 5 EUV ergebe sich ein zusammenfassendes Aufsichts- und Kontrollregime, das auch zur Teilhabe der selbständigen Einrichtungen an der Legitimationskraft der Primärorgane führen könne.[1703] Nur dürfe sich durch die Ausstattung der Einrichtungen mit eigenen Aufgaben und Befugnissen keine strukturelle Verschiebung im institutionellen Verhältnis zwischen Union auf der einen und den Mitgliedstaaten auf der anderen Seite ergeben, der mitgliedstaatliche Legitimationsbeitrag dürfe nicht so bedeutend sein, dass vertraglich vorgesehene Unionskompetenzen durch die Mitgliedstaaten verantwortet würden.[1704] Neben dieser Sicherstellung der institutionellen Struktur der Unionsorgane sei aus der Meroni-Rechtsprechung die „Eindämmung ausufernder Selbständigkeit“ vertragsfremder Einrichtungen abzuleiten, der insbesondere durch Sicherstellung effektiven Rechtsschutzes und einem ausreichenden Maß an Aufsicht, Steuerung und Kontrolle erfolgen müsse, das für jeden Einzelfall individuell zu bestimmen sei.[1705] Je stärker Befugnisse mit Außenwirkung und Rechtsverbindlichkeit und ein eigener Ermessensspielraum vorliegen, desto stärker sei die Notwendigkeit einer Rechtsaufsicht durch die Kommission und der Möglichkeit gerichtlicher Kontrolle; gehe es nur um Handlungsformen der „soft law“-Instrumente wie Empfehlungen oder Stellungnahmen, könnte auch die Rechtsaufsicht der Kommission ausreichen.[1706] Bei besonderer Berührung individueller (auch mitgliedstaatlicher) Interessenkreise müssten zusätzlich besondere Kontrollmaßnahmen wie erhöhte Kontroll- und Aufsichtsbefugnisse durch die Mitgliedstaaten hinzukommen, wie beispielsweise Widerspruchsverfahren, Vetorechte, Besetzung der entsprechenden Gremien mit Vertretern der Mitgliedstaaten, detaillierten Berichtspflichten, Beteiligung an den längerfristigen Arbeitsprogrammen der Einrichtungen oder einer

---

1703 *Steger*, Zur Verselbstständigung von Unionsagenturen (2015), S. 368; zu beachten sei aber in dieser Hinsicht der Vorrang der Aufsicht durch die Kommission, die insoweit die Rolle der Hauptexekutive innerhalb der EU wahrnehme und daher für die Legitimation verantwortlich sei, vgl. *Steger*, Zur Verselbstständigung von Unionsagenturen (2015), S. 381.

1704 Der umgekehrte Fall sei jedoch insoweit nicht denkbar, als dass nur schon vorhandene Unionskompetenzen für eine Übertragung an Unionseinrichtungen herangezogen werden könnten, weshalb keine strukturelle Verschiebung von den Mitgliedstaaten zur Union erfolgen könne, vgl. *Steger*, Zur Verselbstständigung von Unionsagenturen (2015), S. 370 f.

1705 Allgemein zu den verschiedenen Kontrollelementen *Steger*, Zur Verselbstständigung von Unionsagenturen (2015), S. 372 f.

1706 *Steger*, Zur Verselbstständigung von Unionsagenturen (2015), S. 373 f.

Mitwirkung durch die Auswahl des Leitungspersonals.[1707] Bei der Überprüfung des notwendigen „angemessenen Kontrollniveaus“ anlässlich der Kompetenzen der Agentur ACER sei nach den verschiedenen Befugnissen zu unterscheiden: Hinsichtlich der außenwirksamen Entscheidungskompetenzen der Agentur bei grenzüberschreitenden Infrastrukturen in Einzelfällen (Art. 7, 8 ACER-VO[1708]) sei wegen eines umfassenden Vetorechts der Kommission und wegen der Ausnahmebefugnisse aus Art. 9 ACER-VO von einem Vorliegen der notwendigen Voraussetzungen auszugehen. Vor allem bestünden damit kurzfristig aktivierbare Steuerungsmechanismen, die zudem damit das institutionelle Gleichgewicht zwischen Union und Mitgliedstaaten wahrten.[1709] In Bezug auf das Instrument der Rahmenleitlinie habe die Agentur ein zweites Instrument als wesentliches Einfallstor in die europäische Netzregulierung, für das eine verbundartige Zusammenarbeit mit verfahrensmäßigen Verschränkungen vorgesehen sei, ihr aber faktisch sehr weitgehende Kompetenzen zugeordnet seien.[1710] Diese große tatsächliche Bedeutung korrespondiere jedoch nicht mit rechtlich verbindlichen Mitteln, sondern überwiegend über tatsächlich besonders bedeutsames „soft law“, weshalb technisch das notwendige Kontrollniveau weiterhin erreicht und eine unzulässige Verselbständigung der Agentur verhindert werde.[1711] Zusammenfassend sei aber von einer nur geringen

1707 *Steger,* Zur Verselbstständigung von Unionsagenturen (2015), S. 375; dabei müsse bei der Bewertung der jeweiligen Kontroll- bzw. Mitwirkungselementen berücksichtigt werden, wie der jeweilige Steuerungsbeitrag Wirkung entfalten könnte: manche Steuerungselemente wie Berichts- oder Rechenschaftspflichten würden erst mit deutlicher Verzögerung Wirkung entfalten, andere jedoch schon ad hoc, vgl. *Steger,* Zur Verselbstständigung von Unionsagenturen (2015), S. 380.

1708 Verordnung (EG) Nr. 713/2009 des Europäischen Parlaments und des Rates vom 13. Juli 2009 zur Gründung einer Agentur für die Zusammenarbeit der Energieregulierungsbehörden. – ACER-VO.

1709 *Steger,* Zur Verselbstständigung von Unionsagenturen (2015), S. 507 f.; eine andere Beurteilung ergebe sich dabei lediglich für den Fall Art. 7 Abs. 7 i.V.m. Art. 8 Abs. 2 ACER-VO, weil hier ohne eine über Art. 17 Abs. 1 Satz 2 EUV hinausgehende besondere Kontrollbefugnis besonders weitreichende Ermessensentscheidungen ohne entsprechende Kontrolle möglich sei, vgl. *Steger,* Zur Verselbstständigung von Unionsagenturen (2015), S. 509 f.; dies ließe sich allerdings bereits durch ein in das Gründungsstatut aufzunehmendes Vetorecht der Kommission beheben, weil damit ein effektives und unmittelbar wirkendes Steuerungsmittel vorhanden wäre, *Steger,* Zur Verselbstständigung von Unionsagenturen (2015), S. 653.

1710 *Steger,* Zur Verselbstständigung von Unionsagenturen (2015), S. 625.

1711 *Steger,* Zur Verselbstständigung von Unionsagenturen (2015), S. 629 f.

vertraglichen Regelungsdichte hinsichtlich unabhängiger Einrichtungen auszugehen, was vor allem durch die Heterogenität der verschiedenen existierenden Agenturen und die daraus folgende schlechte Systematisierbarkeit begründet sei. Damit müssten sich alle inhaltlichen Grenzen aus den Demokratie- und Rechtsstaatsvorschriften (Art. 2 und 10 EUV), den Prinzipien der begrenzten Einzelermächtigung, der Subsidiarität und der Verhältnismäßigkeit (Art. 5 EUV) und der Stellung der verschiedenen Unionsorgane (insbesondere durch Art. 13 und Art. 290 f. EUV) ableiten, weshalb die Ableitung besonderer agenturspezifischer Regelungen kaum möglich sei.[1712] In Ermangelung detaillierter vertraglicher Regelungen habe sich dann der Europäische Gesetzgeber für die vergleichbar strengen Meroni-Maßstäbe entschieden, weil er die Stellung unabhängigerer Einrichtungen durch den Gerichtshof und durch die Mitgliedstaaten als bedroht angesehen habe. Dabei liege die besondere Stärke der Meroni-Grundsätze in der Fundierung im primären Vertragsrecht und der daraus resultierenden eingeschränkten normativen Eigenständigkeit, das Rechtsprinzip habe sich wegen der Verankerung im Primärrecht mit dessen Normen fortentwickeln können und sei deshalb mittlerweile selbst im Primärrecht verankert.[1713] Gleichzeitig sei wegen der fehlenden expliziten Verankerung der Meroni-Grundsätze der Rückgriff auf diese Rechtsprechung nur ein Notbehelf, welcher das insoweit defizitäre Unionsrecht stütze.[1714]

Mit diesem Ansatz liefert *Steger* einen konkreten Maßstab für die Grenzen der Zulässigkeit vertragsfremder unabhängiger Einrichtungen, der sich insbesondere auch faktisch insoweit wiederfindet, als die Meroni-Kriterien als insoweit omnipräsente Schranken herangezogen werden. Hinsichtlich der notwendigen Kontrolle solcher unabhängiger Einrichtungen wegen des Grundsatzes demokratischer Legitimation geht er von einer Notwendigkeit der Einbeziehung in ein Verantwortungsgefüge aus Kommission und Mitgliedstaaten aus. Am Beispiel der ACER-Agentur zeigt er dabei verschiedene Einfluss- und Kontrollmöglichkeiten durch die Kommission

---

1712 Allenfalls kämen noch inhaltliche Zielvorstellungen wie die offene, effiziente und unabhängige Europäische Verwaltung hinzu, vgl. *Steger*, Zur Verselbstständigung von Unionsagenturen (2015), S. 631 f.

1713 Insoweit *Steger*, Zur Verselbstständigung von Unionsagenturen (2015), S. 632 f.; mit dem Begriff der „Stärke“ des Maßstabs kann allerdings allein eine rechtspolitische bzw. rechtssoziologische Wertung angesprochen werden und nicht die schwierige Begründbarkeit der Geltung der Meroni-Grundsätze im geltenden Vertragsrecht.

1714 Von einer „Krücke“ spricht deshalb *Steger*, Zur Verselbstständigung von Unionsagenturen (2015), S. 634.

und durch Mitglieder nationaler Regulierungsbehörden auf.[1715] Deshalb ist es auch konsequent, wenn er von einem „flexiblen Konzept demokratischer Legitimation" ausgeht, welches auf den jeweiligen Einzelfall einer Agentur angepasst werden müsse[1716] und sich aus verschiedenen Legitimationskomponenten personeller, sachlicher und institutioneller Art zusammensetze, aber auch die Transparenz als wesentliches Element beinhalte.[1717] Als problematisch erweist sich allerdings der Nachweis der rechtlichen Verortung der Meroni-Grundsätze im Primärrecht, die zwar mehrfach behauptet wird, allerdings nur durch Bezug auf ihre „Fundierung" im Unionsrecht[1718] (durch den Gerichtshof in den damaligen Entscheidungen) begründet wird. Dass – insbesondere in Ermangelung eines anderen Maßstabs – der Gerichtshof weiterhin *tatsächlich* Bezüge auf diese Rechtsprechung nimmt, soll damit allerdings nicht in Abrede gestellt werden.

l) Zwischenergebnis

In der Literatur werden damit verschiedene Anknüpfungspunkte für einen Legitimationsmaßstab diskutiert, der entweder in Art. 9 bis 12 EUV, in den Vorschriften zur Wahrung der nationalen Identität oder in der *Meroni*-Rechtsprechung des Europäischen Gerichtshofs verortet sein soll. Selbst bei den sehr weit gehenden Ansätzen, die ansatzweise von einem Rechtsmaßstab ausgehen, wird allerdings nicht annähernd die Reichweite oder Tiefenschärfe des aus dem deutschen Recht bekannten demokratischen Legitimationsprinzips erreicht. Allenfalls lassen sich einige (aus Sicht der deutschen Dogmatik) Extremfälle erfassen, in denen eine völlige Freistellung von parlamentarischen Vorgaben erfolgt. Vergleicht man die vorgeschlagenen und in den Verträgen erkannten Maßstäbe mit der Diskussion um die Rechtsdogmatik der demokratischen Legitimation in Deutschland, zeigen sich ausschließlich pluralistische Legitimationsvorstellungen – schon, weil regelmäßig von verschiedenen Legitimationssubjekten ausgegangen wird und eine Rückführbarkeit von Entscheidungen dabei nicht

---

1715 Vgl. zu den verschiedenen Legitimationsbausteinen bei ACER *Steger*, Zur Verselbstständigung von Unionsagenturen (2015), S. 225 f.

1716 *Steger*, Zur Verselbstständigung von Unionsagenturen (2015), S. 226 ff.

1717 Die Transparenzanforderungen ergäben sich sogar direkt aus Art. 2 Abs. 1 EUV, *Steger*, Zur Verselbstständigung von Unionsagenturen (2015), S. 231.

1718 *Steger*, Zur Verselbstständigung von Unionsagenturen (2015), S. 633.

auf einen einzelnen Anknüpfungspunkt beschränkt wird. In der Konsequenz ist es selbst unter Zugrundelegung derartiger Maßstäbe für die Union sehr viel einfacher, eine ausreichende Legitimation für verschiedenste Organisationskonstruktionen herzustellen. Werden die Legitimationskomponenten nicht beschränkt oder kanalisiert, finden sich regelmäßig irgendwie geartete Rückkoppelungen an den Rat, die Kommission oder die Mitgliedstaaten, die somit als legitimationsstiftend angesehen werden können. Eine fehlende Legitimation des Handelns einer Agentur wegen einer solchen Ausgestaltung wird auch gemessen an derartigen Maßstäben regelmäßig schlicht undenkbar sein.

E. Demokratiemaßstäbe im Unionsrecht

Anders als noch bei der Betrachtung des Diskurses zu einem Demokratieprinzip des Grundgesetzes wird beim Unionsrecht unmittelbar das weite Auseinanderfallen der Rechtsprechung auf der einen Seite und dem Literaturdiskurs auf der anderen Seite deutlich. In der Rechtsprechung des EuGH wird ein als solches bezeichnetes Demokratieprinzip nicht aufgegriffen, lediglich das Prinzip des institutionellen Gleichgewichts spielt bei der Prüfung der Vereinbarkeit unabhängiger Einrichtungen mit dem Unionsrecht durch die bis in die Gegenwart herangezogenen *Meroni*-Grundsätze immer wieder eine Rolle. Der EuGH selbst bezeichnet diese Grundsätze allerdings nicht als spezifisch demokratisch.

Anders wird dies in den betrachteten Literaturbeiträgen gesehen. Hier wird sehr häufig von der Existenz eines unionsrechtlichen Demokratieprinzips ausgegangen, bei dem es sich auch um einen rechtlich beachtlichen Maßstab handeln soll. Dabei gehen auch hier die Auffassungen zur Reichweite dieses Maßstabs und seinen inhaltlichen Vorgaben weit auseinander. Teils wird dabei ein justiziables Demokratieprinzip aus den unionsvertraglichen Demokratievorschriften angenommen, teils ein solches auch bzw. nur aus der *Meroni*-Rechtsprechung gefolgert. Zumindest überwiegend werden hierin spezfisch demokratische Anforderungen erkannt, was deutlich über die explizierten Annahmen des EuGH hinausgeht.

Soweit aus den Art. 9 bis 12 EUV (Lissabon) ein dem Grundgesetz annähernd vergleichbares Demokratieprinzip abzuleiten versucht wird, werden stets nur allgemeine Aussagen über die angenommene Funktionsweise demokratischer Legitimation auf Ebene der Europäischen Union getroffen. Konkrete rechtliche Schlussfolgerungen über ein erforderliches Maß demokratischer Legitimation oder mögliche Rechtsfolgen einer Nichteinhaltung dieser Anforderungen werden nicht getroffen. Damit ergibt sich, dass ein operationalisierbarer Maßstab des positiven Rechts für zur Einhaltung eines Legitimationsniveaus in diesen Vorschriften schlicht nicht angenommen werden kann. Soweit ersichtlich greift der EuGH diese Ansätze der Literatur auch nicht auf.

Die unterschiedlichen Schwerpunkte der Rechtsprechung des EuGH und der Literatur lassen sich leicht erklären, wenn man vom Fehlen eines normativ-positivierten Demokratiemaßstabs ausgeht und die Diskussion über die Funktionsweise demokratischer Legitimation nicht innerhalb der Rechtsdogmatik, sondern in anderen rechtswissenschaftlichen Disziplinen wie beispielsweise der Rechtspolitik oder Rechtssoziologie verortet. Dass der EuGH diese Maßstäbe nicht wie beispielsweise das BVerfG trotzdem (erklärend) aufgreift, dürfte eher dem deutlich weniger theorielastigen und knapperen Stil des Gerichtshofs zuzuschreiben sein.

V. Schlussbetrachtung

A. *Grundgesetzliche und unionsrechtliche Maßstäbe*

Aus Sicht der deutschen Rechtswissenschaft erscheint von allen Demokratieaspekten die Spezialfrage nach der demokratischen Legitimation der Ausübung von Hoheitsgewalt die bedeutendste, weil diese mehr als alle anderen Blickwinkel nicht nur als theoretische und empirische Betrachtung eine große Rolle spielt, sondern der Maßstab wegen des Verständnisses als wirkkräftige Anforderung des Rechts auch rechtsinhaltliche Auswirkungen hervorruft. Für den rechtswissenschaftlichen Diskurs spielt dieser Maßstab der demokratischen Legitimation weiterhin unverändert eine große Rolle. Auch wenn er an seiner rechtspraktischen Wirkkraft möglicherweise verloren haben sollte, werden die verschiedenen Maßstäbe in der Rechtsdogmatik und den übrigen Rechtswissenschaften weiterhin prominent diskutiert. Dabei ergeben sich leicht unterschiedliche Schwerpunkte der Diskussion, wenn man die Diskursbeiträge der Rechtsprechung und der Literatur betrachtet, eine wechselseitige Inspriration und Berücksichtigung im Diskurs ist jedoch deutlich erkennbar.

Im Recht der Europäischen Union stellt sich das Demokratieprinzip gänzlich anders dar. Von der Existenz eines auch nur annähernd vergleichbaren Maßstabs demokratischer Legitimation des positiven Rechts kann man nach der tiefergehenden Betrachtung nicht ausgehen. Im Zusammenhang mit einem Europäischen Demokratieprinzip werden im Diskurs gänzlich andere Schwerpunkte gesetzt, die so nicht mehr mit der deutschen Rechtsdogmatik vergleichbar sein dürften. Auch wenn man die Maßstabsvorstellungen einiger Literaturauffassungen zu unionsrechtlichen Maßstäben betrachtet, ergibt sich aus dem Unionsrecht kein vergleichbar wirksames und praktisch bedeutsames Legitimationserfordernis.

Zwar wird verschiedentlich versucht, aus der *Meroni*-Rechtsprechung oder den Art. 9 bis 12 EUV ein zumindest ähnliches Rechtsprinzip abzuleiten. Derartige Ansätze zur spezifisch demokratischen Reformulierung finden ihre Grundlagen jedoch weniger in der Rechtsprechung des EuGH als vielmehr in solchen Vorstellungen, die aus der deutschen Staatslehre und auch der Rechtsprechung des BVerfG inspiriert sind. Damit dürfte sich auch erklären, dass derartige Impulse zur Theorieentwicklung eines rechtlichen Demokratieprinzips eher von dem deutschen (bzw. deutschsprachigen) rechtswissenschaftlichen Diskurs ausgehen als von gemeineuropäischer Seite. Bedenkt man die rechtliche Vorprägung dieser Verständnisse, stellt sich leicht der Eindruck ein, es handle sich bei der Diskussion europäischer Demokratiemaßstäbe doch bloß um eine „querelle allemande".

B. Bedeutung demokratischer Legitimation für den Diskurs

Betrachtet man das vielschichte Bild der Diskussion um Demokratiemaßstäbe in den Rechtswissenschaften insgesamt genauer, stellt sich diese in ihrer Gesamtheit sehr viel strukturierter, einheitlicher und weniger widersprüchlich dar als eingangs vermutet. In der Tat gibt es eine schiere Vielfalt verschiedener Ergebnisse, ob und welche demokratischen Anforderungen in welchem Maße von der Europäischen Union und ihren Verwaltungseinheiten erfüllt werden. Vergleicht man die einzelnen Erkenntnisse zu den Themenbereichen „Demokratie" und „demokratische Legitimation" in den rechtswissenschaftlichen Beiträgen, erscheinen diese in der Tat häufig als miteinander unvereinbar. So können sich beispielsweise Annahmen von Art. 20 Abs. 2 GG als Rechtsregel nach einem monistischen Verständnis nicht mit einer pluralistischen Annahme mit verschiedenen zulässigen Legitimationsvermittlungsmethoden zunächst bei direktem Vergleich nicht in Einklang bringen lassen. Und auch die weiten Unterschiede zwischen dem Verständnis einer erforderlichen demokratischen Legitimation aus Art. 9 ff. EUV lassen sich kaum mit der Praktizierung der *Meroni*-Grundsätze durch den EuGH vereinbaren. Erst recht lassen sich die Verantwortungszusammenhänge zwischen einem mitgliedsstaatlichen Legitimationssubjekt und der Ausübung von hoheitlicher Gewaltung durch Unionsagenturen schwerlich mit den Anforderungen des Bundesverfassungsgerichts aus den Urteilen zum Ausländerwahlrecht oder zum Mitbestimmungsgesetz Schleswig-Holstein in Übereinstimmung bringen.

Bei näherer Betrachtung zeigt sich aber, dass trotz vermeintlicher Widersprüche viele Annahmen miteinander vereinbar sein können. Dies liegt darin begründet, dass trotz terminologischer Ähnlichkeit wie eingangs vermutet völlig unterschiedliche Fragestellungen diskutiert werden und sich die hiermit gewonnenen Erkenntnisse nicht zwingend wechselseitig ausschließen. Dabei unterscheiden sich Betrachtungsgegenstände und Betrachtungsmethoden wesentlich, nur die Begriffe werden häufig gleich verwendet. Besonders hinter der Kategorie des Legitimationsniveaus verstecken sich verschiedenste, enorm unterschiedliche Vorstellungen. Hier zeigt sich, dass man keinesfalls von einem einheitlichen Betrachtungsobjekt eines Demokratie- oder demokratischen Legitimationsmaßstabs sprechen kann, sondern zunächst nach der untersuchten Rechtsordnung, dann nach der Anknüpfung der Betrachtung und schließlich unterscheiden muss, ob eine Aussage über das positive Recht getroffen wird oder andere Disziplinen der Rechtswissenschaften bedient werden.

Die hier so gezogenen Schlussfolgerungen zu Methode und Aussageanspruch mancher Diskursbeiträge entsprechen dabei unzweifelhaft nicht immer der jeweiligen Selbstsicht, insbesondere wenn diese in der hier erfolgen Untersuchung nicht als relevant für eine rechtsinhaltliche, sondern „nur" für eine rechtswissenschaftliche Betrachtung (i.w.S.) angesehen werden. Durch diese Kategorisierung werden diese Maßstäbe jedoch keinesfalls als unbedeutend erkannt. Selbst wenn aber nach diesem hier vertretenen Vorverständnis viele Beiträge und Annahmen nicht als für das positive Recht gültige angesehen werden, kann auf die so verstandenen „verfassungstheoretischen" Maßstäbe nicht verzichtet werden. Vielmehr wird hier der Anspruch der Neuen Verwaltungsrechtswissenschaft ausdrücklich geteilt, dass es vernünftigerweise eines weit umfassenderen Wissens um Funktionsweisen und Wirkzusammenhänge bedarf, um Aussagen über Legitimationsmaßstäbe und ihre Wirkweisen treffen zu können. Gerade wenn der hier als positivrechtlich bedeutsam erkannte Maßstab demokratischer Legitimation des Grundgesetzes sich so einfach strukturiert und gleichzeitig wenig komplex darstellt wie in den als Teil des positiven Rechts vorgefundenen sehr groben monistischen Legitimationsmaßstäben, braucht es diesen theoretischen Unterbau, um auch Defizite eines solchen Maßstabs erkennen zu können.

Insbesondere wenn die verschiedenen Ansätze zu ähnlichen Fragen objektiv miteinander vereinbar sein können, weil sie sich nicht ausschließend oder schlicht überhaupt nicht zueinander verhalten und damit windschief sind, zeigt sich, dass bei Würdigung dieser disziplinären Grenzen ein sehr viel vielschichtigeres Bild von Demokratie- und Legitimationsmaßstäben erreicht werden kann. Dabei müsste sogar eine Benennung des jeweiligen methodischen Aussageanspruchs eine sehr viel größere Anschlussfähigkeit und damit Wirkkraft eines jeden Beitrags im Diskurs bedeuten.

Besonders deutlich zeigen sich die Konsequenzen dieser Unterscheidung im Unionsrecht. Die Schlussfolgerung, dass es keinen dem Grundgesetz vergleichbaren Rechtsmaßstab demokratischer Legitimation im Unionsrecht gebe, führt nicht dazu, dass die Europäische Union als in einem positivrechtlichen Sinne demokratisch defizitär anzusehen wäre. Vielmehr stellt sich sogar der Eindruck ein, dass im Bereich der Agenturen mittlerweile eine Rückkoppelung von Verantwortung bewirkt wird, die an einem Maßstab, wie er mittlerweile aus dem Grundgesetz abgeleitet wird, gemessen oftmals wohl als problemlos anzusehen wäre.

So verstanden dürfte es eher dem vorherrschenden Verständnis außerhalb der deutschsprachigen Rechtswissenschaft entsprechen, die aus Art. 9 EUV ff. abgeleiteten Maßstäbe nicht als Teil des positiven Unionsrechts anzusehen. Dies wäre wahrscheinlich im gesamteuropäischen Diskurs anschlussfähiger als wenn man ein – ohnehin nicht vom EuGH praktiziertes – rechtlich erforderliches Maß an demokratischer Legitimation im geltenden Unionsrecht unterstellte.

VI. Zusammenfassung in Thesen

1. Die Diskussion um die demokratische Legitimation der Europäischen Union ist ebenso wie diejenige über die demokratische Legitimation der Verwaltung nach dem Grundgesetz in den Rechtswissenschaften geprägt durch verschiedenste, untereinander anscheinend unvereinbare Auffassungen zu Art und Reichweite der zugrundeliegenden Maßstäbe. Wegen der den meisten Maßstabsansätzen gemeinen ähnlichen Verwurzelung in politikwissenschaftlichen Ideen ähneln sich die in der Diskussion verwendeten Begrifflichkeiten allerdings sehr stark.
   a) Die demokratische Legitimation der Verwaltung stellte ursprünglich ein allein (rechts-)politikwissenschaftliches Untersuchungsgebiet dar. Erst später in den 1980er Jahren erfolgte eine Verrechtlichung dieses Konzepts der Vermittlung demokratischer Legitimation und stieß auf großes Interesse in den Rechtswissenschaften.
   b) Die im Zusammenhang mit dem Themenfeld der Demokratie verwendeten Begrifflichkeiten werden häufig miteinander vermengt und nicht genügend auseinandergehalten. Dabei soll zwischen Legitimation, dem Prozess der Rechtfertigung der Ausübung von Herrschaft, und der Legitimität als Zustandsbeschreibung unterschieden werden, die eine Frage der materialen Berechtigung, also der inhaltlichen Vereinbarkeit mit bestimmten Vorgaben betrifft. Der Begriff der Legalität spricht dabei die formelle Übereinstimmung mit den bestehenden Gesetzen an.
2. In der Diskussion um Themen der Demokratie und demokratischen Legitimation werden auch innerhalb der Rechtswissenschaften völlig unterschiedliche Auffassungen und miteinander kaum in Einklang zu bringende Ansichten vertreten. Die Reichweite der vertretenen Auffassungen hierzu geht dabei weit über das sonst in den Rechtswissenschaften übliche Maß hinaus, weil nicht nur die Ergebnisse, sondern auch die Grundannahmen wechselseitig grundlegend in Frage gestellt werden. Diese fundamental unterschiedlichen Auffassungen über den Inhalt eines Maßstabs demokratischer Legitimation der Verwaltung lassen sich nicht primär dadurch erklären, dass viele dieser Ansätze als falsch oder unvertretbar angesehen werden müssten. Vielmehr sind die meisten Unterschiede in ihrer Anknüpfung und ihren Ergebnissen durch unterschiedliche methodische Ansatzpunkte bedingt. Dies plau-

sibilisiert auch den Befund, dass diese Annahmen regelmäßig ausführlich begründet und inhaltlich jedenfalls schlüssig bzw. folgerichtig erscheinen, und zeigt, dass sich die hierdurch erlangten Erkenntnisse mangels gemeinsamen Gegenstands nicht notwendig widersprechen müssen, auch wenn ihre Schlussfolgerungen zunächst miteinander unvereinbar sein sollten.

3. Die teils völlig unterschiedlichen methodischen Ansätze leiten sich aus der weitreichenden Methodendiskussion ab, die für das Öffentliche Recht geführt wird. Hier lassen sich verschiedene Grundannahmen erkennen.
   a) Als klassische und altbekannte rechtswissenschaftliche Vorgehensweise wird dabei die sogenannte Juristische Methode angesehen. Diese hat eine abschließende rechtliche Entscheidung für einen vorgegebenen Sachverhalt zum Gegenstand und befasst sich damit ausschließlich mit rechtswissenschaftlichen Aspekten i.e.S., zu denen die Rechtsdogmatik und Rechtsmethodik zählen.
   b) Die Neue Verwaltungsrechtswissenschaft hat eine umfassende rechtswissenschaftliche Betrachtung des Rechts zum Ziel. Insbesondere will sie nicht nur die Rechtslage wiedergeben, sondern auch das Verhältnis von Recht und Wirklichkeit und daneben die relevanten Umsetzungsfaktoren betrachten. Insbesondere wird dies durch das Erkenntnisinteresse bedingt, warum sich enorme Unterschiede im Vollzug unterschiedlicher rechtlicher Regelungen ergeben. Hierfür werden neben anderen insbesondere rechtssoziologische und steuerungswissenschaftliche Ansätze herangezogen, um ein besseres Verständnis von Wirk- und Steuerungsfaktoren des Rechts zu erreichen.
   c) Ausgehend vom betrachteten Untersuchungsgegenstand ähnelt das Verhältnis von Juristischer Methode und Neuer Verwaltungsrechtswissenschaft demjenigen zwischen Verfassungsdogmatik und Verfassungstheorie und unterscheidet jeweils eine rechtswissenschaftliche Betrachtung im engeren und im weiteren Sinne. Wie die Neue Verwaltungsrechtswissenschaft ist auch die Verfassungstheorie objektiv in der Lage, rechtsgeschichtliche, rechtssoziologische, rechtspolitische und ähnliche Aspekte zu berücksichtigen. Allerdings wird deutlich, dass es der Neuen Verwaltungsrechtswissenschaft bei der umfassenden Berücksichtigung verschiedener Erkenntnisse nicht auf eine nur beobachtende Rolle ankommt, sondern dass den Steuerungsfaktoren Rechtswirkungen zugeschrieben werden.

4. Diese verschiedenen rechtswissenschaftlichen Untersuchungsansätze können nur so lange unproblematisch nebeneinander Bestand haben, wie bei strikter Beachtung der unterschiedlichen Maßstäbe keine Widersprüche zwischen den jeweiligen Ergebnissen resultieren können. Erst die Missachtung der methodischen Grenzen führt dazu, dass miteinander unvereinbare Ergebnisse erreicht werden. Dies kann der Fall sein, wenn bei der Ermittlung des Inhalts des Rechts fremddisziplinäre Erkenntnisse unreflektiert übernommen werden, ohne dass der Nachweis geführt wird, dass diese auch zum Inhalt des Rechts geworden sind. Deshalb ist für die Beurteilung eines Maßstabs erforderlich, dessen methodische Herkunft und seinen Erkenntnisanspruch zu untersuchen.
5. Für einen Vergleich rechtlicher Demokratie- und Legitimationskonzepte des Grundgesetzes und des Primärrechts der Europäischen Union ist zunächst die Ermittlung des jeweiligen Maßstabs für jede Rechtsordnung erforderlich. Hierfür bietet es sich an, einen Suchmaßstab (Metamaßstab) zugrunde zu legen, mittels dessen die Vergleichbarkeit verschiedener Untersuchungsergebnisse beurteilt werden kann. Gesucht wird damit ein spezifisch rechtlicher Maßstab, den die jeweilige Rechtsordnung für die Verwaltung zugrunde legt.
   a) Hierbei muss es sich um einen normativen Ansatz handeln, weil nur dann eine Beurteilung anhand der Erreichung dieser Vorgaben erfolgen kann. Zugleich muss der Maßstab positiviert sein, weil nach dem Grundgesetz und dem Recht der Europäischen Union Recht nur nach Maßgabe der eigenen Vorschriften über das Entstehen rechtlich verbindlicher Vorgaben ein solcher Maßstab Teil der Rechtsordnung werden kann. Dieses Erfordernis ist auch dann erfüllt, wenn sich der Maßstab verfassungsgemäß durch Auslegung aus der jeweiligen Rechtsordnung ergibt.
   b) Von einem dogmatischen Maßstab demokratischer Legitimation soll nur ausgegangen werden, wenn dieser Maßstab höchstrangig in der jeweiligen Rechtsordnung verortet ist, weil erst damit eine weitreichende Anwendbarkeit sichergestellt werden kann. Als Legitimationsmaßstab für die Verwaltung ist es erforderlich, dass der jeweilige Maßstab nicht nur zur Beurteilung einer verfassungsrechtlichen Struktur, sondern zur Beurteilung (auch) von Einzelfallmaßnahmen geeignet ist.
   c) Inhaltlich soll ein spezifischer Maßstab der Legitimation angenommen werden, wenn sich hieraus die Urheberschaft inhaltlicher Vorgaben ergibt und damit die Weitervermittlung fremder Vorgaben

angesprochen ist. Insbesondere sollen sich hieraus Vorgaben für die Delegation von Entscheidungsbefugnissen auf andere Stellen ergeben.

d) Schließlich soll der Legitimationsmaßstab mit einer Rechtsfolge verbunden sein, weil sich nur dann auch rechtliche Konsequenzen ableiten lassen. Dabei kann die Rechtsfolge in einer bloß möglichen Feststellung einer Nichtvereinbarkeit bis hin zu einer Nichtigkeit wegen Verstoßes gegen den Rechtsmaßstab liegen.

6. Vor einem Vergleich der Legitimationsmaßstäbe ist es erforderlich, für die nationale und die Unionsrechtsordnung zu überprüfen, ob diese Maßstabsanforderungen eingehalten werden. Nur so kann festgestellt werden, ob sich aus Grundgesetz und dem Primärrecht der Europäischen Union tatsächlich vergleichbare Rechtsmaßstäbe ergeben.

7. In der Diskussion über die Dogmatik des grundgesetzlichen Prinzips demokratischer Legitimation lassen sich im Wesentlichen zwei unterschiedliche Meinungsgruppen festmachen: die in ihrer Reinform als „monistisch“ und „pluralistisch“ bezeichneten Legitimationsmodelle. Zwischen beiden Gruppen lassen sich vielfältige Zwischenpositionen erkennen, die verschiedene Elemente beider Extrempositionen aufnehmen.

   a) Dem monistischen Legitimationsmodell liegt ein einheitlicher und untrennbarer Volksbegriff zugrunde, nach dem sich das Staatsvolk aus der Gesamtheit der deutschen Staatsbürger zusammensetzt und als unbestimmte Allgemeinheit Ausgangspunkt der Legitimation ist, daneben existieren mit Landes- und Kommunalvölkern weitere im Grundgesetz vorgesehene Legitimationssubjekte. Formen der funktionalen Selbstverwaltung erfordern dabei verfassungsrangige Rechtfertigungstitel. Zu legitimieren ist alles außenwirksame Staatshandeln und somit staatliche Entscheidung. Die Vermittlung von Legitimation erfolgt dabei über eine personell-organisatorische und eine sachlich-inhaltliche Legitimationskomponente.

   b) Das pluralistische Modell demokratischer Legitimation geht vom Individuum als Quelle der Legitimation aus, indem die Volkssouveränität als organisatorische Konsequenz der Menschenwürde angesehen wird. Somit entfällt die Beschränkung auf das Staatsvolk und auch einzelne Gruppen von Individuen können als Quelle demokratischer Legitimation angesehen werden, weshalb auch Selbstverwaltungsträger wirksame demokratische Legitimation vermitteln können. Hinsichtlich der zu legitimierenden Staatsgewalt muss nicht nur auf die abschließende Entscheidung Bezug genommen werden, sondern auch vorbereitende Tätigkeiten sind von der Legitimationspflicht erfasst. Die Methoden zur Vermittlung demokratischer Legitimation werden als vielfältiger angesehen, weshalb organisatorische, personelle, prozedurale, sachlich-inhaltliche, aber auch output-Komponenten anerkannt werden.

c) Die unterschiedlichen Auffassungen führen nicht notwendigerweise zu ergebnisrelevanten Anwendungsunterschieden, sondern erreichen in vielen Fällen ähnliche Ergebnisse, wenn das Zusammenwirken dieser Legitimationselemente ermittelt wird. Nur in seltenen Einzelfällen, wie insbesondere bei Fragen der Zulässigkeit der Erweiterung des Ausländerwahlrechts, ergeben sich schon durch die verschiedenen theoretischen Ansätze unterschiedliche und kaum vereinbare Anwendungsergebnisse.

8. Erst über das Zusammenwirken der verschiedenen Legitimationselemente in der Kategorie des Legitimationsniveaus ergeben sich die Schlussfolgerungen für die Anwendung im Einzelfall. Damit stellt das Legitimationsniveau das Kernstück der Dogmatik demokratischer Legitimation der Verwaltung dar.
   a) Für die Reichweite des Legitimationserfordernisses aus Art. 20 Abs. 2 GG werden verschiedenste Auffassungen vertreten. Diese reichen von streng dogmatischen Maßstäben mit Rechtfertigungsanforderungen bei Abweichungen vom Regelmodell der hierarchischen Ministerialverwaltung bis hin zu allgemein gehaltenen notwendigen Rückführungspflichten politischer Verantwortlichkeit mitsamt kompletter Delegierbarkeit von Entscheidungsbefugnissen, die sich aus bloßen Optimierungspflichten ergeben.
   b) Eine grundlegende Weichenstellung für das Verständnis des Maßstabs demokratischer Legitimation des Grundgesetzes nach Art. 20 Abs. 2 GG ergibt sich durch die Qualifikation dieser Norm als Rechtsprinzip oder als Rechtsregel. Bei einer Betrachtung der positivrechtlichen Rechtslage ergibt sich dieser Status allein aus einer Auslegung der Norm.
9. In der Rechtsprechung des Bundesverfassungsgerichts haben sich verschiedene Demokratiemaßstäbe ergeben, die sich weiterentwickelt haben und unterschiedliche Zielsetzungen verfolgen.
   a) Das allgemein gehaltene Demokratieprinzip stellt selbst keinen eigenen Prüfungsmaßstab mehr dar, sondern dient nur noch zur Ableitung konkreter Maßstäbe. Ihm zugrunde liegt ein verfassungstheoretischer Maßstab, anhand dessen auch die demokratische Qualität der Europäischen Union beurteilt wird.

b) Der aus Art. 20 Abs. 2 GG entwickelte Maßstab demokratischer Legitimation stellt sich als normativ-positivierter Prüfungsmaßstab dar. Er ist als Rechtsmaßstab geeignet, Einzelfallkonstellationen zu überprüfen und konkretisierbare Vorgaben zu machen. Das BVerfG hat jedoch mittlerweile den ursprünglichen, in den Entscheidungen zum Ausländerwahlrecht entwickelten Maßstab so weit verändert, dass er seine strenge Konturierung verloren hat. Spätestens mit den neueren Entscheidungen muss das Legitimationsniveau als abhängig von der Intensität des Grundrechtseingriffs angesehen werden.

c) Der Wahlrechtskern wird aus Art. 38 Abs. 1 GG abgeleitet und hat daher einen demokratischen Bezug, wird allerdings vom BVerfG nicht als materieller Maßstab, sondern für die Zulässigkeitsprüfung herangezogen.

d) Der Gewaltenteilungsgrundsatz stellt wie das allgemeine Demokratieprinzip, das aus Art. 20 Abs. 1 GG abgeleitet wird, keinen dogmatischen Rechtsmaßstab dar.

e) Daneben steht der Identitätsmaßstab, der durch das BVerfG als grundlegender Demokratiemaßstab angesehen wird, der durch Art. 79 Abs. 3 GG geschützt ist. Bereits vom praktischen Anwendungsbereich her handelt es sich hier allerdings nur um einen „Reservemaßstab", der in Extremfällen bemüht wird.

10. Für die dogmatische Figur der demokratischen Legitimation der Verwaltung lassen sich insoweit parallel verlaufend sowohl in Rechtsprechung als auch in der Literatur verschiedene Phasen ausmachen.

a) Bis in die 1980er Jahre hinein kam der demokratischen Legitimation als Rechtsprinzip keine prägende Rolle zu, allenfalls wurden die Demokratievorgaben der Art. 20 Abs. 1 und Abs. 2 GG als Auslegungshilfe herangezogen.

b) Beginnend mit den Urteilen des Bundesverfassungsgerichts zum kommunalen Ausländerwahlrecht im Oktober 1990 erstarkte das Gebot demokratischer Legitimation zu einer wirksamen und ernstzunehmenden Hürde für die notwendige Rückbindung der Staatsgewalt an den Willen des gesamten Staatsvolkes. In diesem Abschnitt kam es verschiedentlich zu Nichtigerklärungen von Normen, die gegen das Gebot demokratischer Legitimation der Verwaltung verstießen.

c) Die anschließende Pluralisierung des Rechtsprinzips demokratischer Legitimation zeigte sich vor allem in der faktischen Anerkennung auch anderer Legitimationssubjekte als dem Staatsvolk als verfasster unbestimmter Allgemeinheit, weshalb auch die funktionale Selbstverwaltung kein Problem mehr darstellte. In dieser dritten Phase schwand die praktische Bedeutung der demokratischen Legitimation, weil durch die Anerkennung verschiedenster Abweichungen ein Verstoß hiergegen kaum noch denkbar ist und auch seit den 2000er Jahren keine Nichtigerklärung mehr durch das Bundesverfassungsgericht wegen Verstoßes gegen dieses Rechtsgebot mehr festgestellt werden konnte. Insofern führte die enorme Ausdifferenzierung des Maßstabs und dessen wachsende Komplexität zu einem faktischen Bedeutungsverlust.

11. Bei der rechtswissenschaftlichen Betrachtung demokratischer Legitimation im Zusammenhang mit der Europäischen Union stehen vor allem die Unionsagenturen, die Regulierungsbehörden und die Komitologieausschüsse im Mittelpunkt. Für diese Verwaltungsformen lässt sich erkennen, dass die Anforderungen an die parlamentarische Steuerung deutlich geringer sind als im deutschen Demokratie- bzw. Legitimationsmodell. Funktional kommt den Legitimationsfragen in Bezug auf diese Einrichtungen die rechtliche Frage nach den Grenzen der zulässigen Unabhängigkeit von Entscheidungen gleich. Deshalb ist es erforderlich, die rechtlichen Grenzen für deren Unabhängigkeit umfassend zu würdigen.
12. Maßstäbe für eine erforderliche demokratische Legitimation können sich grundsätzlich aus nationalem Recht und aus Unionsrecht ergeben. Ganz überwiegend wird aus Art. 23 Abs. 1 GG kein eigener Legitimationsmaßstab abgeleitet, an dem konkretes Handeln hoheitlicher Art von Stellen der Union gemessen werden könnte. Häufig wird nach vorherrschender Meinung die Frage nach der Legitimation der Union allein der Maßstab des Art. 79 Abs. 3 GG herangezogen und verweist damit nur auf dessen Maßstäbe.
13. Der Europäische Gerichtshof legt für Delegationsfragen, die nach deutschem Verfassungsrecht zu Problemen demokratischer Legitimation der Verwaltung gerechnet werden, (nur) die Maßstäbe seiner frühen Meroni-Rechtsprechung zugrunde.
    a) Mit der Meroni-Rechtsprechung existiert ein Maßstab im Unionsrecht, der den Anforderungen eines Rechtsmaßstabs entspricht und im weitesten Sinne trotz einer Fixierung auf das institutionelle Gleichgewicht der Union eine legitimationsähnliche Rückführbarkeit von Entscheidungen zum Gegenstand hat.
    b) Die Anforderungen dieser Rechtsprechung an diesen Maßstab gehen jedoch kaum über grundlegende rechtsstaatliche Voraussetzun-

gen hinaus, weshalb ihm inhaltlich keine Vergleichbarkeit mit einem Demokratiemaßstab und erst recht nicht dem deutschen Rechtsmaßstab demokratischer Legitimation zuerkannt werden kann.

c) Auch die mit dem Vertrag von Lissabon eingeführten Demokratievorschriften der Art. 9 bis 12 EUV werden nicht durch den EuGH angewandt und stellen insoweit keinen relevanten Rechtsmaßstab für diesen dar. Damit ist auch in der Rechtsprechung kein Maßstab vorhanden, der demjenigen der demokratischen Verwaltungslegitimation nach dem Grundgesetz auch nur annähernd gleichkommen würde.

14. In der Literatur zum Unionsrecht ist verschiedentlich ein konkretes Demokratieverständnis zu erkennen, dieses beinhaltet jedoch keine vergleichbaren Anforderungen aus einem rechtsdogmatischen Maßstab demokratischer Legitimation.

a) Vor Inkrafttreten des Vertrags von Lissabon wurde die Notwendigkeit der Herstellung demokratischer Union allenfalls als vage durch die allgemeinen Demokratievorschriften angenommen, daneben durch die Meroni-Rechtsprechung.

b) Aus den Art. 9 ff. EUV (insbesondere Art. 10 EUV) ergibt sich die Anerkennung eines verfassungstheoretischen Modells, nicht jedoch ein Maßstab mit rechtlichen Auswirkungen. Dessen rechtliche Konsequenzen erschöpfen sich darin, in Auslegungsfragen herangezogen werden zu können – einen kritischen Maßstab, dessen Einhaltung geprüft werden könnte, stellen sie nicht dar. Die bisherigen Ansätze, aus Art. 10 EUV einen Maßstab herzuleiten, welcher der deutschen Dogmatik zur demokratischen Legitimation der Verwaltung entspricht, erweisen sich als methodisch ungeeignet, ein solches Ergebnis nachzuweisen.

c) Das Demokratiebild des EUV entspricht dem Verständnis der dualen demokratischen Legitimation des Grundgesetzes und erklärt damit das unionale Konzept demokratischer Legitimation. Hieraus ergeben sich allerdings keine rechtlichen Anforderungen an eine bestimmte Ausgestaltung. Im Kern liegt ein pluralistisches Konzept zugrunde, wie es oftmals in der deutschen Diskussion beschrieben wird. Statt eines festen rechtlichen Maßstabs wird von einem Optimierungsgebot ausgegangen, das umfangreich verschiedenste Einzelbestandteile als legitimationsfördernd anerkennen kann. Durch den viel stärkeren Individualbezug stehen Einzelne im Fokus der Legitimation.

15. Für das Unionsrecht kann deshalb kein dem Grundgesetz vergleichbarer Maßstab demokratischer Legitimation der Ausübung von Hoheitsgewalt erkannt werden. Die in der Literatur zum Unionsrecht erkannten Ansatzpunkte der Art. 9 ff. EUV beschreiben damit keinen unionsrechtlich vorhandenen Rechtsmaßstab, sondern werden als Ansatzpunkt für eine Übertragung des deutschen Legitimationsmaßstabs herangezogen. Vom EuGH werden diese Ansätze nicht aufgegriffen.

VII. Literaturverzeichnis

Achenbach, Jelena von, Demokratische Gesetzgebung in der Europäischen Union – Theorie und Praxis der dualen Legitimationsstruktur europäischer Hoheitsgewalt (2014).

Adrian, Axel, Grundzüge einer allgemeinen Wissenschaftstheorie auch für Juristen – Konsequenzen aus Zweifeln postmoderner/zeitgenössischer Philosophie für eine allgemeine Wissenschaftstheorie sowie für jede juristische Methodenlehre (2014).

Alexy, Robert, Theorie der Grundrechte (1986).

Bleckmann, Albert, Das europäische Demokratieprinzip, JZ 2001, S. 53–58.

Böckenförde, Ernst-Wolfgang, Verfassungsfragen der Richterwahl – Dargestellt anhand der Gesetzentwürfe zur Einführung der Richterwahl in Nordrhein-Westfalen (1974).

Böckenförde, Ernst-Wolfgang, Demokratie als Verfassungsprinzip, in: *Isensee/Kirchhof* (Hrsg.), Handbuch des Staatsrechts der Bundesrepublik Deutschland – Band I: Grundlagen von Staat und Verfassung, 1. Aufl. (1987), § 22, S. 887–951.

Böckenförde, Ernst-Wolfgang, Demokratie als Verfassungsprinzip, in: Redaktion Kritische Justiz (Hrsg.), Demokratie und Grundgesetz – Eine Auseinandersetzung mit der verfassungsgerichtlichen Rechtsprechung (2000), S. 8–31.

Böckenförde, Ernst-Wolfgang, Demokratie als Verfassungsprinzip, in: *Isensee/Kirchhof* (Hrsg.), Handbuch des Staatsrechts der Bundesrepublik Deutschland – Band II: Verfassungsstaat, 3. Aufl. (2004), § 24, S. 429–495.

Böckenförde, Ernst-Wolfgang, Demokratische Willensbildung und Repräsentation, in: *Isensee/Kirchhof* (Hrsg.), Handbuch des Staatsrechts der Bundesrepublik Deutschland – Band III: Demokratie - Bundesorgane, 3. Aufl. (2005), § 34, S. 31–53.

Böckenförde, Ernst-Wolfgang, Geschichte der Rechts- und Staatsphilosophie – Antike und Mittelalter, 2. Aufl. (2006).

Bredt, Stephan, Die demokratische Legitimation unabhängiger Institutionen – Vom funktionalen zum politikfeldbezogenen Demokratieprinzip (2006).

Brosius-Gersdorf, Frauke, Die doppelte Legitimationsbasis der Europäischen Union – Zu den verfassungsrechtlichen Grundlagen der demokratischen Legitimation der Europäischen Union, EuR 1999, S. 133–169.

Bryde, Brun-Otto, Die bundesrepublikanische Volksdemokratie als Irrweg der Demokratietheorie, Staatswissenschaften und Staatspraxis 5 (1994), S. 305–330.

Bryde, Brun-Otto, Das Demokratieprinzip des GG als Optimierungsaufgabe, in: Redaktion Kritische Justiz (Hrsg.), Demokratie und Grundgesetz – Eine Auseinandersetzung mit der verfassungsgerichtlichen Rechtsprechung (2000), S. 59–70.

Bryde, Brun-Otto, Demokratisches Europa und Europäische Demokratie, in: *Gaitanides/Kadelbach/Rodríguez Iglesias* (Hrsg.), Europa und seine Verfassung – Festschrift für Manfred Zuleeg zum siebzigsten Geburtstag (2005), S. 131–144.

Bull, Hans Peter, Die "völlig unabhängige" Aufsichtsbehörde – Zum Urteil des EuGH vom 9.3.2010 in Sachen Datenschutzaufsicht, EuZW 2010, S. 488–494.

Bumke, Christian/Voßkuhle, Andreas, Casebook Verfassungsrecht, 6. Aufl. (2013).

Calliess, Christian, Das Demokratieprinzip im europäischen Staaten- und Verfassungsverbund, in: *Bröhmer/Bieber/Calliess/Langenfeld/Weber/Wolf* (Hrsg.), Internationale Gemeinschaft und Menschenrechte (2005), S. 399–421.

Calliess, Christian/Ruffert, Matthias (Hrsg.), EUV, AEUV – Das Verfassungsrecht der Europäischen Union mit Europäischer Grundrechtecharta; Kommentar, 5. Aufl. (2016).

Classen, Claus Dieter, Demokratische Legitimation im offenen Rechtsstaat – Zur Beeinflussung des Demokratieprinzips durch Rechtsstaatlichkeit und internationale Offenheit (2009).

Classen, Claus Dieter, Legitime Stärkung des Bundestages oder verfassungsrechtliches Prokrustesbett? – Zum Urteil des BVerfG zum Vertrag von Lissabon, JZ 2009, S. 881–889.

Couzinet, Daniel, Die Legitimation unabhängiger Behörden an der Schnittstelle von unionalem und nationalen Verfassungsrecht, in: *Debus/Kruse/Peters/Schröder/Seifert/Sicko/Stirn* (Hrsg.), Verwaltungsrechtsraum Europa (2011), S. 213–238.

Craig, Paul, Integration, Democracy, and Legitimacy, in: *Craig/de Búrca* (Hrsg.), The evolution of EU law, 2. Aufl. (2011), S. 13–40.

Craig, Paul, EU Administrative Law, 3. Aufl. (2019).

Danwitz, Thomas von/Ritgen, Klaus, Europäisches Verwaltungsrecht (2008).

Denninger, Erhard (Hrsg.), Kommentar zum Grundgesetz für die Bundesrepublik Deutschland (AK-GG), 3. Aufl. (2001).

Di Fabio, Udo, Der neue Art. 23 des Grundgesetzes – Positivierung vollzogenenen Verfassungswandels oder Verfassungsneuschöpfung, Der Staat 32 (1993), S. 191–217.

Dreier, Horst, Hierarchische Verwaltung im demokratischen Staat – Genese, aktuelle Bedeutung und funktionelle Grenzen eines Bauprinzips der Exekutive (1991).

Dreier, Horst (Hrsg.), Grundgesetz Kommentar – Band II Artikel 20-82, 2. Aufl. (2004).

Dreier, Horst (Hrsg.), Grundgesetz Kommentar – Band II Artikel 20-82, 3. Aufl. (2015).

Dworkin, Ronald, Taking rights seriously – with a new appendix, a response to critics (1978).

Dworkin, Ronald, Bürgerrechte ernstgenommen (1984).

Ehlers, Dirk/Pünder, Hermann (Hrsg.), Allgemeines Verwaltungsrecht, 15. Aufl. (2015).

Emde, Ernst Thomas, Die demokratische Legitimation der funktionalen Selbstverwaltung – Eine verfassungsrechtliche Studie anhand der Kammern, der Sozialversicherungsträger und der Bundesanstalt für Arbeit (1991).

Fastenrath, Ulricht, Anmerkung zu BVerfG "Treaty Override", JZ 2016, S. 636–640.

Fehling, Michael, Die "neue Verwaltungsrechtswissenschaft" - Problem oder Lösung, Die Verwaltung Beiheft 12 (2017), S. 65–103.

Franzius, Claudio, Modalitäten und Wirkungsfaktoren der Steuerung durch Recht, in: *Hoffmann-Riem/Schmidt-Aßmann/Voßkuhle* (Hrsg.), Grundlagen des Verwaltungsrechts – Band I: Methoden, Maßstäbe, Aufgaben, Organisation, 2. Aufl. (2012), § 4, S. 179–257.

Frenzel, Eike Michael, "Völlige Unabhängigkeit" im demokratischen Rechtsstaat – Der EuGH und die mitgliedstaatliche Verwaltungsorganisation, DÖV 2010, S. 925–931.

Friauf, Karl Heinrich/Höfling, Wolfram (Hrsg.), Berliner Kommentar zum Grundgesetz, Lfg. 6/2019.

Gärditz, Klaus Ferdinand, Die Verwaltungsdimension des Lissabon-Vertrags, DÖV 2010, S. 453–465.

Gärditz, Klaus Ferdinand, Anmerkung zu EuGH, Urteil vom 03.12.2009, JZ 2010, S. 198–201.

Gärditz, Klaus Ferdinand, Europäisches Regulierungsverwaltungsrecht auf Abwegen, AöR 135 (2010), S. 251–288.

Gärditz, Klaus Ferdinand, Die "Neue Verwaltungsrechtswissenschaft" - Alter Wein in neuen Schläuchen?, Die Verwaltung Beiheft 12 (2017), S. 105–145.

Gärditz, Klaus Ferdinand/Hillgruber, Christian, Volkssouveränität und Demokratie ernst genommen – Zum Lissabon-Urteil des BVerfG, JZ 2009, S. 872–881.

Gentzsch, Markus/Brade, Alexander, Die Bankenunion vor dem Bundesverfassungsgericht. Neue Impulse für grundlegende Fragestellungen des Verfassungs- und Unionsrechts, EuR 2019, S. 602–637.

Görisch, Christoph, Demokratische Verwaltung durch Unionsagenturen – Ein Beitrag zur Konkretisierung der europäischen Verfassungsstrukturprinzipien (2009).

Görisch, Christoph, Die Agenturen der Europäischen Union, Jura 2012, S. 42–52.

Grabenwarter, Christoph, Die demokratische Legitimation weisungsfreier Kollegialbehörden in der staatlichen Verwaltung, in: *Haller/Kopetzki/Novak/Paulson/Raschauer/Ress/Wiederin* (Hrsg.), Staat und Recht – Festschrift für Günther Winkler (1997), S. 271–306.

Grabitz, Eberhard/Hilf, Meinhard/Nettesheim, Martin (Hrsg.), Das Recht der Europäischen Union: EUV/AEUV, 66. Ergänzungslieferung (2019).

Grawert, Rolf, Homogenität, Identität, Souveränität – Positionen jurisdiktioneller Begriffsdogmatik, Der Staat 51 (2012), S. 189–213.

Griller, Stefan/Orator, Andreas, Everything under control? The "way forward" for European agencies in the footsteps of the Meroni doctrine, ELJ 35 (2010), S. 3–35.

Groß, Thomas, Grundlinien einer pluralistischen Interpretation des Demokratieprinzips, in: Redaktion Kritische Justiz (Hrsg.), Demokratie und Grundgesetz – Eine Auseinandersetzung mit der verfassungsgerichtlichen Rechtsprechung (2000), S. 93–101.

Groß, Thomas, Unabhängige EU-Agenturen - eine Gefahr für die Demokratie?, JZ 2012, S. 1087–1093.

Groß, Thomas, Die Verwaltungsorganisation als Teil organisierter Staatlichkeit, in: *Hoffmann-Riem/Schmidt-Aßmann/Voßkuhle* (Hrsg.), Grundlagen des Verwaltungsrechts – Band I: Methoden, Maßstäbe, Aufgaben, Organisation, 2. Aufl. (2012), § 13, S. 905–952.

Groß, Thomas, Ist die Wirtschaftskrise ein Katalysator für das Entstehen unabhängiger Behörden? – Reformen der Bankaufsicht im Vergleich, Die Verwaltung 2014, S. 197–219.

Grzeszick, Bernd, Die Europäisierung des Rechts und die Demokratisierung Europas, in: *Axer/Grzeszick/Kahl/Mager/Reimer* (Hrsg.), Das Europäische Verwaltungsrecht in der Konsolidierungsphase – Systembildung - Disziplinierung - Internationalisierung (2010), S. 95–119.

Häberle, Peter, Die Menschenwürde als Grundlage der staatlichen Gemeinschaft, in: *Isensee/Kirchhof* (Hrsg.), Handbuch des Staatsrechts der Bundesrepublik Deutschland – Band II: Verfassungsstaat, 3. Aufl. (2004), § 22, S. 317–368.

Häde, Ulrich, Jenseits der Effizienz: Wer kontrolliert die Kontrolleure? – Demokratische Verantwortlichkeit und rechtsstaatliche Kontrolle der europäischen Finanzaufsichtsbehörden, EuZW 2011, S. 662–666.

Halberstam, Daniel/Möllers, Christoph, The German Constitutional Court says "Ja zu Deutschland!", GLJ 10 (2009), S. 2–13.

Heller, Hermann, Politische Demokratie und soziale Homogenität, Politische Wissenschaft 1928, S. 35–47.

Hendler, Reinhard, Das Prinzip Selbstverwaltung, in: *Isensee/Kirchhof* (Hrsg.), Handbuch des Staatsrechts der Bundesrepublik Deutschland – Band VI: Bundesstaat, 3. Aufl. (2009), § 143, S. 1103–1139.

Henke, Christoph, Plädoyer für kürzere Legitimationsketten in der Europäischen Union, EuR 2010, S. 118–136.

Hermes, Georg, Legitimationsprobleme unabhängiger Behörden, in: *Bauer/Huber/Sommermann* (Hrsg.), Demokratie in Europa (2005), S. 457–488.

Herzog, Roman/Gerken, Lüder, Stoppt den Europäischen Gerichtshof, FAZ 08.09.2008, S. 8.

Heun, Werner, Eine verfassungswidrige Verfassungsgerichtsentscheidung – der Vorlagebeschluss des BVerfG vom 14.1.2014, JZ 2014, S. 331–337.

Hillgruber, Christian, Leidet die Europäische Union unter einem Demokratiedefizit?, in: *Heinig/Terhechte* (Hrsg.), Postnationale Demokratie, Postdemokratie, Neoetatismus – Wandel klassicher Demokratievorstellungen in der Rechtswissenschaft (2013), S. 123–129.

Hoffmann-Riem, Wolfgang, Eigenständigkeit der Verwaltung, in: *Hoffmann-Riem/ Schmidt-Aßmann/Voßkuhle* (Hrsg.), Grundlagen des Verwaltungsrechts – Band I: Methoden, Maßstäbe, Aufgaben, Organisation, 2. Aufl. (2012), § 10, S. 677–776.

Hofmann, Herwig C. H./Türk, Alexander, The Development of Integrated Administration in the EU and its Consequences, ELJ 13 (2007), S. 253–271.

Horn, Hans-Detlef, Demokratie, in: *Depenheuer/Grabenwarter* (Hrsg.), Verfassungstheorie (2010), § 22, S. 743–776.

Huber, Peter M., Demokratie in Europa - Zusammenfassung und Ausblick, in: *Bauer/Huber/Sommermann* (Hrsg.), Demokratie in Europa (2005), S. 491–512.

Hummer, Waldemar, Von der "Agentur" zum "Interinstitutionellen Amt", in: *Hammer/Somek/Stelzer/Weichselbaum* (Hrsg.), Demokratie und sozialer Rechtsstaat in Europa – Festschrift für Theo Öhlinger (2004), S. 92–130.

Isensee, Josef, Gemeinwohl im Verfassungsstaat, in: *Isensee/Kirchhof* (Hrsg.), Handbuch des Staatsrechts der Bundesrepublik Deutschland – Band IV: Aufgaben des Staates, 3. Aufl. (2006), § 71, S. 3–80.

Isensee, Josef, Integrationswille und Integrationsresistenz des Grundgesetzes – Das Bundesverfassungsgericht zum Vertrag von Lissabon, ZRP 2010, S. 33–37.

Isensee, Josef, Legitimation des Grundgesetzes, in: *Isensee/Kirchhof* (Hrsg.), Handbuch des Staatsrechts der Bundesrepublik Deutschland – Band XII: Normativität und Schutz der Verfassung, 3. Aufl. (2014), § 254, Rdnr. 1–107.

Jestaedt, Matthias, Demokratieprinzip und Kondominialverwaltung – Entscheidungsteilhabe Privater an der öffentlichen Verwaltung auf dem Prüfstand des Verfassungsprinzips Demokratie (1993).

Jestaedt, Matthias, Grundrechtsentfaltung im Gesetz – Studien zur Interdependenz von Grundrechtsdogmatik und Rechtsgewinnungstheorie (1999).

Jestaedt, Matthias, Verfassungsrecht und einfaches Recht - Verfassungsgerichtsbarkeit und Fachgerichtsbarkeit, DVBl. 2001, S. 1309–1322.

Jestaedt, Matthias, Selbstverwaltung als Verbundbegriff – Vom Wesen und Wert eines allgemeinen Selbstverwaltungsbegriffs, Die Verwaltung 35 (2002), S. 293–317.

Jestaedt, Matthias, Demokratische Legitimation - quo vadis?, JuS 2004, S. 649–653.

Jestaedt, Matthias, "Öffentliches Recht" als wissenschaftliche Disziplin, in: *Engel/ Schön* (Hrsg.), Das Proprium der Rechtswissenschaft (2007), S. 241–281.

Jestaedt, Matthias, Perspektiven der Rechtswissenschaftstheorie, in: *Jestaedt/Lepsius* (Hrsg.), Rechtswissenschaftstheorie (2008), S. 185–205.

Jestaedt, Matthias, Die Verfassung hinter der Verfassung – Vom Wesen und Wert der Verfassungstheorie (2009).

Jestaedt, Matthias, Warum in die Ferne schweifen, wenn der Maßstab liegt so nah? – Verfassungshandwerkliche Anfragen an das Lissabon-Urteil des BVerfG, Der Staat 48 (2009), S. 497–516.

Jestaedt, Matthias, Verfassungstheorie als Disziplin, in: *Depenheuer/Grabenwarter* (Hrsg.), Verfassungstheorie (2010), § 1, S. 3–56.

Jestaedt, Matthias, Wissenschaftliches Recht, in: *Jabloner/Kucsko-Stadlmayer/Muzak/Perthold-Stoitzner/Stöger* (Hrsg.), Vom praktischen Wert der Methode – Festschrift Heinz Mayer zum 65. Geburtstag (2011), S. 169–187.

Jestaedt, Matthias, Democratic Legitimization of the Administrative Power, in: *Pünder/Waldhoff* (Hrsg.), Debates in German Public Law (2014), S. 181–202.

Jestaedt, Matthias, Selbstand und Offenheit der Verfassung gegenüber nationalem, supranationalen und internationalem Recht, in: *Isensee/Kirchhof* (Hrsg.), Handbuch des Staatsrechts der Bundesrepublik Deutschland – Band XII: Normativität und Schutz der Verfassung, 3. Aufl. (2014), § 264, Rdnr. 1–86.

Jestaedt, Matthias, Maßstäbe des Verwaltungshandelns, in: *Ehlers/Pünder* (Hrsg.), Allgemeines Verwaltungsrecht, 15. Aufl. (2015), § 11, S. 329–378.

Kahl, Wolfgang/Waldhoff, Christian/Walter, Christian (Hrsg.), Bonner Kommentar zum Grundgesetz – Gegründet 1950, 198. Ergänzungslieferung (2019).

Kämmerer, Jörn Axel, Das neue Europäische Finanzaufsichtssystem (ESFS) - Modell für eine europäisierte Verwaltungsarchitektur?, NVwZ 2011, S. 1281–1288.

Kelsen, Hans, Vom Wesen und Wert der Demokratie, 1. Aufl. (1920).

Kelsen, Hans, Allgemeine Staatslehre (1925).

Kelsen, Hans, Vom Wesen und Wert der Demokratie, 2. Aufl. (1929).

Kelsen, Hans, Reine Rechtslehre – Einleitung in die rechtswissenschaftliche Problematik, 1. Aufl. (1934).

Kischel, Uwe, Rechtsvergleichung (2015).

Kluth, Winfried, Die demokratische Legitimation der Europäischen Union – Eine Analyse der These vom Demokratiedefizit der Europäischen Union aus gemeineuropäischer Verfassungsperspektive (1995).

Kluth, Winfried, Funktionale Selbstverwaltung – Verfassungsrechtlicher Status – Verfassungsrechtlicher Schutz (1997).

Kluth, Winfried, Der gemeinsame Bundesausschuss (G-BA) nach § 91 SGB V aus der Perspektive des Verfassungsrechts: Aufgaben, Funktionen und Legitimation (2015).

Köbler, Gerhard, Juristisches Wörterbuch – Für Studium und Ausbildung, 16. Aufl. (2016).

Koch, Michael H., Mittelbare Gemeinschaftsverwaltung in der Praxis, EuZW 2005, S. 455–459.

Köller, Sandra, Funktionale Selbstverwaltung und ihre demokratische Legitimation – Eine Untersuchung am Beispiel der Wasserverbände Lippeverband und Emschergenossenschaft (2009).

Kommission der Europäischen Gemeinschaften, Europäisches Regieren – Ein Weissbuch (25.07.2001), KOM(2001) 428 endgültig.

Kommission der Europäischen Gemeinschaften, Mitteilung der Kommission an das Europäische Parlament und den Rat – Europäische Agenturen - Mögliche Perspektiven (11.03.2008), KOM(2008) 135 endgültig.

Krebs, Walter, Die juristische Methode im Verwaltungsrecht, in: *Schmidt-Aßmann/Hoffmann-Riem* (Hrsg.), Methoden der Verwaltungsrechtswissenschaft (2004), S. 209–221.

Kühling, Jürgen, Die Zukunft des Europäischen Agentur(un)wesens - oder: Wer hat Angst vor Meroni?, EuZW 2008, S. 129.

Lauth, Bernhard/Sareiter, Jamel, Wissenschaftliche Erkenntnis – Eine ideengeschichtliche Einführung in die Wissenschaftstheorie, 2. Aufl. (2005).

Lehner, Roman, Die Integrationsverfassungsbeschwerde nach Art. 38 Abs. 1 S. 1 GG: Prozessuale und materiell-rechtliche Folgefragen zu einer objektiven Verfassungsbeschwerde, Der Staat 52 (2013), S. 535–562.

Lenk, Kurt, Probleme der Demokratie, in: *Lieber* (Hrsg.), Politische Theorien von der Antike bis zur Gegenwart, 2. Aufl. (1993), S. 933–989.

Lepsius, Oliver, Braucht das Verfassungsrecht eine Theorie des Staates? – Eine deutsche Perspektive: Von der Staatstheorie zur Theorie der Herrschaftsformen, EuGRZ 2004, S. 370–381.

Lepsius, Oliver, Was kann die deutsche Staatsrechtslehre von der amerikanischen Rechtswissenschaft lernen?, in: *Schulze-Fielitz* (Hrsg.), Staatsrechtslehre als Wissenschaft (2007), S. 319–366.

Lepsius, Oliver, ESM-Vertrag, Fiskalpakt und das BVerfG, EuZW 2012, S. 761–762.

Lübbe-Wolff, Getrude, Europäisches und nationales Verfassungsrecht, in: VVdStRL (Hrsg.), Die deutsche Staatsrechtslehre in der Zeit des Nationalsozialismus. Europäisches und nationales Verfassungsrecht. Der Staat als Wirtschaftssubjekt und Auftraggeber, Bd. 60 (2001), S. 246–289.

Majone, Giandomenico, Europe's 'Democratic Deficit': The Question of Standards, ELJ 1998, S. 5–28.

Majone, Giandomenico, The European Commission: The Limits of Centralization and the Perils of Parliamentarization, Governance: An International Journal of Policy, Adminstration, and Institutions 15 (2002), S. 375–392.

Mangoldt, Herrmann von/Klein, Friedrich/Starck, Christian (Hrsg.), Kommentar zum Grundgesetz – Band 2: Artikel 20 bis 82, 7. Aufl. (2018).

Maunz, Theodor/Dürig, Günter/Herzog, Roman (Hrsg.), Grundgesetz – Kommentar, 86. Ergänzungslieferung (2019).

Mayen, Thomas, Verwaltung durch unabhängige Einrichtungen, DÖV 2004, S. 45–55.

Mehde, Veith, Neues Steuerungsmodell und Demokratieprinzip (2000).

Michel, Katja, Die neue Europäische Bankenaufsichtsbehörde, DÖV 2011, S. 728–735.

Mihm, Andreas/Jahn, Joachim, Ärzte und Krankenkassen entscheiden selbst, FAZ.net vom 20.11.2015.

Möllers, Christoph, Gewaltengliederung – Legitimation und Dogmatik im nationalen und internationalen Rechtsvergleich (2005).

Möllers, Christoph, Methoden, in: *Hoffmann-Riem/Schmidt-Aßmann/Voßkuhle* (Hrsg.), Grundlagen des Verwaltungsrechts – Band I: Methoden, Maßstäbe, Aufgaben, Organisation, 2. Aufl. (2012), § 3, S. 123–178.

Möllers, Christoph, Anmerkung zu BVerfG - Verleihung des Körperschaftsstatus, JZ 2015, S. 1103–1106.

Müller, Friedrich/Christensen, Ralph, Juristische Methodik – Band I: Grundlegung für die Arbeitsmethoden der Rechtspraxis, 11. Aufl. (2013).

Müller-Franken, Sebastian, Die demokratische Legitimation öffentlicher Gewalt in den Zeiten der Globalisierung – Zur unhintergehbaren Rolle des Staates in einer durch Europäisierung und Internationalisierung veränderten Welt, AöR 134 (2009), S. 542–571.

Münch, Ingo von/Kunig, Philip (Hrsg.), Grundgesetz-Kommentar – Band 2 (Art. 20 bis Art. 69), 5. Aufl. (2001).

Münch, Ingo von/Kunig, Philip (Hrsg.), Grundgesetz Kommentar – Band 1: Präambel bis Art. 69, 6. Aufl. (2012).

Murswiek, Dietrich, Art. 38 GG als Grundlage eines Rechts auf Achtung des unabänderlichen Verfassungskerns, JZ 2010, S. 702–708.

Murswiek, Dietrich, Schlusswort: Schutz der Verfassung als Bürgerrecht, JZ 2010, S. 1164–1167.

Murswiek, Dietrich, Der ESM hat keine demokratische Legitimation, SZ 01.03.2012, S. 18.

Nettesheim, Martin, Demokratische Legitimation und Vertrauenskultur, in: *Niedobitek/Sommermann* (Hrsg.), Die Europäische Union als Wertegemeinschaft – Forschungssymposium zu Ehren von Siegfried Magiera (2013).

Nettesheim, Martin, Ultra-vires-Kontrolle durch Bundesregierung und Bundestag - Für eine materielle Subsidiarität des Vorgehens gegen das Parlament, verfassungsblog.de vom 24.06.2016.

Neyer, Jürgen, Justice, Not Democracy: Legitimacy in the European Union, Journal of Common Market Studies 48 (2010), S. 903–921.

Oebbecke, Janbernd, Verwaltungsrechtswissenschaft und Verwaltungswissenschaft, in: *Schulze-Fielitz* (Hrsg.), Staatsrechtslehre als Wissenschaft (2007), S. 211–222.

Ohler, Christoph, Anmerkung zum Urteil des EuGH vom 22.01.2014, JZ 2014, S. 249–252.

Ohler, Christoph, § 32 Bankenaufsichtsrecht, in: *Ehlers/Fehling/Pünder/Achterberg/Augsberg* (Hrsg.), Öffentliches Wirtschaftsrecht, 3. Aufl. (2012), S. 1178–1210.

Ossenbühl, Fritz, Gedanken zur demokratischen Legitimation der Verwaltung, in: *Horn* (Hrsg.), Recht im Pluralismus – Festschrift für Walter Schmitt Glaeser zum 70. Geburtstag (2003), S. 103–118.

Petersen, Niels, Demokratie und Grundgesetz – Veränderungen des Demokratieprinzips in Art. 20 Abs. 2 GG angesichts der Herausforderungen moderner Staatlichkeit, JöR 58 (2010), S. 137–171.

Petri, Thomas/Tinnefeld, Marie-Theres, Anmerkung zu EuGH, Urteil vom 09.03.2010, MultiMedia und Recht 2010, S. 355–356.

Petri, Thomas/Tinnefeld, Marie-Theres, Völlige Unabhängigkeit der Datenschutzkontrolle – Demokratische Legitimation und unabhängige parlamentarische Kontrolle als moderne Konzeption der Gewaltenteilung, MultiMedia und Recht 2010, S. 157–161.

Pieroth, Bodo, Das Demokratieprinzip des Grundgesetzes, JuS 2010, S. 473–481.

Riedel, Daniel, Rechtsschutz gegen Akte Europäischer Agenturen, EuZW 2009, S. 565–568.

Rodi, Michael, Die Subventionsrechtsordnung – Die Subvention als Instrument (2000).

Röhl, Klaus Friedrich/Röhl, Hans Christian, Allgemeine Rechtslehre – Ein Lehrbuch, 3. Aufl. (2008).

Roller, Gerhard, Komitologie und Demokratieprinzip – Die Brüsseler Durchführungsausschüsse auf neuer Grundlage, KritV 86 (2003), S. 249–278.

Roßnagel, Alexander, Anmerkung zu EuGH, Urteil vom 09.03.2010, EuZW 2010, S. 299–301.

Ruffert, Matthias, Von der Europäisierung des Verwaltungsrechts zum Europäischen Verwaltungsverbund, DÖV 2007, S. 761–770.

Ruffert, Matthias, Die neue Unabhängigkeit: Zur demokratischen Legitimation von Agenturen im europäischen Verwaltungsrecht, in: *Müller-Graff/Schmahl/Skouris* (Hrsg.), Europäisches Recht zwischen Bewährung und Wandel – Festschrift für Dieter H. Scheuing (2011), S. 399–414.

Ruffert, Matthias, Anmerkung zum Pringle-Urteil, JZ 2013, S. 257–259.

Ruffert, Matthias, Rechtsgrundlagen und Rechtsetzungsbefugnisse von Agenturen, JuS 2014, S. 279–281.

Ruffert, Matthias, Das OMT-Urteil des BVerfG: Europarechtlich überzeugend, verfassungsprozessrechtlich fragwürdig, verfassungsblog.de vom 22.06.2016.

Ruffert, Matthias, Vorlagebeschluss zu den Anleihekäufen der EZB, JuS 2017, S. 1229–1232.

Sachs, Michael (Hrsg.), Grundgesetz – Kommentar, 8. Aufl. (2018).

Saurer, Johannes, Individualrechtsschutz gegen das Handeln der Europäischen Agenturen, EuR 2010, S. 51–67.

Saurer, Johannes, Die Errichtung von Europäischen Agenturen auf Grundlage der Binnenmarktharmonisierungskompetenz des Art. 114 AEUV – Zum Urteil des EuGH über die Europäische Wertpapier- und Marktaufsichtsbehörde (ESMA) vom 22. Januar 2014 (Rs. C-270/12), DÖV 2014, S. 549–555.

Schachtschneider, Karl Albrecht, Demokratiedefizite in der Europäischen Union, in: *Nölling/Schachtschneider/Starbatty* (Hrsg.), Währungsunion und Weltwirtschaft – Festschrift für Wilhelm Hankel (1999), S. 119–147.

Schliesky, Utz, Souveränität und Legitimität von Herrschaftsgewalt – Die Weiterentwicklung von Begriffen der Staatslehre und des Staatsrechts im europäischen Mehrebenensystem (2004).

Schmidt, Manfred G., Demokratietheorien – Eine Einführung, 5. Aufl. (2010).

Schmidt-Aßmann, Eberhard, Verwaltungslegitimation als Rechtsbegriff, AöR 116 (1991), S. 329–390.

Schmidt-Aßmann, Eberhard, Das allgemeine Verwaltungsrecht als Ordnungsidee – Grundlagen und Aufgaben der verwaltungsrechtlichen Systembildung, 2. Aufl. (2006).

Schmidt-Bleibtreu, Bruno/Hofmann, Hans/Henneke, Hans-Günter (Hrsg.), GG – Kommentar zum Grundgesetz, 14. Aufl. (2018).

Schneider, Jens-Peter, A Common Framework for Decentralized EU Agencies and the Meroni Doctrine, Administrative Law Review (USA) 61 (2009) (Special Edition - Proceedings of the Fifth Administrative Law Discussion Forum 2008 in Montpellier), S. 29–44.

Schöbener, Burkhard/Knauf, Matthias, Allgemeine Staatslehre, 4. Aufl. (2019).

Schönberger, Christoph, Die Europäische Union zwischen "Demokratiedefizit" und Bundestaatsverbot, Der Staat 48 (2009), S. 535–558.

Schönberger, Christoph, Der introvertierte Rechtsstaat als Krönung der Demokratie? – Zur Entgrenzung von Art. 38 GG im Europaverfassungsrecht, JZ 2010, S. 1160–1164.

Schulze-Fielitz, Helmuth, Einheitsbildung durch Gesetz oder Pluralisierung durch Vollzug, in: *Trute/Groß/Röhl/Möllers* (Hrsg.), Allgemeines Verwaltungsrecht - zur Tragfähigkeit eines Konzepts (2008), S. 135–160.

Schuppert, Gunnar Folke, Verwaltungswissenschaft – Verwaltung, Verwaltungsrecht, Verwaltungslehre (2000).

Shapiro, Martin, The problems of independent agencies in the United States and the European Union, Journal of European Public Policy 4 (1997), S. 276–291.

Shapiro, Martin, Independent Agencies, in: *Craig/de Búrca* (Hrsg.), The evolution of EU law, 2. Aufl. (2011), S. 111–120.

Spiecker gen. Döhmann, Indra, Anmerkung zum Urteil des EuGH vom 9.3.2010, JZ 2010, S. 787–791.

Starck, Christian, Grundrechtliche und demokratische Freiheitsidee, in: *Isensee/Kirchhof* (Hrsg.), Handbuch des Staatsrechts der Bundesrepublik Deutschland – Band III: Demokratie - Bundesorgane, 3. Aufl. (2005), § 33, S. 3–29.

Steger, Martin A., Zur Verselbstständigung von Unionsagenturen – Eine Untersuchung am Beispiel der Energie-Agentur ACER und ihrer Mitwirkung beim Erlass tertiären Unionsrechts (2015).

Stöger, Karl, Gedanken zur institutionellen Autonomie der Mitgliedstaaten am Beispiel der neuen Energieregulierungsbehörden, ZÖR 65 (2010), S. 247–267.

Stolleis, Michael, Entwicklungsstufen der Verwaltungsrechtswissenschaft, in: *Hoffmann-Riem/Schmidt-Aßmann/Voßkuhle* (Hrsg.), Grundlagen des Verwaltungsrechts – Band I: Methoden, Maßstäbe, Aufgaben, Organisation, 2. Aufl. (2012), § 2, S. 65–122.

Streinz, Rudolf, Die demokratische Legitimation der Rechtssetzung der Europäischen Gemeinschaft, ThürVBL 1997, S. 73–80.

Streinz, Rudolf (Hrsg.), EUV/AEUV – Vertrag über die Europäische Union und Vertrag über die Arbeitsweise der Europäischen Union, 3. Aufl. (2018).

Strohmeier, Gerd, Die EU zwischen Legitimität und Effizienz, APuZ Beilage 2007, S. 24–30.

Sydow, Gernot, Externalisierung und institutionelle Ausdifferenzierung – Kritik der Organisationsreformen in der EU-Eigenadministration, VerwArch 97 (2006), S. 1–22.

Thym, Daniel, Anmerkung zum Pringle-Urteil, JZ 2013, S. 259–264.

Tiedtke, Andreas, Demokratie in der Europäischen Union – Eine Untersuchung der demokratischen Legitimation des europäischen Integrationsprozesses vom Vertrag von Amsterdam bis zum Entwurf einer Europäischen Verfassung (2005).

Trute, Hans-Heinrich, Die demokratische Legitimation der Verwaltung, in: *Hoffmann-Riem/Schmidt-Aßmann/Voßkuhle* (Hrsg.), Grundlagen des Verwaltungsrechts – Band I: Methoden, Maßstäbe, Aufgaben, Organisation, 2. Aufl. (2012), § 6, S. 307–389.

Tschentscher, Axel, Demokratische Legitimation der dritten Gewalt (2006).

Uerpmann, Robert, Mittelbare Gemeinschaftsverwaltung durch gemeinschaftsgeschaffene juristische Personen des öffentlichen Rechts, AöR 125 (2000), S. 551–586.

Unger, Sebastian, Das Verfassungsprinzip der Demokratie – Normstruktur und Norminhalt des grundgesetzlichen Demokratieprinzips (2008).

Unruh, Peter, Anmerkung zu BVerfG [Lippeverband, Emschergenossenschaft], JZ 2003, S. 1061–1063.

von der Groeben, Hans/Schwarze, Jürgen/Hatje, Armin (Hrsg.), Europäisches Unionsrecht – Vertrag über die Europäische Union - Vertrag über die Arbeitsweise der Europäischen Union - Charta der Grundrechte der Europäischen Union, 7. Aufl. (2015).

Voßkuhle, Andreas, Methode und Pragmatik im Öffentlichen Recht, in: *Bauer/Schmidt* (Hrsg.), Umwelt, Wirtschaft und Recht – Wissenschaftliches Symposium aus Anlaß des 65. Geburtstages von Reiner Schmidt, 16./17. November 2001 (2002), S. 171–195.

Voßkuhle, Andreas, Neue Verwaltungsrechtswissenschaft, in: *Hoffmann-Riem/Schmidt-Aßmann/Voßkuhle* (Hrsg.), Grundlagen des Verwaltungsrechts – Band I: Methoden, Maßstäbe, Aufgaben, Organisation, 2. Aufl. (2012), § 1, S. 1–63.

Waldhoff, Christian, Anmerkung zu BVerfG - Privatisierter Maßregelvollzug, JZ 2012, S. 683–685.

Waldhoff, Christian, Kritik und Lob der Dogmatik, in: *Kirchhof/Magen/Schneider* (Hrsg.), Was weiß Dogmatik? – Was leistet und wie steuert die Dogmatik des Öffentlichen Rechts? (2012), S. 17–37.

Waldhoff, Christian, Anmerkung zu BVerfG Filmförderung, JZ 2014, S. 407–411.

Wernsmann, Rainer, Nicht über dem Recht, FAZ 20.09.2012, S. 8.

Wittinger, Michaela, "Europäische Satelliten": Anmerkungen zum Europäischen Agentur(un)wesen und zur Vereinbarkeit Europäischer Agenturen mit dem Gemeinschaftsrecht, EuR 2008, S. 609–627.

Zippelius, Reinhold, Juristische Methodenlehre, 11. Aufl. (2012).

Zippelius, Reinhold, Allgemeine Staatslehre – Politikwissenschaft; ein Studienbuch, 17. Aufl. (2017).

Zuleeg, Manfred, Demokratie in der Europäischen Gemeinschaft, JZ 1993, S. 1069–1074.

Zweigert, Konrad/Kötz, Hein, Einführung in die Rechtsvergleichung – auf dem Gebiete des Privatrechts, 3. Aufl. (1996).